Rudolf Lill / Heinrich Oberreuter
(Herausgeber)
20. Juli
Portraits des Widerstands

Rudolf Lill
Heinrich Oberreuter
(Herausgeber)

20. Juli

Portraits des Widerstands

Econ Verlag
Düsseldorf – Wien

Bildquellennachweis:
Bildarchiv Preußischer Kulturbesitz – 14
Süddeutscher Verlag – 5
Familienarchiv Popitz – 1

1. Auflage 1984
Copyright © 1984 by Econ Verlag GmbH, Düsseldorf und Wien
Alle Rechte der Verbreitung, auch durch Film, Funk und Fernsehen,
fotomechanische Wiedergabe, Tonträger jeder Art, auszugsweisen Nachdruck
oder Einspeicherung und Rückgewinnung in Datenverarbeitungsanlagen aller Art, sind vorbehalten.
Gesetzt aus der Garamond der Fa. Linotype
Papier: Papierfabrik Schleipen GmbH, Bad Dürkheim
Gesamtherstellung: Pustet, Regensburg
Printed in Germany
ISBN 3 430 16095 2

Inhalt

RUDOLF LILL/HEINRICH OBERREUTER

Zur Einführung

»Jetzt wird die ganze Welt über uns herfallen und uns beschimpfen. Aber ich bin nach wie vor der felsenfesten Überzeugung, daß wir recht gehandelt haben. Ich halte Hitler nicht nur für den Erzfeind Deutschlands, sondern auch für den Erzfeind der Welt. Wenn ich in wenigen Stunden vor den Richterstuhl Gottes treten werde, um Rechenschaft abzulegen über mein Tun und Unterlassen, so glaube ich mit gutem Gewissen das vertreten zu können, was ich im Kampf gegen Hitler getan habe. Wenn einst Gott Abraham verheißen hat, er werde Sodom nicht verderben, wenn auch nur zehn Gerechte darin seien, so hoffe ich, daß Gott auch Deutschland um unsertwillen nicht vernichten wird. Niemand von uns kann über seinen Tod Klage führen. Wer in unseren Kreis getreten ist, hat damit das Nessushemd angezogen. Der sittliche Wert eines Menschen beginnt erst dort, wo er bereit ist, für seine Überzeugung sein Leben hinzugeben.« Henning von Tresckow, eine der treibenden Kräfte der militärischen Widerstandsbewegung, zog für sich dieses Fazit am Tage nach dem mißglückten Attentat, wenige Stunden, bevor er sich das Leben nahm, um den Häschern zu entgehen. Von Tresckows Fazit spricht wesentliche Probleme an, denen sich jede rückblickende Beschäftigung mit dem 20. Juli 1944 zu stellen hat: die aktuelle und historische Resonanz, Gründe, Rechtfertigung und Ziele des Widerstands, Erfolgsrisiko und Gewissensentscheidung.

I

Welche Resonanz erzeugte die Tat des 20. Juli 1944? Von Tresckow sollte recht behalten; denn die Rachsucht Hitlers, dem sich ein weiteres Mal der beflissene Gehorsam vieler zur Verfügung stellte, fiel mit erbarmungsloser Brutalität und Konsequenz über die Verschwörer (und ihre Familien) her – bis ganz zuletzt: die bis dahin noch nicht Getöteten sollten noch in den eigenen Untergang mit hineingerissen werden. Verfolgung und Verurteilungen, Sippenhaft, Folter und Mord – noch einmal offenbarte der Nationalsozialismus sein wahres Gesicht: Gewaltherrschaft und die Verachtung menschlicher Würde und Existenz demonstrierten sich im Exzeß an denen, die ihn gerade wegen dieser Perversionen mit letzten und verzweifelten Mitteln beseitigen wollten. Daß es im Falle des Scheiterns so kommen würde, war wohl allen klar, die den Widerstand wagten. So blieb es dem deutschen Widerstand – im Gegensatz zur französischen Résistance und zur italienischen Resistenza – versagt, die nachnationalsozialistische Staatlichkeit Deutschlands direkt mitzugestalten.

Die deutsche Nachkriegsgesellschaft tat sich schwer, ein angemessenes Verhältnis zum 20. Juli zu entwickeln, obgleich sie moralisch von ihm und anderen Widerstandsgruppen unendlich zehrte. Der Prozeß der Einbürgerung in eine ihrem Erbe nach obrigkeitsstaatliche politische Kultur war eher mühsam, und man darf zweifeln, ob sich diese Gesellschaft je wirklich mit dem Widerstand solidarisiert hat. Im Gegenteil: Einbürgerung und neue Problematisierung gingen Hand in Hand. Da es – übrigens gerade in der Tradition dieses Widerstands – nicht um unkritische Heroisierung gehen kann, muß natürlich auch die Diskussion aufgenommen werden, ob der Aufstand nicht »falsch und zu spät« kam. Eugen Gerstenmaier, der dabei gewesen ist, sagt zu dieser Kritik: »Wir beugen unser Haupt in Demut vor Gottes Ratschluß, der es uns nicht gelingen ließ. Wir schlagen uns an die Brust, daß wir es nicht öfter, kühner und noch viel früher wagten: wenngleich der 20. Juli bei weitem nicht der erste Versuch war. Wir müssen Fehler in der Durchführung, vielleicht auch in der Planung auf uns nehmen. Die Männer, die den Stoß schließlich führten, waren auch nur fehlsame Menschen, und was sie unternahmen, fiel ihnen schwer. Aber wer sind die, die ihnen Vorhaltungen machen?« In der Tat: im nachhinein und aus Distanz ist leicht reden. Zu spät? Die Koalition des 20. Juli barg auch die Kräfte, für die der Widerstand nur die logische Fortsetzung der politischen Kämpfe aus der Endzeit Weimars war – und die darin im Grunde nie nachgelassen hatten. Dazu kamen jene, die der Republik durchaus mit Skepsis und den Zielen des Nationalsozialismus mit Sympathie gegenübergestanden hatten, die aber schon mit der evidenten Zerstörung des Rechtsstaats im Juni 1934 (»Röhm-Putsch«) zur Keimzelle und mit der konkreten Kriegspolitik seit 1938 zum Kern des Widerstandes geworden waren und seit 1939 mehr als einmal versucht hatten, Hitler auszuschalten: im übrigen gegen den öffentlichen Legitimitäts- und Konformitätsdruck, der zunächst von den politischen Erfolgen, später von den kriegerischen Verstrickungen des Regimes ausging.

Noch weiter reicht der Vorwurf, die Attentäter hätten keine überzeugende demokratische Alternative zu Hitler geboten. Ganz abgesehen davon, daß es diese Alternative damals auf dem europäischen Kontinent nicht gab, daß die liberale Demokratie verbraucht schien und gerade in Deutschland ihr Versagen erst die Notwendigkeit zum Widerstand gegen den aus ihr geborenen totalen Staat begründet hatte – es bleibt unhistorisch, aus der gesicherten Gegenwart Maßstäbe für geschichtliches Handeln vorschreiben zu wollen. Gerade militärischer und konservativer Widerstand müssen aus ihrer Herkunft entwickelt werden. Anders lassen sich Kontinuität und Kontinuitätsbrüche nicht angemessen erklären – wie z. B. der für viele sicher bedeutsame Schritt, die Loyalität zum Recht auch über die Loyalität zum Staat zu stellen. Dieser Widerstand war eine fundamentale Alternative in seiner Zeit. Daran und nicht an der vollendeten Demokratie des Grundgesetzes bleibt er zu messen. Auch auf die Gefahr der Mißdeutung sei gesagt, daß die Demokratie in der gegebenen Situation nicht das wichtigste Problem war: Zuerst wäre es darauf angekommen, Recht und Menschenwürde wiederherzustellen, den Krieg zu beenden und auch die Kriegswirtschaft abzubauen. Erst dann stellte sich die Verfassungsfrage, die denn auch in den Konzepten der Verschwörer weithin offengeblieben ist. Aber schon das personelle Spektrum des Widerstands und seine internen Diskussionen machten deutlich, wie wenig die verfassungspolitischen Zustände mit den ständestaatlichen Vorstellungen Goerdelers auf Dauer wohl gemein gehabt hätten, wäre das Attentat gelungen. Wenn das große Vermächtnis des 20. Juli die Erinnerung an den freiheitlichen Rechtsstaat ist, dann ist damit ohnehin eine unabdingbare Voraussetzung der Demokratie benannt; denn nur in Gestalt des Verfassungsstaates schützt sie die Rechte und Freiheiten des einzelnen vor Willkür. So ist die Gegenfrage Gerstenmaiers berechtigt: »Von welcher erhabenen Bastion kommen jene Fragen und Mutmaßungen, daß dem Bemühen der Täter, ihrem Kampf und Sterben am Ende doch die höhere Weihe fehle, weil ihnen das rechte Öl der Demokratie abgegangen sei?« Jene Vorwürfe der unvollendeten Demokratie und des Faschismus lediglich geringerer Spielart haben aber im Wandel der Generationen schon in den sechziger Jahren der Einbürgerung des 20. Juli entgegengewirkt. Sie haben seitdem neue Distanz begründet, wenn auch nun aus anderen Motiven. Aufmerksamkeit und Forschung wandten sich den »kleineren« Widerstandsformen zu. Der 20. Juli blieb seit einiger Zeit praktisch ausgeklammert. Im heutigen Alltagsverständnis ist er kaum mehr präsent. Dabei käme es zum angemessenen Verständnis historischer Schuld und Hoffnung auf beides an. So bleibt die Hoffnung, die Winston Churchill 1946 ausdrückte, bis heute aktuell: die Hoffnung auf die Zeit, »in der das heroische Kapitel der immerdeutschen Geschichte seine gerechte Würdigung finden wird«.

II

Die rechtfertigenden Gründe des Widerstands offenbaren sich in seinen vordringlichsten Zielen: Der Entwurf einer Regierungserklärung nennt als erste Aufgabe »die Wiederherstellung der vollkommenen Majestät des Rechts«. Die Verurteilung des Angriffskrieges von Beginn an und der Frieden – und damit neben der moralischen die physische Rettung Deutschlands – standen gleichrangig daneben. Als drittes darf man die in die Zukunft weisende Vision der Einigung Europas nennen – Europa begriffen als Gemeinschaft humaner Werte. Europa nach dem Kriege, so hatte von Moltke 1942 geschrieben, sei die Frage, wie man »das Bild des Menschen in den Herzen unserer Mitbrüder« aufrichten könne.

Alle diese Ziele weisen auf das ethische Grundmotiv, die Freiheit und die Würde des Menschen wiederzugewinnen und eine Staatsordnung zu errichten, die sie sicherte. Daß der Nationalsozialismus diese ethischen Fundamente nach und nach und immer konsequenter zerstört hatte, begründete den unauflöslichen Widerspruch und den Weg in den Widerstand. Das wesentliche, so Graf Yorck vor dem Volksgerichtshof, sei »der Totalitätsanspruch des Staates gegenüber dem Bürger unter Ausschaltung seiner religiösen und sittlichen Verpflichtungen«. Dieser Totalitätsanspruch reichte so weit, daß schon gemeinsames Nachdenken über praktisch-ethische Fragen zum todeswürdigen Verbrechen wurde, weil sie »zur ausschließlichen Zuständigkeit des Führers« gehörten. Freisler, der Präsident des Tribunals, sah im Anspruch auf den ganzen Menschen die einzige Gemeinsamkeit zwischen Nationalsozialismus und Christentum. Der eine Anspruch muß natürlich den anderen ausschließen. Aber der Vergleich ist höchst formal und irrt substantiell. Denn das eine Mal stammt dieser Anspruch, kurz und deutlich ausgedrückt, nicht aus dieser Welt, herrscht nicht in ihr und unterwirft sie sich nicht, sondern bleibt ein freiheitliches, ethisch fundiertes Angebot ohne weltliche Macht; das andere Mal ist er radikal weltimmanent, ohne jegliche Bindung an vorstaatliche ethische Prinzipien, eine willkürliche Ideologie, die ihren exklusiven Herrschaftsanspruch mit allen staatlichen Machtmitteln jedermann verbindlich aufzuzwingen sucht. Folglich reichte der Anspruch des Nationalsozialismus erheblich weiter. Er vertrug nicht nur keine weltanschauliche Konkurrenz, führte vielmehr geradewegs zu der bekannten, um seiner selbst willen menschenverachtenden und menschenvernichtenden Staatspraxis.

Wer den 20. Juli nur im herkömmlichen Sinn politisch begreift, begreift ihn nie. Er setzte jenseits des Politischen an. Der entscheidende Beweggrund für jenen Widerstand, der nicht gleichsam aus den Weimarer Kämpfen ererbt war, wurde die ethische Differenz. Angriffskrieg, Verfolgung und Vernichtung des Andersdenkenden, der todbringende Rassenwahn: ihretwegen galt Hitler als »Erzfeind der Welt« (von Tresckow), als »das personifizierte Böse der Weltgeschichte« (H. von Haeften), als »das Böse an sich« (Stauffenberg) – manchen schlicht als der »Antichrist«. Viele, die von der Mordindustrie des Systems Kenntnis erhalten hatten, glaubten nicht mehr weiterleben zu können, ohne wenigstens zu versuchen, ihr Einhalt zu gebieten. Die vorbereitete Regierungserklärung spricht folglich – was selten hervorgehoben wird – den Willen an, die Verfolgung der Juden und die Verbrechen in den besetzten Gebieten zu sühnen. Das ethische, in einer heute kaum noch nachvollziehbaren Weise christlich begründete Motiv macht den 20. Juli zum Aufstand des Gewissens. Es rechtfertigte letztlich auch das Attentat.

Bevor sie sich dazu durchrangen, gaben sich die Verschwörer selbst jahrelangen, selbstquälerischen Zweifeln hin – manche bis zuletzt. Viele haben diese Zweifel für sich nicht auszuräumen vermocht und den Tyrannenmord abgelehnt. Diese Zweifel sind angesichts des ethischen Ansatzes der Beteiligten alles andere als inkonsequent. Die Anrufung des Gewissens in einer derartigen Grenzsituation erfordert geradezu die individuelle Suche nach dem sittlich verantwortbaren Weg. Daher blieb der Widerstand gerade durch diese Selbstzweifel und die Unterschiedlichkeit der Antworten auf diese entscheidende Frage sich insgesamt treu.

Es spricht auch für ihn, daß er theoretische Rechtfertigungen nicht einfach übernahm, sondern sich mühevoll mit ihnen auseinandersetzte. Man muß allerdings auch sehen, daß der Siegeszug des Rechtspositivismus der naheliegenden naturrechtlichen Begründung den Boden entzogen hatte. Seit den in der ersten Weltkriegszeit entstandenen, weitverbreiteten Werken des Staatsrechtslehrers Wolzendorff wurde der Widerstand in den staatsrechtlichen Lehrbüchern, wenn überhaupt, nur deswegen behandelt, weil ihm nach akademischer Tradition ein Paragraph in den Kollegheften zukam. Nur wo das Naturrecht anerkannt ist, gehört dazu auch das Recht auf Widerstand gegen den Bruch der Menschenrechte. Dazu führte – jenseits des Positivismus – natürlich in der radikalen Immanenz nationalsozialistischer Staatsauffassung, nach der das Recht im Führerwillen gründete, kein Weg. Dazu führte auch nicht jenes Widerstandsrecht, das Hitler in »Mein Kampf« postuliert hatte; denn sein Menschenrecht, das Staatsrecht bricht, war nicht naturrechtlich, sondern – verkürzt ausgedrückt – sozial-darwinistisch begründet. Die Rückkehr zum Naturrecht, die Wiederverankerung überpositiver und vorstaatlicher Rechtsprinzipien im staatsrechtlichen Denken, die das Opfer überdauert hat, ist daher ein bleibendes Verdienst: es hat bei der Begründung der Verfassung der Bundesrepublik als wertgebundene Ordnung strukturierend gewirkt.

Mehr Rechtfertigung war aus der Sozialethik der Kirchen zu gewinnen. Die scholastische Tradition hatte der Tyrannenherrschaft stets die Legitimität entzogen: Hielt man Hitlers Machtergreifung für legal, ihn selbst folglich nicht für einen *tyrannus usurpationis*, so war er doch als *tyrannus regiminis* einzustufen: als Herrscher, der legal verliehene Macht zur Aufhebung der Legalordnung mißbrauchte. Wer für die Wiederherstellung dieser Ordnung kämpfte, konnte also Thomas von Aquins Satz für sich in Anspruch nehmen: »Illi ... qui bonum commune defendunt ... non sunt dicendi seditiosi.«

Aber auch die lutherische Tradition ließ, trotz ihrer obrigkeitlichen Orientierung, den Widerstand nicht allein. Die Verpflichtung zum leidenden Gehorsam schlägt nach Luther zumindest für Amtsträger in das Recht auf Widerstand gegen die Obrigkeit um, wenn grundsätzliche Gesetzlosigkeit eintritt: Anomia – ein Zustand, in dem »ein gesetzloser Mensch in seiner eigenen Potenz sich zum Gesetz aller Dinge des Staatslebens« (H. J. Iwand) aufschwingt. Aber diese reformatorische Widerstandslehre war durch politischen Absolutismus und kirchlichen Pietismus in Verfall geraten. Sie stand gleichsam nicht zur Verfügung. Heute, in voller Kenntnis der historischen Fakten, läßt sich ohne weiteres erkennen, wie sehr der rechtfertigende Zustand eingetreten war.

Freilich ist damit das Problem des Tyrannenmords noch nicht geklärt, das die schwerste Gewissensbelastung darstellte. Aus der eigenen Zerrissenheit führten die Widersprüche und Vorbehalte der sozialethischen Lehrmeinungen nicht heraus. Auch dazu läßt sich heute ein Urteil zwar nicht leichter, aber gewiß doch einfacher bilden – zumal wir die volle Dimension des Unrechts kennen. Gerade jene, die die Tötung Hitlers für unausweichlich ansahen, quälten sich mit dieser Entscheidung, und es gab durchaus auch die Überzeugung, daß auch die Tötung als Notwehrakt zur Wiederherstellung des Rechts gesühnt werden mußte.

III

Der 20. Juli hat seine unmittelbaren Ziele verfehlt. War er deswegen erfolglos? Die Frage ist von Bedeutung, da prominente Widerstandskämpfer noch in der Todeszelle am Erfolgsproblem irre zu werden drohten: Goerdeler etwa sah im Mißerfolg geradezu ein Gottesurteil und eine neue Legitimierung Hitlers.

Jene, die das Attentat planten und vorantrieben, waren sich des hohen Risikos für ihre Sache und für das eigene Leben bewußt. Auch wenn es zweifellos Erfolgschancen gab und das Scheitern von vielen Zufälligkeiten abhing, hatte der unmittelbare Erfolg für viele Verschwörer nicht mehr die allein ausschlaggebende Bedeutung. Stauffenbergs Bruder Berthold soll zwei Tage zuvor gesagt haben: »Das Furchtbarste ist, daß wir wissen, daß es nicht gelingen kann, aber doch getan werden muß.« Trotzdem bestanden Hoffnung und Energie. Aber bei aller Hoffnung auf das Gelingen kam es längst auch auf eine Demonstration des moralischen Protests an: auf den faktischen Nachweis des »anderen Deutschland« als Akt der Selbstreinigung. So hat es auch Tresckow verstanden, als er den biblischen Vergleich mit den zehn Gerechten anstellte.

Gerade in der hohen Bereitschaft zum Handeln in Ungewißheit und im aktuellen Scheitern zeigt sich, wie verkürzt rein politische Kriterien sind, die eben nicht bis zu dieser moralischen Dimension reichen können, welche eine logische Folge des ethischen Grundmotivs darstellt. Aktuelles Scheitern bedeutet daher nicht historisches Scheitern.

Begreifen kann dies nur, wer weiß, was Widerstand im totalen Staat bedeutet, in dem es keine Grundrechtssicherungen, keine freie öffentliche Auseinandersetzung und kein

Recht auf Opposition gibt: Widerstand als stetes Agieren in Grenzsituationen, als sich immer wieder aufs neue stellende Herausforderung des individuellen Gewissens, als Existenz unter ständigem äußerem Druck und als höchste Gefahr für Freiheit und Leben.

IV

Politischer, ein nach- und nichtnational-sozialistisches Deutschland planender Widerstand sowie Vorbereitung und Ausführung des Attentats waren letztlich das Werk mutiger Einzelner, die auf sehr verschiedenen Wegen und Umwegen zum Widerstand gekommen sind. Nach einleitenden Aufsätzen über dessen Etappen, Gruppen und Motive, über die Resonanz des Widerstands im Ausland und über seine sittliche Berechtigung besteht darum der größte Teil dieses Bandes aus Portraitskizzen. Sie sind den Männern gewidmet, welche nach Ausweis der Volksgerichtshofsprozesse oder der seitherigen Forschung als die wichtigsten Akteure und Denker des Widerstandes gelten. Wie jedes historische Urteil ist freilich auch das über die Wichtigkeit der Akteure subjektiv. Mancher wird den einen oder anderen vermissen oder bedauern, daß er nur am Rande mitbehandelt wird; die Konzentration auf das Attentat der Offiziere und den Kreisauer Kreis sowie unser Wunsch, die Portraits durch einführende Essays wie durch die abschließenden Recherchen über Erforschung und Umfang des Widerstands einzurahmen, zwangen zur Beschränkung.

Wir danken unseren Autoren, die schnell und konzentriert schreiben mußten, damit dieser Band zum Jahrestag des Attentats erscheinen kann. Sie gehören drei Generationen an; daß einige von ihnen sowohl persönliche Erinnerung wie historische Reflexion einbringen, halten wir für besonders anregend. Die meisten haben den ursprünglich vorgesehenen Umfang einhalten können; nur bei den Hauptpersonen Goerdeler und Stauffenberg schien es richtig, diesen zu überschreiten.

Es geht uns darum, die Anteile von Militärs und Zivilisten sowie der verschiedenen politischen Gruppierungen angemessen darzustellen; es wird versucht, nicht nur die konkrete Widerstandstätigkeit des Betreffenden, sondern dessen Motivation aufzuzeigen, seine Herkunft, sein politisches Engagement und seine Umwelt wenigstens zu skizzieren. Dabei waren auch parallele Entwicklungen zu schildern, so daß die eine oder andere Wiederholung unvermeidlich wurde. Am Beispiel Rommels soll die Problematik derer aufgewiesen werden, die erst aus der Einsicht, daß der Krieg nicht mehr zu gewinnen war, ihn unbedingt beenden wollten. Auch diese Einsicht und die daraus nicht nur von Rommel gezogenen Konsequenzen verdienen hohen Respekt. Doch zeigt der Vergleich mit den anderen hier vorgestellten Männern, daß die eigentlich führenden Oppositionellen seit langem Gegner Hitlers und des Nationalsozialismus waren und aus hohem Ethos kritisiert, konspiriert und gehandelt haben. Der Widerstand gegen das totalitäre System hat sie zusammengeführt in eine Art großer Koalition, in die größte, welche die deutsche Geschichte kennt: Sie reichte von Deutschnationalen bis zu Sozialdemokraten, von Generalen bis zu Arbeitersekretären. Entscheidend für ihr Handeln und für ihre Bereitschaft zum Opfer waren ein humanistisches Menschenbild und eine rechtliche Auffassung vom Staat, wobei die konservative und die christliche, die liberale und die sozialdemokratische Konzeption nebeneinanderstanden, mit vielen Übergängen und Facetten. Auch aus etlichen unserer Portraitskizzen geht hervor, wie zwischen den Exponenten der verschiedenen Gruppierungen um die

Struktur des künftigen Staates gerungen worden ist, wobei der Gegensatz zwischen dem konservativen Goerdeler und den Sozialdemokraten um Leber typisch war. Aber ebenso bemerkenswert ist Stauffenbergs aktive Sympathie für die Vertreter demokratischer Erneuerung, auch der Widerstand der Offiziere ist nicht einfach als »rechtsstehend« einzuordnen. Wäre das Attentat gelungen, so ist anzunehmen, daß eine politische Evolution begonnen hätte. Die Gegensätze zwischen den Verschwörern endeten stets mit Kompromissen, welche keineswegs nur von den harten Erfordernissen konspirativen Handelns gegenüber einem fast perfekten polizeistaatlichen System diktiert gewesen sind. Die große Koalition des Widerstands wurde zusammengehalten durch rechtsstaatliches Ethos und den Willen zur Freiheit, durch Vernunft, Maß und Realismus – schon insofern und nicht erst wegen der Opfer, die sie zu Deutschlands Unglück hat bringen müssen, sollte sie ein nie zu vergessendes Vorbild sein für ein Volk wie das unsere, dessen politisches Verhalten allzuoft durch Autoritätsgläubigkeit und Unterordnung, durch Maßlosigkeit und Irrationalismus bestimmt gewesen ist.

Die Verschwörer konnten freilich auf eine größere Zahl von Sympathisanten rechnen, die teils in militärischen Stäben und zivilen Behörden saßen, teils vom Regime aus ihren Ämtern entfernt, teils Privatpersonen, darunter Verwandte und Freunde, waren. Sie waren in sehr verschiedenem Maße über den Attentatsplan informiert, oft nur so wenig, daß das Mitwissen keine Gefahr bedeutete, aber sie waren alle bereit, im Falle des Gelingens mitzumachen und der erhofften neuen Regierung die unerläßliche organisatorische Basis und öffentliche Resonanz zu schaffen. Bereits solche Bereitschaft, ohne die Widerstand im engeren Sinne kaum möglich gewesen wäre, zeugt von realistischer Einschätzung einer Gesamtlage, in der offene Gegenwehr zu sinnlosem Selbstmord geworden wäre. Auch diese Mitwisser und Helfer haben viel riskiert und nach dem gescheiterten Attentat teuer, nicht wenige mit dem Leben, bezahlen müssen. Unsere Portraitskizzen bemühen sich, möglichst viele dieser Männer und Frauen wenigstens mitzubehandeln, auch die abschließende Liste der Opfer geht ihnen nach.

Innerhalb des deutschen Volkes, dessen Mehrheit im alten positivistischen Staatsgehorsam verharrte und dessen Jugend großenteils dem Nationalsozialismus verfallen war, bildeten die Verschwörer und ihre Sympathisanten freilich nur eine kleine Minderheit; auch weil sie eine solche waren, sind sie gescheitert. Das ihr Planen erschwerende Unverständnis, auf das sie bei den westlichen Alliierten stießen und das in diesem Band an verschiedenen Stellen deutlich wird, spiegelt auch diese Konstellation wider. Dabei vergröbert es sie insofern, als gerade die Engländer aufgrund ihrer Erfahrungen mit Deutschland nicht glaubten, daß dort eine handlungsfähige Bewegung für die Freiheit wirkte. So zeigen sowohl die Abläufe in Deutschland wie die ausländischen Reaktionen, daß der, welcher dem Widerstand und dessen Scheitern nachgeht, sich der ganzen deutschen Geschichte des 19. und 20. Jahrhunderts stellen muß. Zwar bestehen große qualitative Unterschiede zwischen Nationalismus und Nationalsozialismus, zwischen dem Wilhelminischen Imperialismus und dem Hitlers, aber das zweite setzte das erste voraus; es war nicht notwendige Folge, aber der Weg war bereitet. Die konservativ-autoritäre Struktur und die militärische Organisation des preußisch-kleindeutschen Reiches haben die politische Mentalität der Deutschen zutiefst beeinflußt und insofern die Durchsetzung des nationalsozialistischen Totalitarismus erst möglich gemacht. Diese traditionelle Mentalität hat es auch vielen der in diesem Band behandelten Männer schwerfallen lassen, Hitler zuwiderzuhandeln; die Offiziere fühlten sich durch ihren Eid auch dann noch gebunden, als dessen Grundlage durch Hitlers Verbrechen längst zerstört war. Die humanistischen und freiheitlichen Traditionen unserer Geschichte waren verschüttet; der Widerstand hat damit begonnen, sie wieder freizulegen – insofern hat er Maßstäbe aufgerichtet, an denen die Bundesrepublik ausgerichtet ist und sein muß.

Vielleicht kann dieser Band zur Verbreitung der Erkenntnis beitragen, daß nicht alltägliche Widerständigkeit vieler, von der im letzten Jahrzehnt gesellschaftlicher Egalisierung sehr oft gesprochen wird, sondern der planvolle Widerstand einer militärischen wie politischen Elite die einzig realistische Chance bedeutet hat. Hitler zu stürzen und aus eigener Kraft den Rechtsstaat wiederherzustellen, den Krieg abzukürzen und dadurch Millionen Leben zu schonen, Deutschlands Niederlage zu mildern und die Teilung Europas in letzter Minute zu verhindern.

Unser Dank gilt, außer den Autoren, dem ECON Verlag, besonders Herrn Dr. Hinz und Herrn Drescher, für sorgfältige Planung und schnelle Herstellung des Bandes, sowie Ulrike Eich und Dr. Wolfgang Altgeld für ihre vielseitige und umsichtige Mitarbeit. Frau Eich hat auch die Zeittafel und das Personenregister angefertigt.

KARL DIETRICH BRACHER

Der Weg zum 20. Juli 1944

Jede Betrachtung des deutschen Widerstands gegen den Nationalsozialismus[1] muß sehr unterschiedliche Personen und Gruppen der Opposition, aber auch verschiedene Stufen des NS-Regimes berücksichtigen. Davon hingen ganz wesentlich zugleich die verschiedenen Methoden und Ziele des Widerstands ab. Zunächst waren es schon 1933 die alten politischen Gegner der Linken und der Mitte, bald auch enttäuschte Konservative; dann verstärkte sich die Opposition aus dem Raum der Kirchen; hinzu kamen Einzelgänger aus dem Staatsapparat und der Wirtschaft; schließlich rückten 1938 und wieder seit 1942/1943 Militärs in den Mittelpunkt oppositioneller Planungen und Aktionen. Die Bewertung ist deshalb so schwierig und umstritten, weil sie nach höchst verschiedenen Maßstäben erfolgen kann: Sind es die Motive, die Erfolgsaussichten oder die politischen Alternativ- und Zukunftsvorstellungen, denen das Hauptgewicht zukommt? Von der Beantwortung dieser Frage hängt es ab, wie die linken, die bürgerlichen, die kirchlichen, die konservativen, die militärischen Oppositionellen beurteilt werden, wie ihr Verhältnis zueinander und ihre Taktik gegenüber dem Regime gesehen wird.

Die Vielfalt der Widerstandsbewegung

Von einer einheitlichen Widerstandsbewegung kann zu keinem Zeitpunkt des Dritten Reiches gesprochen werden. Die Vielfalt der politischen und geistigen Kräfte, die sich früher oder später der nationalsozialistischen Gleichschaltung entzogen oder gar widersetzt haben, fand wohl an bestimmten Wendepunkten zu engeren Kontakten; aber in ihrem Verhalten und Planen sind die Unterschiede groß geblieben, und nach dem Ende des Regimes traten sie auch sehr konkret wieder hervor. Immerhin war das Ausmaß der innerdeutschen Opposition in der Vorkriegsperiode sehr viel größer, als die gelenkten Einheitsbekundungen nach außen erkennen ließen. Zehntausende von politischen Gegnern wurden verhaftet, Tausende wegen aktiver Opposition ermordet. Selbst wenn man von den Kollektivverfolgungen außerhalb der Justiz und in Konzentrationslagern absieht, wird man die Oppositionstätigkeit auch zahlenmäßig nicht so gering veranschlagen dürfen, wie es natürlich die NS-Propaganda getan hat. Aus den geheimen Überwachungsberichten der Gestapo ergibt sich ein durchaus anderes Bild. Es war freilich ein großer Schritt vom Nonkonformismus vieler, der unter totalitären Bedingungen gewiß schon ein Politikum darstellt, über das Nichtgehorchen bis zum aktiven Widerstehen.

Unter den Verhältnissen totalitärer Herrschaft mußte die konspirative Aktivität linker Widerstandsgruppen im Dunkel der Illegalität und Anonymität bleiben; ihre Zeugnisse sind daher spärlicher und viel weniger aufschlußreich als die Dokumente und Planungen der bürgerlichen und konservativen Opposition. Zahllose Prozesse spiegeln zwar die Breite und Kontinuität dieses »lautlosen Aufstands« (Weisenborn) wider, aber auch sie geben oft nur ein verzerrtes Bild dessen, was nationalsozialistisch gelenkte »Rechtspflege« als marxistische Feindvorstellung haben wollte, und in vielen Fällen verlief die Verfolgung ohnehin jenseits der Justiz im Bereich des KZ-Staates.

Waren schon die Kräfte der in sich zersplitterten Linksopposition zu schwach, um eine aktive Volksbewegung gegen den Nationalsozialismus in Gang zu bringen, so galt dies noch eindeutiger für alle anderen politischen und sozialen Gruppen. Hier fehlten die Voraussetzungen für illegale Zellenbildung und organisierten Widerstand, die immerhin in der Tradition der Linksparteien und zumal der KPD lagen. Aber während im sozialistischen Lager im Lauf der Jahre steigende Resignation um sich griff, als es offenbar wurde, daß jede Erweiterung der illegalen Gruppen zu einer Massenbewegung mißlang und nur die oppositionelle Einzelarbeit im Kontakt mit wenigen Gesinnungsfreunden blieb, nahmen zugleich im bürgerlichen Lager die Versuche zu, von staatlichen oder gesellschaftlichen eigenen Machtpositionen aus Ansatzpunkte zum Widerstand und zur Änderung des Regimes zu gewinnen. Solche Ansätze wurden zunächst an drei Stellen greifbar: im partiellen Widerstand der Kirchen gegen die Gleichschaltung, in wachsenden Bedenken liberaler und konservativer Kreise gegen die Wirklichkeit der NS-Herrschaft und schließlich in jener Kritik desillusionierter Militärs am Risiko- und Kriegskurs Hitlers, die in der Krisensituation des Sommers 1938 zum erstenmal wirksam wurde.

Individuelle Gewissensentscheidung als Ansatz der Militäropposition

Die Konsolidierung des NS-Regimes setzte sowohl dem sozialistischen wie dem kirchlichen Widerstand enge Grenzen. Auf eine Volkserhebung oder eine Änderung aus eigener Kraft war nicht zu hoffen, solange nicht die Verbindung mit Trägern gesellschaftlicher, staatlicher und militärischer Machtpositionen Ansatzpunkte für eine Beeinflussung der politischen und militärischen Entscheidungsprozesse des Dritten Reiches schuf. Es erwies sich, wie gering die Möglichkeiten sind, unter einem totalitären Regime eine oppositionelle Volksbewegung in Gang und zur Wirkung zu bringen, und wie wenig Illegalität und Widerstand eine Sache der Massen war. So gewannen jene antitotalitären Impulse Bedeutung, die dem ursprünglich keineswegs demokratisch geprägten Umkreis des Beamtentums und Militärs entstammten. Bezeichnend dafür war die rastlose Aktivität, die der ehedem deutschnationale Leipziger Oberbürgermeister Carl Goerdeler in den folgenden Jahren entfaltete. Sie ging vor allem in drei Richtungen: Versuche, durch Denkschriften auf die Staatsführung einzuwirken; Kontakttätigkeit zwischen den verschiedenen Kreisen einer beginnenden bürgerlichen und konservativen Opposition; Beeinflussung der Bürokratie. Je mehr schließlich die Einsicht wuchs, daß an einen Umsturz von unten nicht zu denken war und nur ein Staatsstreich von oben in Betracht kam, begann sich der Widerstand auf die Armee hin zu orientieren.

Die Wehrmacht war dafür alles andere als vorbereitet. Entgegen den Hoffnungen auch mancher Konservativer hatte sie die Machtergreifung, die Ermordung der Generale Schleicher und Bredow, die Vereidigung auf Hitler 1934 ohne Protest hingenommen. Ihr illusionsreiches Verhalten kam der Festigung der NS-Herrschaft zugute. Es gründete tief in dem Seecktschen Ideal des »unpolitischen Soldaten«, das in Wahrheit antidemokratisch orientiert war: Mit der Zusicherung der militärischen Autonomie hat Hitler das Offizierskorps alten Schlages zu befriedigen vermocht. Hinzu kam die vermeintliche Gemeinsamkeit der militärischen und nationalsozialistischen Interessen: Die Rüstungspolitik und die Beseitigung der Versailler Beschränkungen waren Ziele, um derentwillen man bereit war, die Praktiken nationalsozialistischer Herrschaft als bloße Entgleisungen hinzunehmen. Als eine eigene Machtgruppe zu handeln war der Wehrmacht schon nach dem Versagen von 1934 nicht mehr möglich. Auch militärischer Widerstand konnte nur eine Teilbewegung, Anstrengung einer Minderheit sein, die zwar zeitweilig wichtige Positionen und Verbindungen erreichen konnte, aber nie zu ausreichendem Einfluß in der militärischen Spitze gelangte. Das hat seine Form und seine begrenzten Möglichkeiten bestimmt.

Es zeigte sich, daß die deutsche Militärtradition im Grunde kein tragfähiges Fundament für einen politischen Widerstand bot: Er blieb auf die Einzelinitiative geistig und moralisch selbständiger Militärs beschränkt. Ihr Ansatzpunkt lag nicht in der Reichswehrtradition, sondern in der Gewissensentscheidung des einzelnen. Aber für allzu viele ist der Eid Anlaß oder Vorwand gewesen, dem Gewissenskonflikt in den bloßen Gehorsam auszuweichen und sich bis zuletzt jedem Widerstand zu versagen. Immerhin, im Sommer 1938 stand eine erste Militäropposition um Beck mit Widerstandsplänen in Verbindung, an denen erstmals fast alle politischen Lager beteiligt waren. Von SPD- und Gewerkschaftsführern bis in die hohe Beamtenschaft und in die halbzivilen Geheimdienste der Wehrmacht reichten die Kontakte der Verschwörer, die im Augenblick der erwarteten militärischen Krise die Änderung des Regimes planten. Ihren Kern gewann die aktive Konspiration seit diesen Wochen in einem Kreis, der sich in der Abteilung Abwehr im OKW (Oberkommando der Wehrmacht) bildete. Hier war die Einsicht in die wirkliche Lage am schärfsten, und hier wirkten als treibende Kräfte der damalige Oberst Hans Oster und im weiteren dann der Reichsgerichtsrat Hans von Dohnanyi.

Kern der Planungen war die Verhaftung Hitlers, und zwar im Augenblick seines Befehls zum Kriegsbeginn und der erwarteten Kriegserklärung der Westmächte: Man rechnete damit, daß dies die deutsche Bevölkerung in Schrecken versetzen und dem Unternehmen einen breiteren Rückhalt geben, das Risiko eines Bürgerkriegs vermindern würde. Wenn der verbrecherische Katastrophenkurs Hitlers so offenbar war, konnte der Widerstand auch im obrigkeitlich gesinnten Bürgertum und Militär auf Unterstützung hoffen, würde Gehorsamsverweigerung nicht als Sabotage und Verrat erscheinen. Die Erfahrung vom November 1918 stand als Warnung hinter diesen Erwägungen. Zwei Gefahren suchten diese Pläne zu vermeiden: einen Bürgerkrieg, dessen Ausgang im Blick auf die nationalsozialistische Parteimacht ungewiß war, und eine Dolchstoßlegende umgekehrter Art, die eine künftige Neuordnung mit der Behauptung vergiften konnte, daß Armee und Opposition Hitler angesichts des Erfolgs in den Rücken gefallen seien. Wie begründet diese Überlegungen waren, hat später die

Diffamierung der Aktion vom 20. Juli 1944 bewiesen, deren Gelingen doch nur einem längst verlorenen Krieg ein Ende gesetzt hätte.

Hitlers Triumphe – Niederlagen des Widerstands

Hitlers Triumph auf der Münchener Konferenz 1938 hat jenen frühen Plänen den Boden entzogen. In den nächsten drei Jahren eilte das Regime von Erfolg zu Erfolg; sein Prestige schwächte nicht nur die Reihen der Opposition und machte eine Gegenaktion fast aussichtslos, sondern hätte einen Putsch auch unweigerlich mit den gefürchteten Konsequenzen belastet: Bürgerkrieg und Dolchstoßlegende. Die ohnehin problematische, ewig zögernde Beteiligung der Militärs, auf die alle künftigen Aktionen angewiesen waren, ist dadurch entscheidend kompliziert worden. Hinzu kam die immer schärfere Abschirmung Hitlers im Kriege.

Hier tat sich nun das politisch-moralische Problem auf, wann und wie die Opposition zum Mittel der Gewalt greifen solle und könne. Nicht nur die Kirchen verharrten bei ihren prinzipiellen Bedenken und lehnten mit geringen Ausnahmen die Rechtfertigung von Gewaltakten einschließlich der Tötung Hitlers ab. Auch viele bürgerliche und konservative Oppositionelle von Goerdeler bis zum Kreisauer Kreis standen diesem Problem unentschieden gegenüber und überließen das Attentat den Militärs, die ihrerseits in der Mehrzahl an Eid und Gehorsam festhielten. Das hat nicht nur die praktische Vorbereitung eines Staatsstreichs, sondern schon die Verständigung der verschiedenen Oppositionsgruppen untereinander schwer behindert, es hat schließlich auch den Putschversuch selbst entscheidend beeinträchtigt. Bis zuletzt müßte man allzu stark auf glückliche Zufälle setzen. Der Putschplan vom September 1938 blieb das Grundmodell: zuerst Sicherung der militärischen Unterstützung für eine möglichst unblutige Aktion, dann Gewinnung der Bevölkerung durch Proklamation und Information über den verbrecherischen Charakter und den Katastrophenkurs des Hitler-Regimes.

Der Krieg hat die Opposition gleichermaßen kompliziert und begünstigt. Einerseits wurde es immer schwerer, Nationalsozialismus und Deutschland voneinander zu trennen: Der Appell an den Patriotismus wirkte stärker als die Bedenken gegen das Regime; dazu kamen die im Krieg gesteigerte Reglementierung, Überkontrolle und eine allseitige Überanstrengung des Lebens. Andererseits verlangte der Krieg aber auch ein größeres Maß an Improvisation und Pragmatismus, enthielt Tendenzen zur Lockerung und Öffnung der Herrschaftsstruktur im zivilen wie im militärischen Bereich, die der Organisation und Ausbreitung des Widerstands günstig waren. Vor allem aber verstärkte sich nun schlagartig das Gewicht der Wehrmacht, die sich trotz ihres bisherigen Versagens doch eine Distanz gegenüber der Partei und vor allem der SS bewahrt hatte. Hinzu kam, daß jetzt auch viele zivile Gegner des Regimes in militärischen Stellungen Verwendung fanden. Unter dem Schirm des Admirals Canaris hatte Oster seit Kriegsbeginn Männer wie Dohnanyi, dann auch Dietrich Bonhoeffer in die Abwehr aufgenommen.

In der Situation von 1939/1940, vor der Ausweitung des Krieges, haben sie die Kontakte mit den Alliierten zu stützen, hat Oster auch einen letzten Beweis für die Ehrlichkeit der Opposition zu erbringen gesucht, indem er die deutschen Termine für den Angriff sowohl auf Skandinavien wie auf Frankreich nach Holland gelangen ließ. Dieser Versuch, der wie alle ausländischen Kontakte bis heute von vielen Kritikern der Opposition als »Landesverrat« diffamiert und sogar zum Vorwand einer neuen Dolchstoßlegende gemacht worden ist, war Ausdruck der unbedingten Gegnerschaft Osters gegen das Regime und seines entschlossenen Willens, alles für die Beendigung des Krieges und den Umsturz einzusetzen. Die Überschreitung der Grenze vom Hochverrat zum Landesverrat, unter der Diktatur ohnehin verwischt, rechtfertigte sich auch aus der Einsicht, daß Hitler im Begriff war, fünf neutrale Länder zu überfallen, denen er ausdrücklich ihre Unversehrtheit garantiert hatte. Die Tat war politisch wie moralisch begründet; nur zu gut war Oster über die bedenkenlosen Vorbereitungen der nationalsozialistischen Aggression unterrichtet. Wenn Landesverrat die Absicht voraussetzt, dem eigenen Lande zu schaden, dann war das Recht auch bei diesem außergewöhnlichen Schritt auf der Seite dessen, der mit allen verfügbaren Mitteln den Vertragsbruch und die Zerstörung des Rechtes bekämpfte. Landesverrat und Eidbruch können in einem Unrechtsstaat, der selbst alle Verpflichtungen gegen die eigenen Bürger wie gegen die Umwelt bricht, nicht mehr gelten. Osters Tat war aber zugleich auch der ganz konkrete und verzweifelte Versuch, das seit Kriegsbeginn erschütterte Vertrauen in die deutsche Opposition zu retten. Er ist gescheitert, weil die Warnungen nicht ernst genommen wurden und die militärische Effizienz der deutschen Operationen in unerwartet kurzer Zeit zum völligen Sieg im Westen führte.

Der erneute Triumph Hitlers wandelte die Lage grundlegend. Der Sieg über Frankreich bezeichnete zugleich die tiefe Niederlage der Opposition. Nun begann die schwerste Prüfungszeit für eine Widerstandsbewegung, die sich im Rausch der siegreichen Diktatur zu behaupten hatte. Die bisherigen Kontakte mit dem Westen und die Hoffnungen auf ein rasches Kriegsende und inneren Umsturz waren zerstört. Isoliert und ohne Aussicht, die Bevölkerung zu gewinnen, war der Opposition fast nur noch die moralische und rechtliche Position geblieben, war äußeren Erfolgserwägungen der Boden entzogen. Um so bemerkenswerter erscheint das Maß an Kontinuität, mit dem Widerstand über die nächsten Jahre organisiert und ausgebaut wurde. Die Tatsache steht den späteren Behauptungen entgegen, nur die Angst vor der Niederlage, eine Art Torschlußpanik, habe den deutschen Widerstand angetrieben. Das mag für einige der militärischen Exponenten gelten. Aber es traf gewiß nicht für jene zu, die in der Zeit der größten Erfolge des Dritten Reiches die Last des lebensgefährlichen Kampfes gegen Hitler und sein scheinbar unüberwindliches Regime trugen.

Neue Umsturzpläne waren im bisherigen Rahmen nicht mehr möglich; sie konnten noch weniger als vor 1940 mit den vom Erfolg berauschten, vielfach beförderten und dekorierten Militärs rechnen. Auch die gewaltige Vermehrung des unteren und mittleren Offizierskorps durch hitlergläubigen Nachwuchs mußte sich negativ auf die Aktionsbereitschaft der Generale auswirken. Überdies wurden die Schutzmaßnahmen des Regimes mit dem Aufstieg der SS-Macht ständig verstärkt. Hitler selbst lebte seit Beginn des Rußlandfeldzugs fast nur in den hermetisch abgeriegelten Bunkern der Führerhauptquartiere in Ostpreußen und der Ukraine; die künftigen Attentatspläne setzten schwierigste Kombinationen voraus. Das war doppelt gravierend, da immer klarer wurde, daß unter den Bedingungen des Krieges und der Machtstellung Hitlers die Ermordung des Diktators die Conditio sine qua non eines Regimewechsels war.

Hier liegen die beiden wichtigsten Probleme der weiteren Entwicklung. Da war einmal die Tatsache, daß jeder Sieg der deutschen Waffen die innenpolitischen Aussichten der Opposition ebenso verminderte, wie er die außenpolitischen Ansprüche ihres deutschnationalen Flügels von Goerdeler bis ins Auswärtige Amt geradezu anmaßend vergrößerte. Das andere Problem war verknüpft mit der Diskussion über die politischen und moralischen Implikationen einer Ermordung Hitlers. Die Erwägungen über eine künftige Neuordnung Deutschlands, die mit der Steigerung der Untaten eine ganz andere Intensität beanspruchten, ließen die sehr verschiedenen politischen und gesellschaftlichen Vorstellungen der Oppositionsgruppen schärfer und konkreter hervortreten. Noch dringender als vor dem Krieg schien nach dem Scheitern aller »normalen« Versuche, das Regime zu ändern, nach der tiefen Erschütterung aller Tradition ein grundlegendes Umdenken geboten. Ein Blick auf die vielumstrittenen Staats- und Gesellschaftsvorstellungen des Widerstands in den Jahren 1940 bis 1943 zeigt zum einen das Gewicht der Hemmnisse, Illusionen, Fehleinschätzungen, mit dem alle Eventualentwürfe der Opposition von rechts bis links belastet waren, es zeigt auch, daß Widerstand und Konspiration gegen Hitler noch nicht ipso facto ein Votum für die Demokratie oder ein Verzicht auf die Vorstellungen nationaler Machtpolitik bedeuteten.

Am greifbarsten waren die Forderungen des Kreisauer Kreises um den Grafen Moltke: Bruch mit dem Nationalismus, Fortschritt zu einem europäischen Internationalismus, in dem sowohl die französische Hegemonie von Versailles wie der alte und neue deutsche Hegemonialismus überwunden werden, deutsch-französische und deutsch-polnische Verständigung an Stelle einer Durchsetzung umstrittener Gebietsansprüche. Diese Gedanken brachten vor allem die Sozialisten (Haubach, Leber, Reichwein) ein; Lebers grundlegende Forderung an die künftige Außenpolitik war seit je gewesen, daß die Prinzipien wirtschaftlicher Zusammenarbeit und demokratischer Innenpolitik auch die zwischenstaatlichen Beziehungen bestimmen sollten. Aber auch Moltke und seine Freunde sprachen nun, und zwar in bewußter Distanz zu den historisch-politischen Denktraditionen ihrer adeligen Schicht, von einer Europäisierung des Denkens und von einer Wandlung des Staatsbegriffs, der nicht länger Selbstzweck sein dürfe. Der Gedanke an übernationale, föderalistische Lösungen entzündete sich vor allem an der Problematik der ostdeutsch-osteuropäischen Nationalitätenpolitik; Moltke selbst hatte sich früh mit Minderheitenfragen beschäftigt. Dies war der gemeinsame Grund, auf dem die Zusammenarbeit mit den sozialistisch-internationalen Denkformen möglich sein würde. In mancher Hinsicht ist Moltke noch weiter gegangen bis zu dem utopisch erscheinenden Gedanken an eine Auflösung Deutschlands und Europas in kleine Selbstverwaltungskörper. Ein solcher Radikalföderalismus, der die Souveränität einem europäischen Gesamtstaat vorbehielt, bedeutete einen revolutionären Bruch mit den Denkgewohnheiten des 19. und 20. Jahrhunderts, die den Kampf gegen den »Partikularismus« und für den nationalen Einheitsstaat zum höchsten Gesetz erhoben hatten.

Aber das eigentliche Problem blieb der Umsturz selbst und mithin die Rolle der Stauffenberg-Leber-Gruppe, die ebenso wie die Oster-Dohnanyi-Gruppe von der

Theorie nicht viel hielt, vielmehr alle Kräfte auf die drei großen und vordringlichen Ziele konzentrierte: Beseitigung des Hitler-Regimes, Beendigung des Krieges, Wiederherstellung von Recht und Freiheit. Das war auch die konsequente Position eines Dietrich Bonhoeffer, der schon 1942 im radikalen Unterschied zu Goerdeler und anderen erklärt hatte, die Schuld des nationalsozialistischen Deutschland lasse »außenpolitische Auswege« nicht mehr zu. Das Handeln des Widerstands sei vielmehr ein »Akt der Buße« und müsse als solcher deutlich werden. Für Bonhoeffer wie für Leber und Moltke war die bedingungslose Kapitulation unvermeidlich. In diesem Sinne hielt auch Moltke über die Vorstellungen anderer Kreisauer hinaus Ende 1943 »eine unbezweifelbare militärische Niederlage und Besetzung Deutschlands aus moralischen und politischen Gründen für absolut notwendig«.

Drang zur Aktion

Erst im letzten Kriegsjahr steuerte der deutsche Widerstand auf den Staatsstreich zu. Das hat ebenso wie der illusionäre Charakter mancher der Pläne zu dem Eindruck beigetragen, erst als Verzweiflungsakt angesichts des verlorenen Krieges sei ernsthaft an einen Sturz des Regimes gedacht worden. In der Tat, bis zuletzt hielt ein lähmender Konformismus die Masse der deutschen Bevölkerung gefangen, den auch nur wenige der Militärs, auf die eine Aktion unweigerlich angewiesen war, zu durchbrechen wagten. Bei dem Entschluß zum Widerstand war für viele, wie zum Beispiel für Hans Scholl, die Anschauung der deutschen Besatzungspolitik, besonders im Osten, ausschlaggebend. Dieses moralisch-politische Motiv galt auch für einen Teil der militärischen Opposition. Einen weiteren Ausgangspunkt bildeten die Führungskonflikte, die zuerst an der Wende des russischen Winterfeldzugs 1941/1942 sichtbar wurden.

Die äußeren Chancen der Opposition waren zu diesem Zeitpunkt geringer denn je: Hitler stand auf dem Gipfel der Erfolge, der Widerstand, von den meisten Verbindungen nach außen abgeschnitten, war in den Augen der Westmächte unglaubwürdig oder doch unwirksam geworden. Trotzdem ist nicht nur die Kontinuität der Opposition gewahrt, sondern auch ihr Verbindungsnetz weiter ausgebaut worden, und zwar lange, bevor sich ein entscheidender Rückschlag oder gar die Niederlage des Regimes abzeichnete. Vor allem die nationalsozialistische Kriegführung, Besatzungs- und Judenpolitik veranlaßte eine Anzahl militanter jüngerer Offiziere, die entschiedener als die traditionsgehemmten Generale zur Tat drängten, sich ab 1941 den bis dahin stagnierenden Widerstandsgruppen anzuschließen. Der bedeutendste Exponent dieses Umbildungsprozesses, der in eine neue Phase der Umsturzbewegung führte, war der Oberst Claus Graf Schenk von Stauffenberg. Wie Moltke 1907 geboren, aus schwäbischem Adel, mit verwandtschaftlichen Beziehungen zu den Familien Gneisenau und Yorck, hatte Stauffenberg zunächst dem konservativen Kreis um Stefan George nahegestanden. Aber nach Beginn des Krieges reifte der brillante Generalstäbler allmählich zum schärfsten Gegner Hitlers, unterstützt von dem ihm eng verbundenen älteren Bruder Berthold, der als Völkerrechtler wie Moltke das Maß der nationalsozialistischen Untaten überblickte. Über den Bereich einer militärischen und konservativen Fronde hinaus drängte es Stauffenberg bald, Verbindung mit der aktiven Linken, vor allem mit Julius Leber, zu suchen. Früh ließ er die theoretischen Vorstellungen des Goerdeler-

Beck-Kreises hinter sich. Nach seiner Überzeugung (1942) mußte vor allen Neuordnungsplänen, mit denen sich viele Oppositionskreise allzu intensiv beschäftigten, die Beseitigung Hitlers, der Umsturz stehen. Unter Berufung auf ältere Traditionen, im Unterschied zu den theologischen, bürokratischen und militärischen Legalisten und Obrigkeitsideologen, bejahte er entschieden das Recht zum Tyrannenmord und zum Eidbruch und nahm den Vorwurf des »Verrats«, wie es besonders dezidiert auch Tresckow und Dietrich Bonhoeffer taten, bewußt auf sich.

Während Stauffenberg, nach allen Seiten hin rastlos tätig, Verbindungen knüpfte, richtete er über divergierende Meinungen, Pläne und Ziele hinweg seine Anstrengungen ganz bewußt auf den Ausbau zuverlässiger Stützpunkte innerhalb der Armee und auf die direkte Vorbereitung des Staatsstreiches. Dabei stützte er sich auf Freunde aus dem zivilen Widerstand und auf Reste der Generalsopposition, vor allem aber auf eine Anzahl ihm persönlich verbundener jüngerer Offiziere, die nicht durch die Bedenken altgedienter Militärs oder Beamter behindert wurden. Von den Hemmnissen bei früheren Versuchen machten sie sich frei, indem sie angesichts der alliierten Forderung nach »unconditional surrender« bewußt das Risiko einer neuen Dolchstoßlegende und jenen sicheren Vorwurf des nationalen und militärischen Opportunismus in Kauf nahmen, den dann auch NS-Propaganda und Ausland gleichermaßen erhoben haben. Daß Stauffenberg und seine Freunde sich bewußt über solche Bedenken hinwegsetzten, macht die wahren Motive deutlich: den Willen zum bedingungslosen Sturz des Regimes, auch ohne die Sicherung durch außenpolitische Zusagen.

Das Problem blieb freilich, wie man unter solchen Umständen die militärischen Führer für die Tat gewinnen konnte. Zwar hatten die Winterkrise 1941/1942 und die brutalen Mordbefehle gegen sowjetische Funktionäre und russische Zivilbevölkerung Empörung in weiteren Offizierskreisen erregt, aber nun zeigte sich die englische Regierung den Friedenssondierungen der Opposition nicht mehr zugänglich, wie das Treffen Bonhoeffers mit dem Bischof von Chichester, Bell, und eine über Stockholm im Mai 1943 übermittelte Denkschrift Goerdelers bewiesen. Eine Welt hatte sich zum bedingungslosen Kampf gegen Hitler-Deutschland zusammengeschlossen. Der Opposition blieb nur noch die enge Basis innenpolitischer, moralisch-rechtlicher Begründung des Staatsstreichs, soweit sie nicht überhaupt der Meinung war, man solle und könne dem NS-Regime die Verantwortung bis zum Ende nicht mehr abnehmen. Vor diesem Hintergrund sind die seit 1942 neu einsetzenden Aktionsversuche Verzweiflungstaten, um ein brutales Regime, einen verbrecherisch geführten Krieg und die weitere Zerstörung der moralischen Substanz Deutschlands aufzuhalten.

Neben Stauffenberg waren es vor allem zwei jüngere Generale, von denen in der Folge die Impulse zur Planung und Organisation des Staatsstreichs ausgingen. Friedrich Olbricht, Chef des Heeresamtes in Berlin, verstand es, in diesem Sinne seine weitreichenden Verbindungen zu allen Heeresteilen zu nutzen und die wachsende Empörung der Kommandeure über Hitlers Terrorbefehle und ihre Ausführung durch die SS zu schüren; er war mit Goerdeler befreundet, und er wirkte im weiteren als der unermüdliche militärtechnische Förderer der Umsturzpläne. An der russischen Front war ihr profiliertester Exponent Generalmajor Henning von Tresckow, der in seinem Stab eine Gruppe gleichgesinnter Offiziere vereinte, seinen Kommandeur, Feldmarschall v. Kluge, ständig zu beeinflussen versuchte und hinter mehreren Attentatsplänen stand. Allerdings gelang es nicht, einen der Frontgenerale zum Abfall von Hitler zu bewegen. Nach der Absetzung des Generalobersten Hoepner und anderer Kritiker der Hitlerschen Rußlandstrategie wurden auch Witzleben und Generalstabschef Halder suspendiert, und so blieben die neuen gesteigerten Bemühungen ganz auf eine innerdeutsche Aktion angewiesen. Die Zentrale in Berlin und das Ersatzheer in Deutschland rückten damit in den Mittelpunkt der Planungen. Nach wiederholten Unterredungen mit Tresckow plazierte Olbricht Offiziere seines Vertrauens in die innerdeutschen Wehrmachtskommandos und bereitete in Berlin, Wien, Köln und München für den Tag der Beseitigung Hitlers Überraschungscoups gegen Partei und SS vor. Das geschah in Form von Maßnahmen gegen »innere Unruhen«. Unter dem Stichwort »Walküre« sollte der Einsatz aller verfügbaren Heimattruppen für die Vollendung und Sicherung des Umsturzes ausgelöst werden. Da es auch in der Folge nicht gelang, einen profilierten Frontkommandeur zu gewinnen, zwei Attentatsversuche im März 1943 scheiterten und die Krise von Stalingrad durch die Unentschlossenheit des Nursoldaten Paulus ungenutzt vorüberging, blieb die Initiative bei der Berliner Gruppe. Stauffenberg, der im April 1942 in Afrika schwer verwundet und dann nach Berlin versetzt wurde, hat sie entscheidend verstärkt.

Doch inzwischen war mit der Abwehr ein wichtiges Verbindungsglied handlungsunfähig geworden: Anfang April 1943 hob die Gestapo das Büro Osters aus und verhaftete dessen wichtigste Mitarbeiter, unter ihnen Dohnanyi, Dietrich Bonhoeffer und Josef Müller. Zwar gelang es mit Hilfe der Verschleierungstaktik von Canaris, den für die gesamte Opposition so gefährlichen Prozeß noch bis zum 20. Juli 1944 zu verschleppen. Doch fiel die von der konkurrierenden SS und Gestapo argwöhnisch überwachte Abwehr weitgehend aus; auch der Spielraum von Canaris, der die Stellung noch bis Februar 1944 halten konnte, war stark eingeschränkt. Gleichzeitig wurde Beck durch eine schwere Krankheit für Monate ausgeschaltet; er war nach einer lebensgefährlichen Operation nur noch beschränkt aktionsfähig.

Inzwischen hatte man versucht, sich innerhalb der verschiedenen Kreise und Exponenten der Opposition über die Zusammensetzung jener Regierung zu einigen, die eine Übergangslösung tragen sollte. Zahlreiche Listen, besonders aus der Feder Goerdelers, wurden 1943/1944 erwogen und diskutiert. Weithin einmütig sah man in Beck das neue Staatsoberhaupt. Trotz aller Bedenken und Gegensätze galt Goerdeler als erster Kandidat für den Posten des Reichskanzlers. Die verschiedenen Ministerlisten, die innerhalb der Opposition kursierten, waren darauf abgestimmt, sowohl qualifizierte Fachkräfte in die Ressorts zu bringen als auch die verschiedensten Gruppen und Strömungen des Widerstands zu repräsentieren. Den Ministern sollten daher Staatssekretäre beigegeben werden, die aus anderen politischen Gruppen stammten. Die letzte Ministerliste vom Juli 1944, die Jakob Kaiser überliefert hat, sah folgende Besetzung vor: Staatschef: Beck; Kanzler: Goerdeler; Vizekanzler: Leuschner; Innenminister: Leber; Wirtschaft und Arbeit: Lejeune-Jung (Industriesyndikus); Kultusminister: Bolz; Wiederaufbau: Letterhaus; Finanzen: Loeser; Justiz: Wirmer; Außenminister: Hassell oder Schulenburg; Landwirtschaft: Hermes; Reichstagspräsident: Loebe; sowie ein Minister als Sprecher Österreichs. Andere Entwürfe erwähnten als Außenminister Brüning, als künftigen Reichspräsidenten nach Beendigung des Übergangsregimes Leuschner; dieser (oder Leber) sollte auch, wie besonders Stauffenberg wünschte, nach dem Übergang Nachfolger Goerdelers als Reichskanzler werden; als Chef der Polizei wurde Tresckow, als Kriegsminister Hoepner mit den Staatssekretären Olbricht und Stauffenberg, als Referenten für Presse und Propaganda Carlo Mierendorff und Theodor Haubach genannt.

Die Tat als geschichtliche Pflicht

Schon 1943 hatte sich die militärisch-politische Lage Deutschlands entscheidend verschlechtert. Auf die Katastrophen in Stalingrad und Tunis waren weitere Niederlagen in Rußland, der Sturz Mussolinis und die italienische Kapitulation gefolgt. Vom Endsieg konnte für den nüchtern Denkenden jetzt keine Rede mehr sein. Die erwartete Großinvasion der Alliierten würde vermutlich schon im Frühjahr 1944 die Niederlage besiegeln. Unter diesen Umständen fanden die Bemühungen der Opposition jetzt auch unter den Generalen wieder mehr Widerhall. Nach Goerdelers Notizen versicherte ihm Tresckow im August 1943, alle drei Heeresgruppenkommandeure im Osten (Manstein, Kluge und Küchler) seien für baldiges Handeln. Sie dachten freilich zunächst wieder nur und höchstens an einen Protest bei Hitler. Mehr war auch von Kluge nicht zu erwarten, obwohl er im September 1943 selbst nach Berlin kam und eine lange Aussprache mit Beck, Goerdeler und Olbricht (in dessen Wohnung) hatte; dabei trat auch Kluge in Kenntnis der verzweifelten militärischen Lage für eine schnelle Beendigung des Krieges ein und scheint sogar auf Vorhaltungen Becks hin die Notwendigkeit eines Attentats auf Hitler bejaht zu haben.

Aber ein Zwischenfall vereitelte auch diesen Ansatz. Denn kurz nachdem man endlich den Frontkommandeur gefunden zu haben glaubte, der einen Putschversuch von führender Stelle aus unterstützen würde, wurde Kluge durch einen schweren Autounfall (Oktober 1943) vorläufig ausgeschaltet. Und mit ihm vor allem auch Tresckow, der jetzt in Generalfeldmarschall Busch einen hitlerhörigen Vorgesetzten bekam. Es gelang Tresckow auch nicht, als Vertreter General Heusingers ins OKW zu kommen und so eine direkte Chance für das Attentat zu finden. Gewagte Versuche, die jüngere Offiziere planten, zerschlugen sich teils an der hermetischen Absperrung, teils an bewußt kurzfristigen Umdisponierungen Hitlers. Als Hindernis erwies sich auch, daß man das Attentat mit einer Beseitigung anderer Führer wie Himmler und Göring zu koordinieren versuchte, um einen Bürgerkrieg und einen Kampf mit den in Berlin stationierten SS- und Luftwaffeneinheiten zu vermeiden. Aber immerhin hatte nun Stauffenberg seine Überzeugung durchgesetzt, daß erst eine Beseitigung Hitlers die Voraussetzungen für einen militärischen Umsturz schaffen und auch die Frontkommandeure gewinnen könnte. Der Widerstand hatte damit erstmals auch im militärischen Lager einen entschlossenen Aktivisten, der weder wie Beck von ständigen Konflikten, Zweifeln und Zaudern gehemmt war noch wie Goerdeler in Gesprächen und Denkschriften steckenblieb. Auch persönlich wurde Stauffenbergs Zusammenarbeit mit Leber immer enger, der in ähnlicher Weise von der zivilen Seite her das zögernde Oppositionszentrum kritisierte. So hat denn auch Stauffenberg, als Leber verhaftet wurde, der Opposition im letzten Augenblick doch noch zur Tat verholfen. Als erster Mitarbeiter Olbrichts entwickelte er ab Herbst 1943 aus den bisherigen

Ansätzen generalstabsmäßig einen geschlossenen Aktionsplan. Für die militärische Führungsspitze wurde der verabschiedete Feldmarschall vonWitzleben gewonnen; er hat auch die von Stauffenberg vorbereiteten Befehle für die Truppen unterzeichnet, die beim Umsturz eingesetzt werden sollten.

Inzwischen hatte die Gestapo zu weiteren Schlägen gegen die Opposition ausgeholt, mit der Verhaftung des Grafen Moltke den Kreisauer Kreis gesprengt, im Februar 1944 auch noch die mächtige Bastion Canaris und damit das letzte Gegengewicht gegen Himmlers SS- und Polizeiapparat beseitigt. Nun setzten sich die Verschwörer um Stauffenberg endgültig über die Bedenken und das Zögern der Goerdeler-Gruppe hinweg. In vielen Städten saßen inzwischen die militärischen und zivilen Vertrauensmänner, über die der Staatsstreich von Berlin aus dann blitzartig über Deutschland ausstrahlen, der Staatsapparat von Nationalsozialisten befreit werden sollte. Es ist erstaunlich: Trotz der vermehrten Reise- und Verbindungstätigkeit, durch die Vertrauensmänner gewonnen und eingeweiht wurden, gelang es bis zuletzt, das Unternehmen weitgehend geheimzuhalten. Proklamationen, Flugblätter, Rundfunksendungen wurden ausgearbeitet, Verordnungen für die kritischen ersten Stunden nach dem Umsturz entworfen, eine radikale Aufklärung der Bevölkerung über Bedeutung und Berechtigung des Staatsstreichs sowie über den wahren Charakter des gestürzten Regimes wurde vorbereitet, Vorkehrungen zur Abwehr eines möglichen nationalsozialistischen Gegenschlages wurden getroffen.

Die Nervosität im Lager der Verschwörer steigerte sich allerdings nun so sehr, daß sich Konflikte zwischen Leber und Goerdeler, Mißtrauensbekundungen gegenüber den zögernden Militärs häuften. Seit dem Frühjahr 1944 mußte täglich mit der Aufdeckung des Komplotts gerechnet werden, zumal Leber und seine Freunde seit Monaten ihre Anstrengungen verstärkt hatten, das Netz vorhandener Widerstandszellen von alten Sozialisten und Gewerkschaftlern so zu verdichten, daß der Militärputsch auch von unten durch eine rasch funktionierende politische Initiative auf breiterer Basis unterstützt werden konnte. In großer Zahl waren Vertrauensleute in den Betrieben und Bezirken gewonnen und vorbereitet worden, die Verbindung mit örtlichen Wehrmachtstellen aufnehmen und als politische Beauftragte der neuen Regierung zur Verfügung stehen sollten. Zu den sozialistischen Gewerkschaftlern traten Vertreter der früheren christlichen Gewerkschaftsbewegung, und sie trafen sich hier zugleich in dem von Leuschner und Kaiser wie von den liberalen (Lemmer) und deutschnationalen Verbänden (Habermann) bekräftigten Willen, daß die parteipolitische und konfessionell bedingte Aufspaltung der Gewerkschaften nicht wiederkehren dürfe. Die Vorbereitungen für eine gemeinsame »Deutsche Gewerkschaft« mit Leuschner als Vorsitzendem, Kaiser und Habermann als Stellvertretern waren tatsächlich bis zu diesem Zeitpunkt organisatorisch schon weit gediehen.

Auch die kommunistisch orientierten Gruppen waren aktiv geblieben. Gewiß spielten sie nicht die führende Rolle, die von dieser Seite nachträglich beansprucht worden ist. Aber ebensowenig stimmt die entgegengesetzte Interpretation, die die kommunistische Opposition pauschal als landesverräterisch abtut und damit entweder den Widerstand insgesamt zu diffamieren oder doch prinzipiell zwischen kommunistischem Landesverrat und freiheitlich orientiertem Hochverrat zu unterscheiden versucht. Die Kontroverse hat sich besonders an der Spionagetätigkeit der »Roten

Kapelle« entzündet: eine nationalsozialistische Pauschalbezeichnung für linksintellektuelle Oppositionsgruppen um den Oberleutnant Harro Schulze-Boysen (Luftfahrtministerium), den Oberregierungsrat Arvid Harnack (Wirtschaftsministerium) und dessen amerikanische Frau, die teilweise in Funkverbindung mit Moskau standen. Etwa hundert Personen aus diesen Gruppen sind im August 1942 verhaftet, die Hälfte ist wenig später hingerichtet worden. Die Vernichtung betrieb der berüchtigte Generalrichter Roeder, der damals wie später diese politisch stark differenzierten Gruppen und damit die Opposition überhaupt als bolschewistisch-landesverräterisch abzustempeln versuchte. Aber hier waren Realitäten, mit denen man für den Fall des Umsturzes und der Besetzung rechnen mußte.

Um sich genauer über die Ziele und das mögliche Verhalten der kommunistischen Widerstandsgruppen und auch über die Bedeutung des aus der Sowjetunion operierenden »Nationalkomitees Freies Deutschland« zu orientieren, nahm Leber mit seinem Freund Reichwein trotz erheblicher Bedenken schließlich auch nach dieser Seite hin Verbindung auf. Von einem Treffen am 22. Juni 1944 mit dem Kommunisten Saefkow, Jakob und F. Thomas in einer Berliner Arztwohnung erhielt die Gestapo offenbar Kenntnis. Unmittelbar vor dem zweiten Treffen am 4. Juli schlug sie zu. Wie ein Blitz fuhr in die fortdauernden Erwägungen am Beginn der alliierten Invasion die Verhaftung Reichweins und dann auch Lebers, die mit dramatischer Schnelligkeit alle Vorbereitungen zur Reife brachte.

Jetzt war den Verschwörern nur noch geblieben, entweder die Aktion baldmöglichst auszulösen, zugleich den Krieg im Westen sofort zu beenden oder aber zu resignieren und Hitler die volle Verantwortung für die Katastrophe zu überlassen. Selbst Stauffenberg scheint vorübergehend geschwankt und das »Zu spät« empfunden zu haben. Es war der Augenblick, in dem ihn die Botschaft Tresckows erreichte, die klarer als alle nachträglichen Urteile den moralischen Kern des 20. Juli 1944 freilegt und von dieser Tat den Vorwurf des Opportunismus oder der Feigheit nimmt, den ihr nach der nationalsozialistischen Propaganda auch noch die späteren Kritiker im In- und Ausland aufgebürdet haben. Tresckow beschwor Stauffenberg, das Attentat müsse jetzt erfolgen, koste es, was es wolle: »Sollte es nicht gelingen, so muß trotzdem in Berlin gehandelt werden. Denn es kommt nicht mehr auf den praktischen Zweck an, sondern darauf, daß der deutsche Widerstand vor der Welt und vor der Geschichte den entscheidenden Wurf gewagt hat. Alles andere ist daneben gleichgültig.« Im selben Augenblick ließ Stauffenberg der Frau Lebers die Nachricht zugehen: »Wir sind uns unserer Pflicht bewußt.«

Zynische Rache

Die Ereignisse um das Attentat und das Scheitern des Umsturzversuches am 20. Juli 1944 sind oft geschildert worden, am gründlichsten und eindrucksvollsten in den Büchern von Peter Hoffmann und von Christian Müller.[2] Die sofort einsetzende Verfolgungswelle gegen alle Widerstandsgruppen erreichte bald ein solches Ausmaß, daß die weitere Kriegführung gefährdet erschien; der Rüstungsminister Speer bemühte sich daher, vorerst unersetzbare Männer zu halten. Aber fast lückenlos erfaßte die Sonderkommission bis zum Ende die Verdächtigen und führte sie ihrem Schicksal zu.

Zunächst hatte Hitler große Schauprozesse zur Abschreckung der Öffentlichkeit mit Film, Rundfunk und Presse angeordnet. Auf Rat Himmlers lief das Strafgericht dann jedoch in Volksgerichtshofprozessen mit streng ausgewähltem Zuhörerkreis ab. Noch fürchtete man, in einem öffentlichen Prozeß könnte trotz aller Sicherungsmaßnahmen einer der Verurteilten Kritik am Regime üben oder an das Friedensbedürfnis der Bevölkerung appellieren. Die Beseitigung des populären Rommel, der Gift nehmen mußte, wurde durch ein pompöses Staatsbegräbnis zum Heldentod umstilisiert; sogar ein Ehrenmal ließ Hitler entwerfen. Für die übrigen aber wurde ein »Ehrenhof des Heeres« unter Vorsitz Rundstedts und Assistenz Keitels und Guderians gebildet, der alle zur Verurteilung vorgesehenen Offiziere aus der Wehrmacht auszustoßen und dadurch der Militärgerichtsbarkeit zu entziehen hatte, um sie der zivilen Aburteilung durch den Volksgerichtshof auszuliefern. Für das Gerichtsverfahren selbst befahl Hitler einen harten und blitzschnellen Ablauf; die Angeklagten sollten nur ganz kurz zu Wort kommen und zum Tod durch Erhängen verurteilt werden. Der Urteilsspruch sollte möglichst schon zwei Stunden später vollstreckt werden.

Von Rechtsprechung in irgendeinem Sinn des Wortes konnte im voraus also keine Rede mehr sein, es ging um die Vernichtung der Gegner. Auf seine Werkzeuge, das wußte Hitler, konnte er sich verlassen, und so erklärte er denn auch bei einer Lagebesprechung nach dem 20. Juli abschließend: »Aber der Freisler wird das schon machen. Das ist unser Wyschinskij« – eben der Wyschinskij der großen Stalinschen Schauprozesse, die unausgesprochen das Vorbild waren. Prozesse und Hinrichtungen wurden in Filmen festgehalten, die sich Hitler in krampfhaftem Selbstbestätigungsbedürfnis vorführen ließ. Gierig las er jedes Detail der täglichen Vernichtungsberichte Freislers und der Sonderkommission, griff ständig befehlend in die laufenden Verfahren ein und empfing nicht nur Freisler, sondern sogar den Scharfrichter, um so sein innerstes Interesse an der Ausrottung aller wirklichen oder auch nur möglichen Gegner abzureagieren. Er verbot alle Milderung für die Verurteilten, sie sollten unter dem Surren der Filmkameras wie Schlachtvieh hängen, damit sie niemand als Märtyrer feiern könne. Bezeichnend ist freilich zugleich die Tatsache, daß die ersten Hinrichtungen zwar öffentlich verkündet wurden, dann aber die Ermordung von Tausenden in diesen Endmonaten des Krieges ebenso unter Ausschluß der Öffentlichkeit geschah wie die furchtbare Gefängnis- und Lagerhaft, in der viele weitere Tausend Tag für Tag auf den Tod warteten.

Noch in den letzten Wochen und Tagen des Krieges sind viele dieser Eingekerkerten nachts von SS-Kommandos hinausgetrieben und durch Genickschuß getötet, erhängt, in Massengräbern verscharrt worden. Viele namhafte Gefangene versuchte das Regime noch in seinen eigenen Zusammenbruch hineinzureißen. So ließ in der Nacht zum 9. April 1945 ein Sonderbeauftragter Kaltenbrunners (Huppenkothen) im KZ Flossenbürg Canaris, Oster, Dietrich Bonhoeffer und andere durch zahlreiche Gefängnisse und Lager geschleppte Führer des Widerstands erhängen; ein ähnliches Schicksal traf gleichzeitig den kranken Dohnanyi im KZ Sachsenhausen. Und unmittelbar im Angesicht der Befreiung wurde in der Nacht zum 23. April 1945 eine Gruppe ausgesuchter Häftlinge des Gefängnisses Lehrter Straße in Berlin-Moabit, darunter Albrecht Haushofer, Klaus Bonhoeffer und sein Schwager Rüdiger Schleicher, unter Vorspiegelung der Verlegung von einem SS-Kommando in einem benachbarten Parkgelände durch

Genickschuß ermordet. Kaum einer der Hauptbeteiligten des Umsturzversuches und nur wenige der Mitwisser haben das Gemetzel überlebt, mit dem das nationalsozialistische Regime von der Bühne der Weltgeschichte abtrat.

Der Ausgang des 20. Juli 1944 setzte dem innerdeutschen Widerstand ein blutiges Ende und gab den Weg frei für eine letzte Steigerung der NS-Herrschaft. Das mag dazu beigetragen haben, daß die volle Verantwortung des Nationalsozialismus für die endgültige Katastrophe nicht durch eine neue Dolchstoßlegende verschleiert werden konnte, wie sie Hitler und Himmler dem 20. Juli anzuhängen versuchten. Es erklärt aber auch, weshalb in der Atmosphäre des Terrors und Schreckens die Masse der deutschen Bevölkerung bis zum Ende einem Regime gefolgt ist, dessen Führer aus der Abgeschiedenheit seines Berliner Bunkers seine sinnlosen Durchhalte- und Vernichtungsbefehle ergehen ließ. Noch einmal war die Frage aufgeschoben, mit der ein gelungener Umsturz das deutsche Volk konfrontiert hätte: Was es zu den in seinem Namen verübten Untaten und Verbrechen des Systems zu sagen habe. Die von Stauffenberg geforderte Selbstabrechnung der Deutschen mit den NS-Verbrechern fand nicht statt. Der Widerstand blieb unverstanden, unpopulär.

Ein Gelingen des Umsturzes hätte überdies Millionen Menschen das Leben gerettet und riesige Zerstörungen in Europa und Deutschland verhindert. Im Endstadium des Krieges kostete die Verschleppung und Ermordung der Verfolgten sowie Hitlers »totaler Einsatz aller deutschen Menschen«, gipfelnd in der Mobilisierung eines »Volkssturms« der nicht Wehrdienstfähigen und in rücksichtslosen Einsatzbefehlen an Halbwüchsige, noch schwerere Verluste als der bisherige Krieg.

Widerstand im diktatorischen Unrechtsstaat, der notwendig das Odium der Illegalität und der Gewalt auf sich nehmen muß, kann nicht mit den Widerstandsansprüchen einer Antisystemopposition im demokratischen Verfassungsstaat verglichen werden. Ihr Argument, daß staatliche Herrschaft als Gewalt Gegengewalt rechtfertige, übergeht das Bezugssystem, unter dem Widerstand gegen Diktatur legitimiert wird: die Forderung nach Wiederherstellung verfassungs- und menschenrechtlicher Verhältnisse. Dem galten der Mut und das Opfer der Deutschen, die sich damals dem Sog der Verführung, des Opportunismus, der unkritischen Begeisterung für Macht und Erfolg entzogen, die schließlich angefochten und einsam Verfolgung und Tod auf sich genommen haben.

Anmerkungen

[1] Die Darstellung stützt sich auf die Bücher des Verfassers: *Das deutsche Dilemma*, Kap. VIII, 1971; *Die deutsche Diktatur*, Kap. VII und VIII, 6. Aufl. 1979/80, *Europa in der Krise*, 1979. Eine erweiterte Fassung erschien in: *Widerstand und Verweigerung in Deutschland 1933 bis 1945*, Bonn 1952.
[2] HOFFMANN, PETER: *Widerstand, Staatsstreich, Attentat*, München 1979 (Neuauflage); MÜLLER, CHRISTIAN: *Oberst i. G. Stauffenberg*, Düsseldorf 1970.

PETER STEINBACH

Gruppen, Zentren und Ziele
des deutschen Widerstands

Widerstand als Grundproblem

Die Rechtfertigung von Widerstand gehört heute zu den Bestandteilen der politischen Kultur einer Demokratie. Rechtfertigung setzt allerdings Nachdenken voraus. Nicht der Widerstand als Aktion, die sich von den Normen einer demokratischen, pluralistischen und parlamentarischen Verfassung löst, steht im Mittelpunkt dieses Nachdenkens, sondern die präzise Bestimmung der Voraussetzungen eines Widerstands zur Verteidigung aller Prinzipien, welche die verfassungsmäßige Ordnung der rechtsstaatlichen, parlamentarischen und pluralistischen Demokratie charakterisieren. In diesem Sinne bekennt sich auch das Grundgesetz zum Widerstandsrecht.

Widerstand ist aber nicht vorrangig ein Problem der rechtsstaatlich-demokratischen Verfassungsordnung. Widerstehen und Widerständigkeit, Zivilcourage und ziviler Ungehorsam, Dissidenz und Resistenz, Nonkonformität und abweichendes Verhalten, schließlich fundamentaler Protest und prinzipielle Opposition müssen zwar innerhalb des demokratischen Systems durchdacht und begrifflich präzisert werden.[1] Dennoch verweisen diese Schlagworte eher auf die Lebenswirklichkeit von Diktaturen, die ihre letzte Steigerungsform im totalen Staat finden. Deshalb gilt als unbestritten: Widerstand bezeichnet Reaktionen auf Machtmißbrauch, auf Verfassungsbruch und Menschenrechtsverletzung; Widerstand erscheint als legitim, wenn er Grundprinzipien einer demokratischen Ordnung gegen Übergriffe verteidigen will. Über diese Grundprinzipien besteht weitgehend Übereinstimmung; sogar das Grundgesetz rechtfertigt Widerstand durch den Hinweis auf die freiheitlich-demokratische Grundordnung des Rechtsstaates, der seine Rechtfertigung aus der Aufgabe ableitet, die Würde des Menschen zu achten.

Für die deutsche Nachkriegsgesellschaft stellte Widerstand und in besonderer Weise der militärische Widerstand gegen Hitler eine doppelte Herausforderung dar: Die politische Elite mußte die Prinzipien des Widerstands gegen Hitler verdeutlichen, begründen und auf die Grundwerte der Bundesrepublik Deutschland beziehen; zugleich mußte der Kritik an jener Aktion vom 20. Juli 1944 entgegengetreten werden, die sich an deutschen Stammtischen artikulierte. Es bedurfte großer Bemühungen und vieler Jahre, bis der Widerstand als Ausdruck des »anderen« und besseren Deutschland akzeptiert wurde. Dieser Prozeß vollzog sich zwischen der großen und prinzipiellen Rede des damaligen Bundespräsidenten Theodor Heuss von 1954[2] und der Ansprache von Hans Rothfels im Jahre 1964, mit welcher dieser seine Bemühung krönte, auf den »Grund« des Widerstands zu sehen und »zum Prinzipiellen« vorzustoßen: »Zu den

Kräften moralischer Selbstbehauptung, die über die Erwägung des bloß politisch Notwendigen hinausgehen.«[3]

Diese Formulierung stand am Beginn einer weitergehenden Beschäftigung mit dem Widerstand in seiner zeitlichen Entwicklung, sozialen und politischen Differenzierung und graduellen Steigerung von Risiko, Gefährdung und Bedrohung des einzelnen.[4] Unbestritten blieb die Bedeutung des Attentats auf Hitler als einzige Aktion, die »tatsächlich durchgeführt wurde und nahe zum Ziele kam«;[5] unübersehbar wurde jedoch die breite Vielfalt des Widerstands, die Ausdruck einer Pluralität der Motivationen und Ziele war und in dieser Pluralität für die Traditionsbildung einer pluralistischen Gesellschaft bedeutsam ist, die sich eine parlamentarische, demokratische und rechtsstaatliche Verfassung gegeben hat.

Die Akzeptierung dieser Ziele stand nicht am Beginn, sondern am Ende des Widerstands gegen Hitler und seine Herrschaft. Sie war das Ergebnis einer langwierigen und vielschichtigen Auseinandersetzung mit der nationalsozialistischen Herrschaftspraxis, die auf die Erfassung und Beherrschung des Individuums, die Zerstörung seiner sozialen, weltanschaulichen und politischen Bindungen und die Bestimmung der Zukunft zielte.

NS-Herrschaft und Unterdrückung

Die Nationalsozialisten waren entschlossen, ihre Regierungsbeteiligung zur Machtergreifung auszuweiten. Dennoch wurde der umfassende Herrschafts- und Führungsanspruch der NS-Führung vielen Beteiligten erst allmählich in seinen konkreten Konsequenzen sichtbar. Er schlug sich in Programmen und Proklamationen, in Gesetzen und Terror, in Verfolgung und Unterdrückung nieder, die sich als dichter werdendes Netz der Kontrolle und Repression darstellten. Weil die Nationalsozialisten innerhalb weniger Monate das politische und gesellschaftliche System gleichzuschalten versuchten, richtete sich ihre Politik nach und nach gegen ihre angeblichen »Feinde«: gegen Kommunisten und Sozialdemokraten, gegen Gewerkschaften und Anhänger »bürgerlicher Parteien«, gegen bekenntnistreue Vertreter der Kirche, gegen Pazifisten und unabhängige Intellektuelle, schließlich gegen alle, die gegen den nationalsozialistischen Anspruch die Überzeugung verteidigten, daß alles, was Menschenantlitz trägt, ein gleiches Lebensrecht und einen gleichen Lebenswert besäße.

Verfolgtsein wurde zum Kollektivschicksal – Widerstand wurde jedoch zur Aufgabe des einzelnen,[6] der nur mit wenigen Gesinnungsgenossen zusammenarbeiten konnte. Dieser Widerstand richtete sich nicht allein gegen den Träger der NS-Herrschaft, sondern auch gegen diejenigen, die in der Anpassung an deren Ziele eine Möglichkeit des Überlebens erkennen wollten. In der Konsolidierungsphase wirkte sich das politische Defizit der Weimarer Zeit aus, grundsätzliche politische Kontroversen nicht in verfassungsbezogener und -stabilisierender Weise austragen zu können und zu erkennen, daß selbst ein grundlegender Dissens keine negativen Folgen für die politischen Alltagsbeziehungen haben darf. Weil die Weimarer Gesellschaft keinen positiven Verfassungs- und Grundwertekonsens ausgebildet hatte, konnten die Nationalsozialisten die deutsche Gesellschaft fragmentieren und atomisieren, das Individuum vereinzeln und hilflos machen, schließlich die Hoffnung wecken, die grundsätzlichen

Auseinandersetzungen der Weimarer Zeit – um Parlamentarismus, Revision der Versailler Friedensordnung, um außenpolitische Aufwertung durch Aufrüstung, um Lebensreform, Zukunftschancen und Überwindung des Generationenkonflikts – zu entscheiden. Die geringe Wertschätzung der Weimarer Verfassungsordnung bestimmte die Startbedingungen des Widerstands und erklärt, weshalb die politischen und konfessionellen, kulturellen und sozialen Gruppen jeweils auf sich gestellt lernen mußten, sich gegen den Nationalsozialismus zu behaupten.

Kommunistischer Widerstand

Zu den ersten Verfolgten und Widerstandskämpfern zählten die Kommunisten. Sie wurden bereits durch die Februarverordnungen von 1933 aus der Rechtsordnung ausgeschlossen. Dabei waren die Grenzen zwischen Sozialisten, Sozialdemokraten und Kommunisten fließend: Ihre Flugblätter und Zeitungen wurden gleichermaßen verboten, deren Verteilung unter Strafe gestellt. Beide sozialistischen Gruppierungen erkannten zunächst nicht die Besonderheit des frühen nationalsozialistischen Terrors und hofften darauf, die politischen Kämpfe, soweit sie der Machtergreifung Hitlers vorausgegangen waren, unter leicht veränderten Bedingungen fortsetzen zu können. Erst die Massenverhaftungen nach dem Brandanschlag auf das Reichstagsgebäude und die Gleichschaltung der Polizei, die Voraussetzung für den Aufbau eines umfassenden Unterdrückungssystems mit Gestapo, Sicherheitsdienst und Konzentrationslagern war, ließen KPD und SPD von ihrer Vorstellung des legalen Protestes und demonstrativen Widerstands Abstand nehmen.

Zur Gemeinsamkeit ihres Widerstehens und Widerstandskampfes konnten sie nicht kommen – nicht allein, weil die Konfrontationen zwischen den »ungleichen Brüdern« nachhallten, die sich als Sozialfaschisten und Stalins Sklaven bekämpft hatten und den jeweiligen Kontrahenten in die Nähe der Nationalsozialisten stellten: Der kommunistischen Sozialfaschismusthese entsprach auf sozialdemokratischer Seite eine Frühform der Totalitarismustheorie. Wichtiger war, daß die Kommunisten auch nach 1933 nicht zu einer positiven Würdigung demokratischer und liberaler, verfassungsmäßiger Grundprinzipien mit Minderheitenschutz und Menschenwürde gelangten.

Dies bedeutet nicht, daß Kommunisten nicht zahlreich Widerstand geleistet hätten. Flugblätter, Wandparolen und Verhaftungen beweisen ihre Auflehnung und machen sie schlechthin zu den Trägern eines »massenhaften Widerstands der ersten Stunde«. Diese Auflehnung hatte jedoch keine Zukunft – und dies aus einem doppelten Grund: Weil es der KPD-Führung darauf ankam, den nationalsozialistischen Herrschaftsanspruch demonstrativ unglaubwürdig zu machen, war die öffentliche Demonstration von Verweigerung und Protest wichtig – Öffentlichkeit des Protestes bedeutete aber, daß die Gestapo rasch zugreifen konnte; deshalb blutete der kommunistische Widerstand in kurzer Zeit aus. Die Inflexibilität der illegalen und emigrierten KP-Führung verhinderte schließlich, daß eine selbstkritische Beurteilung der bis 1933 bewiesenen Praxis in die Revision der kommunistischen Programmatik und die Lösung von der Kommunistischen Internationale mündete. Selbst Volksfrontparolen konnten nicht den Glauben an die historische Mission der KP und der

Sowjetunion erschüttern und damit das Mißtrauen aller jener sozialistischen Gruppen beseitigen, die Demokratie und Sozialismus verbinden wollten.

Wer immer die Geschichte des erfolgreichen und zukunftsträchtigen kommunistischen Widerstands schreiben will, wird sich diesem Problem der politischen, weltanschaulichen und programmatischen Isolation stellen müssen. Hinzu kommt, daß die innerparteilichen Auseinandersetzungen der Weimarer Zeit sich fortsetzten. Ein hoher Preis des kommunistischen Widerstands war, daß die Vertreter eines eigenständigen, nicht mehr allein von Stalin und den sowjetischen Interessen gesteuerten deutschen Kommunismus in den deutschen Lagern geschwächt und dezimiert wurden. Damit wurden die Voraussetzungen für den raschen Aufstieg der Gruppe Ulbricht geschaffen. Sie verfügte in Moskau über den Rückhalt Stalins und übernahm nach Kriegsende die Führung in der sowjetischen Besatzungszone.

Sozialdemokratischer Widerstand

Auch der sozialdemokratische Widerstand war von Anbeginn ohne Macht und Zugriffsmöglichkeit. Seinen entscheidenden Todesstoß hatte der sozialdemokratische Widerstandswille bereits durch Papens Preußenschlag vom 20. Juli 1932 und durch die auf Ausgleich mit den Trägern der Regierungsgewalt zielende Gewerkschaftsstrategie erhalten. Massenwiderstand hätte deshalb nach dem 30. Januar 1933 keine Chance gehabt und möglicherweise sogar den Terror der von NS-Politikern kontrollierten Polizei verschärft. Lähmend wirkte sich auch die Ausrichtung vieler Sozialdemokraten auf die Legalität der Weimarer Verfassungsordnung aus. Ihre Verfassungstheoretiker und Minister hatten immer wieder beschworen, daß das Recht der wichtigste Schutz der Schwachen sei. So wollten Sozialdemokraten diesen Schutzcharakter immer wieder fordernd einklagen, nicht aber durch massiven Protest in Frage stellen. Wir wissen, daß dies eine Illusion war, denn Nationalsozialisten wie Alfred Rosenberg hatten bereits 1932 den Mord an einem kommunistischen Landarbeiter in Potempa mit dem Satz verteidigt: »Mensch ist nicht gleich Mensch! Recht ist nicht gleich Recht!« Dennoch rückten Sozialdemokraten nicht vom Rechtsstaatsprinzip ab, sondern kritisierten wie Julius Leber in seiner grundlegenden Kritik an der Weimarer Sozialdemokratie, daß neben politischen Realismus und Rationalität keine Zukunftsvisionen getreten seien. Sozialdemokraten sahen ihre Aufgabe weiterhin darin, Prinzipien des demokratischen Sozialismus als Programm zu formulieren und zugleich die Grundsätze der liberalen Verfassungsordnung zu wahren.[7]

Wesentlich getragen wurde diese Diskussion von kleinen Kreisen sozialdemokratischer Intellektueller, die dem Exilvorstand nicht zu folgen bereit waren, aber auch nicht willens schienen, der NS-Führung entgegenzukommen. Sie fanden sich in Diskussionskreisen zusammen, versuchten, die Ursachen des Scheiterns der Weimarer Republik zu erfassen und Entwicklungslinien einer neuen politischen Kooperation sozialistischer Gruppen zu formulieren, die wesentlichen Inhalte sozialdemokratischer Theoriediskussion zu überprüfen und für die Gesinnungsbildung zu nutzen und schließlich auch Konturen einer Neuordnungsdiskussion abzustecken. Neben diesen Gesprächskreisen bestand die Kommunikationsstruktur der Partei rudimentär fort: Nachrichtenkanäle und Fluchtmöglichkeiten waren zu sichern und für Übermittlung von Informationen zu nutzen.

Besonders bekannt wurden nach der Befreiung vom Nationalsozialismus Zirkel, die als »Brückenparteien« den Spalt zwischen SPD und KPD überwinden wollten. Der »Rote Stoßtrupp«, gebildet von Berliner Studenten, und die Gruppe »Neubeginnen«, die ihren Namen nach einer Programmschrift von Miles erhalten hatte und fast im gesamten Reich kleine isolierte Mitgliedsgruppen besaß, verkörperten einen demokratischen Einheitswillen der Anhänger eines dritten Wegs, der durch das Scheitern der westeuropäischen Volksfront- und Einheitsfrontpolitik sowie durch den Hitler-Stalin-Pakt, aber auch durch die Unterdrückung des demokratischen Sozialismus im sowjetischen Machtbereich nach 1945 allerdings keine Verwirklichungchance besaß. Dies bedeutet nicht, daß die Ziele der sozialistischen und sozialdemokratischen Widerstandsgruppen bedeutungslos gewesen wären: Sie beeinflußten das Exil, erleichterten zumindest die Stellung der demokratischen Exilgruppen in Großbritannien und in den USA und verbesserten somit die Chancen eines demokratischen Neubeginns. Gerade führende Sozialdemokraten der Nachkriegszeit waren durch die Neuordnungsvorstellungen und Diskussion der sozialdemokratischen Untergrund- und Exilgruppen geprägt: Stellvertretend seien Fritz Erler, Richard Löwenthal und Ernst Fraenkel genannt. Im sozialdemokratischen Widerstand kristallisierte sich die Möglichkeit antitotalitären Widerstands von links heraus: Dies bedeutete die Alternative zum antidemokratischen Widerstand der Kommunisten und die Relativierung des Anspruchs aller Antifaschisten, die sich dem Demokratiepostulat verweigerten.

Neben den Kommunisten und Sozialdemokraten waren auch die Führer und Mitglieder der Gewerkschaften in besonderer Weise bedroht,[8] denn auch sie galten vielfach als Marxisten. Allerdings war in der Gewerkschaftsbewegung stets das Bewußtsein vorhanden, einen Kompromiß mit dem Tarifpartner, der an die Stelle des Klassengegners getreten war, und auch mit dem Garanten der Tariffreiheit und Sozialstaatlichkeit: der jeweiligen Regierung, suchen zu müssen. Es war das besondere Verhängnis vieler Gewerkschaftsführer, diesen für den sozialen Pluralismus unverzichtbaren Kompromiß- und Kooperationswillen auch gegenüber der Regierung Hitler-Papen-Hugenberg beweisen zu wollen. Gerade die Gewerkschaftsführung hat schwer für diese Fehleinschätzung gelitten: In den Lagern, aber auch mit dem Gefühl der Ohnmacht und dem Verlust gewerkschaftlicher Neuordnungsdiskussionen. Dennoch gab es eine gewerkschaftlich geprägte innerbetriebliche Opposition. Sie mußte jedoch auf einzelne Betriebsangehörige und ehemalige Betriebsfunktionäre zurückgreifen, ohne ihnen ein intellektuelles Dach bieten zu können. Lediglich der Wille, eine Einheitsgewerkschaft zu finden und damit die politischen Differenzen und ideologischen Spannungen innerhalb der Gewerkschaften bewältigen zu können, überdauerte Leid und Verfolgung der bekannten und beliebten Gewerkschaftsführer. Viele weitere Aktivitäten wurden durch den Betriebsalltag bestimmt. Dabei kam es nicht allein darauf an, in Betriebsrätewahlen der NSBO eine Niederlage zu bereiten; es ging auch darum, im Alltag der Fabriken Lohnkonflikte, individuelle Entrechtung und soziale Ausbeutung zu mildern und der Verklammerung der proklamierten Betriebsgemeinschaft zu widerstehen.

Seit der ersten Stunde ihrer Machtübernahme verstanden sich die Nationalsozialisten als die entschiedenen, kompromißlosen und an keinerlei Recht gebundenen Gegner der »Marxisten«. In dieser Haltung gründete die Verfolgung von Kommunisten, Sozialdemokraten, Sozialisten und Gewerkschaftsanhängern. Auch wenn nicht jeder Verfolgte als Widerstandskämpfer gelten kann, so kamen aus den Reihen der kommunistischen und sozialdemokratischen Organisationen doch außerordentlich viele Widerstandskämpfer. Sie erscheinen uns bis heute als die frühesten Opfer des NS-Staates. Dies charakterisiert ihre Stellung im Widerstand, wo einige Sozialdemokraten schließlich eine Führungsrolle im politisch motivierten Widerstand des 20. Juli 1944 übernahmen. Dabei hatten Leber, Mierendorff, Haubach, Reichwein und Leuschner aufgrund ihrer Bindung an die Tradition der demokratischen Arbeiterbewegung vielen Angehörigen, die in der Tradition des christlichen und bürgerlichen Denkens standen, voraus, bereits seit dem ersten Tag der nationalsozialistischen Machtergreifung zu den Gegnern des Nationalsozialismus zählen zu können. Deshalb besaßen sie ein festes Bewußtsein von den erstrebenswerten Alternativen der Diktatur und bewahrten sich eine demokratische Perspektive, die den nationalsozialistischen Unrechtsstaat verwerfen mußte. Trotz der frühen Verfolgung brachten die aus der Tradition der demokratischen Arbeiterbewegung kommenden Widerstandskämpfer deshalb eine gute Voraussetzung der Dissidenz und Verweigerung mit, die jedem bewußten Widerstand vorausgehen mußten: Sie hatten klare Zielvorstellungen entwickelt, Maßstäbe erprobt und zur Grundlage ihres gemeinsamen politischen Verhaltens gemacht. Sie waren »geborene« Gegner der Nationalsozialisten. Gerade dies unterschied sie von den Angehörigen der Institutionen und Gruppen, Eliten und Berufe, die viel stärker mit Teilzielen der NS-Führung übereinstimmten und häufig die Distanzierung von der nationalsozialistischen Politik – insbesondere der Außenpolitik bis 1938 – in einem langsamen und auch quälenden Prozeß vollziehen mußten.

Widerständigkeit aus christlicher Tradition

Die Tragik und Schwierigkeit des Widerstands aus der Tradition des bürgerlichen Denkens und des christlichen Bekenntnisses lag darin, daß seine Anhänger vielfach aus einer Position partieller Übereinstimmung mit nationalsozialistischen Zielen in Außen- und Innen-, in Rüstungs- und Sozialpolitik zu einer Haltung des Widerstands finden mußten. Dies bedeutet nicht, daß dieser Widerstand zweitrangig gewesen wäre. Er erfolgte vielfach aus Positionen der Anpassung und Bequemlichkeit, aus Angst und Passivität, nutzte aber letztlich die moralische Empörung verantwortlicher und sich nicht von den nationalsozialistischen Zielen und politischen Erfolgen willenlos machender Christen, Liberaler und Konservativer. Schließlich steigerte er sich zur Tat. Deshalb liegt die wesentliche Bedeutung des Widerstands im Umfeld des 20. Juli 1944 darin, »daß eine Führungselite die Ordnung, die sie miterdacht, mitermöglicht und mitverwirklicht hatte«,[9] in sich überwinden konnte.

Viele dieser Widerstandsgruppen bewegten sich auf dem schmalen Grat zwischen Anpassung und Widerstand, zwischen Unterliegen und Selbstbehauptung. Kaum eine Institution blieb ohne Zeichen der Schwäche, ohne Anzeichen des Schweigens vor dem Unrecht, der Feigheit vor dem Machthaber aus Höflichkeit oder Kalkül. Kaum eine Institution fand zu den Prinzipien, die Widerständigkeit begründeten und Widerstand möglich machten, ohne innere Auseinandersetzungen und Zerreißproben, ohne Diffamierung der Flügel und Richtungen und ohne Vereinsamung des Gerechten, der das Zeugnis seines Glaubens und Wollens ablegte. Dies zeigte sich in besonderer Weise im *Widerstehen aus christlicher Tradition*.

Protestanten im Widerstand

Weil die NS-Führung ihre Herrschaft bis auf die Weltanschauung, auf das Verständnis des Menschen von sich, seinen Mitmenschen, seiner Welt und seinem Gott, ausdehnte, forderte sie viele Gläubige und die Kirchen heraus. Sie widerstanden um ihres Glaubens willen. Das Spektrum kirchlichen und christlichen Widerstands war außerordentlich breit und vielfältig. Die einzelnen Stadien oppositioneller Haltungen konnten schließlich in die konspirative Beteiligung am Umsturz münden. Eberhard Bethge hat fünf verschiedene Stufen des Widerstandes unterschieden:[10] Dem »einfachen passiven Widerstand« folgte der »offene ideologische Gegensatz, bei dem die Kirchen bzw. Männer wie Graf Galen, Niemöller und Wurm ihre Aufgabe erfüllten«. Die Mitwisserschaft an Umsturzvorbereitungen stellte die dritte Stufe dar. Gesteigert werden konnte diese Haltung durch »aktive Vorbereitungen für das Danach«, wie sie etwa die Mitglieder des Kreisauer Kreises innerlich prägten. Die fünfte Stufe des Widerstandes war die »aktive Konspiration«. Hier gab es keine »kirchliche Deckung« und keine »Rechtfertigung dessen, was sich jedem Regelfall entzog«.

Die Ausgangslage des kirchlichen und christlich motivierten Widerstandes wurde durch die Tradition des Obrigkeitsstaates, den Wunsch zur Verteidigung und Sicherung der Institution Kirche und die Konfliktlinien der Weimarer Zeit bestimmt. Sowohl die evangelische als auch die katholische Kirche hatten nur schwer und keineswegs ein entschieden positives Verhältnis zur Weimarer Republik gefunden. Die evangelischen Geistlichen fühlten sich in ihrer Mehrzahl durch die Deutschnationale Volkspartei vertreten und repräsentierten sie vereinzelt auch in den Parlamenten. Nur wenige bekannten sich, wie Karl Barth, zur SPD. Politisch konservativ, in außenpolitischer Hinsicht entschiedene Gegner der Versailler Friedensordnung, erlagen vor allem Protestanten zunächst der Faszination nationalsozialistischer Erfolge. Kirche und Republik, Glauben und Demokratie bildeten so lange keine feste Verbindung, wie Toleranz und Pluralismus als Voraussetzungen und Substrate der Nächstenliebe nicht akzeptiert waren. Gerade innerhalb der protestantischen Kirche spannte ein politisch folgenreicher Richtungsstreit viele Kräfte an – bereits während der Weimarer Republik schälten sich die Fronten heraus, die wir für die Zeit nach 1933 zwischen Deutschen Christen und Bekennender Kirche ausmachten. Gerade diese Tradition bestimmte die schlechte und trotz des beeindruckenden und vielfach auch heldenhaften Kampfes bekenntnistreuer Gemeindemitglieder nicht zu beschönigende Ausgangssituation des *Konfliktes zwischen Hakenkreuz und Kreuz*. Er war vielfach mehr ein »*Kampf zwischen Kreuz und verhakenkreuztem Kreuz*« (E. Bethge) als ein Kampf zwischen dem Glauben an Christus ohne jeden politisch motivierten Abstrich und einer völkisch verfälschten Glaubensrichtung. Heute ist bekannt, wie schwierig der Kampf der *Vertreter eines kompromißlosen Bekenntnisses* war, wie wirksam der Einfluß autoritärer Politikvorstellungen blieb – Barth und Bonhoeffer blieben kompromißlos, isolierten sich jedoch zunehmend und drohten den vermittelnden Vertretern einer *Bekenntnisgemeinschaft* zu erliegen.

Kompromittierend war die Diskussion der Judenfrage: Für die einen stellte sie die Herausforderung dar, dem nationalsozialistischen Antisemitismus Konzessionen zu machen, um zumindest die Judenchristen zu schützen; für andere war die Judenfrage eher die Frage der Juden an ihre christlichen Brüder, der Hinweis auf den gemeinsamen Gott und die gemeinsame Heilsgeschichte, die sich im Alten Testament fand. Die *Judenfrage wurde zum Prüfstein der evangelischen Opposition* – wer sich für die Juden entschied, mußte bis zum Ende nationalsozialistischer Herrschaft kompromißlos bleiben.

Angesichts des Versagens der Kirchen vor Antisemitismus und Judenverfolgung stellt sich die Frage nach den Handlungsmöglichkeiten und -perspektiven kirchlichen Widerstandes. Für die protestantische Kirche war weniger die Verteidigung ihrer Institutionen als die Sicherung der »christlichen Existenz« (K. Barth) durch eine Bekräftigung des evangelischen Bekenntnisses von hervorstechender Bedeutung. Als die nationalsozialistisch beeinflußten Deutschen Christen schließlich die Gültigkeit der Heiligen Schrift bestritten und sogar diskutierten, das Alte Testament als »Judenschrift« aus dem Kanon der biblischen Texte zu eliminieren, formierte sich im Pfarrernotbund und in der protestantischen Laienbewegung der Bekennenden Kirche eine Gegenbewegung. Sie drückte ihre Vorstellungen in grundlegenden Bekenntnisschriften – Barmer Erklärung und Dahlemer Bekenntnis – aus. Entschiedene Bekenntnispfarrer zogen sogar die ungesicherte Existenz außerhalb der Amtskirche einer Gefährdung ihrer Verkündigungsfreiheit vor. In den Gemeinden verfügten diese Geistlichen häufig nur über ein Gastrecht; einige Gemeinden machten aber von ihrem altbewährten Recht Gebrauch, ihre Geistlichen zu wählen, so daß diese Bekenntnisgemeinden schließlich zu Hochburgen der Bekennenden Kirche werden konnten. Eine große Bedeutung kam dabei Berliner Gemeinden, an der Spitze Dahlem mit Niemöller und Gollwitzer, zu.

Sehr früh stellte sich aber die Frage, ob die Kirche nicht mehr als die Verteidigung des Evangeliums bewirken müsse. So breitete sich kirchlicher Widerstand als Verteidigung von Recht und Menschlichkeit vor. Die Geistlichen bemühten sich ebenso wie die Angehörigen freier Religionsgemeinschaften, etwa die Quäker, um die wegen ihrer Rasse und ihres Bekenntnisses verfolgten Juden. Probst Heinrich Grüber baute in Berlin-Steglitz, in unmittelbarer Nachbarschaft von Hellmuth James Graf von Moltkes Wohnung, sein Hilfsbüro auf. Schließlich entwickelte sich aus diesen Ansätzen praktischer Hilfe und des Widerstands als stellvertretendes Handeln für Verfolgte und Unterdrückte eine Steigerungsform, die sich nicht mehr nur um praktische Nächstenliebe kümmerte, also um jene bemühte, die »unter die Räder des Staates« geraten waren. Es ging bald darum, »dem Rad selbst in die Speichen zu fallen«.[11]

Katholischer Widerstand

In dieser Hinsicht trafen sich einzelne evangelische und katholische Christen, unter ihnen Geistliche wie der Berliner Prälat Bernhard Lichtenberg, der ausdrücklich die verfolgten Juden in seine Gebete einschloß.

Die politische Tradition des Katholizismus war nicht republikfeindlich gewesen. Das Zentrum hatte die Weimarer Republik von Anbeginn an mitgetragen und ausgestaltet. Bis 1932 fühlte es sich ganz entschieden im Rahmen der in Preußen regierenden Weimarer Koalition unter Otto Braun als Bollwerk der Republik. Allerdings gab es im Zentrum viele Strömungen, die in ihrer antinationalsozialistischen Gegnerschaft eindeutig, in ihren politischen Zielvorstellungen allerdings nicht immer entschieden demokratisch und republikanisch waren. Erleichtert wurde eine grundlegende Opposition durch die katholische Naturrechtsdiskussion. Während sich Protestanten bemühten, die beiden Reiche zu scheiden, verfügten die Katholiken in der Regel bereits über Kriterien, welche Grenzen des Staatshandelns bezeichneten.

Erschwerend wirkte sich jedoch der feste Wunsch hoher kirchlicher Würdenträger aus, die Institution der Kirche zu sichern – und sei es durch einen Vertrag zwischen dem Papst und den Trägern diktatorischer Gewalt. Hitler zog Konsequenzen aus dem Wunsch der Amtskirche, die Glaubensfreiheit und die Freiheit der religiösen Erziehung durch ein Konkordat zu sichern. So konnte er weite Teile des politischen Katholizismus lähmen und die Selbstauflösung des Zentrums vorbereiten. Die kirchlichen Würdenträger hatten sich, wie sie später erkannten, damit einer groben Täuschung hingegeben. Ihr Hauptproblem wurde, einerseits die Kirche als Institution zu sichern und damit den Gläubigen einen festen Halt zu geben; andererseits aber gegen die aggressive Weltanschauung der NS-Führung, gegen Verfolgung der Priester und Christen, gegen die Zerstörung des kirchlichen Lebens einzuschreiten. Viele Geistliche setzten sich in der Folgezeit in ihren Gemeinden für die Ziele des Katholizismus und des Christentums ein. Die Grenzen zwischen den Konfessionen schwanden vor allem in der kirchlichen Jugendarbeit. Wie in der protestantischen Kirche war auch innerhalb der katholischen Kirche Widerstand nur als breites Verhaltensspektrum möglich. Konrad Repgen hat dieses Spektrum unterschiedlicher Verhaltensmöglichkeiten als Steigerung von der Nonkonformität bis zum Umsturz beschrieben. Den »Loyalitäts-Entzug«, den Katholiken von einer »punktuellen« über eine »partielle« bis zur »generellen« Dimension steigern konnten, beschreibt Repgen als politische Konsequenz eines Widerstands aus dem Glauben, der sich aus Beharrung und Verweigerung bis zum Protest und zur Unterstützung des Attentats entwickelte.[12] Unbeschadet grundsätzlicher Ablehnung der nationalsozialistischen Weltanschauung konnten sich Katholiken in Bereichen, »die weltanschaulich und sittlich neutral waren«, zur partiellen Kooperation bereit finden.

Zum Widerstand mußte der Loyalitätsentzug durch den Anspruch des totalitären Staates werden, alle menschlichen Lebensbereiche zu politisieren und den vorpolitischen Lebensraum in den umfassenden Gestaltungsanspruch einzubeziehen. Sosehr die Kirche ihren Gläubigen die Normen und Verpflichtungen zu vermitteln suchte, die eine scharfe Trennlinie für den Einfluß des Staates darstellten, sowenig konnten sie als eine ihre Autonomie verteidigende Großgruppe den einzelnen stets in ihren Gewissensentscheidungen helfen. In vielen Fällen verlangte der Kampf gegen den NS-Staat von Christen ein Zeugnis des Glaubens. Deshalb empfanden sich viele als Märtyrer, die um ihres Glaubens willen verfolgt wurden und sogar für diesen Glauben sterben mußten. Hier wurde Widerstand zur religiösen, geistig-moralischen Selbstbehauptung, wie sie exemplarisch im Sterben des polnischen Geistlichen Maximilian Kolbe sichtbar wird.

Angesichts der Opfer von Gläubigen aller Konfessionen darf man die Versuche, die »soziale Institution Kirche« gegen die nationalsozialistischen Herrschaftsansprüche zu bewahren, nicht oberflächlich geringschätzen. Deshalb bleibt festzuhalten: Wenngleich sich die innerkatholische Diskussion in vielem von der protestantischen unterschied, war doch der Weg zum Widerstand ebenso das Ergebnis innerkirchlicher Diskussionen und Auseinandersetzungen, des Zweifels und Verzweifelns, des Bewußtseins, Institutionen zu schützen und zu verteidigen, zugleich aber stellvertretend für den verfolgten und gequälten Mitmenschen handeln zu müssen, dem sein Recht auf Schutz und Leben geraubt worden war. Widerstand wurde nicht nur zum Zeugnis, sondern auch zum stellvertretenden Handeln für den Wehrlosen. Die Kritik an der katholischen Kirche, die vielfach aktueller Kirchenkritik entspringt, darf nicht übersehen, daß Institutionen immer dazu neigen, ihre Stellung und den errungenen Einfluß zu verteidigen. Sie darf aber vor allem nicht davon absehen, daß die antinationalsozialistische Haltung vieler Angehöriger des niederen Klerus breitere Schichten erreichte und damit auch der Volksopposition eine Richtung wies.

Diese Volksopposition blieb teilweise in den engen Zeitvorstellungen verhaftet, wie sich etwa nach der Zerstörung vieler Synagogen und der zehntausendfachen Entrechtung und Verfolgung deutscher Juden im November 1938 zeigte; dennoch konnte sie ebenso die organisatorischen Grundlagen kirchlicher Autonomie und die Grundlagen der katholischen Tradition verteidigen. So ist auch in der katholischen Kirche eine Vielfalt von Zielen und Richtungen des Widerstands festzustellen: von der Verteidigung der Institution und der organisatorischen Unabhängigkeit über die Verteidigung der Grundlagen des Glaubens bis zum Eintreten für den einzelnen Mitmenschen.

Das NS-System fühlte sich anfangs weniger durch die Mitmenschlichkeit der Gläubigen, die sich in Fluchthilfe, Gefangenen- und Hinterbliebenenbetreuung oder auch im Fürbittengebet zeigte, als durch die institutionalisierte Beharrungskraft und die Unangreifbarkeit der Weltanschauung herausgefordert. Dem »Mythus des 20. Jahrhunderts« wurde jedoch die jahrtausendelange Tradition der Christen, der Lüge von der Unsittlichkeit der Priester und der Verantwortungslosigkeit der Orden die Geschichte der Christenverfolgung und die Vitalität der Katakombenkirche entgegengestellt. Am stärksten wirkte jedoch die Praxis des NS-Regimes selbst für die Prinzipien des Christentums. Dieses Regime hatte kein Maß und keine Rechtfertigung, es erschien vielen als die Herrschaft des Teufels, des Antichristen – diese Vorstellung bedarf jedoch des Glaubens an Gott und an Jesus Christus. So erwuchs aus der Verfolgung nicht allein das Martyrium der sich stets zu Christus Bekennenden, sondern der neue Glauben derjenigen, die das Evangelium als Orientierung neu entdeckten. Und gerade die Vereinzelung und Einsamkeit des Menschen, wie sie uns aus den Moabiter Sonetten von Albrecht Haushofer[13] und dem Tagebuch von Jochen Klepper[14] entgegentritt, ließ ihn Zuflucht zu Werten und Traditionen nehmen, die Säkularisierung und Rationalismus verschüttet hatten.

Widerstand aus der Tradition des Bürgertums

Es hat sich eingebürgert, auch den bürgerlichen Widerstand als Spielart der Gegnerschaft zum Nationalsozialismus aufzufassen. Gemeint ist nicht allein der Widerstand des Bürgertums, sondern der Widerstand aus der Tradition des bürgerlichen Denkens. Dieser Widerstand zeigte sich in einer neu auflebenden Organisationsform des bürgerlichen Zeitalters: in Vereinen, Zirkeln und Kreisen. Rothfels machte sogar die »Vereinsmeierei« als Ausdruck eines oppositionellen Verhaltens aus, welches Gespräch und Wohnzimmer voraussetzte. In diesen Gesprächen zeigte sich die Radikalität bürgerlichen Denkens, das die Kritiker des Bürgertums kaum jemals akzeptiert hatten und bis heute vielfach nicht anerkennen wollen. Dolf Sternberger hat dieses Denken 1949 in der von ihm entscheidend geprägten Zeitschrift »Die Wandlung« ausgedrückt. »Bürgerlich« stellt für ihn einen »philosophischen Begriff« dar, welcher die »Freiheit der Erkenntnis« voraussetzt. Diese Freiheit war unter dem Nationalsozialismus nicht gegeben. Deshalb mußten »Unbestechlichkeit« und »Selbstbeschränkung« zur Berührungsfurcht gegenüber dem Nationalsozialismus führen. Passivität, innere Emigration, Nonkonformität waren die Folge. Einige ließen es damit nicht genug sein. »Pflicht« und »Gesetz« wurden zur verpflichtenden Norm, die an die Stelle der Persönlichkeit tritt. Dieser Norm dient der hier beschriebene »Bürger« aus einem Eifer für das »höhere Ganze«. Er kann nach Sternberger dabei sogar zum »moralischen Terroristen« werden: »tückisch, verräterisch an einzelnen Menschen, grausam gegen seine Nächsten, immer in der Verfolgung seiner Grundsätze.« Schließlich »verbündet er sich mit der Idee des Ganzen, mit der Idee des Staates, um gegen die einzelnen Mächtigen und Glänzenden, gegen die Autoritäten eine stärkere Stellung zu haben«.[15]

Dieser Rigorismus drückte sich in Zirkeln und Kreisen aus, die sich *im Hause der Solfs*, in der *Mittwochsgesellschaft*, in *Freiburg* um Gerhard Ritter, in *Restsprengeln bündischer Jugendlicher* oder schließlich auf dem *Gut Kreisau* trafen. Hier artikulierte sich politischer Rigorismus ebenso wie das Bewußtsein einer Funktionselite hoher Beamter, Hochschullehrer, auch Militärs, die vom Regime gehindert wurden, sich ihrer Stellung angemessen zu verhalten und ihrer Verantwortung entsprechend, vor allem aber in Übereinstimmung mit ihrem bürgerlichen Selbstverständnis und ihrer Einsicht zu handeln. Mochte zunächst nur Unbehagen und Unzufriedenheit empfunden werden, weil die Eliten ihren Eigenanspruch nicht erfüllen konnten und sehenden Auges verfolgen mußten, wie Hitler Deutschland gefährdete und den Nationalstaat verspielte, so steigerte sich diese Empfindung zur Entschlossenheit, die politische Entwicklung zu beeinflussen und die Realität zu verändern.

Nicht alle Gruppen und Zirkel des Widerstands erstrebten jedoch den gewaltsamen Umsturz. Am Beginn stand vielmehr die Absicht, den Charakter des Regimes durch die Beeinflussung der Willensbildung und gesamtstaatlichen Zielbestimmung zu verändern. Dies erklärt die Vielzahl von Eingaben und Denkschriften, den ausgedehnten Briefwechsel und die kaum überschaubaren vielfältigen Kontakte. Diese Verbindungen waren häufig das *Ergebnis von beruflichen, persönlichen und menschlichen, nicht zuletzt von verwandtschaftlichen Beziehungen*. Dies unterschied den Kern der »bürgerlichen« Opposition von den Widerstands- und Widersetzungsanstrengungen der politischen und kirchlichen Gegner der Nationalsozialisten und weckte später den Eindruck, eine kleine »Clique« ehrgeiziger Adeliger und putschistischer Offiziere habe sich zum Komplott zusammengefunden.

Gerade in totalitären Lebensverhältnissen kommt Vertrauen und Bekanntschaft, Familie und lang währender Freundschaft eine große Bedeutung zu. Viele Angehörige des engen Kerns entschiedener Widerstandskämpfer kannten sich seit langer Zeit, aus dem Studium oder der Jugendgruppenarbeit, seit ihren Referendarzeiten oder von den militärischen Lehrgängen her. Viele dieser Bekanntschaften und Freundschaften hielten auch nach 1933 jeder Belastung stand. Zuweilen entsteht sogar der Eindruck, als sollten die freundschaftlichen Bindungen durch verwandtschaftliche Beziehungen – Heirat, Verlobung, Patenschaft – noch enger gemacht werden. Als nach 1944 der Widerstand unvorhersehbare Folgen für jeden Widerstandskämpfer und seine unmittelbaren Angehörigen hatte, hielten diese Verbindungen in der Regel den Verhören der Gestapo, den Demütigungen der Haft und der Gerichtsverfahren sowie schließlich den Todesgefahren und -ängsten der letzten Lebensfristen stand. Jeder Widerstandskämpfer war auf sich gestellt und fühlte sich doch aufgehoben in einer Gemeinschaft Gleichgesinnter. Viele Briefe der zum Tode Verurteilten spiegeln den Trost, der in dieser Verbindung liegen konnte.

Ohne diese freundschaftlichen und *familiären Beziehungen* wäre der deutsche Widerstand kaum vorstellbar. Familienbeziehungen boten aber nicht immer den Halt, den wir etwa aus der Familie des Hans-Bernd von Haeften kennen; Familie stellte auch eine starke Restriktion des eigenverantwortlichen politischen Handelns dar, denn jeder Widerstand machte die Familienmitglieder, selbst wenn sie nicht in Konspiration und Umsturzpläne eingeweiht waren, als Folge der Sippenhaftung zu Opfern der Auflehnung und der Tat. Heute wissen wir, daß nicht nur politische Ziele und moralischer Rigorismus die bürgerlichen Widerstandsgruppen zusammenhielt, sondern auch ein ausgeprägter Familiensinn, der ohne jede Rückfrage menschliche Hilfe gewährte. *Rüdiger von Schleicher*, der nach der Haftentlassung der Familie von Hase den Verfolgten Unterkunft gewährte, deshalb verhaftet wurde und später an der Seite Bonhoeffers starb, illustriert beispielhaft Voraussetzungen und Konsequenzen dieser Haltung. Insbesondere Familienväter trugen an ihrer Verantwortung für ihre Kinder, die in der Regel noch schulpflichtig waren. Viele der Angehörigen des Widerstands versuchten deshalb, ihre Absichten vor Frau und Kindern zu verbergen, um sie nicht zu belasten. Dennoch mochten die Attentäter ahnen, daß die NS-Führung auch ihre Angehörigen, die als Verwandte von »Eidbrüchigen« und »Verrätern« bezeichnet wurden, rücksichtslos verfolgen und bestrafen würde. Viele Ehefrauen wurden nach dem 20. Juli 1944 inhaftiert oder in Konzentrationslager eingewiesen. Die jüngeren Kinder kamen in der Regel in ein Kinderheim nach Sachsa, das der SS unterstand. Offensichtlich sollten alle Familienbindungen völlig zerstört werden. Die gemeinsamen Erfahrungen des Leidens ließen die Verfolgten vielfach eng zusammenrücken. Sie empfanden sich als Leidensgemeinschaft und bezogen andere Verfolgte in diese Beziehung ein.

Militäropposition und Attentat

Eine weitere Gruppierung des Widerstands, die mit dem Begriff der *Militäropposition*[16] charakterisiert wird, fand sich auf der Grundlage besonderer menschlicher und kameradschaftlicher Gruppenbindungen. Viele Offiziere, die später zum Kreis um Tresckow und Stauffenberg gehörten, kannten sich von Kriegsakademien und Lehrgängen her. Immer wieder fanden sie Kontakte, besuchten sich und telefonierten miteinander.

Viele der Sympathisanten, die in ihren Umkreis gelangten, entwickelten sich in ihrer unmittelbaren Nähe zu Anhängern einer Korrektur nationalsozialistischer Kriegspolitik und befürworteten seit einem gewissen Zeitpunkt die Anwendung von Gewalt; nach Versetzung und neuen Eindrücken lösten sich die persönlichen Bindungen vielfach wie bei Kluge, oder es traten die Prinzipien von Befehl und Gehorsam in den Vordergrund wie bei Stieff. Nur ein kleiner Kreis blieb zusammen und bündelte Momente der Kritik und Unzufriedenheit zum prinzipiellen Vorstoß gegen das Regime Hitlers. Es war ein besonderer Glücksfall, daß entschlossene Militärs in zentrale Schaltstellen der Abwehr und des Ersatzheeres gelangten. Sie verschafften sich einen durch Propaganda nicht zu schönenden Überblick und lernten frühzeitig die Grenzen des zunächst überraschend und für viele erschreckend erfolgreichen NS-Systems kennen. Diese Kenntnisse öffneten den Blick für eine schonungslose Analyse; diese beeinflußte dann die weiteren Gruppen, die sich während des Krieges formiert hatten und angesichts der nationalsozialistischen Gewaltverbrechen, der rücksichtslosen Opferung deutscher Soldaten, der Hinnahme des totalen Krieges und der schockierenden Ausbeutung der Einwohner ganz Europas der NS-Führung nicht mehr zu folgen bereit und fähig waren.

Der Begriff der »Militäropposition« ist insofern mißverständlich, als er unzutreffende Schlüsse auf die Motivation des militärischen Widerstands nahelegt. Es ging nicht um die Vorbereitung eines Militärputsches oder die Dominanz von Offizieren in der angestrebten Nachkriegsordnung. Sondern es ging um einen Umsturz des politischen Systems aus einer erfolgversprechenden Position innerhalb des Herrschaftssystems heraus.

Die Handlungsmöglichkeiten der Militäropposition waren ebenso vielfältig wie diejenigen anderer Widerstandsgruppen, die den Kirchen nahestanden oder sich auf die Traditionen bürgerlichen Denkens bezogen. Unterscheidbar sind Versuche, die staatlichen Zielvorstellungen zu beeinflussen oder die Wege zu ihrer Verwirklichung zu korrigieren, von Versuchen, innerhalb der Eliten Unterstützung zu finden, die außenpolitischen Mächte zu warnen – wie es etwa Oster vor dem Angriff auf die Niederlande versuchte – oder die europäischen Mächte zu Reaktionen zu veranlassen, die Hitler vor riskante Kriegsentscheidungen stellten. Die Information ausländischer Diplomaten und kirchlicher Würdenträger zählt ebenso dazu wie die Beeinflussung von Journalisten, von Vertretern des Roten Kreuzes oder von hohen Funktionären des NS-Staates. Deshalb finden wir neben der Denkschriftenopposition von Ludwig Beck die Reiseopposition von Goerdeler, die Besprechungsopposition von Gerstenmaier und die Informationsopposition des Staatssekretärs im Auswärtigen Amt von Weizsäcker. Allmählich reifte aber innerhalb entschiedener und von der Haltung der NS-Führung gegenüber Wehrmacht und inneren Gegnern abgestoßener Offiziersgruppen der Entschluß, Hitler zu verhaften oder sogar zu töten. Bereits Kurt Freiherr von Hammerstein-Equord hatte sich unmittelbar nach 1933 entschlossen gezeigt, Hitler zu verhaften. Er galt als bewußter Republikaner und wurde deshalb von seinen Kameraden als »roter General« tituliert. Hitler entließ ihn bereits 1933; Hammerstein stand aber weiterhin in Verbindung mit dem ehemaligen Reichswehrgeneral Schleicher und empfand deshalb die Ermordung dieses Gegners der Nationalsozialisten im Zuge des »Röhm-Putsches« als entwürdigenden Angriff auf Integrität und Moralität der Reichswehrgeneralität.

Wie Hammerstein begannen auch Tresckow und Oster zu fühlen. Sie galten als vielversprechende Nachwuchsoffiziere und kamen deshalb mit vielen hohen Offizieren wie Witzleben, Beck und Halder zusammen. Als Hitler 1938 den höchsten Heeresoffizier Fritsch durch eine Intrige stürzte und sich zum obersten Befehlshaber erklärte, fühlten sie sich herausgefordert. Klarsichtig erkannten sie die Grundzüge des Systems und wollten nicht schuldig werden.

Die Geschichte der »Militäropposition« ist allerdings weniger durch Kontinuität als durch Brüche und Neuansätze, durch Fehlschläge und Enttäuschungen charakterisiert. Nur wenige Offiziere waren willens, ihr Leben zu riskieren. Zwar erkannten sie, daß Hitler den Krieg bewußt herbeiführte; ihr Wille, einzuschreiten, war jedoch schwach. Es war eine Ausnahme, daß Halder die Ausarbeitung von Umsturzplänen gestattete. In der Regel lähmten Karriereerwartungen, Angst und Bequemlichkeit viele Ansätze der Opposition. Deshalb klagte ein enger Vertrauter Goerdelers: »Der eine will handeln, wenn er Befehl erhält; der andere befehlen, wenn gehandelt ist.«[17]

Durch Hitlers diplomatische und militärische Erfolge wurde der Aktionswille der Offiziere gelähmt. Ihnen war gleichsam die Basis entzogen. Erst nach dem Angriff auf die Sowjetunion, der militärisch sinnlos war und millionenfache Verbrechen zur Folge hatte, formierte sich der militärische Widerstand neu. Zur treibenden Kraft wurde Henning von Tresckow. Er knüpfte Verbindungen zu anderen Offizieren: zu hohen Generalen, die sich seiner Ausstrahlung nicht widersetzen konnten, und zu jüngeren Offizieren, unter ihnen die späteren Antriebskräfte des Umsturzes Stauffenberg und Caesar von Hofacker. Sie lernten bald Majore und Hauptleute, jüngere Leutnants und Verwaltungsoffiziere kennen, die die Verbrechen der NS-Führung mit eigenen Augen gesehen hatten und deshalb, wie Axel von dem Bussche, Fabian von Schlabrendorff, der junge Kleist-Schmenzin, Breitenbuch und Gersdorff, bereit waren, Hitler zu töten. Der Zufall, Hitlers Unstetigkeit, aber auch die Sicherheitsvorkehrungen der Leibwache machten alle Versuche zunichte.

Die konspirierenden Offiziere begriffen sich als »Schwert des Widerstandes« (Rothfels). Sie wollten dem Gesamtwiderstand entscheidende Handlungsmöglichkeiten eröffnen, nicht aber ihn dominieren. Dies fiel ihnen um so leichter, als sie viele weltanschauliche, politische und religiöse Gemeinsamkeiten mit den Widerstandskreisen um Moltke, Yorck, Leuschner, Leber, Goerdeler und Hassell besaßen. Unterschieden sie sich auch in Einzelfragen der Neugestaltung der politischen Grundordnung, der außenpolitischen Prioritäten, der Übergangslösung und des Friedensschlusses, so überwog doch die Gemeinsamkeit. Das Spektrum des Gesamtwiderstands wurde deshalb durch zielbewußt geknüpfte und die Pluralität des Widerstands spiegelnde Kontakte ausgeweitet. Protestanten, Katholiken, Sozialdemokraten, Liberale, Großbürger und Reformpädagogen, Diplomaten und Militärs, Beamte aus Verwaltung und Justiz, Juristen und Strafvollzugsgeistliche, Großgrundbesitzer Ostelbiens, südwestdeutsche Adlige und Vertreter wirtschaftlich-industrieller Interessen fanden zusammen, orientierten sich in Vorträgen und Gesprächen über ihre Zukunftsvorstellungen und suchten einen programmatisch sinnvollen Kompromiß für die Zeit »danach«.

Auf allen lastete der gleiche Druck: »Bomben und Gestapo«, drohende Niederlage und der abzusehende Untergang des Nationalstaates, Gefährdung der Grundlagen des Glaubens, Gewissenszwänge als Folge einer partiellen Kooperation mit dem Regime, nicht selten Schuld infolge einer tiefen Verstrickung in Verbrechen oder zumindest in die weitläufige Ermöglichung von Untaten, die hinter der Front begangen wurden. Die Verstrickung in das System lähmte jedoch nicht den Willen, es zu zerstören und politisch-moralisch zu überwinden. Dies konnte nur durch einen raschen Waffenstillstand geschehen, der schließlich sogar die Kapitulation der deutschen Truppen voraussetzte. In dem Dilemma, die Niederlage zu wollen, um Deutschland moralisch zu stärken, fanden sich schließlich die meisten Gruppen des Widerstands. Aus diesem Konsens brachen lediglich diejenigen kommunistischen Gruppen aus, die sich als Vertreter sowjetisch-marxistischer Interessen begriffen und schließlich nach der Niederlage in der sowjetischen Besatzungszone bewiesen, daß der kommunistische Widerstand keine politische Alternative zur totalitären Herrschaftsordnung der Nationalsozialisten verkörperte. Der demokratisch motivierte Widerstand war deshalb allein kompromiß- und einheitsfähig.

Widerstand und Krieg

Der Kriegsbeginn kennzeichnet in der Tat die entscheidende Zäsur der deutschen Widerstandsgeschichte. Die NS-Führung hatte ihn zielbewußt angestrebt, um ein Hegemonialreich zu errichten und gleichzeitig die Judenfrage zu lösen – sei es durch Vertreibung der westeuropäischen Juden nach Osten, durch deren Vernichtung in den Ghettos Osteuropas, schließlich durch Vernichtungslager und Einsatzgruppen. Der von Hitler entfesselte Krieg war ein Weltanschauungskrieg und brachte deshalb zwangsläufig die schlimmsten Ermordungs- und Unterdrückungsexzesse mit sich. Sie vollzogen sich vor den Augen vieler Zeugen und beunruhigten auch große Teile der Zivilbevölkerung. Besonders die kaum zu verheimlichende Ermordung geisteskranker Kinder und arbeitsunfähiger Erwachsener bewegte die deutsche Öffentlichkeit. Sie fand in führenden Vertretern der Kirchen – in Bischof Graf von Galen und dem württembergischen Landesbischof Theophil Wurm – ihre Sprecher. Hitler mußte schließlich die Mordaktion stoppen lassen; sie wurde jedoch in den Lagern stillschweigend fortgesetzt.

Die nationalsozialistischen Gewaltverbrechen waren für viele Widerstandskämpfer letzter Anstoß und Beweis für die Herrschaft des Unrechts, Ausdruck eines Verrats der Prinzipien des Christentums, der Aufklärung, des Humanismus und der Solidarität. Dieser gemeinsame Bezugspunkt ihrer Kritik einte sie, mochten sie auch weiterhin ganz unterschiedliche Denkvoraussetzungen besitzen und in ihren zeit- und gruppenspezifischen politischen Vorstellungen befangen sein. Viele der Gruppen bestanden allerdings nicht mehr: So sind aus der Zeit nach 1939 kaum sozialdemokratisch geführte und nur wenige kommunistische Gruppen überliefert. Auch der kirchliche Widerstand war eine Angelegenheit des einzelnen geworden. Spektakulär war allein der Anschlag einer jüdischen *Widerstandsgruppe um Herbert Baum* auf die Berliner Propagandaausstellung »Das Sowjetparadies«. Die Gruppe Baum verstand sich aber eher als zionistisch-jüdische Gruppe in einem besetzten Land, nicht als deutsche oder gar kommunistische Widerstandsgruppe. Auch die »*Rote Kapelle*« um Harro Schulze-Boysen und Arvid Harnack war keine primär kommunistische Gruppe, mochte sie auch militärische Geheimnisse an die Sowjetführung verraten. Anhänger verschiedener Richtungen, Frauen und Männer, Beamte, Angestellte und Offiziere hatten erkannt, daß die

43

Niederlage des Deutschen Reiches allein die Schreckensherrschaft abkürzen konnte. Diese Einschätzung teilten auch die Deutschen, die sich im Exil befanden und ihre Kraft den alliierten Gegnern Hitlers zur Verfügung stellten.

Entsetzen über die nationalsozialistische Herrschaftspraxis prägte auch die Widerstandsgruppe der »Weißen Rose«, die von München aus die Unabhängigkeit und Unbeeinflußbarkeit der Jugend beweisen und ein eigenes Lebensrecht junger Menschen proklamieren wollte. Diese Gruppe junger Studenten und ihres akademischen Lehrers verband moralische Rigidität mit Mut und Märtyrergesinnung. *Zunehmend fragten Widerstandskämpfer nicht mehr nach dem Erfolg, sondern rechtfertigten ihre Tat aus den Zielen, die ihr Handeln bestimmten.* Dieses Bewußtsein vereinigte die unterschiedlichen Strömungen und Richtungen des Widerstands zur »*deutschen Opposition*« gegen Hitler und gab dem Behauptungswillen vieler einzelner neuen Sinn.

Auch die Gruppe um *Helmuth James Graf von Moltke*, der Kreisauer Kreis, gewann im Laufe des Jahres 1943 an politischer Entschiedenheit. Ihm kam es nicht allein mehr auf die Veränderung des Systems, unter Umständen in Zusammenarbeit mit Gruppen der nationalsozialistischen Bewegung, sondern auf die grundlegende Umgestaltung Deutschlands und die Wiederherstellung des Rechts an.[18] Wie die Gruppe um den ehemaligen Leipziger Oberbürgermeister *Goerdeler* formulierten auch die Kreisauer Zielvorstellungen – weniger in Gestalt von Denkschriften und Memoranden als in der Gestalt von Vortragsmanuskripten und Papieren, die der Selbstverständigung der Gruppenmitglieder und der Bestandsaufnahme politischer Alternativen dienten.

Wenngleich sich die Beziehungen zwischen den Widerstandsgruppen um *Goerdeler und Beck, Stauffenberg und Leber* und schließlich *Moltke* und *Yorck* verstärkten, kam es doch nicht zur völligen Synchronisation der Methoden und Ziele. Diese Vielfalt war Ausdruck eines politischen Selbstverständnisses, das angesichts der doppelten Front – »Bomben und Gestapo« – Pluralität nicht homogenisieren und einer fragwürdigen Einheitsvorstellung unterordnen wollte, *sondern Vielfalt der Ziele zu einem neuen Konsens bündeln zu können glaubte.* In diesem Anspruch verkörperte sich ein grundlegender Neuansatz deutschen politischen Denkens und konkreter Zukunftsgestaltung, der die Konflikte der Weimarer Zeit endgültig überwand und einen neuen Weg der Kooperation und des Kompromisses suchte, ohne Grundentscheidungen politischer Ordnung und Gestaltung einer beliebigen Mehrheit auszuliefern.

Perspektiven des Widerstands

Viel ist seit den sechziger Jahren über die angeblich rückwärts gewandten Ziele des Widerstands geschrieben worden. Abgesehen davon, daß es die einheitliche und verbindliche Vorstellung des Widerstands angesichts der vielen Strömungen und Traditionen, die sich in den Individuen des Widerstands verkörperte, gar nicht geben konnte, übersieht diese Interpretation die nicht aufzulösende Zeithaftung jeglichen politischen Denkens. Diese Beschränkung könnte jedes Denken der Vergangenheit als nicht zeitgemäß diffamieren und an der Meßlatte unserer Demokratie messen. Unbestritten ist, daß die ständischen und zum Teil antiparlamentarischen Alternativen, die Goerdeler formuliert hatte, ebensowenig unmittelbar zu realisieren waren wie die Vorstellungen sozialistischer Widerstandskämpfer, den Faschismus durch eine soziale

Strukturreform von Staat und Gesellschaft endgültig überwinden zu können. *Das Verdikt der Zeitverhaftung gilt im strengen Sinn für jede Strömung und Richtung des Widerstands.* Entscheidend für die Zukunft und den Zusammenhalt der deutschen Opposition sollte allerdings das *Handlungsprinzip des Widerstands* werden: das geschändete Recht wiederherzustellen, in streng rechtlich gebundener Weise Verantwortung zu fordern und das Unrecht zu sühnen, den Menschen als Menschen in sein Recht zu setzen und die menschliche Würde zur Richtschnur staatlichen Handelns zu machen. Auch Krieg sollte künftig als Mittel der Politik zwischen Nationalstaaten ausscheiden. Noch darüber hinausgehend, erwächst aus Vorträgen und Denkschriften, zum Beispiel der Kreisauer, der Eindruck, erst der Widerstand habe die Restriktionen des Nationalitätenprinzips überwunden. Zwar starb Stauffenberg wie viele andere im Bewußtsein, den irdischen Weg Deutschland zuliebe zu Ende zu gehen und den Tod erleiden zu müssen: Deutschland stand hier jedoch für Maßstäbe politischer Moral, für die Demonstration von Anstand und Zivilität, für die Bekräftigung eines wertgeprägten Menschenbildes, für die Glaubwürdigkeit eines anderen Deutschland. *Gerade Stauffenberg verkörperte* durch seine Beziehungen zu allen wichtigen Widerstandsgruppen, die sich nach 1942 dem Umsturz und der Neukonzipierung einer Nachkriegsordnung widmeten, *den politischen Konsens, der sich in der Auseinandersetzung mit dem Widerstand nach 1945 allmählich herausbildete und eine verfassungsbezogene, wertgeprägte und zielorientierte Widerstandsdiskussion ermöglichte.* Sie scheint heute angesichts einer Inflationierung des Widerstandsbegriffs verlorenzugehen. Gerade die Vielfalt der Widerstandsgruppen, ihre Entstehung und ihr Unterliegen, ihr Neuanfang und ihr letztlicher Erfolg als Demonstration, Zeichen und Martyrium verdeutlicht den Anspruch der *Pluralität, Toleranz, Nächstenliebe* und Solidarität.

So vereinigen sich im Attentat des 20. Juli 1944 nicht nur die Ansprüche und Zielvorstellungen unterschiedlicher Widerstandskreise. In ihm bündeln sich gleichermaßen eine langwierige und schwierige, durch ihre Prinzipien jedoch zugleich überschaubare Widerstandsdiskussion und Widerstandserfahrung, die als Bezugspunkte Menschen- und Naturrecht, Gottebenbildlichkeit des Menschen und Rechtsverbindlichkeit, klare Staatsziele und Staatszwecke besaßen. Die lange Tradition der Widerstandsdiskussion politischer Philosophie wurde angesichts der Wirklichkeit nationalsozialistischer Herrschaft erfahrbar und für jeden bis in seinen Alltag hinein spürbar. Insofern geht heute jede Widerstandsdiskussion in Deutschland von den Erfahrungen des Dritten Reiches aus, ohne sich in der zeitgeschichtlichen Reflexion erschöpfen zu können. Die Einigung der Gruppen und Richtungen erfolgte zunächst in den Zielbestimmungen, anschließend in der Tat. Die Nationalsozialisten trugen dieser Gemeinsamkeit Rechnung, indem sie alle Anhänger der deutschen Opposition in gleicher Weise verfolgten und gleichermaßen bestraften. Sie unterschieden nicht nach Haltungen der Dissidenz und Resistenz, der Nonkonformität und Verweigerung, des Umsturz- und Attentatswillens. Der gemeinsame Nenner der Strafgründe war vielmehr der Vorwurf, sich den »Kopf des Führers zerbrochen zu haben«, wie Freisler den Mitgliedern des Kreisauer Kreises vorwarf.

[1] Vgl. zur begrifflichen Diskussion: LÖWENTHAL, RICHARD: *Widerstand im totalen Staat*, in: ders. u. PATRIK VON ZURMÜHLEN (Hrsg.): *Widerstand und Verweigerung in Deutschland 1933–1945*, Bonn 1982, S. 11–24. In diesem Buch auch wichtige Beiträge von Zurmühlens und Herrmann Webers über den sozialdemokratischen und kommunistischen Widerstand.

[2] HEUSS, THEODOR: Zur Wiederkehr des 20. Juli, in: Vollmacht des Gewissens I, Frankfurt/Berlin 1960, S. 533–545.

[3] Vgl. ROTHFELS, HANS, u. a.: *Gewissen gegen Gewalt*, Bonn 1964; ders.: *Das politische Vermächtnis des deutschen Widerstandes*, Bonn 1955, ders.: *Die deutsche Opposition gegen Hitler*, Frankfurt 1958, u. überarb. unter dem leicht veränderten Titel »Deutsche Opposition gegen Hitler«, hrsg. v. HERMANN GRAML, Frankfurt 1969 u. (erw.) 1977. Hier auch das Zitat im Beitrag.

[4] HILLGRUBER, ANDREAS: *Endlich genug über Nationalsozialismus und Zweiten Weltkrieg?*, Düsseldorf 1982, S. 47.

[5] ROTHFELS, Opposition, a.a.O., S. 20.

[6] Ebenda, S. 24.

[7] STEINBACH, PETER: *Sozialdemokratie und Verfassungsordnung*, Opladen 1983.

[8] ESTERS, HELMUT, u. a.: *Gewerkschafter im Widerstand*, Bonn 1983.

[9] VOSS, RÜDIGER V.: Vorwort zu E.-O. SCHÜDDEKOPF: *Der Deutsche Widerstand gegen den Nationalsozialismus*, Frankfurt u. a. 1977, S. XII.

[10] BETHGE, EBERHARD: *Adam von Trott und der deutsche Widerstand*, in: VjHZ 11, 1963, S. 213–223, hier S. 221 f. Exemplarisch: BETHGE, EBERHARD, *Dietrich Bonhoeffer: Eine Biographie*, München 1978. Ein wichtiges Zeitzeugnis: BARTH, KARL: *Theologische Existenz heute!* München 1933.

[11] So DIETRICH BONHOEFFER im Mai 1933 in seiner Überlegung zur Judenfrage: *Die Kirche vor der Judenfrage*, in: Bonhoeffer-Auswahl Bd. 2, Gegenwart und Zukunft der Kirche 1933–1936, München 1970, S. 26.

[12] REPGEN, KONRAD: *Katholizismus und Nationalsozialismus. Zeitgeschichtliche Interpretationen und Probleme*, Köln 1983, S. 10f. Vgl. auch: GOTTO, KLAUS, REPGEN, KONRAD (Hrsg.): *Kirche, Katholiken und Nationalsozialismus*, Mainz 1980, sowie HÜRTEN, HEINZ: *Zeugnis und Widerstand der Kirche im NS-Staat. Überlegungen zu Begriff und Sache*, in: Stimme der Zeit 201, 1983, S. 363–373.

[13] HAUSHOFER, ALBRECHT: *Moabiter Sonette*, München 1982.

[14] KLEPPER, JOCHEN: *Unter dem Schatten Deiner Flügel, Aus den Tagebüchern der Jahre 1932–1942*, Stuttgart 1956.

[15] STERNBERGER, DOLF: *Aspekte des bürgerlichen Charakters*, in: ders.: »Ich wünschte, ein Bürger zu sein.« Neun Versuche über den Staat, Frankfurt 1967, S. 10–27, hier bes. S. 24f.

[16] Vgl. MÜLLER, KLAUS-JÜRGEN: *Die national-konservative Opposition vor dem Zweiten Weltkrieg. Zum Problem ihrer begrifflichen Erfassung*, in: Militärgeschichte. Probleme – Thesen – Wege, Stuttgart 1982, S. 215–242. HOFFMANN, PETER: *Widerstand, Staatsstreich, Attentat. Der Kampf der Opposition gegen Hitler*, München 1970.

[17] ROTHFELS, Opposition, a.a.O., S. 86.

[18] ROON, GER VAN: *Neuordnung im Widerstand. Der Kreisauer Kreis innerhalb der deutschen Arbeiterbewegung*, München 1967.

Das Attentat der Offiziere und das Ausland

Die Kunde von einem Attentat gegen Hitler, wie sie durch ein amtliches Kommuniqué des Großdeutschen Rundfunks kurz vor 19 Uhr an jenem denkwürdigen 20. Juli 1944 verbreitet wurde, schlug wie eine Bombe ein und ging wie ein Lauffeuer um die Welt. Tagelang erschienen die sich jagenden Meldungen und Gerüchte auf den Frontseiten der Zeitungen in aller Welt und vermochten sogar die Berichte über die wahrhaftig dramatischen militärischen Ereignisse in West und Ost vorübergehend vom ersten Platz zu verdrängen. Die Radiopropaganda der Kriegführenden, die seit Kriegsbeginn als stetige Begleiterin des eigentlichen Kampfgeschehens den Äther erfüllte, war beherrscht von diesem Thema. Es kann keinen Zweifel darüber geben, daß das Attentat gegen den zum Mythos emporstilisierten Führer des Dritten Reiches eine Sensation ersten Ranges gewesen ist, obschon gleich mit der ersten Meldung bekanntgeworden war, daß der Anschlag sein Ziel verfehlt hatte. Natürlich ist es nicht so gewesen, daß man im Ausland nicht schon vorher von Spannungen innerhalb der Führung des nationalsozialistischen Regimes, insbesondere zwischen Hitler und seinen Generalen, gehört oder aus bestimmten Vorgängen und Ereignissen auf das Vorhandensein solcher Spannungen geschlossen hätte. Doch hatten, wie die schwedische Zeitung »Dagens Nyheter« am Tage nach dem Attentat schrieb, selbst die größten Optimisten unter den Gegnern Hitlers mit einer derartigen Form der Entladung dieser Gegensätze nicht zu rechnen gewagt.

Für die Beurteilung der ersten Reaktionen des Auslandes auf das außergewöhnliche Ereignis ist es von Bedeutung, sich in Erinnerung zu rufen, daß zunächst Informationen nur von offizieller nationalsozialistischer Seite vorgelegen haben. Diese Informationen waren indessen aus naheliegenden Gründen nicht um Wahrheitsfindung bemüht, sondern vielmehr bestrebt, wie in einem Bericht der schweizerischen Gesandtschaft in Berlin schon gleich nach dem Scheitern des Attentats festgehalten worden ist, die wahren Umstände der Aktion zu verschleiern. Die »Neue Zürcher Zeitung« schrieb von einer gewaltigen Staubwolke, die durch den 20. Juli aufgeschleudert worden sei und durch die der Blick nicht durchzudringen vermöge. Damit war die ideale Situation für die Entstehung einer ausgedehnten und groteske Ausmaße annehmenden Gerüchtewelle gegeben.

Vor allem über den in die Verschwörung verwickelten Personenkreis sickerte nur allmählich die Wahrheit durch, da die offizielle Propaganda bemüht war, die Tat als Werk einer »kleinen Clique« erscheinen zu lassen, die in den Ansprachen von Hitler, Göring und Dönitz in der Nacht auf den 21. Juli mit den unflätigsten Ausdrücken beschimpft wurde. Zunächst war ja nur der Attentäter mit Namen genannt worden. Zu welchen Kapriolen die Spekulationssucht führen konnte, zeigt sich gerade am Beispiel Stauffenbergs. So meldete die englische Presseagentur »Exchange«, wie sie aus »gewöhnlich gut unterrichteter Quelle« erfahren haben will, Stauffenberg sei ein enger Freund von General Keitel (!) gewesen. Kaum ein Marschall oder General, der nicht mit dem Verschwörerkreis in Verbindung gebracht worden wäre! Sofort kam auch der Verdacht auf, daß es sich um ein inszeniertes Unternehmen handeln könnte, das der nationalsozialistischen Führung den Vorwand liefern sollte, um mit den Miesmachern und Frondeuren in der Wehrmacht und im zivilen Sektor abzurechnen. Andererseits wurde gemutmaßt, daß das Attentat nur Auftakt zu einer größeren Auseinandersetzung sein könnte, die zu einem allgemeinen Bürgerkrieg führen würde. Unklarheit herrschte auch darüber, welche Folgewirkungen das Attentat haben könnte, insbesondere auf die Moral der kämpfenden Truppe. Uneinig war man sich auch, ob das Ereignis zu einer Schwächung oder vielmehr Stärkung der nationalsozialistischen Herrschaft führen würde.

Wenn es auch nicht lange verborgen bleiben konnte, daß die Verschwörung viel weitere Kreise gezogen hatte, als mit dem Wort von der »kleinen Clique« angedeutet worden war, so blieben anderseits zuverlässige Informationen über die wahren Motive und Absichten der Verschwörer auch auf Dauer aus. Daß das Regime alles unternahm, um derartige Erkenntnisse zu unterdrücken oder systematisch zu verfälschen, ist naheliegend. Weniger einleuchtend erscheint es, daß man auch im Ausland, auch dort, wo man es besser hätte wissen müssen, nicht gewillt war, der Opposition gegen Hitler in dieser Beziehung Gerechtigkeit widerfahren zu lassen. So blieben insbesondere die westlichen Alliierten bei ihrer völligen Ablehnung des 20. Juli 1944, sogar bis über das Kriegsende hinaus, obschon ihre Regierungen und Geheimdienste schon seit längerer Zeit über Erkenntnisse verfügt hatten, die genaue Auskunft gaben über die eigentlichen Motive der Männer, die in praktisch aussichtsloser Lage Deutschland und die Welt von der Verbrechergestalt Hitlers befreien wollten. Eine Erklärung für dieses Verhalten kann allenfalls gefunden werden, wenn man sich die Geschichte der Beziehungen der deutschen Opposition zu den Alliierten in großen Zügen vergegenwärtigt. Denn die Reaktion dieser Mächte auf das Attentat vom 20. Juli folgte einer längst vorher festgelegten Argumentationslinie und Verhaltensnorm.

Großbritannien und die USA

Der erste Versuch einer Zusammenarbeit zwischen deutscher Opposition und britischer Regierung war schon vor Kriegsbeginn unternommen worden und gescheitert. Damals, im Sommer und Herbst 1938, angesichts der von Hitler geschürten Krise um die Tschechoslowakei, war eine einflußreiche Gruppe von Offizieren um den neuen Generalstabschef Halder entschlossen, Hitler in dem Augenblick zu verhaften, wenn er einen Krieg entfesseln sollte. Voraussetzung des Gelingens einer solchen Aktion war indessen das unbedingte Festbleiben Englands, so daß dem deutschen Volk klar vor Augen geführt werden könnte, daß Hitler Krieg bedeute. Aber Chamberlain, der britische Premierminister, und seine Berater folgten weiterhin der Linie der Appeasement Policy, indem sie glaubten, durch weitere Konzessionen sich das Wohlverhalten

Hitlers zu erkaufen. Oder wie der Botschafter Seiner Majestät in Berlin, Henderson, es formulierte, man müsse dem Führer die Chance geben, »to be a good boy«! Und so begab sich Chamberlain zu Hitler, um diesem die verlangten Sudetengebiete zu Füßen zu legen, was in Kreisen der deutschen Opposition einen ungeheuren Schock auslöste und ihr weitgehend die Basis entzog. Die Entfesselung eines Krieges ein Jahr später durch den Überfall auf Polen konnte von der Opposition nicht mehr verhindert werden.

Nach Kriegsbeginn, als das Scheitern der Befriedungspolitik und die Fehleinschätzung Hitlers auch dem allerletzten Engländer klargeworden waren, zeigte die britische Regierung wesentlich mehr Bereitschaft, mit der deutschen Opposition zusammenzuarbeiten. London hatte nun mehr Verständnis für die schwierigen politischen und psychologischen Bedingungen, unter denen eine Opposition im totalitären Polizeistaat Hitlers wirken mußte. Eine Verständigung zwischen einer deutschen Nach-Hitler-Regierung und Großbritannien schien durchaus möglich, auch in territorialen Fragen. Voraussetzung für eine solche Lösung wäre natürlich die Verhinderung des deutschen Angriffs auf Westeuropa gewesen. Daß die deutsche Militäropposition dies nicht zu leisten vermochte, hat sie in den Augen der Engländer völlig und, wie sich zeigen sollte, auf Dauer diskreditiert. Es ist die Tragik des deutschen Widerstandes gewesen, daß er nun seinerseits versagte, als er vom Gegner endlich akzeptiert zu werden schien.

Der Übergang der Regierungsgeschäfte in die Hände von Winston Churchill stellte ein weiteres wichtiges Element der Verhärtung in der britischen Haltung dar. In der Situation von 1938 war Churchill zu einer politischen Zusammenarbeit mit der deutschen Opposition durchaus bereit gewesen. Jetzt, als Premierminister und oberster Verantwortlicher für die Kriegführung, schaltete er um auf die Parole der totalen Niederlage des nationalsozialistischen Regimes, das je länger, je mehr mit dem deutschen Volk identifiziert wurde. Für eine deutsche Widerstandsbewegung als ernst zu nehmenden Faktor war in einer solchen Konzeption bald kein Platz mehr. Bereits 1941 erklärte man einem Vertreter der deutschen Opposition, der sich in die britische Gesandtschaft nach Bern durchgeschlagen hatte, Friedenspläne dürften überhaupt nicht mehr entgegengenommen werden. Schon bevor Großbritannien durch Kriegsallianzen mit den USA und der Sowjetunion in seiner Entscheidungsfreiheit eingeengt wurde, hat sich Churchill jeglicher Diskussion oder auch nur Erörterung von Vorschlägen und Plänen der deutschen Opposition konsequent verschlossen. Er versuchte, gerade zu vermeiden, was diese für einen erfolgversprechenden Staatsstreich dringend gebraucht hätte, nämlich irgendeine Bindung für die Zukunft, ein Versprechen für nachsichtigere Behandlung nach einer allfälligen Beseitigung Hitlers. Churchill war zu keiner Zeit bereit, irgendwelche Konzessionen an eine deutsche Anti-Hitler-Gruppe zu machen. Auch eine nichtnationalsozialistische Regierung sollte sich bedingungslos unterwerfen. Das stand für den britischen Premierminister lange vor der Verkündung der Formel von der »bedingungslosen Kapitulation« fest, wie sie dann im Januar 1943 in Casablanca vorgenommen wurde.

Fast auf den Tag genau zwei Jahre vor dem Attentat gegen Hitler, am 21. Juli 1942, schrieb Churchill in einem Memorandum über die Kriegslage: »Falls das Naziregime gestürzt wird, geht die Macht beinahe mit Sicherheit auf die Spitzen der deutschen Armee über, die keineswegs bereit sein werden, Friedensbedingungen anzunehmen, wie sie von Großbritannien und den Vereinigten Staaten im Interesse der künftigen Weltsicherheit für nötig erachtet werden. « Dieses Zitat bedeutet nichts weniger, als daß Churchill von einer Übernahme der Macht durch putschende Offiziere keine Erleichterung der Situation für die Alliierten erwartete. Von hier aus kann man eine direkte Linie ziehen zur Beurteilung des Attentats vom 20. Juli 1944, wonach es nicht viel ausmache, ob die Nazis oder die Generale in Deutschland regierten, da beide dieselben Ziele verfolgten, nämlich die Erhaltung oder Wiederaufrichtung eines großen deutschen Reiches. Die totale Identifizierung von Nationalsozialismus und Preußentum bzw. preußischem Militarismus – oder dem, was man in der alliierten Kriegspropaganda darunter verstand – war regelrecht zum Axiom geworden, das keinen Interpretationsspielraum mehr erlaubte. Gleichzeitig führte dies zu einer völligen Blockierung der alliierten Kriegspropaganda, falls man es als Ziel und Zweck einer solchen Tätigkeit ansieht, einen Krieg zu verkürzen und nicht, ihn zu verlängern. Es war eine entscheidende Schwäche der sogenannten »psychologischen Kriegführung« des Westens – nicht des Ostens, wie noch zu zeigen sein wird –, daß sie jeder im eigentlichen Sinne des Wortes politischen Zielsetzung entbehrte, die ein positives Element für die Zukunftsgestaltung des deutschen Volkes enthalten hätte.

Womöglich noch kompromißloser war die Haltung der USA und insbesondere ihres Präsidenten Roosevelt, der schließlich so weit ging, »jede Erwähnung eines deutschen Widerstandes« zu verbieten. Wenn die Atmosphäre gegenüber der deutschen Opposition in London kühl war, so war sie in Washington eisig. Zwar ist bereits 1942 Allan W. Dulles als Leiter des Office of Strategic Services in die Schweiz geschickt worden, wo er den Auftrag hatte, »herauszubekommen, was in Deutschland vorging«. Unter anderem habe Washington wissen wollen, »wer in Deutschland die eigentlichen Gegner Hitlers waren, und ob sie aktiv daran arbeiteten, das Regime zu stürzen«. Dulles selbst beurteilte die Schweiz, wie er sich ausdrückte, als den günstigsten Beobachterposten für alles, was sich in Hitlers Reich abspielte.

In der Tat ist es Dulles in der Folge dann gelungen, ständige Kontakte mit Vertretern der deutschen Widerstandsbewegung herzustellen und genaue Berichte über deren Pläne, Absichten und Motive nach Washington zu melden. Insbesondere war der Amerikaner bestens über die Vorbereitungen eines Attentats gegen Hitler informiert. Es kann also nicht Mangel an Information gewesen sein, wenn Roosevelt an seiner Ablehnung und Fehleinschätzung der deutschen Opposition festgehalten hat. Aber, welches waren dann die Gründe?

Als wichtigstes Motiv für Roosevelts Verhalten wird meistens sein Bestreben angesehen, unter keinen Umständen den »Fehler« seines Vorgängers Wilson zu wiederholen. Dieser Fehler bestand nach Ansicht Roosevelts und seiner Umgebung darin, daß den Deutschen 1918 vor Ende der Kampfhandlungen Versprechungen gemacht wurden – die berühmten Vierzehn Punkte –, von denen sie nachher behaupten konnten, sie seien nicht eingehalten worden. Dieser »Wilson-Komplex« führte Roosevelt zu dem unabänderlichen Entschluß, keinerlei Zusagen an wen auch immer zu machen, um so völlig freie Hand für die kommende Gestaltung des Friedens zu behalten. Ein sinnvolles Gespräch mit der von seinem Abgesandten Dulles so eindringlich geschilderten Widerstandsbewegung konnte unter diesen Umständen natürlich nicht zustande kommen. So hat er auch einen Vorschlag des Oberkommandierenden Eisenhower vom April 1944 abgelehnt, als dieser anregte, man sollte den Deutschen eine mildere Behandlung zusagen, wenn sie die Waffen niederlegten. Schon gar nichts wissen wollte er von der Idee, eine Bewegung innerhalb des deutschen Offizierskorps zum Sturze Hitlers allenfalls zu begünstigen oder gar zu unterstützen. Roosevelt wollte, wie es ein amerikanischer Historiker formuliert hat, »unconditional surrender« und keinen »conditional negociated peace«.

Als zweites wichtiges Motiv für Roosevelts (und auch Churchills) Haltung werden koalitionspolitische Rücksichten genannt, das heißt die Sorge um die Erhaltung der Kriegsallianz mit der Sowjetunion und die Angst vor einem deutsch-sowjetischen Sonderfrieden im Falle eines Zerwürfnisses zwischen den Westmächten und Stalin. Die Erinnerung an den August 1939 und den Hitler-Stalin-Pakt war noch frisch. Dazu kam eine Art von schlechtem Gewissen gegenüber Rußland, das während drei Jahren die Hauptlast des Krieges gegen Nazideutschland zu tragen hatte, da die zweite Front im Westen immer wieder hinausgeschoben werden mußte. Stalin tat natürlich alles, um diese Sorgen und Ängste seiner Verbündeten lebendig zu erhalten bis hin zu geheimen Sonderverhandlungen mit deutschen Abgesandten in Stockholm in den Jahren 1942 und 1943.

Es ist begreiflich, daß unter solchen Umständen alle Versuche der deutschen Opposition, einseitig mit den Westmächten zusammenzuarbeiten oder nur im Westen zu kapitulieren, dort den Verdacht erwecken mußten, es gehe den Deutschen nur darum, die Kriegsallianz mit der Sowjetunion zu spalten. Es galt aber in der Kriegspolitik der Westmächte geradezu als Axiom, eine solche Entwicklung unter allen Umständen zu verhindern. Man kann sich daher ungefähr vorstellen, wie ein Bericht von Allan W. Dulles, den er am 13. Juli 1944 abschickte, in Washington gewirkt haben muß, hieß es doch darin über die Ziele der deutschen Opposition: »Im Falle eines gelungenen Komplotts würde es wohl einen geordneten Rückzug im Westen geben, während gleichzeitig die besten Divisionen Deutschlands nach dem Osten geworfen würden, um dort die Grenze zu verteidigen.« Was Wunder, daß selbst Eden die Abgesandten der deutschen Opposition verdächtigte, mit dem deutschen Geheimdienst unter einer Decke zu stecken oder mindestens mit dessen Kenntnis zu handeln – was ja auch der Fall war, allerdings in ganz anderem Sinne, als der britische Außenminister sich das vorgestellt hat: Denn der Leiter des Abwehrdienstes, Admiral Canaris, befand sich bekanntlich auf seiten der Verschwörer. Ob die Reaktion des Westens bei voller Kenntnis dieser Zusammenhänge allerdings wesentlich anders ausgefallen wäre, ist dennoch zu bezweifeln. Insbesondere die Engländer hielten sich streng an die mit der Sowjetunion getroffenen Abmachungen, die bindend vorsahen, sich gegenseitig über Friedensfühler zu orientieren. (Daß sich das Foreign Office daran wesentlich gewissenhafter gehalten hat als Stalin, steht auf einem andern Blatt.) Daß keine der Bündnispartner separat über einen Waffenstillstand oder Friedensvertrag verhandeln durfte, war schon 1941 nach dem Überfall Hitlers auf die Sowjetunion vereinbart worden.

So empfindlich sich Stalin in allen koalitionspolitischen Angelegenheiten gab, in seiner Deutschlandpolitik nahm er kaum Rücksicht auf seine westlichen Alliierten. Die Verkündung der Formel von der bedingungslosen Kapitulation, der er zwar nach einigem Zögern beitrat, hat ihn nicht gehindert, grünes Licht für die Gründung einer Organisation, des »Nationalkomitee Freies Deutschland«, zu geben, in der sich deutsche Exilkommunisten und gefangene deutsche Offiziere zusammenfanden und der man nun Versprechungen machte, die so ziemlich das Gegenteil von bedingungsloser Kapitulation beinhalteten. Während die Westmächte zur Freude des deutschen Propagandaministers verkündeten, keine mögliche deutsche Regierung hätte bessere Bedingungen zu erwarten als diejenige Hitlers, spielte Stalin ungeniert die Karten des nationalen Selbstbestimmungsrechts der Deutschen und der traditionellen deutsch-russischen Freundschaft aus. Besonders pikant war es, daß dem Nationalkomitee, in dem sich alle antifaschistischen Deutschen zusammenfinden sollten, von russischer Seite die schwarzweißrote Flagge als Emblem aufgezwungen wurde – also die deutschnationalen Farben an Stelle der von den Emigranten selbst gewünschten Flagge Schwarz-Rot-Gold. Diese Farben würden, so der Abgesandte Stalins, Manuilskij, an die Schwächen der Weimarer Republik erinnern, und sie wären deshalb kaum geeignet, bei den kriegsgefangenen Offizieren besondere Sympathien zu erwecken.

Wahrlich: Die Westmächte hätten wohl kaum ein schlechtes Gewissen zu haben brauchen, wenn sie analoge Kontakte mit deutschen Emigranten und Oppositionellen geknüpft hätten. Als der britische Außenminister kurz nach der Gründung des »Nationalkomitees Freies Deutschland« durch die Sowjets im Juli 1943 während einer Unterhausdebatte auf diesen Sachverhalt angesprochen wurde, mußte er zugeben, über diesen Vorgang vorher nicht informiert worden zu sein. Doch fügte er vorsorglich gleich hinzu, die Regierung Seiner Majestät beabsichtige nicht, eine ähnliche Bewegung ins Leben zu rufen. Immerhin zeigte man sich beunruhigt über die außergewöhnliche Tatsache, daß es Moskau fertiggebracht hatte, deutsche Generale für seine Propaganda einzuspannen. Aber im Sinne einer Art von neuem Appeasement, diesmal nun gegenüber der Sowjetunion, glaubte man alle Verdachtsmomente zerstreuen zu müssen, daß man ähnliches im Schilde führen könnte.

Ein Jahr später, nach dem Attentat, gab man sich in London alle erdenkliche Mühe, den sowjetischen Verbündeten davon zu überzeugen, daß an all den Gerüchten nichts Wahres sei, wonach der Putsch im geheimen Einvernehmen mit den Engländern durchgeführt worden sei. Der sowjetische Botschafter war schon Anfang Juli wegen solcher dubioser Nachrichten argwöhnisch im Foreign Office, dem Außenministerium, vorstellig geworden. Zwar hätten auch die Engländer Grund zum Argwohn gehabt, als in einem Appell von sechzehn in russische Kriegsgefangenschaft geratenen deutschen Generalen, der auch in der sowjetischen Presse veröffentlicht wurde, auf die Bedeutung guter deutsch-russischer Beziehungen in der Tradition Bismarcks hingewiesen wurde. Aber dieses Befremden über das russische Vorgehen war offensichtlich nur geeignet, die Beschwichtigungspolitik, der sich das Foreign Office verschworen hatte, noch zu verstärken. So erging am 23. Juli 1944 dann ein Rundschreiben an die britischen diplomatischen Vertretungen in den neutralen Ländern, in dem eine ernste Warnung vor Kontakten mit deutschen Friedensfühlern enthalten war. Doch damit sind wir schon bei den Reaktionen auf das Attentat selbst.

Eine Woche vor dem Attentat wurde der britische Premierminister im Unterhaus an sein Wort erinnert, daß die Deutschen am besten beraten wären, ihre Unterdrücker selbst zu stürzen. Obschon Churchill erklärte, nach wie vor zu diesem Wort zu stehen, fand er nach vollbrachter Tat nur ziemlich abschätzige Worte für das gescheiterte Unternehmen. In einer Unterhausdebatte, die zwei Wochen nach dem Attentat stattgefunden hat, sagte er, es handle sich dabei lediglich um Ausrottungskämpfe zwischen den höchsten Vertretern des Deutschen Reiches. (»The highest personalities in the German Reich are murdering one another, or trying to . . .«) Deutsche Historiker haben dazu den Kommentar abgegeben, diese Worte bezeichneten »wohl den tiefsten Punkt in den stets von Unheil überschatteten Beziehungen zwischen der deutschen Opposition gegen Hitler und den Alliierten«. Churchill habe gegen bessere Kenntnis gesprochen und sich den Parolen von Hitler und Goebbels angepaßt, wie das übrigens auch in den USA der Fall gewesen sei. In der erwähnten Unterhausdebatte meinte der Labourabgeordnete und ehemalige Minister Greenwood übrigens, der Nationalsozialismus sei eine eklige und widerliche Sache, aber man sollte nicht vergessen, daß es weitgehend die »militärische Kaste« gewesen sei, die Hitler dorthin gebracht habe, wo er sich heute befinde.

Schon vorher hatte der britische Außenminister Eden sich in ähnlichem Sinne geäußert. Hitler sei das eigentliche »Symbol des deutschen Angriffsgeistes«, meinte er. »Wenn dieses Symbol verschwindet, muß immer noch der Geist ausgetilgt werden.« Man müsse diesmal sicher sein, daß jegliche Möglichkeit einer weiteren Aggression verschwinde. Man dürfe sich nicht der Illusion hingeben, daß nach dem Sieg über Hitler und seinen asiatischen Kriegspartner (Japan) der Weltfrieden gegenüber ihren Nachfolgern schon gesichert wäre. »Hitler bildet ein zu deutliches Symptom des deutschen Herrenvolkes, um uns auch nur einen Augenblick dieser Illusion hinzugeben.«

Der britische Informationsminister erklärte vor ausländischen Journalisten, daß die von Stauffenberg benutzte Bombe sicher nicht aus England stamme; denn man wünsche überhaupt nicht, Hitler vor der Kapitulation ums Leben kommen zu sehen. »Wir haben alles Interesse daran, Hitler und seine Intuitionen uns bis Kriegsende zu erhalten.« Er gab zwar zu, daß ein Aufstand gegen Hitler den Krieg abkürzen könnte, bezweifelte aber, daß es dazu kommen werde. Und er fügte dann hinzu, die Kapitulation auf dem Schlachtfeld werde für jeden, der als Sprecher Deutschlands auftrete, unumgängliche Forderung bleiben.

Lord Vansittart, der schon zu den Zeiten der Appeasement Policy eine scharf antideutsche Linie verfolgt hatte, deutete den Attentatsversuch so, daß angesichts der drohenden Niederlage alles Menschenmögliche versucht werde, um zu retten, was noch zu retten sei. Die Aufrührer trachteten offenbar danach, eine Position aufrechtzuerhalten, von der aus sie später einen neuen Krieg beginnen könnten. Sie glaubten wohl, wenn sie versuchten, das nationalsozialistische System zu stürzen, würden die Alliierten geneigt sein, die Grausamkeiten zu vergessen, die seitens der deutschen Militärs begangen worden seien. Aber selbst wenn Hitler ermordet worden wäre, so würde sich das Problem nicht ändern, dem sich die Alliierten gegenübersehen, nämlich »die Ausrottung des deutschen Militarismus«. Vansittart kam dann auf die Möglichkeit zu sprechen, daß es sich bei dem Attentatsversuch um eine Komödie gehandelt haben könnte – eine damals nicht nur in England, sondern auch im übrigen Ausland weitverbreitete These. Danach hätten irgendwelche »Supernazis« ein fingiertes Attentat auf den Führer inszeniert, um mit dieser Provokation ein schärferes Vorgehen gegen die unzufriedenen Elemente in der deutschen Wehrmacht und darüber hinaus rechtfertigen zu können.

Auch die englische Presse war ganz auf diese Töne abgestimmt. So schrieb die

»Times« bereits kurz nach dem Attentat, welches auch immer die wahre Deutung der dramatischen Ereignisse in Deutschland sein möge, für die Alliierten gebe es nur eine Weisung, nämlich den militärischen Druck auf das Dritte Reich zu verstärken. Ganz grundsätzlich betonte dann die führende britische Zeitung, »daß die Rivalen der Machtstellung Hitlers nicht die Freunde der Alliierten sind«. Die »Herren Generale«, die sich als Thronerben der Nazis proklamierten, täten dies nicht als »Vorkämpfer der Freiheit«, sondern als »Vertreter des Militarismus«, dem sie von jeher gedient hätten und den sie nun glaubten retten zu können. Sie verdankten ihre Karriere Hitler und seien nichts anderes als Emporkömmlinge des Nationalsozialismus. Ähnliche Töne schlug der »Manchester Guardian« an, wenn er schrieb, die Verschwörung der Generale bedeute wenig Gutes für die Zukunft des deutschen Volkes. Es seien dies die gleichen Männer, die sich der nationalsozialistischen Bewegung als Mittel zur Weltherrschaft bedienen wollten. Sie lehnten sich nicht gegen den Krieg auf, sondern nur gegen den Mißerfolg. Sie wünschten nur, Deutschland weitere Verwüstungen zu ersparen, aber nur, damit es um so eher in der Lage sei, in zehn oder zwanzig Jahren einen neuen Krieg zu beginnen und ihn dann zu gewinnen. So sei es vielleicht besser, schlußfolgert die Zeitung, daß die Verschwörung fehlgeschlagen sei. Der »Daily Telegraph« ließ verlauten, eine militärische Junta wäre genauso untragbar wie das jetzige politische Regime. Der »Daily Herald« ist nicht einmal interessiert daran, wer die Verschwörung inszeniert hat. Der Londoner Korrespondent einer Schweizer Zeitung berichtete zusammenfassend über die Stimmung in England, das Schicksal der frondierenden Generale lasse die britischen Beobachter kalt. Aus allen Kommentaren spreche die unbedingte Ablehnung einer Verständigung mit solchen Kräften.

Die deutsche Opposition gegen Hitler und das Attentat vom 20. Juli wurden nur unter einem Gesichtspunkt positiv beurteilt, in England wie in den USA: unter dem Gesichtspunkt einer Schwächung der deutschen Abwehrkraft und einer dadurch bedingten Abkürzung des Krieges, also unter rein machtpolitisch-militärischem Aspekt. Irgendeine Art von politischem Abkommen wurde überhaupt nie in Betracht gezogen, nicht einmal eine politische Konzession etwa im Sinne einer Milderung der Forderung auf bedingungslose Kapitulation. Als anläßlich einer internen Aussprache im Foreign Office im Mai 1944 die Möglichkeit einer Zusammenarbeit mit den Kommandierenden Generalen der deutschen Wehrmacht in Westeuropa immerhin erörtert wurde, kam man zum Schluß, daß deren allfällige Forderung auf Abschirmung Deutschlands gegenüber der Sowjetunion ein Preis wäre, den auch nur in Betracht zu ziehen völlig unmöglich sein würde.

Nach dem Attentat versicherte die britische Botschaft in Washington dem State Department, daß es für die Regierung Seiner Majestät natürlich nicht in Frage komme, deutschen Oppositionellen irgendwelche Versprechungen oder Ermutigungen zukommen zu lassen, noch gebe es für sie irgendwelche Gründe, vom Postulat der bedingungslosen Kapitulation abzurücken (7. August 1944).

Wie ein Memorandum des Foreign Office vom 11. September 1944 zeigt, war man in London dann aber doch beunruhigt über das Ausmaß der Dezimierung der konservativen Führungsschicht Deutschlands durch den grausamen Rachefeldzug Hitlers und seiner Schergen, und man stellte sich die Frage, ob Deutschland auf dem Weg zum Kommunismus sei. Die westlich Gesinnten (»the western school of thought«) verlören an Boden nicht nur als Folge der Säuberungswelle nach dem Scheitern des Attentats, sondern auch wegen des Eindrucks, daß der Westen viel stärker auf bedingungsloser Kapitulation bestehe als der Osten. Man sollte sich daher der Erkenntnis nicht verschließen, daß eine starke Tendenz auch in nichtkommunistischen Kreisen bestehe, »to look to the Soviet Union rather than to the West for support and guidance«. Aber noch hatte man weniger Sorge vor einem kommunistischen Deutschland als vor einem neuen »Rapallo«, einem erneuten Zusammengehen zwischen einem besiegten und gedemütigten Reich und Moskau.

Die Kommentare der amerikanischen Presse unterschieden sich nicht grundsätzlich von denen der britischen. Der Tenor ist durch die immer wieder repetierte Feststellung bestimmt, daß die Forderung nach bedingungsloser Kapitulation gegenüber jedem möglichen Verhandlungspartner der anderen Seite aufrechterhalten werden müsse. So schrieb die »New York Times« etwa, um Frieden in Europa zu erlangen, müßten sich die Alliierten sowohl Hitlers wie der deutschen Offiziere entledigen. Auch hier kehrt der Verdacht wieder, die putschenden Generale versuchten nur, zum Zwecke eines späteren Krieges zu retten, was noch zu retten sei. Sie versuchten auch, der gerechten Strafe für ihre kollektiven Sünden zu entgehen, indem sie ihren Führer umbringen wollten. Doch die Nazis und die Generale hätten letztlich dieselben Ziele. Aus der heutigen Situation gehe hervor, schrieb die Zeitung eine Woche nach dem Attentat, daß das deutsche Offizierskorps zersplittert sei und Hitler die Armee fester denn je in den Händen habe. Man könne keine Hoffnung mehr hegen, daß die Armee mit Hitler ein Ende mache. Doch sei dies recht so. Die Alliierten würden die Deutschen auf dem Schlachtfeld schlagen, und Hitler und seine Partei würden die Verantwortung jetzt allein tragen, was mithelfen werde, den Glauben der Deutschen an den Nationalsozialismus so gründlich zu vernichten, wie ihr Glaube an das Kaiserreich seinerzeit vernichtet worden sei (!). Für diese Ziele seien die Alliierten auch bereit, den Sieg noch etwas teurer zu bezahlen.

Die andere New Yorker Zeitung von internationalem Ansehen, die »Herald Tribune«, schlug noch radikalere Töne an. »Amerikaner werden im allgemeinen nicht bedauern«, so schrieb sie, »daß die Bombe Hitler verschont hat, auf daß er seine Generale erledige. Amerikaner haben nichts übrig für Aristokraten als solche und am wenigsten für diejenigen, die dem Gleichschritt huldigen und, wenn es in ihre Pläne paßt, mit niedriggeborenen, pöbelverbundenen Gefreiten zusammengehen. Mögen die Generale die Gefreiten töten oder umgekehrt, am liebsten beides.«

Auch von Regierungsseite tönte es ähnlich. Der amerikanische Außenminister Cordell Hull erklärte in einer Pressekonferenz, die jüngsten innerdeutschen Ereignisse seien Beweis dafür, daß in Deutschland immer mehr die Erkenntnis von der bevorstehenden Niederlage zum Durchbruch komme. Kriegsminister Henry L. Stimson warnte die Amerikaner vor dem Glauben, man könne von den Junkergeneralen etwas Gutes erwarten. Zwar sei ihr Aufstand gegen Hitler zu begrüßen, aber der Geist der Junker und Generale sei den Alliierten nicht weniger zuwider als Hitler selbst.

Solche Urteile scheinen der öffentlichen Meinung in den USA voll und ganz entsprochen zu haben. Aus Publikumsumfragen, wie sie in Amerika schon damals, vor allem durch das berühmte Gallup-Institut, durchgeführt wurden, weiß man, daß eine überwältigende Mehrheit der Bevölkerung die Forderung nach bedingungsloser Kapitulation und anschließender vollständiger Besetzung Deutschlands billigte. Als im Juni 1944 die Frage gestellt wurde, ob die Alliierten mit der deutschen Wehrmacht verhandeln sollten, falls diese Hitler stürzen würde, antworteten nur 37 Prozent positiv, dagegen 54 Prozent negativ. Als dieselbe Frage kurz nach dem Scheitern des Attentats gegen Hitler wieder gestellt wurde, stieg die Zahl der ablehnenden Stimmen gar auf 64 Prozent. Was man von der Aussagekraft solcher Umfragen auch immer halten will, sie waren geeignet, die amerikanische Regierung in ihrer konsequent ablehnenden Haltung gegenüber jeglicher deutschen Opposition nur zu bestärken.

Man muß zu dem Schlußurteil kommen, daß in den USA keine Neigung bestand, mit Oppositionsgruppen innerhalb Deutschlands oder mit exilierten deutschen Politikern in engeren Kontakt zu kommen oder gar mit ihnen über Friedensprobleme zu reden oder zu verhandeln. An dieser Haltung änderte sich durch das Attentat vom 20. Juli 1944 nichts. Gleich wie in britischen hatte man auch in amerikanischen Regierungskreisen keine sehr hohe Meinung vom deutschen Widerstand gegen Hitler, obschon gerade die Amerikaner über Pläne und Absichten dieses Widerstandes bestens informiert waren. Man fürchtete wie in England, daß die Machenschaften der deutschen Opposition nur geeignet sein könnten, das Verhältnis der Westmächte zum großen Verbündeten im Osten zu trüben, den man nicht nur für eine siegreiche Beendigung des Krieges – auch gegen Japan! – zu brauchen glaubte, sondern ebenso für eine gemeinsame Bewältigung der Nachkriegsprobleme, unter denen die Niederwerfung und Niederhaltung des deutschen und japanischen Militarismus einen hervorragenden Platz einnahmen. Die herrschende politische Elite in den USA ging bei ihren Vorstellungen und Plänen für die Nachkriegszeit von einer amerikanisch-sowjetischen Partnerschaft aus. Diesem Primärziel der amerikanischen Kriegspolitik hatte sich alles andere unterzuordnen, insbesondere auch die Politik gegenüber Deutschland.

Sowjetrußland

Im Gegensatz zu den westlichen Reaktionen war das Echo aus Moskau auf das mißlungene Attentat zunächst erstaunlich positiv. Bereits unmittelbar nach der Tat erschien ein über zwei Nummern der Regierungszeitung »Iswestija« gehender Kommentar aus der Feder des Europaberichterstatters der Agentur Tass, N. Bodrow, so daß man von einer praktisch offiziellen Stellungnahme sprechen kann. Darin wird ausgeführt, die Auftritte der Naziführer hätten enthüllt, daß der Anschlag auf Hitler keineswegs eine Einzelaktion gewesen sei, sondern vielmehr Glied einer breiten militärischen Verschwörung von Offizieren, die anscheinend klare politische Ziele anstrebe. Es gehe nicht nur um einen organisierten Kern, sondern um eine weitverzweigte Verschwörerorganisation. Die eingeleiteten Maßnahmen, insbesondere die Betrauung Himmlers mit dem Kommando der »inneren Armee«, bewiesen deutlich, daß die Ereignisse in Deutschland den Charakter einer heftigen inneren Auseinandersetzung angenommen hätten. Es sei klar ersichtlich, daß Deutschland unter dem Zeichen einer aufgebrochenen politischen Krise lebe. Nicht nur mehr weitsichtigen politischen Führern, sondern auch einer Reihe von Offizieren sei jetzt klar, daß Hitler Deutschland in eine Sackgasse geführt habe. Unabhängig davon, ob es Hitler gelinge, dieses Mal den Aufstand noch niederzuschlagen, könne man feststellen, daß in Deutschland eine neue umfassende Bewegung im Hitlerschen Apparat selbst entstanden sei.

Im zweiten Artikel wird betont, daß die Verschwörung tief verwurzelt sei. Das deutsche Offizierskorps sei in einen dem Regime treuergebenen Teil und in einen ihm feindlich gesinnten aufgespalten. Altgediente Offiziere hätten erkannt, daß Hitler den Krieg endgültig verloren habe und Deutschland in den Untergang führe. Deshalb hätten sie die Liquidierung Hitlers und seines Regimes beschlossen. Dieses sei durch die Ereignisse bis auf den Grund erschüttert worden. Zum Schluß wird der bestimmten Erwartung Ausdruck gegeben, daß bald ein riesiger Aufstand gegen das Regime losbrechen werde, wodurch der Zusammenbruch von Hitlers Armee und Staat beschleunigt würde. Soweit die Artikel aus »Iswestija«.

Ilja Ehrenburg veröffentlichte allerdings gleichzeitig einen Artikel in der Armeezeitung »Roter Stern«, der in klarem Gegensatz zum vorigen steht und praktisch ganz auf der »westlichen« Linie argumentiert: Nicht rebellierende deutsche Generale würden das Dritte Reich in die Knie zwingen, sondern die alliierten Armeen in Ost, West und Süd. »Wir sind auch nicht geneigt«, schrieb der sowjetische Schriftsteller, »die Verschwörung einer selbst größeren Zahl deutscher Generale mit einer großen Volksbewegung zu verwechseln.« Es sei notwendig, die Vorgänge in Deutschland genau zu beobachten und zu ermitteln, »in welchem Umfang das deutsche Volk selbst sich gegen seine jetzige Führung auflehnt«. Bei aller Objektivität vermöge man nur festzustellen, »daß es in Deutschland Millionen gibt, die unfähig sind, zu denken und zu fühlen«. Stumpfheit und Feigheit seien nicht wegzuleugnende Massenerscheinungen. Das müsse mit aller Deutlichkeit zum Ausdruck gebracht werden, damit nicht falsche Hoffnungen bei den Alliierten erweckt würden. Eine klare Entscheidung könne nur auf dem Schlachtfeld fallen. Zum Schluß begrüßt Ehrenburg ausdrücklich, daß die »Vorsehung« Hitler vor dem Bombenanschlag gerettet habe. »Es ist für die Weltgeschichte notwendig, daß der Führer selbst noch Zeuge des endgültigen Zusammenbruchs des Dritten Reiches wird.«

Bedeuten diese gegensätzlichen Darstellungen, beide an hervorragender Stelle publiziert, daß Moskau in seiner Beurteilung des Attentats und seiner Urheber unsicher gewesen ist oder zweigleisig gefahren ist? Jedenfalls ist die ursprünglich positive Würdigung, wie sie von »Tass« verbreitet wurde, mit der Zeit einer immer kritischeren Haltung gewichen, von der eigentlich nur der Kreis um Stauffenberg stets ausgenommen wurde, während Oppositionsgruppen wie der »Kreisauer Kreis« und die Leute um Goerdeler äußerst negativ beurteilt wurden, indem man sie mit Ausdrücken wie »reaktionär, imperialistisch, antisowjetisch«, ja sogar »faschistisch« zu belegen begann.

Zunächst aber wurde es auch dem »Nationalkomitee Freies Deutschland« gestattet, sich in positiver Weise zum Attentat vernehmen zu lassen. Mehrere Appelle wurden von gefangenen deutschen Offizieren über den Äther verlesen. Darin heißt es unter anderem: »Wir werden die Bewegung mit allem unterstützen, was in unserer Macht steht.« Unter Berufung auf Ulrich von Hutten, »einen der vornehmsten Freiheitskämpfer Deutschlands«, werden die deutschen Truppen ermahnt, Gruppen von »freien Deutschen« in der Wehrmacht zu bilden. »Wenn alle Feinde Hitlers sich derart als wahre Deutsche erweisen, werden sie darüber staunen, wie zahlreich und stark sie selber sind und wie klein und elend die Schänder unseres Volkes erscheinen.« In einem andern Appell ist von der »Befreiungsbewegung in Deutschland« die Rede, die immer noch am Leben sei und große Gefolgschaft in allen Volksschichten habe (was offensichtlich nicht der Fall gewesen ist). Am 8. August 1944 erließ Generalfeldmarschall Paulus einen Aufruf, in dem er sich nun offen Hitler entgegenstellte. Deutschland müsse sich von Hitler lossagen, hieß es da, und sich eine neue Staatsführung geben, die den Krieg beende.

Die beiden Frankreich

Es ist sehr aufschlußreich, daß durch diese Aktivitäten des sowjetfreundlichen deutschen Nationalkomitees das gaullistische Frankreich am meisten aufgeschreckt worden zu sein scheint. De Gaulle mußte solche Wiederbelebungsversuche deutsch-russischer Freundschaft nach dem Modell Bismarcks um so mehr als Herausforderung empfinden, als er ja selbst die Absicht hegte, die Großmachtstellung Frankreichs nicht zuletzt durch solchen Rückgriff auf die diplomatische Konstellation der Zeit vor 1914, hier des französisch-russischen Bündnisses, wiederherzustellen. Im übrigen reagierten die Anhänger de Gaulles auf das Attentat vom 20. Juli auf der allgemeinen Linie der westlichen Alliierten, wobei besonders hervorgehoben wurde, daß die Vertreter des junkerlich-preußischen Militarismus, die jetzt gegen Hitler geputscht hätten, die Deutschen in Frankreich lange vor den Nationalsozialisten unbeliebt gemacht hätten. Ja, Potsdam sei den Franzosen noch mehr das Symbol des sie bedrohenden Deutschlands gewesen als selbst Berchtesgaden.

Was Vichy-Frankreich anbetrifft, so berichtete der schweizerische Gesandte in einer Depesche vom 26. Juli, Pétain habe bei der Kunde vom mißglückten Attentat spontan geäußert: »C'est dommage.« Als der deutsche Gesandte von ihm verlangt habe, ein bereits ausgefertigtes, äußerst devot gehaltenes Glückwunschtelegramm an Hitler zu senden, habe sich der greise Marschall hartnäckig geweigert. Man habe schließlich einen Ausweg gefunden, indem Pétain den Chef seines Militärkabinetts zum deutschen Botschafter geschickt habe, um diesem zu erklären, er mißbillige das Attentat und begrüße es, daß Hitler heil davongekommen sei. Dafür habe der Ministerpräsident Laval sofort das obligate Ergebenheitstelegramm geschickt. Bei den bekannt engen Beziehungen, die der schweizerische Gesandte Stucki zum Präsidenten von Vichy-Frankreich pflegte, kann diesen Informationen zweifellos höchster Wahrheitsgehalt zugebilligt werden.

Schweizer Stimmen

Wenn wir die Reaktionen der Schweizer Presse mit denjenigen der angelsächsischen vergleichen, so fällt sofort auf, wie sie wesentlich differenzierter ausfallen. Dabei lassen sich allerdings die schweizerischen Pressestimmen viel weniger über einen Leisten schlagen als diejenigen der kriegführenden Länder, die ganz offensichtlich der Wirkung der eigenen Kriegspropaganda ihren Tribut zollen mußten. Die bürgerlichen Blätter nehmen im allgemeinen nicht eine vorschnelle Identifizierung von Preußentum oder preußischer Offizierstradition und Nationalsozialismus vor – im Gegenteil. Sie betonen die unterschiedlichen, ja gegensätzlichen Gedankenwelten, die beide verkörpern, ohne dabei zu übersehen, welchen Anteil der sogenannte preußische Militarismus am machtpolitischen Aufstieg Hitlerdeutschlands gehabt hat.

Die deutsche Generalität und das Offizierskorps im allgemeinen hätten den Nationalsozialismus ursprünglich als ein Mittel zum Zweck betrachtet, schrieb die »Neue Zürcher Zeitung«, als brauchbares Werkzeug für ihre eigenen Pläne. Aber den politischen Institutionen und dem allgemeinen Zuschnitt des Dritten Reiches hätten sie keine übertriebenen Sympathien entgegengebracht. Unter den älteren Jahrgängen des höheren Offizierskorps seien die leidenschaftlichen Bewunderer des Nationalsozialismus auf jeden Fall weit seltener gewesen als seine nüchternen Nutznießer. Aber die Indifferenz, die die alte Generalität dem politischen Phänomen des Nationalsozialismus gegenüber bekundet und mit der sie die schrankenlose Parteiherrschaft geduldet habe, habe sich nun an ihr selbst gerächt. Das Offizierskorps alter Schule habe sich zwar auf seine selbständige Tradition und Erfahrung besonnen und sei mit dem Gedanken umgegangen, »angesichts der drohenden Niederlage Deutschlands ohne Rücksicht auf die Interessen des Nationalsozialismus einen rettendenAusweg zu suchen«. Jetzt aber stoße die Partei die preußisch-deutsche Militärkaste, die sie einst mit Ehren überhäuft und mit geschichtlich beispiellosen Mitteln ausgestattet habe, rücksichtslos in den Abgrund.

Das Gerede von der »kleinen erbärmlichen Clique« wird der nationalsozialistischen Propaganda schon sehr bald nicht mehr abgenommen. Die Kunde vom Tod von Generaloberst Beck läßt aufhorchen. Der ehemalige deutsche Generalstabchef hat in eingeweihten Kreisen einen Ruf, der dem undurchsichtigen Vorgang sozusagen automatisch eine andere Qualität zu geben vermag. Man erinnert daran, daß er offensichtlich wegen seines Widerstandes gegen Hitlers beabsichtigte Aggressionspolitik bereits 1938 den Abschied genommen hat. Wie überhaupt praktisch überall auf die tiefgehenden Wurzeln des Attentats im gespannten Verhältnis zwischen Partei und Wehrmacht hingewiesen wird, wobei die Zerwürfnisse Hitlers mit zahlreichen Heerführern im Verlaufe der Kriegsjahre aufgelistet werden. Das »Journal de Genève« meint, die Aktion der Offiziere sei nicht durch Ambition diktiert gewesen, sondern durch Sorge über die militärische Lage. Die Verschwörer hätten den Zusammenbruch der Armee durch Beendigung der Feindseligkeiten aufzuhalten versucht. Da sie die Methoden von SS und Gestapo nicht billigten, wollten sie sich vom Regime trennen, das sie allerdings stillschweigend akzeptiert hätten, als die Dinge noch gutgingen. Jetzt aber erscheine ihnen das Regime schädlich für die Dauerinteressen Deutschlands. Es folgt dann der Vergleich mit Frankreich vor dem Thermidor (1794). Auch der Vergleich mit Tauroggen 1812 wird häufig gezogen, wobei der Name des Mitverschwörers Yorck von Wartenburg zitiert wird. Es wird aber auch festgestellt, daß ein Umsturz, an dem nicht die Arbeiterklasse oder ein Großteil der Wehrmacht teilnehme, zum Scheitern verurteilt sei. Das Komplott habe nicht reüssieren können, weil die allgemeinen Bedingungen für eine Revolte in Deutschland nicht existierten.

Die »Gazette de Lausanne« betont ebenfalls, daß nicht eine »Clique« das Attentat ausgeführt habe, sondern hohe Offiziere, die das letzte Mittel angewandt hätten, weil sie die Situation nur allzu gut kannten. Die Zeitung vergleicht das Attentat mit demjenigen gegen den russischen Zaren Alexander II. im Jahre 1881, weil auch damals eine Verschärfung der Repression die Folge gewesen sei. Die sozialdemokratische »Berner Tagwacht« vertritt die Auffassung, es sei gut, daß das Attentat gescheitert sei, weil sonst eine neue Dolchstoßlegende entstanden wäre – auch dies ein Thema, das in vielen Variationen abgehandelt wird. Die gleiche Zeitung meinte nach der Vollstreckung des Todesurteils gegen Witzleben und die anderen Offiziere, die nationalsozialistische Partei habe dem deutschen Offizierskorps eine Beleidigung zugefügt, »wie es sie noch nie in seiner ereignisreichen Geschichte erfahren mußte« – ein Urteil, das allgemein geteilt wird. Die Basler »National-Zeitung« schreibt von der »Tragödie des deutschen Offizierstandes« und vergleicht das Vorgehen Hitlers mit dem großen Prozeß Stalins gegen Tuchatschewski, ein Vergleich, der insofern zugunsten des sowjetischen Diktators ausfällt, als die verurteilten russischen Offiziere füsiliert und nicht erhängt worden sind. Die Zeitung meint, daß es der Fehler der Offiziere gewesen sei, nicht zehn Jahre früher entschlossener gehandelt zu haben, wie überhaupt der Vergleich mit dem Röhm-Putsch oft gebracht wird. Ein Goerdeler als Reichskanzler, meint dieselbe Zeitung, reime sich schlecht zusammen mit der »kleinen Generalsclique«.

Als geradezu hervorragend informiert erwies sich, wie aus bisher unveröffentlichten Akten des schweizerischen Außenministeriums hervorgeht, die damalige Gesandtschaft der Schweiz in Berlin. Nachdem eine Woche vor dem Attentat nach Bern berichtet worden war, daß ein solches unmittelbar bevorstehe, war der schweizerische Militärattaché bereits einen Tag nach der Aktion in der Lage, über deren Planung und Durchführung sowie über den innersten Kreis der beteiligten Personen genaueste Auskunft zu geben – zu einem Zeitpunkt, als Regierungen anderer Länder geschweige denn die Medien noch tage-, ja wochenlang im dunkeln tappten. So heißt es in dem Bericht vom 21. Juli, die Durchführung des Putsches hätte in zwei Phasen ablaufen sollen, nämlich zuerst Sturz der Regierung im Innern und anschließend Kapitulation des Westheeres, also sozusagen innenpolitische Revolution in einer ersten und außenpolitische Kehrtwendung in der zweiten Phase. Im Zentrum der Verschwörung seien die Generale Beck, von Witzleben, Hoepner und Olbricht gestanden, die gesamten Vorbereitungen seien durch den Chef des Stabes von Generaloberst Fromm, Oberst Graf Stauffenberg, geleitet worden. Auch die Marschälle Kluge und Rommel hätten zu den eingeweihten Personen gehört. Wenn die Taktik des Propagandaministeriums darin bestehe, das Komplott als Tat eines ganz kleinen Kreises erscheinen zu lassen, so sei erwiesen, daß es Verbindungen in weiten Kreisen nicht nur von Offizieren, sondern auch von Zivilisten gehabt habe.

Erstaunlich ist auch, wie genau der Vertreter der Schweiz über die Verhandlungen vor Freislers Volksgerichtshof unterrichtet ist, die vor einem begrenzten, von den Behörden ausgewählten und zum Schweigen verpflichteten »Publikum« stattfanden. So wendet er sich in einem Bericht vom 18. August ausdrücklich gegen die von der nationalsozialistischen Propaganda verbreitete Version, wonach die Angeklagten einen erbärmlichen Eindruck gemacht und sich als Feiglinge benommen hätten. »Es liegt mir daran, vorauszuschicken«, heißt es da, »daß die in großer Aufmachung in der deutschen Presse erschienene Berichterstattung über die Verhandlungen« vor dem Volksgerichtshof gegen Generalfeldmarschall von Witzleben und Mitangeklagte sachlich unrichtig ist. Sämtliche Angeklagten, die wohl wußten, daß der Ausgang des Prozesses nicht zweifelhaft war, bewahrten Ruhe und Würde. Sie standen nicht als Feiglinge und Lügner vor ihren Richtern . . .«

Der schweizerische Diplomat widerlegt dann an gezielten Beispielen die nationalsozialistische Berichterstattung. Weiter schreibt er, »daß die Anführer des Attentats alle ohne Ausnahme bei jeder Gelegenheit versuchten, die Beweggründe zu schildern, die sie zu ihrer Tat veranlaßten, und klarzumachen, daß das Verbleiben des Führers in der obersten Heeres- und Reichsleitung Deutschlands Unglück darstelle«. Aber alle diese Versuche seien von Freisler unter gröbsten Beschimpfungen unterdrückt worden.

Aufschlußreich ist ferner die Feststellung des Diplomaten, daß die Berichterstattung über den geheimen »Schauprozeß« in der Bevölkerung offensichtlich nicht den gewünschten Eindruck hervorgerufen habe, so daß beschlossen worden sei, die weiteren Prozesse ohne jegliches Aufsehen abzuwickeln. »Gleich niederschmetternd war der Eindruck des Prozesses und besonders die gewählte Hinrichtungsart bei den hiesigen diplomatischen Kreisen. Merkwürdigerweise zeigten sich die Vertreter der japanischen Botschaft und thailändischen Gesandtschaft wie auch die Vertreter Kroatiens, der Slowakei und Ungarns besonders empfindlich berührt.« Also nicht einmal bei den Repräsentanten der wenigen noch existierenden befreundeten Regierungen fand Hitlers Rachefeldzug Verständnis! Die Tendenz des Reichspropagandaministeriums gehe dahin, »den Nachweis zu leisten, die Verschwörer hätten einzig mit Moskau in Verbindung gestanden und beabsichtigt, das Reich dem Bolschewismus auszuliefern«. Beziehungen zu den Engländern und Amerikanern sollten nach Möglichkeit verschwiegen werden, damit die Maßnahmen des Regimes als Errettung vor einer Bolschewisierung Deutschlands dargestellt und gerechtfertigt werden könnten.

Zusammenfassend kann über die Reaktionen in der neutralen Schweiz gesagt werden, daß sie bei aller Vielfalt der Meinungen sich um abgewogenere Urteile bemühten als diejenigen in den alliierten Ländern, was sich indessen leicht aus der unterschiedlichen Lage erklärt, in der sich Neutrale und Kriegführende befanden. Insbesondere versuchen manche Zeitungen, den Verschwörern Gerechtigkeit widerfahren zu lassen, ohne daß sie allerdings über die wahren Motive ihrer Tat viel Konkretes auszusagen vermöchten. Wenn in dieser Beziehung die Berichte der schweizerischen Gesandtschaft wesentlich ergiebiger sind, dann ist dies darauf zurückzuführen, daß die diplomatische Vertretung über Verbindungen und damit Informationen verfügte, die höchster Geheimhaltungsstufe unterlagen und der Öffentlichkeit damit unzugänglich waren.

Ein historisch gerechtes Urteil über die deutsche Opposition gegen Hitler und ihre Verzweiflungstat vom 20. Juli 1944 wurde erst möglich, als sich der Pulverdampf des Krieges verzog und damit den Blick freigab für eine unvoreingenommene Betrachtung der Dinge. Dann konnte auch ein Winston Churchill, der grimmig-entschlossene Gegner aus der Kriegszeit, erklären: »In Deutschland lebte eine Opposition, die durch ihre Opfer und eine entnervende internationale Politik immer schwächer wurde, aber zu dem Edelsten und Größten gehört, was in der politischen Geschichte aller Völker je hervorgebracht wurde. Diese Männer kämpften ohne eine Hilfe von innen oder von außen – einzig getrieben von der Unruhe ihres Gewissens . . .«

Quellen

Documents on British Foreign Policy 1919–1939, London 1949, Bd. III
Hansard, Parliamentary Debates, Bd. 402
Foreign Relations of the United States, 1944, Bd. I
Akten des Schweizerischen Bundesarchivs in Bern
Ausgewählte Zeitungen aus Großbritannien, den USA, aus Frankreich, der Sowjetunion, aus Schweden und der Schweiz

Literatur

CHURCHILL, WINSTON S.: *Der Zweite Weltkrieg.* Bd. IV, 2, Bern 1951.

DULLES, ALLAN W.: *Verschwörung in Deutschland.* Zürich 1948.

FEIS, HERBERT: *Churchill – Roosevelt – Stalin.* London 1957.

KETTENACKER, LOTHAR: *Die britische Haltung zum deutschen Widerstand während des Zweiten Weltkrieges,* in: Das »Andere Deutschland« und der Zweite Weltkrieg. Veröffentlichungen des Deutschen Historischen Instituts London, Bd. II, Stuttgart 1977.

KRAUSNICK, HELMUT, GRAML, HERMANN: *Der deutsche Widerstand und die Alliierten,* in: Vollmacht des Gewissens, Bd. II, Frankfurt-Berlin 1965.

NICHOLLS, ANTHONY J.: *American Views of Germany's future during World War II,* in: Das »Andere Deutschland« und der Zweite Weltkrieg.

ROTHFELS, HANS: *Die deutsche Opposition gegen Hitler.* Frankfurt 1969.

SCHEURIG, BODO: *Freies Deutschland,* München 1961.

20. Juli 1944. Herausgegeben von der Bundeszentrale für politische Bildung, Bonn 1964.

HANS MAIER

Das Recht auf Widerstand

Der Widerstand gegen Hitler war keine einheitliche Bewegung. Demgemäß verfügte er auch nicht über eine einheitliche Begründung für sein Handeln – er entwickelte keine systematische, in sich geschlossene Tyrannomachie. Wie die Formen des Widerstands vielgestaltig waren,[1] so auch die Begründungen für das Recht auf Widerstand: Sie reichten von schlichter Empörung über die Rechtsbrüche der Regierenden bis zu der Überzeugung, Hitler sei der Antichrist, und man müsse ihm aus Christenpflicht »ins Angesicht widerstehen«. Juristische und politische, ethische und religiöse Argumente wurden bemüht – bis hin zur Wiedererweckung alter Tyrannenmordlehren, die sich jetzt, in extremis malis, als Probierstein allen Nachdenkens über Recht und Pflicht des Widerstands erwiesen.

Das Profil dieser Widerstandstheorien tritt um so schärfer hervor, je mehr die praktischen Erfolgsaussichten der Verschwörer angesichts der sich beschleunigenden Katastrophe, der ideologischen Verblendung der Nationalsozialisten und der Uneinsichtigkeit der alliierten Kriegsgegner[2] auf Null sanken. Das war spätestens Mitte 1944 der Fall. Lange Zeit hatten die »Realpolitiker« unter den Widerstandskämpfern gehofft, durch einen Regierungswechsel eine günstigere Ausgangsstellung für Verhandlungen zu schaffen, die den Krieg beenden konnten. Diese Hoffnung war bereits mit der Casablancakonferenz vom Januar 1943 und der dort aufgestellten Forderung nach bedingungsloser Kapitulation dahin. Auch die Pläne Goerdelers für ein Sonderabkommen mit den Westmächten, das den deutschen Osten vor der bolschewistischen Überflutung retten sollte, zerschlugen sich an der harten politischen Wirklichkeit. Während im Osten eine militärische Katastrophe drohte und die Nachrichten von der Invasionsfront im Westen erkennen ließen, daß den Alliierten der Sieg nicht mehr streitig zu machen war, schrumpfte der außenpolitische Handlungsspielraum der deutschen Opposition mehr und mehr zusammen. In dieser Lage setzte sich gegenüber dem zögernden, einem Attentat abgeneigten Goerdeler die Gruppe um Graf Stauffenberg durch, der es nicht sosehr auf die unmittelbare außenpolitische Wirkung des Anschlags ankam als vielmehr darauf, daß Deutschland in einer Stunde äußerster Erniedrigung seine Ehre rette. Die verhängnisvolle Gleichung der alliierten Politik und Propaganda »Hitler ist Deutschland« sollte aufgelöst werden. Die Existenz des »anderen Deutschland« sollte sichtbar hervortreten.[3] Wichtiger als ein unmittelbarer politischer Erfolg, der 1944 mehr als zweifelhaft erschien, war die Symbolik der Tat. Es sollte deutlich werden, daß es selbst im Deutschland Hitlers Kräfte gab, die fähig und entschlossen waren, den notwendigen Wandel von innen heraus zu vollziehen.

Dieser Symbolcharakter des Handelns der Verschwörer des 20. Juli 1944 (der keiner apolitischen Haltung entsprang, vielmehr »die Zeit danach« ausdrücklich einbezog!) ist wichtig für unser Problem. Viele der Verschwörer waren Christen; für sie war der Aufstand eine Gewissensfrage, die sie zwang, über die Probleme des Widerstands von Grund auf nachzudenken. Notwendig stießen sie dabei auf die alten, lange verschütteten Tyrannei- und Widerstandslehren.[4] Ob sie sich dabei als Katholiken mehr an die thomistische Tradition anlehnten oder als Protestanten mehr an die lutherische oder calvinische, macht wichtige Unterschiede im politischen Denken aus und erhellt Modifikationen innerhalb der einzelnen Gruppen der Widerstandsbewegung, die bis in politische Tagesfragen hineinreichen.[5]

In der Tat: Widerstandsrecht und Tyrannenmord sind zentrale Probleme in der ethischen Begründung des Widerstands gewesen. Hier ist ein Kristallisationspunkt der Bemühungen um eine tiefere Begründung der politischen Opposition, von hier aus lassen sich wesentliche Aspekte der Widerstandsbewegung erfassen, die dem Historiker, der nur nach den politischen Motiven fragt, entgehen müssen.[6] Das Problem so formulieren heißt zugleich: eine Antwort suchen auf die Frage, welche Stellung die Verschwörer des 20. Juli innerhalb der abendländischen Widerstandstradition einnehmen.

Tyrannislehre und Widerstandsrecht

Wie schwierig es freilich ist, die Ereignisse des 20. Juli 1944 mit den traditionellen Begriffen zu erfassen, zeigt sich schon darin, daß das Wort Tyrann im modernen und im älteren Sprachgebrauch etwas durchaus Verschiedenes bedeutet. Wir denken bei diesem Wort zunächst an einen Herrscher, der seine Stellung zu egoistischen Zwecken mißbraucht, Recht und Freiheit unterdrückt und seine Herrschaft auf Gebiete ausdehnt, die in die Verantwortung des einzelnen gehören. Im älteren Sinn aber ist Tyrann einfach der Herrscher, der unrechtmäßig, als Usurpator, zur Macht gelangt ist.[7]

Allerdings ist der Sprachgebrauch nicht einheitlich; vor allem entwickelt sich mit der Zeit ein moralischer Tyrannenbegriff, der mit dem staatsrechtlichen konkurriert. Er ist schon bei Plato vorgebildet, bei dem Tyrann schlechtweg der Nichtphilosoph ist. Entfaltet und mit religiösem Pathos erfüllt hat ihn Augustinus, dessen Tyrannenbegriff für das christlich gewordene Abendland verbindlich wurde.

Dabei ist der ältere staatsrechtliche Sinn des Wortes nie ganz verlorengegangen. Zwischen ihm und dem moralischen Tyrannenbegriff entwickelt sich in der Folgezeit eine lebhafte Dialektik, die uns voll ausgebildet bei Thomas von Aquino entgegentritt. Hier werden zwei Tyrannentypen unterschieden: der Usurpator, der Tyrann ist von Beginn seiner Herrschaft an, und der an sich rechtmäßige Herrscher, der sich jedoch im Lauf seiner Herrschaft zum Tyrannen entwickelt. Dies ist kein gradueller, sondern ein qualitativer Unterschied. Denn daß sich ein rechtmäßiger Herrscher, der zum Tyrannen wird, jahrelang unangefochten in seiner Stellung behaupten kann, setzt offenbar die göttliche Duldung seiner Herrschaft voraus, wohingegen der Usurpator von Gott niemals geduldet wird, seine Herrschaft also nichtig ist und beseitigt werden darf, ohne daß sich dabei jemand der Verletzung des biblischen Gebots, der Obrigkeit zu gehorchen, schuldig macht.

Man erkennt sogleich die grundsätzliche Schwierigkeit, in die ein katholischer Moraltheologe geriet, wenn er die Herrschaft Hitlers in dieses System einordnen sollte. Usurpation lag nicht vor;[8] gegen den zum Tyrannen entarteten Herrscher aber war der Widerstand sehr viel schwieriger zu begründen. Immerhin war dies nicht unmöglich; denn aufgrund der Unterscheidung, daß Gott bei dieser Form der Tyrannis allenfalls zulassend, permissive mitwirke, war ja der Widerstandsaktion, sofern sie sich in gesetzlichen Bahnen hielt (und damit den göttlichen Anteil an der Herrschaft des Tyrannen respektierte!), freier Raum gegeben. In diesem Rahmen vollzog sich bereits in der mittelalterlichen Theorie eine Anpassung an die staatliche Wirklichkeit, wenn auch Thomas von Aquino bei aller Bereitschaft, mögliche Entartungen des monarchischen Prinzips in Rechnung zu stellen, noch innerhalb des monarchischen Denkens seiner Zeit verharrte.

Erst die oberitalienischen Juristen des 12. Jahrhunderts tilgten die monarchischen Elemente des christlichen Tyrannenbegriffs. So gibt es bei Bartolus von Sassoferrato bereits den tyrannus velatus et tacitus, den heimlichen Tyrannen, der vor allem in Republiken auftritt; selbst der »moderne« Fall, daß Demokratie in Tyrannis umschlägt, tritt hier schon in den Blick.[9] Das traditionelle System wird juristisch verfeinert – nur erschöpft sich, da nun der moralische Antrieb fehlt, aller Widerstand in juristischen Vorkehrungen, die im entscheidenden Augenblick versagen müssen.

Die Reformatoren bringen dann den moralischen Einschlag der alten Tyrannis- und Widerstandslehre wieder stärker zur Geltung. Für Luther[10] ist der Tyrann, ganz im augustinischen Sinn, der verblendete Mensch, der sein Amt mißbraucht; tyrannisch aber ist auch der Antichrist, das Tier aus dem Abgrund, das aus Recht Unrecht macht und das Gemeinwesen in anomia, Gesetzlosigkeit, stürzt. Diese eschatologisch bestimmte Auslegung eröffnet zur modernen Problematik des Widerstands ebenso einen Zugang wie die stärker staatsrechtlich und ständisch gefärbte Lehre Calvins, der den Akt der Tyrannis vor allem in der Verhinderung des Gehorsams gegen Gott sieht und für den Christen ein Widerstandsrecht in Anspruch nimmt, das später geradezu zur Widerstandspflicht, zur Forderung, die Tyrannis zu vernichten, gesteigert wird.[11]

Das Zeitalter des staatsrechtlichen Positivismus hatte die Überreste der alten Tyrannis- und Widerstandslehren aus den Lehrbüchern und aus dem akademischen Unterricht getilgt.[12] So standen die zum Widerstand Entschlossenen den Ungeheuerlichkeiten des Nationalsozialismus ohne rechte philosophische und juristische Auskunft gegenüber. Dies zwang sie, unmittelbar an die verschütteten Traditionen der Hochscholastik und der Reformation anzuknüpfen. Es kam im Widerstand zu einer Renaissance rechtsphilosophischen und theologischen Denkens.[13] Dabei zeigte sich, daß die moderne Tyrannis nicht mehr, wie in der klassischen Theorie, als Entartung des monarchischen Prinzips begriffen werden konnte. Vielmehr handelte es sich beim Nationalsozialismus, der auf einer Massenbewegung beruhte und zur Zeit seiner Erfolge breitester Zustimmung sicher sein konnte, um eine neue Form »demokratischer Tyrannis«. Demgemäß rückten gegenüber der älteren Thematik des unrechten Herrschaftserwerbs andere Probleme in den Vordergrund: der schwer faßbare Umschlag vom legitimen Führungsauftrag zu persönlicher Willkür, die Aushöhlung und Zerstörung der Verfassung, die Identifikation von Partei und Staat.

Das Wort Tyrann war bei den Verschwörern des 20. Juli ein geläufiges Wort. Es wurde in den meisten Fällen in ähnlichem Sinn gebraucht wie bei Augustinus, Luther oder Calvin, nämlich um die innere Verderbtheit, die perversitas eines Menschen zu kennzeichnen. Dieses Tyrannenbild hatte zahlreiche Schattierungen und war durchaus nicht einheitlich; es konnte das Gegenbild einer verfassungsmäßigen Ordnung bezeichnen[14] oder – als Spitze neuzeitlicher Entwicklungen – die von moralischen Bindungen freigesetzte »Dämonie der Macht«;[15] es konnte aber auch ein eschatologischer Zug hineinspielen, vor allem, wenn man den lutherischen Begriff der anomia auf die konkrete staatliche Situation anwandte.

Motive des Widerstands

Entsprechend der inneren Differenziertheit des Tyrannenbildes konnte auch der Widerstand verschieden angesetzt werden, und seine Stoßkraft mochte unterschiedliche Grade aufweisen. Auch wenn unsere Kenntnis der inneren Vorgänge in der deutschen Opposition noch immer unvollständig ist,[16] soviel läßt sich sagen, daß sich der Widerstand aus sehr grundsätzlichen Motiven naturrechtlicher, ethischer und religiöser Art speiste.

Zunächst waren sich die Beteiligten darin einig, daß ein Regime, das seine feierlichsten Versprechungen – man denke an Hitlers Friedensgarantien im Sommer 1939! – nicht gehalten hatte, seinerseits keinen Anspruch auf Treue erheben konnte. Dieser Gedanke kehrt in den Äußerungen der Widerstandskämpfer häufig wieder;[17] er spielte auch in der Diskussion über den politischen Eid eine Rolle. Goerdeler pflegte zögernden Parteigängern die Äußerung Hitlers entgegenzuhalten, Staatsautorität als Selbstzweck könne es nicht geben, da in diesem Fall jede Tyrannei der Welt unangreifbar und geheiligt wäre. In »Mein Kampf« nennt Hitler jene, die einen aktiven Widerstand mit allen zur Verfügung stehenden Mitteln nicht wagen, »Prinzipienreiter«, »bebrillte Theoretiker«, »Kulturjünger«, »Spießer«, »staatliche Fetischinsulaner«. Eine klarere Legitimation für die Verschwörer des 20. Juli konnte es schwerlich geben.

Ein Regime, das grundlegende Menschenrechte verletzte und dies nicht einmal bestritt, so daß Göring sagen konnte: »Ich bin stolz darauf, nicht zu wissen, was Recht ist« – ein solches Regime konnte sich in der Tat nicht auf Recht und Treue berufen. Dennoch, der Widerstand war mehr als bloße Reaktion, und die Einsicht, daß Hitler – wie man es ausdrückte – zum Hochverräter am deutschen Volk geworden war, vermochte zwar die Schranken vermeintlicher Bindungen und Gewissenspflichten wegzuräumen; eine grundsätzliche Wegweisung für die politische Opposition war sie nicht.

Vor allem im Kreis jener katholischen Theologen, die der Widerstandsbewegung nahestanden, neigte man deshalb dazu, in Ergänzung thomistischer Ansätze ein Recht der kollektiven Notwehr zu entwickeln – wie es als Prinzip bereits der alten Lehre vom gerechten Krieg zugrunde lag. Bei Thomas war jedes gewaltsame Vorgehen gegen den Tyrannen streng an die publica auctoritas, die öffentliche Ermächtigung, gebunden, wofern es sich nicht um einen Usurpator handelte, der durch jedermanns Hand fallen durfte. Eine Weiterentwicklung dieses Gedankens mußte vor allem in Rechnung stellen, daß die Möglichkeiten eines modernen Tyrannen, zum Angreifer auf ein Volk zu werden, durch die Mittel der Technik und der Massensuggestion ins Ungeheure gesteigert worden waren. Auch konnte die Ermächtigung zum Handeln in einem modernen, mit totalitären Mitteln bewehrten Staat nur stillschweigend von der besseren Mehrheit des Volkes gegeben werden. Verfügte doch das Regime über genügend Möglichkeiten, öffentliche Zeichen des Widerstands zu unterdrücken – so daß nicht einmal mehr der Akt des Martyriums ausstrahlende und aufrüttelnde Kraft gewinnen konnte.

Wieweit bei diesen Erwägungen im Extremfall auch der Tyrannenmord sittlich entschuldet oder gerechtfertigt wurde, muß nach den Quellen offenbleiben. Der SS-Bericht über die Sitzungen des Volksgerichtshofes erwähnt ein bezeichnendes Detail: demnach habe der Freiherr von Leonrod, einer der Verschwörer, sich bei seinem Beichtvater, Kaplan Wehrle, erkundigt, ob Tyrannenmord Sünde sei. Dieser habe nach genauer Überlegung verneint, jedoch von einer Beteiligung am Attentat abgeraten. Vom Volksgerichtshof wurde Kaplan Wehrle später zum Tod verurteilt, bezeichnenderweise mit der Begründung, er habe wissen müssen, daß mit dem Tyrannen nur Hitler habe gemeint sein können![18]

Eine Verpflichtung zum Widerstand ergab sich für beide Konfessionen auch aus der Tatsache, daß der Nationalsozialismus die Kirchen verfolgte. In der Tat scheint hier besonders für evangelische Kreise ein Ansatzpunkt zur Opposition gelegen zu haben. Es war ja das Kriterium des Tyrannen bei Calvin gewesen, daß er den Gehorsam gegen Gott zu hindern suchte. Mit zunehmender Deutlichkeit zeigte sich aber auch, daß der Staat selbst einem Zustand der Gesetzlosigkeit entgegentrieb, daß er aus einem Rechtsstaat zu einem Unrechtsstaat wurde. Hans-Joachim Iwand hat später[19] den Charakter dieses Umschlags mit einem Lutherwort gekennzeichnet: »Sie wollen, daß wir glauben, was sie glauben, und denken, was sie denken – das heißt Gott ins Regiment greifen.« In der Vermischung geistlicher mit weltlichen Ansprüchen lag für viele evangelische Christen das Widergöttliche des NS-Staates: Der religiöse Widerstand erwachte, als der Staat selbst zu einem pseudoreligiösen Gebilde wurde. Ob dabei der Begriff der anomia (der bei Luther allein im Hinblick auf die als »tyrannisch« empfundene Papstkirche gebraucht wird) auch auf den weltlichen Staat und seine möglichen Entartungen anwendbar ist, kann hier außer Betracht bleiben; entscheidend ist, daß der Protestantismus sich an dieser Stelle auf seine ursprünglichen Widerstandstraditionen besann, die seit dem pietistischen Rückzug aus der Welt verlorengegangen waren.

Da und dort stößt man auf noch radikalere Ansätze einer theologischen Widerstandsbegründung. Dabei herrschen meist eschatologische Blickrichtungen vor. So hat Dietrich Bonhoeffer bereits im Jahre 1940 gegenüber dem Bischof von Chichester die Überzeugung geäußert, Hitler müsse »eliminiert« werden. Bischof Bell berichtet über das Gespräch: »We know of the despair which seized all those who were engaged in subversive activities in July and August 1940. We know of a meeting held at that time where it was proposed that further action should be postponed, so as to avoid giving Hitler the character of a martyr if he should be killed. Bonhoeffer's rejoinder was decisive: ›If we claim to be Christians, there is no room for expediency. Hitler is the Anti-Christ. Therefore we must go on with our work and eliminate him whether he be successful or not.‹«[20]

So entzündete sich der Widerstand gegen Hitler an sehr verschiedenen Dingen. Von Erwägungen politischer Zweckmäßigkeit bis zu der Überzeugung, in einer endgeschichtlichen Bewährungsprobe zu stehen, reichten die Motive, welche die Verschwörer zu gemeinsamem Handeln zusammenschlossen. Dabei lag das Problem von Anfang an in der Unschärfe des Tyrannenbegriffs und im Fehlen klarer juristischer Abgrenzungen in der Lehre vom Widerstandsrecht. Das rein moralische Verständnis des Tyrannen führte immer wieder zu Orientierungsschwierigkeiten. Die praktischen Formen des Widerstands schwankten daher auf einer breiten Skala von aktiver zu passiver Resistenz. Die wechselnde Kriegslage spielte dabei ebenso eine Rolle wie die immer wieder aufflammende grundsätzliche Diskussion über die Widerstandsziele.

Aktiver und passiver Widerstand

Die Differenz zwischen einer mehr aktiven und einer mehr passiven Haltung des Widerstands – welche die deutsche Opposition gegen Hitler in deutlich unterschiedene Gruppen teilt – ist keineswegs nur der Ausdruck einer besonderen zeitgeschichtlichen Lage. Sie rührt vielmehr an grundsätzliche Fragen christlicher Lebens- und Glaubenshaltung und gehört daher in einen größeren Zusammenhang.

Das Christentum hatte der griechischen Verherrlichung des Tyrannenmordes den Gedanken der Duldung entgegengesetzt. Das paulinische Wort »Jedermann sei untertan der Obrigkeit!« wurde bekräftigt durch den Hinweis, daß jede Gewalt von Gott sei, Widerstand daher Auflehnung gegen Gott bedeute. Freilich war dieser Satz bereits im alten Christentum nicht unumstritten,[21] und wenige Jahrhunderte später hat der Zusammenprall geistlicher und weltlicher Gewalten im Investiturstreit die überlieferte Dulder- und Martyrerphilosophie gegenüber neuen, zum Teil sehr radikalen Widerstandstheorien zurücktreten lassen. Wir sahen bereits, wie Thomas von Aquino, um der Schwierigkeiten Herr zu werden, zwischen göttlicher Einsetzung und bloßer Zulassung des Herrschers durch Gott unterschied: Widerstand gegen unrechte Gewalt war also möglich; doch von einer generellen Erlaubnis zum Widerstand – und gar zum Tyrannenmord – konnte noch keine Rede sein.

Fragen dieser Art entziehen sich ja meist einer Festlegung im vorhinein; fast immer kann nur nachträglich entschieden werden, ob eine Tat verwerflich oder billigenswert sei; im voraus sind nur gewisse Anhaltspunkte, historische Erfahrungen, Analogieschlüsse gegeben. Aus der göttlichen Duldung des zum Tyrannen entarteten Herrschers ergibt sich, daß der Widerstand sich zunächst in gesetzmäßigen Formen halten muß; erst wenn diese erschöpft sind, kommen andere Mittel in Betracht. Ein solches Vorgehen in Schritten ist aber in einem totalitären Staat moderner Prägung ausgeschlossen; der Widerstand käme auf diese Weise nicht zum Ziel.

Der katholische Theologe Angermaier hat in seinem Gutachten zum Remer-Prozeß aus diesem Dilemma die Folgerung gezogen, eine objektive Lösung der Frage in einem generell bejahenden Sinn sei unmöglich. In der Tat ist der Tyrannenmord ein äußerster Grenzfall des allgemeinen Widerstandsrechts; er ist eine höchst gefährliche Waffe, die nur unter sehr eingeschränkten, scharf umrissenen Voraussetzungen wirksam werden darf. Seinem Wesen nach kann er nichts anderes sein als Notwehr in einer hoffnungslosen, mit normalen Rechtsmitteln nicht zu wendenden Situation;[22] für seine sittliche Beurteilung ist die verantwortungsvolle Bereitung auf den Erfolg ebenso wesentlich wie die stillschweigende (freilich nur ideell vorauszusetzende) Legitimation durch die Volksmehrheit. Dies alles war bei den Widerstandskämpfern des 20. Juli 1944 zweifellos gegeben. Das macht ihre Lage und ihre Tat unvergleichbar mit »normalen« politischen Konstellationen, wie sie innerhalb von Verfassungsstaaten auftreten.[23]

Daß der Widerstand der Christen sich nur in defensiven Formen äußern dürfe – diesen Vorbehalt haben zahlreiche Gruppen der Widerstandsbewegung für sich gemacht. Vor allem der Kreisauer Kreis um den Grafen Moltke hat sich lange – wenn auch nie ausschließlich – in solchen Gedankengängen bewegt. »Ich sterbe nicht für meine Handlungen oder Verschwörungen, sondern allein für meine Gedanken«, hatte Graf Moltke in seinem Abschiedsbrief geschrieben, damit einen Trennungsstrich ziehend zwischen sich und der aktiven Gruppe der Putschisten.[24] Wir wissen heute freilich, daß auch der Kreisauer Kreis die Anwendung von Gewalt nicht ausgeschlossen hat.[25] Um diese Fragen wurde in den vierziger Jahren zwischen den Teilnehmern heftig gerungen. Der entschiedenste Nachdruck wurde von Anfang an auf die geistige Überwindung des Nationalsozialismus gelegt: Das Wirken der Kreisauer zielte auf die Wiederherstellung des zerstörten Menschenbildes.

Am weitesten gingen die Forderungen dort, wo den Beteiligten der religiöse Charakter der Entscheidung bewußt war. War Hitler tatsächlich »der Antichrist«, so war gegen ihn auch das äußerste Mittel erlaubt, und mit der Gewissenspflicht zum Widerstand verband sich dann das Motiv der Bewährung in einer endgeschichtlichen Stunde. Zusammenfassend wird man sagen dürfen, daß sich der erste Eindruck einer mehr aktiven katholischen und einer mehr passiven evangelischen Widerstandsfront bei näherem Zusehen nicht bestätigt: Hier wie dort waren die Formen des Widerstands verschieden und bemaßen sich nach der persönlichen Gewissensentscheidung jedes einzelnen.

Gewissensnot und moralische Reinigung

Daß der Fall demokratischer Tyrannis eines »Führers« im streng monarchischen System des Thomas nicht auftaucht und nicht auftauchen kann, berechtigt nicht zu dem Schluß, die äußerste Konsequenz des Widerstands, der Tyrannenmord, sei nur auf den ex defecto tituli zur Herrschaft gelangten Herrscher, den Usurpator, anzuwenden. Eine solche mechanische Übertragung thomistischer Grundsätze auf eine politisch ganz andersartige Welt würde den Unterschied verkennen, der zwischen dem klassischen und dem modernen Legitimationsbegriff besteht. Seitdem an die Stelle der charismatischen Legitimation des Königs die zweckrationale »Ermächtigung« des politischen Führers (Max Weber) getreten ist, haben sich die Kriterien für den Mißbrauch des Amtes verschoben: Nicht mehr das Streben nach der Macht als solches, sondern der Mißbrauch dieser Macht durch Verletzung von Recht und Menschenwürde erscheint als das schlechthin Verwerfliche. Die perversitas des modernen Tyrannen liegt also nicht sosehr im äußeren Akt der Besitzergreifung als vielmehr im inneren der Amtsverwaltung, darin, daß die demokratische Ermächtigung zum entgegengesetzten Zweck persönlicher Machtsteigerung oder zur Begründung einer totalitären Parteiherrschaft mißbraucht wird und daß im Namen des Gemeinwohls eine Politik geführt wird, die im höchsten Maß geeignet ist, das Gemeinwohl zu schädigen.

Aus der Gewissensnot, in die der einzelne angesichts dieser Fragen immer wieder gerät, erwächst der Wunsch nach Sicherungen, die verhindern sollen, daß Entscheidungen von solchem Gewicht überhaupt gefällt werden müssen. So hat sich mit den Tyrannenmord- und Widerstandslehren immer wieder ein umfangreiches System juristischer Vorkehrungen verflochten.[26] Wir berühren hier noch einmal die eingangs erwähnte Dialektik zwischen dem moralischen und dem juristischen Tyrannenbegriff. Es zeigt sich freilich, daß die juristischen Versuche, das Tyrannenmordproblem zu bewältigen, an jener unlösbaren Antinomie scheitern, die schon Kant gesehen hat: »Um nämlich zum Widerstand befugt zu sein, müßte ein öffentliches Gesetz vorhanden sein, welches den Widerstand des Volkes erlaubte, d. i. die oberste Gesetzgebung enthielte eine Bestimmung in sich, nicht die oberste zu sein und das Volk als Untertan in einem und demselben Urteile zum Souverän über den zu machen, dem es untertänig ist.«[27]

Der politische Widerstand »in extremis malis« ist kein juristisches, er bleibt ein religiöses Problem. Mag eine genaue Analyse der Planungen und Absichten der Verschwörer noch soviel an politischen Motiven zutage fördern – unerklärt bleibt, weshalb die Tat gerade in einem Augenblick geschah, in dem diese Motive so stark an Geltung verloren hatten. Aufgrund der möglichen Aussichtslosigkeit des Attentats gewann der Entschluß zum Handeln von Anfang an einen besonderen Rang; es war ausgeschlossen, daß sich persönlicher Ehrgeiz geltend machte und daß sich unlautere Motive unterschoben. Die Tat war ein Symbol. Die persönliche Tragik der Verschwörer war es dabei, daß sie von allen Seiten mißverstanden wurden: vom Ausland, das sie für Reaktionäre hielt,[28] ebenso wie von den Nationalisten in Deutschland, die gegen sie den antiquierten Vorwurf des Landesverrats[29] ausspielten.

Was wäre geschehen, wenn sich das Attentat vier Jahre früher ereignet hätte? Sicherlich wären die Verschwörer von der Empörung einer im Siegesrausch verblendeten Nation hinweggefegt worden. Die Stunde mußte abgewartet werden, in der sich die Niederlage klar und unverkennbar abzeichnete. Nicht eher konnten die Widerstandskämpfer damit rechnen, im Auftrag des Volkes zum Besten des »anderen Deutschland« zu handeln. Der politische Betrachter wird immer wieder feststellen müssen, daß die Tat des 20. Juli 1944 ungenügend vorbereitet war und daß sie zu spät kam; als ein Akt moralischer Reinigung aber gehört sie einem Bereich an, für den das Gesetz des »Zu wenig und zu spät« nicht gilt.

Anmerkungen

[1] Einen gewissen Abschluß hat die Forschung gefunden mit der Differenzierung des Widerstandsbegriffs durch Konrad Repgen (1980, 1983): Demnach können antitotalitäre Verhaltensformen (Widerstand im weiteren oder engeren Sinn) von Nonkonformität über Verweigerung bis zu Protest und Umsturz reichen. Wichtig ist der Hinweis Repgens: »Das Regime hat nicht allein Umsturz-Versuch, sondern auch Protest und Verweigerung, gelegentlich sogar Nonkonformität als ›Widerstand‹ verstanden und dementsprechend bekämpft« (Mitteilung vom 18. 1. 1983). Vgl. auch: LÖWENTHAL, RICHARD: *Widerstand im totalen Staat*, in: LÖWENTHAL, R., ZUR MÜHLEN, P. VON (Hrsg.): Widerstand und Verweigerung in Deutschland 1933–1945, Bonn/Bad Godesberg 1982. Auch die bei dem Forschungsprojekt »Widerstand und Verfolgung in Bayern« (1975 ff.) gewonnenen Einsichten bestätigen, daß der Widerstand sich nicht nur in den oft untersuchten spektakulären Akten einzelner, sondern auch, wenn nicht sogar häufiger in »alltäglichen« Verweigerungen, Loyalitätsentzügen, Protesten vieler manifestierte. – Bezüglich der Intensität und Zielrichtung des Widerstands scheint mir die von Eberhard Bethge (zuerst 1963) entwickelte Stufenfolge die sach- und quellennächste; er

unterscheidet »den einfachen passiven Widerstand, dann den offenen ideologischen Gegensatz, bei dem die Kirchen bzw. Männer wie Graf Galen, Niemöller und Wurm ihre Aufgabe erfüllten – ohne freilich eine neue politische Zukunft zu konzipieren und anzustreben; zum dritten die Stufe der Mitwissenschaft an Umsturzvorbereitungen, in die auch Amtsträger der Kirche hineingerieten wie etwa Asmussen, Dibelius, Grüber oder Hanns Lilje; schließlich die vierte Stufe aktiver Vorbereitungen für das Danach, die ihren vornehmsten Vertreter in Moltke hat . . ., und endlich die letzte Stufe der aktiven Konspiration, zu der ein Angehöriger evangelisch-lutherischer Tradition den schwersten Zugang hatte, weil diese Tradition so etwas nicht vorsah. Auf dieser letzten Stufe gab es keine kirchliche Deckung und keine vorliegende Rechtfertigung dessen, was sich jedem Regelfall entzog« (BETHGE, EBERHARD: *Dietrich Bonhoeffer*, München ³1970, S. 890).

² Bedrückende Darstellung »am grünen Holz« bei LEIBHOLZ, GERHARD: *Die Deutschlandpolitik Englands im Zweiten Weltkrieg und der Widerstand*, in: BRUNO HECK (Hg.): Widerstand – Kirche – Staat. Eugen Gerstenmaier zum 70. Geburtstag, Frankfurt/Berlin/Wien 1976, S. 40ff.; vgl. auch: ROTHFELS, HANS: *Die deutsche Opposition gegen Hitler*, Krefeld ²1951, S. 156ff.

³ Die eindrucksvollsten Zeugnisse für diesen Willen bei: HASSELL, ULRICH V.: *Vom anderen Deutschland* (Fischer-Bücherei, 1964), passim; vgl. auch ROTHFELS, a.a.O., S. 189ff.

⁴ Ein frühes Beispiel erwähnt: BLUMENBERG-LAMPE, CHRISTIANE: *Das wirtschaftspolitische Programm der »Freiburger Kreise«*, Berlin 1973, S. 17ff. (bereits für die Zeit nach dem 9. November 1938!).

⁵ Im folgenden beschränke ich mich, der Thematik dieses Bandes entsprechend, auf die Verschwörer des 20. Juli und den Kreisauer Kreis.

⁶ Fabian von Schlabrendorff hat sogar gemeint, daß »die christliche Theologie aller Konfessionen den geistigen Grundstein für den Widerstand gegen Hitler und den Nationalsozialismus gelegt hat« (Sub specie aeternitatis, in: Widerstand – Kirche – Staat [siehe Anm. 2], S. 19ff. [21]).

⁷ Beste neuere Zusammenfassung bei: MANDT, HELLA: *Tyrannislehre und Widerstandsrecht*, Darmstadt/Neuwied 1974, S. 23–101; aus der älteren Literatur immer noch unentbehrlich: WOLZENDORFF, KURT: *Staatsrecht und Naturrecht in der Lehre vom Widerstandsrecht des Volkes gegen rechtswidrige Ausübung der Staatsgewalt*, Breslau 1916 (Neudruck 1961).

⁸ Auch wenn man die erheblichen Legalitätszweifel berücksichtigt, die sich bezüglich des (späteren) Ermächtigungsgesetzes ergeben, so vollzog sich doch die Bestellung Hitlers am 30. Januar 1933 noch in verfassungsmäßigen Formen.

⁹ BARTOLUS A SAXOFERRATO: *Tractatus de tyrannia*, Basileae 1588.

¹⁰ Gute Zusammenfassung bei: HECKEL, JOHANNES: *Widerstand gegen die Obrigkeit? Pflicht und Recht zum Widerstand bei Martin Luther*, in: HECKEL, Das blinde, undeutliche Wort »Kirche«, Ges. Aufs., Köln/Graz 1964, S. 288ff.

¹¹ Umfassende Darstellung der »Politique calviniste« bei MESNARD, PIERRE: *L'essor de la philosophie politique au XVIᵉ siècle*, Paris 1969, S. 269–385.

¹² MANDT, HELLA: a.a.O. (Anm. 7), S. 105ff., 205ff.

¹³ Das Thema harrt noch der Darstellung; viel Material bei Bethge (zu Bonhoeffer und seinem Kreis); sensibel für diese Thematik auch ROTHFELS, a.a.O., S. 104ff., 122ff. Alfred Delps Werk ist unter diesem Gesichtspunkt noch nicht zureichend untersucht (die knappen Bemerkungen von HEINRICH LUTZ in: Deutscher Katholizismus nach 1945, hrsg. v. HANS MAIER, München 1964, 163ff. und bes. 183ff., beleuchten scharfsinnig, aber einseitig die zeitgebundenen Schwächen seiner politischen Vorstellungen).

¹⁴ Hier liegt (aus persönlichem Erleben erwachsen) ein Ursprung der modernen Totalitarismustheorien bei Ernst Fraenkel, Carl Joachim Friedrich, Gerhard Ritter.

¹⁵ So das vielgelesene Buch von Gerhard Ritter, dessen Titel auf ein Referat im »Freiburger Konzil« zurückging (BLUMENBERG-LAMPE, a.a.O., S. 19).

¹⁶ Gerade das zusammenfassende Werk von HOFFMANN, PETER: *Widerstand – Staatsstreich – Attentat*, München 1969, ist hier relativ unergiebig.

¹⁷ Zu den psychologischen Problemen der Begründung einer Widerstandshaltung anschaulich F. v. SCHLABRENDORFF, in: BRUNO HECK (Anm. 2), S. 24ff.

¹⁸ Vgl. dazu auch die Aufzeichnungen »Nach der Verurteilung« und den »Letzten Brief« von P. Alfred Delp SJ, in: DELP, Im Angesicht des Todes, Frankfurt 1947, S. 173ff.

¹⁹ In seinem Gutachten zum Remer-Prozeß.

71

[20] BETHGE, a.a.O., S. 811. Es sei erwähnt, daß Bethge aufgrund genauer Kenntnis des Bonhoefferschen Denkens die Authentizität des vielzitierten Satzes über Hitler als Antichrist bezweifelt.

[21] Der Widerstand gegen den Kaiserkult war die älteste Ausnahme von der Regel der sonstigen politischen Indifferenz des frühen Christentums; vgl.: EHRHARDT, ARNOLD A. T.: *Politische Metaphysik von Solon bis Augustin* II (Die christliche Revolution), Tübingen 1959, S. 21 ff.

[22] Die totalitäre Perversion, die eine rechtstaatliche Ordnung in einen Zustand der Gesetzlosigkeit verwandelt hat, ist die Vorbedingung für jedes Widerstandsrecht.

[23] Daher ist auch die Problematik von Regelverletzungen, Gesetzesverstoß aus politischen Gründen, »civil disobedience« usw. nicht mit der Widerstandsproblematik im Dritten Reich zu vergleichen; vgl. hierzu: *Widerstand in der Demokratie*, mit Beiträgen von Claus Arndt, Helmut Juros, Wilhelm A. Kewenig und Ingo von Münch, Hamburg 1983, und: WASSERMANN, RUDOLF: *Gibt es ein Recht auf zivilen Ungehorsam*, in: Zeitschr. f. Politik 30 (1983), S. 343 ff.

[24] MOLTKE, HELMUTH JAMES GRAF V.: *Letzte Briefe aus dem Gefängnis Tegel*, Berlin ⁹1963. Zur Interpretation beachte man jedoch HOFFMANN, P., a.a.O. (Anm. 16), S. 428 f., 438 ff. u. 794 (Anm. 248, 251).

[25] So schon ROTHFELS, a.a.O., S. 135 ff., bes. 152; vgl. auch HOFFMANN, a.a.O., S. 794, Anm. 254.

[26] Guter Überblick über die rechtsgeschichtliche Entwicklung seit dem Mittelalter bei: STERN, KLAUS: *Das Staatsrecht der Bundesrepublik Deutschland* II, München 1980, S. 1487 ff.

[27] KANT, IMMANUEL: *Metaphysik der Sitten*, Erster Teil, Metaphysische Anfangsgründe der Rechtslehre, ²1798, S. 204 ff.

[28] ROTHFELS, a.a.O., 156 ff.

[29] Zu diesem Thema HOFFMANN, P., a.a.O., S. 40, 79, 208 ff., der mit Recht feststellt: ».. . bei der Widerstandsbewegung gegen Hitler hat man es nicht mit einer Verschwörung im üblichen Sinn, sondern vorwiegend mit dem Versuch einer Erhebung aus den tiefsten religiösen und moralischen Überzeugungen zu tun. *Deshalb* findet man hier wenig Machiavellismus, wie nötig er auch zum Erfolge sein mochte. Andererseits sind es aber gerade die Verfassungsentwürfe und Programme, die Aufschluß geben über das Denken und die Motive der Opposition. Sie und die Tagebücher und sonstigen Aufzeichnungen erlauben den eindeutigen Nachweis, daß bei den Staatsstreichversuchen von Verrat nur im formalen Sinne, im eigentlichen Sinne aber von Patriotismus und selbstlosem Opfer die Rede sein muß« (S. 228).

HELMUT KRAUSNICK

Ludwig Beck

»Vielleicht wird die Nachwelt ihn verkennen oder von ihm schweigen«, schrieb Eduard Spranger im Jahre 1956 über Ludwig Beck. Von ihm geschwiegen haben Wissenschaft und Publizistik in der seitdem vergangenen Zeit gewiß nicht. Über die Frage einer Verkennung Becks ließe sich indes zumindest streiten. Jedenfalls bestehen über sein geschichtliches Verhalten, zumal als Generalstabschef des deutschen Heeres von 1933 bis 1938, lebhafte Kontroversen. Niemals strittig unter den Historikern war jedoch die Tatsache einer führenden Rolle Ludwig Becks innerhalb der bürgerlichen Opposition gegen Hitler nach 1939. Man sei sich einig darüber, daß alle Fäden bei Beck zusammenlaufen müßten, schrieb Ulrich von Hassell nach einem Treffen mit Angehörigen dieser Opposition am 24. März 1942 in sein Tagebuch. Und nach einer weiteren Begegnung lautete das Fazit Hassells noch präziser: Beck »als Zentrale konstituiert«. Im Grunde wurde damit freilich nur »formell« bekräftigt, was faktisch schon mehr als zwei Jahre galt: Der in Protest gegen Hitlers Risikopolitik 1938 als Generalstabschef zurückgetretene Ludwig Beck war und blieb eine zentrale Figur der an der Erhebung des 20. Juli 1944 gegen Hitler beteiligten Gruppen von Männern und Frauen aller sozialen Schichten und unterschiedlicher – wenn auch vorwiegend konservativer – Richtung. Im Falle des Gelingens der Aktion sollte Beck Staatsoberhaupt werden. Am Abend ihres Scheiterns setzte er seinem Leben selbst ein Ende.

Soldatentum und Geistigkeit

Am 29. April 1935 schrieb der Hauptmann Groscurth – der eher für Schwächen als für Vorzüge seiner Mitmenschen ein Auge hatte – nach einer gemeinsamen »Meldung« der damals zum Generalstab kommandierten Offiziere bei dessen Chef, Generalleutnant Beck, in sein Tagebuch: »Sehr eindrucksvoll. Vertrauenerweckende, überragende Persönlichkeit.«

Das Wesen Becks war bestimmt durch die glückliche Verbindung von Soldatentum und allgemeiner Geistigkeit bei ausgeprägter Lauterkeit des Charakters, vornehmer Gesinnung und hohem Verantwortungsgefühl. Innere und äußere Beherrschung, von jeder Starrheit frei, ergaben eine gewinnende Natürlichkeit des Wesens, die bei aller Zurückhaltung im Auftreten weltmännischer Formen nicht entbehrte. Kraft seiner Ausstrahlung echten Menschentums, einer disziplinierten Intelligenz, seelischer Festigkeit und absoluter Vertrauenswürdigkeit wurde Beck einer der vornehmsten Repräsentanten des sogenannten anderen Deutschland. Für Eduard Spranger verkör-

BECK, LUDWIG
geb. am 29. 6. 1880 in Biebrich/Rhein;
Selbstmord am 20. 7. 1944.

perte Beck »in seiner äußeren Haltung ... nicht den Typus des Militärs, sondern eher den eines Denkers, den sein Berufsweg auf den besonderen Zweig strategischen Denkens geführt hatte«. Für den Historiker Gerhard Ritter war er als Soldat geradezu das Gegenteil des nationalsozialistischen Ideals, nämlich »trotz straffer soldatischer Haltung ... mehr ein Mann der Studierstube als der Front, ein Geistesmensch, der neben den Vorzügen auch die Schwächen eines solchen Charakters besaß: sehr gewissenhaft, unbegrenzt fleißig ..., jeden Schritt sorgsam erwägend, ... aber zaudernd in seinen Entschlüssen«. Hingegen hat einer der besten deutschen Strategen des Zweiten Weltkrieges und einstiger Mitarbeiter Becks zwar eingeräumt, daß von Beck »das Wägen sehr stark betont wurde«, aber »ganz eindeutig« festgestellt, »daß bei Beck unter dem Wägen niemals die Kühnheit des Entschlusses gelitten hat. Er hätte auch im Ernstfall schließlich immer die kühnste Lösung gewählt ...« Als einstiger Teilnehmer der von Beck geleiteten »Generalstabsreisen« berichtet der spätere General Fretter-Pico, als »nüchterner, höchst moderner Stratege« habe Beck dabei seine Offiziere in »schneller und gründlicher Beurteilung von Lagen, schnellster Entschlußfassung sowie äußerst wendiger Führung« geschult. – Freilich warnte Beck selbst in seiner berühmten Rede zum 125jährigen Bestehen der Kriegsakademie 1935 (in vielsagender Diktion) davor, »sprunghaften ... Eingebungen – mögen sie sich noch so klug oder genial ausnehmen – nachzugeben« oder Wunschgedanken zu folgen, und zog dem »sogenannten blitzartigen Erfassen des Augenblicks«, wie er sagte, »die aus klarer, scharfsinniger, alle Möglichkeiten erschöpfender Gedankenarbeit gereifte Erkenntnis ... der Lage« vor.

Nicht zuletzt durch die verfehlte Erziehung in der Reichswehr sei im Offizierkorps »das kalte, rechnende, nüchterne Denkenwollen ... an die Stelle des charaktervollen, warmherzig durchbluteten, mutigen Wesens« getreten: Mit Hilfe so grober Kategorien vermeinte Hitler, im Oktober 1938 die wohlbegründeten, besonders von Beck formulierten Bedenken höchster Generale gegen seine Risikopolitik in der Sudetenkrise qualifizieren und verwerfen zu können! Wer wollte hiernach verkennen, daß zwischen zwei Naturen wie Beck und Hitler ein Konflikt schlechterdings vorbestimmt war?

Kriegsakademie und Generalstab

Gleichwohl mußte der Weg, der Beck in den Widerstand, ja in die Verschwörung führte, nach Herkunft, Beruf und staatspolitischen Grundanschauungen ein schwerer Weg sein. Sohn eines Industriellen, der sich auch als Wissenschaftler einen Namen gemacht hat, entstammte Beck dennoch einer alten hessischen Offiziersfamilie. 1880 in Biebrich am Rhein geboren, mit neunzehn Jahren Artillerieleutnant, 1908 zur Kriegsakademie kommandiert – wo er einen seiner Ausbilder bereits an den älteren Moltke erinnerte und durch sein Interesse an Tagesfragen sowie seine literarischen Kenntnisse auffiel –, wurde er dann im Ersten Weltkrieg in Generalstabsstellungen verwendet und 1918 Major. Obwohl längst der Meinung, daß die militärisch-politische Lage Deutschlands einen Frieden der Verständigung mit den Gegnern gebot, fällte der achtunddreißigjährige Beck über den Zusammenbruch vom November 1918 das Urteil: »Im schwersten Augenblick des Krieges ist uns die ... von langer Hand her vorbereitete Revolution in den Rücken gefallen.« Er äußerte sich also in einem der fatalen Legende vom »Dolchstoß« zumindest sehr ähnlichen Sinne, wenngleich er nicht von einem unbesiegten Heer sprach.

Welchen Kontrast zu diesem Verdikt sollte der fesselnde Vortrag bilden, den Beck dreiundzwanzig Jahre später, 1941, vor der berühmten Berliner Mittwochsgesellschaft über »den 29. September 1918« hielt! An diesem Tage nämlich – so legte er dar – sei die »schon immer« problematische »unumschränkte Autorität« der Obersten Heeresleitung unter Hindenburg und Ludendorff schlechterdings »zum Verhängnis« geworden: denn nachdem Ludendorff trotz des schweren militärischen Rückschlages vom 18. Juli zunächst volle zehn Wochen »politisch ungenützt« verstreichen ließ, habe er jetzt, an jenem 29. September 1918, die Reichsregierung zu einer überstürzten Bitte um Waffenstillstand an den Feind genötigt. Dieses Verhalten aber legte – in der nunmehrigen Rückschau Becks – Ludendorff und Hindenburg »weitgehend die Mitverantwortung auch für die unausbleiblichen Folgen« auf, nämlich für die verheerende psychologische Auswirkung dieses plötzlichen Eingeständnisses der drohenden Niederlage auf das »durchaus unvorbereitete« deutsche Volk. Es war zugleich für Beck »ein Gebot der Gerechtigkeit«, anzuerkennen, daß der damalige Reichskanzler Prinz Max von Baden (der dem sofortigen Waffenstillstandsverlangen der Obersten Heeresleitung widerstrebt hatte) »innen- und außenpolitisch doch wohl an sich richtiger gesehen« habe.

Nach 1918 in die Reichswehr übernommen, dürfte Beck der Weimarer Republik wie der Großteil seiner Kameraden in jener verstandesmäßigen Loyalität gedient haben, die zumeist mit einer autoritär-antiparlamentarischen Grundeinstellung verbunden war. Als im Herbst 1930 drei junge Offiziere seines Regiments wegen hochverräterischer Beziehungen zur nationalsozialistischen Parteileitung vor das Reichsgericht gestellt wurden, mißbilligte er als ihr Kommandeur zwar ihr Handeln teils als disziplinlos, teils als »unbesonnen«, brachte aber für die nationalistischen Empfindungen der Beschuldigten viel Verständnis auf. Der Siegeszug der nationalsozialistischen Bewegung wurde von Beck denn auch lebhaft begrüßt, der »politische Umschwung« von 1933 sogar als »der erste große Lichtblick seit 1918« bezeichnet. Wie für das Offizierkorps und die bürgerlich-konservativen Schichten Deutschlands überhaupt, so verknüpfte sich damit auch für Beck die Hoffnung auf eine Revision des Versailler Vertrages und auf die Rückgewinnung der deutschen Großmachtstellung. Der Weg dahin führte in seinen Augen auch über die Schaffung einer starken Militärmacht, die so umfassend und rasch wie möglich erfolgen sollte, »aber doch noch auf gesunder Grundlage«, wie der am 1. Oktober 1933 zum Chef des Truppenamtes, das heißt faktisch zum Chef des Generalstabes des Heeres ernannte Beck im Dezember betonte. Die mit der deutschen Aufrüstung verbundene Gefahr einer bewaffneten Reaktion der Nachbarn wollte er durch eine vorsichtige Außenpolitik begrenzt wissen.

Von ersten Bedenken gegen Hitler zur grundsätzlichen Ablehnung seiner Risikopolitik

Die Bedenkenlosigkeit, mit der Hitler auf diesem Gebiet ohne Rücksicht auf das bestehende Kräfteverhältnis hohe Risiken einging, bereitete Beck Sorgen. Sie verstärkten sich im Jahre 1934 wesentlich durch die von Hitler am 30. Juni gegen die Führer der SA und bloß potentielle Gegner gerichtete Mordaktion, die Beck entsetzte und den

Beginn einer inneren Wendung bedeutete, zumal er auch über den internationalen Eindruck dieser Vorgänge und der deutschen Politik überhaupt von kompetenter Seite orientiert wurde. Nur unter starken Skrupeln soll Beck nach dem Tode Hindenburgs den Eid auf Hitler geleistet haben. Becks Urteil über die innere Fehlentwicklung schließlich, wie es sich mittelbar, aber unzweideutig aus seinen »Parolen« vom Juli 1938 für die damals geplante Aktion ergibt – die Knebelung der »freien Meinungsäußerung«, die Bedrohung der Kirchen- bzw. der Gewissensfreiheit und die Beseitigung des »Rechts im Reich« –, war sicherlich nicht ein Ergebnis erst der letzten Wochen und Monate, es dürfte sich vielmehr in den voraufgegangenen Jahren herausgebildet haben.

Nach der Wiederherstellung der deutschen Wehrhoheit erhielt Beck 1935 die Amtsbezeichnung Chef des Generalstabes. Als solcher stand er aber, anders als im kaiserlichen Deutschland, nicht unmittelbar unter dem Staatsoberhaupt, er hatte vielmehr nur eines (wenn auch das wichtigste) der fünf Ämter der Heeresführung inne. Im Hinblick auf den Charakter eines kommenden – totalen – Krieges vertrat Beck die grundsätzliche Überzeugung, daß Staatsmann und Feldherr (unter Inkaufnahme des häufig zwischen ihnen in Erscheinung tretenden Dualismus) enger zusammengehörten als je. Da die Entscheidung im Waffenkrieg für Deutschland zu Lande falle und daher in erster Linie vom Heer und dessen Leistungsfähigkeit abhänge, sei der Führer des Landkrieges der gegebene »Anführer im Kriege« überhaupt und damit »der Degen« und »erste Berater« des »allen übergeordneten« Staatschefs. Es sollte »nach Möglichkeit der Oberbefehlshaber des Heeres im Frieden sein«, dem im Kriege »ein Chef des Generalstabes mit besonderer Verantwortlichkeit« als einziger Berater und bestellter Vertreter beizugeben wäre. Eine Notwendigkeit aber war für Beck »die Beteiligung des präsumtiven Feldherrn an der auswärtigen Politik in allen ... Kriege und Kriegsmöglichkeiten betreffenden Fragen«, also schon im Frieden.

Wenn Beck vermerkte, daß es in einem künftigen Krieg für Deutschland in höherem Grade als für andere Staaten um die Existenz gehe, wenn er die Gefahren unterstrich, die sich aus einem Mißverhältnis zwischen den politischen Zielen und der Leistungsfähigkeit eines Staates ergeben müßten, so dürfte dies auch die Auswirkung der Erfahrungen widerspiegeln, die er mit der Risikopolitik des Diktators und den ihr praktisch Vorschub leistenden, auf eine »Instrumentalisierung« des Heeres hinauslaufenden Tendenzen seiner ergebenen Helfer auf der Wehrmachtsebene gemacht hatte. Sie haben sich bereits in Becks Amtszeit in seiner wiederholten – aber vergeblichen – Forderung einer entsprechend gestalteten Spitzengliederung der Wehrmacht niedergeschlagen. Diese sollte dem Oberbefehlshaber des Heeres und damit auch dem Chef des Generalstabes als seinem »ersten Berater« dasjenige »Maß an Einfluß auf die Kriegführung« einschließlich ihrer »politischen Grundlagen« verschaffen, »auf das er als Führer der Landstreitkräfte Anspruch« habe; dazu gehörte in den Augen Becks die »Beteiligung [des Oberbefehlshabers] bei allen wichtigen Fragen der Landesverteidigung bzw. Kriegsvorbereitung, auch im Kabinett bzw. beim Führer«. Denn Beck hielt einen Krieg Deutschlands mit mehreren Großmächten für verhängnisvoll und wollte keinesfalls leichtfertig aufs Spiel gesetzt sehen, was nach »Versailles« von deutscher Machtposition verblieben oder inzwischen mühsam wiederhergestellt war. Die Erinnerung an die Rolle des Generalstabes in der preußisch-deutschen Geschichte mag Beck in seinem Kampf für die erstrebte Spitzengliederung und eine relative Eigenständigkeit des

Heeres bestärkt haben: primär aber war es nicht Befangenheit in historischen Reminiszenzen (wie man sie gerade einem Beck als auf den ersten Blick »plausibelstes« Motiv gern unterstellte), geschweige denn in überlebten sozialen Ambitionen, was ihn trieb; sondern es waren die sachlich begründete Überzeugung vom notwendigen Primat des Heeres im Kriege und die sich aus den Verhältnissen im Dritten Reich ergebenden politischen Sorgen. Je länger, desto weniger war denn auch ein politischer Eliteanspruch der Heeresführung, besonders Becks, hier maßgebend.

Während die Amtsträger im OKW sich willig zu einer nur mehr »funktionalen Elite« reduzieren ließen, weil sie die vermeintliche Genialität und außenpolitische Verwegenheit des »Führers« bewunderten, waren es vielmehr gerade dessen bedenkliche Neigungen zu einer Politik unverantwortbaren Risikos, welche Beck und seine wenigen Gleichgesinnten zu dem fast verzweifelten Versuch veranlaßten, zunächst noch auf dem »legalen« Wege über eine Reform der Spitzengliederung Wandel zu schaffen, wofür sie auch den Oberbefehlshaber des Heeres »einsetzen« zu können glaubten. Denn darüber, daß die von Hitler verkündete »Theorie« von den »zwei Säulen«, die gleichsam den NS-Staat trügen – die Partei, das heißt letztlich deren Führer als »der alleinige politische Willensträger«, zum anderen die Wehrmacht als der (was sich eigentlich von selbst verstand) »einzige Waffenträger in der Nation« –, *nicht* im Sinne einer Gleichberechtigung der Wehrmacht mit der Partei oder eines politischen Mitspracherechts der Wehrmachtführung interpretiert werden durfte, konnte es für die Heeresführung keine Täuschung mehr geben. Äußerst charakteristisch für die relativ frühe Erkenntnis Becks in dieser Hinsicht war dessen zeitweilig intensiver, freilich vergeblicher Versuch, Ludendorff – als eine Persönlichkeit, vor der Hitler noch Respekt haben mochte – auch im Interesse der Wehrmacht zu »aktivieren«.

Beck erkannte das hohe Maß von Mitverantwortung für die deutsche Entwicklung, das der Armee unter den gegebenen Verhältnissen zufiel. Am 5. November 1937 entwickelte Hitler bekanntlich vor den Spitzen der Wehrmacht und dem Außenminister von Neurath seine »grundlegenden Gedanken« über die Notwendigkeit einer wesentlichen Erweiterung des deutschen »Lebensraumes« in Europa, die unter bestimmten Voraussetzungen schon relativ bald beginnen sollte – und zwar gewaltsam. Denn: »jede Raumerweiterung« solcher Art könne »nur durch Brechen von Widerstand und unter Risiko vor sich gehen«, wie »die Geschichte aller Zeiten« – bis hin zu den unter »unerhörtem Risiko« geführten Kriegen Bismarcks gegen Österreich und Frankreich – beweise. Beck, über Hitlers Ausführungen durch die berühmte Niederschrift des Obersten Hoßbach orientiert, war entsetzt; er unterzog die Erwägungen und Argumente des Diktators einer tiefgreifenden, im ganzen vernichtenden Kritik. »Die gesamten historischen Parallelen sind anfechtbar«, stellte er fest. Berief Hitler sich auf zwingende geschichtliche Gesetze, so forderte Beck eine gründliche Prüfung aller Faktoren der aktuellen Lage. Damit verband sich eine unzweideutige Ablehnung der ideologischen Grundlagen von Hitlers Weltbild und dessen expansionistischer Konsequenzen. »Zweifelsohne« – räumte Beck ein – bestehe das Problem des Raumes für Deutschland schon »aufgrund seiner zentralen Lage ... vielleicht für alle Zeiten«. Die »Bevölkerungslage ... in Europa« habe sich jedoch »seit 1000 Jahren und länger so stabilisiert, daß weitergehende Änderungen ohne schwerste ... Erschütterungen kaum noch erreichbar« wären, wenngleich »geringe [Gebiets]veränderungen ... nach wie vor möglich« erschienen. Auch solche dürften »aber nicht dazu führen, daß durch sie die Einheitlichkeit des deutschen Volkes, des deutschen Rassekerns [wie Hitler sich in seinem Monolog ausgedrückt hatte], erneut [sic!] gefährdet« würde. Daß Beck demnach »offensichtlich ein Ausbruch aus der gegebenen geostrategischen Situation« Deutschlands »in gewissen Grenzen möglich erschien«, läßt sich wohl kaum sagen. Im übrigen – fuhr Beck fort – dürfe die Gegnerschaft der beiden Westmächte »gegen einen Raum- und Machtzuwachs Deutschlands« nicht von vornherein als unumstößlich angesehen werden; seien doch bislang nur »völlig unzureichende Versuche« gemacht worden, sich mit ihnen »zu arrangieren«. Den von Hitler aus dem einstweilen bestehenden Vorsprung der deutschen Rüstung gezogenen Schluß, daß »spätestens 1943/1945 ... die deutsche Raumfrage daher gelöst werden« müsse, bezeichnete Beck als »in seiner mangelnden Fundierung nicht überzeugend«, in der ersten Fassung seines kritischen Kommentars sogar als »niederschmetternd«. Die tiefe Divergenz seiner Gesamtanschauungen von denen Hitlers konnte Beck kaum deutlicher zum Ausdruck bringen. Relativ zurückhaltend nimmt sich im Rahmen des Ganzen doch seine Schlußbemerkung aus: »Die Zweckmäßigkeit, den Fall Tschechei (eventuell [sic!] auch Österreich) bei sich bietender Gelegenheit zu bereinigen und dafür Überlegungen anzustellen und Vorbereitungen im Rahmen des Möglichen zu treffen, wird nicht bestritten.« Daß Beck damit »die Notwendigkeit und Berechtigung einer nationalstaatlichen Hegemonial- und expansionistischen Machtpolitik vollkommen bejaht« habe, könnte man hieraus doch wohl nur dann folgern, wenn sich nachweisen ließe, daß er, der doch vor einer Gefährdung der ethnographischen Homogenität Deutschlands warnte, die Einverleibung von mehr als sieben Millionen Tschechen vertreten hätte.

Über die Ende Januar 1938 unter entwürdigenden, bald darauf als haltlos erkennbaren Beschuldigungen erfolgte Amtsenthebung des Oberbefehlshabers Fritsch, die auch die Position des Heeres im NS-Regime schwer beeinträchtigte, traf Beck noch Monate später die auf zuverlässige Informationen gestützte Feststellung: »Der Fall von Fritsch hat zwischen Führer und Offizierkorps eine Kluft gerissen, auch in bezug auf Vertrauen, die nie wieder zu überbrücken ist.« Er durchschaute die Intrige jedoch offenbar nicht früh genug, um die ohnehin zunächst höchst mangelhaft orientierten höheren Generale rechtzeitig zu einer gemeinsamen Aktion zugunsten Fritschs zu veranlassen. Bekanntlich soll Beck seinem Nachfolger Halder auf dessen Drängen zum Handeln entgegnet haben, die Worte Meuterei und Revolution gebe es nicht im Lexikon des deutschen Offiziers – wobei er mit so wohlgesetzten Worten wahrscheinlich weniger den eigenen Bedenken als den von ihm im Offizierkorps vermuteten Ausdruck geben wollte. Auch verwies er auf das gegen Fritsch schwebende Verfahren. Im Zusammenhang mit diesem förderte er dessen Sache nach Kräften, jedoch in diskreter Weise, offenbar um sich in seiner bereits bedrohten Stellung im Interesse der Wahrung der Position des Heeres innerhalb der Spitzengliederung der Wehrmacht sowie in Anbetracht der großen außenpolitischen Fragen behaupten zu können, deren Akutwerden zu erwarten stand.

Noch ehe es zum gerichtlichen Freispruch Fritschs wegen erwiesener Unschuld kam, ließ Hitler bekanntlich am 12. März 1938 in Österreich einmarschieren. Im Mai des Vorjahres hatte Beck es abgelehnt, ein militärisches Eingreifen in Österreich zur Verhinderung einer etwa versuchten Restauration der Habsburger planerisch vorzubereiten. Er verwies dabei nicht nur auf das Risiko eines mitteleuropäischen Krieges, das herauszufordern Deutschland noch nicht in der Lage sei. Vielmehr begründete er, da in dem vorausgesetzten Fall mit bewaffnetem Widerstand der österreichischen Armee zu rechnen sei, seine Ablehnung auch mit dem recht »ketzerischen« Argument, daß infolge der dann unvermeidlichen »harten Kriegsmaßnahmen ... das zukünftige deutsch-österreichische Verhältnis nicht unter dem Zeichen des Anschlusses, sondern des Raubs Österreichs stehen« würde! Sicherlich war Beck kein Gegner eines »Anschlusses«. Kann aber jemand, der so argumentierte, ein leidenschaftlicher Befürworter einer Eingliederung Österreichs gewesen sein, die doch eine wesentliche Voraussetzung für die Verwirklichung der ihm attestierten hegemonialen deutschen Zielsetzungen in Mitteleuropa bildete? Es liegen Zeugnisse vor, die dafür sprechen, daß auch das beim Einmarsch in Österreich im März 1938 zur Anwendung gekommene (verglichen mit seinen Befürchtungen von 1937) geringere Maß von Gewalt Beck widerstrebt hat. Gleichwohl wurde von ihm als Generalstabschef der Einmarsch des Heeres jetzt – als Folge der unterlassenen Vorarbeiten notgedrungen in wenigen Stunden – mustergültig improvisiert. Dabei ist aber zu bedenken, daß Beck – als Vertreter des gerade abwesenden Oberbefehlshabers Brauchitsch –, mit Hitlers Auftrag recht unvermittelt konfrontiert, sich diesem schwer entziehen konnte, zumal er in Anbetracht der verbesserten außenpolitischen Situation kaum mehr in der Lage war, ein unübersehbares Kriegsrisiko geltend zu machen, und daß er die verbleibenden offenen Fragen wohl nicht für »ausreichend« hielt, um im Hinblick auf die großen Probleme der Zukunft den Einsatz seines Amtes zu rechtfertigen. Mit Schärfe sprach Beck bald darauf von der »Behandlung Österreichs nach dem Einmarsch« durch die Organe des Regimes: »Hinter dem blanken Schild der Wehrmacht folgten die Aasgeier der Partei.« Der gleiche Offizier, der die Freude Becks über den nationalsozialistischen Wahlsieg von 1930 miterlebt hatte, fand ihn jetzt »zum tief besorgten Gegner der Bewegung gewandelt«.

Im Sommer 1938 sollte es nun zu offenem politischem Widerstreit zwischen Beck und Hitler kommen. Am 28. Mai hatte dieser bekanntlich in der Reichskanzlei erneut dargelegt, daß Deutschland »Raum in Europa« und »in Kolonien« brauche und daß die Tschechoslowakei »beseitigt« werden müsse. In schriftlicher Stellungnahme hierzu (für seinen Oberbefehlshaber) vom 29. Mai bezeichnete Beck es als »richtig«, daß Deutschland einen größeren Lebensraum brauche; doch hatte er ja ein halbes Jahr zuvor präzisiert, in welcher Begrenzung er einen deutschen »Raum- und Machtzuwachs« für möglich und erstrebenswert hielt; auch hatte er, »zumal angesichts des gegenseitigen Stärkeverhältnisses«, für den Versuch plädiert, ihn im Wege eines »Arrangements« mit den beiden Westmächten zu erreichen. (In Anbetracht der Avancen, die Lord Halifax bei seinem Besuch im November 1937 Hitler machte, war dies keine Utopie.) Daß Hitler hingegen ein »Raum« anderen Ausmaßes vorschwebte, stand für Beck offenbar ebenso außer Zweifel wie daß dieser Raum »nur durch einen Krieg zu erwerben« war. Beck erkannte es ferner als »richtig« an, daß die Tschechoslowakei »in ihrer durch das Versailler Diktat erzwungenen Gestaltung für Deutschland unerträglich« sei »und ein Weg, sie als Gefahrenherd für Deutschland auszuschalten, notfalls auch durch eine kriegerische Lösung gefunden werden« müsse und daß »verschiedene Gründe für eine baldige gewaltsame Lösung« sprächen. Beck dachte also noch weitgehend in den im damaligen Europa geläufigen Kategorien traditioneller Machtpolitik. Auch kann er kaum verkannt haben, daß sich schon aus einer Abtrennung des Sudetenlandes von der Tschechoslowakei eine hegemoniale Stellung Deutschlands in Mitteleuropa ergeben würde. Doch ist von einer solchen in seinen umfangreichen Denkschriften nirgends als einem ihm vorschwebenden Ziel die Rede. Seine Auffassung von der »Unerträglich-keit« der Tschechoslowakei für Deutschland (in ihrer »Versailler« Gestalt und ihrer Einbindung in das gegnerische Bündnissystem) dürfte denn auch primär auf militärstra-tegischen Erwägungen beruht haben. Von der »Raumpolitik« Hitlers trennte ihn jedenfalls eine Kluft. Und daß hinsichtlich der Tschechoslowakei »lediglich« Fragen des Zeitpunktes und der außenpolitischen Konstellation, also der Opportunität, die Haltung Becks bestimmt haben oder haben würden, muß auch deshalb als wenig plausibel erscheinen, weil er bereits in dieser selben Stellungnahme vom 29. Mai 1938 zu Hitlers Plan mit der »Ablehnung« argumentierte, »der ein nicht zwingend erschei-nender Krieg im Volke begegnen« werde.

Alle für eine baldige, gewaltsame Lösung der tschechischen Frage sprechenden Gründe aber vermochten Beck so lange nicht zu überzeugen, als die Tschechoslowakei mit der Waffenhilfe Frankreichs und Englands rechnen konnte. Die von Hitler geplante Gewaltaktion mußte in den Augen Becks vielmehr mit einer »allgemeinen Katastrophe für Deutschland endigen«. Von dem Hasardspiel des Diktators befürchtete er keines-wegs nur »eine Gefährdung der Grundlagen und Aussichten für eine künftige deutsche Hegemonialpolitik in Mitteleuropa«, sondern – expressis verbis – das »Finis Germa-niae«.

Daß, wie Beck in seiner Vortragsnotiz vom 16. Juli 1938 schrieb, »letzte Entschei-dungen für den Bestand der Nation auf dem Spiel« standen, erklärt auch den unge-wöhnlichen Grad seiner Reaktion. Denn nicht weniger als die Forderung, durch die kategorische Drohung mit ihrem geschlossenen Rücktritt Hitler zur Aufgabe seiner Kriegspläne zu zwingen, richtete er an die »höchsten Führer der Wehrmacht«, und er begründete dies mit den berühmt gewordenen Worten: »Ihr soldatischer Gehorsam hat dort eine Grenze, wo ihr Wissen, ihr Gewissen und ihre Verantwortung die Ausfüh-rung eines Befehls verbietet.« Beck zielte also auf eine eindeutige, und zwar weitgehend politisch motivierte Gehorsamsverweigerung gegenüber Hitler ab, mit der die Führer der diesem zu unbedingtem Gehorsam verpflichteten Wehrmacht ihm »die Durchfüh-rung einer kriegerischen Handlung unmöglich machen« sollten.

Wenn man aber schon so weit ging, dann lag es für Beck offensichtlich nahe, auch Maßnahmen zur Bereinigung der innerpolitischen Verhältnisse ins Auge zu fassen, zumal er bei Zustandekommen des Einspruchs der Generale ohnehin mit »erheblichen innerpolitischen Spannungen« rechnete. Wenn man – drängte er bereits drei Tage später den Oberbefehlshaber des Heeres von Brauchitsch – sich zu einem Einspruch »mit allen seinen Folgen« entschließe, so werde »zu prüfen sein, ob man diesen Schritt nicht dahin aktivieren sollte, daß man es zu einer für die Wiederherstellung geordneter Rechtszustände unausbleiblichen Auseinandersetzung mit der SS und der Bonzokratie kommen lassen muß« (sic!). Beck schlug für die gedachte Aktion auch schon mehrere bei der Bevölkerung werbewirksame »kurze, klare Parolen« vor, von denen die erste zwar lautete: »Für den Führer!«, die zweite aber bereits: »Gegen den Krieg!« Und weitere Parolen lauteten: »Friede mit der Kirche! Freie Meinungsäußerung! Schluß mit den Tschekamethoden! Wieder Recht im Reich!« Mindestens diese vier Postulate waren mit Wesen und Politik des NS-Regimes absolut unvereinbar und richteten sich keineswegs nur gegen dessen »Auswüchse«. Nachdrücklich wies Beck überdies darauf hin, daß »wohl zum letzten Male« jetzt »das Schicksal die Gelegenheit« zu einer entsprechenden Aktion biete. Endlich wurde also von einem der führenden deutschen Militärs – obschon nicht zufällig erst in diesem psychologischen Moment einer Existenzgefahr für das Reich und die Wehrmacht selbst – eine Aktion zur »Wiederherstellung geordneter Rechtszustände« in Deutschland nicht nur erwogen, sondern auch gefordert.

In der Forschung umstritten ist freilich die Frage, ob und inwieweit die von Beck für »unausbleiblich« erklärte »Auseinandersetzung mit der SS« auch Hitler selbst einbeziehen sollte. Denn Beck betonte bei seinen Vorstellungen mehrmals, es könne und dürfe »kein Zweifel darüber aufkommen, daß dieser Kampf für den Führer geführt« werde. Sollte er sich aber nicht gesagt haben, daß bereits mit einer Verweigerung des militärischen Gehorsams seitens der Heeresführung gegenüber dem Diktator »der Rubikon« überschritten würde? Sollte Beck nicht mit einer entschiedenen Reaktion Hitlers auf eine so »hart und brutal« wie möglich abgefaßte Gehorsamsverweigerung gerechnet und gar nicht darüber nachgedacht haben, daß und wie die Heeresführung ihrerseits dieser Reaktion zu begegnen haben würde? Befürwortete er doch den kollektiven »Einspruch« der Generale, wie gesagt, »mit allen seinen Folgen«! Und die Erreichung der von Beck proklamierten innerpolitischen Ziele setzte eine Entmachtung Hitlers ja schlechterdings voraus. Gleichwohl bemerkte Beck in derselben Vortragsnotiz (vom 19. Juli 1938): »Auch nur die leiseste Vermutung etwa eines Komplottes darf nicht aufkommen«; er fügte aber hinzu: »Trotzdem muß die Geschlossenheit der höchsten militärischen Führer für alle Fälle [!] hinter diesem Schritt stehen.«

Noch etwas deutlicher und konkreter wurde Beck in seiner Vortragsnotiz vom 29. Juli. Da er dabei blieb, es sei im Zusammenhang mit der von ihm angestrebten Gehorsamsverweigerung »in jedem Falle mit inneren Spannungen« zu rechnen, erklärte er es für »notwendig . . ., daß das Heer sich nicht nur auf einen möglichen Krieg, sondern auch auf eine innere Auseinandersetzung . . . vorbereitet« – von der er bezeichnenderweise sagte, daß sie »sich nur in Berlin abzuspielen« brauche. »Entsprechenden Auftrag erteilen«, drängte Beck Brauchitsch jetzt und schloß: »Witzleben [den Befehlshaber des Wehrkreises Berlin, einen ausgesprochen hitlerfeindlichen General] mit Helldorf [dem der Opposition zuneigenden Berliner Polizeipräsidenten] zusammenbringen.«

Nach alledem kann die Verwahrung Becks gegen den Verdacht eines Komplotts gegen den »Führer« auf taktischen Erwägungen hinsichtlich Einleitung und Anlage des Unternehmens beruht haben. Jedenfalls würde schon das beabsichtigte Vorgehen gegen die SS – das Herrschaftsinstrument Hitlers – im Erfolgsfall dessen Position aufs schwerste erschüttert haben. Nach einem Zeugnis von Becks Nachfolger Halder waren aber noch vor seiner Amtsübernahme zwischen Beck und Witzleben »schon weitgehende Erwägungen über eine Aktion gegen Hitler getroffen worden«.

Gewiß konnte Beck weder »beweisen«, daß die Niederwerfung der Tschechoslowakei mehr Zeit beanspruchen würde als geplant, noch daß die Westmächte wirklich intervenieren würden. Dies änderte aber nichts an seinem »Kardinalpunkt«, daß mit dem Vorhaben Hitlers das Risiko ihres Eingreifens mit allen seinen möglichen Konsequenzen für den Bestand des Reiches verknüpft blieb. Das Bewußtsein für die Größe dieses Risikos aber war auch in der Generalität damals verbreitet – was kaum jemand klarer erkannt hat als der Diktator, der noch Wochen nach seinem großen äußeren Erfolg von »München« die Führung des Heeres wegen ihres wieder einmal in einer Krise bewiesenen »Kleinmuts« mit Tadel überschüttete.

Es resultierte denn auch letztlich weder aus einer Schwäche der Beck zur Verfügung stehenden Argumente noch aus der Überzeugungskraft Hitlerscher Rhetorik, daß die Führer des Heeres Bedenken trugen, den ungewöhnlichen Appellen Becks zu folgen, sondern aus der Scheu, sich gegen den Machtspruch des Diktators offen aufzulehnen und das Prinzip des soldatischen Gehorsams zu verlassen. Vor allem Brauchitsch brachte es nicht über sich, die mit dem militärischen Herkommen so schwer vereinbare Aufkündigung des Gehorsams ins Werk zu setzen. Daraufhin reichte Beck – zumal Hitler am 15. August (anläßlich einer Gefechtsübung bei Jüterbog) unter erneuter Berufung auf sein »Lebensraum«-Programm den Entschluß zu einer baldigen Gewaltaktion gegen die Tschechoslowakei bekräftigt hatte – am 18. August 1938 seinen Rücktritt als Generalstabschef ein. Hitler »erwartete« ihn längst und genehmigte ihn drei Tage später. Beck fügte sich Hitlers Ersuchen, den Rücktritt »aus außenpolitischen Gründen« vorerst nicht öffentlich bekanntwerden zu lassen. Ohnehin hatte Hitler die Möglichkeit, die Publizierung zu verhindern, wenn er dies wollte – worüber kein Zweifel besteht. Was das Ausland betrifft, in dessen Presse Beck des öfteren als »Hort der Vernunft gegenüber angeblichen politischen Plänen gepriesen« wurde (Manstein, 21. Juli 1938), so war man zumindest in London spätestens am 5. September (durch von Weizsäcker) über den Rücktritt informiert.

Im Zentrum der Opposition

Trotz des »unblutigen« Ausgangs der Sudetenkrise gab sich Beck – auch aufgrund neuer, von ihm als »Wahnsinn« bezeichneter »programmatischer« Ausführungen Hitlers – keinen Illusionen mehr darüber hin, was Deutschland von seinen gegenwärtigen Machthabern drohte, nämlich: »Krieg mit völliger Vernichtung« oder »innerer Untergang durch Herrschaft der Radikalen« – wie er im Februar 1939 dem ihm gesinnungsmäßig verbundenen Major Groscurth, einem entschiedenen bürgerlich-konservativen Gegner des Nationalsozialismus, erklärte. Obwohl Beck sich nach der schließlichen Entfesselung des Krieges durch Hitler zunächst wenig Hoffnung auf einen Umsturzversuch von seiten der amtierenden Heeresführung machte, stellte er dieser die Notwendigkeit rechtzeitigen Handelns in einer Reihe überaus ernst gehaltener Denkschriften zur Lage eindringlich vor Augen. »Das . . . zu erwartende Endergebnis des Krieges« – der zu Unrecht als ein für unser Volk »unvermeidlicher Existenzkampf« hingestellt worden sei – werde, so prophezeite er im Januar 1940, »ein weißgeblutetes Deutschland sein, ... der Gnade oder Ungnade seiner Gegner ausgeliefert.«

Wiederholt brandmarkte Beck in seinen Denkschriften damals »das deutsche Vorgehen gegen die polnische Bevölkerung«, die »Greuel in Polen«, wie er es auch nannte. »Der unheilvolle Charakter des Regimes, vor allem ethisch gesehen, wird ihm immer klarer«, notierte im Zusammenhang hiermit Ulrich von Hassell im Februar nach einem Besuch bei Beck. Im Winter 1939/1940 war dieser dann das anerkannte Haupt einer Gruppe der Opposition, die sich darum bemüht hat, durch von Papst Pius XII. vermittelte Sondierungen in London günstige Friedensbedingungen für ein Deutschland »ohne Hitler« anzubahnen. So wollte man die psychologischen Voraussetzungen für ein Handeln der Generale schaffen und eine verhängnisvolle Ausweitung des Krieges verhüten. Der Name Beck war für Pius XII. eine Gewähr für die Ernsthaftigkeit dieser keineswegs erfolglosen Kontaktversuche. Doch konnte sich die Heeresführung zu einem Staatsstreichversuch nicht entschließen. Vielmehr erließ sie zum Entsetzen Becks im Frühjahr 1941 die für den Rußlandfeldzug von Hitler im Sinne seiner »weltanschaulichen Kriegführung« verlangten verbrecherischen Befehle und duldete in der Folge auch die Erschießung Hunderttausender von Juden im besetzten Gebiet der Sowjetunion durch die Einsatzgruppen der Sicherheitspolizei und des SD. »Wir müssen handeln«, so hieß es schließlich (1944) in Becks Entwurf für einen Aufruf an die Wehrmacht nach einem gelungenen Umsturz, »weil – und das wiegt am schwersten – in Eurem Rücken Verbrechen begangen wurden, die den Ehrenschild des deutschen Volkes beflecken ...«

Inzwischen war Beck kraft seiner ganzen Persönlichkeit respektierter Mittelpunkt eines vielgestaltigen Kreises aktiver Hitlergegner geworden, dem Männer der zivilen Opposition wie Goerdeler, von Hassell und Popitz angehörten und dem sich später dann jene Gruppe jüngerer Stabsoffiziere wie Olbricht, Tresckow und Stauffenberg anschloß, die bald eine führende Rolle in der Verschwörung übernahm. Aber auch Vertreter der Gewerkschaften wie Jakob Kaiser, Wilhelm Leuschner und Max Habermann schenkten ihr Vertrauen Beck, dessen Autorität und Mittlerschaft sich bei dem Ausgleich von Gegensätzen innerhalb der Opposition bewährten. Es war der einstige Chef der Heeresleitung, Generaloberst a. D. von Hammerstein, ein geschworener Hitlerfeind, der in seinem Hause die erste Begegnung Becks mit den genannten Gewerkschaftsführern vermittelte, bei der Beck »aus seinem Bekenntnis zum Widerstand nicht das geringste Hehl machte«. Der Begegnung mit Beck bei Hammerstein folgte bald darauf die mit Goerdeler, der sich weitere nach gemeinsamer Verständigung anschlossen.

Menschenrechte und Staatsräson – »Unruhe des Gewissens«

Was die politischen Grundanschauungen Becks angeht, so hat man sie seinen verschiedenen erhalten gebliebenen Reflexionen überwiegend indirekt zu entnehmen. In einem Vortrag vom Juni 1943 bezweifelte er zwar die Möglichkeit, den Krieg abzuschaffen, verwarf jedoch jetzt Ludendorffs »Lehre vom totalen Krieg« um so mehr, als dieser aus seiner »rein militärischen Einstellung« heraus »die Grenzen mißachtet« habe, »die nun einmal dem Soldaten gegenüber der Politik ... gezogen« seien. Wenn, so legte er dar,

»die Kriegführung... dazu führt, das Volk zum Hauptleidtragenden des Krieges werden zu lassen, ... dann vollzieht sich damit eine Entwicklung, die nicht nur elementarem sittlichen Empfinden zuwiderläuft und zu einer schweren Gefahr für das Gefüge einer Wehrmacht werden kann, sondern die auch, wie es bei Kant heißt, mehr böse Menschen schafft, als sie solche wegnimmt«. Auch in diesem Fall lassen sich Entwicklung und Wandlung früherer Gedanken Becks konstatieren.

In einem Gespräch, das im Frühjahr 1943 ein Stabsoffizier mit dem an Krebs operierten Generaloberst an dessen Krankenlager führte, war aus seinen Fragestellungen zu erkennen, daß er sich gedanklich intensiv mit humanitären Problemen, insbesondere der Achtung vor den Menschenrechten aller Bewohner, gleich welcher Rasse oder politischen Gesinnung, der besetzten Gebiete beschäftigte. Beck »ermahnte mich«, schreibt sein Gesprächspartner, »diesen Teil meiner Verantwortung als Offizier bitterernst zu nehmen«.

Sicherlich war Beck Vertreter einer starken Stellung des Staates. Von einer Theorie der »totalen Politik« ausgehend, sprach er sich für eine »weise, vorurteilsfrei über allen Bedürfnissen des Volkes und Staates stehende Führung« aus, »welche die jeweiligen Ziele unter richtiger Einschätzung aller Kräfte und ... Lebensansprüche« des eigenen Volkes »und unter weiser Einschätzung auch [derjenigen] der anderen Völker ... zu bestimmen versucht ... und demgemäß, wo irgend möglich, den ehrenhaften und nützlichen Ausgleich der grundsätzlichen Gewaltanwendung vorzieht«. Das weitgehende Einverständnis mit Goerdeler, die offenbare Übereinstimmung mit ihm und anderen Angehörigen der bürgerlich-konservativen Opposition im Wunschbild einer konfliktfreien Ordnung und einer »organisch gegliederten Gesellschaft«, dazu das von ihm vertretene Ideal eines harmonischen Zusammenwirkens zwischen dem leitenden politischen und dem leitenden militärischen Führer (im Hinblick auf den modernen Krieg) lassen auf Staatsvorstellungen Becks von weitgehend autoritärem Charakter schließen. Ein Hindernis für eine fruchtbare Zusammenarbeit »nach einem erfolgreichen 20. Juli« haben maßgebende Angehörige fortschrittlich eingestellter Gruppen des Widerstandes in Anbetracht der Toleranz Becks und seiner Aufgeschlossenheit für die Notwendigkeit einer »Stärkung der Basis für das Gelingen der Aktion« darin nicht erblickt.

Im übrigen dürfte man gut tun, dem möglichen Einfluß der überlieferten – für die Auffassungen der Beteiligten gewiß charakteristischen – staats- und gesellschaftspolitischen Zukunftsplanungen auf die tatsächliche deutsche Entwicklung nach einem Sturz Hitlers keine allzu große Bedeutung beizumessen. Denn einerseits rechneten selbst maßgebende Exponenten der bürgerlichen Widerstandsgruppen (wie Ulrich von Hassell) damit, daß sie vielleicht »nur zum Ausfegen benutzt und dann durch andere ersetzt« werden würden – was bemerkenswerterweise ihren Willen zum »Handeln« nicht beirrt hat. Andererseits hätten nach einer Freisetzung des deutschen politischen Lebens fraglos zahlreiche unvorhergesehene Faktoren die Entwicklung mitbestimmt und so manche wohlerwogene Planung der Verschwörer rasch obsolet gemacht. Die entscheidende Voraussetzung für einen neuen Anfang blieb doch die freie, verantwortliche Tat – die im Zeichen von Grundwerten stand, die auch für die moderne freiheitlich-demokratische Ordnung gültig sind. Um die Verwirklichung dieser Tat hat sich trotz wachsender Ungunst aller politischen Auspizien Ludwig Beck zusammen mit anderen unablässig bemüht.

Bei einer zweiten Begegnung, die der erwähnte Stabsoffizier – diesmal gemeinsam mit Stauffenberg – in der Wohnung Becks mit diesem hatte, kam »seine tiefe Sorge zum Ausdruck, wie das deutsche Volk sich von der Schuld reinigen könne, die es durch seine Identifizierung mit einer verbrecherischen Regierung auf sich geladen« habe. Seinen Besuchern schien Beck »zutiefst von der Unruhe seines Gewissens getrieben«. Ungeachtet der gegnerischen Forderung nach bedingungsloser Kapitulation Deutschlands erklärte er denn auch bei einer der letzten Besprechungen über das gemeinsame Vorhaben schließlich »in voller Ruhe«, es gehe nur noch darum, daß aus dem deutschen Volk selbst heraus die Aktion gegen das verbrecherische System erfolge. Dessen Konsequenzen müßten nach allem, was geschehen und was versäumt worden sei, von Deutschland getragen werden. Auch jetzt aber könne ein Handeln immer noch das Schicksal des deutschen Volkes erleichtern.

Literatur

BECK, LUDWIG: *Studien.* Herausgegeben und eingeleitet von Hans Speidel. Stuttgart 1955.

FOERSTER, WOLFGANG: *Generaloberst Ludwig Beck. Sein Kampf gegen den Krieg. Aus nachgelassenen Papieren des Generalstabschefs.* München 1953.

GROSCURTH, HELMUTH: *Tagebücher eines Abwehroffiziers 1938–1940.* Mit weiteren Dokumenten zur Militäropposition gegen Hitler hrsg. v. Helmut Krausnick u. Harold C. Deutsch unter Mitarbeit von Hildegard von Kotze. Stuttgart 1970.

HASSELL, ULRICH V.: *Vom anderen Deutschland. Aus den nachgelassenen Tagebüchern 1938–1944.* Zürich/Freiburg ²1946.

HOFFMANN, PETER: *Widerstand, Staatsstreich, Attentat. Der Kampf der Opposition gegen Hitler.* München ³1979.

KRAUSNICK, HELMUT: *Vorgeschichte und Beginn des militärischen Widerstandes gegen Hitler.* In: *Die Vollmacht des Gewissens.* Herausgegeben von der Europäischen Publikation e. V. (München), Frankfurt/Berlin ²1960.

MÜLLER, KLAUS-JÜRGEN: *General Ludwig Beck. Studien und Dokumente zur politisch-militärischen Vorstellungswelt und Tätigkeit des Generalstabschefs des deutschen Heeres 1933–1938.* Boppard 1980.

Hans-Walter Schleicher

Dietrich Bonhoeffer

Kaum einer der an den Vorbereitungen des Attentats vom 20. Juli 1944 direkt Beteiligten hat nach dem Krieg eine so tiefe und breite Wirkung gehabt wie der Theologe Dietrich Bonhoeffer. Seine Schriften – vor allem seine unter dem Titel »Widerstand und Ergebung« veröffentlichten Aufzeichnungen aus der Haft – haben nicht nur in Deutschland, sondern in der ganzen Welt große Beachtung gefunden. Das Interesse an Bonhoeffer beschränkt sich dabei keineswegs auf kirchliche oder der Kirche nahestehende Kreise, sondern greift weit darüber hinaus. Begriffe, die Bonhoeffer in Umlauf gesetzt hat wie zum Beispiel der der »mündigen Welt«, sind so sehr Allgemeingut geworden, daß sich viele, die sie benutzen, ihrer Herkunft gar nicht mehr bewußt sind.

Da der wissenschaftlich-theologische Nachlaß Dietrich Bonhoeffers einen oft fragmentarischen, manchmal widersprüchlich wirkenden Charakter hat, kann die Theologie nicht allein der Grund für die heutige Wirkung sein. Bonhoeffers Bedeutung liegt auch nicht in erster Linie im Politischen, denn Bonhoeffer war kein Politiker und wollte nicht »politisch« handeln, sondern als Mensch und als Christ, der an der Stelle, an die ihn Gott gestellt hat, Verantwortung übernimmt. Auch das »Literarische«, das insbesondere in seinen Aufzeichnungen in der Haft zuweilen zum Ausdruck kommt, reicht nicht aus, Bonhoeffers Wirkung zu erklären. Natürlich kann es interessant sein, zu verfolgen, wie ein protestantischer Pfarrer, der zu gewissen Zeiten sogar als Pazifist hatte gelten können, dazu kam, schließlich aktiv an einem Komplott gegen das Staatsoberhaupt mitzuwirken; aber auch dies erklärt noch nicht die Faszination, die Bonhoeffer bis heute ausstrahlt.

Offenbar ist es der Mensch Dietrich Bonhoeffer, der uns anspricht und vorlebt, wie man auch in äußerster Bedrängnis sein Leben verantwortlich gestalten kann. Im Vertrauen auf Gottes Gnade tat er das Rechte als das Naheliegende, ohne Rücksicht auf sein persönliches Schicksal. Es ist die Einheit von Wollen und Bestimmung, von Freiheit und Ergebung, von Wirken und Erleiden, die dieses Leben auszeichnet und es vorbildlich macht, nicht nur für den gläubigen Christen.

Es gibt inzwischen eine reiche Literatur über ihn und insbesondere eine ausführliche Biographie aus der Feder seines Freundes Eberhard Bethge. Hier soll zunächst ein kurzer Abriß der äußeren Lebensdaten gegeben werden, dem sich einige Abschnitte über ausgewählte Ereignisse und Aspekte anschließen.

Bonhoeffer schrieb im Sommer 1944 im Gefängnis ein Gedicht »Wer bin ich?«. Es zeigt in ein paar Zeilen die ganze Persönlichkeit dieses Mannes, seine Stärke und seine Enttäuschungen und vor allem seine bewußte und freie Fügung in den Willen Gottes.

BONHOEFFER, DIETRICH
geb. am 4. 2. 1906 in Breslau;
erhängt am 9. 4. 1945 im KZ Flossenbürg.

Wer bin ich?

Wer bin ich? Sie sagen mir oft,
ich träte aus meiner Zelle
gelassen und heiter und fest,
wie ein Gutsherr aus seinem Schloß.

Wer bin ich? Sie sagen mir oft,
ich spräche mit meinen Bewachern
frei und freundlich und klar,
als hätte ich zu gebieten.

Wer bin ich? Sie sagen mir auch,
ich trüge die Tage des Unglücks
gleichmütig, lächelnd und stolz,
wie einer, der Siegen gewohnt ist.

Bin ich das wirklich, was andere von mir sagen?
Oder bin ich nur das, was ich selbst von mir weiß?
Unruhig, sehnsüchtig, krank, wie ein Vogel im Käfig,
ringend nach Lebensatem, als würgte mir einer die Kehle,
hungernd nach Farben, nach Blumen, nach Vogelstimmen,
dürstend nach guten Worten, nach menschlicher Nähe,
zitternd vor Zorn über Willkür und kleinlichste Kränkung,
umgetrieben vom Warten auf große Dinge,
ohnmächtig bangend um Freunde in endloser Ferne,
müde und leer zum Beten, zum Denken, zum Schaffen,
matt und bereit, von allem Abschied zu nehmen?

Wer bin ich? Der oder jener?
Bin ich denn heute dieser und morgen ein andrer?
Bin ich beides zugleich? Vor Menschen ein Heuchler
und vor mir selbst ein verächtlich wehleidiger Schwächling?
Oder gleicht, was in mir noch ist, dem geschlagenen Heer,
das in Unordnung weicht vor schon gewonnenem Sieg?

Wer bin ich? Einsames Fragen treibt mit mir Spott.
Wer ich auch bin, Du kennst mich, Dein bin ich, o Gott!

Ein Lebenslauf

Dietrich Bonhoeffer wurde am 4. Februar 1906 in Breslau geboren. Er war das sechste
von acht Kindern; sein Vater war Professor für Psychiatrie und Neurologie. 1912
siedelte die Familie nach Berlin über, das damit die eigentliche Heimat Dietrichs wurde.
  Nach dem Abitur begann er, 1923 in Tübingen Theologie zu studieren, kehrte aber

bereits 1924 nach Berlin zurück, wo er schon 1927 promovierte und sein erstes theologisches Examen ablegte. Es folgte ein Jahr als Vikar an der deutschen evangelischen Gemeinde in Barcelona und dann eine Assistententätigkeit an der Berliner Universität, die er im Sommer 1930 mit der Habilitation und dem zweiten theologischen Examen abschloß. Zu jung für die Ordination zum Pfarrer, erhielt er ein Stipendium für ein weiteres Jahr des Studiums, und zwar am Union Theological Seminary in New York. Ab Sommer 1931 war er dann wieder in Berlin und übernahm neben der Dozentur an der Universität das Amt eines ökumenischen Jugendsekretärs, ein Studentenpfarramt und eine Konfirmandenklasse in einem Berliner Arbeiterbezirk.

Sofort nach der »Machtübernahme« entstanden Konflikte mit den Nationalsozialisten. Bonhoeffer kämpfte als einer der ersten gegen den »Arierparagraphen«, dessen Übernahme durch die evangelische Kirche und seine Anwendung auf die Pfarrerschaft. Mit allen Mitteln versuchte er, den Einfluß der »Deutschen Christen« einzudämmen. Es kam zu ersten Konfrontationen mit der Gestapo.

Im Oktober 1933 übernahm er das Pfarramt an einer der deutschen evangelischen Gemeinden in London, ohne indessen den Kampf um die Heimatkirche aufzugeben, für den er Beistand in Kreisen der Ökumene fand.

Statt einer Einladung Gandhis nach Indien zu folgen, kehrte er bereits 1935 wieder nach Deutschland zurück: Er wurde von der »Bekennenden Kirche« zur Leitung eines Predigerseminars in Finkenwalde bei Stettin berufen. Das Seminar wurde von der Reichskirchenregierung als illegal betrachtet, seine Arbeit in zunehmendem Maße eingeschränkt und behindert. Es gelang jedoch, sie im Kern bis 1940 weiterzuführen. Im Sommer 1939 versuchten dann Freunde, Bonhoeffer vor dem drohenden Krieg in den USA in Sicherheit zu bringen. Nach kurzem Aufenthalt kehrte er trotz sehr verlockender Angebote um: Er sah in der Bedrohung seinen Platz in Deutschland.

Mit Kriegsbeginn wurde Bonhoeffers Schwager Hans von Dohnanyi zur Abteilung »Abwehr«, das heißt zum Amt von Canaris und Oster, dienstverpflichtet. Dohnanyi hat bekanntlich seine Tätigkeit in dieser Dienststelle vor allem für die Organisation des Widerstandes und die Vorbereitung eines Umsturzes benutzt. Es gelang, Bonhoeffers ökumenische Beziehungen für diesen Bereich zu nutzen: Im Auftrag der Abwehr reiste er mehrere Male ins Ausland. Im Frühjahr 1942 traf er in Schweden den anglikanischen Bischof von Chichester, durch den er der britischen Regierung recht genaue Informationen über den deutschen Widerstand zukommen ließ.

Im Januar 1943 verlobte sich Dietrich Bonhoeffer mit Maria von Wedemeyer, der achtzehnjährigen Tochter eines Gutsbesitzers aus der Neumark. Im April 1943 wurden Bonhoeffer und Dohnanyi verhaftet. Bis zum Attentat des 20. Juli 1944 gelang es ihnen, die Gestapo über ihre Aktionen einigermaßen im dunkeln zu halten. Doch dann war vieles nicht mehr zu verheimlichen. Im Februar 1945 wurde Bonhoeffer nach Buchenwald und später nach Flossenbürg transportiert, wo er am 9. April 1945 zusammen mit Canaris, Oster und anderen durch den Strang gestorben ist.

Hans von Dohnanyi wurde etwa zur gleichen Zeit im KZ Sachsenhausen getötet; Dietrichs Bruder Klaus und sein Schwager Rüdiger Schleicher, die schon im Februar wegen ihrer Beteiligung am 20. Juli zum Tode verurteilt worden waren, wurden am 23. April in der Nähe ihres Gefängnisses von der SS ermordet.

Daß die Bonhoeffersche Familie vier ihrer Mitglieder durch die NS-Diktatur verlor, zeigt, mit welcher Einhelligkeit sie sich zum Kampf gegen das Regime entschieden hatte. Die Bonhoeffers waren eine großbürgerliche Familie, wie es sie heute wohl kaum noch gibt: acht Kinder in geringem Altersabstand, die auch zum großen Teil noch im Erwachsenenalter nicht weit voneinander entfernt lebten. Es herrschte kein materieller Mangel, aber man war sich durchaus der daraus sich ergebenden Verantwortung gegenüber anderen bewußt. Wissenschaftliches und Künstlerisches, Praktisches und Religiöses, Preußisch-Aristokratisches und Schwäbisch-Demokratisches berührten sich und ergaben einen familiären Nährboden von erstaunlicher geistiger Fruchtbarkeit und Homogenität.

Karl Bonhoeffer, der Vater, entstammte einer alten Juristen- und Theologenfamilie. Sein Vater war Landgerichtspräsident gewesen, seine Mutter Julie, geb. Tafel, entstammte einer Familie, die wegen ihrer demokratischen Tendenzen im Württemberg der ersten Hälfte des 19. Jahrhunderts manche Unbill zu erleiden hatte. Diese Großmutter Dietrichs durchschritt noch neunzigjährig 1933 mutig Absperrungen der SA, die sie am Betreten jüdischer Geschäfte hindern wollten. Karl Bonhoeffer war eine Persönlichkeit, die in der Familie und bei seinen Mitarbeitern eine natürliche Autorität besaß. Er war sparsam mit Worten und achtete auch bei seinen Kindern auf Klarheit und Angemessenheit des Ausdrucks; alles Laute und Übertriebene wurde vermieden. Der Berliner Lehrstuhl, den er innehatte, war der angesehenste seines Faches in Deutschland. Als nüchterner Beobachter, der das Unbeweisbare skeptisch zu beurteilen gewohnt war, stand er, wenn auch kein Agnostiker, doch der Kirche eher fern.

Die Mutter Paula, geb. von Hase, stammte dagegen aus einer norddeutschen Familie, deren Männer viele Generationen hintereinander, bis zu ihrem Vater hin, Theologen gewesen waren. Ihr lag viel an ihrem christlich-protestantischen Glauben, doch hat wohl auch sie Dietrichs Entschluß zur Theologie nicht bestimmt. Paula Bonhoeffer war eine lebendige, entschlußkräftige und zupackende Frau. Es wird erzählt, sie sei einmal, des Schwimmens unkundig, ins Wasser gesprungen, nur um ihrem Sohn ein Beispiel zu geben – mit dem Erfolg, daß der Bademeister sie retten mußte. In jungen Jahren hatte sie, was damals ungewöhnlich war, das Lehrerinnenexamen gemacht und unterrichtete ihre älteren Kinder in den ersten Schuljahren selbst.

Ziel der Eltern war es, ihre Kinder zu selbständigen Persönlichkeiten zu erziehen, die sich durch menschliche und berufliche Leistungen der ihnen verliehenen Gaben würdig erweisen, ihre Verantwortung gegenüber den Mitmenschen gern annehmen und für die Schönheiten des Lebens offen sind. Das Kunstinteresse wurde möglichst früh angeregt. Alle Kinder erhielten Musikunterricht, und Dietrich wurde bald ein so ausgezeichneter Pianist, daß seine Eltern erwogen, ihn zum Musiker ausbilden zu lassen.

Obwohl im Hause eine gewisse Wohlhabenheit herrschte, erzog man die Kinder recht sparsam. Es gab Butter oder Marmelade aufs Brot, man lief lieber ein paar Stationen zu Fuß, als das Geld für die Straßenbahn auszugeben, und über das Taschengeld hatten die Kinder noch lange genau abzurechnen. Natürlich galt das Wort der Eltern bei den Kindern absolut, aber das wurde nie – auch nicht im Rückblick – als bedrückend empfunden. Man war der Liebe der Eltern sicher, man fühlte sich ernst genommen und in der Entwicklung nicht behindert, sondern gefördert. So war die Erziehung trotz der elterlichen Autorität eben doch nicht autoritär, und für Krisen der Loslösung vom Elternhaus gab es keinen Anlaß.

Dietrich hatte drei ältere Brüder; die beiden ältesten, beide 1899 geboren, nahmen am Ersten Weltkrieg teil, in dem Walter, der zweite, 1917 fiel. Karl-Friedrich, der älteste, wurde ein bekannter Physikochemiker. Klaus, der dritte, geboren 1901, studierte Jura und war später Syndikus der Lufthansa. Sein Rechtsempfinden und sein Gefühl für Menschenwürde brachten auch ihn bald in Konflikt mit den Nationalsozialisten. Im Widerstand knüpfte er Kontakte zwischen Kreisen des Militärs, der Gewerkschaften und der Kirche.

Die Schwester Ursula, geboren 1902, heiratete den Juristen Rüdiger Schleicher; er war später Ministerialrat im Luftfahrtministerium und Honorarprofessor für Luftrecht an der Universität Berlin. Auch er konnte dem Unrecht des Regimes nicht tatenlos zusehen und entschloß sich zum Widerstand. Die nächste Schwester, Christine, geboren 1903, heiratete den späteren Reichsgerichtsrat Hans von Dohnanyi, mit dem Dietrich in der »Abwehr« eng zusammenarbeitete. Dietrichs Zwillingsschwester Sabine mußte mit ihrem Mann, dem späteren Bundesverfassungsrichter Gerhard Leibholz, wegen dessen jüdischer Abkunft Deutschland 1938 verlassen und fand in England Aufnahme. Die jüngste Schwester, Susanne, war mit Professor Walter Dress, einem ebenfalls der Bekennenden Kirche angehörenden Theologen, verheiratet.

Schon diese summarische Aufzählung deutet an, wie vielfältig die Anregungen innerhalb des Geschwisterkreises waren. Zeitgemäße Fragestellungen aus Naturwissenschaften, Rechtsphilosophie und Politik waren Dietrich geläufig und haben auf seinen Lebensweg und auf seine Theologie gewirkt. Nüchternheit, Sachlichkeit, Sinn für Realitäten, Unbestechlichkeit, Verantwortungsbereitschaft und Hingabe für andere sind im Elternhaus gewachsene Charaktereigenschaften, die Teil von Dietrichs Persönlichkeit wurden.

Das theologische Werk

Man kann Dietrich Bonhoeffers Schriften nicht wirklich begreifen, ohne die damalige politische Situation in Deutschland und Bonhoeffers persönliche Stellung in diesem Zusammenhang zu bedenken. Lebenslauf und theologisches Werk stehen in enger Wechselbeziehung zueinander, eines ist ohne das andere unverständlich.

Die so bewegte Zeit forderte täglich neue Entscheidungen; wohl deshalb haben Bonhoeffers Schriften keine einheitliche klare Abfolge und Richtung. Dazu hätte es der Abgeschlossenheit einer Mönchsklause bedurft, die Bonhoeffer gerade nicht gesucht hat. Er suchte Gott mitten in der Welt, in ihrer Unruhe und Unstetigkeit; und darum können seine Schriften manchmal auf den ersten Blick uneinheitlich erscheinen. Außerdem ist Bonhoeffer nicht alt geworden. Er starb mit neununddreißig Jahren, und Leben und Werk mußten Fragment bleiben. Vieles, was heute als Bonhoeffers »Werk« gilt, ist in sich unabgeschlossen und war in der uns vorliegenden Form nicht zur Veröffentlichung bestimmt.

Aber gerade dieses oft Bruchstückhafte, wieder neu Ansetzende, je nach der äußeren

Situation neue Perspektiven Suchende macht den Reiz, den Reichtum und die immer neue Aktualität dieses Werkes aus, das letzten Endes immer wieder um die Frage kreist: Wer ist Christus, wer ist er heute für uns?

In den beiden ersten – sozusagen »akademischen« – Büchern, »Sanctorum Communio« (1927) und »Akt und Sein« (1929), geht es um das, was Bonhoeffer selbst mit dem Stichwort »Christus als Gemeinde existierend« gekennzeichnet hat. »Sanctorum Communio« ist die Dissertation, vom einundzwanzigjährigen Bonhoeffer verfaßt, »Akt und Sein« die Habilitationsschrift, zwei Jahre später fertiggestellt. Über »Sanctorum Communio« schrieb Karl Barth fast dreißig Jahre später: »Ich gestehe offen, daß es mir Sorge macht, die von Bonhoeffer damals erreichte Höhe ... wenigstens zu halten [und] ... nicht schwächer zu reden, als dieser junge Mann es damals getan hat.«

In den beiden folgenden Schriften, »Nachfolge« (1937) und »Gemeinsames Leben« (1938), geht es um die Glaubwürdigkeit der Kirche und ihrer Verkündigung. Bonhoeffer wendet sich gegen eine vom Luthertum verkündigte »billige Gnade«, eine »Gnade als Schleuderware, verschleuderte Vergebung, ... Gnade ohne Preis und Kosten«, die eine »Rechtfertigung der Sünde und nicht des Sünders« ist und somit einer Pervertierung der Absicht Luthers gleichkommt. Dem stellt er die »teure Gnade« gegenüber, die dem Gott gehorsamen Christen zuteil wird. Der Kernsatz der »Nachfolge«: »Nur der Glaubende ist gehorsam, und nur der Gehorsame glaubt«, hat wegen seiner Rigorosität Kritik erregt, aber er enthüllt, mehr als es damals vorauszusehen war, den ganzen Bonhoeffer.

Die Arbeit an der »Ethik« begann Bonhoeffer um 1939. Sie blieb unvollendet, ja, es ist nicht einmal ein genauer endgültiger Plan des Werkes vorhanden. Eberhard Bethge hat die Fragmente nach dem Krieg herausgegeben. In der »Ethik« steht Christus inmitten der Welt. Diese ist auf Christus bezogen und Christus auf die Welt. Es gibt keine absoluten ethischen Verhaltensregeln für den Christen, sondern er trifft in der Begegnung mit Christus seine Entscheidungen. Der Christ darf und soll die menschliche Wirklichkeit als »Vorletztes« ganz ernst nehmen. Das Kreuz Christi ist die Befreiung zum Leben in echter Weltlichkeit, um »für andere da zu sein«. Die menschliche Welt wird damit eine einzige Welt, die nicht aus zwei Räumen oder, wie Luther sagt, »zwei Reichen«, dem profanen und dem göttlichen, besteht.

In den Briefen, die Dietrich Bonhoeffer im Sommer 1944 aus der Haft an Eberhard Bethge gerichtet hat, treten dann die Stichworte von der »nicht-religiösen Interpretation«, von der »mündig gewordenen Welt«, vom »Jesus für andere« und von der »Kirche für andere« auf. Die Briefe richten sich an den Freund, mit dem Bonhoeffer Begriffe gemeinsam hat, die für andere nicht immer die gleichen Inhalte haben und daher zuweilen nicht unmittelbar einleuchtend sind. Oft werden Probleme aufgeworfen, für deren Lösung kaum mehr als Anstöße gegeben werden. Ein paar Zitate mögen hier eine Andeutung davon geben, welche neuen Welten sich hier auftun:

»Was mich unablässig bewegt, ist die Frage, was das Christentum oder auch wer Christus für uns heute eigentlich ist. Die Zeit, in der man alles den Menschen durch Worte ... sagen konnte, ist vorüber; ebenso die Zeit der Innerlichkeit und des Gewissens, und das heißt eben die Zeit der Religion überhaupt ... Wenn aber nun eines Tages deutlich wird, daß dieses (religiöse) Apriori gar nicht existiert, ... wenn also die

Menschen wirklich radikal religionslos werden, ... was bedeutet das dann für das Christentum? ... Wie kann Christus der Herr auch der Religionslosen werden? Gibt es religionslose Christen? ... Was ist ... religionsloses Christentum? ...«

»Die Religiösen sprechen von Gott, wenn menschliche Erkenntnis ... zu Ende ist oder wenn menschliche Kräfte versagen ... Ich möchte von Gott nicht an den Grenzen, sondern in der Mitte, nicht in den Schwächen, sondern in der Kraft, nicht also bei Tod und Schuld, sondern im Leben und im Guten des Menschen sprechen. An den Grenzen scheint es mir besser, zu schweigen ...

»Unser Christsein wird heute nur in zweierlei bestehen: im Beten und im Tun des Gerechten unter den Menschen.

Man versucht, der mündig gewordenen Welt zu beweisen, daß sie ohne den Vormund Gott nicht leben könne ... Die Attacke der christlichen Apologetik auf die Mündigkeit der Welt halte ich ... für sinnlos, ... für unvornehm, ... für unchristlich ... Ich will also darauf hinaus, ... daß man die Mündigkeit der Welt und des Menschen einfach anerkennt, ... ihn an seiner stärksten Stelle mit Gott konfrontiert ...

Gott läßt sich aus der Welt herausdrängen ans Kreuz ... Es ist ganz deutlich, daß Gott nicht hilft kraft seiner Allmacht ... sondern kraft seiner Schwachheit, seines Leidens ... Der Mensch wird aufgerufen, das Leiden Gottes an der gottlosen Welt mitzuleiden. Er muß also wirklich in der gottlosen Welt leben und darf nicht den Versuch machen, ihre Gottlosigkeit irgendwie religiös zu verdecken, zu verklären ... Nicht der religiöse Akt macht den Christen, sondern das Teilnehmen am Leiden Gottes im weltlichen Leben.«

Im Widerstand

Der dreiundzwanzigjährige Bonhoeffer äußert in Barcelona noch recht konservativ lutherische Ansichten über Verpflichtungen gegenüber seinem Volk und zur Kriegsteilnahme. Aber schon bald revidiert er diese Meinung. 1934 hält er dann eine eindrucksvolle Predigt auf der Weltkirchenkonferenz in Fanö, in der er mahnt: »Brüder durch Christus ... können nicht die Waffen gegeneinander richten, weil sie wissen, daß sie damit die Waffen auf Christus selbst richten ... Friede muß gewagt werden ... Die Kriegsfanfare kann morgen geblasen werden – worauf warten wir noch? Wollen wir selbst mitschuldig werden wie nie zuvor?«

Daß dieser Pazifismus durchaus kämpferisch gemeint war und sich nicht auf Verweigerung beschränken sollte, war für Bonhoeffer selbstverständlich. Später hat er einmal seinen politischen Widerstand damit begründet, daß er sich als Pfarrer auch nicht damit begnügen könne, die Opfer eines betrunken daherrasenden Autofahrers zu beerdigen, sondern daß es dann wichtiger sei, dem Wahnsinnigen das Steuer zu entreißen. Daß sich Bonhoeffer der möglichen Konsequenzen einer solchen Einstellung voll bewußt war, ist nicht zu bezweifeln.

Im Sommer 1939 kehrte Bonhoeffer aus Amerika nach Deutschland zurück – in Erwartung des bevorstehenden Krieges und mit dem klaren Bewußtsein, daß seine Aufgabe dann im Widerstand liegen müsse. An Reinhold Niebuhr schrieb er noch in den USA: »Die Christen in Deutschland stehen vor der fürchterlichen Alternative, entweder in die Niederlage ihrer Nation einzuwilligen, damit die christliche Zivilisation weiterleben kann, oder in den Sieg einzuwilligen und dabei unsere Zivilisation zu zerstören. Ich weiß, welche dieser Alternativen ich zu wählen habe; aber ich kann diese Wahl nicht treffen, während ich mich in Sicherheit befinde.«

Nachdem Bonhoeffer schon seit langem in Putschpläne eingeweiht war, unternahm er ab Februar 1941 im Auftrag der Abwehr verschiedene Reisen mit konspirativen Zielen. In der Haft schrieb er später an Bethge: »Du mußt wissen, daß ich noch keinen Augenblick meine Rückkehr 1939 bereut habe noch irgend etwas von dem, was dann folgte. Das geschah in voller Klarheit und mit bestem Gewissen. Ich will nichts von dem, was sich seit damals ereignet hat, aus meinem Leben streichen ... Und daß ich jetzt sitze ... rechne ich auch zu dem Teilnehmen an dem Schicksal Deutschlands, zu dem ich entschlossen war.«

Die Reisen gingen in die Schweiz, nach Norwegen, Schweden und Italien. Die Abwehr verfügte über die notwendigen Möglichkeiten, Pässe und Visa auszustellen, selbst für einen Mann, der bei der Partei mißliebig war und Rede- und Schreibverbot hatte.

Im Frühjahr 1941 begann die deutsche Opposition, die sich durch Hitlers Sieg über Frankreich zunächst stark entmutigt gefühlt hatte, mit neuem Elan zu planen. Bonhoeffer fiel die Aufgabe zu, über seine Freunde, besonders bei der ökumenischen Zentrale in Genf, die Alliierten über das Weiterbestehen der Opposition zu vergewissern und gleichzeitig Lagebeurteilungen von der anderen Seite zu erhalten. Berichte über Bonhoeffers ersten Schweizer Besuch im Februar 1941 gingen nach England, hatten aber keine spürbaren Konsequenzen. Die zweite Reise in die Schweiz erfolgte im September 1941, zu einer Zeit also, als die deutschen Armeen in Rußland vordrangen, in der aber andererseits auch die Opposition in Kreisen des Militärs wieder an Boden gewann. Auf dieser Reise informierte sich Bonhoeffer insbesondere über die Friedenszieldiskussion der kirchlichen Kreise in den alliierten Ländern und gab selbst deutlichere Informationen über die deutsche Opposition nach England, die aber ebenfalls nicht das gewünschte Echo fanden, offensichtlich, weil die Zweifel an der Existenz einer tatkräftigen Opposition überwogen oder weil man sie in diesem Stadium des Krieges nicht mehr berücksichtigen wollte. Bonhoeffer wartete jedenfalls vergeblich auf eine Antwort auf die Frage, ob eine aus einem Putsch hervorgehende neue Regierung mit der Unterstützung der Alliierten rechnen könne. Schon die Andeutung einer positiven Antwort hätte der Opposition gegenüber manchen Zauderern im Offizierskorps viel geholfen.

Eine dritte Reise in die Schweiz wurde vorzeitig abgebrochen, weil Bonhoeffer aus Genf erfuhr, daß der Bischof von Chichester, George Bell, mit dem er seit Jahren befreundet war, aus England nach Schweden gereist war, und weil Bonhoeffer nun hoffen konnte, ihn dort zu treffen.

Bonhoeffer wurde tatsächlich nach Schweden gesandt, er sollte über Bischof Bell der britischen Regierung mitteilen, daß in Deutschland ein Umsturz unter Führung von Männern, deren Namen zu nennen er beauftragt war (Beck, Hammerstein, Goerdeler, Leuschner, Kaiser und andere), geplant war; daß diese Gruppe Frieden und Recht in Deutschland wiederherstellen wolle – wie auch immer sie sich zunächst darstellen werde – und daß sie darum bitte, sie wissen zu lassen, ob die Alliierten mit einer aus ihrem Kreise gebildeten Regierung zu verhandeln gewillt seien.

Bonhoeffer traf Bell am 31. Mai 1942 in Sigtuna. Es ergab sich, daß Bell bereits ein paar

Tage vorher in Stockholm einen anderen deutschen Pfarrer, Dr. H. Schönfeld, empfangen hatte, der mit einem ähnlichen Anliegen wie Bonhoeffer gekommen war. Schönfeld war bei der Ökumene in Genf tätig. Da er der offiziellen, gegenüber dem Regime kompromißwilligen Leitung der deutschen Kirche nahegestanden hatte, war Bonhoeffer jedoch für Bell der überzeugendere, zudem der vertrautere Gesprächspartner, den er in seinem späteren Bericht an den Außenminister als »intimate friend« bezeichnete. Bonhoeffers Auftrag ging wohl auch insofern weiter als der Schönfelds, als er ermächtigt war, die Namen der Verschwörer zu nennen.

Bischof Bell informierte bald nach seiner Rückkehr den britischen Außenminister Anthony Eden von dem Treffen und drängte auf eine positive Antwort. Sie blieb aus; Eden schrieb zurück, daß es »nicht im nationalen Interesse« sei, den deutschen Pfarrern »irgendeine Antwort zu geben«. Dabei blieb es, wenngleich Bell in einem Telegramm in die Schweiz mitteilte: »Zweifellos Interesse, bedaure jedoch tief; keine Antwort möglich.« Trotzdem kämpfte Bell weiter – wenn auch mit wenig Erfolg –, um die britische Regierung zu einem Wort der Ermutigung an die Adresse der deutschen Opposition zu veranlassen.

Nach einer weiteren Auslandsreise Bonhoeffers nach Italien brachten dann im Herbst 1942 Untersuchungen der Gestapo gegen die Abwehr eine neue, schwierige Lage. Ihre weitere Entwicklung führte schließlich – nach Monaten des Tauziehens zwischen Wehrmacht und Gestapo – im April 1943 zur Verhaftung Bonhoeffers, der Ehepaare Dohnanyi und Josef Müller.

In der Zwischenzeit arbeitete Bonhoeffer unter anderem an Memoranden über die kirchliche Organisation nach dem Kriege, in Kontakt mit dem Freiburger Kreis um die Professoren Ritter, von Dietze und Eucken. Von Mitarbeitern der Abwehr wurden in dieser Zeit zwei Attentatsversuche organisiert, die beide mißlangen: Einmal zündete die Bombe, die bereits in Hitlers Flugzeug lanciert worden war, nicht; das andere Mal änderte Hitler den Plan für einen Besuch, bei dem sich Major von Gersdorff mit Hitler selbst in die Luft sprengen wollte, buchstäblich in letzter Minute ab. Hans von Dohnanyi war bei den direkten Vorbereitungen des ersten Versuches persönlich beteiligt.

Zu Weihnachten 1942 schrieb Bonhoeffer für seine Freunde im Widerstand eine kleine Abhandlung mit dem Titel »Nach zehn Jahren«. Sie gibt Rechenschaft über die geistig-moralische Situation, in der sich christliche oppositionelle Kreise nach zehn Jahren Diktatur in Deutschland befanden. Sie ist trotz der darin enthaltenen Analyse eines bedrückenden Zustandes ein Dokument voll Zuversicht und Optimismus. »Ob es jemals«, schreibt Bonhoeffer, »in der Geschichte Menschen gegeben hat, die in der Gegenwart so wenig Boden unter den Füßen hatten – denen alle im Bereich des Möglichen liegenden Alternativen gleich unerträglich, lebenswidrig, sinnlos erschienen ... und die dennoch, ohne Phantasten zu sein, das Gelingen ihrer Sache so zuversichtlich und ruhig erwarten konnten – wie wir?«

In dieser Schrift, die als authentisches Zeugnis für den ethisch-moralischen Hintergrund des Widerstandes ohne Parallele ist, werden in sechzehn kurzen Abschnitten mit Überschriften wie zum Beispiel »Wer hält stand?«, »Zivilcourage«, »Vom Erfolg«, »Von der Dummheit«, »Vertrauen«, »Gegenwart und Zukunft« entscheidende Bestimmungsgrößen für ein verantwortliches Leben in der gegebenen Situation diskutiert. Die

Schrift schließt unter dem Titel »Sind wir noch brauchbar?« mit einer Frage an das eigene Gewissen, die für Bonhoeffer als Pfarrer wohl von besonderer Bedeutung war: »Wir sind stumme Zeugen böser Taten gewesen, wir sind mit vielen Wassern gewaschen, ... wir sind mißtrauisch, ... vielleicht sogar zynisch geworden – sind wir noch brauchbar? Wird unsere innere Widerstandskraft gegen das uns Aufgezwungene stark genug und unsere Aufrichtigkeit gegen uns selbst schonungslos genug geblieben sein, daß wir den Weg zur Schlichtheit und Geradheit wiederfinden?«

Gefängnis und Tod

Am 5. April 1943 wurden Hans von Dohnanyi, seine Frau Christine und Dietrich Bonhoeffer verhaftet. Sie kamen in drei verschiedene Berliner Gefängnisse, Bonhoeffer in das Wehrmachtsuntersuchungsgefängnis in Tegel. Christine von Dohnanyi kam aufgrund verschiedener Interventionen nach einem Monat wieder frei. In der ersten Zeit gelang es, mit vorher abgesprochenen Aussagen die Verhöre relativ gut zu überstehen. Bald konnte man über die Familie Kontakte aufnehmen und die Aussagen untereinander und mit den noch nicht verhafteten Beteiligten wie zum Beispiel Oster abstimmen. Die Verhöre Bonhoeffers betrafen vor allem die Freistellung vom Wehrdienst durch die Abwehr für ihn selbst und andere, die Ermöglichung der Ausreise für einige Juden, an der er beteiligt war, und – bis zum Herbst 1944 nur zum geringen Teil – seine Auslandsreisen.

Bonhoeffer vermochte die Vorwürfe weitgehend zu entkräften, so daß einstweilen nur eine Anklage auf »Wehrkraftzersetzung« übrigblieb. Aber zu einem Prozeß kam es zunächst nicht. Später hoffte man dann, durch Verzögerung der Angelegenheit bis zu einem Umsturz zu einem guten Ende zu gelangen; aber der unglückliche Ausgang des Attentats vom 20. Juli 1944 ließ diese Hoffnungen zunichte werden. Bonhoeffer bereitete mit einem seiner Bewacher im September noch einen Fluchtversuch vor, gab ihn aber auf, nachdem er von der drohenden Verhaftung seines Bruders erfahren hatte. Klaus Bonhoeffer, Rüdiger Schleicher und Eberhard Bethge wurden im Oktober verhaftet, und kurz darauf wurde Dietrich aus dem Militärgefängnis Tegel in das Kellergefängnis der Gestapo in der Prinz-Albrecht-Straße verlegt.

Dort begannen neue Verhöre, bei denen die Untersuchungsführer nun sehr viel besser informiert waren als vorher. Der Kontakt mit der Familie riß fast ganz ab. Die Methode der Verhöre hat Bonhoeffer gegenüber Fabian von Schlabrendorff, der im gleichen Gefängnis einsaß, als »kurz und bündig: widerlich« bezeichnet. Inwieweit die Gestapo den wesentlichen Dingen hier auf die Spur gekommen ist, ist nicht mehr zu klären. Hans von Dohnanyi, der am 1. Februar 1945 ebenfalls in die Prinz-Albrecht-Straße verbracht wurde, schmuggelte am 8. März noch einen Brief heraus, in dem es hieß: »Sie haben alles, aber auch alles in der Hand.«

Um diese Zeit war Dietrich Bonhoeffer aber bereits nicht mehr in Berlin, sondern in einer Bunkerzelle des Konzentrationslagers Buchenwald. In Berlin waren inzwischen Klaus Bonhoeffer und Rüdiger Schleicher, dessen Assistent Hans John und der Justitiar der Bekennenden Kirche, Friedrich Justus Perels, zum Tode verurteilt worden.

Offenbar ist dann am 5. April 1945 in der Mittagsbesprechung bei Hitler beschlossen worden, eine Reihe von Angehörigen des Widerstands, darunter Bonhoeffer und

Dohnanyi, ohne eigentliches Gerichtsverfahren zu töten. Kaltenbrunner gab jedenfalls am Nachmittag entsprechende Anweisungen. Dohnanyi wurde im Staatskrankenhaus, wohin er Ende März gebracht worden war, abgeholt, von einem »Standgericht« in Sachsenhausen zum Tode verurteilt und – vermutlich am 9. April – hingerichtet. Bonhoeffer wurde nach Flossenbürg gebracht, wo ebenfalls ein »Standgericht« stattfand, das ihn und Canaris, Oster, Sack, Strünk und Gehre zum Tode verurteilte. Die Hinrichtung durch den Strang fand in der Frühe des 9. April statt. Zwei Wochen später starben Klaus Bonhoeffer und Rüdiger Schleicher durch Genickschuß in Berlin.

Bonhoeffer hat die Zeit im Gefängnis zu einer der fruchtbarsten Perioden seines Lebens gemacht. Wir haben in Briefen, theologischen Abhandlungen, Fragmenten eines Dramas und eines Romans und in einer Reihe von Gedichten vielfache Zeugnisse einer geistigen Produktivität großer Tiefe und Breite. Bonhoeffer reflektierte dabei Ereignisse der Zeit und eigene Erlebnisse mit erstaunlicher Sensibilität und sprachlicher Meisterschaft.

Neben diese schriftlichen Äußerungen, die uns zum Teil – und oft nur durch unwahrscheinliche, günstige Umstände – erhalten sind, trat die persönliche Wirkung auf Mithäftlinge und Bewacher, von der wir durch deren Zeugnis wissen. Dieser Eindruck von Bonhoeffers Persönlichkeit muß außergewöhnlich gewesen sein. Das Beispiel eines selbst in der Zelle sinnvoll gelebten Lebens und die große Ruhe, die er ausstrahlte, ließen in Tegel bald Gefangene und Wachmannschaften seine Nähe, seinen Rat und seinen Trost suchen. Vielen half er damit in schwersten Stunden. Ein italienischer Mithäftling in Tegel, Professor G. Latmiral, schrieb später: »Die meisten (der Bewacher) waren anständig oder gut. Ich glaube, daß der lange Aufenthalt Dietrichs unter ihnen darauf einen Einfluß ausgeübt hat ... Er war der beste und begabteste Mensch, den ich kennengelernt habe.« Captain Payne Best, ein Engländer, der mit Bonhoeffer in Buchenwald zusammentraf, äußerte sich so: »Er schien immer eine Atmosphäre von Glück zu verbreiten, von Freude an jedem kleinsten Ereignis des Lebens und von tiefer Dankbarkeit für die Tatsache, daß er lebte ... Er war einer der ganz wenigen Männer, die ich je getroffen habe, denen ihr Gott wirklich und immer nahe war.« Und als Bonhoeffer sich für den Transport nach Flossenbürg verabschiedete, tat er das Best gegenüber mit den Worten: »Das ist das Ende, für mich der Beginn des Lebens.«

Literatur

Die im Text genannten Werke sowie sechs Bände »Gesammelte Schriften« Dietrich Bonhoeffers sind im Christian Kaiser Verlag, München, erschienen.
BETHGE, EBERHARD: *Dietrich Bonhoeffer – Theologe, Christ, Zeitgenosse.* Chr. Kaiser Verlag.
DERS.: *Dietrich Bonhoeffer.* Rowohlts Monographien, Taschenbuch.
Internat. Bonhoeffer-Forum: *Forschung und Praxis,* bisher sechs Bände mit zahlreichen Einzelbeiträgen. Chr. Kaiser Verlag.

Alfred Delp

Die Stichworte, die Alfred Delp in den Widerstand gegen den Nationalsozialismus und gegen das Dritte Reich riefen, hießen: soziale Frage, katholische Soziallehre, Iustitia socialis. Mit diesen Worten bat ihn sein Provinzial, P. Augustin Rösch (1893 bis 1961, Provinzial 1935 bis 1944), im Frühjahr 1942 um die Mitarbeit im Kreisauer Kreis. Und im Todesurteil vom 11. Januar 1945, das Roland Freisler (1893 bis 1945), der Präsident des Volksgerichtshofs, ausführlich begründete, ist ebenso von der »iustitia socialis« zu lesen. Das war also das »Thema«, das für Delp selbst einen Sinn in seine Gefängnistage in Berlin-Tegel und auch in seinen Tod in Berlin-Plötzensee brachte.

Je mehr aber der Akzent im Leben Delps – gemäß der Entwicklung der neueren zeitgeschichtlichen Forschung – auf diese Worte und Werte gelegt werden muß, um so mehr werden bislang liebgewonnene Bilder dieser Persönlichkeit fragwürdig. Delp war nicht – wie zu lesen ist – jener einzige, entschiedene, aus der katholischen Kirche stammende Widerstandskämpfer gegen Adolf Hitler. Delp war auch nicht allein der geistliche Schriftsteller, der »im Angesicht des Todes« Meditationen schrieb, die zum Schönsten zählen, das in Nazigefängnissen geschrieben wurde. Gewiß, er hat solche einmaligen Texte niedergeschrieben, und er stand im Widerstand gegen das Dritte Reich. Aber die eigentlichen Stichworte seines Lebens lauteten anders.

Lebensgeschichte

Delps Kindheit und Jugend spielten sich im Ersten Weltkrieg, in den Jahren der Not nach 1918 und in der Weimarer Zeit ab. 1907 als Sohn eines Angestellten einer Ortskrankenkasse geboren, verbrachte er diese Jahre innerhalb einer wachsenden Familie, die am Ende sechs Kinder zählte, in Lampertheim, einer kleinen Stadt nördlich von Mannheim. Seine Mutter mußte längere Zeit auf einem Landgut mitarbeiten, um für die Ernährung der großen Familie zu sorgen. In dieser durchwegs bürgerlichen Umwelt erfuhr Alfred Delp auch die konfessionelle Problematik deutscher Lande in ganzer Schärfe; denn die Katholiken zählten in Lampertheim zum eher ärmeren Teil der Bevölkerung. Er selbst wurde – obgleich katholisch getauft – auf Wunsch seines Vaters in die evangelische Volksschule des Ortes geschickt. Erst ein Konflikt mit dem protestantischen Pastor im zeitlichen Umfeld seiner Konfirmation brachte ihn zur katholischen Kirche. Er empfing am 19. Juni 1921 mit vierzehn Jahren die erste heilige Kommunion und einige Tage später das Sakrament der Firmung: ein

DELP, ALFRED
geb. am 15. 9. 1907 in Mannheim;
hingerichtet am 2. 2. 1945.

erster großer Einschnitt in seinem Leben; denn seine Mutter war der Meinung, nun solle er auch vernünftig katholisch erzogen werden.

Unterstützt vom Ortspfarrer Johannes Unger (1886 bis 1935), erreichte sie die Aufnahme ihres Sohnes in Konvikt und Gymnasium zu Dieburg. Dort glänzte er nicht nur durch seine schulischen Leistungen. Er begegnete auch dem 1919 gegründeten katholischen Jugendbund »Neudeutschland«. In ihm wurde er Gruppenführer – und das Tagebuch der ND-Gruppe von 1924 beweist sowohl seine Führungsqualitäten wie sein soziales Engagement. Er als der Gruppenführer berichtet darin: »Sie schlafen immer noch. Keiner will anfangen. Der Gruppenführer trägt sich mit allerhand Gedanken. Doch er traut sich nicht aus sich heraus ... Auch sonst haben sie allerlei Pläne. Da ist in der Stadt ein Haus mit Waisenkindern. Diesen wollen sie eine kleine Freude machen. Gott gebe ein gutes Gelingen. Der junge Führer geht dafür betteln. Ob die anderen mitgehen? Er hat schon alles aufgegeben ...« Durch die Arbeit im ND wurde Delp die »Lebensgestaltung in Christus« zu einer Selbstverständlichkeit, wurde ihm das Engagement für Deutschland zu einem bleibenden Auftrag.

Nach erfolgreichem Abitur trat Delp am 22. April 1926 zur Überraschung seiner Angehörigen in den Jesuitenorden ein und absolvierte dessen lange Ausbildung bis in das Jahr 1939 – anscheinend unberührt von den politischen Ereignissen in Deutschland. Dieser Schein trügt, selbst wenn die Zeichen spärlich sind, daß die politischen Entwicklungen und ihr philosophisch-zeitgeschichtlicher Hintergrund den Frater Delp sehr beschäftigten. Aber an folgendes bleibt zu erinnern: Während seiner philosophischen Studien am Berchmanskolleg in Pullach (1928 bis 1931) setzte sich Delp vor allem mit der Existenzialphilosophie Martin Heideggers auseinander, dessen Buch »Sein und Zeit« 1927 erschienen war. Er bestätigte dieser neuen Philosophie zwar eine große Sensibilität für den Menschen in dieser Zeit, beurteilte sie aber als die Endphase eines seit der Renaissance laufenden Selbstverlustes des Menschen und vermißte vor allem die notwendige Offenheit für »die Mitte«, für die religiöse Frage des Menschen. Sein Buch »Tragische Existenz« (1935) ist demnach die erste Auseinandersetzung mit Martin Heidegger von katholischer Seite. Edith Stein und die katholischen Heideggerschüler lehnten damals Delps Buch eher ab, weil es mit seinen anthropologischen Erwartungen der Ontologie (Seinsfrage) Heideggers nicht gerecht werde, aber erst jüngst, 1978, wurde seine Bedeutung von Richard Schaeffler in »Frömmigkeit des Denkens« gewürdigt und Delp eine tiefsinnige Erkenntnis der Heideggerschen Philosophie bestätigt.

Während seiner Präfektenzeit in den Jesuitenkollegien in Feldkirch und St. Blasien erlebte er als Erzieher junger Menschen 1933 die Machtergreifung. Er stellte fest, wie sehr sich viele von ihnen für den völkischen Aufbruch begeisterten. Daher schulte er seine »Buben« für die Unterscheidung und für den Widerstand gegen eine simple Vereinnahmung durch die Hitlerjugend.

Eine erste Auseinandersetzung mit der Ideologie des Dritten Reichs führte er 1935/ 1936 während seiner theologischen Studien in Valkenburg (Holland): in seiner Predigtreihe »Kirche in der Zeitenwende« (in der Predigtzeitschrift »Chrysologus«), in der er gemeinsam mit anderen Mitbrüdern mit der »Deutschen Glaubensbewegung« abrechnete. Er konfrontierte diesen neuen germanischen Glauben mit der Lehre Jesu und stellte den Christen auf den Platz der Entscheidung. Er forderte, diese Entschiedenheit für Christus auch in der Öffentlichkeit kundzutun.

Trotz dieser schonungslosen Kritik an der germanischen Ideologie war er damals wohl noch der Meinung, die Katholiken sollten nach den Erfahrungen mit der Weimarer Republik in dieser Phase der Gründung eines neuen Reiches nicht abseits stehen, sondern fruchtlose Apologetik überwinden und statt dessen christliche Fundamente unter diesen völkischen Aufbruch legen. Er dachte somit wie viele andere in den Jahren zwischen 1933 und 1936. Sein Buchplan »Der Aufbau« (1935/1936) beweist dies. Zusehends aber nahm er wahr, wie verhängnisvoll sich die Dinge entwickelten. Als ihm dann 1939 das Studium an der Universität München mit der Begründung verweigert wurde, dies könne man einem Jesuiten nicht erlauben, hatte er verstanden, was die Stunde geschlagen hatte.

Als Mitarbeiter der »Stimmen der Zeit« (ab 1937) verfolgte er in seinen Zeitschriftenbeiträgen die eher sozialen und soziologischen Grundprobleme der Zeit: Volk, Heimat, Krieg, Christ und Gegenwart – und immer wieder das Thema: Geschichte. Mit der nötigen Vorsicht lehrte er darin die Mitchristen die Unterscheidung in einer Art, die das Wesentliche zwischen den Zeilen zu schreiben verstand.

Solche Vorsicht war geboten, nachdem es bereits 1934 erste Konflikte mit der NSDAP gegeben hatte, weil die »Stimmen« zum »Röhm-Putsch« kritisch Stellung nahmen und Rosenbergs »Mythus des 20. Jahrhunderts« widersprachen, und nachdem seit 1936 die Überwachung der Zeitschrift noch strenger geworden war. Trotzdem blieb sie eine kritische Stimme gegen die braune Uniformität und Inhumanität.

Als am 18. April 1941 während des Klostersturms auch das Haus der Jesuiten in der Veterinärstraße in München beschlagnahmt wurde und von den Patres innerhalb von zwei Stunden verlassen werden mußte, verschlug es P. Delp nach St. Georg in Bogenhausen. Dort engagierte er sich für die seit 1941 verfolgten Juden, er organisierte Jugendgruppen, predigte vor einer stets wachsenden Zahl aufmerksamer Zuhörer und kümmerte sich um jene, die bei Bombenangriffen verschüttet worden waren. Aber St. Georg war auch seine Operationsbasis für andere Tätigkeiten: Er hielt Vorträge, von Königsberg bis Freiburg im Breisgau, und er beriet die Verantwortlichen in der »Katholischen Männerarbeit«, die schon damals ihre Zentrale in Fulda hatte. Gerade dort war er bedacht, nicht vordergründige pastorale Rezepte anzubieten, sondern er forderte, die Situation des Menschen in dieser Zeit des Umbruchs zu realisieren und darauf mit der christlichen Botschaft, die für ihn notwendigerweise anthropologisch ansetzt, zu antworten.

Aus diesen Aktivitäten und Begegnungen entstanden am Ende seine Bücher. »Der Mensch und die Geschichte« erschien 1943 und stellt einen wichtigen Beitrag zur heutigen Geschichtsphilosophie dar; »Der Mensch vor sich selbst« erschien erst 1955 und entwickelt Perspektiven einer christlichen Anthropologie. Beide Titel signalisieren seine vorrangigen Interessen: Der Mensch – Sklave der Geschichte oder ihr Gestalter? Der Mensch – nur auf sich bedacht oder immer wieder und notwendigerweise in Verantwortung für den Mitmenschen, für die Welt, für die Gesellschaft?

Nach dem Zeugnis seiner Freunde war Delp sprühend vor Esprit, hart in der Kritik, groß in der Kunst der Formulierung, sprungbereit zum Engagement und in mancher Hinsicht ein recht unbequemer Zeitgenosse.

Aus dieser inneren Einstellung schrieb er (1943) einem Freund in sein Buch »Der Mensch und die Geschichte« die Widmung: »Wer nicht den Mut hat, Geschichte zu machen, wird ihr armes Objekt. Laßt uns tun.« In dieser inneren und äußeren Situation traf ihn der Ruf zur Mitarbeit im Kreisauer Kreis.

Im Kreisauer Kreis

Anfang Oktober 1941 hatte der Provinzial der Oberdeutschen Jesuitenprovinz, P. Augustin Rösch, in Berlin Helmuth Graf von Moltke (1906 bis 1945) kennengelernt. Als beide in einem Gespräch feststellten, daß ihre Beurteilung der Kriegssituation übereinstimme, lud Graf Moltke P. Rösch in jenen Gesprächskreis ein, der später (zuerst von der Gestapo) »Kreisauer Kreis« genannt wurde. In diesem Kreis trafen sich Wirtschaftsführer und Gewerkschaftler, Sozialdemokraten und Adelige, engagierte Christen, Geistliche beider Konfessionen und Politiker, um darüber nachzudenken und zu planen, wie ein Deutschland nach dem Ende des Dritten Reiches aussehen könne. Nicht ohne Grund nennt Ger van Roon seine großartige Monographie über den Kreisauer Kreis »Neuordnung im Widerstand«.

P. Rösch nahm an der ersten Kreisauer Tagung (22. bis 25. Mai 1942) teil, die sich vor allem mit dem Verhältnis von Staat und Kirche beschäftigte. In dieser Zeit erbat Graf Moltke von P. Rösch einen Soziologen, mit dem er vor allem die Arbeiterfrage und die Frage der Wiederverchristlichung der Arbeiterschaft besprechen könne. P. Rösch, der um die sozialen Interessen Delps wußte, sprach diesen daraufhin an, Delp sagte spontan und begeistert seine Mitarbeit zu.

Neben Delp wurden in die Mitarbeit mit einbezogen P. Lothar König (1906 bis 1946), der als Kurier für die Kreisauer und zur Abwehr des nationalsozialistischen Klostersturms (1941) viele Tausende von Kilometern unterwegs war, und P. Hans von Galli (geb. 1903), der an einem Gespräch über Agrarfragen im März 1942 in Groß-Behnitz bei Berlin teilnahm. Andere Jesuiten waren hie und da einmal eingespannt, ohne aber eigentlich zu wissen, worum es ging.

Delp referierte auf der zweiten Tagung vom 16. bis 18. Oktober 1942 in Kreisau über die Soziallehre der katholischen Kirche, wie sie in »Rerum novarum« und »Quadragesimo anno« enthalten war. Sie war sowohl den Gewerkschaftlern wie den eher liberal eingestellten Teilnehmern an den Kreisauer Gesprächen unbekannt. Aus seinen Berichten wurde deutlich, daß die katholische Kirche endlich die soziale Frage adäquat erkannt hatte. Ein Teilnehmer bemerkte über die Entwürfe der Jesuiten, »daß aus ihnen eine totale Wendung der führenden Männer der katholischen Kirche zum Sozialismus eindeutig und unwiderlegbar hervorging. Eine ungeheure geschichtliche Entscheidung« (Emil Henk). Diese emphatische Aussage wäre insoweit zu präzisieren, als von einer neuen sozialen Sensibilität innerhalb der katholischen Kirche zu sprechen ist, die aber nicht mit einer Anerkennung des Sozialismus als weltanschaulichem System in eins fiel.

Eine Ahnung von dem, was Delp selbst dazu dachte, läßt sich aus einer Ausarbeitung für den Kreisauer Kreis entnehmen, die erst 1971 wiederentdeckt wurde. Zum Thema »Wiederherstellung einer neuen Ordnung« heißt es in einem handschriftlichen, stichwortartigen Entwurf Delps:

»Schaffung einer echten Sozialordnung.

Neben der weltlichen Sicherheit und geistigen Sicherheit die wirtschaftliche Sicherheit des Menschen.

Echte Privatsphäre – Eigentumsbildung – Sicherheit, nicht dauerndes Risiko durch den Staat.

Iustitia socialis.

Krisenfeste wirtschaftliche Sicherung der Familien.

Stände-Staat als planende Instanz, norma negativa und ausgleichende Richtinstanz.«

Diese kurzen Andeutungen wurden dann in einer ersten, längeren Überarbeitung, bei der P. Rösch Anmerkungen an den Rand schrieb, bereits ausführlich formuliert. Es heißt nun:

»Wiederherstellung einer echten Sozialordnung.

1. Neben die rechtliche Sicherheit und die geistige Freiheit muß die wirtschaftliche Sicherheit treten.

2. Das verlangt auch im wirtschaftlichen Sektor die Wiederherstellung der echten Privatsphäre. Eine dauerhafte Eigentumsbildung muß für alle Schichten der Bevölkerung ermöglicht werden. Die Politik und die Wirtschaftspolitik der staatlichen Macht darf nicht dauernd den echten Besitz und das sichere Einkommen durch innerpolitische Bedrohung und außenpolitische Gefährdung riskieren. Der Staat soll nicht als wirtschaftende Instanz auftreten; er soll die planende Kraft und die ausgleichende Hilfsinstanz sein.

3. Die grundlegende Lehre Papst Pius' XI. von der iustitia socialis muß zum praktischen Ordnungsprinzip erhoben werden. Jeder Besitz und jedes Einkommen ist in durch die Verfassung näher zu bestimmende soziale Pflichten zu nehmen.

4. Der Familie des arbeitenden Menschen ist eine krisenfeste, wirtschaftliche Sicherung zu garantieren.

5. Die Wirtschaft ist der Gesellschaft zurückzugeben. Die Wirtschaft ist vom Staat zur Bildung einer echten Selbstverwaltung, zum Aufbau sozialgebundener Stände und zur Förderung des bonum commune anzuhalten, anzuleiten und nötigenfalls zu zwingen.«

Eine weitere Überarbeitung dieses Textes entfaltet dann noch mehr jene Perspektiven, die sich aus der Sicht der Sozialenzykliken für eine menschenwürdige Sozialordnung ergeben. Dort sind vor allem das Sozialrecht, der Arbeitsschutz und die Rolle der Arbeitsgerichtsbarkeit hervorgehoben. Und dann heißt es:

»Auch auf wirtschaftlichem Gebiet ist das Heil nicht sosehr von noch so gut organisierten Institutionen zu erwarten, sondern von der Lebenserneuerung im christlichen Sinn. Die Erfahrung der ganzen Sozialreform seit nunmehr fast 100 Jahren hat gelehrt, daß allein von der sozialen Gesetzgebung, den ständischen Vereinen usw. her der soziale Friede nicht geschaffen werden konnte, sondern höchstens ein sozialer Waffenstillstand. Vor allem gilt es, den rechten Gemeinschaftsgeist zu pflegen, um den Klassenhaß zu tilgen, die Interessengegensätze auszugleichen und so die Wurzel der Klassenkämpfe zu beseitigen. Darum muß unablässig all das gefördert werden, was der Gemeinschaft dient, was Gemeinsames hervorhebt und unterstützt, was auf das – so oft als Ziel genannte – Gemeinwohl nicht nur mittelbar, sondern unmittelbar hinzielt: über die Familie hinaus auf Nachbarschaft, Gemeinde in Dorf und Stadt, vor allem auf das Volksganze. Die echten Werte des Volkes, der Nation müssen auch von unserer Seite anerkannt und gepflegt werden. Wir können diese Dinge nicht ignorieren und immer noch allein mit den Begriffen Staat und Gesellschaft arbeiten. So ist ja auch in der

Weihnachtsansprache des Hl. Vaters die Bedeutung des Volkes anerkannt in der Forderung der Rechte der kleinen Nationen und der Minderheiten (vgl. auch die Lateran-Verträge). Auf religiösem Gebiet wird in den Grundsätzen der Katholischen Aktion das einträchtige Zusammenarbeiten zum gemeinsamen Besten in ähnlicher Weise betont (vgl. Brief an Kardinal Bertram: gemeinsames Wirken der Katholiken ohne Ausnahme aufgrund des Alters, des Geschlechtes, der sozialen Stellung, der Bildung).

Dies alles bedingt neben der Durchsetzung der Forderungen ausgleichender und sozialer Gerechtigkeit die Pflege echten Gemeinschaftsgeistes (Solidarität), und zwar durch die Erhebung in die Ordnung der christlichen Liebe und Brüderlichkeit, wie das ja schon stark in Rerum novarum, dann wieder in Quadragesimo anno betont wurde.«

Wer diese Überarbeitung vornahm, bleibt (einstweilen) ungewiß. Alle Überarbeitungen sind aber offensichtlich dem Buchstaben und dem Geist der Sozialenzykliken verpflichtet.

Über diesen sozialpolitischen Beitrag Delps für die Kreisauer Gespräche hinaus läßt sich den bisherigen Publikationen entnehmen, daß Delp beim zweiten Gespräch im Oktober vor allem mit Gewerkschaftsfragen beschäftigt war und daß man der Ansicht anhing, daß der föderative Aufbau des neuen Staates keine zentralistischen Organe zulasse.

Die Rolle, die dann die Kirchen übernehmen sollten, gibt ein bislang unbekannter Text wieder, über dessen Autor nichts auszumachen ist, der in der Sprache aber Delps Mitautorschaft erkennen läßt und der im Original handschriftliche Korrekturen Moltkes und Königs trägt. Dieser Text geht davon aus, daß die Menschen von den Kirchen nicht ein Eintreten für kirchlich-konfessionelle oder kirchenrechtliche oder christlich-übernatürliche Belange erwarteten, sondern vor allem ein Engagement für den Menschen als Menschen. Daran schließen sich drei wichtige Fragen an die Kirchen an:

»Die erste Frage an die Kirchen will feststellen, ob die Kirchen die Notlage des Menschen sehen, ob sie bereit sind, für den Menschen einzutreten, und ob sie wissen, daß sie dadurch, daß ihre Diener ihre persönliche Gefährdung nicht scheuen, die Möglichkeit haben, die geistige Führung des deutschen Volks und des Abendlandes wiederzuerringen, die Aufklärung in das christliche Weltbild einzubeziehen und vielleicht einen großen Schritt zur Überwindung der Kirchenspaltung zu tun.

Die zweite Frage an die Kirchen will feststellen, für welche Grundrechte des Menschen die Kirchen einzutreten bereit sind ...

Die dritte Frage an die Kirchen sollte versuchen, sich über die Möglichkeiten klarzuwerden, die Bemühungen der beiden Kirchen und der außerkirchlichen Gruppen aufeinander abzustimmen ...«

Solche Überlegungen aus dem Oktober 1942 beweisen nicht nur die eigentliche Motivation der Kreisauer; sie unterstreichen ebenso die Erwartungen, die ein Teil von ihnen an die Kirchen hegte.

Walter Dirks, der allerdings die neu aufgefundenen und bislang nicht publizierten Texte Delps nicht kennen konnte, nannte die Antwort Delps auf die Frage, wer der von einem erneuerten Christentum durchdrungenen Ordnung der Gesellschaft und des Staates Geltung verschaffen könne, ebenso »elitär« wie »vage«. Für ihn bleibt Delp ein »Idealist«, »einer, der die Macht des Ideals überschätzt, und einer, der von der Idee aus argumentiert und postuliert«. Mir scheint es fraglich (und auch bedenklich), ob dieses Lob und Tadel mischende Urteil dem sozialen Impuls in den Entwürfen Delps (zumal in dieser Zeitsituation) vollauf gerecht wird.

Aus der Mitarbeit Delps bei den Kreisauern ergab es sich, daß er einen Kontakt Moltkes zum Bischof von Fulda, Johannes B. Dietz (1879 bis 1959), herstellte, daß er im Gespräch mit den katholischen Gewerkschaftlern in Köln wie Nikolaus Groß (1898 bis 1945), Bernhard Letterhaus (1894 bis 1944), Prälat Otto Müller (1877 bis 1944) stand, daß er Kontakte zu dem ehemaligen bayerischen Gesandten Franz Sperr (1878 bis 1945) und seinem Widerstandskreis in München aufbaute und daß er auch eine Unterredung mit Professor Kurt Huber (1893 bis 1943) von der »Weißen Rose« suchte, ein Plan, der sich dann wegen der sich überstürzenden Ereignisse im Frühjahr 1943 nicht mehr verwirklichen ließ. Am Abend des 6. Juni 1944, dem Tag der Invasion, besuchte Delp anläßlich eines Vortrags in Bamberg dort auch den Obersten Claus Graf Schenk von Stauffenberg (1907 bis 1944), ein Besuch, der ihm – zuzüglich einer irrtümlichen Aussage von Franz Sperr – in seinen Gefängnistagen noch große Sorgen bereiten sollte.

Wichtig ist endlich zu wissen, daß zuvor die dritte Tagung in Kreisau (Pfingsten 1943) sich mit Agrarpolitik, Wirtschaftsaufbau und der Bestrafung der Kriegsverbrecher befaßt und daß Delp vermutlich für diese Tagung seine Ausarbeitung zur Neuordnung vorbereitet hatte. Im Januar 1944 war Graf Moltke von der Gestapo verhaftet worden, weil er einen Bekannten vor der Verhaftung gewarnt hatte. Die Gestapo wußte damals nicht, wen sie eigentlich in Händen hatte. Für den Kreisauer Kreis selbst war die Verhaftung Moltkes verhängnisvoll; denn nach dem Urteil einiger seiner Mitglieder zerfiel der Kreis. Schließlich muß festgehalten werden, daß sich Delp vor seiner Verhaftung intensiv mit dem Problem einer sozialen Wirtschafts- und Staatsform zwischen Kommunismus und Kapitalismus beschäftigte. Er nannte sie »die dritte Idee« und sah sie in einem »Personalen Sozialismus« verwirklicht. Ein etwa achtzigseitiges Manuskript zu diesem Thema hatte Delp Ende Juli abgeschlossen. Es konnte bislang nicht aufgefunden werden. Wahrscheinlich wurde es nach Delps Verhaftung von seinen Mitbrüdern vernichtet.

Die letzten Monate

Am Morgen des 28. Juli 1944 wurde Delp nach der heiligen Messe in St. Georg/Bogenhausen von zwei Gestapobeamten verhaftet. Er wurde in der Nacht vom 6. auf den 7. August 1944 nach Berlin überstellt und im neuerrichteten Gestapogefängnis Lehrter Straße 3 untergebracht. Sein Name war im Kontext von Peter Graf Yorck von Wartenburg entdeckt worden. Die ersten Tage der Verhöre waren schwer. Delp wurde um den 14. August schlimm verprügelt, weil er die Namen der Mitglieder des Kreisauer Kreises nicht nannte. So verschwieg er in diesen »strengen Verhören«, daß P. Rösch ihn mit Graf Moltke in Kontakt gebracht hatte, und erklärte, wie noch in der Begründung des Todesurteils nachzulesen ist, ein Graf von Rantzau, den er mit einer Gräfin Quadt verheiratet habe, habe ihn in den Kontakt mit Helmuth von Moltke gebracht. Einen Eindruck von den fragmentarischen Ergebnissen dieser Verhöre bieten die sogenannten »Kaltenbrunner-Berichte« (»Spiegelbild einer Verschwörung«. Stuttgart 1969). Trotz der Folter blieben viele Details über den Kreisauer Kreis der Gestapo bis zum Ende des Krieges unbekannt.

Ende September wurde Delp mit allen Kreisauern in die Haftanstalt Berlin-Tegel gebracht. Dort hatten die wegen des 20. Juli Verhafteten oder mit ihm in Zusammenhang Stehenden in Haus 1 ihre Zellen; sie trugen Tag und Nacht Handschellen. Über Delp selbst wurde ab Mitte Oktober noch ein zusätzliches Besuchsverbot verhängt, das vor allem für die beiden Gefängnisgeistlichen galt. Man plante wohl, Delp »weich« zu machen, damit er das Angebot der Gestapo annehme, aus dem Orden auszutreten und so sein Leben zu retten. Aber Delp widerstand. Mehr noch: Am 8. Dezember 1944 legte er im Amtszimmer des Justizwachtmeisters in die Hände von P. Franz von Tattenbach seine endgültigen Profeßgelübde ab (im Jesuitenorden erst nach sehr langer Probezeit möglich). In der folgenden Nacht schrieb er: »Nun haben die äußeren Fesseln gar nichts mehr zu bedeuten, da mich der Herr der vincula amoris gewürdigt hat.«

In die innere Dramatik der letzten Monate Delps besitzen wir Einblick durch die über hundert Kassiber, die erhalten blieben, durch die Meditationen und Reflexionen, die aus dem Gefängnis herausgeschmuggelt wurden, durch die Überlegungen Delps zum Prozeß und zur Anklage, die neuestens auf uns gekommen sind. Wenn die tägliche Gefängnisroutine auch ermüdete, die Sorgen um die Freunde in den Münchener Bombennächten bedrückte, die Ungewißheit über den Inhalt der Anklageschrift bedrängend war – Delp war im Gespräch mit seinem Herrgott, den er seit Anfang Oktober 1944 immer wieder in der Eucharistie feierte und den er in Brotgestalt selbst bei der Verhandlung vor dem Volksgerichtshof bei sich trug. Er schrieb in dieser Zeit »Im Angesicht des Todes«, Texte von ergreifender Dichte.

Der Prozeß, der am 9. und 10. Januar 1945 vor dem Volksgerichtshof stattfand und vom Präsidenten Roland Freisler selbst geleitet wurde, war – wie Delp schrieb – einerseits eine Komödie, eine Farce, andererseits Ausdruck eines konsequenten Vernichtungswillens. Was Delp auch zu seiner Verteidigung vorbringen mochte, er wurde vom Präsidenten niedergeschrien. Hier stand ein Christ gegen den Nationalsozialismus – und Freisler hatte recht, als er später zu Moltke sagte, eines hätten Nationalsozialismus und Christentum gemeinsam: Sie forderten den ganzen Menschen.

Zumindest gelang es Freisler, in der Abrechnung mit den Kreisauern zum Teil jenen Kirchenprozeß nachzuholen, der gegen P. Rösch, P. König und gegen den evangelischen Landesbischof von Württemberg, Theophil Wurm (1868 bis 1953), geführt werden sollte und der nicht zustande kam, weil man P. König in seinem Versteck nahe München überhaupt nicht entdeckte und weil P. Rösch erst am 11. Januar 1945 in Hofgiebing bei Haag (östlich von München) nach Verrat verhaftet werden konnte.

Im Todesurteil vom 11. Januar 1945 wird Delp zur Last gelegt, daß er »einer der aktivsten Verratsgehilfen Helmuth Graf von Moltkes« gewesen sei. Es wird ihm bestätigt, daß er »die bekannte Stellungnahme der Enzyklika quadragesimo anno über die iustitia socialis vorgetragen habe und sie als Bekenntnis zur Gemeinschaftsvorbelastung des Besitzes erläutert habe«. Das trifft den Kern der Anklage: Delp war im Kreisauer Kreis sozial(politisch) engagiert. Die weiteren Kontakte mit Widerstandskämpfern, die Tatsache, daß in Delps Bogenhausener Pfarrwohnung Besprechungen zwischen den Kreisauern und dem Sperr-Kreis stattgefunden hatten, werden von

Freisler natürlich nicht übergangen, während das Gespräch mit Claus Graf Stauffenberg, das ja eine Beziehung zum 20. Juli hergestellt hätte, eher heruntergespielt wird. Die Konsequenz lautet: Delp »tritt mit dem Anspruch auf, ein gebildeter Mann zu sein! Er mußte also die Verpflichtung, die darin liegt, besonders spüren und durch Taten beachten. Wenn er trotzdem im Krieg dieses Verrats sich schuldig gemacht hat, so bezeugt das seine vollkommene Ehrlosigkeit und erzwingt zum Schutz des Reiches das Todesurteil gegen ihn.«

In den verbleibenden Wochen bedachte Delp noch einmal die eigentlichen Gründe seiner Verurteilung: »Mein Verbrechen ist, daß ich an Deutschland glaubte auch über eine mögliche Not- und Nachtstunde hinaus. Daß ich an jene simple und anmaßende Drei-Einigkeit des Stolzes und der Gewalt [Anm. d. Verf.: NSDAP = Drittes Reich = Deutschland] nicht glaubte. Und daß ich dies tat als katholischer Christ und als Jesuit. Das sind die Werte, für die ich hier stehe am äußersten Rande und auf den warten muß, der mich hinunterstößt: Deutschland über das Heute hinaus als immer neu sich gestaltende Wirklichkeit – Christentum und Kirche als die geheime Sehnsucht und die stärkende und heilende Kraft dieses Landes und Volkes – der Orden als die Heimat geprägter Männer, die man haßt, weil man sie nicht versteht und kennt in ihrer freien Gebundenheit oder weil man sie fürchtet als Vorwurf und Frage in der eigenen anmaßenden, pathetischen Unfreiheit.«

In einem Kassiber äußerte er auch die Vermutung, Gründe für das Urteil lägen im »Nichtaustritt aus dem Orden« und in der Tatsache, daß man P. Rösch nicht (vor dem 11. Januar 1945) gefaßt habe, und in seinem Eintreten für die Iustitia socialis. Damit aber habe sein Leben ein »Thema« bekommen, für das sich zu sterben lohne – und wer wisse denn heute schon so gut wie er, wofür er sterbe!

In dieser Extremsituation des Lebens – oder wie er schrieb: im »Kindergarten des Todes« und »auf dem Galgenberg« – machte Delp sich Gedanken über Welt und Geschichte, Kirche und Orden. Er schrieb, daß jede Zeit und jedes Geschlecht seinen Auftrag in der Geschichte habe. Die Neujahrsbetrachtung Delps macht deutlich, daß er den Auftrag für dieses Geschlecht in der Lösung der sozialen Frage sah, für die Gesellschaft wie für die Kirche. Er plädierte ferner für einen theonomen Humanismus, als dessen Bedingungen er Minimalforderungen nennt, sowohl im Sinne eines materiellen Existenzminimums wie auch im Sinne der Wahrheit, der Solidarität, der allgemeinen Hingabe an die Transzendenz. »Der Geist, der Mensch muß über sich selbst hinaus wollen, wenn er überhaupt Mensch bleiben will.« Kritisch bedenkt er das Schicksal der Kirchen und fordert ihre Rückkehr in die Diakonie. »Die Kirche muß sich selbst viel mehr als Sakrament, als Weg und Mittel begreifen, nicht als Ziel und Ende.« Und er verteilt die Chancen, die er den einzelnen Orden in der Kirche zugedacht hat. Ein gewiß provozierender (neuer) Text, für viele nur deshalb akzeptabel, weil Delp am schärfsten mit seinem eigenen Orden ins Gericht geht. Am Ende spricht er von Deutschland, in einer Leidenschaft, die nur verständlich ist, wenn man sich den legitimen Patriotismus vergegenwärtigt, der den Widerstand beseelte. Gerade die letzten Texte Delps sollten Texte der Gewissenserforschung für die Nachgeborenen sein, für jene, die einmal besser und glücklicher leben sollten, »weil wir starben«.

Am 21. Januar 1945 wurde Delp von der Haftanstalt Tegel in das Hinrichtungsgefängnis Plötzensee verlegt. Am Morgen des 2. Februar wurde er gehängt, sein Leib verbrannt, seine Asche auf den Rieselfeldern Berlins verstreut – wie es ein Führerbefehl angeordnet hatte. Seine Mutter erhielt in einem Schreiben vom 15. Februar 1945 die Nachricht, daß ihr Sohn hingerichtet worden sei und daß es unzulässig sei, eine Todesanzeige zu veröffentlichen.

So bleibt am Ende die Frage: Hat Delp Geschichte gemacht, oder ist er gerade dadurch, daß er Geschichte mitgestalten wollte, ihr Objekt geworden und unterlegen? Delp selbst gibt in seinem Kassiber vom 14. Januar 1945 diese Antwort: »Ich bitte auch die Freunde, nicht zu trauern, sondern für mich zu beten und mir zu helfen, solange ich der Hilfe bedarf. Und sich nachher darauf zu verlassen, daß ich geopfert wurde, nicht erschlagen.«

Schriften Delps

Tragische Existenz: Zur Philosophie Martin Heideggers. Freiburg 1935; Der Mensch und die Geschichte. Kolmar 1943; Im Angesicht des Todes (geschrieben zwischen Verhaftung und Hinrichtung 1944/1945). Frankfurt 1947; Zur Erde entschlossen. Frankfurt 1949; Der mächtige Gott. Frankfurt 1949; Kämpfer, Beter, Zeuge (Briefe und Beiträge von Freunden). Berlin 1954; Der Mensch vor sich selbst. Colmar 1955; Gesammelte Schriften I – IV (hrsg. von Roman Bleistein). Frankfurt 1982/1984.

ERICH KOSTHORST

Carl Friedrich Goerdeler

Als das NS-Regime nach dem 20. Juli 1944 eine Million Reichsmark auf den Kopf Goerdelers, des vom Widerstand designierten Reichskanzlers, aussetzte, war dieser soeben sechzig Jahre alt geworden. Nach Ulrich von Hassell war er der älteste unter den Politikern der Opposition: Am 31. Juli 1984 jährt sich sein hundertster Geburtstag. Seine Jugend- und Bildungsjahre hat er im Kaiserreich verbracht, von dem er in hohem Maße geprägt war.

Umstrittenes Bild in der Geschichte

Goerdeler war schon im Widerstand selbst umstritten und zeitweise sogar – paradoxerweise von so verschiedenen Seiten wie den Hochkonservativen Hassell/Popitz und den Kreisauern Yorck/Delp – als »Reaktionär« eingeschätzt. In der DDR ist dies so geblieben. Aber eine gewisse Unsicherheit findet sich von Anfang an auch in der Bundesrepublik. Mit Gerhard Ritters 1954 erschienenem Werk »Carl Goerdeler und die deutsche Widerstandsbewegung« schien zunächst eine historische Klärung erreicht zu sein. Als sich dann mit dem in den sechziger Jahren beginnenden politischen Wahrnehmungs- und Bewußtseinswandel die historischen Dimensionen und die Kategorien der Urteilsbildung verschoben, setzte zugleich entschiedene Absetzung von einer »unmodernen«, einer »antiquiert« anmutenden Vergangenheit ein und damit auch von der deutschen Widerstandsbewegung, soweit sie vornehmlich von nationalem und konservativem Denken geprägt war. Dieser Distanzierungsprozeß scheint immer noch nicht zu Ende. Das zeigt an, daß ein abgewogenes Urteil noch aussteht, daß unser konkretes Gegenwartsbewußtsein sich noch nicht mit der erinnerten Geschichte zu versöhnen vermochte. Es gilt, unser Verhältnis zu Carl Friedrich Goerdeler zu klären, der Gegenwart den Hintergrund seines Widerstands erkennbar zu machen.[1]

Der Haupttopos der Distanzierung war zunächst ein dem Widerstand im ganzen und damit natürlich auch Goerdeler zugeschriebener Antiliberalismus.[2] Es folgten sehr kritische, freilich auch sehr differenzierte Analysen, welche die national-konservativen außenpolitischen Ambitionen Goerdelers einerseits und seine antipluralistischen Verfassungs- und Gesellschaftsvorstellungen andererseits herausstellten. Die von zwei Historikern[3] einer seinerzeit (1966) jüngeren Generation vorgenommenen Wertungen sind dann verschiedentlich in zumeist vergröberter Form aufgenommen worden. So erschienen sie noch jüngst zu einem summarischen Verdikt komprimiert, in dem

GOERDELER CARL FRIEDRICH
geb. am 31. 7. 1884 in Schneidemühl;
hingerichtet am 2. 2. 1945.

Goerdeler der geschichtliche Ort einer lediglich negativen Position des Nationalismus und Antikommunismus zugewiesen wird, nicht zu rechnen den Antimodernismus, den er mit dem gesamten Widerstand teilt. Goerdelers Widerstandsziel, so heißt es lapidar, sei »in erster Linie die Abwendung der Niederlage und die Erhaltung der Bündnisfähigkeit Deutschlands gegenüber dem Westen« gewesen, und er habe »noch in der Todeszelle fest daran geglaubt, die vordringliche Aufgabe seines Landes bestehe ›im Schutze Europas gegen die russische Übermacht und gegen den Bolschewismus‹«.[4]

Waren die konservativen Honoratioren eine Alternative zu Hitler? In England wurde die Frage negativ beantwortet – und Goerdeler sei es im wesentlichen zuzuschreiben, »wenn sich die Trennschärfe zwischen Regimegegnern und -anhängern oder zwischen ›Extremisten‹ und ›Gemäßigten‹, zwischen konservativen und braunen Eliten aus der Perspektive des Auslands immer mehr verwischte«.[5] Als repräsentatives Beispiel für die fundamental ablehnende Haltung des englischen Außenamtes gilt die vernichtende Charakteristik Goerdelers durch den ehemaligen diplomatischen Berater des britischen Außenministers, Sir Robert Vansittart, mit der sowohl der Leiter der Zentralabteilung des Foreign Office, William Strang, als auch der Unterstaatssekretär Sir Alexander Cadogan voll übereinstimmten: »He [Goerdeler] is quite untrustworthy and he is in with the wrong kind of person and mind because his own mind is wrong . . . I do not count Dr. Goerdeler as a German moderate . . .«[6] Bestand wirklich nur ein verschwindend kleiner Unterschied zwischen ihm und der Nazipartei, wie die Engländer Ende 1938 feststellen zu müssen glaubten?

Grundorientierungen

Auf der Flucht vor den Häschern schrieb Carl Friedrich Goerdeler zwischen dem 18. Juli und dem 12. August 1944 seine Jugenderinnerungen nieder. Verdeutlichte das wirklich nur die diesem Manne innewohnende Rastlosigkeit? Die Rückwendung zur Jugend, die Flucht zu den Gräbern der Eltern in Westpreußen in einer solchen Lage lassen erkennen, daß für Goerdeler Jugend und Elternhaus nicht nur ein nostalgischer Fluchtpunkt, sondern in seinem Leben tief verankert waren.

Die ersten sechs Lebensjahre verbrachte er in Schneidemühl, wo er am 31. Juli 1884 geboren wurde, die folgenden Schuljahre bis zum Abitur (1901) in Marienwerder. Hier war sein Vater Amtsrichter und Syndikus der »Westpreußischen Landschaft«. Die Eltern pflegten einen einfachen, sparsamen, »preußischen«, jedoch nicht kargen Lebensstil. Durch das politische Engagement des Vaters, der seit der Jahrhundertwende freikonservativer Abgeordneter im preußischen Landtag war, wuchs der junge Goerdeler wie selbstverständlich in eine politische Atmosphäre, in politisches Denken hinein: »Die Jugenderinnerungen . . . atmen ganz und gar den Geist altpreußisch-konservativen Beamtentums, wie er in der Spätzeit Bismarcks noch in ungebrochener Kontinuität fortlebte: voll Stolz auf die friderizianische Tradition, voll Zuversicht im Blick auf die gefestigte Macht der preußisch-deutschen Monarchie.«[7] Ganz besonders ist seine große, dem geschichtlichen Rückblick gewidmete Widerstandsdenkschrift »Der Weg« aus dem Jahre 1944 bei aller inzwischen gewachsenen kritischen Distanz davon angefüllt. Goerdelers ganzes Leben, seine geistige Haltung wurden von seinem sich altpreußisch verstehenden, konservativ geprägten Elternhaus bestimmt.

Nach einem dreijährigen Rechtsstudium (je zur Hälfte in Tübingen und Königsberg), Militärdienst in Königsberg und Referendarausbildung, nach der Promotion mit einer Arbeit über den strafrechtlichen Schuldbegriff, nach dem Assessorexamen 1911 in Berlin, nach der Eheschließung mit seiner Königsberger Kusine Louise Ulrich unmittelbar darauf, nach einer kurzen Banklehrzeit finden wir den inzwischen achtundzwanzigjährigen Goerdeler 1912 weit im Westen des Reiches als Beigeordneten der Stadt Solingen: das normale Produkt eines normalen Bildungsganges im höheren preußischen Beamtenmilieu. Und im kaiserlichen Deutschland schien der weitere Weg in gleicher Regelmäßigkeit unschwer voraussagbar.

Der Ausbruch des Ersten Weltkrieges brach diesen Weg vorerst ab. Vom »Erlebnis« des jahrelangen fürchterlichen Grabenkrieges und Trommelfeuers an der Westfront, das für Brüning lebensprägend gewesen ist, blieb Goerdeler als Artillerieoffizier im Osten verschont. Dafür wurden am Ende des Krieges zwei Vorgänge, an denen er aktiv beteiligt war, von nachhaltiger Bedeutung: die Organisation der Finanzverwaltung von Weißrußland und Litauen und der Kampf gegen die Abtretung Westpreußens an Polen.

Im ersten Fall ging es (1918) um die Wiederherstellung einer funktionierenden Verwaltung mit landeseigenen russischen Kräften, mit der Goerdeler vom Chef der 10. Armee beauftragt wurde – eine Aufgabe, die er nach dem Zeugnis seines Vorgesetzten hervorragend und human im Interesse des Landes selbst gemeistert hat und von der er in einem eigenen Bericht abschließend schrieb: »Was dem Lande in Zukunft beschieden sein wird, steht dahin. Die Deutschen, die nicht in feindlicher Absicht kamen und trotz aller von ihnen selbst hart empfundenen Kriegsnotwendigkeiten mit friedlicher Gesinnung hier geweilt haben, wünschen dem Lande Minsk Segen auf seine Arbeit.« Man darf annehmen, daß die hier bezeugte Gesinnung für seine Einstellung gegenüber Rußland gültig geblieben ist.

Im zweiten Falle handelt es sich um Goerdelers Beteiligung an dem Versuch (1919), die im Versailler Vertrag verfügten Abtretungen deutscher Reichsgebiete an Polen mit Gewalt zu verhindern und notfalls sogar einen eigenen Oststaat zu bilden. Die aus jener Zeit erhaltenen schriftlichen Äußerungen Goerdelers verraten die außerordentlich starke nationale Leidenschaft eines Mannes, der für die Rettung des Deutschtums seiner engeren Heimat kämpft. Sie verweisen jedoch zugleich auch auf einen Mangel an nüchternem politischem Realitätssinn. Gerhard Ritter hat mit Recht darauf hingewiesen, daß sich damals die Unerschrockenheit und Unbedingtheit seines Charakters gezeigt hätten, die ihm sein ganzes Leben hindurch eigen gewesen seien, auf der anderen Seite aber auch »jenes fast blinde Vertrauen auf die Macht politischer Ideale und moralischer Grundsätze im öffentlichen Leben, das ihn später zu so mancher Illusion verführen sollte«.[8] Nimmt man die alsbald hinzukommende Überzeugung von der Durchsetzungskraft der Vernunft und den geraden dogmatisch fixierten Glauben an ihre, wie er meinte, naturgesetzlich festliegende Wirkung hinzu, dann steht man im Zentrum der Denkwelt Goerdelers. Damit hat er gelebt, und daran hat er auch nach dem Todesurteil noch »festgehalten«. Erst ganz am Ende seines Lebens brach diese Überzeugung in der Todeszelle zusammen – und mit ihr sein rational-ethisch verstandener christlicher Glaube. Größe und Tragik sind hier verschlungen.

1920 erhielt Goerdeler das Amt des Zweiten Bürgermeisters von Königsberg. Die Sozialdemokraten lehnten den konservativen, forcierten Nationalisten zunächst völlig ab und taten dies demonstrativ kund, indem sie bei seiner Amtseinführung den Raum verließen.

In den zehn Jahren seiner Tätigkeit in Königsberg und in den folgenden sechs Jahren als Oberbürgermeister von Leipzig hat Goerdeler dann seine Begabung entfalten können. Insofern war der Zusammenbruch des Kaiserreiches für seine Laufbahn keine Zäsur – höchstens in dem Sinne, daß der überzeugte Monarchist nun sein Arbeitsfeld in einer ungeliebten parlamentarisch-demokratischen Republik fand. Für ihn war es konsequent, wenn er sich jetzt der Deutschnationalen Volkspartei zuwandte und hier bald in den Parteivorstand einrückte.

Die verhängnisvolle Rolle, welche die DNVP in der Weimarer Republik spielte, ihre Kooperation mit der NSDAP in der Harzburger Front, ihr Anteil an der Zerstörung der Demokratie sind bekannt genug, als daß sich nicht die Frage aufdrängte, wie denn das führende Mitglied einer solchen Partei schließlich zur Regimegegnerschaft gelangen konnte und welcher Art diese Gegnerschaft war. Freilich: Goerdeler hat im Vorstand der DNVP kaum eine Rolle gespielt, und seine nationalkonservative Gesinnung darf nicht mit dem lernunfähig-starren Alldeutschtum des Vorsitzenden Hugenberg verwechselt werden. Schließlich hat er sich Ende 1931 von der Partei getrennt, wenngleich wegen seiner von Hugenberg mißbilligten Zusammenarbeit mit dem Zentrumsreichskanzler Brüning. Seit 1930, so hat er später bekannt, sei er kein Nationalist mehr gewesen; die vielfältigen Kontakte mit Ausländern als Leipziger Oberbürgermeister hätten sein Gesichtsfeld verändert. In der Tat hat erst sein Leipziger Amt ihn aus der Begrenzung der ostpreußischen Exklave herausgeholt. Aber wirklich intensive Auslandskontakte sind erst nach seiner Amtsniederlegung auf weit ausgreifenden Auslandsreisen zustande gekommen.

Goerdeler war schon in den zehn Königsberger Jahren in seiner Arbeit vor Ort, durch die enge Kooperation mit dem Oberbürgermeister Lohmeyer, mehr noch durch seine Mitwirkung im deutschen und preußischen Städtetag mit den Planungen zur Reform der Verwaltung im Reich und in den Ländern vertraut geworden. Er hatte sie selbst aktiv mit vorangetrieben. Die Hauptelemente des 1928 von Lohmeyer der deutschen Öffentlichkeit vorgelegten Reichsreformkonzeptes mit dem Titel »Zentralismus oder Selbstverwaltung« sind in die Verfassungsvorstellungen Goedelers im Widerstand eingegangen. Die nach dem Muster der kommunalen Selbstverwaltung konstruierte Reichsverwaltungsreform gedachte zwar, die Selbstverwaltung auf den verschiedenen Ebenen zu stärken, gedachte sie aber zugleich auch zu entpolitisieren: Die Stärkung der Selbstverwaltung war vor allem als Stärkung der Exekutive gedacht, die politisch abgekoppelt werden sollte. Ein striktes Mehrheitswahlrecht sollte eingeführt, der Parteieneinfluß zurückgedrängt, und nur noch solche Volksvertreter sollten in den Reichstag gewählt werden können, die hinreichende Erfahrungen in der kommunalen und regionalen Selbstverwaltung gewonnen hatten. Am meisten fällt beim Konzept der Spitzengliederung die Zubilligung nahezu diktatorischer Vollmachten für den Reichspräsidenten in die Augen: ein klares Votum für die Berufung von Präsidialkabinetten!

Hier ist die politische Position Goerdelers in der Schlußphase Weimars wie in der Eingangsphase des »Dritten Reiches« klar erkennbar: Zwar entsprachen die späteren Präsidialkabinette, außer dem von Brüning geleiteten, ganz und gar nicht seinen Wünschen. Das Konstrukt selbst war jedoch ebenso in seinem Sinne wie das des Ermächtigungsgesetzes, das der Exekutive Handlungsspielraum für die Bewältigung der schweren Zeitprobleme, vor allem der Arbeitslosigkeit, geben sollte.

Kam hier eine ideologisch begründete, reaktionär-antidemokratische Haltung zum Ausdruck? Wie ist diese Position zu verstehen?

Neben der Erinnerung an altpreußisch-etatistische Traditionen, neben der Bindung an die preußischen Reformen (der Staatsstärkung durch Weckung von Bürgersinn) war Goerdeler durchdrungen von der im Bürgermeisteramt gefestigten Überzeugung von den Vorzügen einer Regierung des vernunftgeleiteten Sachverstands und der Sachverständigen. Sie sollte lediglich durch einen aus den Volksvertretungen gebildeten Hauptausschuß begleitet und demokratisch angebunden, nicht aber durch lange und kontroverse Plenumsdebatten bei ihrer Arbeit, bei der Durchführung unaufschiebbarer Entscheidungen zumal, aufgehalten werden dürfen. Ganz falsch wäre es, hier Restaurationsabsichten zugunsten herkömmlich privilegierter Schichten zu vermuten. Solche Intentionen lagen Goerdeler fern. Ihn bewegte vielmehr der Dienstgedanke von Leistungseliten, die sich zuvörderst in den Kommunen ganz unten – an der Basis, wie wir heute sagen würden – bewährt hatten, auf das Gemeinwohl verpflichtet und nicht absorbiert von Parteiinteressen.

Der Leistungsgedanke als gesellschafts-, wirtschafts- und verfassungspolitischer Kristallisationspunkt war bei Goerdeler eng verbunden mit einem liberalen Credo, das zentral zu seinem Denken gehört und ihn bis zu seinem Ende im Widerstand bestimmt hat. Dies ist bisher zuwenig beachtet oder nicht verstanden worden,[9] und sicherlich besteht hier ein nicht leicht auflösbarer Problemkomplex. Wenn schon besondere Regierungsbefugnisse für den Sachverstand, warum dann nicht auch ein wirtschaftliches Planungsmodell? Schließlich ging doch Goerdelers ganzes politisches Denken ohnehin wesentlich von ökonomischen Gesichtspunkten aus. Goerdeler war jedoch zeitlebens ein entschiedener Gegner von Wirtschaftsplanung, erst recht von zentralgesteuerter Planwirtschaft und des Sozialismus in jeder Form, weil er den Wettbewerb, das freie Spiel der Kräfte, ja ihren harten Kampf als Grundbedingung einer produktiven Wirtschaft im nationalen wie im internationalen Rahmen betrachtete. Nur im Ringen konkurrierender Kräfte werden Leistungen erzielt; Leistungsfähigkeit und Leistungsbereitschaft waren für ihn Voraussetzungen für die Wohlfahrt aller in jeglichem Gemeinwesen. Der Kampf- und Leistungszwanggedanke zieht sich durch alle wichtigen Denkschriften auch aus der Widerstandszeit, zuweilen in verkürzenden Formulierungen und kombiniert mit Hinweisen auf Naturgesetzlichkeiten, so daß man in ihm gar einen Vertreter »eindeutig sozialdarwinistischer Auffassungen«[10] hat erkennen wollen. Von solcher Ausleseideologie, wie sie bekanntlich Hitler massiv vertrat, war er jedoch weit entfernt. Sein Ausgangspunkt war im Kern die klassische, die altliberale Anthropologie mit dem ihr zugehörigen optimistischen Glauben an eine Art prästabilierter Harmonie, die beim Gebrauch der Ratio, beim Sicheinstellen in die naturgesetzlich vorgegebene Vernünftigkeit, zum Heile der Individuen sowie des Ganzen realisierbar sei.

Doch Goerdelers Rationalität war keine sozial ungehemmte, frühkapitalistische bloße Kosten-Nutzen-Kalkulation; sie war sozialethisch gebunden. Das hieß für ihn konkret: Der naturgegebene Kampf muß in Spielregeln ablaufen, sein Effekt muß sozial kompensiert werden. Auf diese Weise kam auch Goerdelers vor allem praktisch-ethisch verstandenes Christentum zum Zuge.

Verbindet man den hier dargelegten, sozial temperierten Liberalismus Goerdelers mit seiner oben skizzierten Hochschätzung des Sachverstandes, so liegt es nicht fern, von einer *paternalistischen* Ordnungsvorstellung zu sprechen und Goerdeler dem Typus des »liberal-konservativ orientierten Honoratioren« zuzuordnen.[11] Als solcher hat er nicht nur in den Stadtverwaltungen, sondern auch in den Stadtparlamenten von Königsberg und Leipzig hohes Ansehen gewonnen. Seine sachliche Souveränität, seine menschliche Anziehungskraft und sein soziales Bemühen haben auch seine politischen Gegner für ihn eingenommen – die Sozialdemokraten, die seinem Einzug in Königsberg demonstrativ fernblieben, nahmen bei seinem Abschied mit ostentativer Respektbekundung teil.

Opposition zum Regime

In der Schlußphase der Weimarer Republik trat Goerdeler, ohne sein Oberbürgermeisteramt aufzugeben, als »Reichskommissar für Preisüberwachung« an die Seite Brünings (18. Dezember 1931 bis 16. Dezember 1932). Brünings Deflationsprogramm entsprach seinen eigenen Vorstellungen, doch setzte er einige zusätzliche Akzente. Sein unmittelbar beim Reichspräsidenten Hindenburg eingebrachtes Reformkonzept fand allerdings dort keine Resonanz, es sei denn die, daß man ihn nach Brünings Sturz im Präsidialkabinett Papen zum Wirtschafts- und Arbeitsminister zu machen suchte, nachdem seine von Brüning gewünschte Kanzlerschaft von Schleicher verhindert worden war. Die Mitwirkung in der Regierung Papen lehnte Goerdeler jedoch ab.

Die Reformüberlegungen Goerdelers enthielten zwei Hauptgedanken, an denen er auch später festhielt: a) Umgestaltung des Versicherungswesens einschließlich der Arbeitslosenversicherung durch Übertragung in gewerkschaftliche Selbstverwaltung oder Einbau in das kommunale Sparkassenwesen (staatliche Entpflichtung also); b) Verminderung der Arbeitslosigkeit durch Erhöhung der Arbeitsleistung, wodurch die Preise verbilligt, Nachfrage und Angebot gesteigert und infolgedessen schließlich die Arbeitsplätze vermehrt werden sollten. Im ersten Gedanken liegt eine autonome Wurzel der von Goerdeler später im Widerstand (gegen Hassell und Popitz, aber auch gegen den Kreisauer Kreis) vertretenen – freilich von den Arbeiterführern Kaiser und Leuschner verstärkten und variierten – Option für eine starke, einheitliche Gewerkschaftsbewegung – eine von einem »Honoratioren« eigentlich nicht zu erwartende Option. Der zweite, uns heute außerordentlich fremd anmutende Gedanke ist das Kernstück einer ökonomischen Alternative zur Finanz- und Wirtschaftspolitik des NS-Regimes.

In der kritischen finanz- und wirtschaftspolitischen Situation des Sommers 1936 mit ihren bedrohlichen Devisenproblemen erhofften die Machthaber vom Sachverstand Goerdelers Rat und Hilfestellung. Göring forderte von ihm eine Expertise an. Was Goerdeler innerhalb kurzer Frist vorlegte, knüpfte an jene Gedanken an und verlangte vom NS-Regime eine totale Kursänderung. Sie mutete Hitler einen Stopp der künstlichen Kreditschöpfung, der forcierten Rüstung, damit auch eine vorläufige Inkaufnahme hoher Arbeitslosenzahlen zu und mußte demnach für diesen und Göring, seinen »Beauftragten für den Vierjahresplan«, wie ein Affront wirken.

Goerdeler erkannte zunächst nicht voll, daß er mit seinem Gutachten nicht nur eine politisch-ökonomische, sondern eine prinzipiell-moralische Grenzlinie erreicht hatte. Er hielt Hitler nach persönlichen Erfahrungen, die er in Beratungen zur neuen Gemeindeordnung im Jahre 1934 und erst recht im Zusammenhang mit seiner erneuten Berufung zum »Reichskommissar für Preisüberwachung« (5. November 1934) gemacht hatte, für einen durchaus der Vernunft zugänglichen, für entschieden vorgetragene rationale Argumente empfänglichen Mann. Diese Einschätzung war nicht etwa die Folge einer Faszination, wie wir sie von nicht wenigen anderen Personen kennen, sondern Teil seines Glaubens an die Vernunftfähigkeit der Menschen und seiner nahezu unerschütterlichen Hoffnung auf eine vernünftige Ordnung durch vernünftige Menschen, die den Vernunftgesetzen der Natur folgen. Unter solchen Aspekten fühlte Goerdeler sich auch im Dritten Reich weiterhin in Pflicht genommen, und in der hohen Selbsteinschätzung seiner eigenen Fähigkeiten meinte er nach 1933 noch ein paar Jahre lang, die positiven nationalen und sozialen Tendenzen des Nationalsozialismus, wie er sie sah, entfalten helfen zu können. So blieb er zunächst, ohne sich bedenken zu müssen, Oberbürgermeister von Leipzig, wehrte im persönlichen Einsatz Anfang 1933 SA-Plünderer vor jüdischen Geschäften ab und fühlte sich in seinem alten Engagement für soziale Einrichtungen durch die Hilfestellung örtlicher Parteivertreter sogar beflügelt. An der Installierung der neuen einheitlichen Gemeindeordnung war er führend beteiligt, ohne vorerst zu erkennen, daß hier nicht die Selbstverwaltung, sondern lediglich die zentrale Steuerung verstärkt wurde. Als er sich Ende 1934 noch einmal zum Preiskommissar berufen ließ, hatte er keine Vorstellung davon, mit Männern zu kooperieren, die kurz vorher – im Juni 1934 – Mordaktionen durchgeführt und nicht etwa, wie sie vorgaben, einen Notstand abgewehrt hatten. Bei aller Bereitschaft zur Zusammenarbeit war Goerdeler jedoch von Opportunismus weit entfernt. Den Parteibeitritt, den Hitler ihm nahegelegt hatte, lehnte er ihm Herbst 1933 ab.

Goerdeler teilte seine Illusionen mit anderen Konservativen. Sie erblickten im Regime eine Notstandsdiktatur, wie sie sie selbst für notwendig gehalten hatten. Erst nach und nach erkannten sie die neue Herrschaft in ihrer wahren Gestalt. Als Goerdeler 1936 sein finanz- und wirtschaftspolitisches Gutachten vorlegte, ahnte er nichts von der Kriegszielsetzung Hitlers und den darauf abgestimmten ökonomischen Maßnahmen. So prallte er mit seinen Vorstellungen auf eine absolut entgegengesetzte Gedankenwelt, die sich zum gleichen Zeitpunkt, offenbar im Gegenzuge gegen Goerdelers Memorandum, in der Denkschrift Hitlers zum Vierjahresplan artikulierte: »I. Die deutsche Armee muß in vier Jahren einsatzfähig sein. II. Die deutsche Wirtschaft muß in vier Jahren kriegsfähig sein.«[12] Angesichts dieser Aufgabenstellung galt Goerdelers Memorandum als »völlig unbrauchbar«.

Von nun an gab es eine scharf markierte Trennlinie zwischen Goerdeler und Hitler, ohne daß Goerdeler sie zunächst deutlich wahrgenommen hätte. Später, 1944, in der Widerstandsdenkschrift »Der Weg«, hat er sie rückblickend genauer beschrieben: Die Wirtschaftspolitik der Diktatur habe Täuschungsmaßnahmen ergriffen, die zwar im

Augenblick wirksam gewesen seien, jedoch »mit unentrinnbarer Folgerichtigkeit zur Verengung der Lebensmöglichkeit« führen und »schließlich entweder im wirtschaftlichen und finanziellen Zusammenbruch oder im Kriege« enden mußten. Die Schlußfolgerung sei unausweichlich, daß »der Krieg nicht nur als letztes Hilfsmittel, sondern als Ziel« vorgeschwebt habe.

Die Geister, die bisher – scheinbar – manches verbunden hatte, schieden sich nun Schritt für Schritt. Die Nebel von Verwirrung und Propaganda begannen sich für Goerdeler zu lichten und die Struktur des NS-Regimes enthüllte sich ihm: Er sah Staats- und Parteiinteresse unversöhnbar auseinandertreten. Man spürt noch die enttäuschten Hoffnungen, die er auf die »Nationale Erhebung« gesetzt hatte, als er 1937 schrieb, die NSDAP habe die Möglichkeit verspielt, »das hohe Ideal der Lebens- und Arbeitskameradschaft zur Grundlage des Lebens der Nation zu machen«, die Möglichkeit, »Deutschlands Staaten auch innerlich zu einen«, die Möglichkeit, »die moralische Führung in einer sich sozial neu ordnenden Welt zu übernehmen« und »Deutschlands außenpolitische Lebensrechte« zu sichern. Im diktatorischen Machtmißbrauch zerstöre sie »die natürlichen Wurzeln und die moralischen Grundlagen menschlichen Zusammenlebens«, doch werde sie eines Tages daran zerbrechen, da sie das naturgesetzlich wirkende Moralgesetz mißachte.

In solchen Sätzen tritt die ethische Komponente, die der Distanzierung vom NS-Regime wesentlich zugehört, zum ersten Male deutlich ans Licht. Inzwischen war ihm auch klargeworden, daß die antijüdischen Aktionen, denen er als Oberbürgermeister der Stadt Leipzig bisher erfolgreich widerstanden hatte, nicht nur punktuelle Entgleisungen, sondern Wesensbestandteile der NS-Herrschaft waren – Elemente der Zerstörung von »Recht und Anstand« als Grundlagen politischer Kultur. In der Konsequenz dieser Erkenntnis legte er sein Bürgermeisteramt zum 1. April 1937 demonstrativ nieder, als er die von der Partei in seiner Abwesenheit veranlaßte Entfernung des Mendelssohn-Denkmals vor dem Leipziger Gewandhaus nicht mehr rückgängig machen konnte. Der Kern seiner moralischen Opposition wird hier sichtbar. So war es nicht nur rhetorische Deklamation, wenn er 1938 in der »Deutschen Rundschau« schrieb: »Freiheit des einzelnen, Freiheit des Volkes ist die entscheidende Voraussetzung für stolzen Mut und höchste Leistung. Willkür ist ihr Tod, Recht ihr Gott; Verantwortungsbewußtsein erhebt sie zur Opferbereitschaft, adelt sie zur Güte. Nur auf dieser Grundlage kann jenes moralische und materielle Gleichgewicht wiedergefunden werden, dessen die Welt bedarf.«[13]

Carl Friedrich Goerdeler stand seit der Jahreswende 1936/1937 in klarer Opposition zum NS-Regime. Charakter und Temperament mußten ihn darüber hinaus zum aktiven Widerstand führen. An der Formationsphase des Widerstands vor dem Münchener Abkommen 1938, der ersten und zugleich wichtigsten Etappe, war er jedoch noch nicht beteiligt. Beim zweiten Anlauf – zwischen Polen- und Frankreichfeldzug 1939/1940 – wirkte er dann bei Versuchen mit, die militärische Führung (Halder) zum Handeln zu bewegen, blieb jedoch noch in einer Randposition. Nach einem längeren Prozeß der Formierung und Festigung der eigenen politischen Vorstellungen in den Jahren 1940 und 1941 (in der Zeit zwischen Frankreichfeldzug und dem Kriegsbeginn in Rußland) war Goerdeler nicht nur voll in den Widerstand einbezogen, sondern nahm bis 1944 eine führende Stellung ein. Zum Schluß – seit Stauffenbergs nicht nur militärischem, sondern auch politischem Primatanspruch – war sie nicht mehr unange-fochten, aber auch dann noch zentral.

Vernunft und Moral als Fundamente des Widerstands

Nach seinem Rücktritt entfaltete Goerdeler zunächst zwei Jahre lang eine umfangreiche und intensive Reisetätigkeit, die ihn nach Westeuropa, Nordamerika, Süd- bzw. Südosteuropa, Nordafrika und Vorderasien führte. Er suchte sein Blickfeld zu erwei-tern und Kontakte zu führenden ausländischen Wirtschaftlern und Politikern anzu-knüpfen. Dabei vertiefte sich seine Distanz zum NS-Regime, und er gab sich seinen Gesprächspartnern auch durchaus als Repräsentant eines anderen, eines moderaten Deutschland zu erkennen. Jedoch suchte er noch keine ausländische Hilfestellung für Staatsstreichvorbereitungen gegen Hitler. Einerseits verwies er bereits auf ein anderes Deutschland, andererseits bemühte er sich um eine Unterstützung für seine noch immer nicht gänzlich aufgegebenen Versuche, die Machthaber selbst noch zur Einsicht in die Realitäten zu bringen und zu einer rationalen Politik zu bewegen, die er als nationale Revisions-, aber zugleich als Friedenspolitik verstanden wissen wollte. Seine in diesem Sinne abgefaßten Reiseberichte wurden Göring überreicht und über Hitlers Sekretär, Hauptmann Wiedemann, auch dem Reichskanzler selbst zugespielt.

Die Fehleinschätzung Görings als »Gemäßigten« war damals in deutschen oppositio-nellen Kreisen, aber auch im Ausland weit verbreitet. So glaubte auch Goerdeler, auf diesem Wege die Ultima ratio – Krieg oder Bürgerkrieg – vermeiden zu können. Seine Fehleinschätzung hielt sogar noch bis in den Krieg hinein an, da er nach der Niederwer-fung Polens mit Hilfe eines Übergangskabinetts Göring zu einem Frieden gelangen zu können meinte. Mitte Oktober 1939 verstieg er sich sogar zu dem Gedanken, sich über Göring Hitler zum Schein als Vermittler zu den Engländern anzubieten, um ihn dann hinwegzufegen, sobald passable Friedensbedingungen erreicht waren.

Solche Turbulenzen im Verhalten Goerdelers machen es nicht leicht, ihn zu verste-hen. Aber es handelt sich untrüglich nicht um Charakterschwankungen, sondern um Ausbruchsversuche eines Temperaments, das in bedrängter, in verzweifelt empfunde-ner Lage vermeintlich immer noch rational kalkulierte Risiken auf sich nimmt, in Wirklichkeit jedoch kurzlebigen Phantasmen nachjagt. Man darf sich dadurch an Goerdelers Denken und Gesinnung nicht irremachen lassen. Seine Ablehnung des in seinem Zerstörungspotential und seiner Unmoral inzwischen erkannten Regimes war fest gegründet, nur für seine Überwindung war noch keine eindeutige Lösung gefun-den. Zeugnisse seiner in den beiden Jahren vor Kriegsbeginn vertieften Einsicht in den perfiden Charakter des nationalsozialistischen Systems, der moralischen Motivation seiner Gegnerschaft und seiner festen Hoffnung auf eine Selbstbefreiung des deutschen Volkes sind zwei im Ausland verfaßte exemplarische Schriften: das sogenannte Politi-sche Testament, das unter diesem Titel 1945 in New York als erstes Zeugnis des »anderen Deutschland« veröffentlicht wurde,[14] und eine Denkschrift mit der Über-schrift »Die Lage Ende Juli 1939«.

Die politische Perversion wurde hier, seiner Denkweise entsprechend, rational analysiert, dabei vor allem im »Testament« der verhängnisvolle Weg zur Machtüber-nahme durch Hitler skizziert, die von der Rechten begangenen Fehler angeprangert, die

Täuschungsmanöver Hitlers, aber auch die Täuschungsanfälligkeit im In- und Ausland aufgezeigt, der Terror gekennzeichnet. In beiden Schriftstücken fehlt jeder Hinweis auf konkrete Vorbereitungen zur Beseitigung des friedensgefährdenden Terrorregimes und jede Bitte an das Ausland um Unterstützung. Statt dessen statuiert Goerdeler mit eindrucksvollem Pathos, daß »ein furchtbares Aufbäumen der gequälten und in ihrer tiefsten Würde verletzten Natur« eine Wendung der Dinge herbeiführen wird und somit vom in erster Linie betroffenen deutschen Volk selbst die Rettung aus »Rechtlosigkeit und moralischer Zersetzung« zu erwarten steht. »Auf die Dauer lassen sich die moralischen Grundsätze nicht von Tyrannen umbiegen«, so heißt es in der Denkschrift vom Juli 1939. »Sie werden mit unerhörter Wucht aus dem natürlichen Empfinden und der Anständigkeit der arbeitenden Massen und einzelner intellektueller und religiöser Führer hervorbrechen.« An dieser Stelle haben wir den originären Quellpunkt von Goerdelers Denkwelt vor uns – hier liegen Ansatz und Grenze seiner Mitwirkung im Widerstand.

Zwischen Polen- und Frankreichfeldzug wurde das Netz der Verbindungen unter den Regimegegnern erweitert. Doch waren die mittlerweile zwischen Goerdeler, Beck, Hassell und Oster hergestellten Kontakte noch recht locker. Ein gesichertes Einverständnis bestand noch nicht.[15] In der seit Mitte August 1939 bestehenden »Dreiergruppe Beck-Goerdeler-Ulrich von Hassell«[16] kam ein gemeinsamer Denkprozeß eben erst jetzt in Gang. Die Konturen gemeinsamer erster Zukunftsplanungen deuteten sich wohl im Dezember 1939 an, ohne daß die Gespräche aber über ihren »akademischen Charakter«, wie Hassell im Januar 1940 aufzeichnet, hinauskamen. Goerdeler versuchte, zum Winterausgang 1940 im Alleingang den Generalstabschef Halder zum Handeln gegen Hitler und sein Regime zu bewegen. Vom Ergebnis der über den Vatikan mit der englischen Regierung geführten Verhandlungen hatte ihn die Beck-Oster-Gruppe jedoch nicht informiert.

Goerdeler übte in jener Zeit der Ratlosigkeit mit seinem Optimismus auf seine oppositionellen Gesprächspartner Ermutigung aus. So schrieb Hassell am 14. August: »Frisch, klar, aktiv. Vielleicht ein bißchen sanguinisch; man hört allgemein, er sei unvorsichtig und werde ziemlich überwacht. Auf alle Fälle eine Wohltat, einmal mit einem Mann zu sprechen, der nicht meckern, sondern handeln will. Natürlich sind ihm wie uns allen die Hände gebunden, und er ist verzweifelt über die Entmannung der Armee seit dem 4. Februar 1938.« Und ein so kritischer Beobachter wie der 1939 vom Generalstabschef Halder mit der Umsturzplanung beauftragte Oberstleutnant Groscurth notierte nach einer fünfstündigen Unterredung mit Goerdeler am 23. Oktober 1939: »Guter Eindruck. Entschlossener Mann.«

An solch klaren Urteilen vertrauenswürdiger Zeitzeugen und aktiver Regimegegner muß sich die zeitgenössische Abwertung Goerdelers in England und die zeitgeschichtliche in einem Teil der Widerstandsliteratur messen lassen.[17] War er eine »schwankende Gestalt«, weil er eine Lösung mit Göring, ein Arrangement mit Hitler nicht ausschloß und die Tötung des Tyrannen ablehnte?

Blickt man vom Wendepunkt 1940/1941 nach vorn und nach rückwärts, so ergibt sich historisch-kritisch aus den Quellen folgende Antwort: In dieser Etappe des Lebens vollzieht sich – nach vorhergehender partieller Akzeptierung des NS-Regimes und Mitwirkung – der Übergang von einer 1937 erreichten grundsätzlichen, politisch und ethisch begründeten Ablehnung des Systems zu seiner aktiven Bekämpfung in der Konspiration mit Gleichgesinnten, in der Goerdeler zu einer führenden politischen Kraft, zum wichtigen Antriebsmotor wird. Dieser Prozeß verläuft in Stufen und Übergängen. Denkrichtung und schließlich Handlungsziel ist die Beseitigung des Unrechtsregimes durch eine neue, streng rechtlich fundierte politische Ordnung. Ungewißheit, Unsicherheit besteht allerdings über die Route, auf der dieses Ziel angesteuert werden kann: nicht weil der Steuermann am Ziel nicht festzuhalten vermöchte, sondern weil die widrigen Umstände – das in Erfolgen und mit Propaganda und Terror abgesicherte Regierungssystem – eine geradlinige Navigation unmöglich machen.

Auch für Goerdeler wird der Staatsstreich unumgänglich. Wie aber eine hinreichend breite Basis schaffen, wie ihn zum Erfolg führen, wie Bürgerkrieg und Chaos und – später im Kriege – Preisgabe des Landes vermeiden? Goerdeler hat sich nach 1939, mit Sicherheit seit Ende des Jahres 1941 dafür entschieden, Umsturz und Errichtung einer neuen Ordnung mit der Verhaftung Hitlers und der sofort darauf folgenden öffentlichen Aufklärung über den wahren Charakter des Regimes einzuleiten. Indem er den Tyrannenmord ablehnte, setzte er auf die von der Enthüllung der Untaten ausgehende Wirkung, auf Einsicht und Vernunft der Aufgeklärten. Damit stand er bald nicht nur im Gegensatz zu anderen wichtigen Mitgliedern des Widerstandes. Er befand sich auch von vornherein in einem tieferen Dilemma als die attentatsbereiten Verschwörer: Konnte die Faszinationskraft Hitlers durch eine Verhaftung, sofern sie überhaupt zu bewerkstelligen war, tatsächlich ausgeschaltet werden? Durfte man nach jahrelangen subtilen Propagandaeinflüssen wirklich auf einen unmittelbaren Durchbruch der Vernunft, durfte man darauf rechnen, daß der Bann über Geist und Seele des Volkes gebrochen werde? Vor solchen Fragen stehend, gab Goerdeler auch in schwierigen Situationen nie auf, sondern suchte nach Zwischenlösungen. So dachte er zum Beispiel an ein Kabinett Göring (der als der Vernunft und Mäßigung zugänglich galt) oder sogar daran, daß Hitler sich den »Realitäten« beugen könnte, indem er vor dem an seine Vernunft appellierenden Goerdeler kapitulierte. An dieser Stelle beginnt das Rätsel, der Widerspruch, auch die Tragik Goerdelers: Der Glaube dieses liberalen Konservativen wird zum paradoxen Dogma, und die verabsolutierte Ratio schlägt um in Irrationalität.

Theodor Litt, einer seiner akademischen Berater, hat ihn bald nach dem Kriege so charakterisiert: »Wie er selbst ein klar denkender, rechtlich urteilender, geradlinig wollender Mensch war, der wenig oder nichts an Unerlöstem, Hintergründigem in sich trug, so nahm er auch von seinen Mitmenschen an, daß, soweit nicht Selbstsucht oder böser Wille im Wege stehe, es auch bei ihnen nur der verständigen Aufklärung und der wohlwollenden sittlichen Belehrung bedürfe, um sie von etwaigen Irrtümern zurückzubringen und auf den rechten Weg zu führen ... Die unheimliche Verschlingung von Gut und Böse, die verführerische Zweideutigkeit vieler geistiger Mächte, die Macht der uneingestandenen Vorurteile und der geheimen Begehrungen – dieses ganze Zwielicht, in dem das seelische Leben so vieler sich abspielt: all dies hatte im Grunde in seinem Bild vom Menschen keinen Platz.«

Man möchte sogar noch ein Stück weitergehen als Litt: Gegenüber der Vernunft, so schien Goerdeler zu glauben, gab es das absolut Böse eigentlich nicht, sondern nur die Unvernunft; diese aber könne der Vernunft, der Aufklärung, letztlich nicht standhalten. In diesem Sinne waren solche Appellationen an die Machthaber im strengen Sinne des Wortes: Ultima ratio. Sie stellen eben nicht Regressionen auf frühere Stufen der Anpassung dar. Goerdeler war kein Opportunist. Er unterlag in den angedeuteten Fällen einer Logik, die, wenn man ihre Gesetze auf die Spitze treibt, ins Leere läuft.

Am eindrucksvollsten treten uns Gesinnung und Haltung Goerdelers nach Hitlers Triumph über Frankreich entgegen. Zu diesem Zeitpunkt, da am ehesten ein Schwanken zu erwarten gewesen wäre, zeigt sich die Festigkeit der Fundamente seines entschiedenen Widerstands: Der Krieg, so heißt es in einer besonders bemerkenswerten Denkschrift (Juli 1940), sei von der Hitler-Regierung »gewollt und bewußt heraufbeschworen«, England und Frankreich hätten mit Recht den Kampf aufgenommen. Wenn Deutschland siegen sollte und die Dinge gemäß den dem Nationalsozialismus innewohnenden Gesetzen weiterliefen, könne es kein gutes Ende geben: Eine Herrschaft Hitlers über einen Raum vom Nordkap bis zum Kap der Guten Hoffnung, vom Atlantik bis zum Dnjepr oder Ural werde die Ehre und Freiheit der dort wohnenden Völker zerstören. »An einen schöpferischen Aufbau freier Völker unter deutscher Führung denkt ein System nicht, das in Deutschland von finanziellem Wahnsinn, von wirtschaftlichem Zwang, von politischem Terror, von Rechtlosigkeit und Unmoral lebt.« Die nach Deutschland auch Europa umgreifende Zwangsherrschaft werde gekennzeichnet sein von »Hinaufschwemmung brutaler Naturen, von Gesinnungslumpen, Unerfahrenen und Unwissenden in der Führung«.

Das Schriftstück schließt mit der Wiederholung der historischen Aufforderung Steins an Friedrich Wilhelm III. vom 12. Oktober 1808, den Widerstand gegen Napoleon aufzunehmen: »... für den Redlichen ist kein Heil als in der Überzeugung, daß der Ruchlose zu allem Bösen fähig ist ... Zutrauen zu dem Mann zu haben, von dem man mit so vieler Wahrheit sagte, er habe die Hölle im Herzen, das Chaos im Kopf, ist mehr als Verblendung ... Ist also in jedem Falle nichts wie Unglück und Leiden zu erwarten, so ergreife man doch lieber einen Entschluß, der ehrenvoll und edel ist und eine Entschädigung und Trostgründe anbietet im Fall eines üblen Erfolges.« Erinnerung an große Worte als Appell zur Nachfolge an militärische Führer! Goerdeler rechnete im Falle entschlossenen Handelns zum richtigen Zeitpunkt nicht mit einem »üblen Erfolg« – »der frühere oder spätere Zusammenbruch« sei, so hatte er vorher in der Denkschrift – wie schon öfter – ausgeführt, »nach dem von Gott in dieser Natur verankerten Gesetz vollkommen gewiß«.

Außenpolitische Perspektiven

Das Thema der Juli-Denkschrift findet sich in einer ganzen Reihe Äußerungen wieder – je nach den Adressaten variiert und erweitert. Diese Äußerungen hatten angesichts der für einen Umsturz damals aussichtslosen Situation die Absicht, den Willen zum Widerstand wachzuhalten und seine Basis zu verbreitern. Goerdeler prangerte nicht nur die verbrecherischen Handlungen des NS-Regimes – Mordaktionen in Polen, Geisteskrankentötung in Deutschland – immer wieder an und stellte solcher Perversion von Herrschaft das Bild eines von strikter Rechtswahrung geprägten, freiheitlichen Staates gegenüber. Er dachte auch über die Gestaltung einer künftigen internationalen Friedensordnung nach. Für eine sachgerechte Einschätzung der außenpolitischen

Perspektive darf seine Begründung nicht übersehen werden: »Kein Volk lebt allein auf dieser Welt; Gott hat auch noch andere Völker geschaffen und sich entwickeln lassen«; und: »Ewiger Kampf bedeutet dauernde Kräftevergeudung. Ewige Unterdrückung anderer widerspricht offenbar ebenso den Geboten Gottes wie der vernünftigen … Erkenntnis, daß nur freie Menschen höchste Leistungen vollbringen und daß nur deren gegenseitiger Austausch dauernd Leben erhält und verbessert.«

Spätestens an dieser Stelle wird der prinzipielle Unterschied zwischen Goerdeler und Hitler unübersehbar. Die Very-little-difference-These ist unhaltbar, auch dann, wenn man die nationalen, die hegemonialen Ambitionen Goerdelers einbezieht.

Anfang Dezember 1938 übergab Goerdeler den Engländern ein Memorandum: eine Art Entwurf für ein Abkommen über die wünschenswerten Beziehungen zwischen einer friedlichen deutschen Regierung (nach Hitler) und England. Er enthält die Konstanten der außenpolitischen Vorstellungswelt Goerdelers.

Es kann nicht verwundern, daß Goerdeler entsprechend seinem finanzpolitischen Denkansatz Modalitäten der Wiederherstellung eines freien internationalen Währungssystems (mit Hilfe einer Goldanleihe an Deutschland) in den Mittelpunkt seiner Ausführungen stellte, sah er doch in der desolaten finanz- und wirtschaftspolitischen Lage des NS-Regimes eine Hauptgefahr für den Frieden (3). In engen Zusammenhang damit rückte er den Vorschlag eines sofortigen Rüstungsstopps und schrittweiser Rüstungsverminderung: Die eingesparten Finanzmittel sollten in produktive Investitionen zur Verbesserung der Lebenshaltung fließen (4). Als unverzichtbare außenpolitische Hauptforderung war eingefügt die mit englischer Unterstützung zu bewirkende Rückgabe des polnischen Korridors an Deutschland, wobei die Polen einen Zugang zum Meer in anderer Form erhalten sollten (1 u. 8). Ferner taucht die alte deutsche Kolonialforderung auf (2). Im Hinblick auf die UdSSR war vage die Rede von der Wiederherstellung einer »vernünftigen Ordnung« (5 u. 6). Goerdeler hat dabei, wie er in der großen um die Jahreswende 1941/1942 zusammen mit Beck erarbeiteten Denkschrift erklärt, keinesfalls an »militärische Zwangseingriffe« gedacht. Er hoffte vielmehr gegenüber dem Kollektivsystem, das er als vernunftwidrig betrachtete, auf evolutionäre Wandlungen, die es ermöglichen sollten, »Rußland allmählich in eine europäische Zusammenfassung« einzubeziehen. Bis dahin aber hielt er eine defensiv verstandene militärische Sicherung unter deutscher Führung für unabdingbar.

Als deutscherseits zu erbringende Leistungen waren im Memorandum genannt: Verzicht auf eine Hegemonie über Südosteuropa (6), Zustimmung zu einem Status quo im Mittelmeer (7), Mitwirkung an einer Wiederherstellung der Positionen der Westmächte in Ostasien (8). Ein neuer Völkerbund sollte das Friedenswerk sichern und krönen (9).

Die englische Reaktion sah in diesem Vorstoß Goerdelers nichts anderes als das aus der Weimarer Republik bekannte Revisionsprogramm, wie es auch Hitler zu vertreten vorgab. Warum sollte man auf Leute einer schwer einschätzbaren deutschen Opposition setzen, wenn man Frieden auch mit der legalen Regierung haben konnte und in München soeben besiegelt hatte? Gehörten sie nicht alle, die deutsche Regierung und ihre Opponenten, zum Geschlecht des »alten deutschen Adam«, gekennzeichnet durch ein gleiches Expansionsstreben und sich in gleicher Weise berufend auf alte preußische Traditionen? In London sah man nicht, daß Goerdelers außenpolitische Ambitionen von denen Hitlers durch einen Abgrund getrennt waren. Vom biologistisch-sozialdarwinistischen Lebensraumdenken des deutschen Regierungschefs hatte man nicht die geringste Vorstellung. Man glaubte auch noch den Krieg hindurch eher an eine besonders radikale Fortsetzung der traditionellen deutschen Expansionspolitik. So konnte Goerdeler den englischen Politikern nicht als eine potentielle Alternative erscheinen. Gewiß war es damals noch schwierig, den fundamentalen Unterschied in den politischen Zielen wie den Methoden Hitlers und seiner deutschen Widersacher wahrzunehmen. Daß die Engländer – und mit ihnen die Amerikaner – auch dann noch, als Hitlers imperiale Politik in ihrem menschenverachtenden Wesen nicht mehr zu verkennen war und sich die deutsche Widerstandsbewegung als nun deutliche Alternative anbot, nicht mit ihr zusammenarbeiten wollten, bedeutet ein Stück Mitverantwortung an der nicht abgewendeten europäischen Katastrophe.

Gewiß, Goerdeler hat selbst nach Stalingrad 1943 als vom Widerstand nominierter Reichskanzler nach Hitler die Revision von Versailles im Osten nicht aufgegeben. Ja, er hat eine europäische Führungsrolle für die Großmacht Deutschland (mit Österreich, den Sudeten- und Ostgebieten) offen vertreten. Um darüber ein historisches Urteil zu gewinnen, sei eine spekulative Hypothese erlaubt: Hätten die Engländer (und Amerikaner) in der Erkenntnis des qualitativen Unterschiedes den Widerstand als ein *geringeres Übel* genommen, hätten sie es zwar mit einem alten, nach wie vor ungeliebten »deutschen Adam« zu tun gehabt, keineswegs aber mit dem rassebiologischen Imperialismus Hitlers. So gesehen wären gegenüber den national-machtpolitischen Ambitionen eines anderen Deutschland unter der Kanzlerschaft Goerdelers wohl Abstriche von Maximalforderungen und demgemäß vernünftige politische Arrangements denkbar gewesen – nicht zuletzt deswegen, weil es für das andere Deutschland moralische Bindungen gab. »Recht und Anstand« waren für Goerdeler keine bloßen Floskeln, während Hitler ohne jeden ethischen Skrupel operierte. Die Engländer jedoch haben all dies nicht gesehen. Sie blieben in traditionellen Denkkategorien befangen und warfen so den deutschen Widerstand mit dem NS-Regime in einen Topf. Schlimmer noch: Sie betrachteten Goerdeler und seine Gesinnungsgenossen, wie in den englischen Akten zu lesen ist, nur als nützliche Informanten.

Goerdeler, für den England stets politisches Vorbild und Modell war, setzte bis zum bitteren Ende auf eine Verständigung – nicht zuletzt, weil er der Meinung war, die von einer siegreichen Sowjetunion ausgehende potentielle Bedrohung Europas setze England in Zugzwang für ein Arrangement mit einem anderen Deutschland. Er ahnte nicht, daß die Westalliierten, von der Abwehr der aktuellen deutschen Aggression voll in Anspruch genommen, blind waren für Gefahren, die von der UdSSR kommen konnten. Die Würfel waren längst gefallen: Während Goerdeler noch an die von England gebilligte Führungsrolle eines neuen Deutschland in Europa glaubte, war die Sowjetunion faktisch bereits als europäische Hegemonialmacht akzeptiert.

Bis in den Juli 1944 hinein bemühte sich Goerdeler um Kontakte mit England und um Zusicherungen für den Fall des Staatsstreiches. Je weiter die sowjetrussischen Armeen nach Westen vorrückten, um so weniger konnte er sich vorstellen, daß die englische Regierung zu keinem Kompromiß, mit welchen deutschen Repräsentanten auch immer, bereit war. Die Casablancaformel der bedingungslosen Kapitulation (Januar 1943) erschien ihm nicht unumstößlich, und selbst die englisch-amerikanisch-russischen Absprachen wären ihm, hätte er sie gekannt, nicht als unwandelbar erschienen.

Sein unentwegter Glaube an die politische Vernunft ließ ihn die Zulassung sowjetrussischer Vorherrschaft über Europa undenkbar erscheinen. Andererseits war er in einer Zwangslage: Der Generalität, deren Mitwirkung für einen Sturz Hitlers unabdingbar war, mußte die Möglichkeit einer außenpolitischen Verständigung vorgewiesen werden, wollte man sie zum Handeln bringen. Ausländische Kompromißbereitschaft setzte jedoch den Umsturz in Deutschland voraus – dann mochten Mentalitätswandlungen erfolgen und pragmatisches Einlenken denkmöglich werden. Goerdeler setzte seine ganze Kraft daran, diesem Zirkel zu entrinnen. Den Sprung ins Dunkle, den ihm sein schwedischer Freund Jakob Wallenberg im November 1942 anriet, hat er nie ernsthaft erwogen. Wallenberg hatte ihm gesagt: »Sie sind ein guter deutscher Patriot, Sie kämpfen für Deutschlands Wohl. Sie müssen nicht Ihre Feinde fragen, was Sie tun wollen. Die können Ihnen gar keine gute Antwort geben. Jedermann weiß, daß Sie Frieden machen wollen, aber ohne bedingungslose Kapitulation! Fragen Sie dann, wenn Sie an der Macht sind. Sie werden entweder Ja oder Nein als Antwort hören. Glauben Sie etwa, daß eine Regierung Beck-Goerdeler geringere Chancen hätte, um die bedingungslose Kapitulation herumzukommen, als Hitler? Schlägt man Ihnen jedes Entgegenkommen ab, wird darum etwa Ihre Regierung weniger geeignet sein als Hitler, den Krieg fortzusetzen bis zur Erkämpfung eines ehrenvollen Friedens?«[18]

Wünsche und Wirklichkeiten

Ende 1941 gelang es Goerdeler, die Verbindungen unter den Regimegegnern enger zu knüpfen. Die große Denkschrift von der Jahreswende 1941/1942 gibt Zeugnis von den neuen, umfassend erörterten außen- und innen- sowie verfassungspolitischen Planungen des Goerdeler-Kreises. Zu ihm gehörten außer dem gleichrangigen Partner Generaloberst a. D. Ludwig Beck, um nur einige der wichtigsten Personen zu nennen: Ulrich von Hassell und zeitweise der preußische Finanzminister Johannes Popitz, aber auch schon die Gewerkschaftsgruppe um Jakob Kaiser und Wilhelm Leuschner, Max Habermann und Josef Wirmer, deren Vorstellungen aber erst später zum Zuge kommen sollten.

Der deutsche Vormarsch im Sommer 1942 auf Stalingrad und in den Kaukasus war noch nicht zum Stillstand gelangt, als Goerdeler seine Versuche, hohe militärische Führer zur Mitwirkung an einem Sturz Hitlers zu gewinnen, verstärkte. Auf einer ungewöhnlichen Frontreise drang er zum Beispiel bis zu Feldmarschall von Kluge vor, vermochte in einem offenen Gespräch diesen zwar nicht zu gewinnen, doch hat er für später Hoffnung auf ihn gesetzt. Bei dieser Gelegenheit lernte er den Stabschef Kluges, von Tresckow, kennen. Es ergab sich ein enges persönliches Vertrauensverhältnis. Von da an datiert die wichtige Zusammenarbeit mit diesem hervorragenden, tatbereiten Mann und den ihm verbundenen Offizieren. Im November 1942 wurden in Gesprächen zwischen Goerdeler, Tresckow und Olbricht in Berlin dann konkrete Staatsstreichvorbereitungen in Gang gebracht. Die ersten Konturen der »Walküre«-Planungen werden sichtbar. Aber es trat auch eine Zäsur ein: Die militärischen Verschwörer hielten einen Umsturz nur noch durch Tyrannenmord für möglich. Goerdeler hielt dagegen an seinem Plan fest, Hitler zu verhaften. Was sich hier als »methodischer« Konflikt anbahnt, wurde schließlich, wie sich vor allem in den

Spannungen zwischen Goerdeler und Stauffenberg zeigen sollte, zu einem prinzipiellen Problem.

Inzwischen gab es auch andere Spannungen: Mißverständnisse, aber auch prinzipielle Differenzen mit dem Kreisauer Kreis und mit Teilen der Gewerkschaftsgruppe um Jakob Kaiser und Wilhelm Leuschner. Während erstere nie ganz ausgeräumt werden konnten, ließ sich in klärenden Gesprächen das gute Verhältnis zu den Arbeitervertretern wiederherstellen und sogar vertiefen. Goerdeler räumte in seinen innen- und verfassungspolitischen Planungen der künftigen Gewerkschaftsbewegung einen hervorragenden Platz ein.

Obwohl die Widerstandsbewegung sich inzwischen gefestigt hatte, die Situation nach der Katastrophe von Stalingrad sogar günstig schien, geriet sie doch bald wieder in eine schwierige Phase: mehrere von Tresckow angesetzte Attentatsversuche scheiterten, die Gruppe um Oster wurde durch die Gestapo ausgeschaltet, und Generaloberst Beck fiel durch schwere Erkrankung aus. So war Goerdeler jetzt Hauptrepräsentant der zum Umsturz bereiten Widerstandsgruppen: Motor, Mahner und Dränger. »Als Mann mit dem breitkrempigen Hut oder als unscheinbarer Zivilist – Wanderprediger oder Landpfarrer war ein Deckname für ihn – bereiste er auf unermüdlichem Kurs die Heimat und die östliche Front, machte sich zum Beruf, bei den Militärs, je höher, desto besser, lästig zu werden, und trieb, wo er konnte, zum Aufruhr ... Auch wer seinen Darlegungen und Prognosen nicht folgte, war bewegt von der Unmittelbarkeit und Lauterkeit dieses ganz dem Vaterland dienenden Deutschen, der irgendwo noch an eine heile Welt oder doch zu heilende Welt glaubte und nie, solange er noch in Freiheit war, dem Gift, das auch Edle stürzen läßt, der Verzweiflung und der Selbstqüalerei erlag.«[19] Während andere resignierten und Niederlage und Kapitulation für unabwendbar, ja wünschbar erachteten, gab Goerdeler nicht auf. Leidenschaftlich bedrängte er in einem Brief vom 17. Mai 1943 General Olbricht, nicht mehr auf eine günstige Situation zu warten, sondern den »rechten Moment« selbst zu schaffen. Doch Olbricht, längst zum Handeln bereit, war als Chef des Allgemeinen Heeresamtes im Oberkommando des Heeres ohne Verfügungsgewalt über Truppenverbände. In solch ausweisloser Lage kam Goerdeler auf seine »fixe Idee« zurück: »Finden wir keinen anderen Weg, so bin ich bereit, alles zu tun, um zu einer Aussprache mit Hitler zu gelangen. Ich würde ihm sagen, was zu sagen ist, insbesondere, daß sein Rücktritt im Lebensinteresse des Volkes erfordert wird. Es ist nicht gesagt, daß eine solche Aussprache, wenn sie herbeigeführt werden kann, böse enden muß; Überraschungen sind möglich, nicht wahrscheinlich, aber das Risiko muß gewagt werden. Nur ist wohl nicht unbescheiden, wenn ich Sicherheit verlange, daß dann unmittelbar gehandelt wird.« Die Demonstration praktischer Hilflosigkeit eines mutigen Mannes – so hat Goerdelers Biograph, Gerhard Ritter, geurteilt. Mit einer Debatte habe er den Staatsstreich eröffnen wollen statt mit einer Gewalttat, noch immer von einer letzten Hoffnung getrieben, daß Hitler vor der Vernunft das Feld räumen könnte.[20]

Goerdeler drängt und mahnt weiter. An Feldmarschall von Kluge schreibt er am 25. Juli 1943: »Wissen Sie ... noch ein Mittel, um einen Sieg zu erringen, der erstens ermöglicht, Rußland endgültig von Europa fernzuhalten, zweitens die Welt und das englische Weltreich dazu zu zwingen, diesen Angriff aufzugeben und schließlich Frieden zu machen?« Da es ein solches Mittel nicht gäbe, sei, so schreibt Goerdeler weiter, »die Fortsetzung des Krieges ein glattes Verbrechen, weil es für ein Volk niemals ein heroisches Ende, sondern immer nur ein Weiterlebenmüssen gibt«.

Im Zusammenhang mit dem im Sommer 1943 gesteigerten Drängen, die Generale zum Handeln zu bewegen, muß Goerdelers Versuch genannt werden, in Stockholm Ende Mai mit Hilfe der Brüder Wallenberg Verbindung zu Churchill herzustellen, um die von den Generalen und ihm selbst für unerläßlich gehaltene außenpolitische Absicherung doch noch zu erreichen. Nach der Versicherung, der Umsturz in Deutschland stehe bevor, skizzierte Goerdeler die Strukturen des anderen Deutschland (seine Staats-, Sozial- und Wirtschaftsverfassung). Zugesichert wurde dann die »volle Selbständigkeit aller europäischen Nationen«, ausdrücklich auch Polens und der Tschechoslowakei. Was Polen – sein Herzensanliegen – anging, so betonte er die Notwendigkeit der Wiederherstellung der alten polnischen Ostgrenzen und erklärte für die polnische Westgrenze die Bereitschaft zu einer Verhandlungslösung – eine Flexibilität, die sich nur zu diesem Zeitpunkt und nur an dieser Stelle findet. Um in Europa die alten Rivalitäten zu verhindern, schlug er eine Wirtschaftsunion mit zusätzlichen anderen Verflechtungen vor.

Spiegelt sich in diesen Gedanken eine im Grunde unveränderte Vorstellungswelt, so wird zur Mitte des Jahres 1943 die Substanz seines politischen Denkens noch einmal eindrucksvoll in den Schlußworten des nach London geleiteten Schriftstückes gegenwärtig: »Dies ist der Plan. Die zu seiner Durchführung fähigen Menschen besitzt Deutschland zur Genüge. Aber gerade sie lehnen, die Selbständigkeit aller anderen Völker achtend und wollend, die Einmischung anderer Völker in deutsche Fragen leidenschaftlich ab. Wenn man also hört, daß Polen Ostpreußen und Teile Schlesiens verlangt, daß man Einfluß auf das deutsche Erziehungswesen nehmen, daß man in Deutschland tun will, was Deutsche selbst tun müssen und auch allein mit Erfolg tun können, dann muß man schwarz in die Zukunft Europas und der weißen Völker sehen. Denn sie kann nur auf ihrem freien Bund, auf Selbständigkeit und Achtung, nicht auf neue Entwürdigung gegründet werden. Wir werden Hitler und seine Mitverbrecher allein zur Rechenschaft ziehen, weil sie unseren guten Namen befleckt haben. Aber wir werden dahinter unsere Selbständigkeit verteidigen.«

Kein Zweifel bleibt, daß hier ein deutscher Patriot sprach. Indes stellt sich die Frage, ob dieser Patriot in jenen Monaten, in denen er im Zenit seines Wirkens stand, Deutschland unter Hitler jedoch den Höhepunkt seiner Herrschaft bereits überschritten hatte, hinreichend realistisch dachte und operierte. Die Antwort liegt in der Feststellung, daß weder der Umsturz nahe bevorstand, wie Goerdeler nach England signalisierte, noch die Reaktion Churchills zu ernsthaften Hoffnungen berechtigte, wie Goerdeler glaubte und an seine Gesinnungsgenossen weitergab. Goerdeler wollte nicht täuschen, nicht durch Täuschung vorwärtstreiben – er täuschte sich selbst, indem er, einer fatalen Neigung entsprechend, wieder einmal Wünsche für Wirklichkeiten nahm. Das mochte in der Vergangenheit hingenommen, seinem sanguinischen Temperament zugerechnet worden sein, jetzt aber tat es seiner Überzeugungskraft in der Widerstandsbewegung Abbruch, wie sich in den kommenden Monaten mehr und mehr zeigen sollte.

Welcher Art waren die Gesellschafts- und Verfassungsvorstellungen, die Goerdeler dem englischen Premier unterbreitet hatte? Als die Bundesrepublik Deutschland als parlamentarisch-repräsentative Demokratie gegründet wurde, sah man sich manchmal summarisch in der Tradition der Vertreter des anderen Deutschland. Nähere Analysen in den sechziger Jahren zeigten aber, daß der deutsche Widerstand im ganzen und speziell Carl Friedrich Goerdeler nicht als Vorläufer unserer Verfassung angesehen werden können. Die Enttäuschung falscher Erwartungen führte dann zu scharf distanzierender Kritik. Historische Gerechtigkeit gebietet es jedoch, die Maßstäbe des Urteils nicht schlechthin der gegenwärtigen politischen Lebenswelt zu entnehmen, sondern Goerdeler und die Widerstandsbewegung unter den Bedingungen und in den Denkkategorien ihrer eigenen Zeit zu sehen.

Das primäre politische Ziel Goerdelers war die Wiederherstellung und die institutionelle Sicherung des Rechtsstaates. Darin und in dem zugrunde liegenden ethischen Motiv der Achtung unantastbarer Menschenwürde stimmt er mit dem Grundprinzip unserer Verfassung überein. Tiefstes Mißtrauen hegte er jedoch – wie übrigens auch die Kreisauer und die Sozialisten – gegenüber dem Modell der parlamentarisch-repräsentativen Regierungsform in einer Massengesellschaft. Nach den – wiederum mit den Kreisauern und den Sozialisten geteilten – negativen Erfahrungen mit der Weimarer Demokratie und ihrem nicht funktionierenden Parteiensystem, dem vielfachen Wechsel der Regierungen, den von Demagogen aufgepeitschten Massenemotionen blieb Goerdeler bei seinen innenpolitischen Planungen wie früher schon auf starke institutionelle Sicherung einer handlungsfähigen Exekutive auf allen Ebenen, insbesondere in der Staatsspitze, bedacht. Daraus ergab sich die Konstruktion einer präsidialen, einer »autoritären« Staatsform, die man jedoch nicht mit den Vorstellungen von Popitz, Hassell und Jessen und schon gar nicht mit solch autoritären Systemen wie dem Franco-Regime verwechseln darf. Es war durchaus an eine reale demokratische Kontrolle der Exekutive durch parlamentarische Einrichtungen gedacht, nur sollten die Kontrollinstanzen einerseits aus einem strikten Mehrheitswahlsystem hervorgehen und andererseits aus teils direkt, teils indirekt gewählten Vertretern zusammengesetzt werden. Was die Stärkung der Exekutive angeht, so werden bei Goerdeler Rückgriffe auf Bismarck und, was die Beteiligung des Volkes betrifft, auf den Freiherrn vom Stein deutlich. Im Zusammenhang mit der Goerdelers Denken eigentümlichen Überzeugung von der Bedeutung kommunaler Selbstverwaltung als Basis politischen Handelns und Schule politischen Lernens stand schließlich seine seit der Schlußphase Weimars bekannte, jetzt nur noch bekräftigte Absicht, den Staatsaufbau von unten nach oben zu organisieren und die Erfahrungen aus der Kommunalpolitik für das Staatsganze nutzbar zu machen.

Nicht wenige seiner Vorstellungen waren dem Denken der Kreisauer verwandt, andere jedoch davon gänzlich verschieden.

All seinen politischen Überlegungen lag jedoch die Hoffnung auf eine homogene, nicht pluralistisch zersplitterte deutsche Nachkriegsgesellschaft zugrunde. Diese Hoffnung war gegründet in der den Kreisauern ähnlichen Überzeugung christlicher Erneuerung. »Das religiöse Bewußtsein«, so schrieb er im Herbst 1943, »ist durch die

Unterdrückung im letzten Jahrzehnt ungeheuer vertieft und verbreitet. Für uns wird die christliche Religion und ihre Lehre Stütze und Leitsatz auch bei allen politischen Maßnahmen im Innern und im Äußern bleiben.«

Überblickt man Goerdelers politische Vorstellungswelt, so ist die konservative Bindung an Traditionen, an altpreußische Elemente, an die Epoche des älteren Konstitutionalismus, aber auch an die klassische liberale Bewegung nicht zu übersehen. Hier liegen Konstanten seines Denkens. Aber bei aller Traditionsverhaftung und Prinzipienfestigkeit war er politisch genügend flexibel, um sich mit anderen Ordnungsvorstellungen vertraut zu machen und diese in seine Planungen einzubauen. So ist es erstaunlich, in welch hohem Maße er im Laufe der Jahre politische Ideen und historische Sichtweisen der Widerstandsgruppen um Jakob Kaiser und Wilhelm Leuschner übernommen hat.

In der großen Denkschrift »Der Weg« aus dem Jahre 1944 findet sich bei der Erörterung der Verfassung des Kaiserreiches die Bemerkung: »Aber die Regierung beging den verhängnisvollen Fehler, die politische und gewerkschaftliche Arbeiterbewegung zu bekämpfen und so die Idee des Klassenkampfes zu verschärfen und zu vertiefen. Statt daß sie ihr Gelegenheit gab, an der Verantwortung teilzunehmen und sich auszurichten, machte sie sie so zu Gegnern des Staates und stärkte ihre revolutionären Ziele.« Und in der Analyse der Wirtschafts- und Sozialpolitik der Weimarer Republik heißt es: »Es ist zur Ehre der 1933 so unwürdig von Hitler zu Boden getretenen Gewerkschaften zu sagen, daß sie in steigender Erkenntnis harter Tatsachen und Zusammenhänge ihren Mitgliedern außerordentliche Opfer im Interesse des ganzen Volkes zugemutet haben. Dieses Bewußtsein ist schwer errungen. Es mündet in der Erkenntnis, *daß je größer der Einfluß, um so klarer auch die Verantwortung gestaltet werden muß.*«

Goerdeler hat in intensivem Gedankenaustausch mit den Arbeitervertretern nicht nur seine geschichtlichen Urteile über die sozialen Bezüge im Kaiserreich und in der Weimarer Republik beträchtlich revidiert. Er hat auch den von Jakob Kaiser und Wilhelm Leuschner entwickelten Plan einer starken Einheitsgewerkschaft in seinem Verfassungsmodell institutionell so verankert, daß die straff organisierte Arbeiterbewegung sicher zu einem entscheidenden politischen Machtfaktor geworden wäre. Daß dies ein Programm war, kommt auch darin zum Ausdruck, daß Wilhelm Leuschner als Vizekanzler vorgesehen war. Damit war in die künftige Verfassung ein starkes Bewegungselement eingebaut, und es wäre falsch, die politische Programmatik statisch zu sehen.

Zu diesen Zielsetzungen der Goerdeler-Gruppe gab es konkurrierende Vorstellungen des Kreisauer Kreises, nicht zuletzt in bezug auf die künftige Stellung der Gewerkschaften. Goerdeler dachte unter diesem Aspekt moderner als die Kreisauer. Außerdem urteilte er in manchen anderen sozial- und wirtschaftspolitischen Fragen realistischer. Doch sollte man Differenzen nicht verabsolutieren und auch nicht vergessen, daß es sich bei den Widerstandskreisen und den unter ihnen geschlossenen Verbindungen nicht um uniforme Gruppen, sondern um politische Koalitionen gehandelt hat, denen nach gelungener Beseitigung des NS-Regimes in der politischen Praxis Auseinandersetzungen nicht erspart geblieben wären.

So geriet Goerdeler auch in Spannungen zu den politischen Vorstellungen Stauffenbergs. Oberst im Generalstab Claus Graf Schenk von Stauffenberg verstand sich nicht etwa nur als militärtechnischer Gehilfe der politischen Bewegung, sondern als politisch verantwortlich Mitwirkender. Er rückte schnell in eine entscheidende politische Führungsrolle ein. Respektierte er zunächst fraglos Goerdelers politischen Primat, so nahm er in den folgenden Monaten ihm gegenüber eine zunehmend skeptischere Haltung ein, die jedoch nie zu einer grundsätzlichen Distanzierung führte. Stauffenberg hielt seit Dezember 1943 engen Kontakt zu Goerdeler. Er führte mit ihm mehrere lange Unterredungen und hat ihn noch am 18. Juli 1944 getroffen, als für Goerdeler bereits die Verhaftungsanordnung gegeben war. So wurde dieser auch jedesmal alarmiert, wenn Stauffenberg einen Termin für den Umsturz festlegen zu können glaubte: Goerdeler sollte sich bereit halten für die bevorstehende Übernahme der Funktionen der Reichskanzlerschaft. Spannungen traten ein, als Goerdeler nach mehreren ergebnislosen Vorwarnungen ungeduldig wurde und Vorhaltungen machte. Sie steigerten sich in dem Maße, wie Stauffenberg sich selbständig um die politische Planung und Organisation kümmerte und sich dabei seine Verbindung zu dem Sozialisten Julius Leber, dem präsumtiven Innenminister und entschiedenen Kontrahenten Goerdelers, vertiefte. In Goerdelers Sicht, der sich nicht mehr hinreichend informiert und zunehmend übergangen fühlte, überschritt Stauffenberg die klassische Kompetenzverteilung zwischen militärischem und politischem Sektor und wurde zu einem »politischen Offizier«.

In der Schlußphase vor dem 20. Juli 1944 war Stauffenberg in jeder Hinsicht zur entscheidenden Figur geworden. In die politische Programmatik kam eine neue Dynamik, die über Goerdeler hinwegdrängte. Dies gilt weniger für die außenpolitische Linienführung als vielmehr für die innenpolitischen Optionen, so daß Stauffenberg Leber schließlich für den geeigneteren Reichskanzler gehalten zu haben scheint. Trotzdem hielt Stauffenberg an Goerdelers Kanzlerschaft vorerst fest und akzeptierte auch die von ihm vorgelegte Kabinettsliste. Eine Reihe von Mißdeutungen der Person Goerdelers und seiner angeblichen Restaurationspläne, die Stauffenberg zugespielt wurden, konnte überdies durch Jakob Kaiser und Josef Wirmer ausgeräumt werden.

Die Differenz zu Goerdeler bestand vor allem und mit steigendem Gewicht darin, daß dieser auch 1944 unter keinen Umständen für eine Attentatslösung zu gewinnen war und bis zum Schluß an seinem Gedanken festhielt, Hitler zu verhaften. Für Stauffenberg stand fest, daß der Entschluß zum Umsturz notwendigerweise den Willen zur Tötung Hitlers voraussetzte. Daß Goerdeler, dem die Attentatsversuche Stauffenbergs nicht verborgen blieben, nach erfolgtem Tyrannenmord trotzdem zur Kanzlerschaft bereit und entschlossen war, deutet freilich auf einen Bewußtseinszwiespalt und eine nicht ausgetragene innere Konfliktsituation hin. Das Scheitern des Attentats am 20. Juli führte in dieser Hinsicht zu einer makabren psychischen Entlastung. »Du sollst nicht töten«, war Goerdelers erster Satz, als er am 24. Juli, bereits auf der Flucht, Frau Dr. Nebgen, der Mitarbeiterin Jakob Kaisers, zu einem verabredeten Treffen begegnete. Das Mißlingen der Tyrannentötung verstand er, wie aus den Gefängnisnotizen bezeugt ist, als Gottesurteil.

Mit dem Fund der Kabinettsliste in der Bendlerstraße war Goerdelers zentrale Bedeutung in der Verschwörung gegen Hitler und sein Regime enthüllt. Auf seiner Flucht nach Marienwerder kam er nur noch bis in die Nähe des Friedhofs mit den Gräbern seiner Eltern. Dort sah er sich erkannt und verfolgt, floh weiter und wurde nach einer im Freien verbrachten Nacht am Morgen des 12. August 1944 bei Konradswalde (im früheren Kreis Stuhm) verhaftet. Vier Wochen später, am 8. September, sprach der Präsident des Volksgerichtshofes sein Todesurteil, aber erst am 2. Februar 1945 wurde es vollstreckt.

Die Qual dieser fast fünf Monate zwischen Todesurteil und Hinrichtung kann nicht beschrieben werden. Zeitweise mag er Hoffnung geschöpft haben, weil höhere SS-Führer im Reichssicherheitshauptamt und möglicherweise sogar Himmler selbst ihn für sich und ihre Zwecke aufzusparen schienen. Nach Tagen und Wochen solcher Hoffnung aber stürzte er in die Tiefe einer Verlassenheit, wie sie vielleicht keinem der Mitverschworenen in gleicher Schrecklichkeit zugemessen worden ist. Sein christlicher Glaube, von der Lehre der liberalen Theologie bestimmt und darin vornehmlich rational und praktisch-ethisch verstanden, brach ihm zusammen. »Nein, die Vernunft kann keinen Ausweg finden«, so schrieb er auf einem Zettel, den ein Wärter herausgeschmuggelt hat: »Sie muß heute Gott mit den Psalmisten zurufen: Halte ein! Siehst Du denn nicht, daß diese Qualen den Unschuldigen nicht mehr verständlich sein können, daß sie stumpfe Ergebung, aufbäumende Empörung oder höhnende Verhärtung zur Folge haben müssen? Daß die zu harte Strafe die Menschen zurückwirft in ihrem Streben zu Dir? Du hast das Töten verboten und benutzest es zur Erziehung? Du hast es verboten und das Attentat mißlingen lassen; aber dadurch hast Du Millionen unschuldiger Menschen zum Tode verurteilt!«

Und dann, nach solchen Anrufen an einen fernen Gott, folgen Sätze, die auf Kontinuität und Konsequenz in Goerdelers Denken auch noch in der Extremsituation hinweisen: »Die Vernunft hilft mir zur Erkenntnis, in sich selbst des Schicksals Sterne zu suchen, das Gute als Mittel und Ziel anzuerkennen, weil sonst das Leben untragbar wird, und bei Erfolg und Scheitern festzustellen, wo die Ursachen liegen, dabei den Erfolg in den Leistungen anderer suchend, das Scheitern dem eigenen Versagen zuschreibend. Sehr hart, sehr bitter, aber wenigstens aufrichtig und für die Lebenden erzieherisch – soweit bin ich heute. Und doch suche ich noch durch Christus den barmherzigen Gott. Gefunden habe ich ihn nicht. – O Christus, wo ist die Wahrheit, wo ist der Trost? Was vermögen wir Menschen, um wenigstens den Saum des Seelenfriedens zu erfassen?«

Wir wissen nicht, ob Goerdeler den Seelenfrieden am Ende nicht doch noch gefunden hat. Sein Tun hat er in den Qualen der Todeszelle nicht verleugnet. Im Gedanken stellvertretender Reinigung und Sühne fand er schließlich einen letzten Sinn. In einem Abschiedsbrief finden sich die Worte: »Die Welt aber bitte ich, unser Märtyrerschicksal als Buße anzunehmen für das deutsche Volk.«

[1] Vgl. den Vortrag von Alfred Heuss »Die Kunst der Erinnerung. Auch die Vergangenheit zählt zur Wirklichkeit des Menschen«, gehalten aus Anlaß des ihm verliehenen Preises des Historischen Kollegs in München am 15. Nov. 1983, gekürzte Redefassung in der FAZ vom 17. 11. 1983.

[2] DAHRENDORF, RALF: *Gesellschaft und Demokratie in Deutschland*, München 1965, S. 441–445.

[3] GRAML, HERMANN: *Die außenpolitischen Vorstellungen des deutschen Widerstandes*, in: SCHMITT-HENNER, WALTER, u. BUCHHEIM, HANS (HRSG.): Der deutsche Widerstand gegen Hitler. Vier historisch-kritische Studien, Köln/Berlin 1966, S. 15–72; MOMMSEN, HANS: *Gesellschaftsbild und Verfassungspläne des deutschen Widerstandes*, ebd., S. 73–167.

[4] DIPPER, CHRISTOF: *Der deutsche Widerstand und die Juden*, in: Geschichte und Gesellschaft, 9. Jg. 1983/Heft 3, S. 349–380, hier S. 360.

[5] WENDT, BERND-JÜRGEN: *Konservative Honoratioren – Eine Alternative zu Hitler? Englandkontakte des deutschen Widerstandes im Jahre 1938*, in: STEGMANN, DIRK, WENDT, BERND-JÜRGEN, WITT, PETER-CHRISTIAN (HRSG.): Deutscher Konservatismus im 19. und 20. Jahrhundert, Bonn 1983, S. 347–367, hier S. 361.

[6] Ebenda, S. 365.

[7] RITTER, GERHARD: *Carl Goerdeler und die deutsche Widerstandsbewegung*, S. 17. – Das Porträt ist auch im folgenden vielfach auf die Wiedergabe des Nachlasses gestützt, wie ihn G. Ritter von der Familie Goerdeler zur Verfügung gestellt bekommen hatte.

[8] Ebenda, S. 24.

[9] Soweit ich sehe, hat bisher nur Hans Mommsen diese Seite gesehen und beachtet. Vgl. seine Studie, a.a.O. (Anmerkung 3).

[10] Mommsen, a.a.O., S. 89.

[11] So differenziert Klaus Hildebrand in seinem Aufsatz *Die ostpolitischen Vorstellungen im deutschen Widerstand*, in: Geschichte in Wissenschaft und Unterricht, 29. Jg. 1978, S. 213.

[12] TREUE, WILHELM: *Hitlers Denkschrift zum Vierjahresplan 1936*, dokumentiert und kommentiert in: Vierteljahreshefte für Zeitgeschichte, 3. Jg. 1955, S. 184–210, Zitat von S. 210.

[13] Von Gerhard Ritter (a.a.O., S. 81) aus dem Aprilheft der »Deutschen Rundschau« zitiert, hier S. 9.

[14] KRAUSE, FR. (HRSG.): *Goerdelers Politisches Testament. Dokument des anderen Deutschland*, New York 1945, S. 19–48. Vgl. G. RITTER, a.a.O., S. 161–163.

[15] Die Tagebücher von Helmuth Groscurth und Ulrich von Hassell machen dies ebenfalls deutlich. Vgl.: DEUTSCH, HARALD C.: *Verschwörung gegen den Krieg. Der Widerstand in den Jahren 1939–1940*, München 1969, passim.

[16] *Beck und Goerdeler. Gemeinschaftsdokumente für den Frieden 1941–1944*, hrsg. u. erläutert von W. Ritter von Schramm, München 1965, S. 30.

[17] An dieser Stelle sei noch auf die Kontakte Goerdelers mit dem englischen Industriellen A. P. Young hingewiesen, die dieser in seinem Buch »Across The Years«, London 1971, (S. 17–53) dargestellt hat. Die von G. für die englische Regierung verfaßten und von Y. weitergeleiteten Berichte und Vorschläge – u. a. das auf Seite 117 skizzierte Memorandum – sind unter dem Titel »X«-Documents 1974 von Sidney Aster veröffentlicht worden. Informationen über den Inhalt dieser Papiere hat Gerhard Ritter bereits in seiner Biographie verwendet.

[18] Mdl. Mitteilung Wallenbergs an Gerhard Ritter, RITTER, a.a.O., S. 512.

[19] ZELLER, EBERHARD: *Geist der Freiheit. Der Zwanzigste Juli*, München ⁴1963, S. 72f.

[20] RITTER, a.a.O., S. 352.

GREGOR SCHÖLLGEN

Ulrich von Hassell

Die deutsche Opposition gegen Hitler, so hat Hans Rothfels einmal die »innerste Triebkraft« der Widerstandsbewegung charakterisiert, »stand und fiel mit einer prinzipiellen Stellungnahme gegen jede Art von totalitärem System, mit einem grundsätzlichen Bestehen auf den Leitgedanken europäischer Zivilisation, auf menschlicher Würde, auf den religiösen Überlieferungen des Christentums und den unabdingbaren Werten humaner Existenz«.

Konservatives und christliches Ethos

Liest man heute, vierzig Jahre nach dem Attentatsversuch auf Hitler vom 20. Juli 1944, die Tagebücher Ulrich von Hassells, so wird man – gewissermaßen unterhalb aller »praktisch-politischen« Erwägungen – eben diese Haltung als die letztlich ausschlaggebende Motivation für seinen Widerstand gegen die deutsche Diktatur bestätigt finden, die Befürchtung nämlich, wie er 1939 in einem programmatischen, erst fünfundzwanzig Jahre später publizierten Aufsatz über »Das Ringen um den Staat der Zukunft« schrieb, »daß zugunsten einer immer inhaltsloser werdenden Attrappe alle vorhandenen ethischen Werte zerstört ... werden«. Sehr deutlich offenbart sich hier seine Herkunft aus einem konservativ und christlich geprägten Milieu.

Ulrich von Hassell, am 12. November 1881 als Sohn eines preußischen Offiziers in Anklam geboren und seit 1911 mit einer Tochter des Großadmirals Alfred von Tirpitz verheiratet, trat nach dem Rechtsstudium, Sprachstudien im Ausland, insbesondere in London, und seiner Ausbildung als Gerichtsreferendar, unter anderem im deutschen Schutzgebiet Tsingtau, 1909 als Assessor in das Auswärtige Amt ein; zwei Jahre später übernahm er seinen ersten Auslandsposten als Vizekonsul in Genua. Am Ersten Weltkrieg nahm er als Leutnant der Reserve bis zu einer schweren Verwundung in der Marneschlacht am 9. September 1914 teil. 1916 schied er vorübergehend aus dem Auswärtigen Dienst aus und ging 1916 zunächst als Regierungsrat nach Stettin und dann als Direktor des Verbandes der preußischen Landkreise nach Berlin. 1918 schloß er sich der DNVP an und gründete wenig später, im Januar 1919, die »Staatspolitische Arbeitsgemeinschaft« der Partei.

Hassells Tätigkeit in der inneren Verwaltung war nur von kurzer Dauer. Die Erkenntnis, so schrieb er 1944 rückblickend, daß er »angesichts der Verständnislosigkeit der Parteibürokratie auf diesem Wege keine großen Aussichten mehr sah« und den Auswärtigen Dienst doch als seine »eigentliche Linie empfand«, bestimmte ihn, der

HASSELL, ULRICH VON
geb. am 12. 11. 1881 in Anklam/Pommern;
hingerichtet am 8. 9. 1944.

Aufforderung des damaligen Außenministers Hermann Müller nachzukommen und 1919 als Botschaftsrat an die deutsche Botschaft in Rom zu gehen. Es folgten Tätigkeiten als Generalkonsul in Barcelona (1921 bis 1926), als Gesandter in Kopenhagen (1926 bis 1930) und Belgrad (1930 bis 1932) und schließlich von 1932 bis 1938 als deutscher Botschafter in Rom. Und eben hier geriet er in zunehmende Distanz zu den Machthabern in Berlin. Der Grund lag vor allem in der Richtung, welche die deutsche Außenpolitik unter Hitler einschlug, und in den Methoden, derer sie sich dabei bediente.

Daß allerdings die *ersten* Schritte nationalsozialistischer Außenpolitik durchaus mit Hassells Anschauungen vereinbar waren, ist unübersehbar. Das gilt sowohl für den Versuch einer Annäherung des Deutschen Reiches an Italien, da er der Ansicht war, »daß diese beiden Länder aus ihrer fest im europäischen Wesen verankerten Mittellage heraus aufgerufen« seien, »ihre europäische Sendung zu erfüllen«, als auch für Hitlers Bereitschaft zu einer begrenzten Zusammenarbeit mit Frankreich und das vom »Führer« angestrebte »Bündnis« mit England: Zu gut wußte der erfahrene Diplomat um die Ursachen, die zum Ausbruch des Ersten Weltkrieges geführt hatten. Es war daher nur konsequent, daß er den von Mussolini favorisierten Plan eines Viermächtepakts zwischen Italien, Deutschland, England und Frankreich unterstützte, auch wenn sich dessen Realisierbarkeit alsbald, spätestens mit der Konferenz von Stresa im August 1935, als Illusion erwies.

Skepsis gegenüber Hitlers Risikopolitik

Die erste Skepsis gegenüber der nationalsozialistischen Außenpolitik stellte sich anläßlich des Einmarsches deutscher Truppen in die durch den Versailler Vertrag entmilitarisierte Zone des Rheinlandes am 7. März 1936 ein, den Hitler ja gleichsam im Windschatten der italienischen Abessinienpolitik vollzog und bei dessen diplomatischer Vorbereitung dem deutschen Botschafter in Rom eine wichtige Rolle zufiel. Daß sich mit Hassell über »den Schritt selbst ... durchaus reden ließ«, wie er in einer privaten Aufzeichnung vom 15. März vermerkte, kann auch den rückschauenden Beobachter kaum überraschen, waren doch auf Dauer die einschlägigen Bestimmungen des Versailler Vertrages für den Botschafter ebensowenig akzeptabel wie wohl auch für die Mehrzahl seiner Landsleute. Hinzu kam die weitere, vielleicht sogar die grundlegende Erkenntnis, daß Europa – wie er noch im Juli 1944 in sein Tagebuch notierte – »nicht ... ohne ein gesundes und kräftiges Herz« leben könne, eine Auffassung, die dann auch, wie noch zu zeigen ist, für die Vorstellungen maßgeblich sein sollten, die namentlich der konservative Widerstand »vom anderen Deutschland« hatte. Irritiert zeigte sich der Diplomat im März 1936 hingegen von dem »unwiderstehlichen Drang« Hitlers, »aus der Passivität herauszutreten«, und von dem »zu hohe[n] Risiko für das zu erreichende Ergebnis«. Die »schlimmste Wirkung« aber sah der Verehrer der Bismarckschen Staatskunst in dem »Schlag gegen Hitlers Glaubwürdigkeit«.

Diese Glaubwürdigkeit der deutschen Politik wurde für Hassell endgültig mit dem im November 1936 zwischen Deutschland und Japan abgeschlossenen sogenannten Antikominternpakt in Frage gestellt, dem Italien am 6. November 1937 beitrat. Schon die Tatsache, daß dieser Vertrag in Rom von deutscher Seite durch den Botschafter in

London, Joachim von Ribbentrop, unterzeichnet wurde, betrachtete Hassell, wie er an den Außenminister, Konstantin Freiherr von Neurath, schrieb, wegen der darin offenbar werdenden »Methode« als »unerträglich«. Geradezu verhängnisvoll aber war in seinen Augen der Umstand, daß sich dieser Pakt nicht nur gegen die Sowjetunion, sondern eben auch gegen die Westmächte und insbesondere gegen Großbritannien richtete: »Hier handelt es sich um eine Neuorientierung der deutschen Außenpolitik, die ... sich bewußt gegen England stellt und einen Weltkonflikt geradezu ins Auge faßt.« Eine solche »Neuorientierung« aber konnte der Botschafter nicht mitverantworten. Im Gefolge der Blomberg-Fritsch-Krise und der Ersetzung Neuraths durch Ribbentrop wurde daher auch er am 17. Februar 1938 in den Wartestand versetzt.

Sehr bald kam er jetzt in Kontakt zu Männern wie Carl Goerdeler und Ludwig Beck, Verbindungen, die ihm durch Stellungen zunächst im Vorstand des »Mitteleuropäischen Wirtschaftstages«, später dann, seit dem März 1943, im »Institut für Wirtschaftsforschung« erleichtert wurden, da er auf diese Weise eine »Basis« in Berlin hatte und überdies vergleichsweise leicht ins Ausland reisen konnte. In den folgenden Jahren wurde Ulrich von Hassell zu einem der führenden Köpfe des Widerstandes gegen die Hitler-Diktatur.

Über seine Aktivitäten von 1938 bis 1944 sowie über seine politischen Konzeptionen für den »Staat der Zukunft« sind wir ungewöhnlich gut unterrichtet. Denn nicht nur besitzen wir in seinen Tagebüchern, »die ebenso überraschend durch die Tatsache ihrer Existenz wie die ihrer Erhaltung sind« (Hans Rothfels), eines der wichtigsten Dokumente des deutschen Widerstandes überhaupt. Vielmehr hat Hassell in diesen Jahren auch zahlreiche Aufsätze und Bücher verfaßt und in Druck gegeben, die – trotz gelegentlicher Anspielungen – natürlich wenig über seine ablehnende Haltung gegenüber dem System selbst aussagen, wohl aber einen Einblick in sein grundsätzliches Verständnis der »Europäische[n] Lebensfragen im Lichte der Gegenwart« – so der Titel eines seiner Bücher – gestatten.

Hassells erste Sorge galt der Vermeidung eines Krieges, dann, seit dem September 1939, seiner möglichst raschen Beendigung. Spätestens seit Hitlers »Griff nach Prag« vom 15. März 1939 glaubte er freilich nicht mehr, wie er sieben Tage später in seinem Tagebuch festhielt, »daß diese Sache anders als unheilvoll enden kann«: »Es ist der erste Fall offenbarer Hybris, des Überschreitens aller Grenzen, zugleich jeden Anstandes.« Seine Möglichkeiten, im Sinne der Kriegsverhütung bzw. -beendigung zu wirken, waren nach seinem Ausscheiden aus dem politischen Amt naturgemäß sehr begrenzt. Gleichwohl ist er mehrfach in dieser Hinsicht tätig geworden.

Noch am 31. August 1939 versuchte er auf Bitten des Staatssekretärs im Auswärtigen Amt, Ernst Freiherr von Weizsäcker, in Gesprächen mit dem ihm »befreundet[en]« britischen Botschafter in Berlin, Sir Nevile Henderson, einerseits, mit Göring andererseits, »den Weltkrieg zu vermeiden«. Vergleichbare, auf eine Beendigung des Krieges abzielende Bemühungen sind auch für die folgenden Jahre überliefert. So bemühte er sich beispielsweise im Februar/März 1940 über den Geschäftsträger an der amerikanischen Botschaft in Berlin, Alexander Kirk, oder im Verlauf des Jahres 1941 mehrfach über den amerikanischen Geschäftsmann Frederico Stallforth um entsprechende Kontakte zu den USA oder traf sich im August 1941 in der Nähe von München und noch einmal im Januar 1942 in Genf mit Carl Jacob Burckhardt in der

Absicht, über den Vertreter des Roten Kreuzes Verbindungen insbesondere mit England zu knüpfen.

Seine wohl bekannteste Mission führte ihn im Februar 1940 in die Schweiz: Am 22./23. Februar traf der Diplomat in Arosa mit Lonsdale Bryans, einem Abgesandten des britischen Außenministers Lord Halifax, zusammen, mit dem in seinem Tagebuch so formulierten Ziel, von Halifax eine Erklärung zu erhalten, »daß eine etwaige Regimeänderung in Deutschland von der andern Seite in keiner Weise *ausgenutzt*, sondern im Gegenteil *benutzt* werden würde, um zu einem dauerhaften Frieden zu kommen«. Eine solche »Sicherheit«, so formulierte Hassell im August 1941, brauchten die oppositionellen Politiker nicht für sich, denn ihnen war »die *absolute* Notwendigkeit des Systemwechsels klar, sondern für die Generäle«. Hier offenbart sich eine der größten Schwierigkeiten des Widerstandes überhaupt, die Lösung der Frage nämlich, wie die Militärs, mit deren Hilfe allein der Staatsstreich gelingen konnte, von dessen Notwendigkeit und Legitimation gleichermaßen zu überzeugen waren. Denn nicht nur fühlten diese sich in ihrer Mehrzahl an ihren Eid auf die Person Hitlers gebunden. Vielmehr standen viele Offiziere lange Zeit unter dem Eindruck der militärischen Erfolge, denen sich ja schließlich auch ein vergleichsweise distanzierter Beobachter wie Hassell selbst nicht entziehen konnte: »Die Wehrmacht«, so schrieb er nach Beginn des Balkanfeldzuges am 10. April 1941 in sein Tagebuch, »ist ein unerhört glänzendes Instrument, alle kräftigeren Eigenschaften des deutschen Volkes enthaltend, von absolutem Selbstvertrauen erfüllt. Es ist tragisch! Mit diesem wunderbaren Instrument wird die Zerstörung Europas à la perfection durchgeführt.«

Bekanntlich ist Hassells Versuch einer Friedensvermittlung vom Februar 1940 – ebenso wie andere mehr – nicht zuletzt am Unvermögen oder Unwillen (in diesem Falle der englischen Regierung) gescheitert, sich auf entsprechende Vorschläge des deutschen Widerstandes einzulassen. Allerdings hat er seinem britischen Gesprächspartner in Arosa ein »Statement« übergeben, das für das Verständnis seiner Vorstellungen »vom anderen Deutschland« sowie von einem künftigen Europa außerordentlich aufschlußreich ist.

Gegen die »Bolschewisierung« Europas

Neben dem obersten Ziel seiner Bemühungen, nämlich »diesen unsinnigen Krieg so schnell als möglich zu beenden«, hat das Dokument drei Schwerpunkte: die Verhinderung der »Bolschewisierung« Europas, die Erhaltung Deutschlands als Großmacht und den inneren Neuaufbau des Gemeinwesens.

Einen raschen Friedensschluß hielt Hassell vor allem deshalb für notwendig, »weil die Gefahr immer größer wird, daß Europa vollkommen zerstört und vor allem bolschewisiert wird«. Diese Furcht durchzog sein politisches Denken wie ein roter Faden: »Alles tritt aber zurück«, so hatte er beispielsweise in seinem Tagebuch den »Hitler-Stalin-Pakt« kommentiert, »gegen die unbekümmerte Auslieferung eines großen wichtigen Teiles des Abendlandes, zum Teil deutsch-lutherischer Kultur, zum Teil altes Österreich, an den Bolschewismus...« Hassell war – ähnlich wie viele andere führende Köpfe der Opposition – fest davon überzeugt, daß die Furcht vor der »bolschewistischen Gefahr« eine gemeinsame Basis für eine Verständigung zwischen der Widerstandsbewegung und den Westmächten bilden könnte.

Mit der von Roosevelt und Churchill am 24. Januar 1943 in Casablanca verkündeten Forderung nach »bedingungsloser Kapitulation«, die in der Konsequenz auch jedwede vorherige Verständigung mit den Verschwörern ausschloß, mußten dann freilich solche Hoffnungen enttäuscht werden. Nunmehr mochte Hassell – »ganz einfach weil er Diplomat war und weil jeder echte Diplomat den Wunsch haben muß, nach allen Seiten, auch mit dem Feind zu verhandeln« (Margaret Boveri) – als »taktisches Druckmittel« (Gerhard Ritter), namentlich gegenüber England, auch Kontakte zu Stalin nicht mehr ausschließen. Entsprechende Überlegungen stellte er vor dem Hintergrund einer möglichen Verständigung Hitlers mit Stalin an: Das »daraus entstehende Unheil«, so notierte er am 15. August 1943, sei »unvorstellbar ... Es gibt eigentlich nur noch diesen einen Kunstgriff: *Entweder* Rußland *oder* den Angloamerikanern begreiflich zu machen, daß ein erhalten bleibendes Deutschland in ihrem Interesse liegt. Tatsächlich liegt eine gesunde europäische Mitte im Interesse sowohl des Ostens wie des Westens. Ich ziehe bei diesem Mühlespiel das westliche Ziel vor, nehme aber zur Not auch die Verständigung mit Rußland in Kauf.«

Deutschland als Großmacht

Daß »ein gesundes, lebenskräftiges Deutschland ... ein unentbehrlicher Faktor« für Europa sei, hatte Hassell auch schon im Februar 1940 betont, wobei er natürlich gegenüber seinem britischen Verhandlungspartner nicht unerwähnt ließ, daß dies »gerade im Hinblick auf das bolschewistische Rußland« gelte. Wie aber sollte dieses »lebenskräftige« Deutschland aussehen?

Die Vorschläge, die Hassell in seinem »Statement« unterbreitete, mögen auf den ersten Blick überraschen: Zwar sollte die Regelung des Versailler Vertrages, welche die westliche Grenze des Deutschen Reiches betraf, nicht wiederaufgerollt werden. (In einem Friedensplan Goerdelers vom 30. Mai 1941, der inhaltlich im allgemeinen Hassells »Statement« gleicht und ebenfalls zur Übermittlung an die britische Regierung gedacht war, wurde dann allerdings auch die »Wiederherstellung der Grenzen Deutschlands von 1914« gegenüber Belgien und Frankreich gefordert, die inzwischen von Hitler niedergeworfen worden waren.) Dagegen, so Hassell im Februar 1940, müsse »die deutsch-polnische Grenze im wesentlichen mit der deutschen Reichsgrenze im Jahre 1914 übereinstimmen«. Die »Vereinigung Österreichs (und des Sudetenlandes) mit dem Reich« sollte »außerhalb der Erörterung« stehen. Und schließlich hat Hassell offenbar im Gespräch mit seinem Schwiegersohn, Detalmo Pirzio Biroli, der das Schweizer Treffen arrangiert hatte, angedeutet, daß die deutsche Opposition für den Fall einer Friedenskonferenz an eine Diskussion über die ehemaligen deutschen Kolonien denke. (Der Friedensplan Goerdelers forderte dann ausdrücklich die »Rückgabe der deutschen Kolonien oder gleichwertiger Kolonialgebiete unter gleichzeitiger Einrichtung eines internationalen Mandatarsystems für alle Kolonien«.)

Kaum mehr überraschen können die Forderungen, die der als Außenminister des oppositionellen »Schattenkabinetts« vorgesehene Hassell an die englische Adresse richtete, wenn man die britische Haltung zur deutschen Politik vor Ausbruch des

Krieges in Rechnung stellt. So hatte ja beispielsweise Halifax, damals noch in seiner Funktion als Lord President im Kabinett Chamberlain, am 19. November 1937 dem »Führer« erklärt, man sei in England nicht der Ansicht, daß der Status quo in Europa »unter allen Umständen aufrechterhalten werden müsse«, und dabei ausdrücklich »Danzig und Österreich und die Tschechoslowakei« erwähnt. Überdies hatte er die Bereitschaft seiner Regierung signalisiert, »die Kolonialfrage mit Deutschland zu besprechen«. Ja, mehr noch: England hatte dann den »Anschluß« Österreichs und des Sudetenlandes an das Reich hingenommen, obgleich zumindest der erste Schritt nicht in jenem »Wege friedlicher Evolution« erfolgt war, den Halifax von Hitler gefordert hatte. Auch in der Kolonialfrage hatte die englische Regierung insofern Entgegenkommen gezeigt, als man Hitler im März 1938 den Plan einer Verwaltung ehemaliger deutscher Kolonien durch eine Gruppe europäischer Staaten einschließlich des Deutschen Reiches vorgeschlagen hatte.

Natürlich standen für britische Politiker derartige Regelungen, wie sie nunmehr zwar von der Opposition, aber eben von *deutscher* Seite als »Bedingungen« für einen Friedensschluß vorgetragen wurden, im Verlauf des Krieges und insbesondere nach dem deutschen Angriff auf Belgien, die Niederlande, Luxemburg und Frankreich im Mai 1940 nicht mehr ernsthaft zur Diskussion. Überdies entstand jetzt, in der durch den raschen Erfolg des Feldzuges bestimmten Situation, von der auch die Männer des konservativen Widerstandes nicht »völlig unberührt bleiben« konnten, bei diesen die »verführerische Vision eines Deutschen Reiches mittelalterlichen Umfangs und preußisch-konservativer Prägung« (Hermann Graml). Diese ging einher mit der Idee eines europäischen Staatenbundes, in dem Deutschland unter dem Vorzeichen des Antibolschewismus im Interesse aller für die Aufrechterhaltung der gemeinsam beschlossenen Ordnung sorgen sollte.

Indem die Vertreter des konservativen Widerstandes diese – aus ihrer Sicht einzig erfolgversprechenden – Pläne für eine friedliche Nachkriegsordnung Europas an die englische und später auch an die amerikanische Adresse richteten, verkannten sie freilich, daß es gerade ihre darin implizierten »außenpolitischen Hegemonialideen waren, durch die sie in Großbritannien in die Nähe des objektiv weit von ihnen entfernten Hitler rückten und durch die sie den Engländern und Amerikanern damals gefährlicher als die stalinistische Sowjetunion erschienen« (Klaus Hildebrand). Daran vermochte auch eine gewisse, seit Anfang des Jahres 1942 nicht zuletzt unter dem Eindruck erster Gespräche mit den »Kreisauern« erkennbar werdende Modifikation ihres Europakonzeptes nicht mehr viel zu ändern, in deren Verlauf an die Stelle der Forderung nach deutscher Führung zusehends die Vorstellung eines europäischen Bundes auf der Basis selbständiger und gleichberechtigter Nationalstaaten trat: Aus englischer und amerikanischer Perspektive war eben zunächst einmal der Sachverhalt maßgeblich, daß es *deutsche* Truppen waren, die inzwischen fast ganz Europa unter ihrer Kontrolle hatten.

Die Tatsache, daß derartige Forderungen an die englische Adresse wie die von Hassell im Februar 1940 formulierten für die »Honoratioren« um Goerdeler und Beck in ihren Grundzügen verbindlich blieben, wobei freilich der versierte Diplomat Hassell hinsichtlich ihrer Realisierbarkeit zunehmend Skepsis zeigte, läßt doch recht deutlich werden, daß der Nationalstaat Bismarckscher Prägung der eigentliche Bezugspunkt ihrer außenpolitischen Vorstellungen war und blieb.

Hassell selbst hat nie einen Zweifel an der Bewunderung für die Leistung Bismarcks und an der Notwendigkeit der Fortsetzung seines Werkes gelassen. In diesem Sinne begrüßte er – ganz unbeschadet der von Hitler angewandten Methoden – den »Anschluß« Österreichs an das Deutsche Reich, der – in der Kaiserzeit schon aus »internationalen Gründen« undurchführbar – erst nach der Zerstörung der Donaumonarchie durch die »gewaltigen Geschehnisse des Jahres 1938« möglich geworden sei, wie er 1939 in einer Arbeit über »Bismarck als Meister der Diplomatie« formulierte.

Mehr noch: Deutschland habe, so schrieb er 1942 in einem Artikel über »Die Knochen des pommerschen Musketiers« und in unverkennbarer Anknüpfung an ältere Mitteleuropaideen deutscher Provenienz, das Erbe »der Mission des alten Österreich« namentlich in Südosteuropa anzutreten und in Form eines »einheitliche[n] großdeutsche[n] Wirtschaftsgebiet[es]« fortzusetzen. Vergleichbare Gedanken finden sich auch im Hinblick auf den Ostseeraum: In einem »Dominium maris baltici« betitelten Aufsatz aus dem gleichen Jahr wird unzweideutig festgestellt, daß »die Organisation des Ostseeraums« – als Folge des Kriegsverlaufs – »zur deutschen Aufgabe geworden« sei, auch wenn für Hassell außer Frage stand, daß es sich hier – ähnlich wie in Südosteuropa – nicht um eine deutsche »Vorherrschaft« handeln könne, daß vielmehr mit der »deutschen Aufgabe« die Verantwortung verbunden sei, die Interessen aller Völker »im Auge zu behalten.«

Die hier genannten Beispiele verweisen bereits auf die beiden grundsätzlichen Probleme, welche die deutsche Politik, auch in einem »anderen Deutschland«, bestimmten und die Hassell 1939 im Vorwort seines Buches »Im Wandel der Außenpolitik« folgendermaßen skizzierte: »Einmal die Frage des Gleichgewichts zwischen Ost und West in Europa, die für die Mitte des Kontinents die Aufgabe in sich begreift, sich zwischen dem Osten und Westen selbständig zu behaupten. Die zweite Frage betrifft das Verhältnis zwischen Festlands- und Überseepolitik.« In dieser Hinsicht sah er dann auch in Tirpitz den »Mann, der mit klarem Blick und festem Willen die Hand des deutschen Volkes ergriff, um es aus festländischer Begrenzung und spießbürgerlicher Enge auf die See hinaus und als ebenbürtiges unabhängiges Glied in den Kreis der Weltmächte zu führen.«

Für Hassell stand mithin fest, daß Deutschland – wie immer der Krieg ausgehen würde und ganz unbeschadet der nach 1941 zusehends skeptischer beurteilten Möglichkeiten, solche Forderungen tatsächlich in vollem Umfang realisieren zu können – als Großmacht, ja, als Weltmacht erhalten bleiben mußte. Darin lag für ihn eine Conditio sine qua non des Überlebens. Als historisch denkender Mensch kannte er die Gefahren, die sich für das Deutsche Reich aus seiner geostrategischen Lage in der Mitte des europäischen Kontinents ergeben konnten, Gefahren, denen man nur durch entsprechende Stärke begegnen zu können glaubte. Als in der Tradition des Bismarck-Reiches stehendem Deutschen galt es ihm als ausgemacht, daß eine Großmacht, die das Deutsche Reich – nicht zuletzt wegen des stillschweigenden Einverständnisses der europäischen Mächte bzw. dank ihres Stillhaltens – seit 1871 und eben auch noch nach 1918/1919 nun einmal war, auch Großmacht-, ja, Weltmachtpolitik betreiben müsse. Das erforderte schon sein Prestige als »ebenbürtiger« Partner im Kreise der europäischen Mächte. Dafür sprachen aber beispielsweise auch, wie sein Pläne für ein »einheitliches großdeutsches Wirtschaftsgebiet« zeigen, ökonomische Gründe.

Deutschland mußte eine Großmacht bleiben, aber es sollte gewissermaßen eine »andere« Großmacht werden. Die neue Qualität dieser Großmacht konnte sich zunächst und vor allem in ihrem inneren Neuaufbau zeigen. Wie aber sollte dieser aussehen?

Innerer Neuaufbau

Auch auf diese Frage hat Hassell in seinem »Statement« vom Februar 1940 eine Antwort gegeben, eine Antwort, die sehr deutlich das unterhalb aller »praktisch-politischen« Erwägungen angesiedelte ethische Grundmotiv seines Handelns offenbar werden läßt: Der Wiederaufbau Europas sollte sich an »gewisse[n] Leitgedanken« orientieren, die für alle Staaten, mithin auch für Deutschland, verbindlich sein mußten. Dazu zählten – neben dem »Prinzip der Nationalität«, allgemeiner »Rüstungsverminderung« und »Wiederaufbau der internationalen Zusammenarbeit in wirtschaftlicher Hinsicht« – vor allem die folgenden Prinzipien: »a) Grundsätze der christlichen Sittlichkeit. b) Gerechtigkeit und Gesetz als Grundsatz des öffentlichen Lebens. c) Soziale Wohlfahrt als Leitmotiv. d) Effektive Kontrolle der Staatsgewalt durch das Volk in einer der betreffenden Nation angemessenen Weise. e) Freiheit der Gedanken, des Gewissens und der Geistesarbeit.«

Diese Grundsätze, die cum grano salis für die Vertreter des konservativen Widerstandes um Goerdeler, Beck und Hassell im ganzen verbindlich waren, haben ihren Niederschlag in einigen Gesetzentwürfen gefunden, so zum Beispiel im »Gesetz über die Wiederherstellung geordneter Verhältnisse im Staats- und Rechtsleben«, das um die Jahreswende 1939/1940 vom preußischen Finanzminister Johannes Popitz verfaßt wurde und auf Beratungen unter anderem mit Beck und Hassell, aber offenbar nicht mit Goerdeler, zurückgeht. Auch hier werden die »Regeln des Anstandes und der guten Sitten« zum »oberste[n] Gesetz des Handelns« erhoben und »Christentum und christliches Leben« als »unersetzbare Grundlagen deutschen Lebens« betrachtet.

Die Frage, wie sich die Verschwörer den inneren Aufbau eines künftigen Staates im einzelnen vorstellten, ist zum einen deshalb nur sehr schwer zu beantworten, weil derartige Entwürfe vor allem auf die nach einer Beseitigung Hitlers zu treffenden Maßnahmen abzielten. Zum anderen ist sie für den Diplomaten Hassell insofern von eher untergeordneter Bedeutung, als dessen Überlegungen sich naturgemäß primär auf die äußere Gestaltung des »anderen Deutschland« richteten. Solche Pläne und Entwürfe waren »erste Notlösung[en] für den Übergang: vom Sturz Hitlers bis zur Bändigung des Chaos«. Wohl nicht ganz zu Unrecht hat Gerhard Ritter mit Blick auf den »Verfassungsplan« von Popitz »von aufgeklärtem Absolutismus« gesprochen: »So, wie er dasteht, wirkt er in seiner kalten, klaren Rationalität beinahe josefinisch.« Schon die soziale Herkunft der Gruppe um Beck, Goerdeler und Hassell ließ jedenfalls einen demokratisch verfaßten Staat kaum zu. Vielmehr wurde sogar vorübergehend eine Restauration der Monarchie, freilich in gewandelter Form, erwogen und Louis Ferdinand von Preußen als Kandidat ins Auge gefaßt. Aber diese Pläne waren, wie gesagt, in der gegebenen Situation eher zweitrangig. Im Vordergrund standen die Fragen, ob und wann der Diktator beseitigt und ob in diesem Falle der Neuaufbau Deutschlands bereits vor einem Friedensschluß in Angriff genommen werden solle und könne.

An eben diesen Punkten gingen die Meinungen innerhalb der Widerstandsbewegung, das heißt insbesondere zwischen den konservativen »Honoratioren« einerseits und dem »Kreisauer Kreis« um Helmuth Graf James von Moltke und Peter Graf Yorck von Wartenburg andererseits, jedenfalls in den ersten beiden Kriegsjahren, weit auseinander: Während Goerdeler wohl nie einen Zweifel hatte, daß eine Beseitigung Hitlers die Voraussetzung für den Neuanfang sei, haben die »Kreisauer« lange Zeit Skrupel vor einem solchen Schritt gehabt, und Moltke war beispielsweise bis zuletzt davon überzeugt, daß die vollständige Niederlage Deutschlands die Voraussetzung für den Neubeginn sei.

Ende des Jahres 1941 kam es im Rahmen von ersten Gesprächen zwischen Vertretern beider Widerstandsgruppen zu einer zögernden Annäherung in einigen Fragen. Vor allem Hassell scheint sich hier seitens der »Honoratioren« um eine Vermittlung bemüht zu haben: »Ich versuche«, so heißt es in seinem Tagebuch unter dem Datum des 21. Dezember 1941, »eine Art ›trait d'union‹ zu den Junioren zu bilden . . .« Aber erst am 8. Januar 1943 trafen sich Delegierte der beiden oppositionellen Gruppen im Hause Yorck. In Hassells Augen verlief diese Begegnung zwar »[r]echt interessant, aber im Grunde wenig befriedigend«. Die Schwierigkeiten lagen nicht nur in den teilweise unvereinbaren Standpunkten der »Honoratioren« und der »Kreisauer«. Vielmehr gab es, wie sich dem Tagebuch Hassells entnehmen läßt, auch zunehmend Spannungen im Kreise der erstgenannten Gruppierung selbst. Und schließlich waren offenbar die Person und das Programm Goerdelers recht umstritten – und zwar bei den »Jüngeren« beider Gruppen. Auch bei diesem Treffen scheint der Diplomat Hassell eine vermittelnde Rolle gespielt zu haben. Jedenfalls gab er seiner Freude darüber Ausdruck, »daß die ›Jungen‹ zu mir Vertrauen haben, ihre Bedenken mit mir beraten« – eine Darstellung, die von Eugen Gerstenmaier, Teilnehmer an diesem Treffen auf seiten der »Kreisauer«, nach dem Krieg bestätigt wurde. Einig war man sich nur in einem Punkt, nämlich den Staatsstreich möglichst schnell herbeizuführen.

Der Verlauf und das Scheitern der dann eineinhalb Jahre später durchgeführten Aktion, an deren unmittelbarer Vorbereitung Hassell nicht beteiligt war, sind bekannt. In ihrem Gefolge wurde der langjährige Botschafter am 28. Juli 1944 verhaftet, dann zunächst in das Konzentrationslager Ravensbrück in Mecklenburg und am 18. August nach Berlin gebracht. Dort fand am 7./8. September vor dem »Volksgerichtshof« die Verhandlung gegen die »[e]hrgeizzerfressene[n], ehrlose[n], feige[n] Verräter« (so das Urteil) statt. Das Todesurteil gegen Hassell wurde noch am gleichen Tag, am 8. September 1944, vollstreckt.

Versuch der Würdigung

Eine Würdigung des politischen Handelns Ulrich von Hassells hat sicherlich weder von der Erfolglosigkeit seiner zahlreichen Versuche einer Friedensvermittlung noch von der Tatsache dieses letztendlichen Scheiterns des Staatsstreiches auszugehen. Denn Mißerfolg, so hat Hans Rothfels einmal zutreffend mit Blick auf die deutsche Opposition gegen Hitler insgesamt formuliert, kann »an und für sich niemals . . . ein endgültiger Maßstab der Beurteilung sein«.

Ebensowenig wird man Hassell ausschließlich oder vornehmlich anhand seiner Vorstellungen »vom anderen Deutschland« beurteilen können, jedenfalls dann nicht, wenn man den nach 1945 erreichten Stand der parlamentarischen Demokratie zugrunde legt. Daß ihm wie den meisten Mitgliedern der oppositionellen Gruppe, der er angehörte, sowohl innen- wie außenpolitisch ein »in der Tradition des Bismarck-Reiches stehender starker, ja, autoritärer Staat« (Klaus Hildebrand) vorschwebte, wird verständlich und in gewisser Weise sogar nachvollziehbar, wenn man die Erfahrungen in Rechnung stellt, die in derartige Konzeptionen Eingang gefunden haben. Es waren dies innenpolitisch das Erlebnis der »Revolution« und vor allem die Erfahrungen mit der Weimarer Republik, deren Zustand und schließliches Scheitern ja den Aufstieg Hitlers nicht unwesentlich gefördert hatten: Vor diesem Hintergrund konnte dann selbst eine Restauration der Monarchie ins Kalkül gezogen werden.

Vergleichbares gilt für die außenpolitischen Vorstellungen von einem starken Nationalstaat, auch wenn diesen – jedenfalls um 1940/1941 und nicht zuletzt als Resultat der »Erfolge« im Westen – unverkennbar ein utopistischer Charakter anhaftete. Daß Deutschland schon wegen seiner geostrategischen Lage ein besonderes Sicherheitsbedürfnis hatte und als Nationalstaat immer noch »unvollendet« war, daß überdies die territorialen Amputationen des Versailler Vertrages nicht akzeptiert werden konnten, das alles galt Hassell ebenso als ausgemacht wie den meisten Zeitgenossen und nicht nur seinen deutschen: Immerhin hatte die britische Appeasementpolitik nicht zuletzt deshalb der deutschen Wiederaufrüstung, dem Einmarsch deutscher Truppen in die entmilitarisierte Zone des Rheinlandes oder dem »Anschluß« Österreichs und der sudetendeutschen Gebiete der Tschechoslowakei an das Reich keinen Widerstand entgegengestellt bzw. entgegensetzen können.

Die Haltung Ulrich von Hassells in den Jahren von 1938 bis 1944 ist daher wohl vor allem an ihren Motiven zu messen. Diese waren – geprägt von seiner zutiefst konservativen und christlichen Herkunft – letztendlich moralischer Natur. Eben deshalb mußte ihm die Hitler-Diktatur in ihren Konsequenzen für Deutschland und für das »christliche Abendland« insgesamt nicht minder gefährlich erscheinen als die bolschewistische Bedrohung: »Dieser Staat«, so notierte er am 9. Juni 1943 in sein Tagebuch, »entwickelt sich immer mehr zu einem unsittlichen und bankrotten Unternehmen, unter Führung eines verantwortungslosen Spielers...« Um diesen Prozeß aufzuhalten, ja, um ihn – womöglich sehr weitgehend – zu revidieren, schloß er sich der Opposition gegen Hitler an.

Literatur

BOVERI, MARGRET: *Der Verrat im 20. Jahrhundert II. Für und gegen die Nation.* Hamburg 1956.
GRAML, HERMANN: *Die außenpolitischen Vorstellungen des deutschen Widerstandes*, in: SCHMITT-HENNER, W., BUCHHEIM, H. (Hrsg.): Der deutsche Widerstand gegen Hitler. Vier historisch-kritische Studien. Köln/Berlin 1966, S. 15 ff.
HASSELL, ULRICH V.: *Vom andern Deutschland. Aus den nachgelassenen Tagebüchern 1938–1944.* Zürich/Freiburg 1946.
DERS.: *Im Wandel der Außenpolitik. Von der französischen Revolution bis zum Weltkrieg.* Bildnisskizzen. München 1939.
DERS.: *Das Ringen um den Staat der Zukunft*, in: Schweizer Monatshefte 44 (1964/65), S. 314 ff.

DERS.: *Europäische Lebensfragen im Lichte der Gegenwart*. Berlin o. J.

HILDEBRAND, KLAUS: *Die ostpolitischen Vorstellungen im deutschen Widerstand*, in: Geschichte in Wissenschaft und Unterricht 29 (1978), S. 213 ff.

DERS.: *Das Dritte Reich*. München/Wien ²1980.

RITTER, GERHARD: *Carl Goerdeler und die deutsche Widerstandsbewegung*, Taschenbuchausgabe. München 1964.

ROBERTSON, ESMONDE: *Zur Wiederbesetzung des Rheinlandes 1936*, in: Vierteljahrshefte für Zeitgeschichte 10 (1962), S. 178 ff.

ROTHFELS, HANS: *Die deutsche Opposition gegen Hitler. Eine Würdigung*. Frankfurt/Hamburg 1958.

DOROTHEA BECK

Julius Leber

Julius Leber war erst 53 Jahr alt, als er am 5. Januar 1945 aufgrund des am 20. Oktober 1944 vom Volksgerichtshof gegen ihn verhängten Todesurteils wegen Hoch- und Landesverrats hingerichtet wurde. Gemessen an den Maßstäben des politischen Lebens war er jung, er zählte zu den in der Weimarer Republik herangewachsenen Nachwuchspolitikern der Sozialdemokratie aus der Frontgeneration.

Leber war 1891 geboren und im reichsdeutschen Elsaß in proletarisch-kleinbäuerlichen Verhältnissen aufgewachsen – der Stiefvater war Maurer im Tagelohn, die Mutter und ihre Familie besaßen etwas Land; nur gegen Widerstände hatte Leber eine weiterführende Schule besuchen können. Nach der mittleren Reife absolvierte er eine Kaufmannslehre, ging danach wieder zur Schule und machte 1913 das Abitur an der Rotteck-Oberrealschule in Freiburg. Nach drei Semestern Studium der Volkswirtschaft in Straßburg und Freiburg meldete er sich im August 1914 als Kriegsfreiwilliger. Er brachte es bis zum Leutnant und wurde mehrfach ausgezeichnet.

Leber blieb auch nach Kriegsende Soldat; er wurde mit seinem Truppenteil im Grenzschutz im Osten eingesetzt. In Belgard in Hinterpommern erlebte er auch den Kapp-Putsch in der Truppe; Lebers Batterie unterstützte zusammen mit der örtlichen Arbeiterwehr die rechtmäßige republikanische Regierung.

Sozialdemokrat und Publizist im Dienst der Republik

In Belgard knüpfte Leber, der schon als Schüler mit der Sozialdemokratie sympathisierte, vielleicht sogar Mitglied war, engere Bindungen an die SPD: Sein Mitgliedsbuch ist dort ausgestellt.

Nach seiner Entlassung aus dem Heeresdienst schloß Leber sein Studium mit der Promotion zum Dr. rer. pol. ab und nahm im März 1921 die Arbeit als politischer Redakteur bei der sozialdemokratischen Zeitung »Lübecker Volksbote« auf.

Er profilierte sich von Anfang an als überzeugter Republikaner. Angriffe gegen die Republik von rechts beantwortete er kämpferisch, gelegentlich in der Sprache überaus deutlich. Nicht weniger hart ging er mit der Lauheit der eigenen Genossen ins Gericht; ihren Hang zum Kompromiß wies er unmißverständlich als schädlich für Partei und Republik zurück. Diese politische Grundlinie vertrat Leber auch in der Lübecker Bürgerschaft, dem Parlament der Freien und Hansestadt Lübeck, dem er von Ende 1921 ununterbrochen bis 1933 angehörte.

Zunächst war Leber überzeugt, daß die Sozialdemokratie nur dann republikanische

LEBER, JULIUS
geb. am 16. 11. 1891 in Biesheim/Elsaß;
hingerichtet am 5. 1. 1945.

Politik ohne »Kompromisselei« würde durchsetzen können, wenn sie ihre marxistische Grundüberzeugung beibehielte. So kritisierte Leber den ideologischen Neuorientierungsansatz des Görlitzer Programms von 1921, erklärte sich nachdrücklich gegen eine »wesentliche Änderung in den Grundlagen«, gegen eine »Abkehr von dem marxistischen Unterbau und von der auf Klassenkampf eingestellten Stimmung«. Die Wiedervereinigung mit der Rest-USPD 1922 wurde von Leber begeistert begrüßt, weil er sich davon eine Festigung des »marxistischen Unterbaus« der Partei und damit den Beginn einer entscheidungsfreudigeren Politik der Sozialdemokratie versprach. Das Gegenteil trat ein.

Er erkannte allmählich, daß die Bindung seiner Partei an die Marxsche Lehre nicht ein Motor, sondern eher ein Hemmschuh für ihre politische Arbeit war. Seine ersten Erfahrungen als Reichstagsabgeordneter (1924 bis 1933) bestärkten ihn darin. Kritisch analysierte er seine Partei: »Der Zustand in der Partei ist heute so, daß die Mehrheit kurz entschlossen die alten Methoden, die alte ›Ideologie‹ über Bord geworfen, die Minderheit aber die alten Methoden, die alte Ideologie zäh festhält und bei jeder Gelegenheit hervorholt und der Mehrheit vor die Füße wirft.« Leber sah, daß die Partei sich dadurch selbst lähmte. Er vermißte bei der Mehrheit der »Realpolitiker« in seiner Partei, die er als Politiker des »Nur-Heute« bezeichnete, neue Perspektiven für die Zukunft: Ideale für die nachwachsende Generation, die die überlebte Parteiideologie ersetzen konnten.

Leber selbst hatte kein fertiges Konzept für eine neue ideelle Orientierung seiner Partei, er hat jedoch versucht, Wege aufzuzeigen. Er sah eine Ansatzmöglichkeit in den freiheitlichen Traditionen der neueren Geschichte Deutschlands und Europas, besonders in den bürgerlichen Befreiungsbewegungen des 19. Jahrhunderts in Deutschland. Diesen Traditionen sollten Partei und Republik gleichermaßen verpflichtet werden. Aufgabe der Arbeiterbewegung und mithin der Sozialdemokratie sei es, so Leber, diese Traditionen aufzugreifen und fortzuentwickeln zur Idee des »sozialen Arbeitsstaats des 20. Jahrhunderts«, zur »sozialen Demokratie« und »sozialen Republik«. Leber war überzeugt, daß dann auch die traditionell eher staatsskeptische Arbeiterschaft zum überzeugten »Träger des Staatsgedankens« werden würde.

Demokratische Wehrpolitik

Als Leber sich dafür entschied, die Annäherung der Sozialdemokratie an den Staat über den Bereich der Wehrpolitik zu versuchen, wußte er, daß er sich eine besonders empfindliche Materie gewählt hatte. Teile der Sozialdemokratie waren stark pazifistisch geprägt; es gab weiterhin einen Parteiflügel, der in der Reichswehr nur ein den »Klasseninteressen der Bourgeoisie dienendes Machtinstrument« sah und allenfalls proletarische Wehrhaftigkeit befürwortete; auch die »Realpolitiker« hätten Wehrfragen am liebsten negiert.

Leber versuchte, seiner Partei bewußtzumachen, daß ein untrennbarer Zusammenhang zwischen Staat und Macht, also auch staatlichem Machtmittel wie zum Beispiel einer Armee bestand. Der Anspruch der Sozialdemokratie, den Staat, die »Grundlage ... der Machtentfaltung«, mitzugestalten, konnte nach Lebers Meinung nur verwirklicht werden, wenn »zwischen Arbeiterschaft und Reichswehr so etwas wie ein gemeinsames Fundament« vorhanden sei. Zwar gab auch Leber zu, daß die Reichswehr in vielem nicht der Idee einer republikanischen Armee entsprach, er machte dafür aber auch das politische Versagen seiner eigenen Partei mitverantwortlich. Erst unter dem Druck der Panzerkreuzerkrise 1928 setzte die SPD eine Kommission ein, die »Richtlinien zur Wehrfrage« erarbeiten sollte. Leber war Mitglied dieses Gremiums. Der dort erarbeitete Kompromiß wurde allerdings nach wie vor von einer starken Minderheit in der Partei abgelehnt. Leber warf dieser Minderheit vor, daß sie »den Umweg über die gefühlsmäßig in weiten Kreisen abgelehnte Reichswehr« wähle, um nicht offen zugeben zu müssen, daß sie eigentlich mit der bejahenden »Stellung zum Staat, zur Republik« nicht einverstanden sei; sie traue sich einfach nicht, die eigentliche Frage, nämlich die »Staatsfrage«, zu stellen.

Als sich die noch immer »größte republikanische Partei«, die Sozialdemokratie, 1931 erneut »über die Frage verzankte, ob ein Panzerkreuzer-Ersatzbau im Jahre 1931 oder erst im Jahre 1932 beginnen sollte«, und über diesen Anlaß auch die Abspaltung der SAPD erfolgte, wußte Leber, daß sein beständiges Werben für ein neues Verhältnis zwischen Reichswehr, Sozialdemokratie und Republik vergeblich gewesen war. Nur ein kleiner Kreis in der Reichstagsfraktion, darunter Keil und Sollmann, unterstützte ihn, den übrigen waren Lebers »politische Ansichten ... langweilig oder gar verdächtig«.

Nach jahrelanger Machtabstinenz in der Opposition sah Leber für seine Partei durch das Ergebnis der Reichstagswahl 1928 die große politische Bewährungschance gegeben. Tatsächlich wurde der Sozialdemokrat Hermann Müller Reichskanzler in einem Kabinett der Großen Koalition. Als kommentierender Zeitgenosse wies Leber eher vorsichtig, aus der Rückschau 1933 aber ohne jede Scheu darauf hin, daß die Sozialdemokratie diese Chance, die Republik noch einmal entscheidend zu prägen, nicht zu nutzen gewußt hatte. Den Grund dafür sah Leber primär im Versagen der Führungskräfte seiner Partei. Nicht nur der Kanzler Hermann Müller, sondern auch die sozialdemokratischen Kabinettsmitglieder sowie Partei- und Fraktionsführung mußten sich von ihm Führungsschwäche vorwerfen lassen.

Leber vermißte eine geschlossene Gruppe jüngerer Parteimitglieder, die als »eventuelles Gegengewicht gegen eine alternde Führung« wirken konnte, wußte aber aus langjähriger eigener Parteierfahrung, daß die innerparteilichen Organisationsstrukturen so völlig verkrustet waren, daß die »Parteimaschine« das Hochkommen neuer Kräfte fast unmöglich machte. Er konstatierte »trostlose ... Verstockung ... im Parteiapparat« auch im ideellen Bereich. Versuche, »Bewegung in die Partei« zu bringen, ihr »neues Land und neuen Glauben [zu] bringen«, zumindest aber die »Wichtigkeit des stimmungsmäßigen Glaubens in einer Massenbewegung« nicht zu vernachlässigen, blieben auch deshalb innerhalb der SPD in Ansätzen stecken, weil die »stark aufkommende nationalsozialistische Propaganda eine ihrer Wurzeln in ähnlichen Erkenntnissen« hatte.

Der Versuch der SPD, nach dem 30. Januar 1933 durch Anpassungspolitik wenigstens die Parteiorganisation zu erhalten, wurde von Leber ebenso scharf kritisiert wie die Emigration zahlreicher führender Sozialdemokraten, die er als Ausreißerei bezeichnete. Leber selbst, der rhetorisch mitzureißen vermochte, hatte insbesondere im Jahre 1932 bei zahlreichen Veranstaltungen seiner Partei, darunter auch Massenkundgebungen unter freiem Himmel, gegen den Nationalsozialismus gekämpft. Doch wie er selbst wußte, konnte dieser Einsatz das »langsame Verdämmern des parlamentarischen Systems« nicht mehr verhindern. So galt es für Leber, nach der Machtergreifung durch die Nationalsozialisten die politische Zwangspause anzunehmen in der Hoffnung, daß die »geschichtliche Katastrophe von den jungen und neuen Kräften, die im Schoße der gesellschaftlichen Entwicklung herangereift sind«, nämlich der Arbeiterschaft, doch eines Tages überwunden werden würde.

Verhaftung und Konzentrationslager

Leber war bei seinen Überlegungen davon ausgegangen, daß eine Regierung Hitler »nicht im Blut waten, sondern . . . in den spanischen Stiefeln der Verfassung marschieren« müsse. Darin hatte er sich allerdings – wie übrigens die SPD überhaupt – getäuscht. Leber selbst wurde eines der ersten sozialdemokratischen Opfer des neuen Regimes.

Bereits in der Nacht vom 31. Januar auf den 1. Februar 1933 wurde er ein erstes Mal verhaftet, weil bei einer von Nationalsozialisten angezettelten tätlichen Auseinandersetzung einer der Nationalsozialisten von einem Begleiter Lebers tödlich verletzt worden war. Aufgrund seiner Immunität zunächst wieder freigelassen, wurde er am 23. März 1933 erneut verhaftet, als er die Krolloper zur Reichstagssitzung betreten wollte. Über vier Jahre lang, bis zum Mai 1937, ist er in Schutzhaft, Untersuchungshaft, Strafhaft und wieder Schutzhaft festgehalten worden. Unermüdlich hat seine Ehefrau Annedore Leber sich um seine Entlassung aus dem Konzentrationslager bemüht und sich dabei selbst an höchste NSDAP- und Regierungsstellen gewandt; ihrem Einsatz war es zu verdanken, daß man Julius Leber nicht noch länger festhielt.

Über das, was man ihm im Konzentrationslager zugefügt hatte, sprach er kaum. Die Demütigungen hatte er innerlich ungebrochen überstanden. Seiner Frau hatte er aus dem Lager geschrieben, daß »er mit den Dingen, die unwiderruflich unser Leben neu gestaltet haben«, seinen Frieden gemacht habe. Dies war gewiß mit der Absicht, einen Umdenkungsprozeß zu suggerieren, für die Mitleser der Briefzensur geschrieben. Leber hatte seine Frau aber auch wissen lassen, daß »Schicksalsschläge und Prüfungen und Notlagen . . . den inneren Menschen zurechthämmern«, er hatte gelernt, »sich selbst klarer zu sehen, zu erkennen und zu beurteilen«. Dieser Mann würde, was auch immer er tun würde, nichts Unbedachtes tun.

Annedore Leber, die während der Haftzeit ihres Mannes mit ihren beiden Kindern Katharina und Matthias sowie ihrer verwitweten Mutter nach Berlin gezogen war, um dort ihre Familie als Schneiderin durchzubringen, hatte sich verpflichten müssen, für den Unterhalt ihres Mannes nach seiner Entlassung zu sorgen. Nicht nur die Familie Leber, sondern auch zahlreiche andere Sozialdemokraten hatten mit ihren Familien ihre früheren politischen Wirkungskreise verlassen, um in Berlin, in der Anonymität der Großstadt, eine neue Existenz aufzubauen.

Einer von ihnen war Gustav Dahrendorf. Er war zehn Jahr jünger als Leber, gebürtiger Hamburger. Leber kannte ihn bereits aus den Weimarer Jahren. Dahrendorf war Redakteur bei der sozialdemokratischen Zeitung »Hamburger Echo« gewesen, hatte der Hamburger Bürgerschaft angehört und war ab 1932 auch Reichstagsabgeordneter. Auch ihn hatten die Nationalsozialisten 1933, wenn auch nur für wenige Monate, in Schutzhaft genommen. Die Familien waren sich, zumal sie im selben Stadtteil von Berlin wohnten, bereits während der Abwesenheit Lebers nähergekommen. So war Dahrendorf der erste der Parteifreunde aus früherer Zeit, der wieder Kontakt zu Leber suchte. Die gemeinsamen Erfahrungen und Überzeugungen schufen sofort eine Atmosphäre des Vertrauens zwischen den beiden Männern. Sie kamen zu dem Entschluß, »daß die alten Freundschaften gepflegt und ein enger Konnex gewahrt werden müsse«. Die Verbindung hielt, und im Oktober 1944 standen die beiden Freunde gemeinsam vor dem Volksgerichtshof. Nur Dahrendorf kam mit dem Leben davon.

Der Kreis sozialdemokratischer Freunde erweiterte sich noch 1937 um den ebenfalls in Berlin-Zehlendorf wohnenden Ernst von Harnack. Hier bestanden keine alten Bindungen aus der Weimarer Zeit, dazu waren Herkunft und Werdegang beider Männer zu unterschiedlich. Harnack war der Sohn des Kirchenhistorikers Adolf von Harnack, er wuchs in einem betont bildungsbürgerlich geprägten Elternhaus auf. Er hatte zunächst Architektur studieren wollen, entschloß sich dann aber zum juristischen Studium. Die erschütternden Erfahrungen des Ersten Weltkrieges waren mitentscheidend für seinen Eintritt in die SPD. Mit Leber traf er sich in manchen Punkten der Kritik an dieser Partei, der auch Harnack »Doktrinarismus« ankreidete.

In der nach dem Studium gewählten Verwaltungslaufbahn machte Harnack rasch Karriere. Der »Preußenschlag« 1932 brachte ihm die vorläufige Amtsenthebung als Regierungspräsident in Merseburg, die Nationalsozialisten besorgten die endgültige Entlassung. Harnack versuchte sich seitdem in verschiedenen Tätigkeiten, so zum Beispiel als Arbeiter in einer Firma, die sich mit dem Hollerithverfahren beschäftigte, als Vertreter von Textilfirmen und anderem mehr. Mit Leber traf er sich in der unbedingten Ablehnung des Nationalsozialismus, der für Harnack schlechthin ein System »ohne Güte und Demut« war.

Mit Ludwig Schwamb, dem Dritten im engeren Bunde sozialdemokratischer Freunde um Leber, gestaltete sich die Freundschaft besonders eng. Schwamb war ein Jahr älter als Leber und stammte wie dieser aus bäuerlichem Elternhaus. Auch Schwamb hatte es aus der geistigen Enge des Elternhauses zum Studium gedrängt. Drei Jahre nach dem Ende des Weltkrieges, an dem auch er hatte teilnehmen müssen, machte er sein zweites juristisches Examen. Er ließ sich zunächst in Mainz als Anwalt nieder, wechselte dann nach seiner Heirat in die Verwaltungslaufbahn. Als juristischer Berater des sozialdemokratischen hessischen Innenministers Wilhelm Leuschner gestaltete er maßgeblich die hessische Gemeindeordnung mit. 1933 von den Nationalsozialisten entlassen, zog er nach Berlin und wurde Syndikus einer Schuhfabrik.

Erst 1938 kam Leber durch seine Freunde mit anderen in Kontakt, die ebenfalls das Regime des Nationalsozialismus ablehnten. So vermittelte Schwamb eine Verbindung mit Wilhelm Leuschner und Carlo Mierendorff in seiner Wohnung; im Winter

1938/1939 fand, diesmal in der Wohnung von Harnack, eine Besprechung statt, an der neben Leber wiederum Leuschner, Noske, Otto John, Richard Künzer sowie Klaus Bonhoeffer teilnahmen. Es sollte hier der Versuch unternommen werden, angesichts des drohenden Krieges durch Zusammenarbeit ziviler und militärischer Oppositionskreise einen Umsturz durchzuführen. Die Bemühungen scheiterten jedoch, weil, wie Leber aus eigener Erfahrung durch einen Besuch bei Generalleutnant Alexander von Falkenhausen wußte, sich die Militärs einer solchen Aktion verweigerten.

Der Freundeskreis um Leber war dadurch zunächst auf die Pflege des Zusammenhalts durch politischen Meinungsaustausch zurückgeworfen. Mit Hilfe des bei der Preußag in führender Position beschäftigten Dahrendorf gelang es Leber, ab 1. Juni 1939 die Teilhaberschaft an einer Kohlenhandlung zu erwerben. Da Leber kein Kapital hatte einbringen können, durfte er zunächst nur minimale Entnahmen tätigen, so daß Annedore Leber nach wie vor den Lebensunterhalt der Familie zu bestreiten hatte. Gleichwohl gab ihm die Firma etwas, was für die künftige Arbeit im Widerstand dringend notwendig war, nämlich ein gewisses Maß an materieller Absicherung und Freiraum für Kontakte. Theodor Heuss berichtete später über den »Kohlenhändler« und seine Firma: »Die zwei kleinen Zimmer in dem fragwürdigen Häuschen nahe dem Bahnhof Schöneberg, zwischen den Kohlenbergen . . . waren eine rechte Verschwörerbude. Manchmal klingelte es an der äußeren Tür, und Leber mußte dann wohl in den vorderen Raum, um einen Kunden zu vertrösten. Aber in der Hinterstube, auf verhockten Sesseln, hatte die politische Leidenschaft ihre Herberge.«

Nach außen hin führte Leber ein unauffälliges Leben, vermied möglichst Begegnungen mit Parteifreunden von früher, die nicht zu seinem engeren Freundeskreis gehörten. Er wußte, wie gefährlich solche Beziehungen werden konnten.

Differenzen mit Goerdeler und den Kreisauern

Erst 1943, als nach einem letzten gemeinsamen Urlaub der Familie Leber an der Ostsee die Kinder in den Harz evakuiert worden waren, begann für Leber eine zweite, intensive Phase der Widerstandsarbeit. Sie führte ihn eng zusammen mit dem Kreisauer Kreis, der Gruppe um Goerdeler und mit dem militärischen Widerstand, insbesondere mit Stauffenberg.

Mit Leber stieß ein Berufspolitiker zu den Widerstandsgruppen, dessen Politikverständnis von Pragmatismus geprägt war. So bildete er als Person eine Ergänzung und ein Korrektiv für die überwiegend mit Planungen für die künftige Ordnung eines nachnationalsozialistischen Deutschland sich befassenden Gruppen um Moltke und Goerdeler.

Als sich Leber, vermutlich auf Vermittlung Harnacks, beim Goerdeler-Kreis vorstellte, führte er sich als ehemaliger Offizier ein. Damit trug er der Tatsache Rechnung, daß dieser Kreis in seinen Wertvorstellungen stark dem kaiserlichen Deutschland verbunden war. Leber machte mit seiner Einführung auch deutlich, daß als Mindestmaß an Gemeinsamkeit zwischen ihm und den übrigen Mitgliedern der Gruppe das Fronterlebnis gelten konnte; das sonstige Umfeld dieses Kreises war und blieb ihm fremd. Die Neuordnungsvorstellungen des Goerdeler-Kreises, die 1943 in der Denkschrift »Das Ziel« vorlagen, teilte Leber allenfalls punktuell. So entsprach die dort vertretene Nationalstaatsidee ebenso seinen Vorstellungen wie die Überlegung, daß Deutschland aufgrund seiner geographischen Lage unbedingt einer ausreichend starken Armee bedürfe. Bei den innenpolitischen Vorstellungen gab es fast nichts Gemeinsames außer der Kritik am Verhältniswahlsystem.

Da Leber dennoch ab Januar 1944 in den Ministerlisten Goerdelers als künftiger Innenminister nach gelungenem Umsturz auftaucht, muß er wohl als Persönlichkeit überzeugt haben. Auf Helmuth James von Moltke, einen der führenden Köpfe des Kreisauer Kreises, machte Leber anfangs einen eher bäuerischen Eindruck. Es störte Moltke erheblich, daß Leber die »geistigen Kräfte sehr viel geringer« wertete als die übrigen Mitglieder des Kreises. Als aber Leber nach dem Bombentod von Carlo Mierendorff im Dezember 1943 immer stärker im Kreisauer Kreis in Erscheinung zu treten begann, setzte sich allmählich bei Moltke und den übrigen Mitgliedern des Kreises die Auffassung durch, daß man es doch mit einem »überzeugend guten Mann« zu tun hatte, wenn man auch gelegentlich immer wieder beklagte, daß seine Begabung »einseitig im Praktischen« verwurzelt war.

Die von christlichen Grundüberzeugungen geprägten Neuordnungsvorstellungen des Kreisauer Kreises blieben Leber ebenfalls weitgehend fremd. Was den Staatsaufbau anbelangte, so ähnelten sie denen der Gruppe um Goerdeler; die wirtschafts- und sozialpolitischen Denkansätze waren zwar stärker von sozialer Verantwortung für die Arbeiterschaft geprägt, erfüllten aber Lebers hochgespannte Erwartungen aus der Weimarer Zeit nicht: Man war im Kreisauer Kreis nicht bereit, dem Sozialen den gleichen Stellenwert einzuräumen wie Leber, der darin die Aufgabe des 20. Jahrhunderts schlechthin sah. Überdies spürte Leber, daß die arbeiterfreundliche Haltung des Kreises stärker von patriarchalischem Verantwortungsgefühl geprägt war als von der Idee der politischen, gesellschaftlichen und sozialen Gleichberechtigung der Arbeiterschaft.

Warum arbeitete Leber mit diesen Gruppen zusammen, da doch offenkundig nur geringe inhaltliche Übereinstimmungen bestanden? Seinen Freunden und seiner Frau gegenüber hatte er keinen Hehl daraus gemacht, daß es ihm allein darum ging, den Umsturz durchzusetzen. Dafür war er bereit, »auch mit dem Teufel« zu paktieren. »Was danach kommt«, so seine Auffassung, »regelt sich von selbst, wenn von uns der Wille zur Verantwortung, zur Gestaltung als zwingende Lebensbedingung empfunden wird.« Es war Leber klar, daß die nationalsozialistische »Diktatur nicht in einer Nacht auf Demokratie umgestellt« werden konnte. Er stellte sich einen »langsam fortschreitenden Abbau der unumschränkten Exekutivgewalten des Naziregimes bei gleichzeitiger Errichtung eines Zweiparteiensystems« vor.

Leber und Stauffenberg

Als sich das für Ende 1943 geplante Attentat auf Hitler immer wieder verzögerte, wurde Leber in die programmatischen Auseinandersetzungen in und zwischen den Gruppen stärker einbezogen, als ihm lieb war. Die Verzögerung der Attentatsausführung ermöglichte aber auch die Bekanntschaft mit Stauffenberg, die durch Fritz Dietlof von der Schulenburg vermittelt wurde. Stauffenberg hatte sein Handeln im Widerstand orientiert an den Plänen und Maximen, die sein Vorfahr Gneisenau für eine deutsche

Erhebung gegen Napoleon entwickelt hatte. Hier war ein Berührungspunkt mit Leber gegeben, der ebenfalls aus den Traditionen der deutschen Freiheitsbewegung Ideale für die Sozialdemokratie und ihr politisches Handeln abzuleiten versucht hatte.

Die damalige Befürchtung Gneisenaus, daß alle Erneuerungspläne in »unendlichen Vorarbeiten für eine neue Verfassung« zu ersticken drohten, teilten Stauffenberg und Leber in der Gegenwart angesichts der akribischen Planungstätigkeit der Gruppe um Goerdeler und des Kreisauer Kreises. Sie waren beide überzeugt davon, daß wie damals auch nunmehr der Umsturz nur von wenigen kühnen, tatkräftigen und verantwortungsbewußten Männern mit Rückhalt im Volke getragen werden könne.

Stauffenberg meldete bald Zweifel an, ob die den Umsturz planenden Männer genügend tatkräftig waren, ihr Vorhaben durchzusetzen. Er befürchtete eine »Revolution der Greise«. Um das zu verhindern, schlug er vor, Julius Leber, den er als dynamische Persönlichkeit kennengelernt hatte, schon in der ersten Phase des Umsturzes das Amt des Kanzlers zu übertragen, aber dem widersprachen sowohl Leber selbst wie die Konservativen unter den Widerständlern.

Nur aus den Vernehmungsprotokollen der Gestapo, den sogenannten »Kaltenbrunner-Berichten«, und durch wenige, erst nach dem Ende der Naziherrschaft aufgeschriebenen Aufzeichnungen von Annedore Leber und überlebenden Freunden sind Lebers eigene Vorstellungen für die Zeit nach dem Umsturz überliefert. So wird berichtet, daß Leber die Idee entwickelte, auf der »Grundlage aller überlebenden und lebensfähigen sozialen und demokratischen Kräfte ... eine umfassende Volksbewegung« als Träger und Basis des Umsturzes zu schaffen. Leber kannte vermutlich den Aufruf von Carlo Mierendorff vom 14. Juni 1943, worin zu einer »sozialistischen Aktion« als »überparteiliche Volksbewegung« aufgerufen wurde. Leber muß ähnliche Ansichten im Kreise der Mitverschwörer geäußert haben. Das klang in den Ohren der eher konservativen Mitglieder wie ein »radikales sozialistisches Programm«. Als man Leber dies in einer Besprechung am 16. Juni 1944 vorwarf, konterte er, indem er das Programm und die Vorstellungen Goerdelers heftig kritisierte und erklärte, nicht mehr bereit zu sein, »auf Kosten der gewünschten Einigkeit wichtige Grundsätze der alten Sozialdemokratie über Bord gehen zu lassen«.

In derselben Sitzung schlug Leber vor, die Volksbewegung durch Einbeziehung von Kommunisten nach links zu erweitern und zu diesem Zweck mit Vertretern des kommunistischen Widerstandes Kontakt aufzunehmen. Die übrigen Anwesenden sprachen sich, nach dem bisherigen Verlauf des Gesprächs nicht unverständlich, einmütig dagegen aus. Auch als fünf Tage später vor einem Kreis, der einer Öffnung nach links nicht so grundsätzlich negativ gegenüberstand, von Leber die Kontaktaufnahme mit Kommunisten noch einmal zur Sprache gebracht wurde, lehnte man, hier primär aus Sicherheitserwägungen, ab. Gleichwohl beschlossen Leber und Adolf Reichwein, mit Kommunisten zu reden.

Am 22. Juni 1944 trafen sie in der Wohnung des Berliner Arztes Dr. Rudolf Schmidt, des Hausarztes Reichweins, mit drei Kommunisten zusammen. Das Gespräch wurde überwiegend von Leber geführt mit der Tendenz, möglichst viele Gemeinsamkeiten festzustellen. Dr. Schmidt hatte den Eindruck, daß beide Seiten durchaus zur Zusammenarbeit bereit waren und daß man sich beiderseits bemühte, deutlich zu machen, daß unterschiedliche Auffassungen nicht ablenken sollten von der gemeinsamen Aufgabe.

Gestört wurde dieses Bemühen um Harmonie dadurch, daß einer der Kommunisten entgegen der vorher getroffenen Vereinbarung Leber mit Namen begrüßte und daß man versuchte, Leber über die Terminierung des Attentats auszufragen. Trotz gewisser Bedenken war Leber jedoch zu einer erneuten Zusammenkunft bereit, er hielt sie aber dann doch nicht ein.

Maßgeblich durch Leber mitbestimmt wurden die Planungen der Verschwörer für die Presse- und Rundfunkarbeit für die Zeit nach dem geglückten Umsturz. So hielt Leber neben einem Regierungspresseamt eine davon unabhängige Zeitung für wichtig und notwendig und schaltete sich auch in die Personalplanung für eine solche Zeitung ein. In ähnlicher Weise bemühte er sich um den Rundfunk. Über Verbindungen aus der Zehlendorfer Nachbarschaft bekam er Kontakt mit dem Rundfunkmann Herbert Antoine und bat ihn, ohne darüber schriftliche Aufzeichnungen anzufertigen, »einen genauen Plan zur Übernahme und Weiterführung des deutschen Rundfunks im Falle einer Beseitigung Hitlers zu entwerfen«.

Verhaftung und Prozeß

Am 5. Juli 1944, einen Tag, nachdem man Reichwein bei der verabredeten zweiten Zusammenkunft mit den Kommunisten festgenommen hatte, wurde Leber aus der Kohlenhandlung heraus verhaftet. Es ist nicht zu widerlegen, daß unter den Kommunisten ein Spitzel war, zumindest aber die Kontaktaufnahme mit ihnen der die Verhaftung auslösende Faktor war.

Leber wurde über mehrere Zwischenstationen in das Zuchthaus Brandenburg eingeliefert. Er wies bereits Spuren von Mißhandlungen auf. Erst Ende Juli 1944 konnte er seiner Frau ein Lebenszeichen geben.

Das Attentat Stauffenbergs auf Hitler am 20. Juli 1944, Lebers im Krankenhaus sich verbergender Frau durch Schulenburg angekündigt, mißglückte. Statt Anlaß für die Befreiung Lebers zu sein, wurden dadurch zahlreiche weitere Verhaftungen ausgelöst. Am 27. Juli 1944 wurde Leber in die Sicherheitspolizeischule Drögem verlegt, wo er vernommen werden sollte. Hier lernten Leber und zahlreiche andere Beteiligte am Umsturzversuch die Vernehmungsmethoden des Kriminalrats Lange kennen: Unter furchtbaren Mißhandlungen versuchte er, in nächtelang sich hinziehenden Verhören Aussagen über die Vorbereitungen des Attentats auf Hitler zu erzwingen. Erst unter dem Druck der Mitteilung, daß man Frau und Kinder verhaftet habe, begann Leber auszusagen, wobei er sich bemühte, andere möglichst wenig zu belasten.

Als die Vernehmungen abgeschlossen waren, ahnte Leber, daß es diesmal keine Rückkehr aus der Zelle zur Familie geben würde. Er bereitete sich innerlich auf den Tod vor. Er dankte seiner Frau für ihre Liebe. Wenn er an sie und die Kinder dachte, so war das Schmerz und Beglückung zugleich. Er schrieb an seine Frau, daß er in der Zelle jetzt oft an die »mittelalterlichen Mönche« denke, die »aus der Welt ausschieden, um sich in vier engen Wänden ihren Gedanken hinzugeben. Viele von ihnen fanden darin höchstes Glück und tiefste Erfüllung.« Er versuchte, es ihnen nachzutun und die Abgeschlossenheit der Zelle zur Selbstfindung zu nutzen.

Beim Freigang aus dem Gefängnishof begegnete er gelegentlich seinem Freund Gustav Dahrendorf; auch Theodor Haubach und Hermann Maass, zwei weitere

Sozialdemokraten aus dem Widerstandskreis, sah er dort. Dahrendorf, der als einziger überlebte, berichtete später, wie sehr man beim Rundgang den »Blick des Freundes, des Schicksalsgenossen« gesucht habe: »Julius Leber sieht mich durchdringend an, als wir mit Abstand einander passieren. Sein Körper strafft sich, sein Gesicht ist ein zugleich freundschaftlicher und trotziger Anruf: Laß dich nicht gehen, bewahre Haltung.« Leber schien den Beobachtern »in sich gekehrt, ernst und sehr entschlossen, Inbegriff der Kraft, der Ungebrochenheit«, in dem »namenlosen Leid ein Mensch von innerer Größe«.

Der Lübeckerin Isa Vermehren gegenüber, der er während der Zeit seiner Haft in Ravensbrück, wo auch Frauen inhaftiert waren, mehrmals begegnete, bekannte er, daß »für eine so gute und große Sache der Einsatz des eigenen Lebens der angemessene Preis« sei. Er ließ durch sie die Arbeiter Lübecks grüßen und ihnen ausrichten, daß er alles getan habe, was in seiner Macht gewesen sei, »es wäre nicht sein Verschulden, daß alles so und nicht anders ausgegangen wäre«.

Am 28. September 1944 wurde er in das Polizeigefängnis Lehrter Straße in Berlin gebracht und von dort mit seinen Mitangeklagten Dahrendorf, Reichwein und Maass in das Gestapo-Gefängnis Prinz-Albrecht-Straße transportiert. Erst vierzehn Stunden vor der Verhandlung erhielten sie die Anklageschrift, die seit vier Wochen vorlag. Auch seinen Pflichtverteidiger sah Leber am Abend vor der Verhandlung zum erstenmal. Angeklagtem wie Verteidiger war der Ernst der Lage bewußt: Leber setzte ein durch den Verteidiger beglaubigtes Testament auf, in dem seine Frau zur Alleinerbin bestimmt wurde.

Gustav Dahrendorf berichtete rückschauend über die Verhandlung: »In der Frühe des 20. Oktober wurden wir ... Angeklagten nach der Elsholtzstraße in Berlin-Schöneberg transportiert ... Durch ein dichtes Spalier von uniformierten Polizeibeamten, jeder Angeklagte zwischen zwei baumlangen Tschakoträgern, wurden wir in den Verhandlungssaal des Volksgerichtshofes geführt. Wir ... Angeklagten ... nahmen auf zwei Stuhlreihen Platz. In der ersten Reihe saßen Julius Leber und Adolf Reichwein, in der zweiten Hermann Maass und ich.« Roland Freisler führte die Verhandlung, neben ihm blieben die anderen Richter, die Vertreter der Anklage und die Anwälte reine Statisten. Keinem der Angeklagten wurde Gelegenheit gegeben, sich zusammenhängend zu äußern, in keiner Phase der Verhandlung kam eine wirkliche Vernehmung zustande. Es war wie alle Prozesse gegen die Beteiligten am 20. Juli 1944 ein reiner Schauprozeß vor ausgewähltem Publikum: SS-Leute, Offiziere, Kriegsbeschädigte und ausgewählte Pressevertreter.

Zu den geladenen Pressevertretern gehörte auch Paul Sethe, der erst nach dem Ende des Naziregimes seine wirklichen Eindrücke schildern durfte: »Unaufhörlich dröhnen die Fragen, die Anklagen und Beschimpfungen wie ein wilder Katarakt auf den Angeklagten ... Noch mitten im Satz unterbricht ihn regelmäßig der Präsident, unerbittlich drängt er den Angeklagten auf den einen Punkt: da, wo er zugeben muß, sich verschworen zu haben, die Regierung stürzen zu wollen, an die Niederlage zu glauben ... Das Verhör dauert vielleicht eine Stunde oder zwei, man weiß es nicht, die Zeit fliegt vorbei, man spürt das Herz klopfen, immer deutlicher senken sich die Schatten des Todes über Julius Leber herab – aber die Stimme da vorn bleibt ruhig, gleichmäßig und gelassen wie am Anfang. Kein Zittern in den Worten, keine Unsicherheit in der Aussage, kein zu schnelles und kein zu langsames Wort, kein Zeichen, daß Julius Leber den Mann da vorn fürchtet. Man sieht sein Gesicht nicht, aber man kann den Ausdruck der Züge erraten. Er wirkt so gelassen und ruhig wie seine Stimme auch. Eine einzige Bewegung an dem starken Körper ist zu spüren: Immer wieder bewegt er sich auf den Fußspitzen auf und nieder – das einzige Zeichen, daß auch ihn dieses Verhör angreift.« Mit diesem Verhalten hat er die Wirkung des »drohenden Pathos« Roland Freislers unterlaufen. Gelassen nahm Leber auch das Todesurteil entgegen. Seine Mitangeklagten Reichwein und Maass wurden noch am selben Tag hingerichtet, Gustav Dahrendorf und er selbst ins Gefängnis zurückgebracht.

Ob man hoffte, ihn zu weiteren Aussagen bewegen zu können, und ihn deshalb zunächst verschonte? In ihm, besonders aber in seiner Frau Annedore wurde durch die Aussetzung der Vollstreckung die Hoffnung geweckt, durch den herannahenden militärischen Zusammenbruch, der seit der Invasion 1944 in greifbare Nähe gerückt schien, vielleicht doch noch gerettet zu werden. Immerhin konnte Leber nach dem Urteil seine Frau noch einige Male sehen und Briefe mit ihr wechseln. In ihnen ist die Innigkeit einer tiefen Beziehung dokumentiert, sie sind Dokumente des Vertrauens zwischen den Eheleuten. Die Liebe seiner Frau gab Leber die innere Kraft, auch das Letzte durchzuhalten.

Seinen letzten Geburtstag erlebte er in der Haft. Briefe seiner Kinder, die nichts von seinem Schicksal wußten, stimmten ihn wehmütig. Das Glück seiner einsamen Zellenweihnacht war ein Brief seiner Frau. Am Neujahrstage durfte er seiner Frau zum letztenmal schreiben. Sein einziges Anliegen war, ihr Mut für die Zukunft zu geben.

Am 5. Januar 1945 wurde er hingerichtet. Die Veröffentlichung einer Todesanzeige wurde untersagt. Doch geriet er nicht in Vergessenheit. Seine Frau Annedore, die nach dem Ende des Zweiten Weltkrieges politisch (in der Berliner SPD) und publizistisch tätig war, den Mosaik Verlag gründete und darin mehrere grundlegende Werke über den Widerstand herausbrachte, hielt das Andenken an ihren Mann und dessen Freunde wach. Schulen, Kasernen und Straßen wurden nach Leber benannt. Bedeutende Vertreter der Nachkriegssozialdemokratie, so Willy Brandt, der in seiner Jugend in Lübeck zeitweise Kontakt zu Leber gehabt hatte, und Helmut Schmidt, sahen in ihm ein Vorbild. Ein überlebender Julius Leber hätte die deutsche Sozialdemokratie nach dem Zweiten Weltkrieg entscheidend mitgeprägt.

Literatur

BECK, DOROTHEA: *Julius Leber. Sozialdemokrat zwischen Reform und Widerstand.* Einleitung von Willy Brandt. Berlin 1983.
BOHRMANN, INGEBORG U. HANS: *Julius Leber (1891–1945),* in: GLOTZ, PETER, LANGENBUCHER, WOLFGANG R. (Hrsg.): Vorbilder für Deutsche. Korrektur einer Heldengalerie. München 1974.
Julius Leber. Schriften, Reden, Briefe 1920–1945. Mit einem Vorwort von Willy Brandt und einer Gedenkrede von Golo Mann. Hrsg. v. Dorothea Beck u. Wilfried F. Schoeller. München 1976.
LEBER, ANNEDORE: *Sozialdemokraten um den 20. Juli. Den toten, immer lebendigen Freunden.* Berlin 1946.
LEBER, JULIUS: *Ein Mann geht seinen Weg.* Schriften, Reden und Briefe, herausgegeben von seinen Freunden. (Mit einem biographischen Essay.) Berlin/Frankfurt 1952.

GERHARD BEIER

Wilhelm Leuschner

Ein schwieriger Fall für die Geschichtsschreibung bleibt Wilhelm Leuschner. So hell sein Licht über der Szene des deutschen Widerstandes strahlt, bleibt doch vieles im dunkeln, was seinen Lebenslauf und seine politische Konzeption betrifft. Defizite in der Forschung, Probleme des Widerstandes und persönliche Eigenheiten kommen zusammen. Es beginnt schon mit dem Datum der Geburt: Daß Leuschner am 15. Juni Geburtstag feierte, ist unstrittig. Aber sein Lebenslauf im »Handbuch des Vereins Arbeiterpresse« nennt das Geburtsjahr 1888. War er also zwei Jahre älter als gemeinhin angenommen? Oder hat er sich gerne älter gemacht, als er tatsächlich war, um in einer auf Anciennität bedachten Gesellschaft wirkungsvoller auftreten zu können? Normalerweise wird ein solcher Fall durch Anfrage beim Standesamt des Geburtsortes geklärt. Leuschner wurde in Bayreuth geboren. Allein von dort verlautet in schönem Amtsdeutsch: »Bitte zu beachten, daß durch Bombardierung im April 1945 die gesamte Einwohnerkartei vernichtet wurde.« Letzte Gewißheit ist also nicht zu erlangen. Aber vieles spricht dafür, daß tatsächlich 1890 als korrektes Datum angesehen werden muß, denn nicht nur die meisten Nachschlagewerke, sondern auch die Gerichtsakten verzeichnen ohne Ausnahme dieses Datum. Zweierlei bleibt aber festzuhalten: Als junger Mann an der Spitze des Innenministeriums im Volksstaate Hessen, der er 1928 wurde, nachdem das oben angeführte Handbuch gerade erschienen war, ließ er sich das ältere Datum gefallen. Bürokratischer Kleinkram war nicht seine Sache. Und ein Minister lag mit runden vierzig Jahren besser im Geschirr. Zum andern: Leuschner war tatsächlich ungewöhnlich jung, als er ins Amt kam, fünfzehn Jahre jünger als Konrad Adenauer, dreiundzwanzig Jahre jünger als Theodor Leipart an der Spitze des Allgemeinen Deutschen Gewerkschaftsbundes (ADGB), siebzehn Jahre jünger als Otto Wels an der Spitze der Sozialdemokratischen Partei Deutschlands. Leuschner stand an der Schwelle zum überfälligen Generationensprung in der Führungsmannschaft der deutschen Arbeiterbewegung am Ende der Weimarer Republik. Er war nicht als Widerstandskämpfer vorgesehen, sondern als ein Mann der jugendlichen Erneuerung im Rahmen der herrschenden Legalität. Leuschner war auch fünfzehn Jahre jünger als Hans Böckler, der noch 1949 an die Spitze der westdeutschen Gewerkschaftsbewegung gewählt wurde. Die Ermordung Leuschners und seiner jungen Freunde raubte dem Gewerkschaftsbund jene Führungsmannschaft, die 1945 mehr Dynamik, eine stärkere Zentralgewalt und eine schwer angreifbare Autorität gegenüber den Besatzungsmächten verliehen hätte. Auch das ist neben der persönlichen Tragik ins politische Kalkül zu ziehen. Es war

LEUSCHNER, WILHELM
geb. am 15. 6. 1890 in Bayreuth;
hingerichtet am 29. 9. 1944.

von den Mördern voll beabsichtigt, die besten Männer der Arbeiterbewegung auszu-
löschen.

Ein talentierter Künstler

Wer Leuschner – den »Innenminister« und Verwaltungsmann – als typischen Gewerk-
schaftsfunktionär oder Parteibürokraten ansieht, der geht gänzlich fehl, mag auch der
optische Eindruck auf den überlieferten Fotos ein solches Vorurteil bestärken. Die
Physiognomie des Kahlkopfes täuscht. Eine Künstlermähne hätte seinen Typ besser
zum Ausdruck gebracht. Aber wer in der Arbeiterjugendbewegung aufgewachsen war,
der verabscheute jegliche Kosmetik: Der junge Leuschner stand zu seinem Kahlkopf.
Nicht ohne schwejkschen Hintersinn nutzte er diesen Umstand im Konzentrationslager: Er verweigerte sich der demütigenden Prozedur des Kahlscherens – und die
Haftkameraden freuten sich über diesen kleinen Akt des Widerstandes gegen die
Lagerleitung.

Der Geburtsort war Bayreuth, die Stadt Richard Wagners, in der seit 1876 das
Festspielhaus stand. Leuschner selbst kam aus der Arbeiterklasse, aber nicht aus der
untersten Schicht des Proletariats. Sein Vater war Ofensetzer. Er zählte zur »Aristokra-
tie« unter den Bauberufen. Wer als begabtes Kind aus einer Familie der Arbeiteraristo-
kratie kam, der machte noch kein Abitur, aber er suchte einen Beruf, der den Zugang zu
höherer Bildung erleichterte. Wilhelm Leuschner lernte Holzbildhauerei. Er schnitzte
Teller, Leuchter und Grabkreuze, vor allem Ornamente für Stilmöbel, die seinerzeit
mit reichem Schmuck versehen wurden. Und er liebte seinen Beruf. Proben der
Leuschnerschen Handwerkskunst werden noch heute in der Familie aufgehoben. In
seinem Nachlaß mischen sich gelegentlich Freihandzeichnungen unter die politischen
Notizen.

Als die Mutter sterbenskrank darniederlag, malte er ihr ein Bild an die Zimmerdecke,
damit sie etwas zu schauen hatte – eine Szene, wie Thomas Wolfe sie nicht schöner hätte
erfinden können. Im Sterbejahr der Mutter ging Leuschner für ein Wintersemester auf
die Akademie der bildenden Künste in Nürnberg. Anders als ein gleichaltriger Kunst-
maler aus Braunau am Inn wurde Leuschner nicht abgewiesen, als er Kunst studieren
wollte, sondern erhielt ausgezeichnete Noten in Freihandzeichnen, Ornament- und
Pflanzenmodellieren, Stillehre und Kunstgeschichte.

Wir wissen nicht, warum Leuschner eine andere Laufbahn einschlug. Der Erste
Weltkrieg kam dazwischen. Zudem wandelte sich der Geschmack. Von den Fassaden
verschwand der reiche Schmuck. Möbel wurden glatt poliert. Stukkateure und Bildhauer fanden immer weniger Arbeit. Aber Leuschner behielt seine künstlerischen
Neigungen bis zuletzt. Als er bei Kriegsausbruch 1939 sicherheitshalber ins Konzentrationslager gesperrt wurde, las er ein Buch über Tilman Riemenschneider. Es klingt wie
eine guterfundene Legende, aber tatsächlich schrieb Leuschner in sein Notizbuch vom
6. bis 8. September 1939 neben Hinweisen auf Folterungen um ihn herum den kurzen
Satz: »Lese Riemenschneider.«

Wer Leuschners Arbeit im Widerstand verstehen will, muß sich in die Mentalität
eines Bildhauers einfühlen. Leuschner war kein »Metaller« wie Carl Ulrich, der erste
gewählte Staatspräsident in Hessen, der Schlosser und Dreher gelernt hatte und sich

»Maschinenbauer« nannte. Er war auch kein Schriftsetzer und Korrektor wie Bernhard Adelung, der Ministerpräsident, der Leuschner als Innenminister in sein Kabinett berief. Als Bildhauer war er nicht auf die Konstruktion und Ausführung einer exakt funktionierenden Maschinerie eingestellt. Vielmehr lag ihm die intuitiv-ganzheitliche Gestaltung eines Zusammenhangs, einer Einheit in der Vielfalt, die nicht mit mechanischen Hebeln und Zahnrädern arbeitete, sondern aus dem lebendigen Material die in ihm angelegte Form herauszuholen versuchte. Dabei arbeitete er nicht verbal wie ein Zeitungsmann. Er war vielmehr auf averbale Kommunikation eingestellt. Er suchte nicht die wortreichen Ausführungen, sondern die Verständigung durch Blicke und Gebärden. Er mißtraute dem Geschwätz und der Schriftform. Zudem machte er als Innenminister die eindringliche Erfahrung, daß alle schriftlichen Unterlagen – sei es gedruckt, vervielfältigt oder handgeschrieben – die polizeiliche Verfolgung aller illegalen Bestrebungen außerordentlich erleichterten. Die Kunst des verschwiegenen Widerstandes, als deren Meister wir Wilhelm Leuschner anerkennen müssen, entsprach sowohl seiner Mentalität und Sozialisation als auch seiner bewußten politischen Erfahrung. Die Konsequenz daraus lautete: niemals schriftliche Unterlagen anzufertigen, die der Polizei in die Hände fallen konnten. Freilich war Leuschner kein stummes Wesen und kein Analphabet. Er liebte das Gespräch. Aber er achtete auf Verschwiegenheit und schloß möglichst alle Zeugen aus. Auch die Familienangehörigen mußten verschwinden, wenn er politisierte. Sein Widerstand wurde nicht in Salons und Kasinos besprochen, sondern von Mann zu Mann auf einem stillen Waldspaziergang oder in der abhörsicheren Kammer. Für seine eigenen Aufzeichnungen verwendete er eine Stenographie in winzigen Zeichen, die nur mit größter Mühe zu entziffern ist.

So nützlich die Leuschnersche Taktik war, um den Apparat der illegalen Reichsleitung der Gewerkschaften verborgen zu halten, so nachteilig wirkte sie sich auf die Geschichtsschreibung aus. Leuschner und seine engsten Vertrauten nahmen ihre Geheimnisse mit ins Grab. Was er der Polizei unter harten Foltern vor seiner Hinrichtung in wenigen Wochen gestand, bleibt ein Fragment mit vielen Verzerrungen und Täuschungen, geschickt ausgelegt, um die Freunde zu schützen, dennoch die Informationsgier der Folterknechte zu stillen und zugleich einen Umriß der großen Konzeption zumindest schemenhaft an die Nachwelt zu überliefern.

Wer vom hohen Roß einer schriftseligen und aktengläubigen Geschichtswissenschaft die schriftliche Überlieferung zum Maßstab dessen, was eigentlich gewesen, erhebt, der mag in Leuschners illegaler Reichsleitung der Gewerkschaften nur ein Phantom erkennen. Er wird aber schwerlich erklären können, wieso dieser Mann als Reichspräsident, als Reichskanzler oder Vizekanzler in den Plänen des 20. Juli 1944 vorgesehen war. Der muß verstummen vor der Frage, wieso der gewerkschaftliche Wiederaufbau in allen Teilen des zerfallenen Reiches nach einheitlichen Grundsätzen erfolgte. Leuschners Testament wurde beachtet, obwohl es nicht schriftlich niedergelegt und notariell beglaubigt war, denn es entsprach der vieltausendfachen heimlichen Verabredung in den Jahren der Illegalität in allen Zentren und Provinzen des Widerstandes, in den Haftanstalten und Konzentrationslagern, wo immer Gewerkschafter sich treffen konnten.

Der junge Holzbildhauer ging auf Wanderschaft und blieb vorübergehend 1907 in Darmstadt, dem Zentrum des Jugendstils und der Möbelindustrie, hängen. Nachdem die Mutter gestorben war, kehrte er im September 1910 in die schöne Hauptstadt des Großherzogtums Hessen zurück. Er arbeitete beim Hofmöbelfabrikanten Julius Glükkert und heiratete ein Jahr darauf Elisabeth Batz. Beide hatten zwei Kinder, Sohn Wilhelm und Tochter Käthe. Alle drei halfen dem Vater während der Nazizeit bei seiner illegalen Arbeit.

Kaum zwanzig Jahre alt, wurde Leuschner zum Bezirksleiter des Bildhauerverbandes gewählt. Es handelte sich um eine typische Berufsorganisation mit kunststolzen, leicht verzopften Kollegen. Diese kleine Gewerkschaft war bereits 1881 unter dem Sozialistengesetz gegründet worden. Sie ging nach dem Verband der Korkarbeiter, dem Verband der Vergolder und dem Verband der Schirmmacher erst 1919 in der Industriegewerkschaft des Deutschen Holzarbeiter-Verbandes (DHV) auf. Diesem Holzarbeiterverband entsprang die erste Führungsmannschaft des Gewerkschaftsbundes. Die Drechsler Carl Legien und Theodor Leipart, der Schreiner Fritz Tarnow und der Bildhauer Wilhelm Leuschner stehen für diese Tradition.

Freilich war der Bildhauerverband so klein, daß er sich keinen hauptberuflichen Bezirksleiter leisten konnte. Leuschner begann 1910, ehrenamtlich zu arbeiten. Aber er handelte bereits Tarife aus. So entstand ein Stück autonomes Arbeitsrecht, das noch durch keinerlei Tarifvertragsgesetz gedeckt war, sondern dem Willen der Arbeiter zur gleichberechtigten Mitbestimmung bei der Festlegung ihrer Arbeitsbedingungen entsprang. Auf diese Weise gelang es Leuschner und seinen Freunden, durch Vereinbarung der 53-Stunden-Woche bereits einen erheblichen Schritt in Richtung auf den Achtstundentag zu tun. Dazu wurden 61 Pfennig pro Stunde als Mindestlohn und Zuschläge für Überstunden vereinbart. Die Löhne wurden nicht mehr vom Unternehmer diktiert, sondern gemeinschaftlich vereinbart und garantiert. Darin lag ein mächtiger Rechtsfortschritt, der erst 1933 durch das Stopplohndiktat verlorenging.

Der Erste Weltkrieg unterbrach diesen Weg des politischen und sozialen Fortschritts. Leuschner wurde eingezogen und bei der Artillerie im Osten und im Westen eingesetzt. Er war kein begeisterter Soldat. Im Mai 1917 notierte er in seinem Kriegstagebuch: »Jeder ist froh, wenn der Schwindel ein Ende hat, ganz gleich, auf welche Art.«

Im Zuge der Revolution von 1918 wählten die Kriegskameraden in Nouillon Pont an der Westfront Wilhelm Leuschner zum Vorsitzenden ihres Soldatenrates. Aber Leuschner setzte nicht auf den Rätegedanken als Prinzip einer revolutionären Umwälzung, sondern auf die gewerkschaftliche Organisation. Wieder in Darmstadt, übernahm er den Vorsitz im Gewerkschaftskartell und wurde als Arbeitersekretär besoldet. Er schaffte in kurzer Frist die Reorganisation der Gewerkschaften. Aus dem »Ortskartell« wurde der Ortsausschuß des Allgemeinen Deutschen Gewerkschaftsbundes, dem Leuschner vorstand. Darüber hinaus war er als »Arbeitersekretär« nicht nur für Organisationsfragen, sondern für alle sozialen Nöte am Ort zuständig – eine Art Ombudsmann, der dauernd im Gespräch mit den kleinen Leuten blieb.

Über den Darmstädter Rahmen hinaus wurde Leuschner seit 1926 vom Bundesvorstand des ADGB in Berlin als Gewerkschaftssekretär besoldet. Er war zugleich Vorsitzender im Vierten Bezirk des ADGB, der sowohl den Volksstaat Hessen mit Zentrum Darmstadt als auch die preußische Provinz Hessen-Nassau mit Zentrum Frankfurt am Main umfaßte. Als Bezirksvorsitzender hatte Leuschner seinen Sitz im Frankfurter Gewerkschaftshaus.

Solche organisatorischen Einzelheiten mögen Leuschner doch als typischen Verbandsmanager erscheinen lassen. Wenn er es zeitweise war, dann in einem dynamischen, gestalterischen Sinne. Er sah in der Organisation einen Hebel der gesellschaftlichen Veränderung. Und er betrachtete die Bewegung nicht als Apparat, sondern als Kulturbewegung, die weit über das Wirkungsfeld der formellen Organisation hinausging. Durch ein großes »Fest der Arbeit«, das Zehntausende auf die Straßen Darmstadt lockte, sollte diese Kulturbewegung öffentlich sichtbar werden. Unter Leuschners fördernder Hand entstanden in den Städten Hessens Kulturkartelle. Die Arbeiter wurden durch eine Besucherorganisation und entsprechende Programme in Theater und Opernhäuser geholt. Leuschner arbeitete eng mit großen Intendanten wie Carl Ebert, Gustav Hartung und Gustav Rudolf Sellner zusammen. Das Landestheater Darmstadt wurde zu einer führenden Bühne im Reich. Leuschner traf sich auch mit Schriftstellern wie Carl Zuckmayer, Kasimir Edschmid, René Schickele und Annette Kolb. Das waren mehr als flüchtige Künstlerbekanntschaften, waren echte Freundschaften, die schwere Belastungen überstanden. Als Carl Zuckmayer 1944 in New York eine Gedenkrede auf Carlo Mierendorff hielt, dann lagen dieser Begegnungen im Freundeskreise Leuschners zugrunde. Ebendort ist auch die Entstehungsgeschichte zu »Des Teufels General« anzusiedeln. Der Flieger Udet gehörte über den Arbeitersport auch in diesen Umkreis, und Leuschner war ein begeisterter Förderer der Segelfliegerei.

Der Innenminister im Volksstaat

Parallel zur gewerkschaftlichen Karriere lief die politische. Leuschner trat vor 1914 in die SPD ein. Er wurde 1919 in das Darmstädter Stadtparlament gewählt. Von 1922 bis 1925 war er Parteivorsitzender in Darmstadt und gleichzeitig Landesvorsitzender der Arbeiterjugend von Hessen. Im Jahre 1924 wurde er in den Provinziallandtag und in den Landtag des Volksstaates Hessen gewählt.

Der Sprung auf die Ministerebene folgte 1928. Der greise Carl Ulrich trat vom Amt des Staatspräsidenten und Kabinettschefs zurück. Bernhard Adelung bildete eine neue Koalitionsregierung aus Sozialdemokraten, Zentrumspartei und Deutscher Demokratischer Partei. Nach dem Tode des Innenministers Otto von Brentano (Zentrum) verlangte die Sozialdemokratie dieses Ressort. Einziger Kandidat war Leuschner. Die Zentrumspartei stimmte nach langem Zögern zu.

Noch war das Ministerium mit heimlichen Monarchisten und »Gamaschenknöpfen« aus der Kaiserzeit durchsetzt, die von der »guten alten Zeit« träumten und einen »roten« Innenminister nur widerwillig duldeten. Bei Leuschners Amtsantritt fanden sich allerhand Aufzeichnungen, mit denen die politische Polizei Leuschners Karriere seit den Revolutionstagen mißtrauisch verfolgt hatte. Der junge Minister holte fachkundige Leute seines Vertrauens in sein Haus, vor allem Carlo Mierendorff, der für die

Pressearbeit zuständig war, und Ludwig Schwamb, der sich als Verwaltungsfachmann um die neue Kommunalverfassung kümmerte.

Leuschner faßte seine politische Aufgabe nicht kleinstaatlich begrenzt auf, sondern arbeitete mit den anderen Innenministern, insbesondere mit Carl Severing in Berlin, eng zusammen. Eine Hauptaufgabe, die nur in Zusammenarbeit mit Berlin zu lösen war, hieß »Reichsreform«. Kaum ein Jahr im Amt, legte der junge Minister durchgreifende Vorschläge zur »Reichsreform im Rhein-Main-Gebiet« vor. Darin hieß es u. a.:

»1. Das Land Hessen erklärt sich offiziell zum Reichsland. Für die Zeit bis zur Gesamtlösung der Reichsreform delegiert die Reichsregierung im Einverständnis mit dem Land Hessen gewisse Befugnisse derjenigen Verwaltungszweige, in denen das Reich ja noch keinen Verwaltungsapparat besitzt, zur auftragsweisen Ausübung an ein größeres Nachbarland, in diesem Falle angesichts der Gemengelage im preußischen Gebiet zu Preußen. Damit wäre der Anschluß an einen größeren Verwaltungsapparat gefunden, was im Interesse der rationellen Arbeit der Verwaltung erstrebenswert ist.

2. Das Land Preußen gliedert dafür seinerseits diejenigen Teile der bisherigen Provinz Hessen-Nassau, die unter wirtschaftlichen Gesichtspunkten organisch zu dem Rhein-Main-Gebiet gehören, aus, damit daraus unter Verschmelzung mit dem bisherigen Gebiet des Landes Hessen ein einheitliches in jeder Hinsicht leistungsfähiges Selbstverwaltungsgebiet geschaffen wird, das neue Land Hessen.«

Solche Vorschläge hatten durchaus umwälzenden, um nicht zu sagen revolutionären Charakter. Leuschner wollte die Modernisierung der Reichsverfassung, den endgültigen Abschied von althergebrachter Kleinstaaterei. Er strebte den deutschen Einheitsstaat an. Es gibt gar keinen Zweifel an seiner Reichstreue. Freilich versuchte er, gleichzeitig das Prinzip der Selbstverwaltung zu stärken. Es ging ihm nicht um gewaltsame Gleichschaltung, wie Hitler sie später durchsetzte, sondern um eine demokratische Neuordnung, die freilich auf durchaus radikale Weise mit alten territorialstaatlichen Zöpfen aufräumte.

Neben der Reichsreform förderte der Minister den Schutz der Republik. Er selber war im »Reichsbanner Schwarz-Rot-Gold« aktiv. Er ließ auch Polizeibeamte im Rahmen der Eisernen Front und bestimmter Sondereinheiten aus zuverlässigen Gewerkschaftern den bewaffneten Kampf gegen SA und SS und sonstige republikfeindliche Kräfte vorbereiten. Hessen erließ als erstes Land ein Uniformverbot, durch das vor allem SA und SS getroffen wurden.

Ende 1931 holten Leuschner und Mierendorff zu einem großen Schlag gegen die NSDAP aus. Mitte September hatte eine Besprechung hessischer Naziführer auf dem Gut »Boxheimer Hof« bei Lampertheim stattgefunden. Der Sekretär des Gauleiters, Dr. Werner Best, legte dort Fememordpläne für den Fall der nationalsozialistischen Machtergreifung vor. Der Gutsbesitzer, ein enttäuschter Nazianhänger, spielte diese Pläne dem hessischen Innenministerium zu. Ende November brachte die Tagespresse Schlagzeilen über diese »Boxheimer Dokumente«. Wegen des dringenden Verdachts der Vorbereitung zum Hochverrat ordnete der Oberreichsanwalt Haussuchungen an. Leuschner und Mierendorff taten alles, um die Öffentlichkeit über die wirklichen Pläne der NSDAP aufzuklären und gleichzeitig eine Verurteilung zu erreichen. Aber so streng die Justiz während der Weimarer Zeit mit kommunistischen Umsturzplänen verfuhr, so lasch war sie in der Verfolgung des Naziterrors. Das Verfahren vor dem

Reichsgericht wurde Ende Oktober 1932 wegen »Mangels an Beweisen« eingestellt. Noch amtierte Leuschner als Innenminister. Aber die demokratischen Kräfte verfügten nicht mehr über die notwendige Mehrheit im Landtag. Geschäftsführende Kompetenzen reichten nicht aus, um derart massive Angriffe auf die Republik abzuwehren. Leuschner sah sich nach neuen Wirkungsmöglichkeiten in Berlin um.

Außenminister der Gewerkschaften

Inzwischen waren beim Bundesvorstand des ADGB in Berlin zwei wichtige Positionen durch Todesfälle frei geworden. Es handelte sich um Paul Umbreit und Hermann Müller-Lichtenberg, der stellvertretender Vorsitzender, besoldeter Vorstandssekretär und zugleich Mitglied des Verwaltungsrats des Internationalen Arbeitsamtes in Genf war. Ohne daß ein Kongreß stattfand, hatte Leipart den jungen Leuschner schon seit längerer Zeit für die Nachfolge Müllers ausgesucht. Als die Situation Anfang 1933 immer brenzliger wurde, beschloß der Bundesausschuß des ADGB in seiner Sitzung vom 21. Januar, Wilhelm Leuschner zum Nachfolger von Umbreit und Müller zu wählen. Er war damit gleichzeitig als Vizedirektor für das Internationale Arbeitsamt vorgeschlagen. Es handelte sich übrigens um dieselbe Sitzung, in der über letzte Schritte bei Reichspräsident von Hindenburg beraten wurde, die eine Ernennung Hitlers zum Reichskanzler verhindern sollten.

Mit dem Aufrücken Leuschners versuchte die Gewerkschaftsführung, in letzter Minute einen Mann zu gewinnen, der sich sowohl als Hoffnungsträger für die Anhängerschaft wie auch als fähiger Organisator bewährt hatte. Der Verwaltungsrat des Internationalen Arbeitsamtes galt seinerzeit als das entscheidende Gremium für eine wirksame Beeinflussung der internationalen Sozialpolitik. Hier wurde über die gleichzeitige Einführung der Vierzigstundenwoche in allen Mitgliedsländern gesprochen und beschlossen. Die Gewerkschaften sahen in einer solchen Arbeitszeitverkürzung ein hervorragendes Mittel, um die Massenarbeitslosigkeit zu überwinden. Gleichzeitig trafen sich in Genf Vertreter der Gewerkschaften, der Unternehmerverbände und der Regierungen aller Mitgliedsländer des Völkerbundes. Dort konnte Leuschner eine Position gewinnen, die es erlaubte, einen Entscheidungskampf um die deutsche Republik international zu flankieren. Er reiste noch Ende Januar 1933 nach Genf – in diplomatischer Mission. Dort verhandelte er mit dem Direktorium, insbesondere mit dem französischen Gewerkschaftsführer Léon Jouhaux. Er war praktisch Außenminister der deutschen Gewerkschaftsbewegung. Die internationalen Weihen verliehen ihm auch in Deutschland eine gewisse Immunität. Zumindest konnte eine neue Reichsregierung nicht gegen Leuschner vorgehen, ohne einen diplomatischen Konflikt zu riskieren.

Falls es im Frühjahr 1933 zu einer Entscheidungsschlacht gekommen wäre, hätten die demokratischen Kräfte sich auf den Südwesten des Reiches stützen müssen. Die offene Grenze nach Westen und die Zusammenarbeit mit Gewerkschaften wie Streitkräften der Westmächte hätte entscheidende strategische Bedeutung gewinnen können. Darüber hinaus waren auf lange Sicht für jeden Widerstand im Reich die außenpolitischen Verbindungen von hervorragender Bedeutung. Auch später im Zusammenhang mit dem 20. Juli 1944 kam es darauf an, die Möglichkeiten der Arbeiterdiplomatie auszuschöpfen.

Leuschner und seine Freunde, insbesondere Haubach und Mierendorff, waren seit Jahren bemüht, die außenpolitischen Defizite der deutschen Arbeiterbewegung zu überwinden. Freilich vertraten Sozialdemokratie und Gewerkschaften traditionell und aus guten Gründen den Primat der Innenpolitik. Wenn die Republik zu retten, der Widerstand erfolgreich zu leisten und die künftige Politik gedeihlich zu gestalten war, dann auf der Basis einer zuverlässigen inneren Kraft. Dazu mußte eine zuverlässige Polizei mit den loyalen Teilen der Reichswehr beitragen. Aber die eigene innenpolitische Kraft ruhte in der Gewerkschaftsbewegung mit ihren Millionen Mitgliedern, hunderttausenden ehrenamtlichen und zehntausenden besoldeten Funktionären.

Diese Gewerkschaftsbewegung war in politischen Richtungen gespalten und zusätzlich nach berufsständischen Vorstellungen geteilt. Es gab extreme gewerkschaftliche Gruppierungen der Revolutionären Gewerkschaftsopposition (RGO), anarchistische Ansätze und eine Nationalsozialistische Betriebszellen-Organisation (NSBO), die als republikfeindlich nicht in Frage kamen. Aber die drei Richtungen der sozialdemokratischen, der christlichen und der liberalen Gewerkschaften hatten lange Jahre gemeinsam die Politik der Weimarer Koalitionen aus Sozialdemokratie, Zentrumspartei und Demokratischer Partei unterstützt. Was lag da näher, als diese drei Richtungen zu einer großen starken Säule der Demokratie zusammenzufassen?

Entsprechende Gedanken an eine »Einheitsgewerkschaft« waren fast so alt wie die Gewerkschaftsbewegung selbst. Seit 1930 kam es durch Anton Erkelenz von den Hirsch-Dunckerschen Verbänden zu einer neuen Initiative, um die Einheitsgewerkschaft angesichts der wachsenden Krise endlich zu verwirklichen. Nach dem Sturz Heinrich Brünings als Reichskanzler waren auch die christlichen Verbände zunehmend bereit, auf eine solche Entwicklung einzugehen. Das galt insbesondere für den jungen christlichen Gewerkschaftsführer Jakob Kaiser. Leipart vom sozialdemokratischen ADGB ließ sich gerne auf diese Perspektiven ein, und Leuschner, der Mann des Einheitsstaates, sah in der Einheitsgewerkschaft einen konstruktiven Beitrag zur Entwicklung moderner, sozialstaatlicher Demokratie.

Wenn Theodor Leipart unmittelbar nach Hitlers Machtantritt sagte: »Organisation – nicht Demonstration, das ist die Parole der Stunde!«, dann steckte dahinter mehr als nur ein bornierter Organisationsfetischismus. Gemeint war auch die Schaffung der Einheitsgewerkschaft. Der allgemeine Umbruch sollte genutzt werden, um diese neue Organisationsform in Verhandlungen der drei großen politischen Richtungen zu schaffen. Leuschner nahm diese Verhandlungen ab März 1933 mehr und mehr in die Hand. Er verständigte sich mit Erkelenz, Kaiser und anderen über die Bildung des »Führerkreises der deutschen Gewerkschaften«. Er stimmte sich dabei mit führenden Beamten aus dem Reichsarbeitsministerium ab und riskierte zugleich Verhandlungen mit scheinbar sozialistisch orientierten Vertretern der NSDAP, die den ganzen Prozeß in das fatale Licht einer freiwilligen Gleichschaltung setzten. Aber er ließ keinen Zweifel, daß seine Einheitsgewerkschaft autonom, das heißt parteipolitisch unabhängig bleiben sollte. Damit schwand das Interesse der NSDAP, und die gewaltsame Gleichschaltung bzw. Zerstörung der freien Gewerkschaften am 2. Mai 1933 war die Konsequenz.

Vormittags um zehn Uhr wurden gleichzeitig sämtliche Gewerkschaftshäuser im Deutschen Reich durch SA und SS gestürmt. Der Bundesvorstand des ADGB mit Leipart, Leuschner und allen anderen Mitgliedern befand sich in Gefangenschaft. Die Wachmannschaften machten sich ein sadistisches Vergnügen daraus, so ältere und würdige Herren wie Theodor Leipart zu demütigen und zu quälen. Leipart brach in dieser Situation psychisch und physisch zusammen. Später in Polizeihaft einigten sich die Vorstandsmitglieder, daß Leuschner künftig die Führung übernehmen sollte. Dergestalt wurde er zum ersten und einzigen Vorsitzenden, der praktisch in der Gefängniszelle gekürt wurde.

Wer die »Boxheimer Dokumente« studiert und veröffentlicht hatte, der wußte, was nun die Stunde schlug. In dieser Situation spielte Leuschner sein Genfer Amt voll aus. Robert Ley, der als Reichsorganisationsleiter der NSDAP auch die Führung der Deutschen Arbeitsfront (DAF) erhielt, benötigte die Empfehlung Leuschners, um auf dem Genfer Parkett auftreten zu können. Das neue Regime war noch sehr auf internationale Reputation bedacht. Leuschner zeigte sich bereit, mit Ley nach Genf zu fahren. Dafür erreichte er die Freilassung der Kollegen und seiner selbst.

Sobald er wieder in Freiheit war, traf er sich mit Jakob Kaiser, um das Bündnis für die Einheitsgewerkschaft zu erneuern. Das geschah ohne ein neues Dokument lediglich per Handschlag. Die Entschriftlichung des Widerstandes nahm ihren Lauf.

Leuschner reiste Anfang Juni nach Genf, aber er hielt nicht die große öffentliche Rede zu Ehren von Dr. Robert Ley, sondern schwieg demonstrativ in allen Plenarsitzungen. Er nutzte die Ausschußberatungen und die informellen Kontakte, um sich mit den Vertretern der gewerkschaftlichen Internationale über die Vorgänge in Deutschland zu verständigen. Ley verlor in dieser Situation die Nerven und begann, die Vertreter des Auslandes öffentlich zu beleidigen. Der Eklat war da. Manches spricht dafür, daß Leuschner noch Kontakte zur Ministerialbürokratie und zur Reichskanzlei hatte, die einen Sturz Robert Leys bewirken und die Rückeroberung der Gewerkschaftshäuser einleiten sollten. Aber Hitler hielt Ley im Amt.

Obwohl ihm die Verhaftung nach der Rückreise gewiß war, bestieg Leuschner den Zug Richtung Heimat. In Basel traf er sich am 22. Juni mit Gustav Hartung, der als Intendant inzwischen emigriert war. Aber der Mann an der Spitze der deutschen Einheitsgewerkschaft wollte ins Reich zu seinen Kollegen, wo seine Verantwortung lag. Als er in Freiburg ankam – es war der 23. Juni 1933 –, wurde er verhaftet und ins Landesgefängnis gesperrt.

Unter den Moorsoldaten

Als zahlreiche Militärs und manche Theologen des späteren Widerstandes noch an Hitler glaubten, machte Leuschner schon die Erfahrung des Konzentrationslagers. Zunächst hielten ihn die hessischen Behörden im Landeszuchthaus Rockenberg in »Schutzhaft« gefangen. Die neuen Herren versuchten, ihm Angaben über die Arbeitsweise und die Aufgaben der politischen Polizei unter seiner Verantwortung zu entlocken. Seine trotzige Antwort, die schriftlich erhalten blieb, lautete: »Die Aufgaben der politischen Polizei sind wohl in jeder Staatsform die gleichen: Überwachung aller Organisationen und Personen, die zur Regierung und zur Staatsform im offenen

Gegensatz stehen und dabei Mittel anwenden, die im Interesse des Staatsganzen unterbunden werden sollen. Nach der allgemeinen Auffassung der letzten Jahre kommen [!] dafür die Kommunisten und die Nationalsozialisten in Betracht.« Solche Aussagen eigneten sich nicht, Leuschner unter Anklage zu stellen. In einem öffentlichen Prozeß hätte er den Staatsanwalt wahrscheinlich in Verlegenheit gebracht.

Anfang November folgte der Abtransport in eines der berüchtigten Moorlager des Emslandes, wo mancher Kamerad verrecken oder – wie es so zynisch hieß – »auf der Flucht erschossen« werden sollte. Am historischen 9. November 1933, dem Tag der Novemberrevolution und des Hitlerputsches, durfte er einen ersten Brief nach Hause schreiben:

»Meine Lieben! Ich befinde mich seit Sonntag abend hier im Konzentrationslager Börgermoor. Nach anfänglicher Einzelhaft kam ich gestern in eine Gemeinschaftsbaracke und wurde mit den übrigen Schutzhäftlingen im Moor (Kulturarbeiten) beschäftigt. Die Adresse lautet: Lager I. Börgermoor bei Papenburg/Ems. Baracke 3, No. 717. Ich bin nach wie vor gesund und guten Mutes. Es war recht wertvoll, daß mir Käthe noch die Wintersachen nach Rockenberg bringen konnte. Nun hoffe ich, daß Eure Bemühungen [um meine Entlassung] nun von besserem Erfolg gekrönt sein werden, nachdem ich im preußischen Gebiete untergebracht bin. Schickt mir gelegentlich ein Paar dicke Strümpfe (Socken). Besondere Bedürfnisse habe ich sonst nicht. Wenigstens vorläufig nicht. Carlo [Mierendorff] ist gesund. Ich arbeite und wohne mit ihm zusammen. Alles Gute für Euch alle. Herzliche Grüße an Dich liebe Lisbeth von Deinem Wilhelm. Herzliche Grüße Euch liebe Kinder von Eurem Papa.«

Der gesamte Briefwechsel unterlag einer strengen Zensur, so daß ihm nichts über die Schrecken der KZ-Haft zu entnehmen ist. Wer darüber mehr erfahren will, sei auf Wolfgang Langhoffs Buch »Die Moorsoldaten« verwiesen, das 1935 in Zürich erschien. Darin wird auch die tapfere Haltung Leuschners und Mierendorffs unter den Haftkameraden geschildert.

Anfang Dezember 1933 gelangte Leuschner in das Konzentrationslager Lichtenburg bei Torgau an der Elbe. Nach der SA-Kaserne, dem Polizeigefängnis, der Haftanstalt Plötzensee, dem Zuchthaus Rockenberg und dem KZ Börgermoor, dazu dem Landesgefängnis Freiburg war es der siebente Haftaufenthalt in diesem einen Jahr. Freund Mierendorff sollte noch etliche Jahre in Haft bleiben, aber Leuschner kam zugute, daß im Juni 1934 die 18. Tagung des Internationalen Arbeitsamtes bevorstand und internationale Verwicklungen befürchtet wurden. Johannes Krohn vom Reichsarbeitsministerium verfaßte ein geschicktes Schreiben an den Reichsinnenminister Frick, in dem es hieß: »Nach den bisherigen Vorgängen muß damit gerechnet werden, daß die Angelegenheit des ehemaligen hessischen Staatsministers Leuschner auf der Internationalen Arbeitskonferenz erneut zur Sprache und gegen die deutschen Interessen, vielleicht auch insbesondere in der Saarfrage ausgespielt werden wird. Ich halte es daher für dringend erforderlich, daß in der Angelegenheit Leuschner umgehend eine klare Entscheidung getroffen wird.« Frick reagierte prompt und ordnete am 7. Juni 1934 Leuschners Freilassung an.

Leuschner mußte sich täglich bei der Polizei melden und einen festen Aufenthalt nachweisen. Er wohnte nun mit seiner Familie in Berlin. Wie mancher andere Gewerkschafter, der 1933 arbeitslos geworden war, bemühte er sich um den Aufbau einer selbständigen Existenz. Der eine gründete ein Lichtspieltheater, der andere machte einen kleinen Kohlenhandel auf, viele reisten als Vertreter auf Provision. Die Freunde im Hessischen eröffneten kleine Restaurants wie seinerzeit unter dem Sozialistengesetz. Meistens handelte es sich um winzige Unternehmungen, die wenig Kapital erforderten und viel Publikumsverkehr hatten.

Der frühere Holzbildhauer und Innenminister verlegte sich überraschenderweise auf die Produktion von Bierzapfhähnen. Mehrere arbeitslose Kollegen, darunter Friedrich Ebert junior und Ernst Schneppenhorst, hatten sich schon in dieser Sache eingesetzt – freilich ohne größeren geschäftlichen Erfolg. Die Produktion und der Vertrieb von »patentierten Bierdruckapparaten« begann langsam zu florieren, als Leuschner die Sache 1936 in die Hand nahm. Wer in dieser Branche durch das Reich fuhr, konnte natürlich allenorts die früheren Parteilokale aufsuchen, ohne daß er auffiel. Selbst wenn es zu Haussuchungen kam, ließ sich der Vertreterbesuch rein geschäftlich legitimieren.

Die Sache hatte noch einen zweiten hintergründigen Aspekt. Leuschner erwarb ein Patent des Aluminium-Forschungs-Instituts über die Härtung von Aluminium im Granitalverfahren. Dadurch wurde es möglich, Armaturen aus Leichtmetall herzustellen, deren Gewinde nicht mehr in der alten Weise korrodierten und sich ineinander festfraßen. Auf diese Art konnte seine »Fabrik« helfen, die Buntmetallücke in der Mangelwirtschaft des »Dritten Reiches« zu schließen. Darüber hinaus gelang es Leuschner, militärische Kreise, die er noch aus seiner Ministerzeit kannte, für seine Produkte zu erwärmen. Die Gewinde, Rohre, Küken und Platten interessierten sowohl in der Luftfahrt- als auch in der Werftindustrie.

Tatsächlich war die »Fabrik« nur ein kleiner Betrieb mit etwa dreißig Mitarbeitern. Aber Leuschner und seine Freunde hatten eine ökologische Nische im System des »Dritten Reiches« ausfindig gemacht, die ihnen erlaubte, gleichermaßen unverdächtig die alten politischen Freunde als auch Metallbetriebe und Wehrmachtsstellen aufzusuchen. Leuschners Reisebeschränkungen wurden aufgehoben. Es gab Sonderausweise zum Besuch militärischer Anlagen, die sonst kein Zivilist betreten durfte. Nicht alle Mitarbeiter des Betriebes wurden in das Geheimnis eingeweiht, aber Schneppenhorst, Hermann Maass und Sohn Wilhelm wußten Bescheid und halfen bei dieser raffinierten Camouflage.

Als Leuschner 1936 in diese Arbeit einstieg, hatten sich ältere Formen der Widerstandsarbeit gerade totgelaufen. In den ersten Jahren nach 1933 waren Zeitungen und Flugblätter in großer Zahl verteilt worden, die zu Massenverhaftungen und Monsterprozessen mit Hunderten von Angeklagten und Tausenden von Jahren Haft führten. Ganze Bezirke der Illegalität waren dergestalt aufgeflogen. Und die Kollegen in Buchenwald, in Sachsenhausen oder Dachau beklagten sich bitter über den Dilettantismus, durch den sie sich selbst der NS-Justiz ausgeliefert hatten. Unter den Verhafteten war auch Hermann Schlimme vom Bundesvorstand des ADGB, der die illegale Reichsleitung der Gewerkschaften während Leuschners Haft anführte. Andere waren geflüchtet und konnten nur noch mit Mühe von jenseits der Grenze die alten Verbindungen aufrechterhalten.

Während dieser Krise in der ersten Phase des gewerkschaftlichen Widerstandes, die mit den außenpolitischen Erfolgen Hitlers von 1935 bis 1939 zusammenfiel, bewährte sich Leuschners »Fabrik« als letztes Zentrum des gewerkschaftlichen Widerstandes im Reich. Daß der Krieg kommen würde, stand für Leuschner und seine Freunde seit 1935 fest. Aber die »Fabrik« war so ausgelegt, daß sie auch unter dem Kriegszustand noch Schutz bieten konnte. Als Leuschner bei Kriegsausbruch 1939 in das Konzentrationslager Sachsenhausen eingewiesen wurde und mancher Freund einen grausamen Tod unter Folterqualen fand, gelang Leuschner nach wenigen Tagen die Befreiung, weil der wehrwirtschaftliche Nutzen seiner Firma hoch veranschlagt wurde.

So fragwürdige Erscheinungen wie SS-Gruppenführer Wolff waren bei der Entlassung aus der Haft behilflich. Mancher Kritiker mag das im nachhinein teils bedenklich, teils unzureichend finden, aber keiner Arbeiterpartei ist es in vergleichbarer Weise gelungen, ein funktionierendes Koordinationszentrum in der Reichshauptstadt zu behalten. Der Vorstand der KPD saß in Moskau, der Vorstand der SPD und kleinerer Gruppierungen hatte sich nach London zurückgezogen. Allein Leuschner lebte und arbeitete in Berlin und konnte regelmäßig die Freunde in allen Teilen des Reiches besuchen, Verabredungen treffen und neue Kräfte anwerben. Er verfügte auch über Auslandsverbindungen, die vor allem durch Fritz Tarnow in Stockholm vermittelt wurden, aber das Zentrum möglicher Aktivitäten blieb in Berlin.

Die Verschwörung

Zunehmend ab 1941 drängte Leuschner auf den Umsturz. Er erneuerte die Vereinbarungen über den »Führerkreis« von 1933, um ein wirkungsvolles Zusammengehen aller Richtungen in einer einheitlichen deutschen Gewerkschaft zu erreichen. Damit verbunden war eine soziale Neuordnung auf der Basis einer einheitlichen Volksversicherung mit einer verfaßten Selbstverwaltung. Die wirtschaftliche Neuordnung sollte durch paritätische Gremien von der Betriebs- und Unternehmensebene über regionale Einrichtungen bis hinauf zur Reichsebene verwirklicht werden.

Leuschner ging davon aus, daß die meisten Kollegen, die 1933 gegen Hitler gestanden hatten, letztlich treu geblieben waren. Insbesondere vertraute er auf die Gruppe der ehrenamtlichen und hauptberuflichen Funktionäre. Auf seinen Reisen durch das Reich knüpfte er ein Netz von Vertrauensleuten, die am Tage X bereitstanden, um das Gewicht der Arbeitermassen in die Waagschale der Politik zu werfen.

Freilich bereitete er keinen Generalstreik zum Sturz des Regimes vor. Es gab Ansätze zu solchen Vorbereitungen unter den Eisenbahnern des Rhein-Main-Gebietes. Aber das entsprach nicht den Plänen Leuschners. Nach seinem Willen sollten die Militärs den Sturz Hitlers aus ihrer historischen Verantwortung heraus übernehmen. Die Gewerkschafter hatten sich verabredet, zuerst ihre Gewerkschaftshäuser wieder zu besetzen. Dort sollte die Einheitsgewerkschaft in gleicher Größenordnung wie die Arbeitsfront erstehen, aber als autonome, demokratisch verfaßte Organisation, die allein der Arbeiterschaft Rechenschaft schuldig war, keiner Partei und keiner Regierung zu gehorchen hatte.

Es gibt eine Reihe von Spekulationen, wieweit Leuschner sich auf Zusammenarbeit mit kommunistischen Kräften einlassen wollte. Fest steht, daß seine Konzeption bis zum Mai 1933 eindeutig antikommunistisch war. Im Konzentrationslager pflegte er kameradschaftlichen Umgang mit kommunistischen Kollegen. Es kam 1934 gewiß auch zu einer politischen Annäherung. Die Irritationen setzten erneut ein, als in Moskau die stalinistischen Säuberungen stattfanden. Sie wurden durch Berichte aus dem Spanischen Bürgerkrieg und durch die Erfahrungen des Hitler-Stalin-Paktes verstärkt. Erst im Zeichen der westöstlichen Waffenbrüderschaft nach dem deutschen Überfall auf die Sowjetunion wurde eine Wiederannäherung möglich. Aber noch als Julius Leber und der Kreisauer Kreis kurz vor dem 20. Juli 1944 Verbindung zu kommunistischen Widerstandskräften aufnahmen, warnte Leuschner nachdrücklich vor solchen Kontakten. Aus seiner Zeit als Innenminister wußte er zu genau, wie viele kommunistische Gruppen von Vertretern der Polizei durchsetzt waren, die nach 1933 im Dienst blieben und ihre Meldungen machten. Es bleibt höchst fragwürdig, ob Leuschners Einheitsappell, den er kurz vor der Hinrichtung an die Leidensgefährten richtete, heute von kommunistischen Gewerkschaftern in Anspruch genommen werden darf. Gewiß war er nicht als Entree für parteikommunistische Aktivitäten innerhalb der Gewerkschaften gedacht, auch nicht für eine an Moskau orientierte Politik, sondern als Appell an die Einheit aus eigener Kraft über weltanschauliche, politische und parteitaktische Differenzen hinweg.

Vieles bleibt heute undeutlich und schemenhaft, was Leuschner in den letzten Jahren, Monaten und Tagen konkret gewollt und verabredet hat. Die Notizen aus seinem Nachlaß dienen nicht nur der Klärung, sondern auch der Verwirrung. Bei vielen Aufzeichnungen wissen wir gar nicht, ob sie seine eigenen Gedanken oder übernommene Gesichtspunkte aus der Literatur oder aus Gesprächen mit Wissenschaftlern und Politikern enthalten. Was nach 1945 von einzelnen Zeugen aufgezeichnet wurde, ist ausschnitthaft, vielfach zufällig und durch den Abstand verwirrend. Am aufschlußreichsten wirken noch immer die Protokolle aus den Verhören der Gestapo vom August und September 1944.

Unter diesen Protokollen finden sich auch Bewertungen des Attentats, die glaubwürdig erscheinen, weil sie niemanden persönlich belasteten oder entlasteten, weil sie ihm selber nicht mehr das Leben retten konnten und weil sie der Einschätzung von Attentatspolitik durch eine lange Tradition in der Gewerkschaftsgeschichte entsprechen. So äußerte Leuschner »Bedenken gegen eine gewaltsame Aktion«, weil er »aus psychologischen Gründen eine solche Handlung nicht für tragbar hielt. Diese psychologischen Gründe sind vor allem, daß ein abgebrochener Krieg unklare Verhältnisse auch im Denken des Volkes schaffe und so zu Legenden führe, wie wir sie bei Schluß des letzten Krieges selbst erlebt haben. Das Heer wird innerlich zerrissen und dadurch auch für eine neue Regierung wertlos.«

Wenn Leuschner sich dem 20. Juli auch als Verschwörung einschließlich des Attentats anschloß, dann trug die Erfahrung des Bombenkrieges wesentlich dazu bei. Sein Freund Mierendorff war im Dezember 1943 nicht durch Mord der Machthaber, sondern durch eine Fliegerbombe getötet worden. Der Bombenkrieg und die Vernichtung der Arbeiterquartiere in den Industrievierteln der großen Städte ging an die physische und moralische Substanz der Arbeiterklasse. Die Verbindungen der Illegalität wurden durch Bombeneinwirkungen stärker betroffen als die offizielle Kommandostruktur. Vor allem richtet sich die Wut der Zivilbevölkerung zunehmend gegen jene Länder, die ihre Bombenlast über deutschen Städten auskippten. Was an revolutionärem Elan in der Bevölkerung war, erschöpfte sich im täglichen Terror des Bombenkrieges.

Der letzte Appell

Wie fern Leuschner dem Attentat stand, geht daraus hervor, daß er den Termin nicht wußte. Er ging am gleichen Tag zum Augenarzt und verhielt sich zunächst, als sei überhaupt nichts passiert. Am 21. Juli sprach er in der Berliner Wohnung kurz mit seinem Sohn und sagte zur Beruhigung: »Es bestehen keine schriftlichen Unterlagen.« Die Freunde sollten getrost alles abstreiten. Das galt tatsächlich für jenen Teil, den Leuschner zu verantworten hatte, nicht aber für jenen, dem eine lange Liste mit Namen mehr wert war als das ehrliche Wort eines Arbeiterführers.

Zur Flucht war es zu spät. Leuschner versuchte, sich in Berlin zu verstecken, aber alle, die er aufsuchte, hatten erbärmliche Angst. »Mancher könnte helfen, aber man fürchtet die Gefahr«, hieß es in einem letzten Gespräch mit Elfriede Nebgen. Und Leuschner fügte verbittert hinzu: »Bei dem einen ist gerade die Tante und beim anderen der Onkel angekommen.«

Am 16. August 1944 wurde Leuschner in Berlin verhaftet. Am 5. September folgte die Anklage vor dem Volksgerichtshof gegen Karl Goerdeler, »ehemals Oberbürgermeister aus Leipzig«, und Wilhelm Leuschner, »Fabrikant aus Berlin-Charlottenburg«, wegen »Verrat«. Das Urteil erging in der Hauptverhandlung vom 7./8. September unter dem Vorsitz Roland Freislers. Am 29. September 1944 wurde Leuschner im Hinrichtungsschuppen von Berlin-Plötzensee gehenkt. Viele Freunde und Mitarbeiter mußten ihm in den Tod folgen, denn das Morden dauerte bis zum Mai 1945.

In den letzten Tagen vor der Hinrichtung war Leuschner täglich verhört und gräßlich zusammengeschlagen worden. Die Folterknechte wollten Namen von Mitverschworenen aus ihm herausprügeln. Aber Leuschner blieb ein konsequenter Schweiger gegenüber der Gestapo. Dagegen wollte er seinen Kameraden einen letzten Appell zukommen lassen. Nach dem Zeugnis Gustav Dahrendorfs übermittelte er in Zeichensprache ein einziges Wort als Botschaft: »Einheit!« Nach der Schilderung durch Otto Buchwitz rief Leuschner vor seiner Zellentür seinen Freunden zu: »Morgen werde ich gehenkt, schafft die Einheit!«

Einiges spricht für die stumme Übermittlung eines einzigen Wortes. Es läßt viele Deutungen zu: Einheit der Gewerkschaften, Einheit des Reiches, Einheit der Menschheit oder Solidarität im Kampf gegen die Mächte der Unfreiheit und Unterdrückung.

Literatur

BEDNARECK, HORST: *Zur Geschichte der deutschen Gewerkschaftsbewegung 1933–1945*, Berlin 1966.
BEIER, GERHARD: *Die illegale Reichsleitung der Gewerkschaften 1933–1945*, Köln 1981.
ESTERS, HELMUT, PELGER, HANS, SCHLANGENSIEPEN, ALEXANDRA: *Gewerkschafter im Widerstand*. Bonn 1983.

KOGON, EUGEN: *Wilhelm Leuschners politischer Weg*, in: Wilhelm Leuschner, Auftrag und Verpflichtung. Wiesbaden 1982.

LEITHÄUSER, JOACHIM G.: Wilhelm Leuschner. *Ein Leben für die Republik*, Köln 1962.

NEBGEN, ELFRIEDE: *Jakob Kaiser, Der Widerstandskämpfer*. Stuttgart 1970.

REICHHOLD, LUDWIG: *Arbeiterbewegung jenseits des totalen Staates. Die Gewerkschaften und der 20. Juli 1944*.

FRANKLIN KOPITZSCH

Carlo Mierendorff

Am 12. März 1944 hielt der von den Nationalsozialisten ins Exil getriebene Carl Zuckmayer für die »sozialistische und demokratische Emigration in New York« die Gedächtnisrede für einen Freund und Jugendgefährten »vor einem dichtbesetzten Saal in Anwesenheit amerikanischer FBI-Leute (Staatspolizei)« und legte damit zugleich »in einem Land, dessen Truppen gegen das damalige Deutschland kämpften, ungehindert« sein »*Bekenntnis zum deutschen Volk*« ab. »Denn Carlo Mierendorff und Deutschland«, so erklärte er, »das ist fast dasselbe. Mehr und mehr wurde es die gleiche Vorstellung für uns während der Jahre der Trennung, der Losreißung und Umwurzelung. Nicht nur sein harter Entschluß, der ihn in Deutschland hielt und dort dem Schlimmsten trotzen ließ, nicht nur die Hoffnung, die man für Deutschlands Zukunft auf ihn setzen durfte, machte seine einfache, schlichte, unfeierliche Gestalt fast zum Symbol eines Volkes, an dessen fruchtbaren Kern und dessen Wiedergeburt wir unerschütterlich glauben, sondern in seiner ganzen Persönlichkeit, in seinem Wesen und Wirken, in seiner Substanz und in seinem Handeln hat Carlo Mierendorff all das versammelt und vorgestellt, was wir im besten und schönsten, auch im einfachsten und bescheidensten Sinne deutsch nennen dürfen.« Leben und Werk des auf diese Weise Gewürdigten rechtfertigen Zuckmayers Urteil. [1]

Bürgerliches Elternhaus, literarische Neigungen

Carl Mierendorff, von seinen Freunden nur Carlo genannt, wurde am 24. März 1897 in der kleinen Industriestadt Großenhain bei Dresden geboren. Als er Gymnasiast war, siedelte die Familie nach Hessen über. Er besuchte zunächst eine höhere Schule in Frankfurt am Main, dann das Ludwig-Georgs-Gymnasium in Darmstadt, der Haupt- und Residenzstadt des Großherzogtums Hessen. Ein Freund Carlos, Ludwig Breitwieser, hat dessen Elternhaus beschrieben: »Unvergeßlich waren die Matineen, die uns sonntags im Salon des gepflegten Heims der Familie Mierendorff im Roquetteweg 10 zusammenführten. Dort musizierte Carlo mit seiner Mutter, er spielte Violine, sie, die ein wenig rundliche Frau, die Carlos zwar wohlwollende, aber etwas respektlose Lästerzunge später ›Frau Tönnchen‹ taufte, begleitete ihn am Klavier. Temperamentvoll beide; wenn der eine von ihnen einmal aus dem Takt kam, gab es oft helles und frohes Gelächter. Frau Mierendorff war eine köstlich-naive Frau, ich habe selten in meinem Leben einen fröhlicheren Menschen getroffen. Der überwältigende Frohsinn, der aus Carlo strahlte, war ein Erbe von seiner Mutter. Der Vater, ein Textilgroßhänd-

MIERENDORFF, CARLO
geb. am 24. 3. 1897 in Großenhain/Sachsen;
umgekommen bei Luftangriff auf Leipzig am 4. 12. 1943.

ler, war still und zurückhaltend, aber er besaß einen feinen Humor.« Er war »ein überzeugter Demokrat«. »Von ihm hatte Carlo den politischen Sinn und jene clarté geerbt, die ihn zu dem scharfen Kritiker machte, der mutig Entscheidungen forderte und traf. Er hatte von beiden Eltern ihr Bestes geerbt, vor allem aber von seiner Mutter den so liebenswerten und überwältigenden Charme.«[2]

Darmstadt wurde ihm zur Heimat. Traditionen dieser »Residenz der kritischen Geister« (Fritz Usinger) nahm er auf, insbesondere das Werk Georg Büchners und das des gebürtigen Darmstädters Helfrich Peter Sturz, der für ihn »neben Lessing der beste deutsche Essayist«[3] war. Ernst Elias Niebergalls Komödie vom »Datterich« konnte er in vielen Szenen auswendig zitieren.[4] Auch das lebendige kulturelle Leben Darmstadts, einer der Hochburgen des Jugendstils, zog ihn an. Der später in Auschwitz ermordete Museumskustos Dr. Friedrich Freund brachte seinen Freunden und ihm die moderne europäische Kunst nahe,[5] Kasimir Edschmid den beginnenden literarischen Expressionismus. In diesen Zirkeln schloß Mierendorff seine lebenslange Freundschaft mit dem Mitschüler Theodor Haubach, mit dem er fortan in Literatur und Kultur, dann auch in der Politik gemeinsame Wege ging. Ihren Freunden erschienen sie als »Die Dioskuren«, als Kastor und Pollux.[6]

Sie legten 1914 das Notabitur ab und meldeten sich als Kriegsfreiwillige. Mierendorff erlebte und erlitt den Krieg in Masuren und an der Westfront, erhielt die Hessische Tapferkeitsmedaille, das Eiserne Kreuz II. und – aus der Hand des Kaisers – das Eiserne Kreuz I. Klasse. Durch einen regen Briefwechsel und auf Heimatbesuchen wurde der Kontakt zu den Darmstädter Freunden aufrechterhalten, die 1915 die »Dachstube« gründeten, ein Blatt, das sich aus einer Schülerzeitschrift zu einem literarisch-künstlerischen Organ entwickelte. Seinen Namen erhielt es von der »Dachstube« des Mitherausgebers Joseph (»Pepy«) Würth, die zum Treffpunkt und zur Werkstatt wurde, in der Würth seine Laufbahn als Drucker und Verleger begann. In der »Dachstube« und der Schriftenreihe »Bücher der Dachstube« erschienen Mierendorffs erste Erzählungen »Die Erlösung« (1916) und »Der Gnom« (1917).

Der Literat Mierendorff gehört noch immer zu den unbekannteren Autoren des Expressionismus, zu Unrecht, wie die von Würth und Fritz Usinger herausgegebenen Ausgaben seiner Werke und die Würdigungen von Usinger und Jakob Reitz belegen.[7] Zeigen die ersten Erzählungen noch Anklänge an Edschmid und Carl Sternheim, so schuf sich Mierendorff bald einen ganz eigenen Stil. Der »Lothringer Herbst«, sein zweites Buch, 1918 im Verlag der »Dachstube« als erste Nummer der Flugschriftenreihe »Die kleine Republik« erschienen, war dabei »eine Art Wendemarke«. »Aus einer Literatur der Ich-Problematik«, so sah es Fritz Usinger, der während des Weltkrieges mit Mierendorff bekannt und zu einem guten Freund wurde, »tritt er heraus in das Feld einer Kunst-Literatur, die ihre Aufgabe in der künstlerischen Instrumentierung einer Prosa sieht, für die kein Satz nur zur Erzählung einer Handlung, zur Fortleitung eines Geschehens da ist, sondern in der jeder Satz so durchgeformt sein muß, daß er für sich allein bestehen kann, nach seiner sprachlichen Kurve, seiner Dynamik, seiner syntaktischen Gliederung, seinem Wort-Glanz, der Ordnung seiner Wort-Gewichte. Es ist die Planung einer Prosa, in der jeder Satz seine eigene Faszination hat.«

Im letzten Blatt der »Dachstube« brachte Mierendorff einen großartigen Aufruf heraus, der die für seine Biographie so wichtige Hinwendung von der Literatur und

Kunst zur Politik einleitete: »Die Zeit fordert heraus! Wir stehn am Ende! Nun dürfen wir nicht mehr still sein und uns von den Ereignissen rädern lassen. Über vier Jahre flüchteten wir uns vor dem Ungeheuren in astrale Verse. Wir bogen aus und verleugneten, was Schicksalhaftes verhandelt wurde. Es war Lüge, daß wir es taten. Denn unsere Leiber und Seelen waren verfangen.

Doch immerhin: Das Wort war uns schwer gemacht, wenn nicht versagt. Das Einzelleben war mechanisiert, das Denken war nur eine Funktion. Und wir meisten waren an der Front. Man konnte nicht gegen sein eignes Handeln denken, ohne zu zerbrechen. Doch nun sind wir frei: Und Ungeheures geschieht: Jetzt lebendig einspringen in den Strom der Geschichte, aktiv sein aufs äußerste und nichts sich entreißen lassen. Wer wagt es noch sich von den Dingen treiben zu lassen?

Freunde wir wollen, daß ein Teil unsres Raumes der Zeit gehört. Nicht, daß die Kunst aufhörte, unser letztes heißes Ziel zu sein. Doch stehen wir an einem Punkte, wo Kunst nur an dem gemessen werden kann, was sie dem ringenden Leben bietet. Brücke zum Unendlichen, vom Zeitlichen ins Ewige, das ist die Kunst. Doch jetzt, wo die Zeit so riesengroß, so schaurig selber mit den letzten Dingen ringt, ist sie selbst das Maß aller Werte geworden und wehe der Kunst, die sie überspringt.

Wir wollen und dürfen nicht mehr schweigen: Wir warten auf Euch, Freunde, auf Euer heißestes Herz, auf Euer reinste Gesinnung! Springt ein und formt euern Mut, sucht Richtung, Wege und Ziele: Unhemmbarer Wille zur Zukunft reiße uns hoch, sei unsere gläubigste Losung. Freunde, greift ein!«[8]

Mierendorff griff ein – mit einer neuen Zeitschrift, die erstmals im Januar 1919 erschien. »Das Tribunal. Hessische radikale Blätter« hatte zum Motto: »Gegen Hetze – für Gerechtigkeit. Gegen Lauheit – für Erneuerung. Weltgefühl über den Parteiparagraphen.« Bis Anfang 1921 veröffentlichte das »Tribunal« politische Aufsätze und Berichte, literarische Beiträge und Grafiken. Bekannte Literaten, Publizisten und Künstler gehörten ebenso zu den Mitarbeitern wie junge Autoren. Im 8./9. Heft erschien ein vom Freundeskreis Mierendorffs getragener, von Edschmid verfaßter »Aufruf an die revolutionäre französische geistige Jugend«, ein eindringlicher Appell zur Völkerverständigung und internationalen Zusammenarbeit, der nicht ohne Resonanz blieb, aber den Unterzeichnern auch den Vorwurf des Verrats von seiten der Nationalisten und Reaktionäre einbrachte. Wichtige Beiträge galten einer demokratischen Kulturpolitik, dem Theater und Kino. Mierendorff plädierte für politische Mitverantwortung des »aktivistischen Idealismus«[9] und erklärte: »*Polemik nach allen Seiten* ist Sache des Tribunal. Aber auch Positives zeigen, wo Positives ist. Mahnen, drohen, fördern, helfen – die Fahne der Idee hochhalten, d. i. des Sozialismus.«[10] Am Ende des zweiten Jahrgangs konnte er mit Recht feststellen: »Es brachte *nie* Ueberflüssiges, Spaltenfüllendes, aus Verlegenheit Geheiligtes, vom Repetitionsmechanismus des Erscheinenmüssens Erpreßtes – sondern stets nur Brennendes, Wichtiges, Dinge von Rang und Notwendigkeit.«[11] Finanzielle Gründe zwangen, das Erscheinen des »Tribunals« einzustellen.

Neben seiner Herausgebertätigkeit für das »Tribunal« publizierte Mierendorff beachtliche Studien zur Literatur, zum Theater und Film. »Dichten heißt«, so schrieb er 1920, »das Gedankliche versinnlicht veranschaulichen, es bildlich verlautbaren, beispielhaft lehren.«[12] Eine treffende Definition des Expressionismus lautete: »Expressionismus, der die Sprache siebt, nichts will, als für jede Sache den treffendsten, knappsten und deutlichsten Ausdruck. In dem Wort selbst die ganze Dynamik eines Vorganges.« Die Revolution, so erkannte er, bedürfe zu ihrer Vollendung »Erziehung. Erziehung ganz großen Stiles. Pädagogik von Massen. Der Mensch, der Backstein des Weltbaues. Er – der Anfang. Durch ihn allein Änderung der Erde. Nichts auf Organisationen setzen, sie bleiben Apparate. Ihn vorbereiten, bereitet allein die Gemeinschaft vor, den Sozialismus, ersten und letzten festen Ankergrund. Wenn nach Rousseau in der Sozialität der Menschen der Grund allen Übels ist, so kann Erlösung nur durch die Rettung zur Sozialität kommen.«[13]

Dieser Impetus prägte Mierendorffs journalistisches Wirken ebenso wie seine Arbeit in der politischen Bildung.[14] Sein bedeutendster Beitrag jener Jahre war die Schrift »Hätte ich das Kino!!«, die 1920 in der von Edschmid edierten Schriftenreihe »Tribüne der Kunst und Zeit« erschien. In dieser frühen Studie zur Theorie des neuen Mediums Film erreichte sein Sprachstil der »Verknappung und Verdichtung« einen Höhepunkt.[15] Er erkannte die spezifischen Möglichkeiten des Films im Vergleich zum Theater, nahm den futuristischen wie den surrealistischen Film vorweg, wünschte dem Film »einen Rabelais« und sah die Überwindung von Sprachen und Grenzen im Film gegeben:

»Wenn im Film Bild ganz das Wort überwand, ist die Verwirrung von Babel überwunden. Er hat nicht Dialekt, er ist nicht Idiom. Er ist Jargon aller Welt! In allen Sprachen geschrieben, Brücke zu allen. Zu Dualas wie Deutschen, zu Armeniern wie Amerikanern kann ich gleichermaßen reden, kann Gutes geredet werden, haben es nur einmal im Atelier die Schauspieler in das Objektiv gedolmetscht.

Es schwillt über die Zonen, zuckt in die Winkel der Kontinente.

Gläserne Kugel, überspanne das Kino den ganzen Erdball.

In den Zenith blickend mögen die Pole sich betrachten.

Gut und Böse zucke mahnend und eifernd am Himmel.

Der letzte Einäugige auf der nördlichen oder südlichen Halbkugel wird mir nicht entgehen.

Wer das Kino hat, wird die Welt aushebeln.«[16]

Der Weg in die Politik

Nach der Rückkehr aus dem Krieg studierte Mierendorff Volkswirtschaft und hörte sich auch in anderen Fächern um, zunächst in Frankfurt, wo er Zuckmayer kennenlernte, dann in Heidelberg, München, Freiburg und schließlich wieder in Heidelberg, wo er im Austausch mit Alfred Weber, Emil Lederer und Karl Jaspers und in seinem Freundeskreis mit Haubach und Zuckmayer die stärksten Anregungen erhielt und gab. Die Verbindungen nach Darmstadt blieben eng, zur »Dachstube« wie zu Julius Goldstein, dem Philosophieprofessor an der Technischen Hochschule, der auch als Kultursoziologe und Politologe hervortrat, dem Juden, der mutig gegen Rassismus und Nationalismus stritt. Er war Mierendorff und seinen Freunden ein politischer Ratgeber, der sie bestärkte, der Republik und der Demokratie zu dienen.[17] Sein Kampf gegen Vorurteile, Antisemitismus und Rassenwahn wurde von Mierendorff fortgesetzt, der 1922 eine Schrift »Arisches Kaisertum oder Juden-Republik« veröffentlichte und im jüdischen Abwehrkampf in der Endphase der Weimarer Republik ein wichtiger Verbündeter war.[18]

Wolfgang Petzet, ein Kommilitone, hat Carlo Mierendorff und Theodor Haubach in ihrer Heidelberger Zeit treffend charakterisiert: »Ein sehr eindringlicher und wirksamer Kontrast: der breite, rundköpfige Carlo mit viel Humor, Lebensfreude und volkstümlichem Witz begabt, wenn es darauf ankam, mit der Keule einer wilden Suada zuschlagend, und der schlanke, straffe, langschädelige Theo, von einer unerbittlichen Logik besessen, ein virtuoses Florett fechtend: Danton und St. Just in unzertrennlicher Freundschaft.«[19] Zuckmayer hat Mierendorffs Wirken eindrucksvoll geschildert: »Herr Vielgeschrey«, so nannten ihn die Freunde nach einer Komödiengestalt Ludwig Holbergs, »wurde der südwestdeutsche Bürgerschreck in sensationellen Massenversammlungen, in denen für Menschenrechte und europäische Versöhnung gekämpft wurde, er wurde der Kampfhahn gegen reaktionäre Verbindungsstudenten, Antisemiten, Chauvinisten, Nazivorläufer, Herr Vielgeschrey war der Motor und Mittelpunkt der politisch radikalen Jugend im Umkreis der Universität, Herr Vielgeschrey lernte, schrieb, arbeitete, lachte, schuftete, trank und liebte sich durch viele Landschaften, Orte und Städte, es läßt sich kaum ein aktiveres, gespannteres, impulsiveres und gleichzeitig zielbewußteres Leben denken, und bei alledem war und blieb Herr Vielgeschrey der beschwingte, welt- und kunstvernarrte, helläugige und humorfunkelnde, symposionale und immer ganz gegenwärtige Gefährte unserer besten, unwiederbringlichen Jahre.«[20] Daß der so vitale und impulsive Mensch auch »Verdüsterung« und »Trauer« kannte, »im Grunde ein zarter, schwermütiger Mensch wie viele scherzgeneigte Kraftnaturen« war, haben Freunde wie Haubach und Gerhart Pohl überliefert.[21]

Nach der Ermordung des Reichsaußenministers Walther Rathenau im Juni 1922 war ein Tag der Staatstrauer angesetzt worden. Die Universität war geschlossen, die Flaggen wehten auf halbmast. Nur der Physiker Philipp von Lenard, Nobelpreisträger des Jahres 1905, nahm keinen Anteil, ließ weiterarbeiten und drohte den Studenten, die eines toten Juden wegen dem Institut fernbleiben sollten. Carlo Mierendorff führte daraufhin den Trauerzug der sozialistischen und demokratischen Arbeiter und Studenten zu Lenard, besetzte mit ihnen das Institut und nahm den Professor im Namen der Republik in Schutzhaft. Während das Geschehen für Lenard folgenlos blieb, wurde Mierendorff vor Gericht gestellt. Im universitären Disziplinarverfahren wurde er zwar freigesprochen, doch vor dem Landgericht wegen Hausfriedensbruch und Freiheitsberaubung angeklagt und zu vier Monaten Gefängnis verurteilt. Die Strafe mußte er allerdings nicht antreten.[22] Jaspers erinnerte sich später der Reaktion von Fakultätsmitgliedern in dieser Sache: »Mir war trübe zumute. Da stimmte etwas nicht in der inneren Verfassung so vieler Kollegen.« Und Zuckmayer überlieferte: »Am Abend des Trauertags traf sich unser Freundeskreis im ›Goldenen Hecht‹.

Wir wollten Carlos Mut und Tatkraft feiern, aber wir waren eher bedrückt als festlich gestimmt. Draußen zogen Trupps von Burschenschaftern und anderen Randaleuren herum – zum ersten Mal hörten wir jene ›Sprech-Chöre‹, von denen später, als Hitlers braune Banden die ›nationale Erhebung‹ inszenierten, die deutschen Städte widerhallten:

›Verreckt ist Walther Rathenau,
Die gottverdammte Judensau!‹
Wir saßen zusammen – ein kleiner, ernst entschlossener Kreis. Wir hörten die Stimmen der Mörder.«[23]

Im selben Jahr 1922 wurde Mierendorff zum Doktor der Philosophie promoviert. Seine Dissertation behandelte »Die Wirtschaftspolitik der Kommunistischen Partei« in einer differenzierenden, die Theorie-Praxis-Problematik akzentuierenden Untersuchung. Während der Studienjahre hatte er sich für die Politik, für die Sozialdemokratie entschieden. Er, »der seinem Wesen nach mehr zu revolutionären, radikalen Lösungen neigte als zu Kompromissen oder vorsichtigen Versuchen«, war überzeugt, daß die SPD und die Gewerkschaften »von innen erneuert und verjüngt, mit neuem Geist und Leben erfüllt und unter voller Benutzung ihres Apparats und ihres Kernstocks erprobter Anhänger zu neuen Zielen, neuen Blickpunkten, auch neuen politischen Methoden geführt werden müßten«.[24]

Von 1922 bis 1924 war er wissenschaftlicher Sekretär im Deutschen Transportarbeiterverband, 1925 wurde er Redakteur des »Hessischen Volksfreund« in Darmstadt; 1926 bis 1928 war er Sekretär der sozialdemokratischen Reichstagsfraktion. Seit 1929 wirkte er als Pressereferent im Hessischen Ministerium des Innern, das von Wilhelm Leuschner geleitet wurde, wieder in Darmstadt. Als jüngstes Mitglied der SPD-Fraktion wurde er 1930 im Wahlkreis 33 Hessen-Darmstadt in den Reichstag gewählt, in den beiden Wahlen 1932 und in der Märzwahl 1933 von den sozialdemokratischen Wählern bestätigt. Während seiner politischen Lehr- und Wanderjahre zwischen Berlin und Darmstadt hatte er der »Kommission zur Prüfung der Wehrfrage« angehört, die die vom Magdeburger Parteitag 1929 angenommenen »Richtlinien zur Wehrpolitik« erarbeitete. In ihnen bekannte sich die SPD zu einer Friedens- und Abrüstungspolitik und zu einer demokratischem Geist verpflichteten Reichswehr. Dies und der Aufbau einer republikanischen Polizei waren Anliegen, die Mierendorff und sein Freund Haubach, der ebenfalls der Kommission angehörte, engagiert vertraten.[25]

Haubach ging nach seiner Promotion zum Doktor der Philosophie in Heidelberg nach Hamburg, zunächst 1923 an das Institut für Außenpolitik, 1924 als Redakteur zum »Hamburger Echo«, von 1927 bis 1929 gehörte er der Hamburger Bürgerschaft als Abgeordneter an. Danach wechselte er als Pressereferent in das Reichsministerium des Innern zu Carl Severing; 1930 wurde er Leiter der Pressestelle beim Berliner Polizeipräsidenten Albert Grzesinski. Mit dem »Preußenschlag«, der Absetzung des Kabinetts Braun–Severing durch den Reichskanzler von Papen im Juli 1932, verlor er sein Amt. Haubach arbeitete aktiv im »Hofgeismarkreis« der Jungsozialisten mit, der sich um ein demokratisches Staatsbewußtsein und die Erneuerung der Arbeiterbewegung, zumal als Kulturbewegung, bemühte.[26] Engagiert war er auch im Reichsbanner Schwarz-Rot-Gold tätig, zu dessen beliebtesten und überzeugendsten Führern er gehörte.

In der Reichstagsfraktion zählte Mierendorff zu den »Neuen Rechten«[27] wie Julius Leber und Kurt Schumacher, die sich nachdrücklich um eine Erneuerung der sozialdemokratischen Programmatik und der politischen Kampfformen bemühten, sich jedoch gegen die beharrenden Kräfte in Partei und Fraktion kaum durchzusetzen vermochten. Sie wollten sich nicht damit abfinden, daß die Sozialdemokratie zu sehr in der »Defensive« blieb, vom »Immobilismus« geprägt wurde.[28] Auch in der Opposition müsse Politik gestaltet werden, auch außerhalb des Parlaments um Vertrauen und Unterstützung gekämpft werden. So erstaunt es nicht, daß auch Mierendorff neben seiner parlamentarischen Tätigkeit eine rege publizistische Arbeit leistete.

Noch vor den Reichstagswahlen im September 1930, die der SPD empfindliche Verluste und der NSDAP den Aufstieg zur zweitstärksten Fraktion brachten, veröffentlichte Mierendorff in der von Rudolf Hilferding herausgegebenen Zeitschrift »Die Gesellschaft« eine Analyse über die nationalsozialistische Bewegung, die zu den frühesten und scharfsinnigsten Analysen dieser politischen Richtung gehört.[29] Er wies darin nach, wie sehr das Verhältniswahlrecht die NSDAP begünstigte und welche Bedeutung die Abgeordneten für den Aufbau einer wirksamen Parteiorganisation hatten. Auch auf die Effizienz dieses Apparates machte er nachdrücklich aufmerksam. »Die chemisch geglückte Verbindung zwischen Rassenressentiment und dem Ressentiment der sozialen Lage, zwischen ökonomischen Einzelinteressen und elementaren Haßgefühlen verschiedenster Art bildet die Mischung, die dem Nationalsozialismus von heute seine Durchschlagskraft und hohen Explosivgrad verleiht.«[30] Diese treffende Beobachtung begründete er detailliert mit der Resonanz der NSDAP in den bürgerlichen Mittelschichten, in der Angestelltenschicht und der Bauernschaft. Außerdem wies er überzeugend nach, daß die NSDAP vor allem die Nichtwähler und die jugendlichen Erst- und Nichtwähler erreicht habe. Bei allen inneren Gegensätzen sei die NSDAP eine Gefahr für die Demokratie, insbesondere für die bürgerlichen Parteien. Es gehe nunmehr jedoch »auch um den sozialdemokratischen ›Grenzwähler‹, d. h. um denjenigen Teil der sozialdemokratischen Wähler, der bereits nicht mehr ausschließlich aus politischer Einsicht, sondern schon mehr aus gefühlsmäßigen (und gewohnheitsmäßigen!) Beweggründen sozialdemokratisch gewählt hat«.[31] »Die Sozialdemokratie«, so schloß er, »wird gut daran tun, sich in diesem Falle (dem Scheitern der Regierung Brüning) nicht auf die Zeit, sondern nur auf sich selbst zu verlassen.« In weiteren Beiträgen und ausgezeichneten Wahlanalysen vertiefte Mierendorff die Ergebnisse dieser Studie und forderte seine Partei zu wirksameren Gegenmaßnahmen auf.

Seine wichtigsten publizistischen Foren wurden die von Joseph Bloch edierten »Sozialistischen Monatshefte«, die dem Geist der Völkerverständigung und internationalen Zusammenarbeit verpflichtet waren,[32] und die »Neuen Blätter für den Sozialismus«, in denen sich religiöse Sozialisten und Vertreter der jungen Generation in der SPD ein Sprachrohr geschaffen hatten.[33] Dem Freundeskreis der »Blätter« gehörte Mierendorff seit November 1930, ihrem Beirat seit Oktober 1931 an.[34] Für den Freundeskreis legte er in Abstimmung mit Theodor Haubach »Vorschläge zur Parteireform« vor, in denen er, ausgehend von der zunehmenden Entwicklung antiparlamentarischer Mehrheiten in den Parlamenten, die konsequente und ständige Werbetätigkeit der Partei als Grundlage außerparlamentarischer Aktionen zur Vertrauensbildung forderte. Dafür bedürfe es eines neuen, besonders geschulten, gut informierten, überzeugungsfähigen und eigenständigen Funktionärstyps der »Außendienst-Agitationsfunktionäre«. Dort, wo solche Neubildungen bereits erfolgt seien wie in Berlin, Hamburg und Hessen, hätten sie sich schon bewährt.[35] Angesichts der Einengung der parlamentarischen Arbeit, der Bedrohung der Presse durch Verbote, komme der »Symbolpropaganda« große Bedeutung zu. Für die »Eiserne Front«, die im Dezember 1931 geschaffene Kampforganisation der SPD, der ihr nahestehenden Gewerkschaften und Arbeitersportorganisationen sowie des Reichsbanners zur Abwehr der nationalsozialistischen Gefahr, entwarfen Mierendorff und der mit ihm befreundete Exilrusse Sergei Tschachotin das Symbol der drei Freiheitspfeile, den Freiheitsgruß und das Konzept zu Aufmärschen und Kundgebungen mit Agitations- und Werbewirkung nicht nur für die eigenen Anhänger, sondern auch für die Grenz- und Nichtwähler.[36] Bei allen partiellen und regionalen Teilerfolgen blieb ihrer Strategie der Durchbruch versagt, weil der traditionsverhaftete und schwerfällige Parteiapparat sich oft als hemmend erwies. Mierendorff ging es im übrigen weniger um eine »Militarisierung von Teilen des Funktionärskörpers« als vielmehr um die »militante Demokratie«, den Politiker, der zur »freien Initiative und freien Improvisation« in der Lage war.[37]

Mierendorff und seine Freunde traten unermüdlich für eine Parteireform ein. Im Verhältniswahlrecht sahen sie in Parlamenten wie in Parteien eine Schwächung eigenverantwortlicher Kräfte. In den verfestigten Listen und zu großen Wahlkreisen erkannten sie eine Ursache mangelnder Kontakte zwischen Wählern und Gewählten. In einer Bilanz des Leipziger Parteitages der SPD 1931 plädierte Mierendorff für ein entschiedeneres Vorgehen: »Überwindung des Nationalsozialismus hat zur Voraussetzung eine positive, konstruktive Politik«;[38] »wenn wir nicht die sozialistischen Zielvorstellungen in Staat, Wirtschaft und Gesellschaft herausarbeiten, werden wir den Faschismus nie überwinden« und, wie er ausdrücklich hinzufügte, die Jugend nicht gewinnen können.[39] Als zu konkretisierende »Kampfziele« nannte er noch im Januar 1933: »*sozialistische Planwirtschaft, sozialistische Demokratie und sozialistisches Europa!*«[40]

Daß Mierendorff kein ausgesprochener »Flügelmann« war, wird aus einem Aufsatz deutlich, in dem er sich mit der Notwendigkeit einer »Neuen Linken« in der SPD nach der Abspaltung der Sozialistischen Arbeiterpartei befaßte.[41] Darin wandte er sich gegen die »starke *Vergewerkschaftung* der Partei und ihrer Politik« und forderte statt bürokratischem Verhalten eine dynamisch-dialektische Politik, die *»Revision des Reformismus durch die neue Linke«*. Daß es zu solchen Überlegungen erst 1932 kam, daß es zwischen den auf Veränderung drängenden Sozialdemokraten auf beiden Flügeln der Partei keine engere Zusammenarbeit gab, trug zum defensiven Charakter sozialdemokratischer Politik in der Endphase der Weimarer Republik mit bei.

Engagiert setzte sich Mierendorff für die Verständigung zwischen Deutschland und Frankreich ein. Die politische und wirtschaftliche Zusammenarbeit beider Länder war für ihn auch eine wichtige Voraussetzung zur erfolgreichen Bekämpfung der Weltwirtschaftskrise und zur Schaffung des »Vereinigten Europäischen Kontinents«.[42] Die Probleme der Abrüstung und der Reparationen, so betonte er immer wieder, seien nur europäisch zu lösen. »Aus dem ›Si vis pacem, para bellum‹ ist das ›Si vis pacem, para pacem‹ geworden. Wer den Frieden will, *rüste* den Frieden.«[43] Auch und gerade als Vorkämpfer der deutsch-französischen Freundschaft, als Kämpfer für Abrüstung und Zusammenarbeit verdient Mierendorff Beachtung.

Agitator gegen den Nationalsozialismus

Ein wesentlicher Teil seiner politischen Arbeit galt der unerschrockenen Auseinandersetzung mit dem Nationalsozialismus. In einer glänzenden Rede trat er am 6. Februar 1931 Joseph Goebbels im Reichstag entgegen. Als dieser den Saal verlassen wollte, sagte er: »Haben Sie den Mut und bleiben Sie einmal hier, Herr Dr. Goebbels, und stehen Sie Rede und Antwort, wenn ein Kriegsteilnehmer zu ihnen spricht, damit wir sehen, ob Sie es wagen können, einem Kriegsteilnehmer ins Auge zu schauen.«[44] Mierendorff widerlegte den Vorwurf, das Weimarer »System« habe Bankrott gemacht, mit einem Hinweis auf die Situation nach Kriegsende und die Aufbauleistungen, an denen sich die Nationalsozialisten und Deutschnationalen nicht beteiligt hätten. Er erinnerte daran, daß August Bebel sich 1911 in einer Reichstagsrede gegen das Wettrüsten ausgesprochen und nach einem Krieg Wirtschaftskrisen und Massenarbeitslosigkeit vorausgesehen habe. Seine Frontkameraden hätten »von einem anderen Deutschland geträumt, von einem Deutschland, das aus dem Geist der Freiheit, der Gerechtigkeit und der höheren Menschlichkeit aufgebaut würde. Daran haben wir gebaut.« Er schloß mit den Worten: »Wir glauben, daß wir bessere Testamentsvollstrecker der Kriegsteilnehmer sind, die draußen unter dem Rasen liegen, als die Herren vom Hakenkreuz.«

Ende 1931 wurden der hessischen Regierung geheime Papiere der Nationalsozialisten zugespielt. Aus den »Boxheimer Dokumenten« wurde deutlich, wie letztere nach der Machtübernahme, die hier im Falle eines kommunistischen Umsturzversuches vorgesehen wurde, die demokratische Verfassung außer Kraft setzen und wie sie mit ihren Gegnern umgehen wollten. Leuschner versuchte, unterstützt von Mierendorff, Politik, Justiz und Öffentlichkeit zu mobilisieren. Zwar erregten die Pläne großes Aufsehen, doch politische und juristische Konsequenzen blieben aus.[45]

Rudolf Olden, einer der großen politischen Publizisten der Weimarer Republik, charakterisierte Mierendorff 1931 als »quick, beweglich, ein hochbegabter Agitator und voll auch von theoretischen Plänen«.[46] Große Resonanz fand er vor allem bei den jungen Sozialdemokraten, die sich auch im Reichsbanner und in der Eisernen Front engagierten. Einer von ihnen, der damalige Hallenser Student und spätere Frankfurter Oberbürgermeister Willi Brundert, meinte: »In unseren Reihen galt er als Träger neuartiger Gedanken und schlechthin als Repräsentant der ›Jungen‹.«[47] Zu seinem Berliner Freundeskreis, der sich nicht nur mit der Politik, sondern auch mit Literatur und Kunst befaßte, gehörten Haubach, Grzesinski, Leuschner, der 1932 stellvertretender Vorsitzender des Allgemeinen Deutschen Gewerkschaftsbundes wurde, der Fraktionsvorsitzende im preußischen Landtag und Reichstagsabgeordnete Ernst Heilmann und Kurt Schumacher, der wie Mierendorff den Nationalsozialisten im Reichstag mutig entgegengetreten war.[48]

Mit Hans Staudinger, dem verdienstvollen Beamten der preußischen Wirtschaftsverwaltung, der nach dem »Preußenschlag« entlassen worden war und im November 1932 als Hamburger Spitzenkandidat in den Reichstag gewählt wurde, gründeten Haubach und Mierendorff die »Jung-Sozialistische Gruppe«, die »zeitgemäße Aktionsprogramme« erarbeiten und die Partei »unter der Devise ›Solidarität in Freiheit und Gleichheit‹« einen wollte.[49]

An der Abstimmung über das Ermächtigungsgesetz am 23. März 1933 im Reichstag, bei der nur die 94 anwesenden Sozialdemokraten mit ihrem Nein ein Bekenntnis zur Demokratie abgaben, konnte Mierendorff nicht teilnehmen.[50] Ende März hielten sich Haubach und Mierendorff in der Schweiz bei ihrem Freund aus Heidelberger und Berliner Tagen, dem Mitarbeiter der »Neuen Zürcher Zeitung« Joseph Halperin, auf.

Sie beschlossen, nach Deutschland zurückzukehren: »Wir können unsere Freunde dort nicht allein lassen in den nächsten Monaten.«[51] Am 13. Juni wurde er in Frankfurt am Main verhaftet, am 14. »wie ein ausgebrochenes Tier von den siegreichen Nazis durch die Straßen« Darmstadts »geschleift«,[52] als »Presseschwein«, »Lump – Stromer – Arbeiterverräter« beschimpft, im Gefängnis geschlagen und getreten.[53] Damit begann eine bis zum Januar 1938 während Leidenszeit in den Konzentrationslagern Osthofen, Börgermoor und Lichtenburg, wo auch Leuschner inhaftiert war, Esterwegen und Buchenwald. Gegen seine Entlassung intervenierte 1936 Professor Lenard aus Heidelberg, der entschiedener Nationalsozialist geworden war und dem Hirngespinst einer »deutschen Physik« nachjagte.[54] Mißhandlungen und schwerste Arbeit konnten Mierendorff nicht brechen, er fand sogar die Kraft, an der Skizze zu einem Schauspiel über den Kampf zwischen König Heinrich IV. und Papst Gregor VII. zu arbeiten[55] und andere Häftlinge aufzurichten, ihnen Hoffnung und Zuversicht zu geben.

Denker im Widerstand

Nach seiner Entlassung mußte er die schwere Enttäuschung verkraften, daß seine langjährige Freundin, die Schauspielerin Franziska Kinz, einen hohen Funktionär der NSDAP geheiratet hatte.[56] Seine Freunde halfen ihm, diesen Schlag zu überwinden. Mierendorff mußte den Namen Willmer annehmen.[57] Er arbeitete zunächst als Werbeberater, dann in der von der SS geführten »Braunkohle-Benzin AG«. Trotz der strengen Aufsicht gelang es ihm, auch auf Dienstreisen im In- und Ausland, Kontakte mit den früheren Weggefährten anzuknüpfen. Über Brundert kam er in Verbindung mit dem Sozialdemokraten und Pädagogen Adolf Reichwein, durch diesen zum Kreisauer Kreis um Helmuth James von Moltke, dem er schon 1927 bei Zuckmayer in dessen Haus in Henndorf bei Salzburg begegnet war.[58] Mierendorff beteiligte sich aktiv an den Beratungen der Kreisauer über Deutschlands Neugestaltung, insbesondere zur Wirtschaftsverfassung und den Gewerkschaften. Aus Moltkes Briefen an seine Frau Freya wird deutlich, wie wichtig diese Mitwirkung war. Am 10. August 1943 charakterisierte er ihn so: »klar, entschieden, klug, taktvoll, witzig.«[59]

Mierendorff hatte entscheidenden Anteil am Brückenschlag zwischen den Kreisauern und der Gruppe um Carl Goerdeler und Leuschner, die ihn zum Pressereferenten des zukünftigen Reichskanzlers machen wollte. Auch mit Widerstandskämpfern aus den Kirchen arbeitete er, der in den Jahren der Diktatur ein engeres Verhältnis zur christlichen Religion gefunden hatte, zusammen. Bereits 1943 entwarf er eine Rede, mit der sich die neue Regierung nach dem Umsturz über den Rundfunk vorstellen sollte. »Von jetzt ab«, so meinte er, »geht es nur noch aufwärts zum Sieg – oder zum Galgen.«[60]

Am Pfingstmontag, dem 14. Juni 1943, verfaßte er das »Aktionsprogramm« der »Sozialistischen Aktion«. Mit diesem Namen knüpfte er an einen Begriff und den Titel einer Schriftenreihe aus dem Kreis der »Neuen Blätter für den Sozialismus«[61] an. Sein Programm, das als eigenständige Leistung und politisches Vermächtnis verstanden werden muß,[62] war Grundlage einer überparteilichen Volksbewegung, der Christen, Sozialisten, Kommunisten und Liberale angehören sollten. Als Symbol schlug er den »mit dem Kreuz vereinten sozialistischen Ring als Zeichen der unverbrüchlichen

Einigkeit des arbeitenden Volkes« vor. Er forderte, Recht und Gerechtigkeit wiederherzustellen, den Gewissenszwang zu beseitigen und Toleranz in Glaubens-, Rassen- und Nationalitätenfragen zu üben, die »Achtung vor den Grundlagen unserer Kultur, die ohne das Christentum nicht denkbar ist«, die sozialistische Ordnung der Wirtschaft als Voraussetzung, um Menschenwürde und Freiheit verwirklichen zu können, die Enteignung der »Schlüsselbetriebe der Schwerindustrie«, auch, »um mit dem verderblichen Mißbrauch der politischen Macht des Großkapitals Schluß zu machen«, die »Selbstverwaltung der Wirtschaft unter gleichberechtigter Mitwirkung des arbeitenden Volkes«, die »Sicherung der Landwirtschaft vor der Gefahr, zum Spielball kapitalistischer Interessen zu werden«, den Abbau des bürokratischen Zentralismus und den Aufbau des Reiches von den Ländern her, die Zusammenarbeit mit allen Völkern, in Europa insbesondere mit Großbritannien und Sowjetrußland. »Nie wieder soll das deutsche Volk sich im Parteienstreit verirren! Nie wieder darf die Arbeiterschaft sich im Bruderkampf zerfleischen! Nie wieder Diktatur und Sklaverei!« Bei allen Schwierigkeiten hielt er ein »neues Deutschland« für möglich, »worin sich das schaffende Volk sein Leben im Geiste wahrer Freiheit selbst ordnet«.[63]

Am 4. Dezember 1943 wurde Mierendorff Opfer eines Luftangriffs auf Leipzig, wo er sich zu einem Verwandtenbesuch aufhielt. »Wahnsinn«, war sein letztes Wort.[64] Seine Mitstreiter waren über seinen Tod tief erschüttert, wie Briefe Reichweins und Haubachs eindringlich zeigen.[65] Am 22. Februar 1944 versammelten sich dreißig Freunde, argwöhnisch von Gestapomännern beobachtet, zu einer Trauerfeier auf dem Darmstädter Waldfriedhof. Haubach würdigte den Toten. »Ein Leben, ungewöhnlich an Gnade, ungewöhnlich an Last«,[66] zeichnete er in einer großartigen Rede nach, deren Sinn wohl die Vertrauten Mierendorffs, kaum aber die Spitzel der diktatorischen Staatsgewalt begriffen. Am 9. August 1944 wurde Haubach verhaftet. Nach dem Todesurteil des Volksgerichtshofs wurde er am 23. Januar 1945 in Berlin-Plötzensee hingerichtet.

Was Mierendorff treuen Wegbegleitern nachrief, gilt auch für ihn. So sagte er über Julius Goldstein: »Er verlor das Menschliche niemals. Im erbittertsten Streit – und gerade dann – forderte er unerbittlich von sich und jedem Objektivität, unbedingte Fairneß. Man möchte wünschen, daß die Entwicklung des öffentlichen Lebens in Deutschland vom Geist dieses Mannes einen Hauch verspürt. Es wäre sein bestes Denkmal als Lehrer.«[67]

Und am 16. Oktober 1942 sprach er auf dem Russischen Friedhof in Berlin-Tegel Abschiedsworte für Lußja Firle, »die tapfere russische Jüdin, in deren Haus sich die heimliche Opposition der Sozialisten traf und die sich selbst das Leben nahm, ehe man sie nach Auschwitz verschleppen konnte«.[68] »Du hast uns ein Leben vorgelebt, einzigartig in seiner Güte, Unbestechlichkeit und Seelengröße, ein Vorbild, dazu angetan, das Bild des Menschen, nur allzu oft von seiner eigenen Hand verzerrt, geschändet und in den Dreck gestoßen, zu reinigen und zu retten. So hast Du uns den Glauben an den Menschen und das Menschtum im Menschen nicht verlieren lassen. Das war Deine Tat.«

Anmerkungen

[1] ZUCKMAYER, CARL: *Carlo Mierendorff. Porträt eines deutschen Sozialisten* (1944). In: DERS.: *Aufruf zum Leben. Porträts und Zeugnisse aus bewegten Zeiten.* Frankfurt am Main 1976. (Fischer Taschenbuch, 5214), S. 19–42, hier: S. 19ff.

[2] BREITWIESER, LUDWIG: *Das Werden des Freundeskreises und seiner Zeitschrift.* In: *Die Dachstube. Das Werden des Freundeskreises und seiner Zeitschrift.* Darmstadt 1976. (Darmstädter Schriften, 38), S. 15–59, hier: S. 36.

[3] BREITWIESER, S. 3. – *Vorbemerkung M(ierendorf)ff(s)* zu: Sturz, Helfrich Peter. In: *Das Tribunal.* Hessische radikale Blätter 1 (1919), S. 4 u. 6, hier: S. 4. Ein Nachdruck des Tribunals erschien Nendeln/Liechtenstein 1969.

[4] POHL, GERHART: *In Memoriam Carlo Mierendorff. Rede bei der Gedenkfeier der Stadt Darmstadt aus Anlaß der 20. Wiederkehr des Todestages von Carlo Mierendorff.* In: *Carlo Mierendorff.* Darmstadt 1964, S. 10–25, hier: S. 13.

[5] BREITWIESER (Anm. 3), S. 17, 29. S. auch ZUCKMAYER, CARL: *Als wär's ein Stück von mir. Erinnerungen.* 218.–225. Tsd. Frankfurt am Main 1982. (Fischer Taschenbuch, 1049), S. 229f.

[6] PETZET, WOLFGANG: *Die Dioskuren.* In: HAMMER, WALTER: *Theodor Haubach zum Gedächtnis.* Frankfurt am Main 1955, S. 23. Hammers Sammlung ist eine wichtige Quelle auch für Mierendorffs Leben und politische Arbeit. – BRUNDERT, WILLI: *Von Weimar bis heute. Im Spiegel eigenen Erlebens.* Hannover 1965, S. 41.

[7] *In Memoriam Carlo Mierendorff. Literarische Schriften.* Hg. von Fritz Usinger und Joseph Würth. Darmstadt 1947; *Carlo Mierendorff. Eine Einführung in sein Werk und eine Auswahl von Fritz Usinger.* Wiesbaden 1965. (Akademie der Wissenschaften und der Literatur, Schriftenreihe der Klasse der Literatur, Verschollene und Vergessene); Zitat S. 15; REITZ, JAKOB: *Carlo Mierendorff 1897–1943. Stationen seines Lebens und Wirkens.* Darmstadt 1983 (Darmstädter Schriften, 51). Zur »Dachstube« neben *Die Dachstube* (Anm. 2): HEYD, KURT, Die Dachstube. In: Merian 4 (1951), Heft 2, Darmstadt/Bergstraße, S. 46–48; RAABE, PAUL: *Die Zeitschriften und Sammlungen des literarischen Expressionismus. Repertorium der Zeitschriften, Jahrbücher, Anthologien, Sammelwerke und Almanache 1910–1921.* Stuttgart 1964 (Repertorien zur deutschen Literaturgeschichte, 1), S. 59, 179, 183f., 202.

[8] *Die Dachstube* (Anm. 2), Rückseite.

[9] MIERENDORFF, C(ARLO): *Und doch Politik. Eine Verteidigung des aktivistischen Idealismus.* In: *Das Tribunal. Hessische radikale Blätter* 1 (1919), S. 62–63.

[10] DERS.: *An unsere Leser.* In: Ebd., S. 136. Großen Erfolg hatte der Dachstubenkreis mit einem Antitribunal, dem Hessenborn. *Hessische Blätter für sittliche Kultur,* in dem Heimattümelei und Spießbürgerlichkeit verspottet wurden, ohne daß es die Betroffenen sofort merkten. Dazu Zuckmayer, Stück (Anm. 5), S. 261; Reitz (Anm. 7), S. 21f., 113–117.

[11] MIERENDORFF, C(ARLO): *Aufruf! Zwei Jahre sind vergangen. Was brachte das Tribunal?* In: *Das Tribunal. Hessische radikale Blätter* 2 (1920/21), S. 68. S. auch Raabe (Anm. 7), S. 92f.

[12] MIERENDORFF, CARLO: *Wortkunst. Von der Novelle zum Roman.* In: *Die weißen Blätter.* Eine Monatsschrift 7 (1920), S. 278–282, hier: S. 282. Auch in: *Carlo Mierendorff* (Anm. 7), S. 98–103, hier: S. 102.

[13] MIERENDORFF, CARLO: *Erneuerung der Sprache.* In: *Feuer* 1 (1919/20), S. 371–374. Zitate S. 372, 373. Auch in: *Carlo Mierendorff* (Anm. 7), S. 104–111, Zitate S. 109, 106f., und BEST, OTTO F. (Hg.): *Theorie des Expressionismus.* Stuttgart 1982. (Reclams Universal-Bibliothek, 9817), S. 140–148.

[14] Eine Liste bei RAABE, PAUL (Hg.): *Index Expressionismus. Bibliographie der Beiträge in den Zeitschriften und Jahrbüchern des literarischen Expressionismus 1910–1925.* 3. Bd., Serie A. Alphabetischer Index, Teil 3. Nendeln/Liechtenstein 1972, S. 1612–1614. Beispielhaft zur politischen Bildung Mierendorff, Carlo: *Demokratie und Republik. Material für einen Vortrag.* In: Sozialistische Bildung 1929, S. 201–205.

[15] REITZ (Anm. 7), S. 93. S. auch Mierendorf, Carlo (ebd.), S. 22f.

[16] MIERENDORFF, CARLO: *Hätte ich das Kino!!* Berlin 1920 (Tribüne der Kunst und Zeit), S. 43f. Ein Nachdruck erschien Nendeln/Liechtenstein 1973. Eine kürzere Fassung in: *Die weißen Blätter.* Eine Monatsschrift, 7 (1920), S. 86–92, hier: S. 92. In: *CARLO MIERENDORFF* (Anm. 7) die längere Fassung, S. 64–83, hier: S. 78.

[17] MIERENDORFF, C(ARLO): *Führer der Jugend*. In: CV-Zeitung 8 (1929), S. 380. Die Ausgabe Nr. 29 vom 19. Juli 1929 der Zeitung des Central-Vereins deutscher Staatsbürger jüdischen Glaubens war Goldstein gewidmet. Siehe auch SCHMIDT, ROBERT H.: *Goldstein, Julius*. In: *Neue Deutsche Biographie*, 6. Bd., Berlin 1964, S. 621–622.

[18] PAUCKER, ARNOLD: *Der jüdische Abwehrkampf gegen Antisemitismus und Nationalsozialismus in den letzten Jahren der Weimarer Republik*. Hamburg 1968. (Hamburger Beiträge zur Zeitgeschichte, 4), S. 86, 97, 122 ff., 174.

[19] PETZET, WOLFGANG: *Stationen. Erinnerungen an Theo Haubach*. In: HAMMER (Anm. 6), S. 8–11, hier: S. 8.

[20] ZUCKMAYER: *Mierendorff* (Anm. 1), S. 30.

[21] HAUBACH, THEODOR: *Rede anläßlich der Einäscherung von Dr. Carlo Mierendorff auf dem Waldfriedhof in Darmstadt am 22. Februar 1944*. In: In Memoriam (Anm. 7), S. XIV–XX, hier: S. XVI. Die Rede auch in HAMMER (Anm. 6), S. 18–22, hier: S. 19, und in BRUNDERT (ebd.), S. 51–61, hier: S. 55. POHL, GERHART: *Carlo und Theo. Ein Denkblatt*. In: Aufbau 2 (1946), S. 1030–1033, hier: S. 1032.

[22] ZUCKMAYER: *Mierendorff* (Anm. 1), S. 31 ff.; MICHEL, WILHELM: *Lenard und Mierendorff*. In: Die Weltbühne 19 (1923), 1. Bd., S. 470–472; JASPERS, KARL: *Doktor der Philosophie*. In: HAMMER (Anm. 6), S. 14–17, Zitat S. 16.

[23] ZUCKMAYER: *Stück* (Anm. 5), S. 262.

[24] DERS.: *Mierendorff* (Anm. 1), S. 34.

[25] Biographische Angaben nach dem Lebenslauf in den Reichstags-Handbüchern, V. bis VIII. Wahlperiode, 1930 bis 1933. Berlin 1930–1933, S. 421, S. 154 f., S. 346, S. 208. Die »Richtlinien« in: *Protokoll Sozialdemokratischer Parteitag Magdeburg 1929 vom 26. bis 31. Mai in der Stadthalle*. Nachdruck der Ausgabe Magdeburg 1929. Glashütten i. Ts./Berlin, Bonn–Bad Godesberg 1974, S. 288–289. Liste der »Mitglieder der Kommission zur Prüfung der Wehrfrage« ebd., S. 307. Neben Mierendorff und Haubach war auch Julius Leber Mitglied der Kommission. Vgl. auch MIERENDORFF, CARL: *Aufgeklärter Militarismus. Über Staatsethos des Heeres*. In: Die Gesellschaft, Internationale Revue für Sozialismus und Politik, 1929, 1. Bd., S. 131–137, und DERS.: *Wehrproblem und Militarismus. Materialien und Gesichtspunkte zur Erörterung des Wehrprogramms*. In: Sozialistische Bildung 1929, S. 9–11.

[26] Zu Haubach HAMMER (Anm. 6.). Zum »Hofgeismarkreis« OSTERROTH, FRANZ: *Der Hofgeismarkreis der Jungsozialisten*. In: Archiv für Sozialgeschichte 4 (1964), S. 525–569.

[27] GREBING, HELGA: *Geschichte der deutschen Arbeiterbewegung. Ein Überblick*. 11. Aufl. München 1981. (dtv, 647), S. 201; LUTHARDT, WOLFGANG (Hg.): *Sozialdemokratische Arbeiterbewegung und Weimarer Republik. Materialien zur gesellschaftlichen Entwicklung 1927–1933*. 2 Bde. Frankfurt am Main 1978. (edition suhrkamp, 923 u. 934), hier: 2. Bd., S. 418.

[28] MOMMSEN, HANS: *Die Sozialdemokratie in der Defensive: Der Immobilismus der SPD und der Aufstieg des Nationalsozialismus*. In: DERS. (Hg.): *Sozialdemokratie zwischen Klassenbewegung und Volkspartei*. Frankfurt am Main 1974. (Fischer/Athenäum Taschenbücher, 4045), S. 106–133; DERS.: *Einführung*. In: RATHMANN, AUGUST: *Ein Arbeiterleben. Erinnerungen an Weimar und danach*. Wuppertal 1983, S. VII–XVI.

[29] MIERENDORFF, CARL: *Gesicht und Charakter der nationalsozialistischen Bewegung*. In: *Die Gesellschaft, Internationale Revue für Sozialismus und Politik, 1930*, 1. Bd., S. 489–504. Zu Mierendorffs Analysen s. BRACHER, KARL DIETRICH: *Die Auflösung der Weimarer Republik. Eine Studie zum Problem des Machtverfalls in der Demokratie*. 3. Aufl. Villingen 1960. (Schriften des Instituts für politische Wissenschaft, 4), S. 369, Anm. 13, S. 392, Anm. 115; WITT, FRIEDRICH-WILHELM: *Die Hamburger Sozialdemokratie in der Weimarer Republik. Unter besonderer Berücksichtigung der Jahre 1929/30–33*. Hannover 1971. (Schriftenreihe des Forschungsinstituts der Friedrich-Ebert-Stiftung, 89), S. 67, Anm. 16; BEHNEN, MICHAEL: *Mierendorff, Carlo*, in: TADDEY, GERHARD (Hg.): *Lexikon der deutschen Geschichte. Personen. Ereignisse. Institutionen. Von der Zeitwende bis zum Ausgang des 2. Weltkrieges*, Stuttgart 1977, S. 809.

[30] MIERENDORFF, *Gesicht* (Anm. 29), S. 494.

[31] Zitate ebd. S. 502 f., 504. Zur »Politisierung der Jugend« (S. 497) S. 497 f., zu den Nichtwählern S. 499 ff. Die Analyse wurde fortgeführt in MIERENDORFF, CARLO: *Was ist der Nationalsozialismus. Zur Topographie des Faschismus in Deutschland*. In: Neue Blätter für den Sozialismus, Zeitschrift für geistige und politische Gestaltung, 2 (1931), S. 149–154. Auch in: Luthardt (Anm. 27), 2. Bd., S. 309–314.

³² SIEMSEN, ANNA (Hg.): *Ein Leben für Europa. In memoriam Joseph Bloch.* Frankfurt am Main 1956, insbesondere DIES.: *Das Leben Joseph Blochs,* S. 10–19, und BLOCH, HELENE: *Über die Bedeutung der »Sozialistischen Monatshefte«,* S. 86–89.

³³ MARTINY, MARTIN: *Die Entstehung und politische Bedeutung der »Neuen Blätter für den Sozialismus« und ihres Freundeskreises.* In: Vierteljahrshefte für Zeitgeschichte 25 (1977), S. 373–419 (mit Dokumenten); BORINSKI, FRITZ: *Die »Neuen Blätter für den Sozialismus«.* In: Jahrbuch des Archivs der deutschen Jugendbewegung 13 (1981), S. 65–97. Auch in Rathmann (Anm. 28), S. 173–200. Außerdem Rathmann selbst, S. 161–170, 200f.

³⁴ MARTINY (Anm. 33), S. 385, Anm. 66, 388, 407f., Anm. 142.

³⁵ Ebd., S. 415–419, hier: S. 416. Zu neuen Kampf- und Abwehrformen. MATTHIAS, ERICH: *Die Sozialdemokratische Partei Deutschlands.* In: DERS./MORSEY, RUDOLF (Hg.): *Das Ende der Parteien 1933. Darstellungen und Dokumente.* Nachdruck der Ausgabe Düsseldorf 1960. Königstein/Ts., Düsseldorf 1979. (Athenäum/Droste Taschenbücher Geschichte, 7220), S. 99–278, hier: S. 121–127; ROHE, KARL: *Das Reichsbanner Schwarz Rot Gold. Ein Beitrag zur Geschichte und Struktur der politischen Kampfverbände zur Zeit der Weimarer Republik,* Düsseldorf 1966, (Beiträge zur Geschichte des Parlamentarismus und der politischen Parteien, 34), S. 406–411; zu den »Roten Pionierketten« in Hamburg auch WITT (Anm. 29), S. 134, 138, zu Agitationsgruppen arbeitsloser Mitglieder S. 138. Für Hessen MIERENDORFF, CARL: *Die Freiheitspfeile siegen in Hessen.* In: *Neue Blätter für den Sozialismus,* Zeitschrift für geistige und politische Gestaltung, 3 (1932), S. 386–388; DERS.: *Die Bedeutung der neuen Propaganda.* In: Ebd., S. 517–521. MARTINY (Anm. 33), S. 416.

³⁶ REITZ (Anm. 7), S. 77f.; WITT (Anm. 29), S. 136ff. Auch HAMMER (Anm. 6), S. 69, Anm. 2, und MATTHIAS (Anm. 35), S. 125, Anm. 22, S. 218, Anm. 1.

³⁷ MARTINY (Anm. 33), S. 389. BORINSKI (ebd.), S. 76 (in Rathmann, Anm. 28, S. 181).

³⁸ MIERENDORFF, CARL: *Das Fazit von Leipzig.* In: *Neue Blätter für den Sozialismus,* Zeitschrift für geistige und politische Gestaltung, 2 (1931), S. 324–329, hier: S. 327. Auch in LUTHARDT (Anm. 27), 2. Bd., S. 107–112, hier: S. 110.

³⁹ MIERENDORFF, *Fazit* (Anm. 38), S. 328 (in LUTHARDT [Anm. 27], 2. Bd., S. 110).

⁴⁰ MIERENDORFF, CARL: *Positive Kampfziele für den außerparlamentarischen Kampf.* In: *Das Freie Wort,* Sozialdemokratisches Diskussionsorgan, 5 (1933), S. 123–124. Abgedruckt in LUTHARDT (Anm. 27), 1. Bd., S. 80–82, hier: S. 82.

⁴¹ MIERENDORFF, CARL: *Aufbau der neuen Linken.* In: *Marxistische Tribüne für Politik und Wirtschaft* 2 (1932), S. 120–124. Abgedruckt in LUTHARDT (Anm. 27), 2. Bd., S. 179–185, Zitate S. 180, 185.

⁴² MIERENDORFF, CARL: *Tolerieren – und was dann?* In: Sozialistische Monatshefte 37 (1931), 73. Bd., S. 315–318, hier: S. 318.

⁴³ DERS.: *Bedrohtes Deutschland.* In: Ebd., 38 (1932), 75. Bd., S. 217–228, hier: S. 226. Eine Sammlung der politischen Beiträge Mierendorffs und Haubachs fehlt bislang.

⁴⁴ Verhandlungen des Reichstags. 5. Wahlperiode 1930. Bd. 444. Berlin 1931, S. 740–743. Zitate S. 740, 743.

⁴⁵ BRACHER (Anm. 29), S. 431–435; LEITHÄUSER, JOACHIM G.: *Wilhelm Leuschner. Ein Leben für die Republik.* Köln 1962, S. 72–76.

⁴⁶ OLDEN, RUDOLF: *Ältere und Jüngere. Köpfe vom sozialdemokratischen Parteitag.* In: Berliner Tageblatt, 60. Jg. 1931, Nr. 260 vom 5. Juni (Morgenausgabe) und Nr. 261 vom 5. Juni (Abendausgabe). Abgedruckt in LUTHARDT (Anm. 27), 2. Bd., S. 100–105, hier: S. 104.

⁴⁷ BRUNDERT (Anm. 6), S. 41. DERS.: *Carlo Mierendorff.* In: *Darmstadt und der 20. Juli 1944.* Darmstadt 1974. (Darmstädter Schriften, 35), S. 55–63, hier: S. 61.

⁴⁸ HIRSCHFELD, HANS E.: *Theo Haubach in Berlin.* In: HAMMER (Anm. 6), S. 37–40, hier: S. 38.

⁴⁹ STAUDINGER, HANS: *Wirtschaftspolitik im Weimarer Staat. Lebenserinnerungen eines politischen Beamten im Reich und in Preußen 1889 bis 1934.* Hg. und eingel. von Hagen Schulze. Bonn 1982. (Archiv für Sozialgeschichte, Beiheft 10), S. 117. Siehe auch S. 111 und S. 119f. den Bericht über einen Besuch Karl Valentins in diesem Kreis.

⁵⁰ Dies ergibt sich aus dem Stenographischen Bericht der 2. Sitzung. Donnerstag, den 23. März 1933, S. 44. Abgedruckt in FOCKE, HARALD/HOHLBEIN, HARTMUT: *Der Reichstag billigt das Ermächtigungsgesetz. Ein historisches Protokoll (23. März 1933).* Hamburg 1983, S. 37. REITZ (Anm. 7), S. 31, ist entsprechend zu korrigieren. RATHMANN (Anm. 28), S. 216, schildert, wie stark die Vorgänge in der Krolloper Mierendorff und seine Freunde strapaziert hatten, als er sie am Abend des 23. März traf.

[51] HIRSCHFELD (Anm. 48), S. 40. ZUCKMAYER: *Mierendorff* (Anm. 1), S. 38, überlieferte die Worte: »Was sollen denn unsere Arbeiter denken, wenn wir sie da allein lassen? Sie können doch nicht alle an die Riviera ziehn!« Zu Halperin DERS., *Stück* (Anm. 5), S. 53, 359, 468, 471. Mierendorff bezog sich in seinen politischen Aufsätzen mehrfach auf Berichte und Kommentare der »Neuen Zürcher Zeitung«.

[52] EDSCHMID, KASIMIR: *In Memoriam Carlo Mierendorff*. In: *In Memoriam* (Anm. 7), S. V–XIII, hier: S. IX.

[53] HAERDTER, ROBERT: *Ein deutscher Sozialist*. In: *Die Gegenwart* 5 (1950), Nr. 100 vom 1. Februar, S. 7–11, hier: S. 9. Auch in: *Mierendorffs Tagebuch*. In: Darmstadt (Anm. 47), S. 64–67, hier: S. 65f., und REITZ (Anm. 7), S. 33. In Darmstädter und Frankfurter Zeitungen wurden die Mißhandlungen dementiert. Siehe die Faksimiles in REITZ (Anm. 7), S. 119. Außerdem LEITHÄUSER (Anm. 45), S. 122f.

[54] HAERDTER (Anm. 53), S. 9f.; ZUCKMAYER: *Mierendorff* (Anm. 1), S. 39; REITZ (Anm. 7), S. 34.

[55] Ebd., S. 34, 81–91 (mit Auszügen), 98. ZUCKMAYER: *Mierendorff* (Anm. 1), S. 39f.

[56] REITZ (Anm. 7), S. 36.

[57] POHL (Anm. 4), S. 19, und *Expressionismus. Literatur und Kunst 1910–1923*. Eine Ausstellung des Deutschen Literaturarchivs im Schiller-Nationalmuseum Marbach a. N. Bearb. von Paul Raabe und H. L. Greve unter Mitarb. von Ingrid Grüninger. 15.–17. Tsd. Marbach 1960. (Sonderausstellungen des Schiller-Nationalmuseums, Katalog 7), S. 262f., hier: S. 262, schreiben »Willmer«; VAN ROON, GER: *Neuordnung im Widerstand. Der Kreisauer Kreis innerhalb der deutschen Widerstandsbewegung*. München 1967, S. 130, und REITZ (Anm. 7), S. 36, »Willemer«. Im Expressionismus-Katalog, S. 262, der Hinweis, daß Mierendorff trotz Schreibverbotes unter dem aufgezwungenen Namen Lyrikanthologien herausgegeben habe.

[58] Zur Arbeit im Widerstand LEBER, ANNEDORE: *Das Gewissen steht auf . . .* Frankfurt am Main 1955, S. 211–214; VAN ROON (Anm. 57), S. 107, 130f., 212 mit Anm. 14, 227, 228, 234. Dazu ergänzend GERSTENMAIER, EUGEN: *Der Kreisauer Kreis. Zu dem Buch* Gerrit van Roons »Neuordnung im Widerstand«. In: Vierteljahrshefte für Zeitgeschichte 15 (1967), S. 221–246, bes. S. 227, 229, und DERS.: *Streit und Friede hat seine Zeit. Ein Lebensbericht*. Frankfurt am Main, Berlin, Wien 1981, S. 151f., 162, 173, 182. Zur frühen Begegnung mit Moltke, ZUCKMAYER: *Stück* (Anm. 5), S. 53.

[59] MOLTKE, FREYA VON, BALFOUR, MICHAEL, FRISBY, JULIAN: *Helmuth James von Moltke 1907–1945. Anwalt der Zukunft*. Stuttgart 1975, S. 224–232, hier: S. 232.

[60] LEBER (Anm. 58), S. 214. S. auch VAN ROON (Anm. 57), S. 228–234.

[61] Das Programm ist gedruckt ebd., S. 589f. Zum Namen vermutete van Roon, S. 260, Anm. 31, daß damit vielleicht an die von der Exil-SPD herausgebrachte, in Deutschland illegal verbreitete Miniaturausgabe des »Neuen Vorwärts«, die von Paul Hertz besorgte »Sozialistische Aktion« angeknüpft worden sei. Wahrscheinlicher ist, daß sich Mierendorff an den Begriff aus dem Kreis der »Neuen Blätter« erinnerte. S. dazu BORINSKI (Anm. 33), S. 72 (in RATHMANN [Anm. 28], S. 178).

[62] GERSTENMAIER, *Kreis* (Anm. 58), S. 229.

[63] VAN ROON (Anm. 57), S. 589f.

[64] Ebd., S. 130; HAUBACH (Anm. 21), S. XIVf.

[65] Brief Reichweins an Brundert vom 10. Dezember 1943 bei VAN ROON (Anm. 57), S. 590f., Auszug bei BRUNDERT (Anm. 6), S. 46. Dort S. 47–50 ein weiterer Brief vom 21. Dezember 1943. Briefe Haubachs an Viktor und Erika Bausch vom 13. und 26. Dezember 1943 in HAMMER (Anm. 6), S. 60f. S. auch GERSTENMAIER, *Streit* (Anm. 58), S. 182.

[66] HAUBACH (Anm. 21), S. XIV. In HAMMER (Anm. 6), S. 18, in BRUNDERT (ebd.), S. 52. *Zur Trauerfeier* POHL (Anm. 4), S. 23.

[67] MIERENDORFF (Anm. 17), S. 380.

[68] HAERDTER (Anm. 53), S. 10. Die Rede auch in MIERENDORFF (Anm. 4), S. 26–28, hier: S. 28.
Für ihre Hilfe beim Erschließen des Materials danke ich Frau Irmgard Stein, Professor Dr. Peter Freimark (beide im Institut für die Geschichte der deutschen Juden, Hamburg) und Herrn Michael Löb (Magistrat der Stadt Darmstadt, Presse und Informationsamt).

Helmuth James Graf von Moltke

»Helmuth, Helmuth!« Mein Ruf hallte laut durch den langen Flur der Abteilung 8 im Hause 1, dem »Totenhaus« des Gefängnisses von Tegel. Am 27. September 1944 waren wir aus dem Gefängnis Lehrter Straße und anderen Strafanstalten in und um Berlin in die Anstalt von Tegel verlegt worden. Es war ein seltsames Wiedersehen geworden. »Was, Sie leben noch!« rief mir Johannes Popitz zu, Mitglied des Reichskabinetts und preußischer Finanzminister. Er saß neben dem ehemaligen deutschen Botschafter in Moskau, Graf von der Schulenburg. Ein Kreis von Persönlichkeiten, einst in beachtlicher Position, jetzt in gleicher Not und Verdammnis, wartete, bis jeder von uns in Einzelzellen untergebracht wurde.

Am anderen Morgen begannen die Justizwachtmeister, uns zu fesseln. Wir hatten, vor unseren Zellentüren stehend, indessen Zeit, unsere neue Umwelt und unsere Schicksalsgenossen genauer zu betrachten. Am rechten Flügel der gegenüberliegenden Seite fiel mir ein hochgewachsener Mann auf, der als einziger in der zebrafarbenen KZ-Montur steckte. Ich sah ihn mir genauer an. Es war Helmuth von Moltke, der einzige »Kreisauer« außer mir, den ich in der nicht kleinen Gefangenenschar an diesem Morgen entdecken konnte. Ich riß beide Arme hoch, rief ihn gegen das Ritual verstoßend an und winkte ihm stürmisch zu. Gleich darauf steckte ich in Fesseln. »Eugen, Eugen«, das war sein lauter Gegengruß. Wir hatten uns monatelang nicht mehr gesehen. Moltke war schon im Januar 1944 verhaftet worden.

In Himmlers Hausgefängnis in der Prinz-Albrecht-Straße in Berlin schrieb Helmuth von Moltke für seine damals sieben und drei Jahre alten Söhne einen Bericht seiner Herkunft, Kindheit und Jugend. Der Bericht ist in der Einfachheit einer Kindergeschichte geschrieben.[1] Er enthält jedoch alles biographisch Wesentliche und vermittelt in seiner schlichten Wärme und Vertrautheit einen Eindruck von der Innerlichkeit und liebevollen Beziehung Moltkes zu seiner Heimat und Familie. Darin wird ein Grundzug seines Wesens offenkundig, was manchem, mit dem er es zu tun hatte, verborgen geblieben ist.

Herkunft und frühe Orientierungen

Helmuth James von Moltke wurde am 11. März 1907 auf dem Gut Kreisau, in der Nähe von Schweidnitz (Schlesien) gelegen, geboren. Das Gut war als eine Dotation des Königs von Preußen an seinen berühmten, siegreichen Feldherrn, den Feldmarschall Helmuth von Moltke, an die Familie gekommen. Als dieser kinderlos starb, kam es in

Moltke, Helmuth James Graf von
geb. am 11. 3. 1907 in Kreisau;
hingerichtet am 23. 1. 1945.

die Hand eines Bruders, der es dem Vater unseres Helmuth hinterließ. So sonnig seine frühe Kindheit gewesen war, die späteren Jugendjahre des Jurastudenten und Referendars stellten ihn vor harte Ansprüche.

Man versteht das Kind und den Mann Helmuth von Moltke nur halb, wenn man sich nicht vergegenwärtigt, welch mächtigen Einfluß seine schottisch-südafrikanische Mutter ganz offensichtlich auf ihn ausgeübt hat. Sie kam mit ihrer Mutter besuchsweise auf das Gut der Moltkes. Sie war das einzige Kind eines ehemaligen Justizministers und Chief Justice in der Südafrikanischen Union. Von ihrem Vater wird berichtet, daß er ein höchst gewissenhafter, dem Recht verschworener Mann gewesen sei, der sich schwer von seiner Tochter getrennt habe. Es mag sein, daß sich Helmuth, ihr Sohn, unter dem bewußten oder unbewußten Einfluß seines Großvaters mütterlicherseits zur Juristerei entschlossen hat. Jedenfalls hat er sich nicht nur mit dem deutschen, sondern auch mit dem angelsächsischen Rechtswesen beschäftigt und ist deutscher und englischer Rechtsanwalt geworden – eine Ausbildung, die ihm im Frieden und im Krieg von Nutzen war.

Kaum hatte der junge Moltke seinen Referendar gemacht, wurde er weniger von seinem eigentlichen Beruf gefordert als vor die Aufgabe gestellt, das elterliche Gut zu retten. Sei es durch Mißgeschick, sei es durch anderes Unheil, war das in der Hand seines Vaters liegende Gut wirtschaftlich an den Rand des Ruins geraten. Der Referendar mußte zeigen, was in ihm steckte. Und er zeigte es. Als er nach Berlin übersiedelte, um sein Brot als Anwalt zu verdienen, war das Gut gerettet. Helmuth von Moltke hatte seinen vier Geschwistern und sich selbst die geliebte Heimat erhalten.

Mit zwanzig Jahren bewarb sich der Student bereits beim Völkerbund in Genf. Er schrieb für diese Bewerbung einen Lebenslauf, der von den bei solchen Anlässen üblichen Klischees abwich und Einsicht in seine allgemeine Lebensorientierung und beruflichen Absichten gewährte. »Mein Vater hatte eigentlich gedacht, ich würde Landwirt werden, aber ich hatte inzwischen zuviel Stadtluft und zuviel Pseudopolitik aufgenommen, um nicht zu studieren, was allerdings nicht ausschließt, daß ich das Land und die Landschaft sehr liebe...[2] Meine Universitätsstudien stellen ein ziemliches Durcheinander dar, weil ich die Absicht habe, möglichst lange zu studieren, und darum an verschiedenen Stellen zugleich angefangen habe. Bei meinem juristischen Studium interessiert mich hauptsächlich die geschichtliche Seite... Ein allgemeines Interesse für Literatur ist in den letzten zwei Jahren wegen meiner günstigen Beziehungen zur Malerei und Kunstgeschichte hinter diesen beiden zurückgetreten.«[3]

Die freimütige Darlegung zeigt einen vielseitig interessierten Studenten. Ein Schwerpunkt seines damaligen Lebens liegt freilich nicht im studentischen, akademischen Bereich, sondern im sozialpolitischen. Durch den Landrat des nahe gelegenen Waldenburg wurde er auf die miserablen Zustände, insbesondere auf die zum Teil haarsträubende Wohnungslage im Kohlenrevier, aufmerksam. Die Waldenburger Kohle konnte wegen ihrer minderen Qualität mit der oberschlesischen nicht konkurrieren. Das Bild, das Helmuth bei Besichtigungen gewann, entsetzte den jungen Aristokraten, tat aber auch einen den ganzen Mann kennzeichnenden Charakterzug kund. Helmuth Moltke war kein Mann, der es beim Reflektieren und Meditieren bewenden ließ. Mitleid hieß für ihn Mit-Leiden, und zwar so exemplarisch, daß es ihn zur tätigen Hilfe, zum persönlichen Angriff auf die jeweilige Notlage trieb. Das hat sein Leben mehr als anderes gekennzeichnet, und das hat zu seinem frühen Tod geführt.

Er suchte Rat bei seinen nächsten Freunden, seinem Vetter von Trotha und seinem Lehrer Eugen Rosenstock-Huessy. Dieser lehrte damals Rechtsgeschichte an der Universität Breslau. Im Ersten Weltkrieg war er Frontoffizier gewesen. Er sah im Weltkrieg »das furchtbare Ende einer untergehenden Epoche«.[4] Rosenstock-Huessy suchte unmittelbarere Einwirkungsmöglichkeiten auf die junge Generation, als sie der akademische Lehrstuhl bot. Daher wirkte er in der Wirtschaft und in der Erwachsenenbildung. Zusammen mit den Professoren Schultze-Gaevernitz und Hans Peters wurde eine »Löwenberger Arbeitsgemeinschaft« gegründet. Ihr Mittelpunkt war das Volkshochschulheim Boberhaus in Löwenberg in der Nähe von Waldenburg. Es war eine von den Initiativen, wie sie in der Jugendbewegung der damaligen Zeit häufig waren. Rosenstock-Huessys und Moltkes gemeinsame Absicht war, Arbeiter, Bauern und Studenten zusammenzuführen und den Klassenkampf zu entschärfen. Helmuth Moltke wirkte vor allem an der Organisation des ersten Boberhauslagers mit. Es wurde ein Erfolg und führte zu Fortsetzungen, die aus dem Boberhaus einen Namen machten.

Moltke brachte es zur ersten Begegnung mit der Politik. Heinrich Brüning betreute im Reichstag den Wahlkreis Waldenburg. Helmuth besuchte ihn. Wichtiger als diese Begegnung war für ihn jedoch der Kontakt mit Eugen Rosenstock-Huessy. Dieser eigenwillige Denker und Forscher (»Die Sprache des Menschengeschlechts«) übte in seiner Umwelt einen großen Einfluß besonders auf junge, nicht nur akademisch interessierte Leute aus. Er war der Arbeiterbewegung zugewandt, aber er war kein Marxist; er war ein Mann, der auf das Kommende sah und viele faszinierte. Rosenstock bildete um sich einen Kern, der den Gedanken der Arbeitslager weitertrug, wurde damit für viele in einer Zeit schrecklicher Arbeitslosigkeit zu einer Hilfe, so lange, bis Hitler mit seiner Parteiarmee ihn total zuschanden ritt. Rosenstock-Huessy wurde in die Emigration gezwungen. Zwei Jahrzehnte später bereitete der amerikanische Professor der Witwe seines Freundes mit ihren Kindern eine neue Heimat in seinem Haus im ländlichen Vermont.

In einem Brief seiner Mutter an ihre südafrikanischen Eltern vom Sommer 1924 heißt es: »Helmuth ist brennend an Politik interessiert und ein großer Verehrer von Stresemann.«[5] Tatsächlich ist damit das Lebenselement von Moltke getroffen. Schon als Schüler und Student steckte hinter den meisten seiner mit Leidenschaft betriebenen Unternehmungen, Reisen und Gespräche das Interesse an der Gestaltung menschlichen Schicksals im Zusammenleben der Gemeinden, Völker und Kontinente. »Ich fühle mich erstens Europa, zweitens Deutschland, drittens dem Osten Deutschlands und viertens dem Grund und Boden verpflichtet.«[6] Er schreibt es als Einundzwanzigjähriger an seinen südafrikanischen Großvater, der über den Berichten von seines gräflichen Enkels Betriebsamkeit der Sorge verfiel, der Junge übernehme sich und studiere zuwenig. »Konzentration« sei not! »Was ist Konzentration?«[7] antwortet der Junge und fügt eine Liste seiner Verpflichtungen an – für den alten Herrn im fernen Kapstadt schwerlich beruhigend.

Im Sommer zuvor hatte Helmuth seine spätere Frau, Freya Deichmann, eine

Jurastudentin aus Köln, kennengelernt. Er traf sie bei einem befreundeten Ehepaar am Grundlsee. Davon erzählte er seinem Großvater indessen nichts in jener Liste erhabener Verpflichtungen.

Zwei Jahre später – die wirtschaftlichen Sorgen in beiden Familien waren noch nicht überwunden – heirateten sie. Die Sorge für die Sanierung des Moltkeschen Gutes lag völlig in der Hand des Sohnes Helmuth, nachdem sich sein Vater resigniert nach Berlin zurückgezogen hatte und dort in den Dienst der Christian Science getreten war.

Seine Frau, Helmuths Mutter, hatte ihn mit dieser Gemeinschaft in Verbindung gebracht. Im ländlichen Schlesien jener Jahre wußte man wenig mehr von ihr, als daß sie eine seltsame amerikanische Sekte, daß sie Gesundbeter seien. Der frühe Tod von Helmuths Mutter mag mit ihrer Ergriffenheit von Mrs. Eddy-Bakers Heilslehre zusammenhängen. Ich hörte darüber nie ein Wort von meinem Freund Helmuth. Sicher scheint nur zu sein, daß nach dem Tod der geliebten Mutter und dem Weggang ihres Mannes in Kreisau nichts mehr von der Christian Science zu hören war. Keines der fünf Kinder ist bei aller Verbundenheit der Familie der Christian Science gefolgt.

In den frühen dreißiger Jahren war der Referendar mit seiner jungen Frau endlich nach Berlin übergesiedelt. Hitler war an die Macht gekommen. Seine Trabanten hatten im Dienste ihrer »Weltanschauung« Lager eingerichtet, die der Gleichschaltung des jungen akademischen Nachwuchses dienten. Moltkes Bericht über »sein« Lager in Jüterbog kann der Berichterstatter aus seinen eigenen Erfahrungen in einem Dozentenlager, das er zwei, drei Jahre später zu absolvieren hatte, nur bestätigen. Der politische Effekt war hier wie dort eher negativ für die Sache des Nationalsozialismus.

Weg in den Widerstand

Nach einigem Hin und Her entschließt sich der junge Assessor, Rechtsanwalt in Berlin zu werden. Sein besonderes Interessengebiet ist das internationale Recht. Zusammen mit einem älteren Juristen eröffnet er Unter den Linden ein Anwaltsbüro. Sein berufliches Interesse führt ihn zu einer Erkundungsfahrt zu den Zentren des internationalen Lebens in Genf, Basel (Bank für Internationalen Zahlungsausgleich) und an den Haager Ständigen Gerichtshof. Sein Urteil über das Völkerbundssekretariat in Genf war nicht gut. Der Haager Gerichtshof sei viel wichtiger. Berthold von Stauffenberg, der Bruder von Claus, war gerade gezwungen worden, seine Position am Haager Gerichtshof aufzugeben und nach Berlin zurückzukehren. Diese Erkundungen führen Moltke dazu, Barrister (plädierender Anwalt) in London zu werden. Die beachtlichen Ausbildungskosten übernahmen seine großzügigen südafrikanischen Großeltern. Er hatte sie zusammen mit seiner Frau unmittelbar nach dem Assessorexamen in Kapstadt besucht und war danach lange durch das große, weite Land gefahren. Die engen Verbindungen Englands mit Südafrika – damals noch kaum gestört durch moralische Vorhaltungen – brachten Moltke auch eine Reihe interessanter politisch-gesellschaftlicher Beziehungen in England ein. Zu ihnen gehörte Lionel Curtis mit seinem Kreis um die Vierteljahreszeitschrift »Round Table«.

Auf englischem Boden, im All Souls College in Oxford, begegnete Moltke auch zum erstenmal Kirchenführern von Rang. Der deutsche Kirchenkampf hatte die Aufmerksamkeit einer weiten Öffentlichkeit im Inland und im Ausland auf die Deutsche

Evangelische Kirche gelenkt. Im kritischen Ausland hatten nicht wenige die Bekennende Kirche für die Speerspitze einer auch politischen Opposition gehalten. In einem Gespräch mit Lord Lothian, einem in der jungen ökumenischen Bewegung sehr einflußreichen Mann, hatte sich Moltke jeder Nachgiebigkeit gegenüber Hitlers Politik widersetzt. Der friedfertige, fromme Lord hatte die damals im angelsächsischen intellektuellen Bereich verbreitete Meinung vertreten, der Friede von Versailles, die Besetzung des Ruhrgebiets und andere Sünden und Dummheiten der Siegermächte nach dem Ersten Weltkrieg sollten revidiert und Hitler damit zu einem friedlichen Ausgleich gebracht werden. Moltke sah scharfsinnig einen doppelten Irrtum voraus: »England ist in diesem Kampf [mit Hitlers Nazideutschland] nicht Schiedsrichter, sondern Partei; aber Englands nachgiebige Politik führt dazu, daß die Deutschen glauben, es sei Schiedsrichter.«[8]

In London begegnet Moltke auch zum erstenmal einem Deutschen, mit dem ihn noch viel verbinden sollte und mit dem er später dasselbe Schicksal teilen wird. Adam von Trott zu Solz hatte am Balliol College in Oxford als Rhodescholar studiert. Er promovierte in Göttingen über Hegels Staatsphilosophie und das internationale Recht. Moltke war an seinen philosophisch-historischen Erwägungen nicht weiter interessiert. Ihm kam es auf die praktischen Konsequenzen an. Sie waren denn auch im späteren Kreisauer Kreis Gegenstand des Gesprächs. Die Diskussion über Hegel blieb Adam von Trott und mir überlassen.

Schon in den ersten Gesprächen zwischen Moltke und Trott zeigte sich ein Unterschied, der auch in allen späteren im Kreisauer Kreis geführten Debatten zwar gänzlich unpolemisch, aber deutlich zu spüren war. Adam von Trott neigte mehr zu einer nationalen Identität, Helmuth von Moltke dem Weltbürgertum zu. Es lag kaum am Äußerlichen. Gewiß hatten beide eine profunde Kenntnis der angelsächsischen Welt. Adam von Trott hatte ausgedehnte Reisen und Studienaufenthalte im Fernen Osten, Helmuth von Moltke in Afrika hinter sich. Aber trotz seines Namens besaß er vermutlich von seiner selbst erlebten Familiengeschichte her eine lockerere Beziehung zur Geschichte Preußens und Deutschlands als der Sohn eines preußischen Kultusministers, der Adam von Trott war. Dieser reagierte denn auch auf jenes Schuldgefühl in der englischen Intelligenz spontan positiver als Helmuth von Moltke.

Im Oktober 1938 bestand Moltke seine englischen Examina. Die Briefe, die er seiner Frau aus England schrieb, zeigen die Anspannung, die ihm die Arbeit in der spannungsgeladenen Atmosphäre um die Tschechenkrise abverlangte. Die Besuche Chamberlains bei Hitler und die Konferenz von München (1938) hatten den Anfang vom Untergang nur verzögert. Daß sich Helmuth von Moltke keinesfalls untätig dem politischen Geschehen gegenüber zu verhalten gedachte, daß er sich nicht nur den Kopf zerbrach, was getan werden könne, sondern was er selbst ganz persönlich tun könne und also auch tun müsse, um Deutschland aus der Wirrnis von Verbrechen, Verblendung und Lüge herauszubringen, das wird schon vor dem Ausbruch des Zweiten Weltkriegs deutlich. Seine persönlichen – und bis zu einem gewissen Grad auch gesellschaftlichen – Beziehungen verlieren ihre Zufälligkeit und nehmen Zweckgestalt an. Seine eigenen Reflexionen meiden mehr und mehr die philosophische Abstraktion. Unter seinen nachgelassenen Papieren finden sich Aufzeichnungen zur Theorie und Praxis der Selbstverwaltung oder zur Hochschulbildung – im ganzen eher Vorarbeiten für politische Entscheidungen als fachspezifische Entwürfe, alles datiert in einem Faszikel 1939.

In einem Brief an seinen väterlichen Freund Lionel Curtis verabschiedet er sich düster von England: »Die Lähmung, die dieses [Eng-]Land befallen hat, starrt einem überall ins Gesicht.«[9] Sie habe Hitler erlaubt, ganz Deutschland »von jeder feindlichen Bewegung zu säubern«. Er selbst habe nur die Wahl, in Schlesien Landwirtschaft zu betreiben oder es in England als Barrister zu versuchen. Eine auskömmliche Chance räumt er sich dabei kaum ein. Dennoch beginnt er, sich in London Arbeitsmöglichkeiten zu schaffen. »Da die Aussichten in Deutschland finster sind, wäre ich töricht, es nicht in London zu versuchen.«[10] Er hoffe, in London »so viel zu verdienen, daß ich meine Zeit zwischen London und Kreisau teilen kann. Das ist das Endziel, falls alles gutgeht.« Er schreibt es am 25. Juni 1939 an seinen Großvater in Kapstadt.

Es ging nicht gut. Der Krieg kam dazwischen. Statt einen Schreibtisch als Barrister in London zu beziehen, sitzt Helmuth von Moltke nicht in der erhabenen militärischen Position, wie es in seiner Familie üblich war, sondern als Kriegsverwaltungsrat in der Abwehr, Abteilung Ausland. Der Direktor des Instituts für Ausländisches Öffentliches Recht und Völkerrecht, Viktor Bruns, hatte ihn der Abwehr empfohlen. Sie suchte sachverständige Mitarbeiter in der internationalen Kriegsrechtsregelung. Die Bezeichnung Abwehr für die ganze große vielgliedrige Organisation war eine Untertreibung. Die drei Hauptabteilungn der Abwehr gliederten sich in die Abteilung Ausland unter dem Konteradmiral Bürkner, dem unmittelbaren Vorgesetzten Moltkes, in die Zentralabteilung unter Generalmajor Hans Oster und in die eigentliche Abwehr mit Spionage, Sabotage und Gegenspionage. Der Chef der Abwehr, Admiral Canaris, und zwei von den drei Hauptabteilungsleitern starben neben vielen anderen Offizieren und Angehörigen der Abwehr als Angehörige des deutschen Widerstandes am Galgen. Admiral Canaris, unter uns »der kleine Matrose« genannt, war ein ungewöhnlich scharfsinniger und entschiedener Gegner Hitlers und seiner Unternehmungen. Er bot einer großen Zahl von politisch Gleichgesinnten einen Unterschlupf in seiner weitgespannten Organisation, bis es Himmler gelang, den verhaßten Konkurrenten zu entmachten.

Bis dahin konnte die Abwehr nicht nur in Moltkes Abteilung, sondern weit darüber hinaus viel zur Humanisierung des Krieges beitragen, obgleich man sie nicht als einziges Werk- und Rüstzeug des deutschen Widerstandes betrachten darf. Moltke fand in der Abwehr der damaligen Zeit jedoch alles in allem ein optimales Gebiet, in dem er sich betätigen und seinen eigentlichen Absichten eine gewisse, wenn auch begrenzte Wirkung verschaffen konnte. Seine Informationen, dienstlichen Probleme und Beziehungen wurden nicht selten auch im Kreisauer Kreis diskutiert, der sich um den Kriegsverwaltungsrat – eine für Moltke und seine Freunde gleichermaßen leere Dienstbezeichnung – in den Jahren 1940/1941 zu bilden begonnen hatte.

Der Kreisauer Kreis: politische Konzepte und Haltung zum Attentat

Am 16. Januar 1940 berichtet Moltke an seine Frau, er habe bei Peter Yorck zu Mittag gegessen. »Ich glaube, wir haben uns sehr gut verständigt, und ich werde ihn wohl öfters sehen.« Man kann diesen Tag als Gründungsdatum des Kreisauer Kreises ansehen, auch wenn es eine formelle Gründung oder ähnliche Formalitäten in diesem engen und doch durchaus lockeren Kreis Gleichgestimmter nie gegeben hat. Die schlesischen Grafen Moltke und Yorck von Wartenburg bildeten unstritig gemeinsam den Mittelpunkt des Kreises. Um diesen Mittelpunkt herum zog sich in den Jahren 1941 bis 1943 eine Reihe von Persönlichkeiten, zunächst spontan, dann aber zweckhaft organisiert. Sie befaßten sich mit dem Hauptthema: Wie kann, wie soll, wie muß ein neues, ein grundlegend anderes Deutschland aussehen, das an die Stelle des dem Untergang geweihten nationalsozialistischen Deutschland treten könnte?

Im Unterschied zu manchem anderen Verbund von Gegnern Hitlers wurden im Kreisauer Kreis weit mehr Sachfragen als Personalfragen erörtert. Vor allem an der Stabführung von Moltke lag es, daß mindestens drei Jahre lang dabei durchaus systematisch die wesentlichsten Bereiche eines neuen Staatsaufbaus durchdiskutiert und die jeweiligen Ergebnisse dieser Debatten in konkreten Formulierungen festgehalten wurden. Es waren keine Diskussionsprotokolle, sondern es waren Verfassungsentwürfe und in konkrete Weisungen »an die Reichs- und Landesverweser« ausgearbeitete Organisationsvorstellungen, die sich in diesen Kreisauer Papieren niederschlugen. In ihnen verdichteten sich unterschiedliche Vorstellungen, die in dem sich allmählich rundenden Kreis diskutiert worden waren. Obwohl er später unter dem Namen Kreisauer Kreis bekannt wurde und so auch in die Literatur einging, bezeichneten sich die Teilnehmer des Kreises selbst niemals so. Der Name ist eine Erfindung der Gestapo während ihrer Ermittlungen nach dem 20. Juli 1944.

Die Grundzüge des politischen Programms der Kreisauer sollen hier nur insoweit geschildert werden, als sich darin das politische Denken Helmuth von Moltkes im besonderen widerspiegelt. Er sah mit allen seinen Freunden in der Herrschaft Hitlers eine Zäsur der Welt-, zumindest aber der europäischen Geschichte. Daß nach dem Ende des Zweiten Weltkrieges die nationale Souveränität und ihre Wertordnungen kein Leitmotiv der Politik, jedenfalls in Europa, mehr sein dürfen, daß auf einen europäischen Staatenverbund hingearbeitet werden müsse, war eine Prämisse der Kreisauer. Sie standen damit im deutschen Widerstand oder, wie wir lieber sagten, »im anderen Deutschland« nicht allein. Eine andere Prämisse unterschied sie aber von nahezu allen anderen Gruppen. Das neue Reich sollte strikt föderalistisch aufgebaut werden. Es sollte der Rahmen oder das Dach über einem Gebilde werden, das von der »überschaubaren Einheit« her konstruiert war. Das heißt, das durchaus parlamentarisch-föderalistisch gedachte System sollte aus Urwahlen hervorgehen, die im Bereich der Kommunen und Kreise stattfinden sollten. Nach einer noch zu klärenden Methode sollten dann aus diesen Körperschaften durch Delegation Landtage und der Reichstag gebildet werden. Der eigentliche Sinn dieses nicht eben überzeugenden Systems war der Ersatz für Parteien und Parteibildungen, die zumindest vor der Demobilisierung weder für erwünscht noch für möglich gehalten wurden. Aber schon als Übergangslösung war das Schema deshalb strittig, weil sich der Wirtschafts- und Gesellschaftsaufbau schwerlich mit dem angestrebten politischen Dezentralismus verbinden ließ. Die Bedürfnisse der Wirtschaft und in mehrfacher Hinsicht auf der Gesellschaft ließen sich nicht ohne gewaltsame staatliche Zwangsmaßnahmen in ein solches System zwängen. Der Verzicht der Gewerkschaften zum Beispiel auf mächtige Fach- und Gesamtverbände konnte auch durch die neue Konstituierung der Parlamente nicht herbeigezwungen werden. Die Frage blieb unerle-

digt auf dem Tisch. Überhaupt blieb das Prinzip »überschaubarer Bereich« ideologie-
verdächtig.

Mit einem Lieblingsbegriff der Kreisauer, »der Betriebsgewerkschaft«, war das Problem der Wirtschaftsverfassung nicht zu lösen, und die Frage Zwangs- oder freie
Wirtschaft war damit ebenfalls nicht erledigt. »Geordneter Leistungswettbewerb, der
sich im Rahmen staatlicher Wirtschaftsführung vollzieht« – so heißt es in dem einschlägigen Kapitel der Kreisauer Dokumente –, damit war allenfalls ein Kompromiß für den
Alltag gefunden, mit dem wir es »am Tag X plus eins«, dem Tag nach dem geglückten
Staatsstreich, zu tun haben würden; aber es war damit keine weit in Neuland tragende
programmatische Entscheidung in der alten Streitfrage Zwangs-(Plan-)Wirtschaft oder
freie Wirtschaft gefällt. Die Zeit war auch nicht danach. Auch die Anhänger Ludwig
Erhards, die es im Kreisauer Kreis gab, wenngleich der Name des späteren Wirtschafts-
wundermannes noch gänzlich unbekannt war, hielten es selbstverständlich auch nicht
für möglich, am Tage X plus eins, noch mitten in einer Kriegs- und Mangelwirtschaft,
unversehens die freie Wirtschaft zu proklamieren. Derlei mußte wie vieles andere dem
Tag danach und seiner Machtkonstellation überlassen bleiben.

Es gab andere Bereiche, zum Beispiel die Bestrafung der Rechtsschänder. Auch
durch verschärfte Vernehmungen waren unsere Vorschläge dazu nicht an den Tag
gebracht worden. Die Gestapoermittlungen darüber, wenn überhaupt angestellt,
scheinen im Sand verlaufen zu sein.

Moltke und uns allen im Kreis ging es bei unseren Entwürfen weniger um perfekte
abschließende Formulierungen als um Orientierung bei der Zusammenführung von
Menschen, die ihren Arbeitsbereich sachlich und personell kannten und bei einer neuen
Regierungsbildung möglichst viel an Kenntnis und Vertrauen mitbrachten. Sozialdemokraten wie Carlo Mierendorff, Theo Haubach, Adolf Reichwein waren deshalb
ebenso geschätzt wie die Konservativen Graf Yorck, Hans-Bernd von Haeften, Paulus
van Husen, Hans Schönfeld, deutscher Direktor beim Ökumenischen Rat in Genf, die
Theologen Pater Delp und Eugen Gerstenmaier oder Liberale wie Adam von Trott und
Theodor Steltzer.

Mehr als in den Gesprächen des Kreises selbst hat in der Literatur über den deutschen
Widerstand nach dem Krieg die Legende eine Rolle gespielt, daß Graf Moltke und mit
ihm die Kreisauer dem Gedanken an einen Staatsstreich bzw. an ein Attentat auf Hitler
abgesagt hätten. Nun trifft es zu, daß wir alle erhebliche innere Hemmungen und
moralische Widerstände in uns niederringen mußten, um den ganz unvermeidbaren
Gedanken anzunehmen. Aber bei der Abwägung einer gewaltsamen Ablösung Hitlers
– und das hieß Blutvergießen – oder weiterer Blutopfer in gewaltigem Ausmaß mußte
unsere Entscheidung unweigerlich für das Attentat fallen. Moltke war zwar nicht allein,
aber neben Steltzer doch der einzige in unserem Kreis, der anderer Meinung war. Seine
Argumente:

1. Der Staatsstreich komme doch nicht zustande, die Generale »täten nichts«.
2. Komme das Attentat doch, so könne es keinen deutschen Sieg mehr bringen.
3. Für den verlorenen Krieg werde das Attentat verantwortlich gemacht. Eine neue,
   überdimensionale Dolchstoßlegende würde produziert.

Hinter dieser Argumentation stand jedoch, sie beherrschend, Moltkes hochsensibles
Gewissen. Es waren schließlich weit mehr irrationale, moralische Bedenken bei ihm als

rationale Argumente. Sie haben ihn in den Ruf des Märtyrers gebracht. Die Abschiedsbriefe an seine Frau und ihre politisch unrichtige Kommentierung durch seinen Freund Lionel Curtis – eine der ersten Publikationen über das andere Deutschland nach dem Krieg – haben viel dazu beigetragen. »Wir haben nur gedacht.« Das traf noch nicht einmal für den Kreis um ihn, ja noch nicht einmal für Moltke selbst zu. Nur wer die Einlassung aller Kreisauer vor dem Volksgerichtshof für bare Münze nahm, konnte das sagen. Moltke mußte im Januar 1945 schon aus zwingenden Gründen der Rücksicht auf seine Frau und seine Gefährten selbstverständlich auf ihre gemeinsame Verteidigungslinie eintreten. Freya von Moltke kannte die Wahrheit ohnehin. Nur Curtis, der englische Freund, verwechselte bei seiner ersten Kommentierung der Abschiedsbriefe Moltkes für die britische Öffentlichkeit die Verteidigungslinie Moltkes mit der Wirklichkeit.

Wie sehr auch Moltke sich mit dem Gedanken des Gewaltaktes befaßt hat, zeigt zum Beispiel ein Brief von ihm an seine Frau vom 1. September 1942. Er berichtet darin von einem Gespräch mit dem Vetter Claus von Stauffenbergs, Hans Christoph von Stauffenberg. »Sie haben doch einen Vetter Claus im Führerhauptquartier. Wäre mit dem nichts zu machen?« Der Sinn der Frage ist ganz eindeutig. Als ich nach unserer Verurteilung Mitte Januar 1945 im Tegeler Zuchthaus ein langes Abschiedsgespräch mit Moltke führen konnte – unbeaufsichtigt und unkontrolliert –, wiederholte er, von mir ausdrücklich befragt, seine ablehnende Kritik an dem Attentat nicht mehr. Ich will daraus nicht auf eine späte Zustimmung schließen. Eine Verurteilung war es aber gewiß nicht.

Wie sich Helmuth von Moltke einem scharfsichtigen ausländischen Beobachter mitten im Krieg darstellte, zeigt ein Bericht George Kennans, der in Berlin den amerikanischen Botschafter vertrat. Er schreibt in seinen Memoiren über seine Begegnungen mit Moltke: »Für mich ist Moltke eine so große moralische Figur und zugleich ein Mann mit so umfassenden und geradezu erleuchteten Ideen, wie mir im Zweiten Weltkrieg auf beiden Seiten der Front kein anderer begegnet ist... Er bereitete sich selbst auf die Notwendigkeit vor – wie er gern später auch seine Mitbürger vorbereitet hätte –, wieder ganz von vorne damit zu beginnen, durch Niederlage und Demütigung hindurch ein neues staatliches Gebäude auf einem neuen und besseren Fundament zu errichten... Das Bild dieses einsam ringenden Menschen, einem der wenigen echten protestantischen Märtyrer unserer Tage, ist mir in all den folgenden Jahren eine moralische Stütze und stete Quelle politischer und geistiger Inspiration geblieben.«[11] Ich, der ich das Glück hatte, beide, Moltke und Kennan, durch Jahre hindurch zu kennen, füge hinzu, daß sich in Moltke und Kennan allerdings in hohem Maße gleichgestimmte Denker und Charaktere gegenübertraten.

Im Juni 1940 hatte Moltke einen weitläufig Verwandten, Peter Graf Yorck von Wartenburg, gebeten, sich zur Klärung »meines eigenen Kopfes, nicht des Ihren«, über die Grundlagen einer positiven Staatslehre zu äußern. Graf Detlev von der Schulenburg, der bei dem Gespräch, das vorangegangen war, zugegen war, hatte eine Wette angeboten, daß »innerhalb von zehn Jahren ein Staat bestehen würde, den wir voll billigen«.[12] Moltke schlug als Kriterium eines solchen Staates die Gerechtigkeit vor. Sie bestehe darin, fügte Moltke hinzu, daß sich »ein jeder voll entfalten und entwickeln« könne. Yorck hielt dagegen, dies sei »eine schwere Hypothek« für den Staat, worauf

Moltke meinte, daß Yorcks Bedenken Rechnung getragen werde, wenn er seiner Definition hinzufüge »im Rahmen des Staatsganzen«. Denn das Recht des einzelnen schließe die Pflicht ein, der Gemeinschaft zu dienen.

Moltke wollte mit diesem Brief die prinzipielle Klärung weiterführen. Daraus entwickelte sich ein Gespräch, das auf den heimatlichen Gütern in Schlesien geführt wurde und zu dem sachverständige Freunde (zum Beispiel die Juristen Eduard Waetjen und Horst von Einsiedel) zugezogen wurden. In den folgenden Jahren wurden diese Gespräche mit wechselnder Besetzung und Erweiterung bis weit in den Sommer 1944 zumeist in Berlin, gelegentlich aber auch in Kreisau fortgesetzt. Ihren Niederschlag fanden sie in den Papieren, die im Frühling 1944 Theo Haubach und mir mit der Bitte übergeben wurden, sie in einer Redaktion auf den neuesten Stand der historischen Entwicklung zu bringen. Das geschah. Ehe ich am Nachmittag des 20. Juli 1944 zu Claus von Stauffenberg in das OKW ging, versteckte ich sie in dem Riß eines Plafonds des Hauses von Graf Yorck so gut, daß ich Mühe hatte, sie ein Jahr später, wieder in Freiheit, zutage zu fördern.

Hatte sich Moltke im Jahre 1940 neben seinem an sich schon anstrengenden Dienst im OKW intensiv mit der Klärung grundsätzlicher Fragen befaßt und dabei Fachleute von Rang zu Rate gezogen (z. B. Hermann Abs, damals Auslandschef der Deutschen Bank, und Günther Schmölders, Finanzwissenschaftler in Breslau und Köln), so ging er nun daran, systematisch die Verfassungs- und Organisationsgrundlagen eines neuen Deutschland zu erörtern. Er bemühte sich dabei um Persönlichkeiten, die nicht nur als theoretische Ratgeber gelten durften, sondern die im Ernstfall, also im Fall eines geglückten Staatsstreichs oder nach Kriegsende, in wichtigen Positionen des Staates und der Politik eingesetzt werden konnten. Das Denkerische stand dabei allerdings immer im Vordergrund. Das war natürlich. Wir »Kreisauer« waren alle Zivilisten. Wir verfügten nicht über Truppenteile oder Positionen, mit denen wir an Hitler auf Schußnähe herankommen konnten. Wir konnten unseren Gesinnungsgenossen in führenden militärischen Positionen nur zuarbeiten. Dafür gab es auch im Kreisauer Kreis Männer, die sich zu diesem Zweck auch im Ausland umtaten. Wir waren auch nicht darauf aus, uns selbst an die Macht zu putschen. Wir waren nur gewillt, unseren Beitrag dazu zu leisten, um dem Morden an den Fronten, in den abgedunkelten Städten und in den KZs ein Ende zu machen. Ich habe niemals gehört, daß Helmuth von Moltke zum Beispiel je an einer Erörterung teilgenommen hätte, in der seine Funktion nach einem geglückten Staatsstreich diskutiert worden wäre.

Das war auch bei anderen Mitgliedern des engeren Kreises um Moltke nicht üblich. Diese Anspruchslosigkeit war es neben einer aus tieferen Schichten seines Wesens stammenden Ablehnung des Attentats auf Hitler, die Helmuth von Moltke die Mißbilligung eintrug, ein Theoretiker zu sein. Seine Einstellung zum Attentat auf Hitler war zu verschiedenen Zeiten eine verschiedene. Er wollte nicht eine neue Epoche der Geschichte mit Methoden beginnen, die für die alte kennzeichnend war. Je länger der Krieg dauerte, desto entschiedener wurde bei Moltke die Ablehnung des Attentats. Wir sprachen viele Stunden darüber. Nicht nur ich, der lutherische Theologe, sondern auch Alfred Delp, der Jesuit, stellten Moltke vor Augen, daß es unumgänglich, daß es die Zündung des ganzen Unternehmens sei. Die große Mehrheit des Kreises war unserer Meinung. Solange Moltke in Freiheit war, riskierte er auch sich selber furchtlos. Aber dem Attentat zustimmen, nein, das wollte er nicht.

In unserer widerständlerischen Praxis war das allerdings auch nicht entscheidend. Als Claus Graf Stauffenberg, ein Vetter Graf Yorcks, auf den Plan trat, wurde mit Moltkes Zustimmung vereinbart, daß Peter Yorck »zu den Militärs« eine geregelte Verbindung unterhalten solle. Als der 20. Juli da war, befanden sich im engsten Kreis um Stauffenberg im OKW in der Bendlerstraße zwei enge Freunde aus Moltkes Kreisauer Kreis, Graf Peter Yorck und ich. Und als es nach dem gescheiterten Stoß ans Sterben ging, starben die Kreisauer Zivilisten in ihrer Mehrheit neben den aus der Armee ausgestoßenen Soldaten.

Letzte Motive – letzte Schritte

Moltke von Schweden aus an Lionel Curtis: »Vielleicht erinnern Sie sich, daß ich in Gesprächen vor dem Kriege der Meinung war, daß der Glaube an Gott nicht wesentlich sei, um dahin zu kommen, wo wir jetzt sind. Heute weiß ich, daß ich unrecht hatte, ganz und gar unrecht. Sie wissen, daß ich die Nazis vom ersten Tag an bekämpft habe, aber der Grad von Gefährdung und Opferbereitschaft, der heute von uns verlangt wird und vielleicht morgen von uns verlangt werden wird, setzt mehr als gute ethische Prinzipien voraus, besonders da wir wissen, daß der Erfolg unseres Kampfes wahrscheinlich den totalen Zusammenbruch unserer nationalen Einheit bedeuten wird. Aber wir sind bereit, dem ins Gesicht zu sehen.«[13]

War das Illoyalität gegenüber seinem deutschen Vaterland? Die Antwort gab Moltke mit dem ganzen Kreisauer Kreis in den Grundsätzen für die Neuordnung: »Die besondere Verantwortung und Treue, die jeder einzelne seinem nationalen Ursprung, seiner Sprache, der geistigen und geschichtlichen Überlieferung seines Volkes schuldet, muß geachtet und geschützt werden.«[14]

Nein, Helmuth von Moltke war kein verwaschener Kosmopolit. Dazu hing der Landwirt viel zu sehr an seiner Heimat mit ihrer schlesischen Erde. In der wenige Wochen nach jenem Brief datierten Erklärung des Kreisauer Kreises heißt es in dem Kapitel Kirche und Staat (grundsätzliche Erklärungen des Kreises vom 22. bis 25. Mai 1943, zitiert in der Schlußfassung vom 9. August 1943):[15] »Die Regierung des Deutschen Reiches sieht im Christentum die Grundlage für die sittliche und religiöse Erneuerung unseres Volkes, für die Überwindung von Haß und Lüge, für den Neuaufbau der europäischen Völkergemeinschaft.«[16] Das führt in den Kern von Moltkes ganz persönlichen Motiven, seiner letzten Orientierung.

Die Erklärung bestätigt, daß Moltkes Bekenntnis zum Credo der Christenheit keineswegs nur eine politische Kultformel, sondern sein eigenes persönliches Glaubensgut ist. Es wurde von dem Kreis geteilt, wenn es auch in der persönlichen Äußerung in individuellen Tönen laut wurde.

An einem Sonntag im März 1940 berichtete Moltke seiner Frau: »Dann habe ich wieder ein wenig in der Bibel gelesen, eine Tätigkeit, die ich jetzt mit mehr Freude betreibe denn je zuvor. Früher waren das für mich im Grunde Geschichten, zum mindesten das Alte Testament, heute aber ist mir all das Gegenwart.«[17]

Bei den schweren Bombenangriffen auf Berlin verlor auch Moltke seine Wohnung in der Derfflingerstraße. Peter Yorck nahm ihn zusammen mit mir, der in der gleichen Nacht dasselbe Schicksal erlitten hatte, in seinem Haus in Lichterfelde auf. Fortan lebten wir zu dritt gemeinsam, bis jedem von uns die Stunde schlug. Helmut von Moltke traf es zuerst.

Als ich an einem Abend im Januar 1944 aus meinem Büro zurückkam, berichtete Marion, die Frau Graf Yorcks, mit bedrückter Stimme, die Gestapo sei dagewesen und habe einige Utensilien Moltkes mitgenommen. Er sei festgenommen worden. Der Schreck war nicht gering. Wir begannen, zu rätseln und das Haus noch einmal daraufhin zu überprüfen, ob irgend etwas Belastendes bei uns gefunden werden könne. Aber wir fanden auch in Moltkes Zimmer nicht das mindeste. Eine Stunde später besuchte uns Claus von Stauffenberg. Nach dem ersten Besuch Freya von Moltkes bei der Gestapo stellte sich denn auch heraus, daß nichts, kein noch so geringer Verdacht auf den Freundeskreis um Moltke der Anlaß seiner Festnahme war. Die Gestapo wußte gar nichts von uns. Moltke hatte einen seiner Bekannten (Kiep), der der Gestapo verdächtig geworden war, gewarnt.

In sogenannter Schutzhaft wurde Moltke Anfang Februar 1944 in das KZ Ravensbrück (Mecklenburg) verlegt. Seine Frau konnte ihn dort öfter besuchen, und sie konnten sich dabei auch halbwegs verständigen. Die Untersuchung ergab keine weiteren Belastungen Moltkes, so daß schon an seine Entlassung gedacht wurde. Da kam der 20. Juli. Mit ihm änderte sich die Lage auch für Helmuth von Moltke grundlegend. Sein Name tauchte in den Ermittlungen der Gestapo auf und wurde mehr und mehr belastet. Moltke ging dabei zwar auf eine äußerste Verteidigungslinie zurück. Nicht nur, daß er von dem Attentat in der Wolfsschanze nichts gewußt, sondern daß er einem solchen Unternehmen auch stets widersprochen habe. Aber das war schon zuviel.

Wir sahen uns wieder – wie berichtet – an jenem 28. September 1944 im Gefängnis in Tegel. Im Lauf der Tage fanden sich dort diejenigen Kreisauer zusammen, die noch lebten wie Pater Delp, Theo Haubach, Theodor Steltzer, Fürst Fugger und ich selbst. Ewald von Kleist, der sich am 20. Juli in der Bendlerstraße bei Claus von Stauffenberg rühmlich gehalten hatte, und Hans Fritzsche, ein Hauptmann im Infanterieregiment 9, lagen in benachbarten Einzelzellen. Das erleichterte unsere Verständigung untereinander. Wir stellten eine gemeinsame Verteidigungslinie auf für die immer wieder angekündigte und schließlich bis Anfang Januar 1945 vertagte Hauptverhandlung vor Freislers Volksgerichtshof. Wir seien ein theologisch gestimmtes ökumenisches Unternehmen gewesen. Gewaltakte jedweder Art hätten wir abgelehnt. Wir hätten uns zwar auch Gedanken darüber gemacht, wie der Neubau Deutschlands nach dem – selbstverständlich gewonnenen Krieg – aussehen sollte. Schön, das möge ja für den und jenen von uns zutreffen, sagte Freisler dazu. Aber die Nichtanzeige in besonders schweren Fällen sei mit dem Tod bedroht. Moltke mindestens habe das wissen müssen.

Ich zitiere aus einem Brief vom 13./14. Januar 1945 an meine Frau über die Hauptverhandlung und das Urteil: »Am anderen Morgen wurde mit Moltke begonnen. Freisler, nicht mehr so frisch, wie er am Tag zuvor begonnen hatte, fing sachlich an. Er wollte den Komplex in zwei Kapiteln abhandeln: 1. Goerdeler–Beck und unsere Beziehungen zu ihnen. 2. Kreisau und unser Auffangprogramm im Fall der Besetzung.

Freisler trug vor, Helmuth nickte meist bestätigend, dann und wann ein kurzes Ja oder Nein von sich gebend. Er unterbrach Freisler selten und war überaus höflich, bis

Freisler nervös wurde und gereizter zu sprechen begann. Es war bald ersichtlich: Die beiden waren äußerste Gegensätze. Helmuth entwickelte kaum etwas im Zusammenhang, sondern stellte, wenn es nicht mit Ja oder Nein zu erledigen war, in abgewogenen Sätzen kurz seinen Standpunkt fest. Aber während es bei der Abwicklung des Goerdeler-Komplexes noch leidlich ging, brach bei Freisler die Raserei durch, als gleich zu Beginn des zweiten Kapitels Helmuths Beziehung zu den Münchener Jesuiten zur Sprache kam. Schon zuvor war Freisler sehr scharf geworden, als Helmuth zu seiner und unser aller Entlastung darauf zu sprechen kam, daß er auf amtlichem Weg erfahren habe, daß die Polizei die Umsturzbemühungen Goerdeler–Becks schon zur Kenntnis genommen gehabt hätte, als wir im Dezember/Januar 1942/1943 eigene Eindrücke davon gewannen. Freisler verbot ihm scharf, weiterzusprechen. Er, Freisler, habe dienstlich festgestellt, daß das unwahr sei. Er wollte offensichtlich mit Gewalt verhindern, daß Helmuth möglicherweise Beweisantrag auf Vernehmung Himmlers oder Kaltenbrunners oder Müllers (des sogenannten Gestapo-Müllers) stellte. Es gelang ihm auch. Helmuth schwieg. Freisler räumte zwar ein, daß Helmuth von Goerdeler abgerückt sei, aber die Anzeigepflicht sei schwer verletzt von Helmuth wie von mir. Die Feststellung war, wie sich tags darauf zeigte, für die Urteilsbegründung allein entscheidend. Wir sind beide aufgrund von § 139,2 – Verletzung der Anzeigepflicht in einem besonders schweren Fall – verurteilt worden.

Gegen Ende der Vernehmung Helmuths im Zusammenhang mit den Vorwürfen gegen unseren ganzen Kreis – Defätismus, Leichenfledderei, Reaktion – erscheint auch das Christentum. ›Sie gehören nicht zu uns. Ihr Christentum und wir haben nur eines gemeinsam: Wir verlangen den ganzen Menschen!‹ Helmuth, still und heiter, tritt zurück. Freisler verkündet, kurze Pause. ›Wir verhandeln anschließend gegen den Angeklagten Gerstenmaier.‹« [18]

Ich hatte den Eindruck, daß die Urteile für Freisler zumeist schon vor dem Beginn der Hauptverhandlung feststanden. Und das hieß zumindest für Pater Delp, Theo Haubach und Graf Moltke Tod. Und für mich eigentlich auch.

Ich dachte an nichts weiter, als mir der diensttuende Hauptwachtmeister beim Einschließen am 22. Januar 1945 abends fast beiläufig sagte: »Graf Moltke läßt Sie grüßen.« »Danke, grüßen Sie ihn wieder«, war meine Antwort. Erst als am anderen Morgen Pfarrer Poelchau – weiß wie ein Tischtuch – zu mir in die Zelle trat, erfaßte ich es: »Helmuth ist heute morgen hinübergegangen.« Seine Bahn war vollendet.

Anmerkungen

[1] Abgedruck in: MOLTKE, FREYA V., BALFOUR, MICHAEL, FRISBY, JULIAN (Hrsg.): *Helmut James von Moltke. 1907–1945: Anwalt der Zukunft*. Stuttgart 1975.
[2] Ebenda, S. 30.
[3] Ebenda, S. 33.
[4] Ebenda, S. 35.
[5] Ebenda, S. 41.
[6] Ebenda, S. 40.
[7] Ebenda, S. 40.
[8] Ebenda, S. 72.

[9] Ebenda, S. 91.
[10] Ebenda, S. 93.
[11] Ebenda, S. 168.
[12] Ebenda, S. 128.
[13] Ebenda, S. 176.
[14] ROON, GER VAN: *Neuordnung im Widerstand: Der Kreisauer Kreis innerhalb der deutschen Widerstandsbewegung.* München 1967, S. 562.
[15] Ebenda, S. 542.
[16] Ebenda, S. 561.
[17] MOLTKE, BALFOUR, FRISBY: *Helmut James von Moltke,* a.a.O., S. 119.
[18] GERSTENMAIER, EUGEN: *Streit und Friede hat seine Zeit: Ein Lebensbericht.* Frankfurt/Berlin/Wien 1981.

GÜNTER WOLLSTEIN

Friedrich Olbricht

Der 20. Juli 1944 war, sieht man von der überragenden Leistung Stauffenbergs einmal ab, in fundamentaler Weise von Friedrich Olbricht mitgeprägt. Gleichwohl lassen sich das Bild seiner Persönlichkeit sowie seine Tätigkeit im Großen wie im Kleinen nicht leicht nachzeichnen. Selbst wenn man berücksichtigt, daß konspirative Tätigkeit in einer Diktatur stets nur wenige Spuren hinterläßt, ist man überrascht, wie spärlich die Zeugnisse in diesem speziellen Falle sind.

Schon früh hat Gerhard Ritter bei der Materialbeschaffung für seine Goerdeler-Biographie die wesentlichsten Quellen zusammengetragen.[1] Ritter war jedoch stark auf die zentrale Figur seines Werkes fixiert, während eine gewisse Distanz zu Olbricht unübersehbar ist. Die Persönlichkeit des Generals interessierte mehr am Rande, was nicht zuletzt zu dem Gesamturteil führte: Olbricht »hat ihr [der Opposition gegen Hitler, G. W.] bis zum bitteren Ende die wertvollsten Dienste geleistet – ohne jeden persönlichen Ehrgeiz und Führeranspruch, allein als technischer Organisator in ebenso mühsamer wie gefahrvoller Einzelarbeit«. Mit dieser Einordnung, die ein wenig an den Nachruf für eine mittlere Persönlichkeit erinnert, hat Ritter die Urteile in der Widerstandsforschung bis hin zu Peter Hoffmann und Christian Müller weitgehend vorgeformt.[2]

Wenn nunmehr versucht wurde, dem Widerstandskämpfer Olbricht und seinem Beitrag am Umsturzversuch gerechter zu werden und zudem den Menschen der Nachwelt plastischer zu schildern, so mußte erneut bei den Materialien Ritters angesetzt werden. Sie konnten erheblich ergänzt werden durch die hilfreiche Unterstützung der Familie Olbricht[3] sowie durch Quellensplitter, die sich aus der neueren Forschung zum »Dritten Reich« zusammentragen ließen. Die so gewonnene Basis erscheint hinreichend für eine umfassende Würdigung Olbrichts;[4] die unvermeidbaren weißen Flecken in der Darstellung bleiben gleichwohl bedauerlich. Dies gilt um so mehr, als im Gegensatz zur relativ homogenen Literatur, in der ausgerechnet zwei Wertungen aus der DDR besonders scharf kontrastieren,[5] die Äußerungen von Mitkämpfern und Zeitgenossen Olbrichts über ihn durchaus eine gewisse Bandbreite des Urteilens aufweisen. Diese Äußerungen sollten vor Beginn der Schilderung des Lebensweges des Generals kurz vorgestellt werden, ohne daß an dieser Stelle bereits auf ihren Inhalt eingegangen wird.

OLBRICHT, FRIEDRICH
geb. am 4. 10. 1888 in Leisnig/Sachsen;
standrechtlich erschossen am 20. 7. 1944.

Beginnt man mit den überaus positiven Wertungen, so ragen die Bekundungen von Beck und Schlabrendorff heraus. Eine prägnante Formulierung der Position des Generalobersten Ludwig Beck ist in einer Tagebuchnotiz Hermann Kaisers vom Januar 1943 festgehalten: »Beck erkennt seine Qualitäten an. Hat eine sehr schwierige Lage. Er wagt viel.«[6] Und Fabian von Schlabrendorff hält in seinem »Erlebnisbericht« fest: »Olbricht, als tief religiöser Mann ein überzeugter Gegner des Nationalsozialismus, war gewillt, seine dienstlichen Machtbefugnisse zum Sturz Hitlers einzusetzen.«[7]

Mehr oder minder distanzierte Urteile finden sich demgegenüber bei Hans Bernd Gisevius und dem schon erwähnten Kaiser. Ersterer charakterisiert Olbricht vor allem als einen »Verwaltungschef«. Er sei »kein Mann der revolutionären Tat gewesen« und habe durchaus gewußt, »wo seine Grenzen und Möglichkeiten bei dem gemeinsamen Komplott lagen«.[8] Letzterer führte sogar mit Blick auf das Ausbleiben einer Aktion gegen Hitler und in einem Vergleich Olbrichts mit dem opportunistischen Befehlshaber des Ersatzheeres, Friedrich Fromm, im Februar 1943 aus: »Der eine will handeln, wenn er Befehl erhält, der andere befehlen, wenn gehandelt wird.«[9]

Scheinbar eine Mittelstellung findet sich demgegenüber in Vernehmungsprotokollen Hans von Dohnanyis und Hans Osters. Hiernach sei der Reichsgerichtsrat »zu dem Eindruck gelangt, daß Olbricht in seiner jeweiligen Ansicht bei insgesamt pessimistischer Grundhaltung sehr schwankend war, und daß er sich durch Mißerfolge oder Erfolge in seinem jeweiligen Urteil leiten ließ«. Generalmajor Oster habe »sich dahingehend aus[gelassen], daß Olbricht außerordentlich leicht durch den Augenblick beeindruckt wurde«.[10]

Herkunft und Jugend – Erlebnisse im Weltkrieg

Friedrich Olbricht wurde am 4. Oktober 1888 in Leisnig bei Grimma (Sachsen) als einziges Kind des Gymnasialprofessors Dr. Richard Olbricht und seiner Ehefrau Charlotte, geb. Junge, geboren. Er besuchte das humanistische Gymnasium in Bautzen, erwies sich als vielseitig begabt und interessierte sich zeitlebens besonders für Geschichte, Literatur und Kunst. So ist überliefert, daß er durchaus in der Lage war, in lateinischer Sprache zu korrespondieren und – sieht man einmal von der Musik ab – reproduktiv-künstlerisch tätig zu werden. Der Wunsch, der kaiserlichen Marine beizutreten, scheiterte an einer gewissen Sehschwäche. Er trat nach dem Abitur 1906 als Fahnenjunker in das Königlich Sächsische 7. Infanterie-Regiment »König Georg 106« ein. 1912 verunglückte sein Vater bei einer Bergtour am Wilden Kaiser tödlich.

1908 wurde Olbricht Leutnant, der Ausbruch des Ersten Weltkriegs verhinderte die vorgesehene Kommandierung zur Kriegsakademie. In der Phase von 1914 bis 1918 war er zunächst Regimentsadjutant, es folgten verschiedene Front- und anschließend Stabsverwendungen als Generalstabsoffizier beim XIX. Korps und bei der 3. Armee. Drei Aspekte verdienen für diese Zeit besonders herausgehoben zu werden. Zum einen künden seine Auszeichnungen von persönlichem Mut und großer Tapferkeit. So wurde er am 17. November 1914 als einer der ersten seines Regiments Ritter des Militär-St.-Heinrichs-Ordens, und in dem offiziösen Bericht hierüber heißt es: »Als Regimentsadjutant des Inf.-Rgt. 106 hat Oblt. Olbricht im Verbande des XIX. A.K. seine Kommandeure in der Führung des Regiments hervorragend unterstützt. Hervorragend zeichnete er sich als unerschrockener und kühner Befehlsübermittler in allen Gefechten des Vormarsches im Herbst 1914 und während der 1. Marneschlacht aus. Dadurch, daß er in dieser Schlacht die sprungweise vorgehende Infanterie in der vordersten Schützen-linie begleitete, konnte er die Führung des Regimentes über den Verlauf des Kampfes und die feindlichen Stellungen auf Grund persönlicher Erkundung aufs beste unterrich-ten. Am 8. und 9. 9. hat er besonders schneidige Ritte durch heftiges Feuer zur Brigade und zum Generalkommando ausgeführt und sie, da alle Fernsprechverbindungen versagten, dadurch schnell über die Gefechtslage seines Regimentes ins Bild gesetzt.«[11]

Zum anderen wird deutlich, wie stark den jungen Offizier die ungeheuren Verluste des Krieges beeindruckten, so daß sein späteres Bestreben, sinnlose Opfer zu vermei-den, hier gewiß eine, vielleicht die entscheidende Wurzel hat. In einem der insgesamt ganz wenigen authentisch überlieferten Texte von ihm aus dem Jahre 1916, der sich mit Verdun beschäftigt, heißt es: »Diese Tage von Verdun, sie sind bisher äußerlich ruhmlos für das Regiment gewesen. Keiner wird später einmal in der Geschichte dieses Krieges dafür große Worte finden – wie für die gleiche Zeit des Ausharrens der anderen Regimenter vorn, aber es war ein stilles Heldentum, was da draußen geleistet worden ist. Wir, die wir mitten drin waren, wir wollen daher kein Lob, wollen nur denen, die mit unserem lieben, erprobten Regiment durch enge Bande verknüpft sind, durch diese Zeilen sagen: Die Zeit vor Verdun zählt zu den schwersten Tagen, die das Regiment je gesehen. Wer sie miterlebt hat, der wird das Gigantisch-Übermenschliche dieser Tage und das, was ein jeder an seiner Stelle dabei geleistet hat, nicht vergessen und wird stumm derer gedenken, die treu ihrer Pflicht geblieben sind in – stillem Heldentum!«[12]

Schließlich scheint es bedeutsam, daß für Olbricht im Weltkrieg, in der »Vernich-tungs- und Urkatastrophe dieses Jahrhunderts« (Georg F. Kennan), sowie an dessen Ende nicht eine Welt und auch nicht die bisherige Weltordnung zusammenbrach. Von Hause weitgehend unpolitisch, hatte er sich nicht an großen Weltmachtträumen beteiligt; er hatte seinen Dienst engagiert versehen und lebte im Grunde als bewußter Sachse in seinem begrenzten Wirkungsfeld. Den letzten, volkstümlich und streng konstitutionell regierenden Sachsenkönig Friedrich August III. verehrte er; im Krieg gewann er die Freundschaft des sächsischen Kronprinzen und späteren Jesuitenpaters Georg sowie von dessen Bruder Christian. In dieser Umgebung gab es keine Ressenti-ments gegen eine neue bürgerliche Ordnung des Staates, und Olbricht sah es als Pflicht eines jungen Menschen an, dem neuen Staat an dem ihm zugewiesenen bescheidenen Platz ebenso zu dienen wie dem alten vor der Wende 1918. Es müsse weitergehen, war seine These, erschüttert zeigte er sich noch am ehesten über die Absetzbewegung vieler führender Persönlichkeiten in den Revolutionstagen.

Der Offizier heiratete Ende 1918 die aus Posen stammende Eva Koeppel, deren Warmherzigkeit und hoher gesellschaftlicher Rang mit ausschlaggebend waren, daß später das Haus der Familie Olbricht am Wildpfad im Berliner Grunewald zu einem der stillen Hauptquartiere des deutschen Widerstands werden konnte. Aus der Ehe gingen die Kinder Rosemarie und Klaus hervor. Nach Leipzig kommandiert, war Olbricht zunächst mit der Rückführung sächsischer Truppen aus dem Westen sowie mit Demobilmachungsaufgaben betraut.

In diese Zeit fällt ein erstes, zugleich bescheidenes wie charakteristisches politisches Engagement. In einer Phase schärfster innenpolitischer Konfrontationen wurde er wiederholt in Kommissionen und Schlichtungsausschüsse gewählt. Er trat als überaus geschickter, ebenso freundlicher wie verbindlicher und nur im Extremfall harter Verhandlungspartner auf. Dies lag gewiß an seinem zum Ausgleich neigenden Naturell und seiner Menschenkenntnis, es basierte aber auch auf dem Ansehen, das er auf der politischen Rechten wie Linken besaß und stets behalten sollte. Waren es auf der einen Seite die so unstrittigen Leistungen im Weltkrieg, so sah man auf der anderen Seite die Bescheidenheit, Bürgerlichkeit, ja Nähe des Soldaten zum demokratischen Staat, dessen Repräsentanten Stresemann und Ebert ihm am stärksten imponiert haben dürften.

Seine Tätigkeit unmittelbar nach Kriegsende kulminierte in den Kurierdiensten und der Beratertätigkeit für Generalmajor Georg Maerker, der zuvor mit seinen Truppen das ungestörte Tagen der Nationalversammlung in Weimar ermöglicht hatte, sowie in einer dreimonatigen Abkommandierung als militärischer Berater zum sozialdemokratischen Oberpräsidenten der preußischen Provinz Sachsen in Magdeburg, Otto Hörsing. Als auf Dauer gesehen eher noch wichtiger erscheint es jedoch, daß Olbricht – sieht man einmal von den hier gewonnenen persönlichen Kontakten ab – in dieser Phase in Kreisen der Sozialdemokraten und Gewerkschaften den Ruf eines Mannes erwarb, der sein Ziel einer auf dem Recht fußenden Staatsordnung durch beharrliches Vermitteln verfolgte und der in jeglicher Gewaltanwendung nur eine Ultima ratio sehen konnte. Offenbar beeindruckte er mit dieser Einstellung selbst Mitglieder der KPD.

In den folgenden Jahren der Weimarer Republik war Olbricht ganz auf den militärischen Wirkungskreis konzentriert. Noch 1920 wurde er in den Stab des Dresdner Wehrkreiskommandos übernommen, wo er die nachmaligen führenden Widerstandskämpfer Hans Oster und Erwin von Witzleben kennen und schätzen lernte. Vier Jahre später sehen wir ihn als Kompanieführer in derselben Stadt; mit seinem Kommandeur, Alexander Freiherr von Falkenhausen, behielt er fortan stets Kontakte. 1926 begann eine über fünfjährige Tätigkeit in der Abteilung Fremde Heere (T3) des Reichswehrministeriums in Berlin. Er nutzte die Zeit nicht nur, um auch jetzt neue persönliche und bis nach 1939 anhaltende Beziehungen zu Offizieren und Diplomaten der von ihm bearbeiteten Länder, etwa der Schweiz, Italiens und Ungarns, herzustellen. Ohnehin ungewöhnlich belesen, lernte er auch den Wert von Informationen aus dem Ausland schätzen, worauf in den Folgejahren die Unabhängigkeit seines Urteilens von den gleichgeschalteten Medien basieren sollte. Er unternahm zahlreiche Auslandsreisen, welche nicht nur in die von ihm dienstlich betreuten Staaten, sondern auch nach Frankreich und in die Sowjetunion führten. Wuchs hier sein Verständnis für die außen- und militärpolitischen Möglichkeiten des Deutschen Reiches, so ergaben sich durchaus wichtige Einsichten in die Innenpolitik durch die gute Bekanntschaft zu General Schleicher, der gerade in dieser Zeit seine dominierende Rolle in der deutschen Politik zu spielen begann und dessen letztliches Scheitern Olbricht für eine Tragödie hielt. 1931 schließlich wurde er in Dresden Bataillonskommandeur der Dresdner Jäger, als welcher er durch Pflichtbewußtsein und Leistungswillen, durch seine Liebe zum Sport und nicht zuletzt durch Freundlichkeit und Humor in Verbindung mit der Kunst, Feste zu feiern, großes Ansehen erwarb. Zu Beck, dem damaligen Artillerieführer am Ort, ergaben sich erste, in der Folgezeit stetig ausgebaute Kontakte.

Frühe Aversionen gegen Hitler

Olbricht, nunmehr Oberstleutnant, erlebte den Regierungsantritt Hitlers in der sächsischen Metropole. In dieser Stadt, nach dem Weltkrieg ein Refugium für viele Konservative, war man erstmals 1925, bei einem Auftritt des »Trommlers« Hitler im Zirkus Sarrasani, mit dem Phänomen dieser Person unmittelbar konfrontiert. Die Familie Olbricht hatte sich die Augen gerieben, wer sich alles von diesem »herbeigelaufenen Österreicher«, diesem »österreichischen Schani«, fasziniert zeigte. Olbricht selbst hatte zumindest Teile von »Mein Kampf« gelesen, pflegte daraus zu zitieren, wies wiederholt auf Hitlers Diktum beim Ulmer Reichswehrprozeß hin, demzufolge nach der nationalsozialistischen Revolution Köpfe rollen würden. Er war sich stets der Kette vorangegangener nationalsozialistischer Gewalt- und Bluttaten bewußt, und seine besonderen Sorgen galten den »braunen Flecken« im Hunderttausendmannheer. Von der »Machtergreifung« erfuhr er im Rundfunk und zeigte sich entsetzt, daß eine unseriöse Persönlichkeit mit Dreck am Stecken Kanzler des Deutschen Reiches geworden war. Wie vielen anderen auch fiel es ihm in seiner Verachtung für Hitler schwer, den »Führer« für voll zu nehmen. Ein langer Weg bis hin zum Attentats- und Umsturzplan des Zweiten Weltkrieges, auf dem er jedoch nie in Versuchung kam, Sympathien für Hitler und die nationalsozialistische Politik mit ihren anfänglichen Erfolgen zu hegen, lag vor ihm.

Ein Höhepunkt der menschlichen Geringschätzung sollte sich nach 1941 ergeben, als Olbricht in Ausübung seiner Pflicht, neue Truppen für die Front bereitzustellen, eine stattliche Anzahl Theaterfriseure erfaßt hatte. Auf eine Intervention von Goebbels wurde er eigens ins Führerhauptquartier zitiert und heruntergemacht, was er angesichts der Diskrepanz zwischen dieser Affäre einerseits und andererseits den zahllosen, ihm immer sinnloser erscheinenden Opfern wie der eigenen fundamentalen Sorge um die Existenz Deutschlands nur mit offenkundiger Verachtung quittieren konnte.

In der Folgezeit fungierte Olbricht zunächst wieder als Generalstabsoffizier, so ab 1934 als Chef des Generalstabs des IV. Armeekorps, wobei sich engere Beziehungen zum Leipziger Oberbürgermeister Goerdeler ergaben und sich seine später so wichtigen Beziehungen zu allen möglichen sozialen Gruppen deutlich verfestigten. Im Herbst 1938 übernahm er die Führung der 24. Division in Chemnitz, die er bis zum 14. Februar 1940 behalten sollte. Auch für die sogenannten Friedensjahre des »Dritten Reiches« sind einige markante Geschehnisse und Äußerungen hervorzuheben.

So sehen wir 1934 beim sogenannten Röhm-Putsch Olbrichts energisches Eingreifen auf dem Dresdner Exerzierplatz Heller. Wie auch anderswo sollte mit Regimegegnern »abgerechnet«, »kurzer Prozeß« gemacht werden. Olbricht, wie stets nach 1933 zutiefst betroffen von der fehlenden Rechtsstaatlichkeit in Deutschland und zudem in dieser Zeit in Sorge über die mit der Reichswehr konkurrierenden nationalsozialistischen Wehrverbände, rettete eine Reihe von Hitler-Gegnern, unter anderen den jüngsten Prinzen des sächsischen Königshauses, vor dem Erschießen.

Für 1937 ist festzuhalten, daß Olbricht bei Ausbruch der Blomberg-Fritsch-Krise Goerdeler zu Wilhelm List, dem Kommandierenden General des Dresdner Armeekorps, führte. Der Oberbürgermeister klärte in einer dramatischen Besprechung die ahnungslosen militärischen Führer über das Vorgefallene auf und forderte die Herbeiführung einer Staatsstreichsituation, bei der er selbst eine führende Position einzunehmen bereit sei; zumindest aber solle das Gestapo-Hauptquartier »ausgeräuchert« werden. Olbricht, der zu dem impulsiven Goerdeler, der sich schwertat, reale Möglichkeiten abzuschätzen und die Wirkung von Initiativen zu Ende zu denken, stets eine gewisse Distanz hielt, wies mit zwingender Logik darauf hin, daß für einen entsprechenden Schlag die Truppen in Potsdam, Spandau und Döberitz aufgrund ihrer strategischen Position am ehesten in Frage kämen. Er sah sodann eine vereinigte Führung als notwendige Voraussetzung für eine militärische Intervention an. Da diese nicht gegeben sei und da die Militärs in der Provinz allenthalben nicht informiert seien, werde die isolierte Aktion eines Truppenteils nur einen massiven Gegenschlag des Regimes provozieren. Zudem ließ Olbricht den Generalstabsoffizier Edgar Röhricht referieren, wie wenig die Wehrmacht des Jahres 1937 noch vergleichbar sei mit der innerlich kompakten Reichswehr der Weimarer Jahre und wie schwer es sei, mit ihr einen Schlag gegen Hitler zu führen. Schließlich formulierte Olbricht bereits 1937 den Leitgedanken, den er später nie preisgab, wonach ein Staatsstreichversuch nicht zu sinnlosen Opfern führen dürfe, sondern auf echten, erarbeiteten Erfolgschancen beruhen müsse. So führte er aus: »Und das Wesentlichste: Wer trägt den Staatsstreich? Wo sind die politischen Kräfte, auf die er sich stützen kann? Denn das Volk steht hinter Hitler.«[13] Vom schließlichen Ausgang der Krise zeigte Olbricht sich schwer bedrückt, als er feststellte, daß das Heer eine »schwere Schlappe« erlitten habe.[14]

Gegen Hitlers Außenpolitik

In der durch die Vorbereitungen zur Zerschlagung der Tschechoslowakei ausgelösten Septemberverschwörung des Jahres 1938 trat Olbricht nicht in Erscheinung. Er dürfte von Becks Bestrebungen, einen großen Krieg durch den Einspruch der Generale zu verhindern, gewußt haben, und es dürfte ebenso sicher sein, daß er die Auffassung vertreten hat, vorerst zum Gelingen des Coups nichts beitragen zu können, wie Beck damit rechnen konnte, später auf Olbricht zählen zu können. Besonders wichtig zum Begreifen des späteren Widerstandskämpfers sind die durch Röhricht aus diesen Tagen überlieferten, wohl zusammenhängendsten Äußerungen Olbrichts zur Außenpolitik. So habe er vor der Einberufung der Münchener Konferenz sich mit Blick auf die deutschen Kriegsvorbereitungen geäußert: »Aber das hier ist doch heller Wahnsinn! Die Tschechen-Krise lösen, gut, einverstanden! Dieser Staat war von Anfang an aus Zündstoff geschaffen, nur zu dem Zweck, Pfahl in unserem Fleisch zu sein. ›Selbstbestimmungsrecht der Völker‹ hieß die Devise, unter der das lief. Was es damit auf sich hatte, haben die Sudetendeutschen in den letzten zwanzig Jahren zu spüren bekommen, die Kehrseite der Heilslehren, wie sie die USA mit Vorliebe in die Welt setzen, ohne zu ahnen, was sie damit anrichten, diese Apostel aus fröhlicher Unwissenheit! Daß eine Änderung einen moralisch gerechtfertigten Anspruch darstellt und dringend erwünscht ist, darüber wäre kein Wort zu verlieren. Aber das hier ist doch der Krieg! Und zwar nicht allein der mit der Tschechei! Es ist der Funke ins Pulverfaß! Damit wäre die Sudetenheimkehr zu teuer erkauft, weiß Gott!«[15]

Olbricht und Beck

In diesen Sätzen spiegelt sich exakt das Denken Becks, zu dem Olbricht seitdem ein besonderes, nicht zuletzt auf den jährlichen Generalstabsreisen erworbenes Vertrauensverhältnis besaß. Fortan erkannte er den menschlich ja schwer zugänglichen Beck in politischen wie militärischen Fragen als entscheidende Autorität an. Alle seine Erfahrungen, die ihn vom weithin unpolitischen Soldaten Sachsens zum deutschen Offizier mit außerordentlichem politischem Verständnis und größter Verantwortungsbereitschaft geformt hatten, waren eingemündet in diese geistige Verwandtschaft und alsbald auch grundlegende Kooperation mit Ludwig Beck. Nach dem Schlag gegen die Tschechoslowakei, einem erneut gelungenen Coup des »Führers«, hörte man die folgenden Sätze von Olbricht, die sein unglaubliches Staunen über die Erfolge Hitlers festhalten: »Er hat es geschafft, . . . ich hätte es nie gedacht! . . . Wie steht jetzt Beck da – und alle, die dagegen waren . . . Eine wirre Welt! . . . Ich habe diesen Mann gehaßt, vom ersten Augenblick an, als er in meinen Gesichtskreis trat. Ich werde meine Ansicht auch nicht ändern! Und doch muß ich sagen: Stirbt er jetzt, so gehört, an den äußeren Erfolgen gemessen, sein Name zu den größten unserer Geschichte.«[16]

Bei Beginn des Zweiten Weltkrieges, dessen Auslösung Hitler nicht zuletzt aus dem Grunde gelang, weil es um revisionistische Ziele gegenüber Polen zu gehen schien, hat Olbricht mit seiner Division besondere Erfolge erzielt. Er wurde als einer der allerersten mit dem neugeschaffenen Ritterkreuz dekoriert, und zwar nicht nur wegen der Leistungen seiner Einheit, sondern erneut auch wegen seiner mehrfach bewiesenen persönlichen Tapferkeit und Einsatzfreude. Noch während der Vorbereitungen des Krieges gegen Frankreich wurde Olbricht vom Westen wegkommandiert und erhielt eine neue Doppelfunktion in Berlin. Er wurde Chef des Allgemeinen Heeresamtes (AHA) im Oberkommando des Heeres und Chef des Wehrersatzamtes im Oberkommando der Wehrmacht.

Auf Chefposten im OKH und OKW – Führung des Widerstands

Bei der neuen, bis zum 20. Juli 1944 andauernden Tätigkeit Olbrichts in Berlin sind drei Phasen voneinander zu unterscheiden. In einem bis November 1942 währenden Abschnitt suchte er einen Überblick über die Möglichkeiten eines Aufstands zu gewinnen und diesen in allgemeiner Form vorzubereiten. Von diesem Zeitpunkt an, insbesondere einem Treffen mit Goerdeler und dem mit Beck eng verbundenen Henning von Tresckow, damals Erster Generalstabsoffizier der Heeresgruppe Mitte an der Ostfront, bestand das arbeitsteilige Ziel, daß an der Front ein Attentat auf Hitler geplant werden sollte, während in Berlin der politische Umsturz vorzubereiten war, zu dem das Attentat die Initialzündung geben sollte. Nach der Reihe mißglückter

Anschlagversuche auf Hitler von März bis November 1943 und wieder von Februar bis März 1944 wurde dann der Gedanke beherrschend, daß auch das Attentat von Berlin aus durchzuführen war.

Olbricht hat sein Amt mit seinen vielfältigen Verbindungen zu der gesamten Führung um Hitler, zu militärischen Führern, zu Parteiinstanzen und zu Ministerien in dem klaren Bewußtsein angetreten, daß er jetzt in eine Machtposition einrückte, welche die relativ beste Möglichkeit zum Schlag gegen Hitlers Diktatur bot. Seine Hoffnungen, daß der Sieg über Polen politisch genutzt werden könne,[17] hatten sich als utopisch erwiesen. Alle weiteren militärischen Triumphe Hitler-Deutschlands erlebte er in dem Bewußtsein, daß sie politisch keinen Gewinn mehr bringen könnten, ja daß sie in einer militärischen Niederlage enden würden, deren Menschenopfer und deren Risiken für Deutschland nur um so schlimmer sein würden, je größer die vorherigen Erfolge waren. So wie er den verbrecherischen Charakter des Regimes und dessen Vorgehen gegen Gegner und Juden in »Friedenszeiten« in allen Einzelheiten beobachtet und analysiert hatte, so wußte er selbstverständlich von Anfang an um das Wesen des Ostkrieges als eines rassenideologischen Vernichtungskrieges. Persönlicher Schmerz über den Tod seines Sohnes, der zu einem frühen Zeitpunkt mit fast all seinen Klassenkameraden an der Ostfront fiel, bestärkte ihn in seiner Auffassung, daß das neue Amt nicht nur eine Möglichkeit, sondern auch die Pflicht zu Umsturzbestrebungen bot. Aus einem Mitkämpfer der Gegner Hitlers wurde ein Hauptakteur.

Angesichts der Erfolge Hitlers und der Woge der Zustimmung, von der er getragen wurde, konnte an konkrete Widerstandsaktionen vor allem nach dem Krieg gegen Frankreich nicht gedacht werden. Olbricht suchte eine Bestandsaufnahme im oppositionellen Lager durchzuführen, die verschiedenen Gruppen und Persönlichkeiten der militärischen und zivilen Opposition zu verbinden und ihre Zahl zu vermehren, um so das Ziel der Wiederherstellung eines Rechtsstaates vorzubereiten. Mit Beck, dem im Hause Olbricht stets die Lagekarte bereitgestellt wurde, erörterte man alle Möglichkeiten, so bescheiden sie zunächst auch waren. Der Chef des Stabes der Abwehr, Oster, dürfte in dieser Zeit der nächstbedeutende Mitstreiter gewesen sein. Es begann sich jetzt auszuzahlen, daß Olbrichts Persönlichkeit alle Voraussetzungen bot, integrativ bis hin zu den Sozialdemokraten Julius Leber und Wilhelm Leuschner zu wirken. Seine unbezweifelbaren Leistungen schützten ihn ebenso wie die Tatsache, daß er aufgrund seines freundlichen Wesens letztlich keine Feinde besaß. Sein stets bewiesenes Verhandlungsgeschick, seine Menschenkenntnis und seine glückliche Hand in Personalfragen ließen ihn so offen wie möglich und so verschwiegen wie nötig[18] sein und im Rahmen des Möglichen die richtigen Personen in die richtigen Stellen plazieren. Zu einem einzigen Nationalsozialisten, dem nicht geschätzten, aber für seine Absichten wertvollen Berliner Polizeipräsidenten Wolf Heinrich Graf von Helldorf, wurde Kontakt hergestellt und ausgebaut. Ansonsten waren wichtige neue Mitstreiter Johannes Popitz, Wilhelm Canaris und Hans Gisevius.

Nachdem eine gewisse Wende schon 1941 festzustellen gewesen war, als sich Überlegungen um den Aufbau einer konkreten inneren Verteidigungslinie gegen Hitler mehrten, und nachdem Olbricht im Winter 1941/1942 den Vorschlag unterbreitet hatte, die Beseitigung Hitlers durch einen Plan unter dem Decknamen »Walküre« vorzubereiten, setzte die zweite Phase Ende 1942 mit der Ausformulierung einer neuen

Grundsatzposition ein. Olbricht vertrat nun »mit wachsender Bestimmtheit den Standpunkt..., daß es Sache der Militärs sei zu handeln und daß man die Aktion, wie schwer sie auch sein möge, nicht mehr auf die lange Bank schieben dürfe«.[19] Er unterbreitete das Angebot, in acht Wochen einen Plan für einen koordinierten Beginn eines Staatsstreiches in Berlin, Wien, Köln und München zu erstellen, der in Gang gesetzt werden sollte, sobald durch einen Anschlag auf Hitler die Voraussetzungen geschaffen waren. Die Vorbereitung des Attentats, um die sich besonders Tresckow verdient machte, lag zunächst nicht in der Hand der Berliner Widerstandszentrale.

Über die zahlreichen, im Laufe des Krieges durchaus nicht abnehmenden Schwierigkeiten bei Olbrichts generalstabsmäßiger Arbeit wie über deren zwangsläufig nicht auszuräumende Unzulänglichkeiten kann hier nicht berichtet werden.[20] Der später mehrfach überarbeitete und ergänzte »Walküre«-Plan, mit dem offiziell zur Bekämpfung innerer Unruhen, faktisch zur getarnten Vorbereitung des Staatsstreichs das Ersatzheer mobilisiert und zur Durchführung und Sicherung des Umsturzes eingesetzt werden konnte, wurde aber entscheidend vorangetrieben. Ende Februar 1943 meldete Olbricht Tresckow: »Wir sind fertig. Die ›Initialzündung‹ kann in Gang gesetzt werden.«[21]

Die Kette der Mißerfolge und Rückschläge der Folgezeit kann hier nur angedeutet werden. Zentrale Bedeutung hatte das Scheitern aller Attentatsbestrebungen. Hinzu kamen die schwere Krankheit Becks, das vergebliche Ringen um die Beteiligung eines wichtigen Heerführers und der Schlag des Regimes gegen Oster und dessen Umgebung (April bis Juni 1943). Charakteristisch für Olbrichts Tätigkeit erscheint sein Ringen in dieser Zeit um Friedrich Fromm, den er menschlich wegen seines Opportunismus verachtete. Die Unterschrift dieses Befehlshabers des Ersatzheeres war aber für eine legale Auslösung des »Walküre«-Projekts unerläßlich, und eine offizielle Unterstützung durch Fromm mußte die Chancen und Geschlossenheit beim Umsturzversuch erheblich verbessern. Fromm konnte nicht zur definitiven Mitarbeit gewonnen werden, obwohl er diese auch nicht grundsätzlich ablehnte. Im Juli 1943 sah Olbricht es dann als unerläßlich an, selbst in dem Fall und unter erhöhtem Risiko zu handeln, daß Fromm nicht mitzöge.[22]

Olbricht und Stauffenberg

Besonders wichtig war im Sommer 1943, daß es Olbricht gelang, Oberst Claus Graf von Stauffenberg als Chef des Stabes zu gewinnen, der zunächst mit Tresckow das »Walküre«-Projekt erheblich umgestaltete. Kraft seiner Persönlichkeit und Tatkraft wuchs Stauffenberg rasch zur führenden Figur des Widerstands heran, die dann sowohl beim Attentat selbst wie beim mit diesem verbundenen Aufstandsversuch die entscheidende Rolle spielte und mit dem ranghöheren Olbricht in engster Führung und Absprache kooperierte.

Olbrichts unveränderte Grundhaltung im Jahre 1943 spiegelte sich in zwei Äußerungen besonders klar wider. Als die Mitglieder der Weißen Rose in München verhaftet wurden, zeigte er sich bestürzt und bemühte sich vergeblich, sie durch die Einschaltung des Generalheeresrichters Karl Sack zu retten. Besonders erschütterte ihn, daß ein so ehrenwerter Einsatz erfolgt war, ohne daß der nächste Schritt im Widerstand, der einen politischen Durchbruch in Sichtweite brachte, mit überlegt war. Vom Herbst 1943 ist eine der wenigen Lageanalysen überliefert, die zeigt, wie Olbricht auf die sich im Äußeren wie Inneren zuspitzende Lage reagierte: »Die militärische Situation Deutschlands sei in der Tat total verfahren, aber noch könne die Substanz Deutschlands gerettet werden. Er sehe keinen anderen Ausweg als den Staatsstreich. Er wisse wohl, welche Folgen das Mißlingen für ihn und auch seine Familie haben werde, aber er sei trotzdem bereit, den Kopf hinzuhalten.«[23] Bei anderer Gelegenheit hat auch er den Standpunkt vertreten, daß ein »Zusammentreffen der Russen, Engländer und Amerikaner in Berlin und eine Verwüstung Deutschlands verhindert werden müßten, und zwar durch einen gewaltsamen Umsturz«.[24]

Die ethisch-christliche Grundeinstellung Olbrichts, seine Abscheu vor dem verbrecherischen Unrechtsregime, sein Entsetzen über das Anwachsen der Zahl sinnloser Opfer[25] und seine Sorge um die Zukunft Deutschlands hatten ihn mithin zum unbedingten Verfechter der von Stauffenberg ausgesprochenen Worte gemacht: »Wir haben uns vor Gott und unserem Gewissen geprüft: Es muß geschehen.« Distanzierter stand er zu Tresckows Leitwort, wonach das Attentat erfolgen müsse, »coûte que coûte«, und wonach es nicht mehr auf den »politischen Zweck«, sondern um das Zeichen gehe, daß der deutsche Widerstand »den entscheidenden Wurf« gewagt habe. Olbricht wollte zwar ungeachtet der zu erwartenden Opfer auch das Zeichen, aber er ging davon aus, daß nur ein einziger, nicht wiederholbarer Umsturzversuch möglich sei, und sein ganzes Trachten ging dahin, für diesen einen Anlauf auch die Erfolgschancen bereitzustellen.

In der letzten Phase vor dem 20. Juli erwies sich Olbricht weiter voll auf den Versuch konzentriert, durch einen Sturz des Regimes den Rechtsstaat wiederherzustellen. Gleichzeitig beobachtete Bestrebungen von Mitkämpfern, die erhoffte neue staatliche Ordnung durch Programme und Kabinettslisten vorzubereiten, erklärte er wiederholt für zweitrangig. Wenn er selbst als Kandidat für den Kriegsministerposten genannt wurde, so erklärte er sich alles andere als interessiert an Macht oder hohen Ämtern. Er zeigte sich voll konzentriert auf das nun fixe Ziel von Attentat und Umsturz und bemühte sich, da die organisatorischen Pläne weitgehend fertig waren und die konkreten Aktivitäten jetzt auf Stauffenberg, als denjenigen, der den Anschlag auf Hitler durchführen würde, ausgerichtet waren, insbesondere um die Gewinnung weiterer Offiziere, die in der Stunde des Staatsstreichs sofort als Mitstreiter auftreten oder doch so weit informiert sein sollten, daß sie die Widerstandskämpfer verstanden und ihnen an ihrem jeweiligen Platz mit ihren Mitteln zur Verfügung standen.

Einen allgemeinen Überblick hierüber geben – in nationalsozialistischer Diktion – die »Kaltenbrunner-Berichte«. Ein »großer Personenkreis« sei ständig durch »negative Informationen über die militärische Lage und durch Feindinformationen zu den politischen Vorgängen« bearbeitet worden. »Zahlreiche Offiziere sind offenbar der dauernden Beeinflussung ... erlegen.« Es habe sich »im Umkreis der Bendlerstraße schon seit Monaten eine Grundstimmung ausgebreitet, die den Boden für eine offene Kritik an der Führung und für die Erörterung von Plänen abgab, die auf Veränderungen in der militärischen und politischen Führung des Reiches abzielten. Diese Grundstimmung hat zweifellos auch lähmend auf die Wachsamkeit und das Verantwortungsgefühl gewirkt, mit der Verschwörerclique nicht nur zu diskutieren, sondern sie mit allen zu

Gebote stehenden Mitteln unschädlich zu machen, sobald sie auch nur andeutungsweise in Erscheinung trat.«[26]

Zu Olbrichts persönlichem Vorgehen äußerte sich nach seiner Gefangennahme gegenüber den nationalsozialistischen Schergen der Mitstreiter des 20. Juli, Erich Hoepner, in verschleierter, gleichwohl aber beredter Form: »Wie üblich [sei] die militärische Gesamtlage außerordentlich pessimistisch durchgesprochen worden.« Olbricht habe dann von der Notwendigkeit einer »Änderung in der höheren Führung« gesprochen. Hierbei sei nicht von einem Attentat, sondern von einer »von der Front oder aus dem Führerhauptquartier« erzwungenen Abgabe der »verantwortlichen Führung an einen Heerführer« durch Hitler die Rede gewesen. »Man müßte damit rechnen und sich rechtzeitig darauf einstellen, damit wir in der Heimat nicht solchen Dingen hinterhinkten, wenn sie von der Front aus in Bewegung gesetzt würden.«[27] Und Helldorf führte in der gleichen bedrängten Lage aus, durch Olbricht dazu aufgefordert worden zu sein, aus »pessimistischen« Einsichten politische Folgerungen zu ziehen, die eine »nahende Katastrophe« abwenden sollten. Die Quintessenz sei gewesen, »daß der Führer und die Partei im Kriege versagt haben und im Interesse Deutschlands das System geändert werden müsse. Bei diesen Gesprächen schwebte das Wort ›Militärdiktatur‹ sozusagen unausgesprochen in der Luft.« Helldorf sprach von einer bezeichnenden Redewendung des Generals: »Abspringen müssen wir alle mal.«[28] Schließlich bietet uns das Zeugenschrifttum aus der Zeit nach dem Krieg Hinweise, wie nicht voll informierte Offiziere, die aber indirekt auf den Coup vorbereitet waren, am 20. Juli die ihnen vorher unerklärlichen Chiffren Olbrichts auflösen konnten.[29]

Der Tag des 20. Juli

Olbrichts Handeln am 20. Juli fügt sich nahtlos in sein kompromißloses vorheriges Handeln an. Er ist es, der mit dem drängenden Albrecht Ritter Mertz von Quirnheim »Walküre« auslöst. Daß dies erst Stunden nach dem Attentat geschah, war bedingt durch die Ereignisse des 15. Juli und die Übermittlung des Geschehens im Führerhauptquartier. Am 15. Juli war der »Walküre«-Befehl auf die irrige Annahme hin, das Attentat finde statt, gegeben worden; die Umsturzaktion hatte von Olbricht nur mit Mühe als Probealarm deklariert und kaschiert werden können. Eine vergleichbare neue Panne mußte alle kombinierten Attentats- und Aufstandspläne auffliegen lassen. Erst als Olbricht am 20. Juli nach der Landung von Stauffenberg bei Berlin durch dessen Adjutanten Werner von Haeften vom vermeintlich geglückten Attentat hörte, begannen die »Walküre«-Aktionen sofort; nun glaubte Olbricht keine Zeit mehr verlieren zu dürfen und wartete nicht länger auf Stauffenbergs Eintreffen in der Bendlerstraße.

Den Stil des Unternehmens, so den fast vollständigen Verzicht auf Gewalt, bestimmte nicht zuletzt wie selbstverständlich Olbricht, dessen Wesen so diametral dem der Anhänger des nationalsozialistischen Gewalt- und Unrechtssystems widersprach. Er rang letztmals um die Mitarbeit Fromms am Staatsstreich, indem er ihn im Vertrauen darauf, daß Hitler tot sei, mit dem Führerhauptquartier telefonieren ließ. Hierbei mußte er erleben, daß Generalfeldmarschall Wilhelm Keitel vom Mißlingen des Attentats sprach und Fromm endgültig von einer Kooperation abschreckte.

Olbricht förderte voll Engagement das Anlaufen des Staatsstreiches, und als sich die früh einsetzende Gegenbewegung abzeichnete, wußte er, daß der einmal eingeschlagene Weg konsequent zu Ende gegangen werden mußte. Hierbei hat er vor allem aufgrund von Rundfunkmeldungen die Situation richtig eingeschätzt: Hitler war mit dem Leben davongekommen. Dies hat ihn in dem nun chancenlosen Ringen bestärkt, in keinem Fall eskaliert Gewalt anzuwenden, und bewog ihn, nicht zusätzlich weitere Personen in die Umsturzpläne genau einzuweihen, weil dann auch sie im Falle ihrer Beteiligung mit dem sicheren Tod rechnen mußten. Nur am späten Abend, als er bedrängt wurde zu sagen, »was eigentlich gespielt werde«, führte er vor einigen Offizieren seines Amtes aus: »Meine Herren, wir haben schon lange Zeit die Entwicklung der Lage mit großer Sorge betrachtet. Es hat sich zweifellos eine Katastrophe angebahnt. Es mußten Maßnahmen ergriffen werden, um dieser Sache vorzugreifen. Diese Maßnahmen sind jetzt zur Auslösung gekommen. Ich bitte Sie, mich zu unterstützen.«[30]

Diese bedachte und verantwortungsbewußte Zurückhaltung Olbrichts hat wiederholt zu der nicht ungerechtfertigten These geführt, daß es am 20. Juli zwischen älteren und jüngeren, auf forcierte Taten drängenden Teilnehmern am Aufstand gewisse Differenzen gab. Sie ändern nichts an der Tatsache, daß der vereinte und hoffnungslos gewordene Kampf gemeinsam und konsequent bis zu Ende geführt wurde. Olbricht starb bekanntlich mit Stauffenberg, Mertz von Quirnheim und Haeften sowie Beck kurz nach Mitternacht. Fromm hatte ein »Standgericht« nicht zuletzt deshalb inszeniert, um von seinem eigenen unrühmlichen Handeln abzulenken und es zu vertuschen.

Die Kugeln, die Olbrichts Leben ein Ende setzten, trafen eine Persönlichkeit, die den eingangs geschilderten prägnanten Aussagen Becks und Schlabrendorffs entsprach. Olbricht stellte entschieden mehr dar als einen, wie Ritter meinte, »technischen Organisator« des Aufstandes. Das eingangs genannte Urteil von Gisevius erklärt sich daraus, daß dieser 1944 nur begrenzt ins Vertrauen gezogen wurde und nicht in der Lage war, entscheidende Zusammenhänge und Motive des Handelns zu entschlüsseln. Die Worte Kaisers, zu dem Olbricht durchaus in einem Vertrauensverhältnis stand, sind gekennzeichnet von einer verständlichen Bitterkeit und Ungeduld angesichts des Ausbleibens von Taten gegen das Regime. Schließlich lassen sich die Äußerungen Dohnanyis und Osters aus dem situationsbedingten Bestreben erklären, die systematische Vorbereitung des Aufstandes zu verdecken. Unsere Beobachtungen und Analysen lassen nur die Deutung zu, daß Olbricht zu den Großen des 20. Juli zu rechnen ist. Ohne ihn wäre das Zeichen, das durch Attentat und Aufstandsversuch für die Zeitgenossen und die Nachwelt gesetzt wurde, ein anderes und viel bescheideneres gewesen. Und wenn der auf tragische Weise mißlungene Anschlag auf Hitler Erfolg gehabt hätte, dann waren die durchaus bestehenden Chancen, den anschließenden Aufstandsversuch erfolgreich durchzustehen, vor allem durch seinen unermüdlichen und wirkungsvollen Einsatz erarbeitet.

Motive und Verantwortung

So wie das Wirken des Widerstandskämpfers fasziniert auch der Mensch Friedrich Olbricht. Als das vielleicht beredteste Zeugnis erscheinen die Worte, die er seinem Schwiegersohn spät am 20. Juli zum Abschied auf den Weg mitgab,[31] wobei er nochmals beteuert hatte, daß alle am Umsturz Beteiligten »frei von irgendwelchen persönlichen Motiven gehandelt haben«, und er sich überzeugt zeigte, »daß unsere Nachwelt das einst erkennen und begreifen wird«. Sinngemäß führte er außerdem aus: »Ich habe Dich hierhergebeten, um Dir ganz nüchtern einen Einblick in den Stand der Dinge zu geben, damit Du genau weißt, was los ist. Heute Mittag bei der Lage ist auf den Führer ein Bombenanschlag verübt worden. Die Bombe hat der Graf Stauffenberg geworfen. Wir erhielten die Nachricht, der Führer sei tot, und waren in dem Glauben, daß die Bombe die erwartete Wirkung getan habe. Daraufhin übernahm der Feldmarschall von Witzleben die vollziehende Gewalt, die erforderlichen Befehle an die Wehrkreiskommandos gingen heraus, wir versuchten, uns in den Besitz der Macht zu setzen. Meine Beweggründe zu dieser Handlungsweise sind getrieben von der unendlichen Sorge um unser Vaterland und das Schicksal unseres Volkes. Der Führer bekommt politisch keinen Frieden, der Feind steht vor den Toren, militärisch ist die Situation nicht mehr zu meistern. Es mußte daher so oder so gehandelt werden. Ich weiß, welche Folgen das für Evchen, Rosemarie, Euren kleinen Jungen und Dich haben kann. Für mich ist die Situation trotzdem klar. Als Soldat fürchte ich den Tod nicht. Solche Entschlüsse fordern den Einsatz des ganzen Menschen, alles Persönliche tritt zurück, und auch Ihr werdet das einsehen.

Während die befohlenen Maßnahmen anliefen, stellte sich heraus, daß der Führer nicht tot war. Ein Zurück gab es nun nicht mehr. Dazu war die Sache nun zu weit decouvriert. Im übrigen mußte es auch so versucht werden. Der Feldmarschall Keitel versuchte nun, durch Fernschreiben die Aktion zu verhindern. Sein erstes Fernschreiben wurde abgefangen. Es zeigte sich jedoch nun, daß das Hauptquartier nicht nachrichtenmäßig abgeschlossen war. Es gingen Befehle heraus, daß die Befehle des Feldmarschalls von Witzleben keine Gültigkeit hätten. Auf diese Weise rückte sogar das Wachbataillon von hier wieder ab.

Hier hatten der Generaloberst Fromm und der General von Kortzfleisch auch von Anfang an nicht mitgemacht. Viele Offiziere erklärten nun auf einmal, daß sie nun, nachdem der Führer nicht tot sei, nicht mitmachen könnten. Der Führer ernannte Himmler zum Befehlshaber des Ersatzheeres und übertrug dem SS-Führer Kaltenbrunner die vollziehende Gewalt. Die alarmierte Truppe bekam nun verschiedene Befehle und fragte laufend hier an, welche Befehle nun Gültigkeit hätten. – So ist die Situation! –

Wir werden hier uns vielleicht noch einige Zeit halten, werden uns hier verteidigen. Vielleicht noch eine Nacht, vielleicht noch zwei, vielleicht sind wir aber auch schon in einer Stunde hier umstellt. Ich werde dann hier als Soldat zu sterben wissen. Ich sterbe dann für eine gute Sache, davon bin ich felsenfest überzeugt. Ich tue nicht mehr, als unendlich viele Offiziere und Generale in diesem Krieg schon getan haben. Ich sterbe für Deutschland. Ich werde nicht allein sterben, wir sind hier zahlreich. Aber es gibt keine andere Möglichkeit. Stauffenberg war der Tetenreiter, den kann man jetzt nicht im Stich lassen. Es wäre auch sinnlos, das Ende ist so und so das gleiche. Sollen wir jetzt bekennen, daß wir gesündigt haben? Nein, wir haben das Letzte gewagt für Deutschland ...«

Anmerkungen

[1] Siehe hierzu besonders: RITTER, G.: *Carl Goerdeler und die deutsche Widerstandsbewegung,* Stuttgart 1954, S. 520, Anm. 2. Die Materialien liegen jetzt im Bundesarchiv Koblenz, Nachlaß Ritter.

[2] HOFFMANN, P.: *Widerstand, Staatsstreich, Attentat,* München ³1979; MÜLLER, CH.: *Oberst i. G. Stauffenberg,* Düsseldorf ²1971.

[3] Gespräch des Verfassers mit Frau Eva Olbricht sowie der Tochter Frau Rosemarie Georgi und Herrn Dr. h.c. Dr. h.c. Friedrich Georgi am 28. 1. 1984.

[4] Die bislang kompakteste Darstellung in: *Das Gewissen entscheidet.* Hrsg. v. A. Leber, Berlin 1957, S. 263–266. Hervorzuheben ist auch die Kennzeichnung Olbrichts in: LEBER, A., u. MOLTKE, F. GRÄFIN V.: *Für und Wider. Entscheidungen in Deutschland 1918–1945,* Berlin/Frankfurt 1961. Wichtig auch das vervielfältigte Vortragsmanuskript von: GEORGI, F.: *Friedrich Olbricht, Soldat im Widerstand,* 1963.

[5] In dem Bd. 2 von *Deutsche Widerstandskämpfer 1933–1945,* Berlin (Ost) 1970, S. 296, heißt es: »General Friedrich Olbricht, einer der Führer der Verschwörung konservativer Politiker, Konzernherren und Militärs gegen Hitler.« K. FINKER hingegen (*Stauffenberg und der 20. Juli 1944,* Köln 1977, S. 232) lobt, »entscheidend« sei bei Olbricht »die antifaschistische patriotische Gesinnung« gewesen, er habe sogar nichts gegen eine Kooperation mit Kommunisten gehabt.

[6] ROON, G. VAN: *Hermann Kaiser und der deutsche Widerstand,* in: VfZG 24 (1976), S. 275.

[7] SCHLABRENDORFF, F. V.: *Offiziere gegen Hitler.* Hrsg. v. G. v. S. Gaevernitz, Zürich 1946, S. 62.

[8] GISEVIUS, H. B.: *Bis zum bitteren Ende* II, Hamburg 1947, bes. S. 220f. u. 304. Siehe auch: RÖHRICHT, E.: *Pflicht und Gewissen,* Stuttgart 1965, S. 112.

[9] Zu diesem bekannten Zitat siehe HOFFMANN, a.a.O., S. 370.

[10] Zu Dohnanyi und Oster siehe: *Spiegelbild einer Verschwörung. Die Kaltenbrunner-Berichte an Bormann und Hitler über das Attentat vom 20. Juli 1944,* Stuttgart 1961, S. 367.

[11] *Der Königl. Sächs. Militär-St.-Heinrichs-Orden 1736–1918.* Unter Leitung v. G. Richter bearb. v. Siedel . . ., Dresden 1937, S. 507.

[12] *Das Kgl. Sächs. 7. Infanterie-Regiment »König Georg« Nr. 106,* bearb. v. K. Böttcher u. a., Dresden 1927, S. 105f.

[13] RÖHRICHT, a.a.O., S. 114. Die Darstellung folgt hier Röhricht sowie: DEUTSCH, H. C.: *Das Komplott oder die Entmachtung der Generale,* München 1974, S. 218–222. Siehe auch MÜLLER, a.a.O., S. 123.

[14] *Kaltenbrunner-Berichte,* a.a.O., S. 283.

[15] RÖHRICHT, a.a.O., S. 134. Zum folgenden Hinweis auf Beck siehe: MÜLLER, K.-J.: *General Ludwig Beck,* Boppard 1980.

[16] Ebenda, S. 141f.

[17] Bei RÖHRICHT, a.a.O., S. 157, wird Olbricht zitiert: »Wir müssen zum Abschluß kommen! Mit dem polnischen Sieg in der Tasche könnten wir Zugeständnisse machen und sicherlich auch welche erreichen.«

[18] Bekannt ist, daß in bestimmten Situationen des Krieges die Generalfeldmarschälle Walter Model und Erich von Manstein Kontakt mit ihm suchten, Olbricht aber Mißtrauen vorherrschen ließ und nicht zufaßte. Hieraus ergeben sich gleichzeitig gewisse Rückschlüsse, daß bei einem Erfolg des geplanten Attentats auf Hitler durchaus Chancen für ein Gelingen des Staatsstreichs bestanden.

[19] Im Text der *Kaltenbrunner-Berichte,* a.a.O., S. 283), der dieses Zeugnis von Goerdeler enthält, steht sinnentstellend »verhandeln« statt handeln.

[20] Siehe hierzu besonders die durch Goerdeler überlieferte Einschätzung Olbrichts selbst in: *Kaltenbrunner-Berichte,* a.a.O., S. 283f.

[21] SCHLABRENDORFF, a.a.O., S. 69f.

[22] ROON: *Kaiser,* a.a.O., S. 283.

[23] HOFFMANN, a.a.O., S. 406.

[24] *Kaltenbrunner-Berichte,* a.a.O., S. 98f.

[25] Es war kein Zufall, daß die von Olbricht unterzeichneten Richtlinien für den Einsatz sowjetischer Kriegsgefangener im Ersatzheer, so scharf sie im übrigen auch gefaßt sein mußten, den Zusatz

enthielten: »Jede Art von Quälerei und Grausamkeit ist des deutschen Soldaten unwürdig und hat zu unterbleiben.« (STREIT, CH.: *Keine Kameraden*, Stuttgart 1978, S. 242.) Auch hier war Olbrichts Betroffenheit über den inhumanen und sinnlosen Krieg maßgeblich.

[26] *Kaltenbrunner-Berichte*, a.a.O., S. 48.

[27] Ebenda, S. 44.

[28] Ebenda, S. 103.

[29] Institut für Zeitgeschichte, Zeugenschrifttum zum Wehrkreis II (Stettin), ZS 1857 Willisen.

[30] Ausführungen von Robert Bernardis, in: IMT XXXIII, 439.

[31] Bericht F. Georgi aus der Nacht vom 20. auf den 21. 7. 1944, in Nachlaß Ritter, siehe Anm. 1. Die Aussagen finden eine prägnante Bestätigung in: *Kaltenbrunner-Berichte*, a.a.O., S. 367f. Hier wird auf Olbrichts angeblich pessimistische Grundhaltung (s. Anm. 8) abgehoben, die in Wahrheit eine realistische innen- wie außenpolitische Lageeinschätzung war, und ausgeführt: »Immerhin ist Olbricht derjenige gewesen, der neben Stauffenberg und Mertz am 20. Juli 1944 in der Durchsetzung der Absichten der Verschwörerclique mit Konsequenz vorgegangen ist. Als er sah, daß das Unternehmen gescheitert sei, sagte er zu von der Lancken: ›Der Führer lebt und hat Gegenmaßnahmen ergriffen. Mit mir und meinem Vorhaben ist es aus. Stauffenberg, das Spitzenpferd, und ich werden nun zur Verantwortung gezogen, und ich kann mich ihr nicht entziehen. Sagen Sie meiner Frau, so wie der Soldat in der Schlacht fällt, handele ich hier nach meiner Überzeugung.‹«

ROMEDIO GRAF VON THUN-HOHENSTEIN

Hans Oster

Die historische Aufarbeitung der deutschen Militäropposition gegen Hitler hat mit Kritik an den Handelnden nicht gespart. Der 20. Juli 1944 sei zwar der sichtbare Beweis für die Existenz dieses militärischen Widerstandes gewesen, doch habe der Aufstandsversuch erst stattgefunden, nachdem der Krieg militärisch verloren gewesen sei – solange die deutsche Wehrmacht siegte, hätten die Soldaten dem Gedanken an einen Staatsstreich ablehnend gegenübergestanden. Die Kritiker übersehen dabei, wie wenig geeignet die militärischen Verschwörer für einen Staatsstreich waren. Die Mehrzahl entstammte noch dem Kaiserreich, und in ihren an klare Ordnungen gewöhnten Vorstellungen gab es keinen Raum für die Möglichkeit, daß an der Spitze des Staatswesens ein Verbrecher stehen könnte. Mehr oder weniger unvorbereitet traf sie das Phänomen des Nationalsozialismus, und hilflos standen die Offiziere vor der Tatsache, daß nur über sie, die Waffenträger der Nation, ein erfolgversprechender Versuch unternommen werden konnte, Hitler und dem Nationalsozialismus ein Ende zu bereiten. Viele von ihnen waren anfangs von Hitler begeistert gewesen. Sein Programm zur Wiedergewinnung nationaler Größe war von fast allen Offizieren wohlwollend aufgenommen worden, zumal Hitler seine Erfolge bis zum Frühjahr 1939 ohne Krieg erringen konnte. Erst der Beginn des Krieges ließ Zweifel unter den kritischeren Offizieren wach werden, die aber oft durch die Siege der ersten Kriegsjahre überlagert wurden. Aber auch diejenigen, die schon früh ihre Stimme gegen das Regime erhoben hatten, das von Staats wegen Recht und Gesetz brach, bejahten auf der anderen Seite Hitlers außenpolitische Ziele. Einen Ausweg aus diesem Konflikt boten nur Attentat und Staatsstreich.

Unter denen, die spätestens seit dem 30. Juni 1934, als Hitler die SA-Spitze liquidieren ließ, das Verhängnis erkannt haben, ragt einer heraus, obgleich erfolglos und nicht einmal Teilnehmer am Attentat des 20. Juli: Generalmajor Hans Oster, »Stabschef« und Leiter der Zentralabteilung des deutschen militärischen Nachrichtendienstes unter Admiral Canaris. Als Oster im Morgengrauen des 9. April 1945 auf Hitlers persönlichen Befehl im Konzentrationslager Flossenbürg gehängt wurde, kannten nur wenige die Rolle, die dieser General in den vergangenen Jahren innerhalb der militärischen Widerstandsbewegung gespielt hatte. Selbst von der Geheimen Staatspolizei war nur ein kleiner Kreis über Osters Bedeutung unterrichtet.

Im Gegensatz zu Beck, Witzleben und Hoepner ist Oster noch heute umstritten. Keine Kaserne der Bundeswehr trägt seinen Namen, und selbst Teilnehmer am Aufstandsversuch des 20. Juli, die damals mit dem Leben davonkamen, können oder

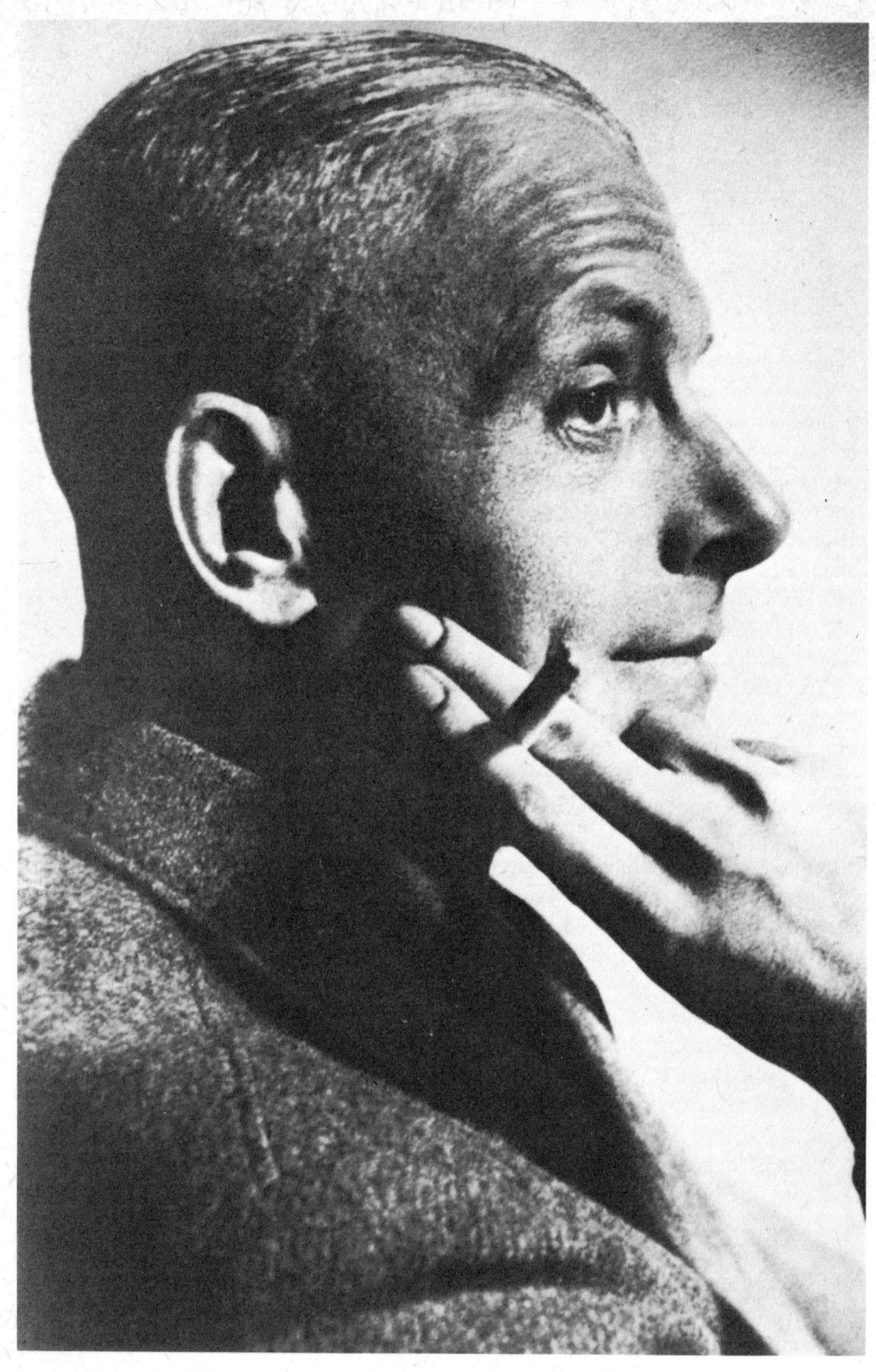

OSTER, HANS
geb. am 9. 8. 1888;
standrechtlich erschossen am 9. 4. 1945 im KZ Flossenbürg.

wollen seine Handlungsweise nicht billigen. Zu extrem scheint vielen Osters Tat, die Weitergabe der Angriffstermine der geplanten deutschen Westoffensive im Winter 1939/1940 an den holländischen Militärattaché Sas; eine Tat, die Oster aus dem Rahmen der Militäropposition klar heraushebt. Vielleicht war Oster der Konsequenteste unter jenen, die Hitler mit Gewalt beseitigen wollten. Sein Mut jedenfalls steht außer Zweifel. Hochdekorierter Soldat des Ersten Weltkrieges, bewies er nun als einer der führenden Köpfe der Militäropposition, daß er in seinem Kampf gegen das Regime auch nicht vor dem zurückschreckte, was den Mitgliedern der Verschwörung eine unüberwindliche Barriere bei ihren Handlungen war: dem Landesverrat.

Liberal-konservative Prägung

Hans Oster wurde am 9. August 1888 in Dresden als jüngstes von fünf Kindern des Pastors der reformierten französischen Gemeinde, Jules August Oster, geboren. Wie sein Vater, so stammte auch seine Mutter, Marie Pauline Breymann, aus Straßburg im Elsaß. Die freie und großzügige Atmosphäre seines liberalen Elternhauses ermöglichte Hans Osters unbeschwerte Jugend. Als er mit sechzehn Jahren konfirmiert wurde, fiel der Familie sein starkes Interesse an theologischen Fragen auf, die der Vater geduldig und ausführlich zu beantworten suchte. Hans Oster erfuhr in diesen Jahren eine Festigung seines Glaubens, die später allen Lebensstürmen trotzen sollte. Der Gymnasiast wirkte damals wach und kritisch auf seine Umwelt – aber nie revolutionär.

Nach dem Tod der Mutter schloß sich der Siebzehnjährige in seiner Verzweiflung eng an seine Schwester Marie Martini und deren Mann an, der Offizier im Königlich Sächsischen Leibregiment 100 war und das Rittergut Schnaditz bei Düben an der Mulde besaß. Dort hatte Hans Oster häufig seine Ferien verbracht – aus dem Pfarrerssohn wurde in Schnaditz ein begeisterter Reiter. Lange vor dem Abitur stand sein Berufsziel fest: Hans Oster wollte Offizier werden. Seine Pferdepassion drängte ihn verständlicherweise zur Kavallerie, doch hätte der vom einzelnen Offizier zu bestreitende Aufwand wohl die finanziellen Mittel der Familie überfordert. Da Hans Oster aber nicht auf Pferde verzichten wollte, bot sich als Kompromiß ein Artillerieregiment an, so daß er am 18. März 1907 in das im Zuge der Heeresvermehrung vom gleichen Jahr neuaufgestellte Feldartillerieregiment 48 eintrat.

Die vielfältigen Aufgaben in der neuen Welt des Militärs bewältigte Oster mit Leichtigkeit, wie es seine lobenden Beurteilungen belegen. So bescheinigte der Kommandeur der Königlich Sächsischen Militärreitanstalt in Dresden dem Leutnant Oster nach einem zehnmonatigen Lehrgang 1910/1911 ein »frisches, heiteres, sehr ansprechendes Wesen, korrekte Auffassung des Dienstes« und »sehr gute Führung«. Die ihm damals ausgesprochene Eignung zum Reitlehrer in der Truppe kam Osters pferdesportlichen Ambitionen nur entgegen. Im September 1912 heiratete er Gertrud Knoop, die Tochter des ersten Patentanwalts am Reichspatentamt. Der lebenslustige, auf Frauen sehr anziehend wirkende Oster war sicherlich kein einfacher Ehemann, doch seine kluge Frau übersah großzügig die kleinen Schwächen ihres Gatten, dessen menschliche Qualitäten seine Fehler bei weitem überwogen.

Das Wilhelminische Deutschland drückte Osters Weltbild seinen unverwechselbaren Stempel auf. Noch dreißig Jahre später sah er im Deutschland der Kaiserzeit eine bessere und heile Welt. Unpolitisch wie seine Kameraden, besaß Oster einfache, aber klare Vorstellungen. In einer starken Armee sah er den Garanten für eine machtvolle, nationale Außenpolitik, die seinen Vorstellungen von der Rolle des Reiches in Europa entsprach. Eingebettet in ein persönlich empfundenes Treueverhältnis zum Herrscherhaus war seine einzige Sorge beim Kriegsausbruch 1914, daß der Krieg womöglich ohne ihn zu Ende gehen könne, da er durch einen Reitunfall noch dienstunfähig war. Daß der Krieg über den Winter hinaus andauern könnte, vermochte sich Oster nicht vorzustellen.

Den Krieg begann Oster als Oberleutnant und Abteilungsadjutant, bis er 1916 zum Hauptmann befördert und zum Generalstabsoffizier ausgebildet wurde. 1915 wurden ihm EK II und I sowie das Ritterkreuz des Königlich Sächsischen Militär-St.-Heinrichs-Ordens verliehen, die höchste sächsische Kriegsauszeichnung. Der ausschließlich an der Westfront eingesetzte Oster erlebte dort die ungeheuren Opfer der oft taktisch und strategisch sinnlosen Materialschlachten. Die wachsende Überlegenheit der Gegner, der entscheidende Kriegseintritt der USA 1917 und nicht zuletzt das Stehvermögen und die Tapferkeit der englischen und französischen Soldaten bildeten die bestimmenden Kriegserfahrungen Osters.

Skepsis gegenüber Republik und Nationalsozialismus

Kein Erlebnis dieser an Schrecknissen reichen Jahre rief jedoch bei ihm ähnliches Entsetzen hervor wie die deutsche Niederlage von 1918. Der 9. November 1918 mit dem Ende der Monarchie war der schwärzeste Tag seines Lebens. Der Zusammenbruch des Kaiserreichs wirkte auf ihn »wie ein Schlag mit dem Hammer auf den Kopf«, der ihn gleichsam über Nacht wurzellos machte, ihn seines politischen Halts beraubte, sein bisher festgefügtes Weltbild zerstörte. Der neuen Republik stand er skeptisch gegenüber, hatte er doch in Dresden die Revolution miterlebt und war Zeuge gewesen, wie der sozialdemokratische sächsische Kriegsminister von einer johlenden Menge in die Elbe geworfen und bestialisch ermordet worden war. Äußerlich loyal, diente er der Republik ohne innere Anteilnahme – mehr denn je wurde die Armee zum Bezugspunkt seines Daseins.

Bis 1924 verblieb Oster beim Wehrkreiskommando IV in Dresden. Für die inzwischen fünfköpfige Familie waren dies trotz der Inflation harmonische Jahre. Zu Osters Freundeskreis in Dresden zählten unter anderen die Hauptleute Georg Thomas und Friedrich Olbricht sowie der Major Erwin von Witzleben, die wie Oster zum Stab der 4. Division gehörten und später Teilnehmer an der Verschwörung werden sollten; nur Thomas überlebte das Dritte Reich.

Am 1. Oktober 1924 wechselte Oster vom Generalstab in den Truppendienst über, der ihn zunächst für drei Jahre als Batteriechef im Artillerieregiment 2 nach Güstrow führte. Es folgte die Versetzung zum Regimentsstab nach Schwerin, wo er bis zum Februar 1929 blieb.

Kommandeur des Artillerieregiments 2 war der von Oster verehrte Oberst Werner Freiherr von Fritsch, der von 1934 bis 1938 Oberbefehlshaber des Heeres war, bis ihn eine von Göring und der Gestapo eingefädelte schmutzige Intrige von seinem Posten entfernte. Fritsch hat Oster offenbar sehr geschätzt. In dessen Haus erschien er regelmäßig Donnerstag nachmittags zum Tee. Auch bei der Konfirmation des ältesten Oster-Sohnes Achim war er zugegen. Güstrow und Schwerin markierten für Oster die glücklichste Zeit seines Soldatenlebens, so daß ihm der Abschied von seinem Regiment recht schwerfiel, als er im Februar 1929 zum Stab der 6. Division nach Münster versetzt und zum Major befördert wurde.

Im Gegensatz zum eher abgeschlossenen Regimentsleben sah sich Oster in Münster plötzlich mit dem politischen Tagesgeschehen der Republik konfrontiert, dem er bislang kaum Beachtung geschenkt hatte, und sollte sehr bald erste Erfahrungen mit der lärmenden Politik der NSDAP sammeln, deren Auftreten ihm wenig behagte. Dazu trugen auch die wenig erfreulichen Nachrichten bei, die er durch einen Zivilangestellten der Division aus der Umgebung des Gauleiters von Westfalen-Nord erfuhr. Seine Haltung zur neuen Partei blieb eher distanziert, auch wenn er deren nationale Ziele begrüßte. Aus der Münsteraner Zeit stammt auch Osters Bekanntschaft mit Wilhelm Canaris, dem späteren Chef der deutschen Abwehr. Canaris war damals Chef des Stabes der Marinestation Nordsee, und Oster hatte sich auf einer kleinen Seeübungsreise mit ihm angefreundet – eine Verbindung, die bis zum gemeinsamen Tod am Galgen währen sollte. Daß in Münster außerdem nacheinander die Obersten Walther von Brauchitsch, Erwin von Witzleben und Franz Halder Chef des Stabes der 6. Division waren, erwies sich für Osters spätere Rolle im militärischen Widerstand von großer Bedeutung.

Halder, von 1938 bis 1942 Chef des Generalstabs des Heeres, blieb fast zwei Jahre Osters Vorgesetzter, und das beiderseitige Verhältnis war recht gut. Allerdings ließ die ausgeprägte Verschiedenheit der Charaktere keine echte Freundschaft entstehen. Der elegante und temperamentvolle Oster wirkte auf den fleißigen Pedanten Halder ein wenig »oberflächlich«, während Oster wiederum Halder kaum Gelegenheit gegeben hat, tiefer in seine für Halder »schillernde« Persönlichkeit einzudringen. Immerhin zeigte sich Halder betroffen, als Oster wegen einer Liebesaffäre im Jahre 1932 die Reichswehr verlassen mußte. Halder hat das vorläufige Ende von Osters Karriere aufrichtig bedauert, konnte aber in dieser Angelegenheit nichts für Oster tun. Obwohl Osters Affäre nicht eigentlich als ehrenrührig galt, war nach dem damaligen Ehrenkodex ein Verbleiben in der Armee unmöglich.

Auf der Suche nach einer Tätigkeit in Berlin erlebte Oster die Machtergreifung und beobachtete am 21. März 1933 aus unmittelbarer Nähe die pompöse Eröffnung des neuen Reichstages in der Potsdamer Garnisonskirche, von den Nationalsozialisten frenetisch als »Tag von Potsdam« bejubelt. Mit theatralischer Geste knüpfte Hitler an Deutschlands große Vergangenheit an, beschwor die Reorganisation von Volk und Reich und erklärte den greisen Reichspräsidenten Generalfeldmarschall von Hindenburg von der Vorsehung zum »Schirmherrn über die neue Erhebung unseres Volkes« bestimmt. Osters lakonische Bemerkung dazu ist überliefert: »Ein Jammer, daß der arme Alte das noch mitmachen mußte.«

Zweifel an der Generalität

Nach kurzer Tätigkeit im »Forschungsamt« des preußischen Ministerpräsidenten Göring wurde Oster am 1. Oktober 1933 als Zivilangestellter in die Abwehrabteilung des Reichswehrministeriums übernommen. Diese Position ermöglichte ihm bald tiefere Einblicke in die Machenschaften der nationalsozialistischen Regierung. Was Oster dort sah, ließ ihn nach weiteren inoffiziellen Nachrichtenkanälen suchen, so daß ihm die Freundschaft mit dem Regierungsassessor Hans Bernd Gisevius wie gerufen kam. Als Angehöriger der Gestapo unter ihrem Chef Rudolf Diels lieferte Gisevius geradezu phantastisch klingende Greuelgeschichten aus dem Herzen dieser Behörde. Oster mußte erkennen, daß der Staat selbst durch seine Machthaber Recht und Gesetz mit Füßen trat und sogar vor Mord nicht zurückschreckte.

Endgültig rissen die Ereignisse des 30. Juni 1934 dem Regime die Maske vom Gesicht und zeigten Oster die darunter verborgene Fratze von Gewalt und Mord. Unter den Kugeln von Hitlers SS-Kommandos fielen nicht nur die angeblich putschwilligen SA-Führer, sondern es wurden auch zahlreiche alte Rechnungen beglichen. Völlig unverständlich war Oster die Haltung der Generalität zu den Morden an den Generalen von Schleicher und von Bredow, die stillschweigend von ihr hingenommen wurden. Seine späteren Zweifel an den Generalen insgesamt lassen sich nicht zuletzt auf den 30. Juni 1934 zurückführen, als das Heer seine »Ehre verlor«, wie er es damals ausdrückte. Viele Offiziere waren froh, daß die SA als lästiger und vulgärer Nebenbuhler ausgeschaltet war, und sogar Osters alter Freund Witzleben fand es »prächtig«, daß die SS die korrupten SA-Führer erschieße. Den 30. Juni 1934 bezeichnete Oster als die erste Gelegenheit, »die Methoden einer Räuberbande im Keim zu ersticken«, doch statt dessen gelang Hitler bald darauf ein weiterer Coup. Am 2. August 1934 starb Hindenburg, und noch am gleichen Tage ließ Hitler die Reichswehr einen Eid auf seine Person schwören, bereitwillig unterstützt vom Kriegsminister von Blomberg, der sich dem nationalsozialistischen Gedankengut weitgehend genähert hatte. Das Heer nahm diese neuerliche Vergewaltigung widerstandslos hin.

Vielleicht hätte Oster 1935 die Abwehr verlassen, wäre nicht am 2. Januar 1935 Kapitän zur See Wilhelm Canaris neuer Abwehrchef geworden. Sein Amtsantritt änderte Osters Lage von Grund auf, der am 5. März 1935 als Major und E- oder Ersatzoffizier reaktiviert wurde. Canaris unterstützte seinen alten Bekannten, wo er nur konnte, und seinem Einfluß ist es zuzuschreiben, daß Oster schon im Dezember zum Oberstleutnant befördert wurde.

War Oster Skeptiker in bezug auf den Nationalsozialismus, so war Canaris ihm darin verwandt, doch gestaltete sich dessen Verhältnis ungleich schwieriger, ja quälender. Fasziniert von der Macht und gleichzeitig von ihr abgestoßen, die nationalen Ziele Hitlers bejahend und seine vulgäre Brutalität fürchtend, blieb Canaris' Einstellung zum Dritten Reich stets zwiespältig. Sein Skeptizismus war anderer, grundlegenderer Natur als der Osters, ihn treibend und lähmend zugleich. Der scharfe Intellekt war beiden gemeinsam, und nahezu zehn Jahre lang sollte das enge Vertrauensverhältnis zwischen Canaris und Oster Bestand haben. Wenn Oster der Handelnde war, so ließ Canaris ihn gewähren, auch da, wo Oster ihm unverständliche Wege beschritt. Insgeheim mag Canaris den Tatendrang Osters bewundert haben, seine eindeutige Ablehnung des Nationalsozialismus, aus der er konsequent sein Tun ableitete. Canaris wußte von Osters konspirativen Aktivitäten, ja, er hat sie zuweilen persönlich gefördert, aber zum letzten Schritt, der ihn zum Oppositionellen, zum Widerständler gestempelt hätte, vermochte er sich nicht durchzuringen. Hinderten ihn seine grundlegenden Zweifel, sich führend an der Verschwörung zu beteiligen, sah er die Sinnlosigkeit, gegen den Lauf der Geschichte zu handeln? Sein Verdienst um die Militäropposition besteht nicht zuletzt in seiner Hilfe, seiner Unterstützung für Oster, der mit Wissen von Canaris innerhalb der Abwehr bald zu einem Kristallisationspunkt derer wurde, die aus moralischen und politischen Gründen mit dem Regime unzufrieden waren. Zu Osters Kreis in der Abwehr zählten die ehemaligen Freikorps- und Stahlhelmführer Hauptmann Heinz und Oberstleutnant Schrader, Kapitänleutnant Liedig und Hauptmann Groscurth, ein entschiedener und integerer Gegner des Regimes.

Hitlers Erfolge bewirkten in Oster ein zunehmendes Gefühl der Isolation. Der Nichtangriffspakt mit Polen 1934, die Wiedereinführung der allgemeinen Wehrpflicht 1935, der Einmarsch im entmilitarisierten Rheinland 1936 und schließlich die Aufkündigung des Versailler Vertrages am 30. Januar 1937, all das waren Errungenschaften, die auch Oster gewünscht hatte, wenn auch nicht unter Hitler. Aber schien dieser nicht die Politik zu betreiben, die die Masse des Volkes forderte? Mußte sich Oster in seiner Ablehnung des Nationalsozialismus nicht hoffnungslos rückständig vorkommen, wenn er die moralische Verderbtheit und die Willkür im Inneren brandmarkte? Waren das nicht übliche Begleiterscheinungen jeder Revolution, die im Laufe der Zeit verschwanden? Diese und ähnliche Zweifel mögen Oster bewegt haben, änderten aber nichts an seiner Haltung. Er spürte, daß Hitler mehr wollte. Als die deutschen Truppen am 7. März 1936 im Rheinland einmarschierten, hoffte Oster auf ein bewaffnetes Vorgehen Frankreichs: »Wenn die Franzosen jetzt nicht marschieren, wird Hitler in seinem Wahnsinn bald nicht mehr aufzuhalten sein.« Oster kannte die ungenügende Kriegsbereitschaft der Wehrmacht, die einem entschlossenen französischen Angriff wenig entgegensetzen konnte. Hitlers Instinkt sollte jedoch recht behalten und ihn in seiner Meinung über den geringen Widerstandswillen westlicher Demokratien wesentlich bestärken.

Während Oster in der Abwehr behutsam einen Kreis von Männern aufbaute, die seine Gedanken über den Nationalsozialismus teilten, spürte Hitler, wie der zeitweilige Konsens mit der Heeresführung zerbröckelte. Die denkwürdige Unterredung vom 5. November 1937, bei der er den Befehlshabern der Teilstreitkräfte seine Expansionspläne erläutert hatte, ergab keine Unterstützung bei der Heeresspitze. Nachdem sich bald darauf der Reichskriegsminister, Generalfeldmarschall von Blomberg, durch die Heirat mit einer ehemaligen Dirne unmöglich gemacht hatte, übernahm Hitler kurzerhand den Oberbefehl über die Wehrmacht. Daß sich im Januar 1938 auch die Chance bot, den widerspenstigen Oberbefehlshaber des Heeres, Generaloberst Freiherr von Fritsch, loszuwerden, war für Hitler ein Glücksfall, den er sich nicht entgehen ließ. Durch eine von Göring und der Gestapo eingefädelte schmutzige Intrige wurde Fritsch fälschlich der Homosexualität beschuldigt. Hitler ging in diesem niederträchtigen Spiel so weit, Fritsch zur Gegenüberstellung mit einem gewerbsmäßigen Strichjungen in die Reichskanzlei zu bestellen, wo der von der Gestapo entsprechend »präparierte« Kriminelle den völlig hilflosen und verstörten Fritsch »identifizierte«.

Der erschütterte Oster erfuhr von Canaris, Gisevius und seinem Freund Rittmeister von Both, dem Adjutanten Fritschs, erste Einzelheiten über diesen ungeheuerlichen Vorfall. Seine Erbitterung kannte keine Grenzen, er fühlte sich durch den Angriff auf Fritsch persönlich betroffen. Jahre später wird er den ihn verhörenden Gestapo-

Beamten sagen: »Ich habe die Sache Fritsch zu meiner eigenen gemacht.« Oster begriff, daß Hitler hier einen Schlag gegen das Heer führte, dem nur Fritsch selbst begegnen konnte. Fritsch fehlte jedoch die Vorstellungskraft, um Hitler hinter der Intrige zu erkennen, und er scheute sich, die Kommandierenden Generale nach Berlin zu rufen. Sein Rücktritt am 4. Februar 1938 nahm ihm außerdem die Autorität, die mit dem Posten des Oberbefehlshabers des Heeres verbunden war. Damit waren auch Osters Versuche zur Bildung einer Generalsfronde ihrer Legitimation beraubt, da die Generale wohl dem Oberbefehlshaber des Heeres, nicht aber dem Generalobersten a. D. Freiherr von Fritsch gefolgt wären. Der Generalstabschef Beck, später anerkanntes Oberhaupt der Opposition, nannte im Februar 1938 eine Aktion zugunsten Fritschs »Meuterei, Revolution. Diese Worte gibt es nicht im Lexikon eines deutschen Offiziers.« Witzleben, Kommandierender General im Berliner Wehrkreis III, lag krank in einem Dresdener Sanatorium. So unterblieben alle von Oster erwogenen Aktionen, obwohl in der Truppe eine feindselige Stimmung gegen SS und Gestapo herrschte.

Osters Erfahrungen vom 30. Juni 1934 wiederholten sich im Fall Fritsch. Erneut war einer der ihren angegriffen worden, immerhin der ranghöchste unter den Heeresgeneralen, und wiederum hatte sich die Generalität nicht gerührt. Unwissend fand Oster sie vor, wißbegierig nach den Einzelheiten des Falles Fritsch, entsetzt über das, was sie von ihm erfuhren. Aber eben dabei blieb es. Sie handelten nicht. Fühlten jene sich damit überfordert, die später Hunderttausende von Soldaten lenkten? Scheuten sie die Hybris des bewaffneten Aufstandes, des Bürgerkrieges? In Osters Augen begriffen sie einfach nicht, was auf dem Spiele stand, denn es ging sie alle an, die Generalität und das Heer in seinem Selbstverständnis. Der Ehrenkodex hätte die Generale wie ein Mann für Fritsch aufstehen lassen müssen, derselbe Ehrenkodex, der seinerzeit Osters Karriere unterbrach. Offensichtlich war da ein Bruch in ihrem Verständnis von Korpsgeist und Soldatentum, ein Bruch, den Oster fühlte und der sie angreifbar, korrumpierbar machte. Auch Hitler erkannte dies, handelte danach, mit Aufrüstung, einer Politik der Stärke und gewissen Auszeichnungen lullte er sie ein – und degradierte sie dann nach und nach zu reinen Befehlsempfängern. Vielleicht vermochte damals nur ein Außenstehender wie Oster das Dilemma der Generalität zu durchschauen, neben einigen wenigen, die sich einen klaren Blick für die Verhältnisse bewahrt hatten.

Frühe Pläne zum Staatsstreich

Daß Oster sehr bald zum entschiedenen Verfechter eines Staatsstreichs gegen Hitler wurde, war nicht allein die Reaktion auf die Angriffe gegen Fritsch und das Heer. Hitlers Pläne zur Zerschlagung der Tschechoslowakei, die unmittelbar nach dem »Anschluß« Österreichs im März 1938 offenkundig wurden, ließen Oster zu der Überzeugung kommen, daß Hitler Deutschland in einen Krieg steuerte, der nur mit einer Niederlage und dem Untergang des Reiches enden konnte. Während des Sommers 1938 war Oster Zeuge, wie sich der Generalstabschef Beck allmählich gegen Hitlers Kriegspolitik wandte. Als häufiger Gast in Becks Amtsräumen, die er zum Mißvergnügen des Oberquartiermeisters Halder oft »halbe Tage blockierte«, beschwor Oster den zaudernden Beck, Hitler Einhalt zu gebieten. In einem zähen Ringen gelang es Oster, den Generalstabschef, dem es zunächst um die Wahrung von Heeresinteressen ging, gegen Hitler zu mobilisieren. Becks Versuch, eine einheitliche Front der Heeresgeneralität zu bilden, scheiterte jedoch am neuen Oberbefehlshaber des Heeres, Generaloberst von Brauchitsch, der Beck im Stich ließ und keinerlei Anstalten unternahm, die sogleich von Hitler verlangte Entlassung des unbequemen Generalstabschefs zu verhindern. Becks Nachfolger Halder schien anfänglich aktiver zu sein. Oster hielt bald enge Fühlung mit Halder, der bei einem deutschen Angriff auf die Tschechoslowakei gegen Hitler vorgehen wollte.

Eine harte Haltung Englands gegenüber Hitlers Aggressionsabsichten, so folgerte Oster, würde auch den Zweiflern unter den Generalen das Kriegsrisiko deutlich vor Augen führen. Um England zu einer unmißverständlichen Haltung zu bewegen, sandte er nacheinander drei Emissäre nach London, die allerdings keine verbindlichen Zusagen der britischen Regierung erhielten. So sah sich Oster jetzt in der Rolle eines Putschplaners, die seiner temperamentvollen und kühnen Natur nur entgegenkam. Sein Einfallsreichtum und seine geistige Beweglichkeit bei diesen Vorbereitungen muten revolutionär an, waren aber vielleicht typisch für Oster, den zu allem entschlossenen Konservativen, der auch vor der Gefahr eines Bürgerkrieges nicht zurückschreckte.

Die Schlüsselrolle in Osters Plänen spielte Witzleben, im Herbst 1938 Befehlshaber im Berliner Wehrkreis, dem die 23. Infanteriedivision des Generalmajors Graf von Brockdorff-Ahlefeldt unterstand. Brockdorffs Division sollte Berlin abriegeln und wichtige Objekte besetzen: das Gestapo-Hauptquartier in der Prinz-Albrecht-Straße, die SS-Kaserne in Lichterfelde, das Konzentrationslager Sachsenhausen, den Deutschlandsender Königswusterhausen und schließlich das Regierungsviertel mit der Reichskanzlei in der Wilhelmstraße. Voraussetzung für das Gelingen des Staatsstreichs war die neutrale Haltung der Berliner Polizei während der ersten Stunden. Daß es hier zu keinen Schießereien zwischen Wehrmacht und Polizei kam, dafür wollte der Berliner Polizeipräsident Graf Helldorf sorgen, unterstützt von seinem Stellvertreter, Graf von der Schulenburg. Weiterhin standen das Landsberger Infanterieregiment 50 des Obersten Paul von Hase und die 1. leichte Division des Generalleutnants Hoepner zur Verfügung. Halder wollte sich in diesem Plan den Startbefehl vorbehalten, aber Witzleben hatte mit Oster vereinbart, auch ohne und notfalls gegen Halder und Brauchitsch loszuschlagen. Was schließlich Hitler selbst betraf, so sollte ein Stoßtrupp unter Führung von Osters Freund Hauptmann Heinz die Reichskanzlei stürmen und den Diktator festnehmen, den man vor ein ordentliches Gericht stellen wollte. Jedenfalls war dies die Absicht von Witzleben und Halder. Glaubten diese »älteren Verschwörer« noch an die Kraft der Gerichtsbarkeit, naiv vertrauend auf Gesetze, die Hitler längst nach seinem Gutdünken umgeformt hatte, ihre Manipulierbarkeit damit erweisend und lächerlich machend zugleich, so hatte der revolutionäre Instinkt des konservativen Oster längst eine andere, bessere Lösung gefunden: Gemeinsam mit Heinz beschloß er, einen Zwischenfall zu provozieren, bei dem Hitler erschossen werden sollte. Ein lebender Hitler, argumentierte Oster, blieb immer ein unkalkulierbares Risiko. Die spätere Geschichte der Militäropposition, gekennzeichnet durch das Fahneneiddilemma der Generalität, sollte ihm recht geben.

Am 28. September schien der Staatsstreich in greifbare Nähe zu rücken. Hitler überzog ständig seine territorialen Forderungen, während sich Englands Haltung zusehends verhärtete. Die Spannung in Witzlebens Wehrkreiskommando näherte sich an diesem Vormittag dem Höhepunkt, da stündlich Hitlers Mobilmachungsbefehl erwartet wurde, der gleichzeitig den Staatsstreich auslösen sollte. Wie ein Schock traf Oster damals der Vermittlungsvorschlag Mussolinis, den Hitler wider Erwarten akzeptierte. Das Nachgeben der Westmächte, die Münchener Konferenz und als Ergebnis die kampflose Besetzung des Sudetengebietes machte alle seine Pläne zunichte. Oster kam es vor, als hätten die Demokratien Frankreich und England ihn im Stich gelassen. Die vielleicht größte Chance war somit vertan.

Nichts schien Hitler aufhalten zu können, weder innenpolitisch noch außenpolitisch. Die scheußlichen Ausschreitungen gegen jüdische Mitbürger in der Nacht zum 10. November 1938 riefen bei den Generalen nur bedauerndes Achselzucken hervor. Die Besetzung Prags und die endgültige Zerschlagung der Tschechoslowakei im März 1939 wurden von England und Frankreich widerstandslos hingenommen. Der Nichtangriffspakt mit der Sowjetunion vom 23. August 1939 hielt Hitler für seine Kriegsabsichten gegen Polen den Rücken frei. Auf Oster wirkte der Abschluß des deutsch-sowjetischen Paktes niederschmetternd, sah er doch die Herrschaft brauner Bolschewiken in Deutschland gekommen. Die kurze Unsicherheit des Diktators nach dem Abschluß des britisch-polnischen Bündnisses – Hitler nahm den schon erteilten Angriffsbefehl zurück – ließ Oster einen Augenblick hoffen, die Generale würden Hitler jetzt die Gefolgschaft verweigern. Der 1. September 1939 belehrte ihn jedoch eines Besseren.

Als Hitler schon im Herbst 1939 im Westen angreifen wollte, entstand im Oberkommando des Heeres eine Krise, da man dort die Ansicht vertrat, daß dieser Angriff scheitern mußte. Der überraschte Oster erhielt von Halder am 4. November plötzlich den Auftrag, seine Pläne vom Vorjahr zu reaktivieren, während im Oberkommando des Heeres der Oberquartiermeister I, General von Stülpnagel, die Vorbereitungen übernahm. Mitten in diese aufkeimenden Hoffnungen und gerade erst reifenden Staatsstreichpläne Osters platzte Brauchitschs Unterredung mit Hitler am 5. November, in der Hitler den Oberbefehlshaber des Heeres schwer beschimpfte und mit wüsten Drohungen überschüttete. Der in Panik geratene Halder blies daraufhin alles ab und blieb fortan sämtlichen Versuchen Osters gegenüber indifferent, der ihn zu einem Sinneswandel zu bewegen suchte. Daß Oster unter diesen Umständen das Angebot des Legationsrats Erich Kordt ablehnte, der Hitler mit einem Sprengstoffanschlag beseitigen wollte, spricht für sein politisches Gespür. Längst hatte Oster die unlösbare Verbindung zwischen Attentat und Staatsstreich erkannt. Nur ein toter Hitler würde die Generale von ihren Skrupeln befreien, erklärte er Kordt, aber ein Attentat ohne Staatsstreich hätte das System nicht beseitigt.

Verrat als moralische Pflicht

Osters Enttäuschung über den ausgebliebenen Staatsstreich vom Herbst hatte zu grundsätzlichen Zweifeln am Widerstandswillen der Generalität geführt, die durch das kurze Aufflackern der Hoffnungen im November 1939 nicht ausgeräumt, sondern eher noch bestätigt wurden. Die schmerzliche Erkenntnis, daß sich vorerst kein General finden werde, der den Staatsstreich führen könnte, gab den Ausschlag zu seiner Tat, mit der er sich aus dem Rahmen der Widerstandsbewegung entfernte: Am 8. Oktober 1939 unterrichtete er den mit ihm befreundeten holländischen Militärattaché Sas über die geplante deutsche Offensive gegen Frankreich und die Beneluxländer. Wie er gegenüber einem seiner engsten Freunde offenbarte, gab es jetzt für ihn »kein Zurück mehr«. In den folgenden Monaten übermittelte Oster – soweit er es vermochte – die von Hitler ständig verschobenen Angriffstermine, bis schließlich der 10. Mai 1940 alle Warnungen hinfällig werden ließ.

Oster rechnete mit sichtbaren Gegenmaßnahmen der Westmächte, die Hitler in eine Zwangslage bringen und den Generalen die Gefahr einer Niederlage so drastisch wie möglich vor Augen führen sollten. Allerdings ging Oster in seinem Kalkül von der Überzeugung aus, daß die Offensive ohnehin scheitern würde, eine Ansicht, die im Herbst 1939 innerhalb der Heeresgeneralität weit verbreitet war. Als jedoch im Oberkommando des Heeres um die Jahreswende die Möglichkeiten einer Offensive günstiger beurteilt wurden, bestand in Osters Augen keine Aussicht mehr auf einen Staatsstreich vor Beginn der Kampfhandlungen. Erst ein militärischer Rückschlag würde die innenpolitische Lage für den Umsturz schaffen, erst die Niederlage die Generale überzeugen. Oster war bereit, diese Niederlage herbeizuführen, auch um den Preis zahlloser Menschenleben. Dahinter stand auch die Befürchtung, daß nach längeren schweren Kämpfen ein Frieden mit England ungleich viel schwerer zu erreichen sein werde. Daß für einen Frieden eine reelle Chance bestand, bewiesen die im Auftrage von Beck eingeleiteten und von Papst Pius XII. vermittelten Gespräche mit der britischen Regierung, die ihre Verhandlungsbereitschaft mit einem nichtnationalsozialistischen Deutschland signalisierte. So verfolgte Oster mit dem Verrat der Angriffstermine zweifellos ein politisches Ziel, das jedoch von dem Bewußtsein der Aufgabe überlagert wurde, das unmenschliche und unchristliche Regime Hitlers zu beseitigen. Mit seinem Schritt zum Landesverrat verstieß Oster nicht nur gegen das Ethos seines eigenen Berufsstandes, sondern auch gegen das patriotische Empfinden fast aller seiner Mitverschwörer, doch Sas gegenüber konnte er nur feststellen: »Mein Plan und meine Pflicht ist es, Deutschland und die Welt von dieser Pest zu befreien.«

Osters Plan ist gescheitert, hauptsächlich deshalb, weil Sas in seinem eigenen Land nicht ernst genommen wurde. Ebenso mißlang Osters Vorhaben, durch Warnungen an die betroffenen Staaten die Besetzung Dänemarks und Norwegens für Hitler zu einem militärischen Fiasko werden zu lassen. Auch hier wurde seinen Mitteilungen kein Glauben geschenkt. Der Mißerfolg nimmt dem Handeln Osters nichts von seiner moralischen Ernsthaftigkeit und seiner politischen Kühnheit. Oster traf eine einsame, wohldurchdachte Entscheidung, für die er bereit war, mit seinem Leben zu bezahlen. Der holländische Oberbefehlshaber General Winkelmann, der zu Sas sagte, ein solcher Mann, der sein Vaterland verrät, müsse ja ein »erbärmlicher Kerl« sein, steht vielleicht stellvertretend für das Unverständnis, auf das Osters Tat auch bei Mitgliedern des Widerstandes gestoßen ist. Oberst Sas zählte zu denen, die Osters Beweggründe kannten und respektierten, wie seine Antwort an Winkelmann überliefert: »Im Gegenteil, er ist ein Charakter, wie ich ihn bisher noch nicht getroffen habe, so mutig und tollkühn wie niemand anders.«

Nach Hitlers Sieg im Westen begann für Oster eine Zeit der Enttäuschungen und der Rückschläge. Hilflos mußte er mitansehen, wie der von ihm prophezeite Weltkrieg allmählich Wirklichkeit wurde, als Hitler am 22. Juni 1941 die Sowjetunion überfiel und sich Ende des gleichen Jahres im Kriegszustand mit den USA befand. Weder die verbrecherischen Befehle zur Ermordung gefangener Sowjetkommissare noch die Exzesse der Einsatzgruppen, die im rückwärtigen Gebiet der Heeresgruppen im Osten operierten, ja nicht einmal die Niederlage vor Moskau im Winter 1941/1942 änderte die Haltung der hohen Generale. Erst im Jahre 1942 sollten von der Militäropposition neue Impulse ausgehen, die sich jetzt auf Berlin und das Hauptquartier der Heeresgruppe Mitte konzentrierten.

Dort hatte der Erste Generalstabsoffizier, Oberst Henning von Tresckow, seinen Stab konsequent mit Gegnern des Regimes besetzt, während in Berlin Osters Dresdener Bekannter Olbricht die Planungen koordinierte. Als Chef des Allgemeinen Heeresamtes war Olbricht gleichzeitig stellvertretender Befehlshaber des Ersatzheeres, dem die Planung und Aufstellung von neuen und Ersatztruppen unterstand. Die wechselseitigen Vorbereitungen ließen den Staatsstreich ab 1. März 1943 in den Bereich des Möglichen rücken. Oster, seit dem 1. Dezember 1942 Generalmajor, drängte angesichts der sich abzeichnenden Katastrophe von Stalingrad im Winter 1942/1943 auf eine Forcierung der Vorbereitungen. Gelang Tresckow bei einem Frontbesuch Hitlers das Attentat, so sollten Olbricht und Oster die Aktionen in Berlin und im übrigen Reichsgebiet leiten. Zwei Anschläge auf Hitler am 13. und 21. März 1943 schlugen unglücklicherweise fehl. Alle weiteren Pläne wurden jedoch vereitelt, als Oster am 5. April 1943 wegen Devisenvergehens eines Untergebenen vom Dienst suspendiert wurde. Von diesem Schlag erholten sich die Verschwörer erst Ende 1943, als Oberst Graf Stauffenberg die Führung der Staatsstreichvorbereitungen übernahm.

Oster sah sich bald zunehmend isoliert und überwacht, so daß er sich zu seiner Schwester nach Schnaditz zurückzog. Dort wurde er einen Tag nach dem Attentat des 20. Juli 1944 verhaftet. Eine Verhandlung der Abwehrangelegenheiten vor dem Volksgerichtshof wurde allerdings vermieden, und so blieb das Schicksal von Oster, Canaris und einigen anderen lange Zeit unklar. Erst die Entdeckung der sogenannten Canaris-Tagebücher besiegelte das Geschick der im Konzentrationslager Flossenbürg Inhaftierten. Hitler geriet über diese Aufzeichnungen so in Wut, daß er die sofortige Hinrichtung der Häftlinge anordnete, die im Morgengrauen des 9. April 1945 vollstreckt wurde.

Literatur

DE BEUYS, J. G.: *Tomorrow At Dawn. An untold story of the German officer who revealed Hitler's plans for the invasion of Western Europe.* New York/London 1980.

DEUTSCH, HAROLD C.: *Verschwörung gegen den Krieg.* München 1969.

GRAML, HERMANN: *Die deutsche Militäropposition vom Sommer 1940 bis zum Frühjahr 1943.* Vollmacht des Gewissens II. Hrsg. von der Europ. Publ. e. V., München 1965.

DERS.: *Der Fall Oster*, in: Vierteljahreshefte für Zeitgeschichte 14 (1966), S. 26–39.

DERS.: *Hans Oster,* in: Der zwanzigste Juli, Alternative zu Hitler? Hrsg. v. Hans Jürgen Schultz, Stuttgart/Berlin 1974, S. 130–139.

THUN-HOHENSTEIN, ROMEDIO REICHSGRAF V.: *Hans Oster. Versuch einer Lebensbeschreibung.* (Diss.) 1980.

DERS.: *Der Verschwörer. General Oster und die Militäropposition.* Berlin 1982.

GERHARD SCHULZ

Johannes Popitz

Es scheint schwierig geworden, über Johannes Popitz zu schreiben, dessen hundertster Geburtstag in das Jahr 1984 und dessen vierzigster Todestag in das nächste fällt. Sein Leben umschließt eine weite Bahn geistiger und politischer Erfahrungen, die schließlich zu seiner Verhaftung führte – wohl des ersten Zivilisten, nur Stunden nach dem mißlungenen Attentat auf Hitler am 20. Juli 1944. »Sobald Popitz aus seiner Reserve heraustreten würde, hätte er ihn in der Hand«, notierte Goebbels eine Äußerung Hitlers schon am 23. September 1943. Nun war es soweit; nun folgten Gefängnishaft, ein kurzes Verfahren vor dem Volksgerichtshof, das Todesurteil und die dann noch mehrfach verzögerte Hinrichtung am 2. Februar 1945.

Unmittelbar nach dem Zusammenbruch von 1945 lebten noch viele, die wußten, wer dieser Mann war. Als Ricarda Huch, keine Repräsentantin politischen Widerstandes, aber eine beherzte Frau, als erste darangig, Zeugnisse von Persönlichkeiten des Widerstandes zu sammeln, bemühte sie sich eingehend um die vielbeachtete Tätigkeit von Popitz, der als einer der angesehensten unter den Männern des Widerstands galt. Sie starb jedoch vor der Reifung ihres Vorhabens; die aus ihrem Nachlaß herausgegebene Auswahl weist in andere Richtungen. Damals wurden politische wie geistige Weichen gestellt für das Verständnis eines Widerstandes gegen Hitler, der aus größeren und älteren politischen Kollektiven erwuchs. Ungeklärte Frage blieb, wo eine ausgeprägt bürgerliche Individualität wie Johannes Popitz ihren Platz finden sollte.

Das Ende vereinte Popitz mit Goerdeler, einem Mann ganz anderen Zuschnitts, für den jedoch innerhalb der gegebenen Konfiguration im Grunde dasselbe galt. Beide waren mindestens seit 1931 wiederholt einander begegnet und hatten einiges miteinander geteilt. Doch vieles trennte sie – sogar über den Tod hinaus, bis in die ersten historiographischen Würdigungen des Kreises, den man wohl als die Kerngruppe des deutschen Widerstandes bezeichnen, vielleicht der Einfachheit halber den Berliner nennen darf, dessen Existenz sich mindestens für die Jahre 1938 bis 1944 belegen läßt. Als »Preußen« galten beide; aber das schließt Vielfalt nicht aus.

Herkunft und Werdegang

Im väterlichen wie im mütterlichen Zweige seiner Herkunft entstammte Popitz dem in jüngerer Zeit mit guten Gründen so genannten Dessau-Wörlitzer Kulturkreis, an dem zwei Familien der väterlichen Linie, Popitz und Reil, zweimal miteinander verbunden, seit Jahrhunderten Anteil hatten. Der Großvater, den Johannes Popitz

POPITZ, JOHANNES
geb. am 2. 12. 1884 in Leipzig;
hingerichtet am 2. 2. 1945.

selbst nicht mehr gekannt hat, bekleidete in der kleinen unierten Hierarchie des Herzogtums Anhalt das Amt des Superintendenten und Hofpredigers zu Dessau. Der Vater der Großmutter, aus der Familie Reil, hatte als Probst zu Wörlitz eines der vier höchsten geistlichen Ämter des kleinen Herzogtums inne.

Johannes Popitz wurde in Leipzig geboren, wo der Vater nach erlebnisreichen Jahren, die ihn noch vor der Reichsgründung nach Ägypten führten, eine Apotheke übernommen hatte. Aber schon nach wenigen Jahren verstarb er plötzlich und ließ seine Witwe mit zwei Jungen in geradezu ärmlicher Situation zurück. Die Mutter war eine begabte Malerin, die allerdings ihr Talent nur noch nebenher zu entwickeln vermochte. Sie kehrte mit den Kindern in das Haus ihres Vaters zurück, des Dessauer Landgerichtspräsidenten Rudolph, der in seinem fast hundertjährigen, noch bis an das Ende der Weimarer Republik reichenden Leben nicht nur die beiden Enkel, sondern auch noch mehrere Urenkel nach Kräften förderte: mit Sorgfalt und Strenge, in eiserner Sparsamkeit, aber mit einer immensen Schulbildung auf geradezu kantisch beengtem, kategorischem Boden. Dieser Großvater und die ihren Neigungen im stillen nachgehende, vielseitige, aber arme Mutter verkörpern die Umstände, unter denen Johannes Popitz aufwuchs. Sie waren äußerlich bescheiden, aber reich an Lehren und nachhaltigen geistigen Anregungen.

Für das Studium der beiden Enkel sorgte der Großvater, wohl auch für die Wahl des Fachs; beide wurden Juristen. Der ältere starb früh. Danach rückte die Familie noch enger zusammen. Die Dissertation von Johannes Popitz – summa cum laude – erschien 1907 auch als Buch. Dies war der Anfang einer langen Reihe größerer und kleinerer Abhandlungen vornehmlich zum Staatsrecht, zur Finanzpolitik und zur Verwaltungsreform. Der Strom wissenschaftlicher Veröffentlichungen, eines bedeutenden Gelehrten wohl würdig, verstärkte sich stetig in Jahren, die mit zahlreichen Aufgaben und wechselvollen Tätigkeiten angefüllt waren; 1933 versiegte er schlagartig. Der mehrmals überarbeitete Kommentar zum Umsatzsteuergesetz (zuerst 1919) und das als Buch veröffentlichte Gutachten »Der künftige Finanzausgleich zwischen Reich, Ländern und Gemeinden« (zuerst 1932) stehen ihrer anhaltenden wie fernwirkenden Bedeutung nach an erster Stelle.

Die Laufbahn, die als glänzend gilt, läßt noch nichts von der Persönlichkeit, den menschlichen Eigenschaften und von den hervorstechenden Fähigkeiten von Popitz erkennen: Nach der damals üblichen langen Vorbereitung als Referendar und Assessor im preußischen Staatsdienst, zuletzt im Ministerium des Innern und im Reichsschatzamt, seit April 1918 als Regierungsrat, wurde Popitz im März 1919 Vortragender Rat, 1921 Ministerialdirektor und 1925 Staatssekretär im Reichsfinanzministerium. Der gemeinschaftliche Rücktritt mit dem Reichsfinanzminister Hilferding 1929 – des nach dem Urteil des Nachfolgers Hans Schäffer »klügsten Finanzministers und des besten Verwaltungsbeamten, die je das deutsche Finanzministerium hatte« – schloß diesen Teil der Laufbahn des eben fünfundvierzigjährigen Popitz ab; inmitten einer gesundheitlichen Krise als Folge einer Tbc-Erkrankung, die in den nächsten Monaten während eines Ägyptenaufenthaltes ausgeheilt werden konnte. In der trotz gesundheitlicher Belastungen mit großen und anspruchsvollen wissenschaftlichen Vorhaben ausgefüllten Zwischenphase stand Popitz wiederholt vor grundsätzlichen Entscheidungen.

Die Ernennung zum Präsidenten des in München errichteten Reichsfinanzhofes lehnte er Ende November 1930 ab. Schwerer wog die von mehreren Seiten angestrebte Verpflichtung zu einer dauernden akademischen Tätigkeit, die Popitz durch Lehrveranstaltungen, die er seit 1923 an der juristischen Fakultät der Berliner Universität als Honorarprofessor hielt, längst vertraut war. Im Sommersemester 1930 lehrte er mehrere Wochen als Gast an der Universität Kiel. Im nächsten Jahr setzte die philosophische Fakultät in Berlin auf Betreiben ihres Dekans, des Altphilologen Werner Jaeger, im Einverständnis mit dem Leiter der Hochschulabteilung im preußischen Ministerium für Wissenschaft, Erziehung und Unterricht, dem Germanisten Werner Richter, für Popitz einen ständigen Lehrauftrag für Finanzlehre in ihrer ganzen historischen Weite durch, so daß er an zwei Berliner Fakultäten lehrte. Richter mahnte schon 1930, vor »allem Gewesenen den Vorhang fallen zu lassen und entschlossen den Weg des Universitätslehrers zu gehen«. Im März 1931 setzte die Kieler staatswissenschaftliche Fakultät auf Betreiben von Harms und Landmann Popitz an die erste Stelle ihrer Berufungsliste zur Neubesetzung des Lehrstuhls für Staatsrecht, obgleich Popitz wiederholten Kieler Bemühungen keine Hoffnungen gemacht hatte. Er lehnte schließlich auch ab.

Entscheidung für die Politik

Am 31. Oktober 1932 wurde Popitz zum Reichsminister ohne Geschäftsbereich in der Regierung Papen ernannt und als Kommissar des Reiches mit der Leitung des preußischen Finanzministeriums betraut. Dort war ihm die Aufgabe gestellt, die in arger Situation befindlichen preußischen Staatsfinanzen zu konsolidieren. Auch heute läßt sich kaum eindeutig feststellen, wer der Spiritus rector dieser Ernennung war. Zum Reichskanzler von Papen unterhielt Popitz weder vorher noch nachher persönliche Kontakte, noch bewegte er sich in Kreisen, die zu dessen Umgang zählten. Den Nachfolger im Reichskanzleramt, General von Schleicher, kannte Popitz; stetige Verbindungen bestanden jedoch nicht, wohl aber zum Staatssekretär Planck in der Reichskanzlei. Denkbar erscheinen auch gewisse Bemühungen des Reichsfinanzministers und seines Staatssekretärs, beide bis zuletzt Vertrauensmänner Brünings, der vormaligen Ministerialdirektoren Graf Schwerin von Krosigk und Zarden, ihren einstigen Chef aus einer distanzierten oder oppositionellen Position herauszuholen und in einen eigenen Aufgabenbereich zu versetzen. Popitz fühlte sich viel zu sehr dem preußischen Staat verpflichtet, als daß er die neue Aufgabe hätte ablehnen wollen oder können. »Auf die Haltung kommt so viel an«, schrieb er später in der Haft in einem Brief. »Ich bin zwar nicht Preuße, sondern Deutscher schlechthin; aber die preußische Legierung macht erst den Deutschen: sei es nun in Berlin ... oder schlechthin vor dem Schicksal.« So hat er wohl immer gedacht, allerdings nur selten gesprochen; denn das rhetorische Pathos der Zeit war ihm fremd.

Popitz wirkte dann im Reichskabinett stets als Mahner und Kritiker des jeweiligen Reichskanzlers. Graf Schwerin von Krosigk hat es bis zuletzt festgehalten, und auch durch das stilisierte Quellenzeugnis der Protokolle wird es häufig bestätigt. Mehrere Rücktrittsgesuche (drei oder vier) wurden zurückgewiesen. Bis zum 20. Juli 1944 stand er an der Spitze des seit 1934 einzigen preußischen Ministeriums und verfügte nach der Konsolidierung des Staatshaushalts immer noch über die preußischen Finanzmittel und die entsprechende Mitsprache bei der Finanzierung der Preußen verbliebenen Verwaltungsaufgaben. Dies waren auch noch nach der maßgeblich von Goerdeler gestalteten Deutschen Gemeindeordnung vom Januar 1935, welche die gesamte Kommunalpolitik reichseinheitlich regelte, bedeutsame Bereiche: Hierzu zählten die Hochschulen, die staatlichen Archive, künstlerischen Anstalten, Museen und Staatstheater, die Popitz besonders am Herzen lagen. Über die Personalien konnte der Finanzminister nicht entscheiden, aber über Ausstattungen und über die Schaffung oder Aufhebung von Planstellen. Das verlangte manche Kompromisse, setzte aber auch der weltanschaulichen Entfaltung des Nationalsozialismus in diesen Bereichen gewisse Grenzen. Nicht geringere Bedeutung besaß die Verwaltung der umfänglichen preußischen Liegenschaften und Bauten, der Staatstheater mit ihren Bauten und ihrem Personalbestand, der durch Popitz in engster Zusammenarbeit mit den Berliner Generalintendanten erhalten und auch gegen manche Gefährdungen fast bis zuletzt behauptet werden konnte. In diesem Bereich wurde Popitz, wenn auch nicht allein, zum Gegenspieler des seine Ansprüche immer weiter vortreibenden Reichspropagandaministers Joseph Goebbels. Wenn es eine Kontinuität im deutschen Kulturleben gab, an der auch einzelne rassisch Verfolgte noch Anteil nehmen konnten, so nicht zuletzt dank eines immer noch bedeutenden preußischen Finanzministeriums, das erst 1944 seine Selbständigkeit verlor. Schließlich gebot der preußische Finanzminister auch über den preußischen »Staat als Unternehmer«, wie ein Schlagwort des emigrierten ehemaligen Staatssekretärs Staudinger lautete, in dem die alte Preußische Seehandlung, die Preußische Staatsbank, führte, die dann nach dem Kriege für die folgenreiche Transferierung des preußischen Staatsbesitzes in das Vermögen der Bundesrepublik sorgte.

Was sich seit 1933 ereignete, kann nicht mehr als Laufbahn, sondern nur noch als Schicksal und Aufgabe angesehen werden, die Geduld und wachsenden Mut erforderten, während die Zuversicht abnahm: »Die Ereignisse um uns herum zeigen schließlich, daß wir alle nur abwarten können, im Großen wie im kleinen Eigenen«, schrieb er am 30. Juli 1934 an Bernhard Harms. Wahrscheinlich entsprachen diese Worte einer nun nicht mehr veränderten Grundhaltung.

Bildungshorizont

Popitz war eher klein von Statur und von zarter Gesundheit. In Bewegungen, Gesten und in kurzer schlagfertiger wie in ausholender belehrender Rede wirkte er gewinnend, liebenswürdig und immer kenntnisreich. Freilich, in seiner leichten Empfindlichkeit gegenüber Inkompetenz und Anmaßung konnte er auch als kühler Rationalist verkannt werden. Er war ein geistig selbständiger und unabhängiger Mensch, der in einer eigenen Bildungswelt ruhte. Frühe, schon in der Studentenzeit begonnene und später wiederholte Reisen nach Griechenland, Italien, Dalmatien, Ägypten und in den Orient an die Stätten der antiken Kultur hatten sein Interesse an klassischer Archäologie, antiker Kunst, an der Philosophie Platons, auf den er bis in die letzten Tage seines Lebens immer wieder zurückgekommen ist, zur dauernden Vorliebe, aber auch zur geistigen Kraft werden lassen. Unter den Althistorikern stand ihm Ulrich Wilcken am nächsten, der ihm dann auch im Kreise der Mittwochsgesellschaft begegnete. Seinen Tod vermerkte er noch im Gefängnis wehmütig. Freundschaftliche Bande verknüpften

Popitz mit Werner Jaeger, der 1936 an die Universität Chicago ging. Schriften Jaegers konnten auch später noch in Deutschland erscheinen. Dank seiner Einwirkung 1944 auch der zweite Band der »Paideia«, den Popitz im Gefängnis las und der ihn wieder zu neuer Beschäftigung mit Platon anregte.

In einem seiner letzten Briefe an den älteren Sohn vom 10. Januar 1945 finden sich Worte, die wie ein nicht nur an den Adressaten gerichtetes persönliches Vermächtnis klingen: »Was hat man in einem langen Verwaltungs- und Ministerialleben nicht alles an Erfahrungen und Kenntnissen von Problemen und ihren verstiegenen Lösungsversuchen angesammelt. Nun, was nützt es? Der Mensch ist immer gerade da am Ende, wo er alle Erfahrungen hinter sich hat, und dann fangt Ihr Jungen wieder von vorne an. Wenn Ihr wenigstens von den Älteren lernen würdet, wie man es nicht machen soll. Wenn ich zum Beispiel Platon oder Goethe lese, so frage ich mich immer, warum sich die Späteren immer wieder auf Probleme und Fragestellungen gestürzt haben, über die, für mich jedenfalls, beim einen oder dem anderen schon alles gesagt ist, was bis zu den Grenzen unseres Denkvermögens reicht. Und doch werden Plattheiten und unnütze Sorgen immer wiederholt...«

Eine hinterlassene und später gedruckte Aufzeichnung für seine Kinder ist überschrieben »Meine beiden Freunde: Goethe und Fontane«. Doch als Lehrmeister stand wohl immer Platon im Hintergrund und wahrscheinlich noch Thomas von Aquin, auf den sich Popitz zwar seltener bezog, aber dann in einer Weise, die eingehende Kenntnis und gründliches Durchdenken verrät. Übrigens las er bis zuletzt eine gewaltige Menge an Literatur in lateinischer, griechischer und französischer Sprache (den »geliebten Balzac«).

Sicherlich war Popitz nebenher auch zu einem überaus kompetenten Kritiker der Goethe-Germanistik geworden; doch die griechische Antike besaß in seinen Neigungen den höchsten Rang. Äußerlich bezeugen seine Ernennung zum Ehrenmitglied des Deutschen Archäologischen Instituts und seine Wahl zum Präsidenten der Gesellschaft für antike Kultur 1928 auch den Respekt der zeitgenössischen Wissenschaft.

Politische Urteile und Positionen

Popitz war aber auch ein auf weite Sicht bedachter politischer Mensch, weder Bürokrat noch Technokrat modernen Sinnes. Die Klarheit des weitblickenden Urteils war ihm wohl immer wichtiger als der persönliche Ehrgeiz, den einzelne, die ihn kannten, an ihm entdeckt zu haben glaubten und den manche, die ihn nie gekannt haben, gewissermaßen als selbstverständlich unterstellten. Der Sinn für seine Aufgaben, seine eindringende Kenntnis der Sache und der stete Blick auf das, was sich für ihn politisch durchsetzen ließ, ergaben eine Auffassung von notwendigen Pflichten, die Popitz häufig auch das Unpopuläre tun ließ; dabei das Mögliche oder Erreichbare abzumessen zählte er zu den selbstverständlichen Voraussetzungen. Meist traf er ins Schwarze; Irrtümer blieben ihm freilich nicht erspart. Der Eindruck drängt sich auf, daß sich auch seine Urteile über Politiker, mit denen er in Berührung kam, in Maßverhältnissen dieses Rahmens erklären lassen; mutatis mutandis gilt dies wohl auch für seine Haltung gegenüber den meisten Parteien, unter denen allerdings das

Zentrum – und zwar auffällig in seiner Erzbergerschen Richtung – bis zuletzt eine bevorzugte Stellung einnahm.

So erklärt es sich, daß Popitz die Beschränkung länderstaatlicher Rechte in der Finanzreform 1919 beklagte, aber ihre Notwendigkeit vertrat; daß er die für Deutschland wiederentdeckte Steuerquelle der Umsatzsteuer in vielen kritischen Erwägungen behandelte, aber ihre Einführung verteidigte, sie eingehend durchdachte und ihr bester Kenner von internationalem Ansehen wurde. So erklärt sich wohl auch, daß er aus Anlaß der zweiten großen Notverordnung der Regierung Brüning diesem Werk in aller Öffentlichkeit seine Unterstützung gab, obgleich ihn doch schon Skepsis befallen hatte angesichts des Kurses der mit großen Mengen und Maßnahmen operierenden Regierung und obwohl er seit 1929 in fortschreitendem Maße mit dem Gedanken einer »Steuerverschiebung« operierte, die den Ansatz antizyklischer Strategien enthielt. Brüning und Luther näherten sich diesem Ansatz nicht; erst in der Steuergutscheinaktion der Regierungen Papen und Schleicher erfuhr er erste Verwirklichung. So erklärt sich schließlich auch, daß Popitz »so unvorsichtig« war, wie Arnold Brecht es ausdrückte, in dem bereits überfälligen Kabinett Papen das preußische Finanzministerium zu übernehmen und es »unter Hitler ... zu behalten«.

Eine langjährige Mitarbeiterin und einstige Schülerin von Popitz, Johanna Bödeker, die mit seiner Unterstützung ein kleines privates Wirtschaftsforschungsinstitut aufbaute, an dem dann seit 1933 auch der aus seinem Amt entfernte Vizepräsident des Statistischen Reichsamtes, Geheimrat Wohlmannstetter, als ständiger Mitarbeiter für Popitz wirkte, sah die fachliche wie politische Überlegenheit von Popitz darin begründet, »daß er – seiner geistigen Weite gemäß – gewöhnlich einen Standpunkt einnahm, der in einiger Ferne von dem war, was als Objekt unmittelbar zur Debatte stand ... Die Distanz, mit der er ... fachwissenschaftlich und politisch Stellung genommen hat, steht in merkwürdigem, man möchte sagen reizvollem Gegensatz« zu den Tatsachen, mit denen er sich zu befassen hatte.

Einer politischen Gruppe oder Richtung gehörte Popitz zu keiner Zeit an, wenn er auch mit Vertretern fast aller Richtungen und Interessen zusammenkam. Zwei Reichsfinanzminister haben jedoch auf Popitz starken Eindruck hinterlassen: Matthias Erzberger vom Zentrum, über den er Anfang der dreißiger Jahre den Personalartikel für die »Encyclopedia of the Social Sciences« verfaßte, und der Sozialdemokrat Rudolf Hilferding.

Von Anfang an bestanden wohl Vorbehalte gegen einzelne Momente und vor allem die Ausführung der Erzbergerschen Modernisierung der Finanzverfassung; wer danach sucht, findet einige distanzierende Äußerungen zu der in allem vorbereiteten, aber von Erzberger in der Nationalversammlung durchgesetzten und mit Bekennermut vertretenen Reichsfinanzreform. Ihre Grundsätze – auch in ihrer antiföderalistischen und sozialen, auf Sozialisierung großen Einkommenszuwachses abhebenden Stoßrichtung – hat Popitz jedoch immer verteidigt und im Grunde auch in seinen späteren Arbeiten zur Reichsreform und zum Finanzausgleich aus eigener Überzeugung vertreten. Die politische Leistung Erzbergers hat er immer anerkannt.

Eine Synthese von Fachmann und Politiker verkörperte Hilferding. Popitz schätzte ihn nicht nur als Mann von wissenschaftlichen Fähigkeiten und hoher Bildung. In den Jahren 1928 und 1929 entstand eine enge Zusammenarbeit zwischen beiden, die auch zum gemeinsamen Rücktritt führte. Daß Hilferding mit seinen vielseitigen politischen und vielschichtigen gesellschaftlichen Beziehungen keineswegs von Popitz übermächtig beeinflußt werden konnte, wie einmal behauptet worden ist, bedarf für den Kenner der historischen Szenerie keiner Erläuterung. Beide dürften übrigens etwa zur gleichen Zeit von den Theorien Josef Schumpeters beeindruckt worden sein. Im März 1933 riet Popitz Hilferding zur Emigration und ermöglichte sie auch durch eine Intervention beim Berliner Polizeipräsidenten. Als er 1941 von Hilferdings Verhaftung in Frankreich erfuhr, setzte er sich erneut für ihn ein, diesmal jedoch ohne Ergebnis.

Freundschaften und Freundeskreise

Wenn Freundschaften und Freundeskreise über Menschen am besten Auskunft geben können, dann muß hier einer Vielfalt von Verbindungen gedacht werden. Popitz war stets von mehreren spezifischen Freundeskreisen – neben anderen Bindungen in einem weiteren Sinne – umgeben, die sich nur teilweise überschnitten. In den lange beständigen, stets auch die Familien, das Haus einbeziehenden Kreisen stehen auffällig häufig Gelehrte an erster Stelle. Zu den engsten Freunden von Popitz gehörten noch früher und länger als Jaeger und Wilcken die Wirtschaftswissenschaftler Karl Elster und Bernhard Harms. Elster hat, von Georg Friedrich Knapp ausgehend, zur Entwicklung der deutschen Nationalökonomie in der Vorweltkriegszeit wie in den Nachkriegsjahren eine Reihe theoretischer wie analytischer Schriften zur Geldlehre, Finanzreform und Kapitalbildung beigetragen. Er veröffentlichte 1930 das erste wissenschaftlich fundierte Werk über die Währung der Sowjetunion. Mit einer Russin verheiratet, die in der sowjetischen Hierarchie eine höhere Stellung einnahm, hielt sich Elster seit 1933 hauptsächlich in Moskau auf, von wo aus er Popitz auf dem laufenden hielt, bis er nach Verhaftung und Tod seiner Frau selbst zum Opfer der Stalinschen Politik wurde; erst im Kriege kam er frei und nach Deutschland zurück, wo er die letzten Jahre seines Lebens, körperlich und geistig gebrochen, in Berlin in der Nähe seines Freundes verbrachte.

Von der größeren Gruppe gelehrter Nationalökonomen und Finanzwissenschaftler auf Lehrstühlen, die mit Popitz in ständigem Austausch und zumindest zeitweilig in enger persönlicher Verbindung standen, seien nur Harms, Julius Landmann, Edgar Salin und Jens Jessen genannt. Unter ihnen war Harms mit ihm am längsten und bis zu seinem Tode wenige Wochen nach Beginn des Zweiten Weltkriegs auch am engsten verbunden. Der durch bedeutende Veröffentlichungen zur »Weltwirtschaft«, als Herausgeber großer Sammelwerke und durch die Gründung des seinerzeit größten wirtschaftswissenschaftlichen Forschungsinstituts in Deutschland – des »Instituts für Seehandel und Weltwirtschaft« der Universität Kiel – herausragende Wirtschaftswissenschaftler, der erste Präsident der Friedrich-List-Gesellschaft, Organisator des 1926 durch Reichsgesetz geschaffenen Enquête-Ausschusses zur Untersuchung der Absatzbedingungen der deutschen Wirtschaft, war mit Popitz durch gegenseitige Verehrung, aber auch menschliche Zuneigung verbunden. 1933 wurde er in Kiel seiner Ämter enthoben, was ihn zutiefst getroffen hat. Er erhielt dann von der Rockefeller Foundation die Möglichkeit zu längeren Studienreisen im Ausland, während sich Popitz um seine Anbindung an die Berliner Universität bemühte, was 1936 zur Übersiedlung nach

Berlin und zur Ernennung zum Honorarprofessor führte. Auch in die Mittwochsgesellschaft wurde er aufgenommen. Nach seinem Tode folgte ihm dort sein Schüler, der anfänglich überzeugte, aber bald schon abtrünnige Nationalsozialist Jens Jessen, für den sich Harms selbst aufs wärmste eingesetzt hatte und der inzwischen nach Berlin berufen worden war. Er wurde einer der engsten Vertrauen und wichtigster Verbindungsmann von Popitz zu anderen Kreisen des Widerstandes.

Zu Kreisen der Wirtschaft unterhielt Popitz entgegen verbreiteten Annahmen nur wenige enge Beziehungen, die über längere Zeit im Persönlichen oder Sachlichen fundiert waren: zu Martin Sogemeier bis zu Beginn der dreißiger Jahre und erneut in den Kriegsjahren, zu Kastl, Max Cassirer, Erwin Planck und zu Paul Kempner, der – treffend – in einem freundschaftlichen Brief an Popitz (4. Dezember 1934) über eine frühe Begegnung schrieb: »Ihre Neigung zum Kapitalismus insgemein schien nicht von Wohlwollen, geschweige von Hochachtung durchsotten.«

Das Jahr 1933 riß große Lücken in den Kreis der Freunde im engeren wie im weiteren Sinne. Hans Schäffer, Herbert Dorn, Werner Richter, Rudolf Hilferding emigrierten. Ein Wandel der menschlichen Umgebung war zwangsläufige Folge; durch Leiden und Tod der Frau Cornelia, einer gebürtigen Holländerin, 1936 auch ein Wandel der häuslichen Atmosphäre.

Unter den akademischen Juristen von Rang stand zunächst Walter Jellineck mit Popitz in engerer Verbindung und in ständigem Austausch. Seit 1930 breitete sich, vom Reichsjustizministerium (Staatssekretär Joël) und dem Reichsinnenministerium (Zweigert) gefördert, in der Jurisprudenz die Tendenz einer mehr oder minder entschiedenen verfassungspolitischen Revision der Weimarer Reichsverfassung aus. Popitz hatte hieran keinen Anteil; aber er wurde wie beinahe ausnahmslos alle am Staatsrecht interessierten Juristen in zunehmendem Maß von Gedanken des mehr und mehr zum Verteidiger und führenden Rechtslehrer des eingeschlagenen Kurses aufgestiegenen Staatsrechtlers Carl Schmitt beeindruckt, der sich mit deutlichen Zeichen großer Verehrung Popitz genähert hatte. Zur ersten engeren Beziehung scheint es 1930 gekommen zu sein im Anschluß an einen Aufsatz von Schmitt in der »Europäischen Revue«. Hieraus erwuchs für Jahre eine persönliche Verbindung, die ihren Höhepunkt 1931 und 1932 erreichte und auch noch 1933 anhielt. Aber es ist unverkennbar, daß sie abklang. Im Mai 1933 übersandte der einfallsreiche und wortgewandte, stets ausgesucht höfliche Schmitt die Neuauflage seiner Schrift »Der Begriff des Politischen« mit der handschriftlichen Widmung: »Johannes Popitz amico dissentienti.« Später, in den Jahren des Krieges, als Schmitts Einfluß weit zurückgegangen war, scheint ein persönliches Verhältnis noch einmal wiedererstanden, als sich die Frau Carl Schmitts um den verwitweten Popitz bemühte.

· Dies dürfte auch die Phase gewesen sein, in der Popitz im Hause Schmitt mit Persönlichkeiten des dort verkehrenden Freundeskreises bekannt und vertraut wurde: dem Schriftsteller Ernst Jünger, dem jugoslawischen Gesandten, Schriftsteller und späteren Nobelpreisträger Ivo Andrić und dem erblindeten Kieler Bankier Werner Ahlmann, der sich nach dem 20. Juli 1944, um der Verhaftung zu entgehen, selbst tötete. Dies war ein Kreis je für sich ausgeprägt nationaler, aber in entschiedener Gegnerschaft zum Nationalsozialismus stehender Intellektueller, mit denen Popitz bis dahin allenfalls periphere Berührungen hatte. Aber die Zeit und die Umstände veränderten doch vieles und ließen im Gefolge dieser Begegnungen menschliche Hochschätzung entstehen.

Zu Popitz' späterem Freundeskreis gehörten der Chirurg Ferdinand Sauerbruch, der Kirchenhistoriker Hans Lietzmann, seit 1938 Ulrich von Hassell, dann wieder Gereke und Albrecht Haushofer. Von befreundeten Wissenschaftlern sind in erster Linie Eduard Spranger, Werner Heisenberg und der Historiker Friedrich Baethgen zu nennen, von den Militärs Generaloberst Beck, seit Sommer 1939 General Thomas. Kameradschaft und Hochachtung treffen wohl auf die Beziehungen zu Witzleben, Oster und Olbricht, schließlich auch zu Fritz Dietlof Graf Schulenberg und dem jungen Diplomaten Trott zu Solz. Die Beziehung zu Goerdeler wurde wieder enger, auch zu denen, die Gereke oder Goerdeler einführten wie zum Beispiel Langbehn und Ewald Löser. Hermann Schilling, den Popitz in die Leitung und schließlich an die Spitze der Preußischen Staatsbank gebracht hatte, auch sein Halbbruder, der Abwehroffizier Friedrich Wilhelm Heinz, Franz Reuter, der Herausgeber des »Deutschen Volkswirts«, ständiger Verbindungsmann zu Goerdeler, und Eugen Gerstenmaier sind hier zu nennen.

Der gesamte Kreis wird sich heute wohl nicht mehr rekonstruieren lassen. Sicherlich war er größer, als es nach den bekannteren Darstellungen erscheint. Popitz stand im Mittelpunkt mehrerer Gruppen, von denen einige lange Zeit unbeachtet blieben. Wie fast immer, wenn politische Orientierungsprobleme erdrückend in den Vordergrund rücken, ist die geistige und menschliche Qualität der Verbindung weniger deutlich wahrzunehmen.

Situationsbestimmung in der Mittwochsgesellschaft

Einige der Genannten waren bereits, andere wurden später in die Mittwochsgesellschaft aufgenommen. Diese Gesellschaft war eine kleine, berühmte, gelehrte und doch nicht nur wissenschaftliche Vereinigung in Berlin von sechzehn ständigen Mitgliedern, die sich durch Zuwahl ergänzte. Seit Beginn 1932 gehörte Popitz ihr an, seit 1941 lag die Leitung völlig in seiner Hand. Nach dem Tode von Harms wurde Jessen aufgenommen, fast gleichzeitig General Beck; 1940 als Nachfolger Groeners Ulrich von Hassell; 1942 folgte Werner Heisenberg. Nimmt man andere politisch klar denkende und sich äußernde Mitglieder dieser Gesellschaft hinzu – von den älteren Mitgliedern zumindest der ehemalige preußische Minister Bill Drews, Spranger, Sauerbruch und Lietzmann –, so erkennt man die Konzentration und Gravitation nach dem Politischen unter dem Einfluß des sich formierenden Widerstands gegen den nationalsozialistischen Führerstaat. Die Mittwochsgesellschaft wandelte sich nicht in einen konspirativen Kreis, was ihrer Natur nach gar nicht möglich gewesen wäre. Aber in Zuwahlen und Verdichtungen persönlicher Beziehungen dominierte seit 1939 der Einfluß der formierten Verschwörung.

Aber auch die Wende von 1932/1933 läßt sich an dieser Stelle in eigenartiger Weise erfassen. Manche, die ihm nahestanden, beobachteten, daß Popitz im Herbst 1932 eine autoritäre Lösung der Staatskrise für unausweichlich hielt. In einem Vortrag vor der Mittwochsgesellschaft am 26. April 1933, in dem man wohl auch den Versuch einer persönlichen Situationsbestimmung erblicken darf, gab Popitz eine ziemlich vorbehaltlose Deutung der Spätphase der Weimarer Republik bis zur »Kapitulation von Regierung und Präsidialgewalt – ohne ›Marsch auf Rom‹ . . . unter Ausnutzung der biegsamen Verfassung mit ihrem formalen Gesetzesbegriff, der gestattet, mit Zweidrittelmehrheit auch das zu gestalten und durchzusetzen, was in vollem Gegensatz zur politischen Idee dieser Verfassung steht«. Hierbei konnte er an einen voraufgegangenen Vortrag von Bill Drews anschließen, der am 9. November 1932 in einer immer noch lesenswerten Kritik der Weimarer Reichsverfassung und der Anwendungsweise ihres Artikels 48 die schier ausweglose Lage charakterisiert hatte. Vor der Frage, ob Reform oder Revolution, sah Popitz die erste Möglichkeit mit dem mißlungenen Versuch der »Präsidialreform« von Brüning bis Schleicher gescheitert. Nun mußte man durch die »Revolution« hindurch. Die Ausblicke, die Popitz gab, blieben dem zeitgemäßen Optimismus fern, völlig offen angesichts der absehbaren Probleme, »ob der nationale Schwung nachhaltig zu einer neuen geistigen Haltung des Volkes führe« oder zu einer Bewegung »zur Durchsetzung des Sonderinteresses zur Erlangung einer Versorgung in den Stellen des Staates« und »welcher Spielraum . . . für Persönlichkeitswerte und Privatinitiative« erhalten werde.

Frühe Konflikte mit der NSDAP

Über die Natur der Kräfte, die mit der NSDAP empordrängten, gab sich Popitz keiner Täuschung hin. Aber den Appell an einzelne Personen hielt er für sinnvoll und aussichtsreich. Das erklärt auch den Übergang zum entschiedensten Widerstand, als sich ihm die achtbarsten Persönlichkeiten zuwandten. Als »Mahner und Warner« gab sich Popitz auch Göring und Hitler gegenüber, wenn auch nicht so unverblümt wie Gereke, der Reichskommissar für Arbeitsbeschaffung, der sich mit Hitler persönlich anlegte und noch im März 1933 verhaftet wurde.

Zum ersten Konflikt zwischen Popitz und der NSDAP kam es jedoch zur gleichen Zeit, als in Berlin wie in vielen Orten nach der Reichstagswahl vom 5. März an öffentlichen Gebäuden Hakenkreuzfahnen – häufig ohne Zustimmung der Behördenchefs – aufgezogen wurden, was in vielen Fällen zu Konfrontationen, häufig zum Rücktritt, zur Beurlaubung oder zur Amtsenthebung des Behördenchefs führte. Anders verlief der Konflikt im preußischen Finanzministerium, wo ein Amtsgehilfe als Leiter einer »Fachgruppe« der nationalsozialistischen Beamten am 8. März das vielerorts Vollzogene durch eine Flaggenhissung nachzuholen versuchte. Er wurde zum Minister zitiert, der die sofortige Einziehung der Flagge anordnete, den Amtsgehilfen beurlaubte und ihm Hausverbot erteilte. Ein Brief bestätigte diese Maßnahmen und verfügte die Entlassung. Popitz überließ es der NSDAP, sich um die weitere Verwendung ihres Gefolgsmannes zu bemühen. Die Beschwerden, die der nationalsozialistische Reichstagsabgeordnete und Beamtenobmann Fabricius an die Reichskanzlei, an Lammers und an Göring richtete, vermerkten diesen Vorgang empört als Schlappe der NSDAP, »die keineswegs hingenommen werden« dürfte. »Der Minister . . . hat sich gegen den Freiheitswillen der erwachenden Nation vergangen . . . Wenn also . . . jemand aus dem Preußischen Finanzministerium zu weichen hätte, so müßte es der Minister sein und nicht der Amtsgehilfe.« Dieser Tenor ist in anderen Stellungnahmen aufgebrachter Würdenträger des Regimes viele Male erneuert worden – bis zu dem

Urteil, in dem Hitler und Goebbels übereinstimmten: »daß Popitz unser Feind ist« – die »Graue Eminenz« hinter der Fronde ihrer Widersacher, wie es Speer gehört haben will.

Die gegenüber späteren Ereignissen noch klein und unbedeutend erscheinende Auseinandersetzung mit der NSDAP vom März 1933 spitzte sich zu, als Popitz im Anschluß an den »Flaggenzwischenfall« und im Zusammenhang mit ihm noch zwei weitere Beamte disziplinarisch mit Verweisen bestrafte. »Man gewinnt immer mehr den Eindruck«, schrieb Fabricius an Göring, »daß man im Preußischen Finanzministerium geradezu planmäßig darauf ausgeht, Nationalsozialisten kaltzustellen oder ihnen etwas am Zeuge zu flicken.« Die Nationalsozialisten reagierten geradezu hysterisch auf schlichte Erwiderungen im gebotenen Rechtssinn – wie es für ihr Verhalten im Frühjahr 1933 typisch war. Dieser Vorstoß wurde durch eine Erklärung des »Rechtsausschusses der Beamtenarbeitsgemeinschaft« der NSDAP am Abend des 8. März veranlaßt, die ebenfalls eine der nationalsozialistischen Antworten auf den Flaggenzwischenfall im preußischen Finanzministerium war und – »zugunsten der Durchsetzung besonders des leitenden Beamtenkörpers mit nationalsozialistischen Persönlichkeiten« – »eine ganz planmäßige, weitblickende und fachmännische Bearbeitung der Personalien« verlangte. Dies bildete den Auftakt zu einer gesetzlichen Verankerung nationalsozialistischer Personalpolitik, die das Beamtengesetz vom 7. April 1933 schließlich auch vorsah.

Überlegungen zu Umsturz und Neuordnung

Seit den Sommerereignissen von 1934 bestand das Problem eines jeden Widerstandes, der aufs Ganze ging, darin, eine Alternative gegen Hitlers Herrschaft ebenso glaubwürdig wie erfolgreich durchzusetzen, so daß er nicht als wirkungslose Verschwörung einer »volksfremden Kamarilla« zerstampft werden konnte, wie es in der Propaganda und in den vorherrschenden Auffassungen nach dem 20. Juli 1944 dann tatsächlich geschah. Seit Kriegsbeginn war dieses Problem verschärft, aber auch deutlich erkannt. Es sei dahingestellt und bleibt offen, wen es zuerst und am schwersten bedrückte, ob Popitz oder Goerdeler oder Beck oder Hassell: Wie denn nach einer Beseitigung oder Ausschaltung Hitlers und seiner Partei ein neuartiges Regiment inauguriert werden könne, ohne einen inneren Zusammenbruch oder einen Bürgerkrieg herbeizuführen und Deutschland für längere Zeit zum Schlachtfeld werden zu lassen, wofür niemand die Verantwortung übernehmen konnte. Auch diese Bedenken gehörten zur Moral des Widerstandes. Nach dem Feldzug gegen Frankreich und die kleineren Staaten im Westen im Sommer 1940 schien eine Lösung noch schwieriger als je zuvor. Auch gab es verschiedene Ansichten über die künftige Staatsform Deutschlands, die eine geistesgeschichtlich orientierte Historiographie jedoch manchmal stark überschätzt hat. Für verfassungsgeschichtliche Vorstufen Nachkriegsdeutschlands bietet die Geschichte des deutschen Widerstandes wenig Anhalte.

Das von Popitz in Verbindung mit anderen – vermutlich in der zweiten Jahreshälfte 1940 oder 1941 – entworfene »Gesetz über die Wiederherstellung geordneter Verhältnisse im Staats- und Rechtsleben« – expressis verbis als »vorläufiges Staatsgrundgesetz« bezeichnet – sah neben einer begreiflicherweise mit beträchtlichen Vollmachten ausge-

statteten Reichsregierung einen »Staatsrat« als Vertretung des Volkes vor, »bis unter
Mitwirkung aller Schichten des Volkes dem Deutschen Reich eine endgültige Verfassung gegeben werden kann« und »bis die Festigung der allgemeinen Lebensverhältnisse
des deutschen Volkes die Bildung einer Volksvertretung auf breiter Grundlage gestattet«.

Man muß diese Sätze zweimal lesen, weil sie fast regelmäßig überlesen oder übergangen worden sind. Ebenso falsch wie die Vermutung, Popitz hätte sich in der Rolle eines
Verfassungsvaters oder Gesetzgebers sehen wollen, die auf völliger Fehleinschätzung
der Persönlichkeit wie der Situation beruhte, wäre die Annahme, in bestimmten
Formulierungen dieses Übergangsgesetzes »einen Ausdruck der politischen Ideale
seines Urhebers« sehen zu können. Wesentlich weiter würden Vergleiche mit den
Maßnahmen der Besatzungsmächte in der Anfangsperiode 1945 führen, die im Hinblick auf die Amtsenthebung der Reichsregierung, die Auflösung der NSDAP und
ihrer Gliederungen, der Gestapo, der Konzentrationslager usw. dem von Popitz
entworfenen »Wiederherstellungsgesetz« teilweise doch sehr nahekamen, nur daß die
Besatzungsmächte nach dem deutschen Zusammenbruch und der Kapitulation der
deutschen Wehrmacht über ungleich stärkere Machtmittel verfügten, als sie die Verschwörer auch im günstigsten Falle jemals besessen hätten. Das vorläufige Wiederherstellungsgesetz für das Interregnum nach einem Staatsstreich blieb nur eine Moment-
aufnahme. Weitergreifende Pläne hat auch Popitz verfolgt. Aber er unterschied sich
wohl von den Kreisauern wie auch von Goerdeler.

In Verbindung mit einem sonst kaum bekannten Beamten des Reichswirtschaftsmi-
nisteriums wurde seit Beginn des Krieges eine Sammlung von Gutachten namhafter
Wissenschaftler (Jessen, Hasenack, Eucken, Lampe, Stucken, Teschemacher und
anderen) zu Problemen der Kriegsauswirkungen, des Wirtschaftskriegs und der
Kriegsfinanzierung mitsamt ihren Folgen vorgenommen, die offenbar später oder gar
laufend fortgeführt und teilweise von Johanna Bödeker, teilweise von Popitz selbst für
künftige Perspektiven ausgewertet wurden. Eine umfangreiche Ausarbeitung von
Johanna Bödeker »Die neue Ordnung« vom März 1943 setzte an einem Gleichstand der
wirtschaftlichen Notlagen in allen europäischen Nationen an, ohne die Frage von Sieg
oder Niederlage zu diskutieren (eine der Fragen, die »verständlicherweise ... im
Zusammenhang dieser Darlegung nicht erörtert werden« kann). Deutschland wurde
weder als Sonderfall noch als Vormacht, Europa wurde als künftige Einheit behandelt:
»Die Verbindung der europäischen Nationen zu einer Einheit ... kann aufgrund des
Kulturgefälles von Nord nach Süd und von West nach Ost nur in einem übernationalen
Zusammenschluß bestehen, der aber den einzelnen nationalen Sozialexistenzen sehr
weitgehend Selbständigkeit belassen muß, wenn nicht das ganze Gefüge ... von
vornherein brüchig sein soll...« Einige Konsequenzen, die Popitz zog, stellte er in
einem Vortrag »Über die künftige Gestaltung der Sozialordnung« am 2. Juni 1943 in
der Mittwochsgesellschaft zur Diskussion. Dieser Komplex gründlich abgewogener
Gedanken enthält mehr Bedenkenswertes in der Widerstandsbewegung auch im Lichte
späterer Entwicklungen, als bisher angenommen wurde.

Innerhalb der Berliner Gruppe verfolgte Goerdeler von Anbeginn am entschiedensten den Gedanken, durch die Mobilisierung möglichst vieler Repräsentanten aus
Wirtschaft, Parteien, Gewerkschaften und Kirchen dem Widerstand möglichst starken

Anhang zu sichern. Hierin war er vor allem in Südwestdeutschland überaus erfolgreich. Aber dies war einer der Punkte, in denen Goerdeler auf Bedenken stieß. Auch Popitz mißtraute einer so sehr in die Breite zielenden Konspiration und hegte gewisse Skepsis über das Prestige einiger der von Goerdeler herangezogenen älteren Politiker.

Größtes Gewicht besaß in den Überlegungen der Berliner Gruppe die Persönlichkeit, die als »Staatsoberhaupt« nach einer Beseitigung Hitlers über ausreichend Autorität gebot, um eine erfolgreiche »Machtergreifung« gegen die Nationalsozialisten durchzuführen, und die auch die Wehrmacht hinter sich wußte. Aller Augen waren auf Generaloberst Beck gerichtet, dessen Zögern in manchen Fragen und dessen sich verschlechternder Gesundheitszustand es allerdings seit der Jahreswende 1942/1943 fragwürdig erscheinen ließen, ob und wie lange er für diese Aufgabe in Betracht kommen werde.

Popitz dachte, unbeschadet seiner persönlichen Hochschätzung Becks, vorübergehend an den geachteten Militärbefehlshaber in Belgien, General von Falkenhausen, der jedoch wegen des umstrittenen Ansehens seines Amtes – nicht seiner Persönlichkeit – im Ausland nicht in Betracht kam, dann an Generalfeldmarschall von Witzleben. Sowohl Hassell als auch Popitz erwogen aber auch eine monarchische Lösung, von der sie immer noch die relativ größte Popularität erwarteten, falls ein geeigneter Kandidat präsentiert werden konnte. Zumindest Popitz war von Haus aus kein Anhänger der Monarchie. Doch auch 1934 hatte sie als Alternative zu Hitler eine gewisse Rolle gespielt. Wenn man von den Hohenzollern ausging, ergaben sich allerdings erneut Probleme. Popitz suchte sie in Fühlung mit anderen Häuptern des Berliner Kreises durch ein Gespräch im preußischen Finanzministerium mit dem einstigen Kronprinzen dahingehend zu klären, daß nicht er, sondern andere Prätendenten zur Entscheidung standen. Zu welchem Ergebnis dieses Gespräch führte, ist jedoch nicht überliefert. Die Frage des künftigen Staatsoberhauptes war wahrscheinlich nicht definitiv geklärt, als eine schwere Operation Becks eine lange Rekonvaleszenz außerhalb Berlins in der Obhut Sauerbruchs erforderlich werden ließ, so daß er von Ende Januar bis Anfang September 1943 an den weiteren Erörterungen und Planungen nicht beteiligt war. Dies waren ereignis- und entscheidungsschwere Monate.

Doch mit all diesen Fragen hat das häufig zitierte, aber in seinen Umständen noch nicht näher erforschte Treffen des neuen Reichsinnenministers Himmler mit Popitz am 26. August gar nichts zu tun. Die Initiative ging nicht von Popitz aus, sondern von Langbehn, wenn nicht gar von Himmler selbst, der schon früher versucht hatte, sich in die Widerstandsbewegung hineinzudrängen oder eine Übersicht zu gewinnen. Popitz selbst wußte sich seit mehreren Monaten durch den in seine Nachbarschaft gezogenen Kriminalrat Lange beobachtet, der später zu den Hauptbeauftragten der Untersuchung gegen die Männer vom 20. Juli 1944 zählte und der Popitz' Nachbarn Haverbeck, einen Verwandten von Langbehn, für einige Wochen verhaftet hatte.

Das Zwischenspiel des Gespräches Himmler–Popitz (Langbehn) wurde ähnlich bedeutsam wie die lange Abwesenheit und Aktionsunfähigkeit Becks, obgleich zumindest die Folgen dieses Gespräches mehr mit der Geschichte alliierter Geheimdienste zu tun haben als mit der des Widerstandes. Die Begegnung erbrachte nichts. Sie trieb jedoch Entwicklungen voran, die sich alsbald verselbständigten, die aber durch die Tat Graf Stauffenbergs, bevor sie auseinanderliefen oder versandeten, von einer Entscheidung weltgeschichtlichen Ranges überschattet wurden.

Quellen und Darstellungen

Überlieferungen der Tätigkeit von Johannes Popitz finden sich spurenhaft in mehreren Beständen verschiedener Archive, Reste des hinterlassenen persönlichen Schriftguts größtenteils als Nachlaß Popitz im Bundesarchiv zu Koblenz, teils in privater Hand; andere Teile sind bislang unauffindbar geblieben. Die veröffentlichten Aufzeichnungen von: HASSELL, ULRICH V.: *Vom andern Deutschland. Aus den nachgelassenen Tagebüchern 1938–1944*, Zürich/Freiburg 1946 (mehrmals aufgelegt), sind eines der wichtigsten, jedermann zugänglichen Zeugnisse. Die Anklageschrift des Oberreichsanwalts gegen Popitz und Langbehn wurde von: DULLES, ALLEN WELSH: *Germany's Underground*, New York 1947, in der deutschen Übersetzung unter dem Titel: *Verschwörung in Deutschland*, Zürich 1948, S. 206–229, veröffentlicht; sie enthält deutlich widersprüchliche Elemente und läßt sich nur in Verbindung mit komplementären Zeugnissen auswerten. Weitere Quellen: POPITZ, JOHANNES: *Meine beiden Freunde: Goethe und Fontane* (aus dem Gefängnis), abgedruckt in: *ANTIΔΩPON. Edgar Salin zum 70. Geburtstag*, Tübingen 1962, S. 35–51; *Die Mittwochs-Gesellschaft. Protokolle aus dem geistigen Deutschland 1932 bis 1944*, hrsg. u. eingel. v. Klaus Scholder, Berlin 1982; Erinnerungen von FECHTER, PAUL: *Menschen und Zeiten. Begegnungen aus fünf Jahrzehnten*, Gütersloh 1948 (mehrmals aufgelegt); HILDEBRANDT, RAINER: *Wir sind die Letzten. Aus dem Leben des Widerstandskämpfers Albrecht Haushofer und seiner Freunde*, Neuwied/Berlin o. J. (1949); JOHN, OTTO: *Zweimal kam ich heim. Vom Verschwörer zum Schützer der Verfassung*, Düsseldorf/Wien 1969; GEREKE, GÜNTHER: *Ich war königlich-preußischer Landrat*, Berlin (Ost) 1970; die unveröffentlichte Aufzeichnung von: BÖDEKER, JOHANNA: »*Johannes Popitz, geschrieben auf Wunsch von Prof. Dr. Günther Schmölders im Hinblick auf Popitz' 70. Geburtstag am 2. Dez. 1954*«; und die Aufsätze von Rolf Grabower, Fritz Terhalle, Fritz Neumark, Ottmar Bühler, Georg Gast und Walter Hübschmann in: *Dem Gedächtnis von Johannes Popitz*, Finanz-Rundschau, Nr. 23/9. Jg. (1954). Wichtigste Darstellungen von: DIECKMANN, HILDE-MARIE: *Johannes Popitz. Entwicklung und Wirksamkeit in der Zeit der Weimarer Republik* (Studien zur europäischen Geschichte IV), Berlin 1960; HETTLAGE, KARL M.: *Johannes Popitz*, in: Männer der deutschen Verwaltung. 23 biographische Essays, Köln/Berlin 1963, S. 329–347. Die Studie von: BENTIN, LUTZ-ARWED: *Johannes Popitz und Carl Schmitt. Zur wirtschaftlichen Theorie des totalen Staates in Deutschland* (Münchener Studien zur Politik 19), München 1972, bedarf etlicher Korrekturen. Sie enthält auch Mißverständnisse. (Eine wirtschaftliche Theorie tritt weder bei Popitz noch bei Carl Schmitt in Erscheinung; zur Theorie eines totalen Staates hat Popitz nichts beigetragen.) Zuletzt: HANSMEYER, KARL-HEINRICH, u. a.: *Kommunale Finanzpolitik in der Weimarer Republik*, Stuttgart/Berlin/Köln/Mainz 1973 (bes. Kap. V).

DIETER OSE

Erwin Rommel

»Ein unbarmherziges Schicksal riß ihn in dem Augenblick von uns, da die Kämpfe ihren Höhepunkt erreichten« – Rundstedts Worte auf der Trauerfeier für Rommel am 18. Oktober 1944 in Ulm. Sie war auf Befehl Adolf Hitlers inszeniert worden, Nationaltrauer war befohlen. Der rangälteste Generalfeldmarschall der deutschen Wehrmacht hielt die Trauerrede auf den rangjüngsten Generalfeldmarschall. Trauergäste bei der pompös aufgemachten Feier waren neben den Angehörigen und Generalen der Wehrmacht auch Dr. Karl Strölin, der Oberbürgermeister von Stuttgart, und Konstantin Freiherr von Neurath. Aber auch eine SS-Formation paradierte, und Gestapo-Beamte in Zivil wohnten dem Staatsakt bei.

Die Art und Weise des Sterbens von Generalfeldmarschall Erwin Rommel paßte nicht so ganz zu der Trauerfeier – aber das wußte damals noch niemand, fast niemand.

»Zweihundert Meter hinter dem Ortsausgang sagte General Burgdorf, ich solle anhalten. Ich mußte den Wagen verlassen, und General Meisel ging mit mir weg, noch ein Stück höher den Weg hinauf. Nach einiger Zeit – etwa fünf bis zehn Minuten – rief uns Burgdorf zurück. Ich sah Rommel hinten im Wagen sitzen, offenbar im Sterben, besinnungslos, in sich zusammengesunken, schluchzend, nicht röchelnd oder stöhnend, sondern schluchzend. Die Mütze war ihm heruntergefallen. Ich richtete ihn noch auf und setzte ihm die Mütze wieder auf...« – so schildert der Fahrer Heinrich Doose, ein junger SS-Hauptscharführer, der die Generale Meisel und Burgdorf gebracht hatte, Rommels Sterben.

Seine letzten Worte hatte er an Hauptmann Aldinger gerichtet: »Ich habe mit meiner Frau gesprochen und mich entschieden. Ich werde mir niemals erlauben, von diesem Menschen Hitler gehenkt zu werden. Ich habe keinen Mord geplant. Ich versuche nur, meinem Volk zu dienen, wie ich es mein Leben lang getan habe, aber jetzt ist es das, was ich tun muß. In etwa einer halben Stunde wird ein Telefonanruf aus Ulm kommen, daß ich einen Unfall gehabt habe und tot bin.«

»Treue bis in den Tod«

Wer war dieser Generalfeldmarschall, der wenige Tage, bevor er auf Befehl des »Führers« den Freitod dem Prozeß vor dem Volksgerichtshof vorzog, an diesen noch geschrieben hatte: »...Sie, mein Führer, wissen, wie ich meine ganze Kraft und mein Können eingesetzt habe, sei es im Westfeldzug 1940 oder in Afrika 1941

Rommel, Erwin
geb. am 15. 11. 1891 in Heidenheim;
erzwungener Selbstmord am 14. 10. 1944.

bis 1943 oder in Italien 1943 oder wieder im Westen 1944. Mich beherrschte stets nur ein Gedanke – zu kämpfen und siegen für Ihr neues Deutschland. Heil mein Führer!«

Um es vorwegzunehmen – Rommel war »ein Kind seiner Zeit«: ein untadeliger Soldat, ein glänzender Taktiker, aber ohne tiefere Einblicke in die politischen Zusammenhänge des nationalsozialistischen Systems. Hitler brauchte ihn, gebrauchte und mißbrauchte ihn – durch die Art der Totenfeier verhöhnte er ihn gar.

Geboren wurde Erwin Johannes Eugen Rommel in Heidenheim an der Brenz – er war also ein Schwabe. In seinem mit neunzehn Jahren handschriftlich verfaßten Lebenslauf sind die Jahre einer problemlosen und normal verlaufenden Jugendzeit nachgezeichnet: »Ich bin geboren am 15. November 1891 ... als zweiter Sohn des dortigen Professors Erwin Rommel und seine Frau Helene, geborene Luz, beide evangelisch. Meine ersten Jahre verliefen mir, soweit meine Erinnerung reicht, besonders angenehm, da ich mich im Hof und in dem großen Garten ums Haus täglich tummeln konnte. Mit sieben Jahren sollte ich in die Elementarschule eintreten. Da aber mein Vater in diesem Jahr als Rektor nach Aalen befördert wurde und daselbst sich keine Elementarschule befindet, so mußte ich mir durch Privatunterricht die nötigen Kenntnisse aneignen, um in Aalen in die Volksschule eintreten zu können.

Im Herbst 1908 trat ich in die achte Klasse des königlichen Realgymnasiums in Gmünd ein... Die Fächer, die mich besonders in der letzten Zeit anzogen, waren Mathematik und Naturwissenschaft. Meine freie Zeit benütze ich teils zur Vorbereitung und zum Lesen, teils zu körperlichen Übungen wie Radfahren, Tennisspielen, Schlittschuhlaufen, Rodeln, Skifahren usw....«

Rommels Bruder Karl meldete sich freiwillig zur Armee, der Vater spornte daraufhin auch Erwin zur Soldatenkarriere an. So trat Rommel, nach dem Abitur, im Juli 1910 in das 6. Württembergische Infanterieregiment 124 in Weingarten ein. Im Januar 1912 wurde er zum Leutnant befördert, sein Kommandeur urteilte: »Er ist im großen und ganzen militärisch brauchbar...«

Nichts deutet zu diesem Zeitpunkt bereits darauf hin, daß der Name Rommel einmal Weltgeltung beanspruchen würde, daß er dem militärischen Widerstand, zumindest ab Mai/Juni 1944, aufgeschlossen, wenn nicht bejahend gegenüberstand und doch dem »Führer« treu bis in den Tod gehorsam folgte.

Ein Brief allerdings, geschrieben am Vorabend des Ersten Weltkrieges, am 31. Juli 1914, warf ein bezeichnendes Licht auf die Pflichtauffassung des jungen Leutnants: »Unheimlich schwer liegt die drohende Kriegsgefahr über deutschem Land. Überall ernste Gesichter ... da kam der Mobilmachungsbefehl. Der Oberste Kriegsherr rief zu den Waffen. Was wir gelobt hatten, konnten und wollten wir mit der Tat beweisen – Treue bis in den Tod.« Auf der einen Seite spiegeln diese Zeilen das damalige Lebensgefühl einer ganzen Generation wider, auf der anderen Seite aber sind sie auch typisch für den Leutnant wie für den Generalfeldmarschall Rommel: »Treue bis in den Tod.«

Der junge Leutnant kam mit seinem Regiment zuerst nach Frankreich, dort wurde er zweimal verwundet, erhielt als erster Leutnant seines Regiments das Eiserne Kreuz I. Klasse. Damals schon wurde deutlich, wo Rommel sich am liebsten aufhielt: vorne. Das hat er bis zu seinem Lebensende so beibehalten. Und deutlich zutage traten auch die später so oft mit seiner Person verkörperten soldatischen Tugenden: Tapferkeit,

Willensstärke, Härte, Entschlußkraft, Wagemut, Einfallsreichtum und »fuchsische Schläue«.

So war es kaum verwunderlich, daß dem 1915 zum Oberleutnant beförderten Offizier an der Isonzo-Front im Oktober 1917 eine Bravouraktion glückte, die einen Eckpfeiler der italienischen Front zum Einsturz brachte. Er erstürmte mit seiner Kompanie den Monte Matajur und nahm 1500 Italiener gefangen. Wenige Tage später besetzte er mit einer Handvoll Männer Longarone: 10 000 Gefangene. Seine Vorgesetzten vom Württembergischen Gebirgsjägerbataillon, unter anderem der Vater von Dr. Caesar von Hofacker, schlugen ihn zum höchsten Orden vor. Am 10. Dezember 1917 erhielt Rommel für seine Überrumpelungsaktion am Monte Matajur den »Pour le mérite«.

Die nächsten Stationen seines militärischen Werdeganges sind schnell berichtet. Im Oktober 1918 wurde Rommel Hauptmann. Diesen Dienstgrad behielt er bis 1933. Erst durch die Vergrößerung der Wehrmacht avancierte der Infanterieoffizier innerhalb von nur vier Jahren, von 1933 bis 1937, bis zum Oberst. Neben seinen Erfahrungen im Krieg, die Rommel in seinem Buch »Infanterie greift an« ausgewertet hatte, waren auch die langen Jahre als Hauptmann prägend. Während seiner Zeit als Kompaniechef (neun Jahre) und als Taktiklehrer an der Infanterieschule in Dresden (vier Jahre) erweiterte und vertiefte er sein taktisches Wissen. Zustatten kam ihm dabei seine gewiß überdurchschnittliche mathematisch-naturwissenschaftliche Begabung. In dieser Zeit entwickelte sich wohl sein ausgeprägter Sinn für taktische Zusammenhänge und sein »scharfer Blick für die Notwendigkeiten der Stunde«. Diese Eigenschaften sollten ihn auch später als Heerführer auszeichnen.

Hitler berief ihn 1937 zum Verbindungsoffizier der Wehrmacht zur Hitlerjugend. Vom November 1938 bis zum Kriegsbeginn war Rommel Kommandeur der Kriegsschule Wiener Neustadt. Gleichzeitig war er, quasi in Zweitfunktion, »Kommandant des Führerhauptquartiers«, das Hitler unter anderem im Frühjahr 1939 bei seinem Einmarsch in Prag begleitete. Als Rommel auf die Frage Hitlers, wie er in Prag einmarschieren solle, antwortete: »Ich würde in einem offenen Wagen ohne Geleit durch die Straßen zum Hradschin fahren«, bewies er eine ähnliche Entschlossenheit und Kühnheit wie 1917 am Monte Matajur.

Westfront, Wüstenfeldzug, Invasion

Ab August 1939 auf Dauer dem Führerhauptquartier zugeteilt, gestattete ihm Hitler im Frühjahr 1940, sich eine Division auszusuchen. Der im August 1939 zum Generalmajor beförderte Offizier wählte sich die 7. Panzerdivision. Sie ging als »Gespensterdivision« in die Geschichte des Westfeldzuges ein. Mit ihrem Kommandeur vorneweg stieß die Division an der Spitze des XV. Panzerkorps in ungeheurem Tempo in Richtung Westen vor, immer wieder den fassungslosen Gegner hinter sich lassend.

Die Öffentlichkeit horchte auf, der Name Rommel gewann einen guten Klang, seine Tapferkeit wurde mit dem Ritterkreuz belohnt. Im Februar 1941 sandte Hitler den General mit einem »Panzersperrverband« nach Tripolis zur Unterstützung der Italiener, die mit ihrem Versuch, Ägypten zu nehmen, gescheitert waren. Rommel, der nie eine Generalstabsausbildung durchlaufen hatte, wurde Kommandierender General des

Deutschen Afrikakorps und war bis zum 25. Februar 1943 jeweils Oberbefehlshaber der höchsten deutschen Kommandobehörden – mit unterstellten italienischen Verbänden – in Nordafrika (Panzergruppe, Panzerarmee, Heeresgruppe Afrika). Am 22. Juni 1942, nachdem er in einer wagemutigen Aktion Tobruk genommen hatte, ernannte Hitler ihn zum Generalfeldmarschall.

Rommel hatte zuvor in ungewöhnlich schneller Abfolge die vorhergehenden Dienstgrade durchlaufen: August 1939: Generalmajor, Januar 1941: Generalleutnant, Juli 1941: General der Panzertruppen, Januar 1942: Generaloberst. Im Juni 1943 wurde unter seinem Kommando der Stab der Heeresgruppe B umgebildet, der nach einem kurzen Zwischenspiel auf dem Balkan ab August 1943 in Norditalien eingesetzt wurde. Er sollte die nach der Verhaftung Mussolinis und dem drohenden Abfall Italiens in der Apenninenhalbinsel neu eingesetzten deutschen Truppen organisieren und führen. Im Rahmen seines Auftrages kam es zwischen Rommel und dem bereits in Italien befehlenden Oberbefehlshaber Süd, Generalfeldmarschall Albert Kesselring, zu Differenzen über die Art der Auftragserfüllung. Kesselring setzte sich durch.

Schließlich erhielt Rommel am 5. November 1943 den Befehl, mit seinem Stab die Verteidigungsvorbereitungen an den von deutschen Truppen in Westeuropa besetzten Küsten zu überprüfen. Im Zusammenhang mit dieser Aufgabe wurde er dann dem Oberbefehlshaber West, Generalfeldmarschall von Rundstedt, unterstellt und übernahm den Oberbefehl über die Truppen der 7. und der 15. Armee und die des Wehrmachtsbefehlshaber in den Niederlanden, im Mai 1944 insgesamt 38 Divisionen. Rommel gab den Verteidigungsvorbereitungen im Westen neue Impulse. Er entwarf eigenhändig Strand- und Vorstrandhindernisse. Die Anlage von Minenfeldern oder die Konstruktion neuer Minen gingen genauso auf seine Anregungen wie der Bau von Sperren und Hindernissen gegen Luftlandungen, die sogenannten »Rommel-Spargel«. Nachgerade zur Legende geworden ist die berühmte »Panzerkontroverse« vom Frühjahr 1944. Genau wie in dem persönlichen Bemühen um die Verbesserung der Abwehrkraft an der Küste kam in dieser Kontroverse die mehr taktische Denkweise des Feldmarschalls zum Ausdruck. Rommel wollte die Panzerdivisionen unmittelbar am Strand eingesetzt wissen, um mit ihnen sofort am Landetage eingreifen zu können. Rundstedt und sein Panzergeneral Geyr von Schweppenburg bevorzugten eher den sicheren und konzentrierten Einsatz aus der Hinterhand, ließen sich also mehr von operativ-strategischen Überlegungen leiten.

Hitler beendete den Disput schließlich mit einem Kompromiß, der Rommels Vorstellungen entgegenkam, aber auch Rundstedts Intentionen nicht unberücksichtigt ließ. Der tatsächliche Verlauf der Invasion schließlich ließ auch diese Kontroverse zur Geschichte werden, Rommel und Rundstedt bemühten sich à la longue vergeblich, der gegnerischen Personal- und Materialüberlegenheit Herr zu werden, wenn auch – zu Beginn der Kämpfe – bedeutende Erfolge auf taktischem Gebiet nicht ausgeblieben waren.

Die militärische Rolle Rommels endete am 17. Juli 1944, als er – typisch für ihn – in einem offenen Horch ohne Begleitung am hellichten Tag durch die Normandie fuhr und der Wagen von britischen Jägern beschossen wurde. Bei dem anschließenden Unfall erlitt der Feldmarschall neben anderen schweren Verletzungen einen Schädelbruch, der ihn für längere Zeit außer Gefecht setzte. Der langsam wieder Genesende setzte dann am 14. Oktober 1944 seinem Leben durch Gift ein Ende; der Selbstmord war, wie wir wissen, ein von Hitler befohlener Mord. Erst nach dem Krieg, Ende 1945, wurde durch eine eidesstattliche Erklärung des Sohnes von Erwin Rommel, Manfred Rommel, die Wahrheit bekannt: »Mein Vater, der Generalfeldmarschall Erwin Rommel, ist am 14. 10. 1944 in Herrlingen nicht eines natürlichen Todes gestorben, sondern ist auf Befehl des Reichskanzlers Adolf Hitler auf die nachfolgende Weise beseitigt worden:...«

Marschall des Führers?

Um Rommels Handlungsweisen, seine militärischen Erfolge wie Mißerfolge erfassen zu können, ist es nützlich, sich noch einmal auf den afrikanischen Kriegsschauplatz zu begeben. Um sich Rommels Charakter, seinem Denken und Fühlen zu nähern, erscheint es notwendig, sein Verhältnis zu Hitler und zu der nationalsozialistischen Partei etwas näher ins Licht zu rücken.

Der »geborene« Taktiker Rommel ging in seinen ihm gestellten Aufgaben sowohl in Frankreich 1940 als auch in Afrika von 1941 bis 1943 voll auf. In Libyen, weit entfernt von der Zentrale, konnte er nach eigenem Gutdünken schalten und walten. Und er konnte auch Erfolge an seine Fahnen heften. Beförderungen und hohe Auszeichnungen folgten Schlag auf Schlag: Ritterkreuz 1940, Eichenlaub 1941, Schwerter 1942, Brillanten 1943.

Bei den Kämpfen gegen die Briten gewann Rommel ein Gefecht nach dem anderen, scheinbare Niederlagen konnte er in Siege ummünzen – durch Tricks, durch Finten und immer wieder durch persönliches Vorbild an der Spitze seiner Soldaten. Was allerdings fehlte, war die »organisatorische Seite der Strategie«, das heißt der Nachschub, die Flankensicherung, die geschickte Dislozierung der Kräfte, die Schwerpunktbildung – Voraussetzungen für einen über längere Zeit erfolgreich zu führenden Feldzug. Massive Kritik wurde laut. Generaloberst Franz Halder, Chef des Generalstabes des Heeres, schrieb: »Rommel hat uns alle die Tage über keinen klaren Bericht gegeben. Ich fühle, daß die Sache faul ist. Aus Berichten von Offizieren, die von unten kommen... geht hervor, daß Rommel seiner Führungsaufgabe in keiner Weise gewachsen ist. Er rast den ganzen Tag bei den weitverstreuten Truppen herum... verzettelt seine Truppen. Kein Mensch hat einen Überblick über die Verteilung der Truppen und über die Gefechtskraft.« An anderer Stelle hieß es: »Rommel hat eine Lage geschaffen, welcher die Nachschubmöglichkeiten nicht mehr gerecht werden... er ist der Sache nicht gewachsen...« Im April 1941 wurde sogar der Oberquartiermeister I im Generalstab des Heeres, Generalleutnant Paulus, nach Nordafrika geschickt, da man glaubte, daß er noch als einziger die Möglichkeit habe, »diesen verrückt gewordenen Soldaten durch seinen persönlichen Einfluß abzufangen«.

Das OKH übte – nicht zu Unrecht – Kritik an dem mangelnden Verständnis Rommels für operativ-strategische Zusammenhänge und an seiner impulsiven, oft kräfteverschleißenden Art der Führung. So hatte beispielsweise Rommels Panzerdivision im Westfeldzug die größten Menschenverluste aller an der Front eingesetzten Divisionen: Auf diesem Hintergrund relativiert sich die Zahl von 97 000 gefangenen Gegnern. Und auch der Afrikafeldzug verlangte einen zum Teil übermäßig hohen

Blutzoll. Unrühmlich bekannt geworden sind in diesem Zusammenhang die ersten Befehle Rommels, Tobruk zu nehmen, die ohne irgendwelche Rücksichtnahme auf die eigenen Soldaten immer wieder erneuert wurden, ohne Aussicht auf Erfolg. Von vielen Generalen wurde Rommel als Außenseiter und Emporkömmling betrachtet. Sein schnelles Avancement – innerhalb von nur drei Jahren vom Oberst zum Generalfeldmarschall – stempelte ihn in vielen Augen als »Marschall des Führers«, als Parteigeneral der »neuen Generation«.

Vielfach anders und besser als der »alten Generation« gelang dem Feldmarschall der Umgang mit dem einfachen Soldaten an der Front. Rommel verstand es sehr gut, die ihm untergebenen Soldaten zu begeistern. Er sah sich als das, was man im Landserjargon ein »Frontschwein« nannte, das »immer den richtigen Ton« fand. Im Verhältnis zu den Mannschaften war das sicherlich richtig, ging es jedoch um höhere Offiziere, Generale beispielsweise, so wird berichtet, daß er bei seinen Inspektionsreisen in der Normandie immer erst ein bis zwei von ihnen »frühstückte« – so der Kommandierende General des LXXXIV. Armeekorps, General der Artillerie Erich Marcks –, bevor er zum eigentlichen Besuchszweck kam. Allerdings verlangte er nichts von anderen, was er nicht selbst vorlebte – wenn er zum Beispiel an dem Zustand der Fingernägel eines jüngeren Offiziers überprüfen wollte, ob dieser auch eigenhändig Minen verbuddelt hatte, so hatte er etwas Ähnliches bestimmt zuvor selbst gemacht.

In diesem Sinne sind auch seine Ritterlichkeit und seine Härte zu verstehen. Er war stolz darauf, immer »noch wie ein Feldwebel reden zu können«, und legte wenig Wert auf seine Stellung als Feldmarschall. Das war eigentlich nicht der Stil und der Umgangston, den man damals von einem Heerführer erwartete und den die Feldmarschälle von Rundstedt oder von Kluge, Ritter von Leeb oder von Manstein pflegten. Doch nicht nur deshalb wurde Rommel von einem Teil der höheren (preußisch-)deutschen Generalität mit Reserviertheit betrachtet oder wegen seiner mehr taktischen Betrachtungsweise von Aufgaben, die operatives Denken verlangt hätten, sondern auch wegen seines übertriebenen Persönlichkeitskults – ein Schlag ins Gesicht für die traditionell vornehm-zurückhaltenden Generale und Generalstabsoffiziere alter Prägung.

Rommel verstand zu begeistern, verstand es, Herzen zu gewinnen. Bereits 1931, Rommel war Lehrer an der Infanterieschule, hieß es in einer Beurteilung: »Auch im Kreise ausgesuchter Kräfte eine hervorragende Persönlichkeit ... wirkt unerschöpflich anregend ... von seinen Fähnrichen verehrt ...« Die Aura, die später um den »Wüstenfuchs« entsteht, die Vermarktung seines militärischen Ruhms, seine unbestritten große persönliche Tapferkeit und das Gespür für die Nöte der Menschen um ihn herum faszinierten seine Zeitgenossen. Man sah ihn gerne, man hörte ihm zu, er wurde bewundert.

Rommel gefiel dies, und er förderte dieses Begehren. Und er war – zu Recht – stolz auf seine Leistungen, seine Orden und Auszeichnungen trug er gerne und mit der Selbstverständlichkeit des Erfolgreichen. Immerhin war er – 1942 – der jüngste Generalfeldmarschall der Wehrmacht und erhielt am 11. März 1943 als sechster Soldat (von siebenundzwanzig) die Brillanten zum Ritterkreuz mit Eichenlaub und Schwertern. Orden herzuzeigen galt damals nicht als eitel, im Gegenteil. Daß man damit Wirkung erzielen konnte, muß Rommel ebenfalls gewußt haben. Ständig umlagerte ihn eine Schar von Presse- und Wochenschauleuten, sie entfachten den bis heute ungebrochenen »Rommel-Rummel« und trugen dazu bei, Rommel 1942 zum bekanntesten General der Welt zu machen. Selbst die Gegner achteten ihn und schätzten seine faire Kampfweise.

Er wurde zum Idol eines Volkes, das, je mehr sich der Krieg der Katastrophe näherte, dringend tapferer Vorbilder bedurfte. Mit dem Namen Rommel verbanden sich Erfolg und Sieg – daß das auch Tote kostete, oft sehr viele Tote, wollte man nicht wahrhaben, und das wurde von den Wochenschauleuten auch geschickt ausgeklammert.

Hitler wußte das Charisma dieses jungen Generals einer »neuen« Generation zu nutzen, und er förderte ihn nach besten Kräften. Er präsentierte seinen durch ihn selbst hochdekorierten General wirkungsvoll der Öffentlichkeit. Rommel hat es genossen. (Nur en passant soll in diesem Zusammenhang erwähnt sein, daß dort, wo Rommel war, nur gesiegt wurde – schließlich nur gesiegt werden durfte, wenn Rommel auch keine strategischen Siege gelangen. So war es in Frankreich und Nordafrika, denn als sich dort im Frühjahr 1943 das Ende ankündigte, wurde Rommel durch Generaloberst von Arnim ersetzt, und in der Normandie fiel er schließlich durch seinen Unfall aus.)

So wie Rommel von der Persönlichkeit Hitlers angetan war, so schätzte auf der anderen Seite Hitler den jungen Feldmarschall. Das hatte sicherlich auch damit etwas zu tun, daß beide »Newcomer« waren, daß die erfolgreichen und unkonventionellen Führungstechniken, durch die Rommel seine taktischen Erfolge erzielt hatte, sich mit den Führungsmethoden Hitlers vergleichen ließen, mit denen dieser seine Blitzfeldzüge gewonnen hatte – entgegen den Prognosen der »alten« Generalität.

Hitler wußte die Massen zu faszinieren, aber auch die Offiziere seiner näheren Umgebung waren, wie zahllose Belege dokumentieren, von seiner Ausstrahlung angetan. Rommel machte da keine Ausnahme. Im September 1939, während des Feldzuges gegen Polen, schrieb er an seine Frau: »Der Führer weiß genau, was für uns das Richtige ist... Was sagst Du zu den Ereignissen? Es ist doch wunderbar, daß wir diesen Mann haben.« Die Zeilen müssen allerdings auch auf dem Hintergrund der damaligen Zeit interpretiert werden ebenso wie auf dem Hintergrund der Entwicklung des Militärs in der Weimarer Republik und in den ersten sechs Jahren des Dritten Reiches. Damals dachten und schrieben viele Zeitgenossen in ähnlicher Art und Weise. Viele, insbesondere die Wehrmachtoffiziere der mittleren Ränge, entstammten dem Hunderttausendmannheer der Weimarer Republik. Generaloberst von Seeckt, Chef der Heeresleitung bis 1926, hatte den Geist dieser Truppe geformt, die unpolitisch sein wollte und durch diese Haltung gegenüber der jungen Republik zu deren Untergang beitrug. Unfreiwillig wurde die geforderte Distanz des Heeres zur Politik, seine Ausrichtung auf nur militärische Tugenden und auf ein vergangenes Staatsideal zum Hemmschuh für seine natürliche Integration in die junge Demokratie. Die von Treue zum Vaterland – nicht zur Weimarer Demokratie –, von unbedingter Pflichterfüllung, von Disziplin, von Befehl und Gehorsam bestimmte Haltung Seeckts prägte eine ganze Generation junger Offiziere, eine Generation, zu der auch der Infanteriehauptmann Erwin Rommel gehörte.

Und dann kam Hitler und versprach, die »Schmach von Versailles« zu tilgen, dem Vaterland wieder Glanz zu verleihen und der Reichswehr quantitativ wie qualitativ den ihr zukommenden Platz in dem neu zu formenden Staat einzuräumen. Die quantitative Vergrößerung der Reichswehr/Wehrmacht war ein Grund, weswegen Rommel nun wie andere Offiziere auch sehr schnell befördert werden konnte. Ein anderer Grund mag sicherlich gewesen sein, daß Hitler auf Rommel aufmerksam geworden ist.

Rommels erste Begegnung mit Hitler war rein zufällig. Der »Führer« besuchte ihn 1934 in Goslar, wo er ein Jägerbataillon befehligte. Zwei Jahre später allerdings befaßte Hitler sich bewußt und intensiv mit dem damaligen Oberstleutnant Erwin Rommel. Er hatte dessen gerade erschienenes Buch »Infanterie greift an« gelesen. Hitler war von der Klarheit der Sprache angetan und bewunderte die Jugendlichkeit des Stils. Es dauerte nicht lange, und der Oberstleutnant wurde »Sonderbeauftragter der Wehrmacht beim Reichsjugendführer«. Rommel kritisierte zwar das Abrücken der Hitlerjugend von den Idealen des traditionellen Denkens, vom Gehorsam gegenüber Elternhaus und Kirche, doch das war nicht als Opposition oder gar »Widerstand« gegen Hitler zu verstehen. Es war der Niederschlag jenes Geistes, der die gesamte (Seecktsche) Reichswehr durchzogen und der am »Tag von Potsdam« 1933 seine Glorifizierung durch Hitler erfahren hatte: das scheinbare Anknüpfen des Nationalsozialismus an alte preußische Traditionen.

Ohne das Wissen um die Entwicklung der Reichswehr in den zwanziger Jahren und ohne die geschickten Schachzüge Hitlers in den beginnenden dreißiger Jahren wäre es auch schwer verständlich gewesen, warum sich ein aufrechter Offizier wie Rommel zum Sonderbeauftragten für die Hitlerjugend hätte machen lassen. Aber Rommel handelte damals – wie später auch – »politikfern«, ganz im Geiste der Reichswehr. Man fand sich in der Liebe zum Vaterland, ohne dies einer näheren Definition zu unterziehen... Rommel hatte damals einen positiven Eindruck von Hitler gewonnen und umgekehrt. Hitler machte ihn dann kurze Zeit später zum Kommandanten des Führerhauptquartiers. Die ersten, noch unblutigen Siege Hitlers hatten Rommel beeindruckt. Nach dem Einmarsch in Prag berichtete er voller Stolz einem Freund: »Ich bin es gewesen, der Hitler veranlaßt hat, unter meinem Schutz weiterzufahren – direkt auf den Hradschin!« Immer wieder kreuzen sich nun die Wege Rommels und Hitlers, sei es bei Beförderungen oder der Verleihung hoher Auszeichnungen, sei es, daß Rommel von Hitler auf Parteitagen oder Großkundgebungen der Öffentlichkeit präsentiert wurde – oft eingerahmt von Keitel und Himmler. Die Bevölkerung bejubelte ihren neuen Helden, und der Generalität wurde ein Spiegel vorgehalten – beides bewußt inszeniert durch die neuen Machthaber und zur (Schaden-)Freude Hitlers. Die häufigen Begegnungen Rommels mit Hitler – unter anderem war der Feldmarschall im Frühsommer 1943 Berater im Führerhauptquartier – trugen wesentlich dazu bei, die gegenseitige Wertschätzung zu erhöhen.

Erste Zweifel

Leichte Schatten allerdings begannen, dieses Verhältnis ab 1942 zu trüben, doch noch war Rommels Kritik an Hitler und seinen Führungsmethoden nur die eines Soldaten. Als der Feldmarschall im Frühjahr von Hitler immer mehr Unterstützung für seinen Krieg in Afrika forderte, diese aber – aus den verschiedendsten Gründen – ausblieb, beschwerte sich Rommel. Doch schien er diese Verhältnisse mehr der militärischen Umgebung Hitlers anzulasten als dem »Führer« selbst. Erste kritische Bemerkungen zu Hitlers persönlicher Kriegführung lassen sich für den Herbst 1942 nachweisen. Ende

November trug Rommel seine Ansichten zur Beendigung des Afrikafeldzuges vor, die langfristig darauf hinausliefen, die Truppen von diesem Kontinent abzuziehen. Hitler geriet in Rage und warf Rommel und dem Afrikakorps Feigheit vor. In »The Rommel Papers« von Liddell Hart findet sich darüber folgende Bemerkung: »I began to see that Adolf Hitler simply did not want to see the situation as it was, and that he reacted emotionally against what his intelligence must have told him was right.«

Natürlich machte Rommel sich, wie andere hohe Generale auch, immer wieder Gedanken über den möglichen Ausgang des Krieges. Und es mögen ihm von Zeit zu Zeit, später sicherlich häufiger, Zweifel an Hitlers Kriegführung gekommen sein. In diesem Zusammenhang sind seine Bemerkungen aus dem Jahre 1942 zu sehen, noch nicht in dem Sinne, daß er Abstand gewonnen hätte oder in Opposition zu Hitler gegangen wäre. Dafür fühlte er sich dem Staat und seinem Oberhaupt noch viel zu stark verpflichtet und verbunden.

Spätestens seit dem Frühjahr 1944 aber muß ihm klargeworden sein, daß der Krieg eigentlich nicht mehr zu gewinnen war – die Alliierten waren in Italien gelandet, sowjetische Truppen standen nunmehr 200 Kilometer ostwärts von der Reichsgrenze und an der rumänischen Grenze, die Invasion im Westen stand kurz bevor. Zweifel beherrschten zunehmend stärker sein Handeln, doch hatte er als Soldat nur seine Pflicht zu tun. Also kämpfte er vor Beginn der Invasion für seine Anschauung in der »Panzerkontroverse« – und er konnte sich, wenn auch nur teilweise, mit seinen Vorstellungen bei Hitler Gehör und Zustimmung verschaffen. Überspitzt ausgedrückt, trafen sich an diesem Punkt noch einmal – eigentlich, fachlich gesehen, zum letztenmal – die beiden Newcomer gegen die »alte« Generation von Generalen und gegen die »Strategen«.

Auch nach dem 6. Juni 1944, nach dem Beginn der Invasion, erfüllte Rommel noch einmal hervorragend seine Pflicht. Bei einem Besuch Hitlers im Westen am 17. Juni konnte dieser Rommel sogar noch einmal so für sich einnehmen, daß Ruge, Admiral bei der Heeresgruppe B, meinte, Hitler habe »im ganzen Rommel offenbar etwas beeinflußt. ›Muß regelrechten Magnetismus haben‹«, und Rommel schrieb, so zitiert es Liddell Hart in Englisch, am 18. Juni an seine Frau: »I am looking forward to the future with much less anxiety than one week ago. The V weapon offensive has brought us a lot of relief . . . A quick enemy breakthrough towards Paris is now barely possible. We've a lot of stuff coming up. The Führer was very cordial and in a good humour. He realizes the seriousness of the sitation.«

Diese Reaktion ist um so verwunderlicher, da Rommel wie auch der Oberbefehlshaber West, von Rundstedt, in dringlichen Appellen auf den Ernst der Lage hingewiesen und Zweifel an dem militärischen Erfolg ihrer Maßnahmen geäußert hatten. Knapp vierzehn Tage später besuchten Rommel und Rundstedt den »Führer« gemeinsam auf dem Berghof in Berchtesgaden, um ihn noch einmal persönlich auf die nunmehr katastrophale Lage im Westen aufmerksam zu machen. Während Rundstedt aber schon weitgehend resigniert hatte, engagierte Rommel sich bei dieser Besprechung wieder vehement und versuchte, auch militärpolitische Folgerungen der Lage zur Sprache zu bringen. Hitler fuhr ihm über den Mund und wies ihn in seine Schranken – er habe sich um seine Front zu kümmern.

Rommel gehorchte.

Nur einen Tag später stimmte Rommel, ebenso wie Rundstedt, einer Lagebeurteilung seiner ihm unterstellten Oberbefehlshaber Geyr (Panzergruppe West) und Hausser (7. Armee) zu: Der Brückenkopf um Caen sollte geräumt und endlich von taktischer Flickarbeit, die die Initiative beim Gegner belasse, zu elastischem Fechten übergegangen werden. Hitler lehnte die Räumung Caens ab, und nach dem Zusammenstoß auf dem Berghof hätte das nun eigentlich das Ende von Rommels Kommando bedeuten müssen. Doch bei dem wenige Tage später erfolgten Revirement wurde nur Rundstedt durch den Generalfeldmarschall von Kluge ersetzt und Geyr durch den General der Panzertruppen Eberbach. Hitler konnte es sich noch nicht – oder besser nicht mehr – leisten, einen hohen SS-General, nämlich den SS-Obergruppenführer Paul Hausser, nach Hause zu schicken oder den Generalfeldmarschall Erwin Rommel, den immer noch vom Volk verehrten Held der neuen Generalsgeneration.

Weg in den Widerstand?

Rommel blieb also und gehorchte weiterhin – doch innerlich schien sich eine Wandlung zu vollziehen. Der treue Anhänger und Gefolgsmann Hitlers hatte begonnen, über das rein Militärische hinaus zu reflektieren, und wiederum muß wohl bei ihm der Begriff des Vaterlandes und dessen Wohl eine wichtige Rolle gespielt haben. Obwohl Rommel sich vielleicht nie ganz von Hitler gelöst haben mag, war ja das, was nunmehr durch die Politik Hitlers mit Deutschland, mit seinem Vaterland, geschah (Bombenterror, Millionen von Kriegstoten) und was es noch zu erwarten hatte (bedingungslose Kapitulation), nicht mehr mit den Ansprüchen gleichzusetzen, unter denen Hitler angetreten war und mit denen er das Vaterland zu neuen Höhen führen wollte, wodurch er das Volk und auch ihn gewonnen hatte.

Wesentlich beeinflußt in seinen Überlegungen und Gedanken wurde Rommel von Generalleutnant Dr. Hans Speidel. Dieser hatte im April 1944 Generalleutnant Gause als Chef des Generalstabes der Heeresgruppe B abgelöst. Rommel konnte sich seinen neuen Chef aussuchen. Seine Wahl fiel auf Speidel, denn dieser war auch Schwabe, und Speidel war, was der Feldmarschall damals noch nicht wußte, eine Trumpfkarte in den Kreisen des militärischen Widerstandes. Er war von ihnen bewußt auf die Liste der möglichen Nachfolger von Gause gesetzt worden.

In langen Gesprächen mit Speidel konnte dieser den Feldmarschall behutsam in seinen militärischen Zweifeln bestärkt haben, um dann auf militärpolitische und schließlich auf rein politische Aspekte überzugehen. Seit dem Frühjahr 1944 konnte Rommel demzufolge von den Umsturzplänen der Widerstandsgruppe um Oberst von Stauffenberg gewußt haben, genauso wie der neue Oberbefehlshaber im Westen, Generalfeldmarschall von Kluge – kamen doch viele der an der Planung beteiligten Offiziere aus dem Stab der Heeresgruppe Mitte, die Kluge bis zum Oktober 1943 geführt hatte (so unter anderem als einer der führenden Köpfe der Ia, Henning von Tresckow). Beide Feldmarschälle wußten, daß der Kreis höherer Offiziere durchsetzt war mit Wissenden, doch beide wußten nichts voneinander. Es wäre auch zu gefährlich gewesen, sich in Wort und Schrift zu offenbaren, auch den Angehörigen gegenüber.

Je mehr Rommel sich mit politischen Aspekten von Hitlers Kriegführung befaßte, desto stärker schwand seine frühere Begeisterung für die Militärpolitik der Nationalsozialisten. Für Göring und später auch für Himmler wie auch für andere Parteigrößen empfand er, wie glaubhaft berichtet wurde, sowieso nur noch Verachtung. Es kann auch davon ausgegangen werden, daß er wahrscheinlich – wenn auch nur in Umrissen oder in Andeutungen – Ende 1943 oder im Frühjahr 1944 von der Rassenpolitik der Nationalsozialisten und den damit verbundenen Greueln erfahren hat. Ob ihn das jedoch dazu bewogen hat, für sich selbst aus ethischen oder moralischen Gründen Folgerungen zu ziehen, ist fraglich. Dazu war er noch zu sehr nur Soldat, dafür war die Ausstrahlung der Persönlichkeit des »Führers« noch zu stark. Doch er hat sich schließlich wohl intensiv damit auseinandergesetzt, auf welche Art und Weise der Krieg schnell zu Ende gebracht werden könnte.

Neben seinen Gesprächen mit Speidel wird Rommel sich auch mit Dr. Karl Strölin, dem Oberbürgermeister von Stuttgart, über dieses Problem unterhalten haben, als er diesen im Frühjahr 1944 besuchte. Über konkrete Ergebnisse ist allerdings nichts bekannt. Belegt aber ist, daß Rommel zu dieser Zeit noch nicht bereit war, sich aktiv an Maßnahmen des militärischen Widerstandes zu beteiligen. Im Mai 1944 beispielsweise lehnte er es noch ab, bei einer möglichen Invasion im Westen die Front für die Alliierten zu öffnen, um deren Durchmarsch nach Berlin zu ermöglichen, damit Deutschland das Schicksal erspart bliebe, durch die Sowjetarmee – wie man annahm – verwüstet oder versklavt zu werden. Die im Westen frei werdenden Divisionen sollten nach den Plänen der Verschwörer anschließend im Osten gegen die Rote Armee zum Einsatz kommen; unter Umständen sollten auch die Westmächte dazu bewogen werden, gemeinsam mit der deutschen Wehrmacht gegen den »Bolschewismus« anzutreten.

Die ablehnende Haltung Rommels wie auch später die Kluges muß vor dem Hintergrund der alliierten Forderung nach einer »bedingungslosen Kapitulation« gesehen werden und vor dem Hintergrund des persönlichen Eides auf Hitler. Beides stand einem schnellen Meinungsumschwung des Feldmarschalls entgegen. Darüber hinaus war es doch zumindest fraglich, ob sich die Alliierten auseinanderdividieren ließen und die USA und Großbritannien der Sowjetunion in den Rücken fallen würden. Zudem bestand durchaus die Möglichkeit, daß Rommel als »Verräter« in die Geschichte eingehen würde, als Verräter an »seinem« Vaterland.

Nach Beginn der Invasionskämpfe, unter dem Eindruck, den die alliierte Übermacht zu Lande, in der Luft und auf dem Wasser auf ihn machte – innerhalb von nur sechs Wochen waren an der relativ kleinen Invasionsfront über 150 000 Mann ausgefallen (ohne Aussicht auf personellen oder materiellen Ersatz), das heißt weit mehr als in vergleichbaren Zeiträumen an Frontabschnitten der Ostfront –, änderte der Feldmarschall aber seine Meinung. Spätestens Mitte Juni war für ihn klar, daß der Krieg im Westen nicht mehr zu gewinnen und damit insgesamt verloren war.

Wie der Oberstleutnant Elmar Warning, der Ia der an der Invasionsfront aufgeriebenen 17. Luftwaffenfelddivision, berichtete, soll Rommel ihm gegenüber am 16. Juli 1944 geäußert haben, von Kluge und er hätten Hitler ein Ultimatum gestellt, die politischen Konsequenzen aus der Lage zu ziehen. Würde er das nicht tun, dann, so Rommel, »mache ich die Westfront auf«. Warning bezieht sich hier auf eine Lagebetrachtung Rommels, die dieser in Übereinstimmung und in Absprache mit Kluge am 15. Juli 1944, also zwei Tage vor seiner Verwundung, verfaßt hatte. Er gab dabei eine schonungslose Analyse der Situation im Westen und endete mit den Sätzen: »Die

Truppe kämpft allerorts heldenmütig, jedoch der ungleiche Kampf neigt sich dem Ende entgegen. Es ist m. E. nötig, die Folgerungen aus dieser Lage zu ziehen. Ich fühle mich verpflichtet, als Oberbefehlshaber der Heeresgruppe dies klar auszusprechen!«

Diese Lagebeurteilung wurde gemeinsam mit einer ähnlich formulierten von Kluge am 21. Juli dem OKW übermittelt, und es darf als sicher angenommen werden, daß Hitler sie auch gelesen hat. Ob, wie Speidel später behauptete, in der Urschrift der Terminus »politische Folgerungen« verwandt worden ist, muß als fraglich angesehen werden und ist durch nichts bewiesen. Immerhin aber zeigt dieses Schreiben, daß Rommel und auch von Kluge nun kein Blatt mehr vor den Mund nahmen.

Die beiden Generalfeldmarschälle scheinen zu diesem Zeitpunkt geneigter gewesen zu sein, sich intensiv mit den Plänen der Widerständler zu befassen. Beide waren, wenn auch unabhängig voneinander, der Meinung, daß bei einem Umsturz nur dann Aussicht auf Erfolg bestünde, wenn neben Hitler auch Himmler und Göring ausgeschaltet werden könnten. Während von Kluge aber – wie es am Abend des fehlgeschlagenen Attentates überdeutlich geworden ist – die physische Beseitigung Hitlers zur Vorbedingung für sein aktives Handeln machte, hat Rommel so etwas stets abgelehnt. Ein Attentat auf Hitler, gar ein Mord lag außerhalb seines Vorstellungsvermögens.

Sein erster Brief, den er nach seiner schweren Verwundung geschrieben hat, enthält den bezeichnenden Satz: »Zu meinem Unfall hat mich das Attentat auf den Führer besonders stark erschüttert. Man kann Gott danken, daß es so gut abgegangen ist.« Neben der Tatsache, daß zu dieser Zeit selbst Generalfeldmarschälle mit ihren Aussagen in ihren Briefen sehr vorsichtig sein mußten, läßt sich also schlußfolgern, daß für Rommel Hitler – als Staatsoberhaupt oder als militärischer »Führer« – eine sakrosankte Person gewesen sein muß, wenigstens noch bezüglich seiner körperlichen Unversehrtheit. Für Rommel kam im Falle eines »Staatsstreiches« lediglich in Frage, Hitler vor Gericht zu stellen, anzuklagen und abzuurteilen. Unrecht durch Unrecht zu beenden, (Völker-)Mord durch Mord aufzuwiegen paßte nicht in seine soldatische Welt.

An den intensiven Gesprächen, wie sie in den Widerstandskreisen in Berlin geführt worden sind und in denen die moralischen oder ethischen, die juristischen oder militärischen Aspekte eines Staatsstreiches wieder und wieder diskutiert wurden, hat Rommel nie teilnehmen können. Sein Verbindungsmann war Speidel. Dieser erläuterte ihm in den oft stundenlangen Gesprächen zwischen Oberbefehlshaber und Generalstabschef die einzelnen Aspekte – besser noch umgekehrt: Speidel war der Verbindungsmann des Widerstandes zu Rommel. Er stand mit Dr. Strölin in Verbindung und dem früheren Reichsaußenminister Konstantin Freiherr von Neurath, der ebenfalls dem Widerstand angehörte. Und Speidel wußte, daß eine der Hauptbastionen, auf die sich die Attentäter stützten, der General der Infanterie Karl Heinrich von Stülpnagel war, der in Paris residierende Militärbefehlshaber von Frankreich.

Von Rommel und Kluge hoffte man, daß sie am Tage des Umsturzes – schließlich des Attentates – mitmachen würden, von Stülpnagel wußte man es. Die Widerstandskämpfer glaubten, zumindest die Unterstützung eines Oberbefehlshabers an einer Front bzw. einer Heeresgruppe haben zu müssen, um über den Tag hinaus erfolgreich sein, um über Truppen verfügen zu können, so oder so. Oberstleutnant Dr. Caesar von Hofacker, der Verbindungsoffizier zwischen der Verschwörergruppe um Stauffenberg und Beck in Berlin und dem Militärbefehlshaber in Frankreich – Hofacker gehörte zum Stab des Militärbefehlshabers –, war noch am 10. Juli 1944 in Berlin und berichtete dort, daß Rommel und Speidel wie auch Kluge, mit denen er gesprochen hatte, nunmehr bereit seien, die Front zurückzunehmen. Inwieweit das aber bedeutete, daß sich die beiden Feldmarschälle mit den Umsturzplänen solidarisch erklärten, ist ungeklärt. Von dem Datum 20. Juli haben sie jedenfalls nichts gewußt, auch nichts von den konkreten Attentatsplänen.

Gerade der Besuch Hofackers am 9. Juli bei Rommel in La Roche-Guyon (Gefechtsstand der Heeresgruppe B) bzw. am 10. Juli in Berlin zeigt, wie stark nur mit Vermutungen gearbeitet wurde bzw. werden konnte. Mißtrauen und Vorsicht überwogen – auf der einen Seite. Auf der anderen Seite herrschte Zuversicht, und jedes kleinste Zeichen des Entgegenkommens oder von Offenheit wurde als Zustimmung gewertet. So war Hofacker lediglich von Stauffenberg beauftragt worden, mit Rommel über die militärische Lage im Westen zu sprechen. Unterrichtet von Speidel, interpretierte Hofacker Rommels Lageschilderung aber als Zustimmung zu den Plänen der Verschwörer.

Der Unfall von Rommel am 17. Juli 1944 enthebt uns jeder weiteren Spekulation, der Spekulation, ob ein Schweigen Rommels Zustimmung oder Ablehnung bedeutet haben mag, ob er aktiv an Maßnahmen teilgenommen hätte oder nicht. Sicher ist, daß er etwas gewußt hat und sich Gedanken darüber gemacht hat, wie der Krieg zu beenden sei, damit das Vaterland nicht noch mehr Schaden erleiden würde. Die Frage ist nur, was er gewußt hat und ob er, wie postum immer behauptet wurde, aktiv an einem Umsturz teilgenommen hätte. Es ist nicht zu beweisen – auch wenn er mit dem Gedanken gespielt haben mag, die Westfront zu öffnen; auch wenn er, wie verschiedentlich behauptet wird, über dieses wie auch über andere »verräterische« Themen mit dem SS-Obergruppenführer Sepp Dietrich gesprochen hat, der ihm zu dieser Zeit als Kommandierender General des I. SS-Panzerkorps unterstellt war.

Dann sollte bedacht werden, daß Rommel »nur« Oberbefehlshaber der Heeresgruppe B gewesen war, das heißt, ihm fehlten zur Zeit des Attentats alle administrativen und befehlsmäßigen Befugnisse der Dienststellung des Oberbefehlshabers West. Diese aber waren Voraussetzung, um überhaupt alle im Westen stationierten und eingesetzten deutschen Soldaten – ausgenommen die der Luftwaffe und Kriegsmarine – zu führen.

Darüber hinaus darf angenommen werden, daß Rommel in dem Moment, in dem er von dem Attentat erfahren hätte, erst einmal abgewartet hätte – zumindest kann das nicht ausgeschlossen werden, hatte er doch immerhin seinen Aufstieg Hitler zu verdanken. Und ob er nach einem Attentat, nach Erkennen der näheren Umstände, rasch gehandelt hätte, vermag niemand zu sagen. Ob ihm in einer solchen Situation sein Generalstabschef helfend und stützend zur Seite gestanden hätte, ist ebenfalls unklar, denn als an diesem 20. Juli schließlich Hofacker und Stülpnagel Kluge in La Roche Guyon beschworen, aktiv zu werden, zog Speidel – Kluge hatte zu dieser Zeit auch die Führung der Heeresgruppe B mitübernommen, und Speidel war nun auch dessen Chef des Generalstabes – sich sehr diskret zurück. Später begründete er dies in seinem Buch »Invasion 1944« mit den Sätzen: »In diesen von Unheil bedrohten Abendstunden standen die Fronten bei Caen und St. Lô in einer Abwehrkrise«, so mußte der »Chef des Generalstabes der Heeresgruppe ... die notwendigen Entscheidungen einsam ... treffen, damit die Front gehalten wurde.« Demgegenüber findet sich im Kriegstagebuch des Oberbefehlshabers West, basierend auf einer Abendmeldung der Heeresgruppe B, folgender Eintrag: »An der gesamten Kampffront keine größeren Kampfhandlungen. Lediglich im Raum ostw. der Orne erfolglose schwächere feindl. Panzervorstöße...«

Am Abend des 20. Juli begannen die ersten standrechtlichen Erschießungen von Attentätern. Hinrichtungen sollten sich bis zum Kriegsende hinziehen. Hitlers Staat gab sich dabei noch einmal den Anschein eines Rechtsstaates: Verhaftung, Verhör (von Zeit zu Zeit verbunden mit Folterungen), Prozeß, Verurteilung, Hinrichtung. Bei Angehörigen der Wehrmacht mußte vor dem Prozeß noch das Ausstoßen aus der Wehrmacht durch einen »Ehrenhof der Wehrmacht« erfolgen.

Den Verhören der Gestapo wurden auch Stülpnagel, Speidel und Hofacker unterzogen. Irgendwann fiel dabei der Name Rommel. Durch Keitel ist bei den Nürnberger Prozessen bezeugt worden, daß Hofacker den Namen des Feldmarschalls genannt hat, doch auch Stülpnagel, der nach einem fehlgeschlagenen Selbstmordversuch am 21. Juli erblindete, soll von Rommel gesprochen haben. Bereits am 23. Juli 1944 fiel dessen Name zum erstenmal in den Gestapo-Kellern. Zu diesem Zeitpunkt war von den Obengenannten erst Stülpnagel in Haft. Unklar ist auch, ob Speidel, der ja überlebte, während seiner Haftzeit seinen Oberbefehlshaber belastet hat. Die Gerüchte darüber wollen nicht verstummen.

In jedem Fall wurde Hitler spätestens am 14. August gemeldet (zu diesem Zeitpunkt war Speidel noch auf freiem Fuß), daß Rommel und Kluge ein recht enges Verhältnis zu den Verschwörern gehabt hätten. Später hat Hitler den 20. Juli als den schlimmsten Tag seines Lebens bezeichnet, und zu Generalleutnant Westphal, den er am 31. August zu seiner neuen Funktion als Chef des Generalstabes beim Oberbefehlshaber West verabschiedete, meinte er: »Er [Rommel] hat nun das Schlimmste getan, was es in einem solchen Falle überhaupt für einen Soldaten geben kann, und nach anderen Auswegen gesucht als nach militärischen.« Ob sich diese Bemerkung nur auf Rommels Denkschrift vom 15. Juli bezogen hat oder auch auf seine Berührungen mit den Widerstandskreisen, bleibt offen – jedenfalls schickte Hitler schließlich, als sich die Verdachtsmomente erhärteten, Meisel und Burgdorf nach Herrlingen. Nach Kluge und Witzleben sollte nun der dritte Generalfeldmarschall im Zusammenhang mit dem Attentat vom 20. Juli 1944 sein Leben verlieren.

Würdigung

Rommel kann nicht voll zum Widerstand hinzugezählt werden. Eher ist er in einer Art »Grauzone« anzusiedeln, deren Zugehörigkeit zum Widerstand umstritten ist.

Der Feldmarschall war ein untadeliger Offizier, berühmt und hochgeschätzt – wenn auch bei seinesgleichen nicht immer unumstritten–, aber bis zu seinem eigenen Tod zu unkritisch der Politik der Nationalsozialisten gegenüber und zu treu seinem »Führer« ergeben. Bis zum Schluß hat er seine zunehmend ablehnendere Haltung dem System gegenüber nicht dazu benutzt, seine militärischen Pflichten und Aufgaben als Soldat und Offizier zu verletzen, er hat nichts getan, was ihm als »Verrat« oder »Dolchstoß« ausgelegt werden könnte.

Der Schachzug des Politikers Hitler, Rommel vor die Alternative Volksgerichtshof oder Selbstmord zu stellen, war, aus seiner Sicht gesehen, richtig gewesen, und sein Kalkül ist aufgegangen. Kaum jemand ahnte damals die Hintergründe von Rommels Tod – ein Tod, den er auch für ein freies Deutschland gestorben ist.

Der Feldmarschall erhielt ein Staatsbegräbnis, die Nation trauerte um einen Volkshelden, und viele tun es heute noch. Rommel mußte ein tragisches, ein sehr deutsches Schicksal erleben, das fast zwangsläufig so enden mußte, wie es endete. Es blieb zuletzt nicht viel mehr übrig als die lakonische Eintragung in einem Behördenpapier: »Todesursache: Herzschlag als Folge eines im Westen erlittenen Dienstunfalles.«

Literatur

HEIBER, HELMUT (Hrsg.): *Hitlers Lagebesprechungen 1942–1945*. Stuttgart 1962.
HOFFMANN, PETER: *Widerstand – Staatsstreich – Attentat*. München ³1979.
IRVING, DAVID: *Hitler und seine Feldherren*. Frankfurt/Berlin/Wien 1975.
DERS.: *The Trail of the Fox*. New York 1977.
LIDDELL HART, BASIL HENRY: *The Rommel Papers*. London 1953.
OSE, DIETER: *Entscheidung im Westen 1944, Die Abwehr der alliierten Invasion durch den Oberbefehlshaber West*. Stuttgart 1982.
RUGE, FRIEDRICH: *Rommel und die Invasion*. Stuttgart 1959.
SPEIDEL, HANS: *Invasion 1944*. Tübingen ²1949.
YOUNG, DESMOND: *Rommel*. Wiesbaden 1950.
Dazu verschiedene Zeitungen und Zeitschriften wie: Der Spiegel, Völkischer Beobachter, Südkurier, Deutsche Zeitung; und Aktenbestände zu OB West und HGr.B (RH 19 IV und RH 19 IX).

WALTER BUSSMANN

Claus Schenk Graf von Stauffenberg

Schwäbischer Adel, Jugendbewegung, George-Kreis

Der am 15. November 1907 in Jettingen im bayerischen Schwaben geborene Claus
Philipp Maria Schenk Graf von Stauffenberg entstammte einem katholischen, uradeli-
gen Geschlecht. Er wuchs auf in der milden Atmosphäre des mittelstaatlichen süddeutschen Königreiches Württemberg, in der Nähe zum Stuttgarter Hof Wilhelms II., der
in seinem Selbstverständnis wie »im Denken der erste Bürger seines Landes« war. Die
Eindrücke der ersten Kindheits- und Jugendjahre, zu denen auch Lektüre und Mitwirkung an der Aufführung des »Julius Caesar« im Elternhause gehörten, haben mit
Sicherheit nachhaltig gewirkt; sie können in einer sogenannten »Kurzbiographie« nicht
mehr als nur angedeutet werden. Heimat – und zwar schwäbische – wurde und blieb
indes der väterliche Landsitz Lautlingen, gelegen im südwestlichen Teil des Schwäbi-
schen Alb. Die Verwurzelung im väterlichen Schloß wie in diesem Dorfe blieb stets
stark und gegenwärtig. Sie kam nicht zuletzt in dem nur scheinbar unbedeutenden Zug
zum Ausdruck, daß der spätere Generalstabsoffizier einen Landsmann aus der Heimat
als seinen Fahrer auswählte und sich in dessen Gegenwart geborgen fühlte. Der Besuch
des traditionsreichen Eberhard-Ludwigs-Gymnasiums in Stuttgart verstand sich für
die älteren Zwillingsbrüder wie für den drei Jahre jüngeren Claus von selbst. Die
Anteilnahme an der nach 1918 in viele Gruppierungen aufgeteilten Jugendbewegung
gehörte mit zu den bestimmenden Faktoren der Entwicklung. Wem die Gnade – im
wörtlichen Sinne – zuteil wurde, dem späteren Generalstabsoffizier mit hohen soldatischen Führungseigenschaften näher zu begegnen, der kann sich – auch ohne Kenntnis
biographischer Details – sehr wohl vorstellen, wieviel dem jungen Grafen die Gruppe
der »Neupfadfinder« in der Tat bedeutet hat.

Wer die geistige Formierung der Stauffenbergschen Persönlichkeit auch nur in
wenigen Strichen und aufgrund von Quellen darstellt, die nur gelegentlich von primärer
Qualität sind, kann die Begegnung mit Stefan George nicht übergehen. Sie fand
zusammen mit seinen Brüdern im Jahre 1923 statt. Mag Claus Stauffenberg auch in der
Bewunderung und Verehrung des Dichters nur das Zeitempfinden vieler seiner Generation geteilt haben, so zeichnet sich gleichwohl die Annäherung an George durch die
unverwechselbare und einzigartige Individualität des jungen Grafen aus. »Er habe den
größten Dichter seiner Zeit zum Lehrmeister gehabt« – so hat seine Frau, Nina Gräfin
von Stauffenberg, diese Äußerung überliefert. Wenn einem nicht unerheblichen Teil
der Anhängerschaft Georges das Epigonale eigentümlich gewesen ist, so fehlt letzteres
bei Claus Stauffenberg vollkommen. Auch in dieser Beziehung hat der spätere Generalstabsoffizier seine Umgebung überragt.

STAUFFENBERG, CLAUS SCHENK GRAF VON
geb. am 15. 11. 1907 in Jettingen/Wttbg.;
standrechtlich erschossen am 20. Juli 1944.

Schon an dieser Stelle kann der Schreiber dieser Zeilen, der genötigt ist, sich für die größeren Lebensabschnitte seines Helden an die Sekundärliteratur[1] anzulehnen, nicht auf die Bekundung einer persönlichen Erinnerung verzichten. Auf dem Höhepunkt des Wirkens Stauffenbergs, nämlich im Generalstab des Heeres, wurde unter den begabtesten Offizieren die Bereitschaft vertreten und bekannt, sich der Führung eines Mannes vom Range Stauffenbergs unterzuordnen. So kann der Feststellung eines seiner Biographen, in diesem Falle Joachim Kramarz, uneingeschränkt zugestimmt werden: »Die Wirkung, die George auf ihn ausgeübt hatte, übertrug Stauffenberg auch auf die Männer, die mit ihm im Widerstand zusammenarbeiteten.« Was für die Vorbereitung eines Staatsstreichs und Attentats Gültigkeit hat, besitzt solche auch für die vorausgegangenen Jahre dienstlicher Zusammenarbeit. Gleichwohl sollte Stauffenberg nicht als »Georgianer« bezeichnet werden, auch wenn es sich bei den Berichten über Begegnungen mit dem Dichter um gesicherte Überlieferung handelt. Am Totenbett (1933) hielten die Brüder zusammen mit Freunden Wache. Die Dichtung Stefan Georges blieb ein wesentlicher Bestandteil seines geistigen Fundaments.

Geistige Überlegenheit und militärisches Können

Mit anderen bedeutenden soldatischen Persönlichkeiten der Geschichte teilte er das Schicksal einer zunächst sehr schwachen körperlichen Konstitution, so daß sich das berufliche Ziel einer militärischen Laufbahn durchaus nicht von selbst zu verstehen schien. Er faßte dennoch diesen Entschluß und trat nach bestandenem Abitur 1926 als Fahnenjunker in das Bamberger Reiterregiment 17 ein. Wie für viele seiner Generation und vorausgegangener und späterer Generationen kommt unter den Motiven dieser Berufswahl dem Wunsch, Menschen zu erziehen und zu bilden, eine maßgebende Bedeutung zu. Dazu ist sicherlich das Bedürfnis gekommen, sich in der Härte des soldatischen Dienstes zu bewähren. Die Stationen der militärischen Laufbahn dürfen als charakteristisch bezeichnet werden. Und es darf nicht als Gemeinplatz verstanden werden, wenn immer wieder seine herausragende Stellung innerhalb seines Jahrgangs betont wird. Nach der Ausbildung des Fahnenjunkers folgte die Kommandierung an die Infanterieschule in Dresden und anschließend an die Kavallerieschule in Hannover. Am 1. Januar 1930 erfolgte die Beförderung zum Leutnant, am 1. Mai 1933 die zum Oberleutnant. In diesem Jahr ging er wiederum an die Kavallerieschule, und zwar als Bereiteroffizier. Sein Talent und seine Neigung galten der Dressur. Er rückte in den engeren Kreis jener Reiter, die 1936 die Olympiade gewannen.

Eine der dienstlichen Beurteilungen über Stauffenberg enthält Stichworte, die aufschlußreich sind und wiederkehren werden. Sie weisen hin auf geistige Überlegenheit, militärisches Können und – schließlich sogenanntes »unmilitärisches«, nämlich »saloppes« Auftreten. Wem das Glück zuteil wurde, Stauffenberg auf dem Höhepunkt des Rußlandfeldzuges kennenzulernen, den frappierte in der Tat die legere Uniform, an der der oberste Knopf – wenn das Erinnerungsbild nicht trügt – fast stets offenstand. Er zeichnete sich durchaus nicht durch ein überkorrektes militärisches Auftreten aus. Von Überheblichkeit war nichts zu merken; den Generalstabsoffizier des Zweiten Weltkrieges prägten vielmehr Hilfsbereitschaft, Güte, Fürsorge und vor allem Fröhlichkeit.

Daß Stauffenberg in den Generalstab eintrat, verstand sich geradezu von selbst. Es ist nicht unwichtig, wenigstens einige Bemerkungen über die Problematik der Streitkräfte, der Oberkommandos sowie des Generalstabsdienstes zu machen, zumal sie den späteren Gruppenleiter in der Organisationsabteilung im Oberkommando des Heeres stark betroffen und in der Vorgeschichte des Staatsstreichs eine wichtige und eigentümliche Rolle gespielt hat. Das Problem der Spitzengliederung der Streitkräfte ist in der nationalsozialistischen Ära nicht gelöst worden; vor allem weil sich in der »obersten« Wehrmachtsführung die Einsicht in die Bedeutung des Heeres für die Kriegführung in Anbetracht der Stellung Deutschlands als einer Kontinentalmacht nicht durchgesetzt hat. Der Generalstab des Heeres hat während des Dritten Reiches niemals jene legendäre Bedeutung erlangt, die er in monarchischen Zeiten besessen hatte. Der Reichskriegsminister, ab 4. Februar 1938 das Oberkommando der Wehrmacht, erteilte Anweisungen oder Befehle an den Oberbefehlshaber des Heeres, »die die Grundlage für die Arbeit des ihm unterstellten Generalstabs des Heeres bildeten. Der Chef des Generalstabs des Heeres handelte also nicht in freier Selbstverantwortung und nur für die Belange des Heeres« (Hoßbach). Einen deutschen Generalstab für die Gesamtwehrmacht – so wünschenswert er für die Landesverteidigung gewesen wäre – hat es niemals gegeben. Es ist unvermeidlich, auf Ludwig Becks Auffassungen wenigstens hinzuweisen, zumal dieser letzte wirkliche Chef des Generalstabs mit dem Wirken Stauffenbergs schicksalhaft verbunden war. Beck »sah in dem Generalstab die geistige, schöpferische Zentrale des Heeres und die Bildungsstätte von Führerpersönlichkeiten, nicht aber eine Fachschaft von Handlangern«.

Dieser Auffassung vom Generalstabsdienst hätte Stauffenberg mit Sicherheit zugestimmt. Von 1936 bis 1938 besuchte er die Kriegsakademie, deren Ausbildung aufgrund des raschen Ausbaus der Wehrmacht auf zwei Jahre reduziert worden war. Am 1. Januar 1937 erfolgte die Beförderung zum Rittmeister. Zuvor hatte er aufgrund hervorragender Leistungen in einem Dolmetscherexamen ein Stipendium erhalten, mit dessen Hilfe er eine vierzehntägige Reise nach England finanzieren konnte. Solche Reisen ins Ausland gehörten damals unter der Diktatur zu den Seltenheiten. Er besuchte bei dieser Gelegenheit die berühmte englische Offiziersschule »Sandhurst Cadet School«. Der Generalstabsdienst an der Akademie bestand aus fünf Hörsälen, dem jeweils etwa zwanzig Offiziere angehörten. Es ist bewahrenswert für das Gedächtnis an die Erhebung des 20. Juli 1944, daß drei Männer dem Hörsaal Stauffenbergs angehörten: neben letzterem Mertz von Quirnheim und Eberhard Finckh. Diese drei Männer sollten sich 1941 im OKH wiedertreffen. Das von Kramarz überlieferte Urteil ist glaubwürdig: »Sie und einige andere bildeten – ohne eine Clique zu sein – die geistig führende Schicht des Hörsaales, die zur gegenseitigen Erziehung, zur wissenschaftlichen Anregung und zur Verträglichkeit viel beigetragen haben.« Und bei aller gebotenen Vorsicht gegenüber den Berichten über die Verhöre nach dem 20. Juli durch die SS hat Finckhs Bekundung Gültigkeit, Stauffenberg sei schon im Kursus der »Hörsaalprimus« gewesen und habe eine überragende Rolle gespielt.

Zu seinen Kameraden auf der Kriegsakademie zählte als Gasthörer der spätere amerikanische Viersternegeneral Wedemeyer. Aus seinen Briefen an Kramarz haben wir erfahren, wie sehr sich Stauffenberg mit nationalökonomischen Fragen, so mit der Wirtschaftstheorie von Keynes, beschäftigt habe, ja mit ihr vertraut gewesen sei. In wirtschaftlichen Komplexen habe er die Ursache des Ersten Weltkrieges gesehen. Es ist der politischen Führung bei Beginn und während des Zweiten Weltkrieges mit gutem Grunde vorgeworfen worden, sie habe die wirtschaftliche Potenz der Vereinigten Staaten unberücksichtigt gelassen. In den Gesprächen der Vorkriegszeit mit Wedemeyer spielte der Faktor USA, vor allem die Stahlproduktion, jedoch eine Rolle. Nach Kramarz hat Wedemeyer in seinen Briefen hervorgehoben, »daß die Kenntnisse Stauffenbergs über englische und amerikanische Geschichte überrascht hätten«, und wörtlich heißt es: »Diese Zusammenstellung zeigt Ihnen [Kramarz], daß Claus von Stauffenberg zweifellos nach Informationen suchte und über Weltprobleme nachdachte.« Und es verstand sich für beide von selbst, daß über innerdeutsche Dinge nicht gesprochen wurde. »Ich möchte betonen, daß er zu keiner Zeit seine Gedanken in bezug auf Hitler erkennen ließ, der auf dem Höhepunkt seiner Macht stand. An seiner Loyalität gegenüber seinem Vaterland war nicht zu zweifeln, aber ich hatte das Gefühl, daß er nicht mit der Politik der Naziregierung übereinstimmte. Das war jedoch nicht so deutlich, daß man seine Opposition hätte offen feststellen können.«

Solche Erinnerungen, die noch durch andere ergänzt werden können, geben sicherlich zutreffend die Haltung Stauffenbergs und der Begabtesten seines Jahrgangs wieder. Wie sehr damals noch die Kriegsakademie eine Internationalität des dienstlichen und gesellschaftlichen Verkehrs kennzeichnet, läßt die Zahl der ausländischen Teilnehmer erkennen. Nach Erfurths Angaben[2] waren folgende Staaten durch Gasthörer an der Akademie vertreten: »USA, Argentinien, Niederlande, Bulgarien, Türkei, Iran, Italien, Japan, Estland, Finnland, Dänemark und China.« Generalstabsreisen gehörten zur Ausbildung der künftigen Generalstabsoffiziere. Der Abschlußreise des Kriegsakademiejahrgangs vom 15. bis zum 24. Juni 1938 nach Südwestdeutschland lag eine Lage zugrunde, die eine Verteidigung Deutschlands westlich des Rheins gegen eine französische Invasion vorsah, und zwar in einer Situation, in der »starke deutsche Kräfte einen geschlagenen Gegner im Osten verfolgen«. Diese Invasion war bekanntermaßen der Alptraum des Generalstabs, der nicht Wirklichkeit werden sollte. Stauffenberg hielt bei dieser Gelegenheit einen Vortrag über die Bedeutung des Stroms zwischen Deutschland und Frankreich. Es waren Gedanken, wie sie zwischen den Kriegen im deutsch-französischen Spannungsfeld und gleichzeitig in der Sorge vor dem Bolschewismus durchaus geläufig waren. Sein Vortrag schloß mit der Frage: »Was wird geschehen, wenn neue Verwicklungen die Gewalt aus dem Osten in diesen Kampf eingreifen lassen?« Solche Bekundungen kennzeichnen die geistige Struktur des Rittmeisters im Generalstab, dem eine glänzende Karriere vorausgesagt wurde, und sie sind gleichzeitig nicht unwichtig für die Klärung der Frage, ob für den, der sich wenige Jahre später auf einen Staatsstreich vorbereitete, eine sogenannte »Ostlösung«, das heißt der angebliche Versuch einer Option gegen die Westmächte, überhaupt je in Frage hätte kommen können.

Bevor in kurzen Strichen die brillante Laufbahn Stauffenbergs über Generalstabsstellungen bis zum Chef des Stabes beim Chef des Allgemeinen Heeresamtes geschildert wird, soll versucht werden, die Stellung dieses höchstbegabten Offiziers zum Nationalsozialismus zu klären. Der Sinn oder die Absicht dieser Ausführungen soll ja gerade darin liegen, die geistige Gestalt dieses Mannes nicht etwa allein aus der Sicht des 20. Juli 1944 zu erfassen – sosehr diese Tat sein Leben krönte. Mit der Beantwortung der Frage, ob sich Stauffenberg am 30. Januar 1933 in Uniform an die Spitze eines demonstrierenden Zuges zur Feier der Machtergreifung gestellt habe und begeistert mitmarschiert sei, ist dieser Komplex noch lange nicht geklärt. Es ist das Verdienst von Kramarz, nachgewiesen zu haben, daß es sich um eine auf Verwechselung der Personen beruhende Legende handelt. Im Anschluß an Joachim Kramarz hat auch Christian Müller den Sachverhalt verständnisvoll dargestellt, und seiner Feststellung kann nur zugestimmt werden, »es gelte, von der schönen Legende von der Wandlung Stauffenbergs vom Saulus zum Paulus Abschied zu nehmen, ohne gleich ins andere Extrem zu verfallen und in seine Haltung im Jahre 1933 eine prinzipielle Gegnerschaft gegen das zur Macht gekommene nationalsozialistische Regime hineinzulesen«. Bei aller begründeten Hervorhebung der Individualität Stauffenbergs darf er in einer auch noch so kurzen biographischen Skizze nicht isoliert werden. Gemeint ist: Er teilte die Auffassungen, das heißt die Vorurteile und die Irrtümer eines Teils seiner sozialen und beruflichen Umgebung. Daß er rascher als die Mehrzahl zu Einsicht und Erkenntnis gelangte, ist eine andere Sache. Bei der Dürftigkeit der Selbstzeugnisse aus den Anfängen des Dritten Reiches ist bei ihm ein sogenannter »Pragmatismus« gegenüber dem Nationalsozialismus am ehesten anzunehmen. Die Ablehnung der plebejischen Züge im Auftreten der Partei und ihrer Gliederungen bedeutete noch keineswegs eine prinzipielle Opposition! Er war – so wie die Mehrheit der Offiziere – überdies so von beruflichen Aufgaben im Zusammenhang mit der beschleunigten, ja überstürzten Wiederaufrüstung erfüllt, daß er zu grundsätzlichen Stellungnahmen kaum gekommen sein wird.

Wenn der mit der evangelischen Baroneß Nina von Lerchenfeld verheiratete Stauffenberg auch in streng dogmatischem Sinne zu jener Zeit nur mit Vorsicht als Katholik bezeichnet werden darf, so blieb das Gefühl der Zugehörigkeit zur katholischen Kirche doch stets vorhanden. Es sollte sich immer stärker beleben und vertiefen, und unter diesem Gesichtspunkt eines christlichen Glaubens ist wohl die Distanz zum Nationalsozialismus am ehesten sichtbar. Wenn er mit Frau und Kindern demonstrativ die Kirche besuchte, so stimmte ein solches Verhalten vollkommen überein mit seiner Umgebung oder doch ihrer Mehrheit. Es verstand sich für Soldaten und Offiziere geradezu von selbst, am Gottesdienst, ja am Abendmahl oder an der Kommunion teilzunehmen. Dieser Besuch steigerte sich erst recht in den Jahren des Krieges. Vielleicht darf in den ersten Jahren der nationalsozialistischen Diktatur neben dem angedeuteten »Pragmatismus« von einer Ambivalenz im Verhalten Stauffenbergs gesprochen werden. Er bejahte die Wiederaufrüstung, die Wiederherstellung der Wehrhoheit in der entmilitarisierten Zone sowie den »Anschluß« Österreichs, aber er bewahrte sich die Selbständigkeit seiner wenn auch irrenden Urteilsbildung. Während der Fritsch-Krise wurde es den Offizieren verboten, über den »Fall« des Oberbefehlshabers zu diskutieren. Stauffenberg hielt sich indes nicht an das Verbot, sondern forderte im Hörsaal der Akademie volle Information. An der Unterschätzung des radikalen Antisemitismus im Nationalsozialismus hat er sicherlich vollen Anteil gehabt.

Beschäftigung mit Gneisenau

Der Stauffenberg aus dem George-Kreis vertraute Literaturwissenschaftler Rudolf Fahrner war damals mit der Vorbereitung eines Buches über Gneisenau beschäftigt, und das Interesse Stauffenbergs an dieser Gestalt war groß. Fahrners Zeugnisse fallen ins Gewicht. Nicht so glaubwürdig ist dagegen die Vermutung, der Nachfahr Gneisenaus habe sich aus Gründen gegenwärtiger Politik der Nationalsozialisten mit diesem militärischen Reformer befaßt. Wenn sich Graf Stauffenbergs Bedenken gegen die abenteuerliche Politik Hitlers seit 1938/1939 vertieften, so befand er sich mit solchem Mißtrauen wiederum durchaus in Übereinstimmung mit Teilen seiner militärischen und gesellschaftlichen Umgebung. Hinzu kamen sicherlich bei ihm Informationen, wenn auch keine konkreten, die anderen nicht zugänglich waren. Wenn auch das Interesse an Gneisenau sowie an der Entstehung des Buches aus Fahrners Feder unbestritten ist, so muß eine Interpretation doch gerade in diesem Falle besonders behutsam vorgehen. Das wenige, das mündlich und schriftlich überliefert ist, bleibt immer noch aufschlußreich genug. Bei der gebotenen Vorsicht der Interpretation der Vorbildlichkeit Gneisenaus ist ein Vorgriff jedoch zulässig: Unter allen Bemerkungen, die Stauffenberg zu Gneisenaus Vorstellungen machte, sind jene besonders aufschlußreich, die ein tiefes Mißtrauen gegen die revolutionären Pläne eines Volksaufstandes zum Inhalt hatten. Daß historische Parallelen problematisch, aber jedenfalls »fragwürdig« seien, war dem historisch gebildeten Offizier nicht ungeläufig; eine vordergründige Aktualisierung der Geschichte lehnte er ab. Dem Rat an Fahrner, auf die Darstellung von Insurrektionsplänen zu verzichten, lagen sicherlich mannigfache Motive zugrunde. Der Wunsch nach national sittlicher Erneuerung durch eine Elite war dem jungen Generalstabsoffizier sympathischer als der mit einer Volkserhebung verbundene Aktionismus. So bezeichnete Stauffenberg »eine Schilderung von Gneisenaus Insurrektionsplänen als inopportun«. Und »bereits nach dem 30. Juni 1934 bekundete er die Auffassung: Revolutionen und Erhebungen gegen die Staatsführung dürften nicht einer verantwortungslosen und dummen Masse überlassen werden, sondern seien im wirklich notwendigen Fall eines Umsturzes Aufgabe einer Anzahl verantwortungsvoller Männer, die die Entwicklung unter ihrer Kontrolle zu halten in der Lage sein müßten«. Man könnte geneigt sein, Schlüsse auf das Verhalten der späteren Verschwörer zu ziehen. Es stellt sich die Frage: Hat die Skepsis Stauffenbergs gegenüber »Insurrektionen« etwa auch in der Vorbereitung des Staatsstreichs eine Rolle gespielt? Die Frage kann nur gestellt, aber nicht schlüssig beantwortet werden.

Eine persönliche Erinnerung mag nicht mehr als hilfreich sein. Auf die Frage eines Leutnants etwa 1941/1942 – dem nicht etwa die Freundschaft, aber immerhin das Vertrauen des Generalstabsoffiziers im OKH zuteil wurde –, ob ein Staatsstreich in Anbetracht der nationalsozialistischen Gesinnung in den Streitkräften wie in der

Bevölkerung überhaupt Aussicht auf Erfolg haben könne, gaben Stauffenberg und ebenfalls der Chef der Abteilung Kriegsverwaltung, von Altenstadt, der festen Überzeugung Ausdruck, an der Durchführung eines Befehls des Oberkommandos könne und dürfe nicht gezweifelt werden. Das Vertrauen in die Effektivität und das Funktionieren des militärischen Befehlsapparats war trotz vorausgegangener Enttäuschungen nach wie vor groß. In denselben Zusammenhang der Interpretation der Beschäftigung Stauffenbergs mit Gneisenau gehört ein Zitat aus Fahrners 1942 erschienenem Gneisenau-Buch. Christian Müller leitet dieses Zitat mit Recht so ein: »Wie eine Antizipation von Stauffenbergs späteren Einwänden gegen endlose konspirative Diskussionen wirkt der Satz [aus Fahrners Buch]: ›Den Altgesonnenen, die alle Erneuerungspläne in unendlichen Vorarbeiten für eine neue Verfassung zu ersticken suchten, antwortete er, er könne ihnen in Einer Nacht zehn Verfassungen ausarbeiten.‹« Dieses Zitat nimmt in der Tat künftige Auseinandersetzungen unter den Verschwörern vorweg. Die Beschäftigung mit Gneisenau sollte Stauffenberg begleiten. An dieser Stelle mag wiederum eine sehr persönliche Bemerkung zulässig sein. Zu den mannigfachen Erinnerungen an den Generalstabsoffizier im OKH gehört auch diejenige an seine Bitte, gelegentlich einmal einen Vortrag über Gneisenau sowie über andere Männer der Befreiungskriege zu halten.

Erfahrungen im Polenkrieg

Es wurde schon angedeutet: Dem Grafen fiel es aus beruflichen, verwandtschaftlichen und gesellschaftlichen Bedingungen relativ leichter als anderen, das Verderbliche der nationalsozialistischen Diktatur zu durchschauen. Eine andere Frage ist es indes, ob, auf welche Weise und seit wann der Ib der 1. Leichten Division von Widerstandsplänen eines Teils der hohen Generalität gewußt habe. Der aus dem Frühjahr 1939 überlieferte Ausspruch, »der Narr mache Krieg«, schloß in gar keiner Weise aus, daß sich der Generalstabsoffizier seit der Entfesselung des Krieges leidenschaftlich der Aufgabe des Dienstes für das Heer widmete. Mit Sicherheit hatte er indes die Erkenntnis gewonnen, daß von dem »Durchschnitt der Generalität« – ein problematischer Begriff – kein energisches Vorgehen gegen die Kriegsvorbereitungen zu erwarten sei. Es handelte sich um eine Einsicht, die im Laufe der nächsten Erfahrungen immer stärker werden und sich zu emotionalen zornigen Ausbrüchen steigern sollte. So ließ er sich in vertrauten Kreisen während der Tätigkeit im OKH im Verlaufe des Rußlandfeldzuges dazu hinreißen, von der »Feigheit der Generale« zu sprechen. Wäre es ihm vergönnt gewesen, den Diktator zu überleben, so hätte seine rasche, aber zugleich intellektuell abwägende Urteilsbildung solche Verallgemeinerungen niemals zugelassen.

»Feigheit« bedeutet in diesem Zusammenhang übrigens nicht etwa Feigheit vor dem Feinde, sondern der mangelnde Mut, sich der Durchführung unsinniger Befehle von höchster Stelle zu widersetzen; und unter »Generalen« wird der Kreis von »Kommandierenden Generalen« und »Oberbefehlshabern« verstanden. Unter ihnen gab es – nicht zuletzt infolge der viel zu raschen Wiederaufrüstung – eine nicht unerhebliche Zahl von Männern, die ihren Aufgaben nicht gewachsen waren. Von »Feigheit« im hergebrachten Sprachgebrauch konnte aber auch bei ihnen nicht gesprochen werden. Im Gegenteil: Sie fürchteten die Last der Verantwortung auf ihrem Befehlsstand –

wohin sie gehört hätten – und zogen es vor, die kämpfende Truppe zu besuchen und ihr nahe zu sein. Generalstabsoffiziere übernahmen des öfteren Aufgaben, die über ihren Dienstrang weit hinausgingen.

Zu einem der Höhepunkte in Stauffenbergs Karriere gehört seine Tätigkeit in der Organisationsabteilung des Heeres. Er war selbstverständlich mit erfüllt von den unerwarteten Siegeszügen in Polen, in Frankreich und den Kesselschlachten in der Anfangsphase des Krieges gegen die Sowjetunion. Daß seine sittlichen Wertmaßstäbe auch im Rausche militärischer Erfolge intakt blieben, läßt – um nur einen Vorgang hervorzuheben – sein Verhalten in Polen erkennen. Als nämlich ein Offizier »aus Nachlässigkeit die Exekution zweier schwachsinniger Polinnen als ›Spioninnen‹ verursacht hatte«, bestand Stauffenberg darauf, daß dieser vor ein Kriegsgericht gestellt werde. Gewiß sind aus den Monaten nach dem Polenfeldzug nicht Äußerungen von solcher Eindeutigkeit wie die des späteren Chefs der Organisationsabteilung, Helmut Stieff, überliefert, der am 21. November 1939 seiner Frau schrieb: »Man bewegt sich dort nicht als Sieger, sondern als Schuldbewußter.« Und dieser Brief, der ein Zeugnis des »anderen Deutschland« darstellt, fährt fort und spricht von »Dinge[n], die eine organisierte Mörder-, Räuber- und Plünderbande unter angeblich höchster Duldung dort verbricht«. Schließlich enthält dieser Brief einen Satz, der in der Mentalitätsgeschichte des deutschen Offizierskorps wohl als einzigartig bezeichnet werden muß: »Ich schäme mich, ein Deutscher zu sein.«

Die Polenerfahrungen behielten unter mannigfachen Gesichtspunkten große Bedeutung für die Entwicklung der militärischen Opposition von einer distanzierten Zustimmung zum Nationalsozialismus über die Einsicht in die ebenso dilettantische wie schließlich verbrecherische Kriegführung bis zu dem Entschluß, das Regime durch ein Attentat auf Hitler zu beseitigen. Diese Entwicklung ist erst recht für Stauffenberg charakteristisch geworden. Die Erfahrungen dieser Offiziere in Polen wurden folgenreich auch in der Vorbereitungsphase des Angriffs auf Rußland. Daß die SS »in eigener Verantwortung« besondere Aktionen durchführen werde, gehörte zu den Selbsttäuschungen der Heeresführung. Daß es zwischen SS und Polizeieinheiten auf der einen und Heereseinheiten auf der anderen Seite zu schweren Auseinandersetzungen in Polen gekommen war, gehörte vor allem zu den Voraussetzungen, unter denen die vollziehende Gewalt des Heeres immer mehr zurückgedrängt und auch eingeengt werden sollte. Und schließlich mag eine persönliche Erinnerung des Schreibers, der nicht zum Widerstand gehörte, gestattet werden. Auf dem Höhepunkt des Rußlandfeldzuges, als der Generalquartiermeister aufgrund seiner Kenntnis der auf die Dauer hoffnungslosen materiellen Unterlegenheit des Deutschen Reichs die Unmöglichkeit eines Sieges erkannt hatte, gab er dem Leutnant der Reserve den Befehl, allen aktenkundig gewordenen Greueln und Übergriffen der SS nachzugehen, dieselben zu sammeln und zu registrieren. Die Absicht eines solchen Befehls war ebenso unverkennbar wie die der Bitte Stauffenbergs – und zwar nach der Absetzung des Oberbefehlshabers Brauchitsch –, alle Meldungen über Denunziationen des Heeres durch SS-Dienststellen sorgfältig aufzubewahren. Der Anlaß zu dieser Bitte – zu bitten war ihm gemäßer als zu befehlen – ist sehr belanglos, aber die Erlebnisse in Polen gehörten in die Reihe jener Erfahrungen, die schließlich die Entwicklung zur Opposition beschleunigten. Bevor letztere angedeutet wird, sei noch auf jene Stelle des Briefes aus der Feder Stieffs hingewiesen: Noch ist die Rede von »angeblich höchster Duldung«. Es ist anzunehmen, daß damit einem allgemeinen Empfinden Ausdruck gegeben wurde, das ebenfalls Stauffenberg geteilt hat, nämlich zu trennen zwischen dem Obersten Befehlshaber und seiner Umgebung aus Partei und Wehrmacht. »Daß der Narr Krieg mache«, spricht nicht gegen eine solche Vermutung.

Erdrückende Erfahrungen im OKH

Die Summe der Erfahrungen im OKH sollte erdrückend werden. Daß im Generalstab, wenigstens in den Jahren 1941/1942 unter dem Chef des Generalstabs Halder, »eine von Mißtrauen freie Atmosphäre« herrschte (so de Maizière), kann von dem diese Jahre miterlebenden jungen Reserveoffizier nur nachdrücklich aus kontrollierter Erinnerung bestätigt werden. Zwischen den Mitarbeitern der verschiedenen Abteilungen im OKH bestand ein kameradschaftlicher Verkehr, ein freimütiger Gedankenaustausch, von dem die Reserveoffiziere verschiedener Herkunft erst recht nicht ausgeschlossen waren. Es wurde nämlich sehr offen diskutiert, und man brauchte sich nicht – wie im zivilen Leben – anschließend die Frage zu stellen, über was und mit welchen Gesprächspartnern man gesprochen habe. Das änderte sich auch dann nicht, als etwa der Vertreter Himmlers, ein Major Skowronnek, bis zu seiner Abordnung zum OKH Adjutant des Polizeipräsidenten Graf Helldorf, nach anfänglicher Zurückhaltung voll in den inneren Kreis des OKH integriert wurde. Ihm sollte in der Vorbereitung des Staatsstreichs eine charakteristische Rolle zufallen.

Das Tätigkeitsfeld, das Stauffenberg bearbeitete, war breit und überschnitt sich mit dem der anderen Abteilungen des Generalstabs, so mit dem der Operationsabteilung und vornehmlich mit dem des Generalquartiermeisters sowie mit dem der sogenannten Waffengenerale. Die Organisationsabteilung bearbeitete die Truppengliederung im Feldheer, die besonders problematische Spitzengliederung und die rückwärtigen Dienste, die Befugnisse der hohen Kommandobehörden des Feldheeres, die Forderungen des OKH gegenüber dem Befehlshaber des Ersatzheeres auf personellen Ersatz und Ausrüstung. Auf die Bearbeitung eines Gebietes sei besonders hingewiesen, zumal es gar nicht vorgesehen war. Gemeint sind die landeseigenen Verbände, um deren Aufstellung ein zäher Kampf mit dem OKW, das heißt Hitler, geführt wurde. Die Anliegen der Freiwilligen verbanden in besonderer Weise Organisationsabteilung und Abteilung Kriegsverwaltung, und zwar deren herausragende Persönlichkeiten Stauffenberg und Schmidt von Altenstadt. Auf ihrer Seite stand der Vertreter des Reichsministeriums für die besetzten Ostgebiete, Otto Bräutigam, ein guter Kenner Rußlands, der bereit war zu helfen, wann immer er konnte.

Die engen dienstlichen und freundschaftlichen Verbindungen zu der Dienststelle des Generalquartiermeisters, besonders zu dessen Abteilung »Kriegsverwaltung«, vermittelten Einsichten nicht nur in den Dilettantismus, sondern in das Verbrecherische der obersten Kriegführung. Diese Abteilung (GenQu/Kriegsverw.) war – im amtlichen Deutsch – »zuständig« für alle Fragen, die die besetzten Gebiete, also vom rückwärtigen Heeresgebiet bis zum Operationsgebiet, sowie die schon bestehenden Militärverwaltungen in Frankreich und in Nordfrankreich und Belgien betrafen. Sie war ferner zuständig für den schriftlichen wie mündlichen Verkehr zwischen dem OKH/Generalquartiermeister, dem General Wagner, und den polizeilichen wie zivilen Reichsstellen, so unter anderem dem Reichssicherheitshauptamt und dem Reichsministerium für die besetzten Ostgebiete. Es wurde bereits angedeutet: Zu den verhängnisvollen Irrtümern und Selbsttäuschungen des OKH gehörte die in den Besprechungen des Generalstabs mit der Führung der SS, das heißt mit Heydrich selbst oder mit seinen Vertretern erreichte Formulierung, die Sonderkommandos der SS seien befugt, »ihre Aufgaben in eigener Verantwortlichkeit durchzuführen«. Es war nicht nur eine Selbsttäuschung, sondern auch eine Aufgabe der unteilbaren moralischen Verantwortlichkeit der Befehlshaber im Operationsgebiet wie in den rückwärtigen Heeresgebieten, und zu den nächsten Erfahrungen des Heeres sollte es gerade gehören, daß die Erschießung von den in sowjetischen Verbänden tapfer kämpfenden Kommissaren zur Verhärtung des Widerstandes des Gegners in hohem Maße beigetragen hat. Das Ringen um die Aufhebung gerade dieses Befehls sollte bis Ende 1942 zu den intensiven Bemühungen sowohl des Generalquartiermeisters als auch jener Gruppe in der Organisationsabteilung unter dem unvergleichlichen Grafen Stauffenberg sowie der Operationspolitik unter dem damaligen Oberst Heusinger gehören. Die Abteilung Kriegsverwaltung/ Auswertung hatte sehr intime Kenntnis von den Verbrechen, die im deutschen Herrschaftsbereich begangen wurden. Der Reserveoffizier in dieser Abteilung hatte unter anderem die sogenannten »Meldungen der Einsatzgruppen« zu lesen und über deren Inhalt regelmäßig einer Reihe von Abteilungsleitern bzw. Gruppenleitern, gelegentlich auch dem Chef des Generalstabs Vortrag zu halten. Daß zu denen, die von den Verbrechen Kenntnis erhielten, Stauffenberg gehörte, verstand sich von selbst.

Der schwierige Weg in den Widerstand: militärische Erwägungen und Motive

So herausragend die Gestalt Stauffenbergs auch gewesen ist, sosehr seine Führungsqualität von den Begabtesten seiner militärischen Umgebung im Generalstab anerkannt wurde, so darf er gleichwohl aus seiner Erfahrungs- und Umwelt nicht herausgelöst werden. Am Anfang des Weges standen praktische Erfahrungen – eine Feststellung, die die Voraussetzung unverschütteter sittlicher Anschauungen und Maßstäbe nicht ausschließt. Max Weber hat geschrieben, »ob man ... als Gesinnungsethiker oder als Verantwortungsethiker handeln soll, und wann das eine oder das andere, darüber kann man niemandem Vorschriften machen«, und weiter: »Insofern sind Gesinnungsethik und Verantwortungsethik nicht absolute Gegensätze, sondern Ergänzungen, die gemeinsam erst den echten Menschen ausmachen.« Die Gesamtheit der deutschen Opposition, in der sehr verschiedene Auffassungen über Mittel und Methoden eines Widerstandes (wozu nicht von vornherein der Gedanke an ein Attentat stand) herrschten, sollte nach Maßgabe solcher Einsichten verstanden werden. Unter diesem Gesichtspunkt kann auch die scheinbare »Kollaboration« bestimmter Männer mit dem Regime nicht übersehen werden, die nämlich ihre Stellung behielten, und zwar nicht, um Schlimmeres zu verhüten, sondern um in ihren Positionen die Herbeiführung eines Umsturzes zu erleichtern. Man sollte deshalb so nüchtern wie möglich den Weg zeigen, auf dem Soldaten in die Grenzsituation einer Erhebung gerieten. Je nüchterner dieser schwere Weg aufgezeigt wird, desto größer wird vielleicht die Aussicht, das Verständnis für diese militärische Elite in unserer Gegenwart zu fördern. Es mindert nicht den

Ruhm dieser Männer, wenn man bei ihnen zunächst rationale Überlegungen, ja fachliche Erwägungen beobachtet, die ihre Distanz zum Nationalsozialismus begründeten. Solche Überlegungen enthielten gleichsam die Voraussetzung für einen Widerstand, der sich wachsend ins Grundsätzliche steigerte, mit sittlichen Überzeugungen, die zum Durchbruch gelangten, verband und schließlich ein inneres Bündnis mit der vielschichtigen Opposition gegen die totalitäre Herrschaft erreichte.

Die Schicht der Offiziere, aus denen Stauffenberg geistig so herausragte, hat – ohne in ihrer relativen sozialen Abgeschlossenheit von vornherein die Wirklichkeit eines totalen Terrorsystems zu kennen oder zu durchschauen – mit Hingabe an der Erringung eines deutschen Sieges – den Beck niemals für möglich hielt – und schließlich an der Verhinderung einer totalen deutschen Niederlage gearbeitet. Über das konkrete Erlebnis der Kriegführung Hitlers und seiner nächsten militärischen Ratgeber gelangten sie allmählich zum Anschluß an den Widerstand, der sich lange vor ihrem Auftreten gruppiert hatte und dessen Bezeichnung – im Gegensatz zur Résistance – damals noch nicht geläufig war. Daß der Generalstab nicht so führen konnte, wie es die Kriegslage erforderte, stand ohne Zweifel am Anfang der soeben angedeuteten Erfahrungen. Die ebenfalls schon angedeutete unklare und bewußt ungeordnet gebliebene Spitzengliederung der Wehrmacht trug ebenfalls nicht unerheblich dazu bei, die Kluft zwischen dem Generalstab des Heeres und dem Führerhauptquartier zu vertiefen. Es liegt mir daran und bildet einen festen Bestandteil der Erinnerung an meine Zugehörigkeit zum OKH/ GenQu (April 1941 bis Dezember 1942), diese nur scheinbaren formalen organisatorischen Schwierigkeiten – die sich tief in der Kriegführung und in der Behandlung der besetzten Gebiete auswirkten – hervorzuheben, um die immer wieder auftretende Spannung zwischen OKH und OKW deutlich zu machen. Diese Spannung war geeignet, einen Konflikt vorzubereiten. Es hat nichts mit einer überstrapazierten Interpretation zu tun, wenn man einen Zusammenhang erkennen möchte zwischen diesen Spannungen und dem Abend des 20. Juli 1944 in der Bendlerstraße. Noch vor dem Eingreifen Remers wurde von dem Oberstleutnant i. G. Franz Herber eine militärische Gegenaktion gegen den von Offizieren im Generalstab getragenen Staatsstreich ausgelöst. Ein Urteil über diesen Offizier, der in den Jahren 1941/1942 zum OKW gehörte, soll damit in gar keiner Weise gefällt werden. Die gelegentlichen Gespräche gerade mit ihm während seiner Besuche beim Generalquartiermeister ließen seine Enttäuschung über den »Defätismus« und den Mangel einer Gesamtführung durch einen Wehrmachtsgeneralstab mit dem Schwerpunkt im OKW deutlich genug erkennen. Es soll damit nicht etwa ein vereinfachender Kausalzusammenhang zwischen den Gegensätzen OKH–OKW und den Vorgängen am 20. Juli konstruiert werden. Der Gegensatz reichte längst in die tieferen Schichten grundsätzlicher Überzeugungen.

Wer sich der Aufgabe einer Biographie Stauffenbergs unterzieht, darf nicht die Erfahrungen unterschätzen, die er in seinem Arbeitsbereich im OKH zu machen Gelegenheit hatte. Dazu gehörte zunächst das Erschrecken darüber, wie die Zivilbevölkerung in den besetzten Gebieten und die Kriegsgefangenen behandelt wurden. Es muß ausdrücklich festgehalten werden, daß die »Kriegsgefangenen« ein besonderes Referat des Generalquartiermeisters/Abt. Kriegsverwaltung darstellten. Im Vordergrunde sorgenvoller Überlegungen stand zunächst die Besorgnis, daß eine Ausbeutung oder gar eine Ausrottung von Teilen der Bevölkerung in den besetzten Gebieten oder doch eine

Duldung des Elends sowie des Sterbens der sowjetischen Kriegsgefangenen in gar keiner Weise den Bedürfnissen der militärischen Führung entsprachen. Die Kenntnis von solchen Verbrechen verbreitete sich, auch ohne technische Nachrichtenmittel, mit Windeseile unter der russischen Zivilbevölkerung. Letztere schien sich geradezu auf ständiger Wanderschaft zu befinden. Die Sorge um die Nachschubwege und um die Befriedung der rückwärtigen Heeresgebiete wie des Operationsgebietes stand sicherlich am Anfang von Nachdenklichkeiten und Überlegungen. Das muß so deutlich wie nur möglich ausgesprochen und auch wiederholt werden, gerade um die Entfaltung und Ausbreitung des Widerstandes auf dem militärischen Sektor verständlich zu machen.

Und doch waren von Anfang an ganz andere Motive wirksam. Es war nicht etwa nur militärisches Sachdenken, das seit Beginn des Krieges immer wieder zu Auseinandersetzungen mit den sogenannten »Führerweisungen« geführt hat. Es bestand von Anfang an auch das Gefühl der Verantwortung für die Bevölkerung in den eroberten Gebieten. Charakteristisch wurde die List, mit deren Hilfe solche Weisungen umgangen und zum Teil ins Gegenteil gewandelt wurden. Von der »Einheit zwischen Denken und Tun« des Generalstabs, die Beck – der letzte eigentliche Chef des Generalstabs – gefordert hatte, konnte längst nicht mehr die Rede sein. In den schriftlichen Eingaben, in den unermüdlichen Auseinandersetzungen mit den Stellen des Führerhauptquartiers über die Behandlung etwa der Zivilbevölkerung bediente man sich nicht sogenannter humanitärer Motive, sondern berief sich vor allem auf die Kriegsnotwendigkeit und die Kriegführung. Solche Schriftstücke dürfen deshalb ebensowenig »zu wörtlich« gelesen werden wie etwa bestimmte Teile der Korrespondenz des Auswärtigen Amtes unter von Weizsäcker.

Die Mentalitätsgeschichte im OKH bliebe unvollständig, wenn nicht des Chefs des Generalstabs, Franz Halder, gedacht würde. Stauffenberg hat ihn verehrt. Der Kreis der Gleichgesinnten um ihn teilte diese Verehrung. Es kommt an dieser Stelle nicht darauf an, Halders Anteil an der Vorbereitung von Staatsstreichplänen in Verbindung mit Männern des Auswärtigen Amts vor Beginn des Krieges sowie seine je nach Kriegslage wechselnde Beurteilung der Chancen eines Staatsstreichs nachzuweisen. Die Weihnachtsfeier am 24. Dezember 1941 im Mauerwald bei Angerburg läßt die Atmosphäre unter den Angehörigen des OKH anschaulich werden. Halder hielt dabei eine Ansprache, in der er sich nachdrücklich zum christlichen Glauben bekannte. Sie hat wohl alle Teilnehmer tief beeindruckt, zumal er schonungslos die Lage an der Ostfront schilderte. Der letzte Satz seiner Rede lautete: »Und nun wollen wir alle des Mannes gedenken, auf dessen Schultern die ganze Verantwortung ruht.« Diese eine Erwähnung Hitlers war das Äußerste, wozu sich Halder entschloß, und sie war ja auch zutreffend.

1942: Stauffenberg wird entschiedener Gegner Hitlers

Vor dem Hintergrunde von »Katastrophenmeldungen« hatte die Weihnachtsfeier stattgefunden. Am 11. Dezember 1941 hatte das Deutsche Reich den USA den Krieg erklärt. Aber schon am 27. November hatte der Generalquartiermeister aus einer Analyse der Lage gefolgert: »Wir sind am Ende unserer personellen und materiellen Kraft.« Die Offensive auf Moskau, die nach Meinung des Generalstabs viel zu spät begonnen hatte, war im russischen Winter steckengeblieben, und die aus Sibirien im

Bahntransport herbeigeführten und mit hervorragender Winterausrüstung ausgestatteten sowjetischen Truppen waren zum Gegenangriff übergegangen. Die sogenannte Feindaufklärung der Abteilung Fremde Heere Ost funktionierte hervorragend. Im OKH bestand die Möglichkeit, die freie Presse der noch neutralen Länder wie etwa Schwedens mit anschaulichen Berichten über das Eintreffen der sibirischen Verbände auf den Moskauer Bahnhöfen zu lesen. Am 7. Januar gab Generaloberst Hoepner, Oberbefehlshaber der 3. Panzerarmee, aus der Entscheidung seines Gewissens, das er über eine mißverstandene Gehorsamspflicht stellte, den eigenmächtigen Befehl zum Rückzug seiner Truppen auf eine rückwärtige Linie. Als er daraufhin seines Postens enthoben und aus der Wehrmacht ausgestoßen wurde, war die Absetzbewegung bereits im Gange, und etwa 200 000 Mann wurden diesmal noch gerettet. Die Nacht vom 8. zum 9. Januar war mit minus 52 °C eine der kältesten Nächte während des Winterfeldzuges vor und um Moskau. Diese Vorgänge und Meldungen aus den besetzten Gebieten gehörten zum Erfahrungsbereich des Grafen Stauffenberg und trugen dazu bei, seinen Entschluß zum Handeln zu beschleunigen.

Um so biographisch interessanter und vielleicht auch verwirrender ist jener Brief, den Stauffenberg zu jener Zeit, am 11. Januar 1942, an seine Schwiegermutter schrieb. Es ist das Verdienst Christian Müllers, ihn zugänglich gemacht und umsichtig interpretiert zu haben. In diesem Brief ging es vornehmlich um die »Winterbekleidung« für die im Osten eingesetzten Truppen sowie ganz allgemein um die Kriegssituation. Das erste Problem war inzwischen ein Thema der nationalsozialistischen Propaganda »in der Heimat« sowie ein sehr aktuelles Thema im OKH geworden. Zu jener Zeit wurde der Schreiber dieses Aufsatzes nebst anderen Offizieren beim Generalquartiermeister beauftragt, alle Unterlagen zu sammeln, aus denen hervorging, daß es dessen Anliegen gewesen war, sich rechtzeitig auf eine Winterausrüstung einzustellen. Die Illusionen, die vor und bei Beginn des Ostfeldzuges bestanden, waren längst vergangen. Vor diesem Hintergrunde muß Stauffenbergs Brief verstanden werden. Unter anderem heißt es darin: ». . . Ich möchte freilich . . . gern dies und jenes erklären, was aber nicht ganz leicht ist. Über die Gerüchte in der Heimat hinsichtlich des Abgangs von Brauchitsch und Kombinationen mit der Wollsammlung bin ich freilich orientiert. An alledem ist kein wahres Wort. Daß alles so wirken muß, ist aber ganz natürlich: Wollsammlung: Die Winterbekleidung für die im Osten eingesetzten Truppen war zeitgerecht bereitgestellt. Daß sie nicht zur Truppe kam, ist eine reine Transport- und Nachschubfrage. . .« Dieser Passus wie auch die nächsten Ausführungen über die »Lage an der Front« bringen nur sehr verschleiert die Empörung über die propagandistische Ausnutzung der Frage der »Winterbekleidung« der Ostfront durch das sogenannte »Winterhilfswerk« zum Ausdruck. Bei der Beurteilung der Kriegssituation wie des Wechsels in der Führung des Heeres ist wohl der behutsamen Interpretation durch den Biographen Christian Müller zu folgen. Es handelt sich um einen Geburtstagsbrief an die Schwiegermutter, deren Sorgen möglichst zerstreut werden sollten. Das Motiv der Tarnung ist außerdem zu berücksichtigen. Gleichwohl ist die zuversichtliche Gesamtbeurteilung in einer Situation verblüffend, in der die deutschen Armeen ihre erste wirkliche Niederlage erlitten und den Nimbus der Unbesiegbarkeit verloren.

Vor dem düsteren Hintergrunde der militärischen Lage an der Ostfront – hinzu kamen die Rückschläge in Afrika – wirkt die relativ optimistische militärische Lagebeurteilung überraschend – auch wenn in persönlichen Briefen und Gesprächen ein Zweckoptimismus in Rechnung gestellt werden muß. Es kommt wohl der Wahrheit am nächsten, wenn wiederum eine Ambivalenz im Denken und Verhalten Stauffenbergs angenommen wird. Der Generalstab unter Halder hatte den sowjetischen Gegner unterschätzt; die Vorbereitung auf die Geographie Rußlands war vollkommen vernachlässigt worden, obwohl es gute Informationsmöglichkeiten gab. Im Vordergrunde des Denkens und Handelns im OKH standen die Sorge um die kämpfende Front sowie die Zuversicht, den Bolschewismus schließlich doch besiegen zu können, zumal wenn Hitler nunmehr seit dem Rücktritt bzw. der Ablösung des Feldmarschalls Brauchitsch als »Oberbefehlshaber« mehr als bisher auf die Belange des Heeres Rücksicht nehme. Stauffenberg hat diesen Irrtum mit Halder geteilt. Dieser Irrtum schloß die Ablehnung des nationalsozialistischen Systems nicht aus, mit dem man nämlich »abrechnen« werde, sobald der Krieg ein Ende gefunden haben würde.

Erst die Erfahrungen des Kriegsjahres 1942 waren notwendig, damit ein Mann wie Stauffenberg zum entschiedenen Gegner des »Obersten Kriegsherrn« wurde. Übergangen werden muß der verhängnisvolle und leichtfertige Entschluß Hitlers (Juli 1942), eine Doppeloffensive sowohl auf Stalingrad als auch auf den Kaukasus zu befehlen. Die geradezu perverse, bedenkenlose Überforderung des Heeres im Dienste einer ausschweifenden Eroberungspolitik erfuhr einen Höhepunkt und besaß eine starke psychologische Rückwirkung auf die militärische Führungsschicht, selbst im OKW, das heißt besonders auf Jodl. Daß in einer Biographie Stauffenbergs die Problematik der landeseigenen Verbände nicht fehlen darf, ist bereits angedeutet worden und bleibt unumstritten. Die Beschäftigung mit den russischen Freiwilligen führt in das Zentrum des Denkens und Handelns sowohl Stauffenbergs als auch des Leiters der Abteilung Kriegsverwaltung wie dessen Mitarbeitern. Ein erregendes Zusammenarbeiten dieser Persönlichkeiten mit anderen Männern – wie mit dem schon erwähnten Otto Bräutigam, mit dem General Köstring und Herwarth von Bittenfeld – läßt sich beobachten.

Stauffenberg wurde mit der Fragwürdigkeit und schließlich Haltlosigkeit der These des angeblichen Kreuzuges gegen das bolschewistische Rußland tief vertraut, als die nicht vorauszusehende Aufgabe der sogenannten »landeseigenen Verbände« so dringend und groß wurde, daß sie nicht mehr allein vom Generalquartiermeister, sondern von der Organisationsabteilung und von der Operationsabteilung bearbeitet wurde. Abweichend von der Literatur glaube ich mich zu erinnern, daß Gedanken an Freiwillige aus den Nationalitäten der Sowjetunion zunächst bei der Abteilung Kriegsverwaltung, und zwar in enger Absprache mit Otto Bräutigam, entstanden sind und daß die Organisationsabteilung sich solche Pläne bereitwillig zu eigen machte. Christian Müller ist durchaus zuzustimmen, wenn er es als Desiderat bezeichnet, »militärische und idealistische Momente« in Stauffenbergs Denken um die Aufstellung von Freiwilligenverbänden zu untersuchen. Die Aufstellung und der Einsatz solcher Verbände, die lange Zeit gegen den Willen Hitlers in einem zähen Kleinkampf und nicht etwa in dem vom OKH gewünschten Umfang durchgesetzt werden mußten, wurden eine Herzensangelegenheit Stauffenbergs und seiner Gesinnungsfreunde. Seiner hohen organisatorischen Begabung, seinem Idealismus und seinem Wagemut entsprach gerade diese Aufgabe. Der Kampf gegen die »Weisungen« der obersten Führung gehört zu den erregenden Kapiteln in der Geschichte des Generalstabs während des Rußlandfeldzugs und beschleunigte erheblich Stauffenbergs Weg zum Entschluß zum Staatsstreich. Es war ein Kampf, in dem die beteiligten Generalstabsoffiziere sowie auch andere Ressorts geradezu zu »Falschmeldungen« und »Falschauslegungen« von »Führerbefehlen« genötigt wurden. Über den Initiativen und Aktivitäten im OKH darf selbstverständlich das Drängen der Truppe nach Freiwilligen nicht vergessen werden, vor allem auch nicht die guten Erfahrungen, die sie mit ihnen machten. Es ist zulässig, zu sagen, das Erlebnis der Freiheitssehnsucht unterdrückter Völker habe dem eigenen Freiheitsgedanken Leben und Tiefe gegeben.

Ferner bleibt wichtig, daß Stauffenberg bereits vor seinem Einrücken in das Zentrum der Opposition, als er noch auf seinem Posten in der Organisationsabteilung um eine Stärkung der Ostfront rang, seine Bereitschaft zum Attentat bekannte. Als sich das Führerhauptquartier im Herbst 1942 in Winniza befand und als im kleinen Kreise von Offizieren, die mit »Widerstand« gar nichts zu tun hatten, einer meinte, dem Führer müsse doch endlich »die Wahrheit« gesagt werden, reagierte Stauffenberg spontan: »Es kommt nicht darauf an, ihm die Wahrheit zu sagen, sondern es kommt darauf an, ihn umzubringen, und ich bin dazu bereit.«

Mit dem Kampfe um Freiwilligenverbände hing auch das Verlangen nach einer humanen Behandlung der Zivilbevölkerung und der Milderung des Elends der Kriegsgefangenen zusammen. Wenn Stauffenberg sowie der Kreis um ihn – man darf von einem Kreise sprechen – in eine direkte Konfrontation mit der Gesamtpolitik Hitlers geradezu zwangsläufig gerieten, so liegen die Gründe vornehmlich in den Erfahrungen des Jahres 1942. Die nationalsozialistische Propaganda und auch die Wehrmachtsführung hatten das Millionenheer auf einen Kampf gegen einen rassisch minderwertigen Feind vorbereiten wollen. Der deutsche Soldat und die Führung erlebten einen ganz anderen Gegner. Der sowjetische Kommissar war tapfer. Der Russe, unabhängig von seiner Nationalität, war gemäß der nur aus der Literatur bekannten großen russischen Tradition gastfreundlich; es war vor allem – und zwar nicht nur unter den nichtrussischen Nationalitäten – eine Bereitschaft vorhanden, sich von der Diktatur Stalins befreien zu lassen und gegen diese Diktatur mitzukämpfen. Nach Hitlers Vorstellung und Willen sollte es jedoch nur die Herrschaft einer Herrenrasse über dienende und gehorchende »Untermenschen« geben. Hitler bezeichnete es als »Prinzip« seiner Politik, die Aufgabe der Erweiterung des germanischen Lebensraums »mit eigenem Blutopfer und eigenem Einsatz zu lösen«. »Kein Staat Europas« solle ihm vorwerfen können, er sei von sich aus an ihn herangetreten, »um ihn in diesen Krieg hineinzulocken oder ihn zu bewegen, für Deutschland zu kämpfen«. Es war ebenfalls charakteristisch für den Diktator und seine zu einem großen Teil willfährigen Anhänger im OKW, daß die Verwendung ehemals Baltendeutscher in den besetzten Gebieten möglichst vermieden werden, ihr mindestens sehr enge Grenzen gezogen werden sollten. Das Kapitel der Freiwilligenverbände bis zum tragischen Ende der Wlassow-Armee bedarf noch der wissenschaftlichen Aufarbeitung.[3] Bei der Masse der Überläufer und Freiwilligen spielte selbstverständlich die Hoffnung auf bessere Behandlung, vor allem der Ernährung, eine nicht unerhebliche Rolle, aber die Entscheidung, die der Überläufer traf, war auch moralisch-politischer Natur. Dieser Sachverhalt ist nicht aus den Akten zu rekonstruieren. Ich bin weit davon entfernt, eine These zu vertreten, der Krieg hätte etwa mit Hilfe einer Erhebung in Rußland selbst gewonnen werden können, auch wenn immerhin etwa eine Million Bürger der Sowjetunion im Spätsommer 1942 unter deutschen Waffen standen, das heißt also einen Bestandteil des kämpfenden Ostheeres darstellten. Um deren Gleichstellung mit den deutschen Soldaten ging es Stauffenberg. Die Erfahrungen im OKH, zu denen mannigfache Dienstreisen an die Frontabschnitte und Gespräche mit den Frontkommandeuren kamen, bildeten den Nährboden, auf dem sich die Einsicht in die Notwendigkeit eines Staatsstreichs befestigte.

Das Bild, das der als Ia der 10. Panzerdivision nach Afrika versetzte Stauffenberg dort bot und den Überlebenden hinterließ, enthält alle Züge, die für ihn charakteristisch waren: Er strahlte eine Autorität aus, der sich weder sogenannte »Untergebene« noch »Vorgesetzte« entziehen konnten. Er überstand die schwere Verwundung nicht zuletzt mit einer Energie, die alle Besucher bewunderten. Wenn es auch widersprüchliche Überlieferungen über den Zeitpunkt des direkten Anschlusses des Grafen an die den Staatsstreich vorbereitende Opposition gibt, so bleibt es unbestritten, daß der Schwerverwundete sehr rasch den Entschluß faßte, die Ernennung zum Chef des Stabes beim Chef des Allgemeinen Heeresamts in Berlin unter General Olbricht zu akzeptieren; am 1. Juli 1944 wurde er Chef des Stabes beim Oberbefehlshaber des Ersatzheeres. An dieser Stelle fand er die Chance zur »Aktion«, auf die er innerlich längst vorbereitet war.

Daß die Verwundung, der Lazarettaufenthalt und das Wiedersehen mit Familie und Freunden ihn seelisch tief berührten, nicht etwa verwandelten, ist leicht zu begreifen. Die Worte, die seine Frau überliefert hat, geben mit Sicherheit sein damaliges Selbstverständnis wieder. »Weißt du ... ich habe das Gefühl, daß ich jetzt etwas tun muß, um das Reich zu retten.« Und ebenfalls sind die Worte, die er an Peter Sauerbruch, den Sohn des Chirurgen, richtete, vollkommen glaubwürdig, daß es nämlich eine Gnade sei, eine derart schwere Verwundung überlebt zu haben; »in ihm wuchs die Gewißheit, für eine höhere Aufgabe bewahrt worden zu sein«. »Wir sind als Generalstäbler alle mitverantwortlich« – in diesem Bekenntnis liegt Stauffenbergs Vermächtnis. Man mag Überlegungen anstellen über das Fortwirken des Georgeschen Gedankenguts, so diente Georges Gedicht vom »Antichrist« nicht selten als Zeichen der Erkennung und Verständigung; mit Sicherheit war Stauffenberg der gläubige Katholik, der den Entschluß zum Tyrannenmord faßte. Das christliche Verantwortungsgefühl vor Gott wird ihm den Entschluß erleichtert haben. Es wird stets schwerfallen, die Motive gegeneinander abzuwägen.

Sein Leben gipfelte im gescheiterten Attentat des 20. Juli. Wir wissen aus der Geschichte, daß der »Erfolg« nicht der einzige Maßstab ist, an dem Menschen und Vorgänge gemessen werden. Im Scheitern vollendete sich das Leben dieses unvergleichlichen Mannes. Es scheint, als ob er von vornherein prädestiniert gewesen sei, die Tat in äußerster Not, selbst ohne Aussicht auf Erfolg – an den er selbst bis zuletzt glaubte – durchzuführen. Auf der Suche nach »Vorbildern« oder nach Traditionen in unserer Gegenwart gehört er zu denen, die alle Deutschen – unabhängig von ihrer sozialen und weltanschaulichen Herkunft – miteinander in der Anerkennung der bleibenden Werte verbinden und versöhnen können. Er hat durch die Bereitschaft zum Opfer dem Widerstand gegen ein Regime des Unrechts und des Terrors die wahre Würde verliehen.

Anmerkungen

[1] Hervorzuheben sind die Biographien von: KRAMARZ, JOACHIM: *Claus Graf Stauffenberg. 15. November 1907 – 20. Juli 1944. Das Leben eines Offiziers*, Frankfurt 1965; und: MÜLLER, CHRISTIAN: *Oberst i.G. Stauffenberg. Eine Biographie*. Düsseldorf 1971 = Bonner Schriften zur Politik und Zeitgeschichte, Bd. 3. Diesen Darstellungen fühlt sich der Verfasser verpflichtet. Für Stauffenbergs Tätigkeit im OKH beruhen die Ausführungen vornehmlich auf eigenen Erfahrungen.

[2] Vgl. ERFURTH, WALDEMAR: *Die Geschichte des deutschen Generalstabs von 1918 bis 1945*. Göttingen ²1960, S. 172 (= Studien und Dokumente zur Geschichte des Zweiten Weltkrieges, Bd. 1).

[3] Das Kriegstagebuch der Abteilung Kriegsverwaltung scheint offensichtlich endgültig verloren zu sein; im Besitz des Verfassers befindet sich noch eine Reihe von Aufzeichnungen, welche die landeseigenen Verbände, die Kriegsgefangenen und die Behandlung der Zivilbevölkerung betreffen, schließlich auch im Auftrage General Wagners angefertigte Notizen über die Geschichte der Nationalitäten sowie eine Notiz bzw. ein Vortrag über den Nachweis der Fälschung des sogenannten Testamentes Peters des Großen. Eine Darstellung mit Hilfe dieser Dokumente behält sich der Verfasser vor.

Volker Schmidtchen

Karl Heinrich von Stülpnagel

Am 21. Juli 1944, auf der Fahrt von Paris nach Berlin, wohin er im Zusammenhang mit dem Attentat auf Adolf Hitler zur »Berichterstattung« befohlen ist, schickt der General der Infanterie Karl Heinrich von Stülpnagel unweit Verduns im Tal der Maas seinen Wagen mit den beiden Fahrern bis zur nächsten Ortschaft voraus: Er wolle sich ein wenig die Beine vertreten.

Die beiden Unteroffiziere gehorchen nur widerwillig – besorgt wegen der überhandnehmenden Partisanengefahr. Ihre Befürchtungen scheinen sich tatsächlich zu bestätigen: Deutlich hören sie einen Schuß, wenden ihren PKW und finden den General im Wasser treibend. Er blutet aus einer furchtbaren Kopfwunde. Die Ärzte im Lazarett von Verdun können sein Leben retten. Das Augenlicht ist jedoch irreparabel zerstört. Ein aus nächster Nähe abgefeuertes Geschoß war an der rechten Schläfe eingedrungen, hatte den Sehnerv des rechten Auges durchtrennt und war, den linken Augapfel völlig zerstörend, wieder ausgetreten.

Ein Partisanenüberfall? Nach dem medizinischen Befund konnte es sich, wie der behandelnde Oberstabsarzt Dr. Jäger feststellte, nur um einen Selbstmordversuch des Generals handeln. Die Frage nach dem Motiv klärt sich mit Stülpnagels Rolle im militärischen Widerstand gegen Hitler.

Herkunft und Laufbahn: frühe Zusammenarbeit mit Beck

Karl Heinrich von Stülpnagel wurde am 2. Januar 1886 in Darmstadt geboren. Er entstammte einer weitverzweigten uckermärkischen Soldatenfanilie, aus der seit dem Ende des 18. Jahrhunderts, ihn selbst eingeschlossen, nicht weniger als sechs Generale hervorgegangen sind. Soldatische Familientradition bestand auch auf seiten der Mutter. Ihr Vater war der 1866 zum Chef des bayerischen Generalstabes avancierte General von der Tann-Rathsamhausen, der sich als Kommandeur der bayerischen Kontingente in den Kämpfen um Orléans 1870 einen Namen gemacht hatte. Stülpnagel war in Frankfurt am Main aufgewachsen und hatte das dortige humanistische Lessing-Gymnasium besucht. Bereits auf der Schule zeigten sich überdurchschnittlich hohe mathematische Begabung und ausgeprägtes Interesse an philosophischen und historischen Fragen.

Gleichwohl trat er nach dem Abitur im Jahre 1904 und nach einem kurzen Studium an der Genfer Universität als Fahnenjunker in das Großherzoglich-Hessische Leibinfanterieregiment Nr. 115 in Darmstadt ein. Auf seine Kommandierung zur Kriegsaka-

STÜLPNAGEL, KARL HEINRICH VON
geb. am 2. 1. 1886 in Darmstadt;
hingerichtet am 30. 8. 1944.

demie nach Berlin folgte im Ersten Weltkrieg die Verwendung als Generalstabsoffizier, zuletzt im Hauptmannsrang. Mit diesem Dienstgrad wurde er auch in die Reichswehr übernommen. Hier durchlief Stülpnagel den üblichen Wechsel von Stabs- und Truppenverwendungen. Er fiel dabei seinen Vorgesetzten immer wieder als Offizier mit außergewöhnlich guten militärfachlichen Kenntnissen, einem hohen Grad an kriegstheoretischem Wissen sowie einer erstaunlichen operativen Begabung auf.

Als Major wurde er 1923 Bataillonskommandeur im Infanterieregiment 3 in Deutsch-Eylau. Mit der Beförderung zum Oberstleutnant im Jahre 1930 war die Kommandierung zum Infanterieregiment 25 in Neuruppin verbunden. In den folgenden beiden Jahren verfaßte er zusammen mit Ludwig Beck die Dienstvorschrift »Truppenführung«, die dann am 17. Oktober 1933 als Heeresdienstvorschrift 300/1 in Kraft trat und bis 1938 die theoretische Grundlage der Ausbildung des deutschen Heeres bildete. Zu dem späteren Chef des Generalstabs des Heeres gewann Stülpnagel schnell ein freundschaftliches Verhältnis. Die gemeinsame Arbeit an der später allenthalben als vorbildlich gerühmten Vorschrift gewann ihre positiven Akzente aus weitgehend identischen Einstellungen Becks und Stülpnagels zu militärischen Fachfragen und zu den ethischen Grundlagen militärischen Führertums. Diese Übereinstimmung brachte die beiden Männer einander auch menschlich näher.

Die Dienstvorschrift »Truppenführung« hat auch entsprechende Werke für die Armeen der USA, der UdSSR und der Türkei stark beeinflußt. Sie erwies sich als tragfähige theoretische Grundlage für den seit 1935 erfolgenden Aufbau der Wehrmacht. In Anerkennung ihrer großen Leistung wurden beide Verfasser schon im Jahre 1932 befördert: Beck zum Generalleutnant und Stülpnagel zum Oberst. Als Beck am 1. Oktober 1933 zum Chef des Truppenamtes im Reichswehrministerium berufen wurde, besetzte er die Stelle des Leiters der Abteilung »Fremde Heere« mit seinem kongenialen Mitarbeiter. Er schätzte an Stülpnagel vor allem auch die unvoreingenommene Sicht der Probleme und den daraus resultierenden Realismus im Urteil. Stülpnagels Auffassung von der Strategie als der Kunst des Möglichen, sein erkennbares Gespür für Angemessenheit, für das richtige Verhältnis von Zweck und Mitteln bei militärischen Entscheidungen deckten sich mit Becks eigenen Auffassungen.

Frühe Zweifel an der politischen Führung

Mit Beck teilte er die Ansicht, daß die SA entmachtet werden mußte. Diese war zu einer existentiellen Bedrohung für die Reichswehr geworden, als Röhm im Februar 1934 nicht nur öffentlich die Kontrolle über die Armee gefordert, sondern auch seine Pläne bekanntgegeben hatte, die Streitkräfte langfristig durch eine Art von SA-Miliz zu ersetzen. Die Liquidierung der SA-Führer durch die SS unter Assistenz regulärer Truppen erfüllte Stülpnagel jedoch mit Abscheu. Wie Beck empfand auch er, daß Hitler das Militär zum Handlanger politischer Morde gemacht hatte. Die Skrupellosigkeit, mit der sich die neuen Machthaber in einer innenpolitischen, eher sogar noch parteiinternen Auseinandersetzung über geltendes Recht hinweggesetzt hatten, beunruhigte ihn besonders. Erschüttert zeigte er sich über die im Rahmen der blutigen »Säuberungen« erfolgte Ermordung der Reichswehrgenerale Schleicher und Bredow.

Wie Beck galten auch ihm die Reichswehr und ihr Offizierskorps als das eigentliche

Machtinstrument des Reiches im Inneren wie nach außen. Daraus ergab sich die Überzeugung, Deutschland dürfe gerade in der Phase des Neuaufbaus einer schlagkräftigen Armee keinerlei außenpolitische Risiken eingehen. Die äußerst prekäre, weil eigentlich paradoxe Situation erfordere größtmögliche Zurückhaltung: Durch die seit 1934 forcierte Wiederaufrüstung, mit der man gegebenenfalls einer militärischen Intervention von außen angemessen zu begegnen trachtete, schien gerade diese Gefahr noch verstärkt zu werden. Am 11. April 1935 legte er eine Studie unter dem Titel »Notizen zur augenblicklichen militärischen Lage« vor, in der er zu dem Schluß kam, daß jede weitere Provokation auswärtiger Mächte unbedingt vermieden werden müsse. Ganz im Gegenteil sei – sogar unter Opfern – alles zu tun, um eine drohende Einkreisung des Reiches zu vermeiden. Deutschland könne zum gegenwärtigen Zeitpunkt keinen Krieg führen. Frankreich jedoch sei dazu militärisch wie wirtschaftlich jederzeit in der Lage und dürfe überdies mit Italien und der Tschechoslowakei als Bundesgenossen rechnen.

Am 22. Mai trat das neue Wehrgesetz in Kraft. Mit ihm änderte sich die bisherige Organisationsstruktur der Armee auch in den Spitzengliederungen. Dabei wurde aus dem Truppenamt wieder der Generalstab des Heeres. Am gleichen Tag wurde Beck zum Chef des Generalstabs ernannt. Stülpnagel behielt auch nach seiner Beförderung zum Generalmajor seinen Posten als Leiter der 3. Abteilung »Fremde Heere«.

Als engem Vertrauten Becks war Stülpnagel dessen Einstellung bekannt. Auch er tendierte aus Zweifeln am Realitätssinn und an der Integrität der damaligen deutschen Außenpolitik immer mehr dazu, die friedensbewahrende Funktion der Armee als eigentliche Aufgabe der Generalstäbler in den Vordergrund zu stellen. Das Vabanquespiel der Rheinlandbesetzung und das deutsche militärische Engagement im Spanischen Bürgerkrieg verstärkten Stülpnagels Skepsis noch. Am 30. Dezember 1936 schrieb er an Beck: »Nun können wir wohl noch eine ganze Weile die Welt in Unruhe erhalten, aber einmal hat diese genug und ruft uns zur Ordnung.« Die innere Distanz zum nationalsozialistischen Regime erscheint bereits damals deutlich ausgeprägt. Für den Schritt in den aktiven Widerstand bedurfte es für den aufrechten, noch den überkommenen ethischen Prinzipien des Offiziersberufs verpflichteten Mann jedoch weiterer Anlässe.

Septemberverschwörung 1938

Seine Beförderung zum Generalleutnant 1937 brachte ihm eine wohl ersehnte Truppenverwendung als Divisionskommandeur in Lübeck. Doch schon im Februar 1938 wurde er erneut in den Generalstab berufen, wo er als Oberquartiermeister II an der operativen Vorbereitung des »Anschlusses« Österreichs beteiligt war. Nah am Geschehen erlebte er die für die Generalität wie für die Wehrmacht demütigenden Affären um die Ablösung Blombergs und von Fritschs mit. Das Verhalten Hitlers in der Sudetenkrise im Mai 1938 gab dann für Stülpnagel den Ausschlag, sich aktiv gegen den Mann zu wenden, dem er wie alle Soldaten der Wehrmacht drei Jahre zuvor »unbedingten Gehorsam« geschworen hatte.

In der Bewertung der politischen Verantwortlichkeit für die Kriegspläne gegen die Tschechoslowakei gingen die Ansichten Becks und Stülpnagels jedoch auseinander. Während Beck immer noch glaubte, der »Führer« sei lediglich schlecht beraten, weil eine Kamarilla von SS, SD, Gestapo und Parteifunktionären, eine »Bonzokratie«, ihn wie im Fall Fritsch mit bewußten Fehlinformationen täusche, war für Stülpnagel bereits eindeutig Hitler die Zielfigur eines ins Auge zu fassenden Umsturzes. Er wurde hierin von Generalleutnant Franz Halder, dem Oberquartiermeister I, und von Hans Oster, dem Leiter der Zentralabteilung des militärischen Nachrichtendienstes und Chefs des Amtes Ausland bei der Abwehr, unterstützt.

Beck schwebte eine Art von »Streik der Generale« gegen die Kriegspläne der politischen Führung vor. Gleichwohl billigte er unterdessen, daß Stülpnagel konkrete Pläne zum gewaltsamen Umsturz ausarbeitete, denn für den Fall, daß Hitler sich von einem solchen solidarischen Akt der Generalität nicht beeindrucken ließe, müßte gehandelt werden. Stülpnagel sah die Lage ohne Illusionen. Er glaubte nicht wie zunächst Beck an einen möglichen Dissens zwischen Hitler und den Gruppierungen seiner Partei, die doch die Basis seiner Macht darstellten. Einen »Führer« ohne SS, SD und Gestapo, ohne die Paladine Himmler, Heydrich, Göring, Goebbels und Konsorten vermochte er sich nicht vorzustellen. Die Wehrmacht konnte nicht für Hitler sein und gleichzeitig mit Gewalt all das zerschlagen, was gerade er repräsentierte.

Becks Entschluß zum offenen Widerstand bedeutete objektiv Hochverrat. Diesen Schritt vollzogen er, Stülpnagel und die anderen erst nach langem und ernsthaftem Ringen mit sich und der eigenen Auffassung von soldatischer Treuepflicht. Doch die geplante Aktion unterblieb, da Beck trotz grundsätzlicher Übereinstimmung in der Beurteilung der Lage nicht die rückhaltlose Unterstützung der Befehlshaber der Heeresgruppenkommandos, der Kommandierenden Generale der Armeekorps und des Oberbefehlshabers des Heeres, General Walther von Brauchitsch, fand.

Als Beck zurücktrat, wurde Halder Generalstabschef. Stülpnagel rückte auf dessen Posten als Oberquartiermeister I und Stellvertreter des Chefs nach, den er auch nach seiner Beförderung zum General der Infanterie behielt. Unter Halder und Stülpnagel erhielt die Verschwörung im September 1938 eine neue Qualität. Es ging nicht länger primär um die Verhinderung eines Krieges, sondern um den Sturz des nationalsozialistischen Systems überhaupt. Der Führerstaat sollte beseitigt werden. Hitlers Angriffsbefehl gegen die Tschechoslowakei wäre zum Signal für den Staatsstreich geworden. Doch das Einlenken des »Führers« gegenüber England und Frankreich und der große diplomatische Erfolg Hitlers auf der Münchner Konferenz entzogen der Septemberverschwörung die Basis für den Putsch.

Der »Geist von Zossen« und der abgebrochene Putsch im November 1939

Zu denen, die sich trotz des Münchner Abkommens von Hitler auch weiterhin nicht blenden ließen, zählte Carl Heinrich von Stülpnagel. Am 22. August 1939 gab Hitler der Wehrmachtsführung seinen Entschluß bekannt, die polnische Frage gewaltsam zu lösen. Sein Hinweis auf den bevorstehenden Abschluß des Paktes mit Stalin und die damit erreichte militärische Isolation Polens, verbunden mit der aus dem letztjährigen Verhalten Englands und Frankreichs abgeleiteten Überzeugung, auch diese Mächte würden Polens wegen keinen europäischen Krieg riskieren, beeindruckte die Mehrzahl der Generale. Hinzu kam, daß selbst in den Reihen der militärischen

Opposition die generelle Berechtigung einer Revision der Grenze mit Polen und der Lösung der leidigen Danzig- und Korridorfrage nicht umstritten war.

Schon vier Wochen nach Beginn der Kampfhandlungen war der Polenfeldzug mit dem Sieg der Wehrmacht beendet. Hitler und Stalin teilten sich die territoriale Beute. Die beiden Westmächte ließen sich von diesem »Fait accompli« jedoch nicht beeindrukken und hielten am offiziell erklärten Kriegszustand mit Deutschland fest.

Noch während des Polenfeldzugs hatte General Stülpnagel eine ausführliche Studie über die militärischen Optionen im Westen erarbeitet, die in dem Urteil gipfelte, man könne sich an der Westfront nur auf die Defensive beschränken, da beim vorhandenen Stand der Rüstung und der vorgesehenen Planungen ein erfolgversprechender Angriff gegen Frankreichs Maginotlinie nicht vor 1942 zu erwarten sei. Einen möglichen Flankenstoß durch Holland, Belgien und Luxemburg in den Rücken der gewaltigen französischen Festungsanlage hatte er überhaupt nicht in Erwägung gezogen, da sich eine solche Operation wegen der Neutralität der davon betroffenen Staaten in seinen Augen von selbst verbot. Er wußte noch genau, wie negativ die Mißachtung der belgischen Neutralität im Jahre 1914 die Meinung der Weltöffentlichkeit gegenüber dem kaiserlichen Deutschland beeinflußt hatte.

Einen ebensolchen politisch ungeheuerlichen Akt aber plante Hitler im Hochgefühl des Sieges über Polen. Am 27. September 1939, dem Tag der polnischen Kapitulation, eröffnete er den zu ihm befohlenen Oberbefehlshabern von Heer, Luftwaffe und Marine und dem Generalstabschef Halder seine Absicht, im Oktober an der Westfront zur Offensive überzugehen und dabei auf die Neutralität der kleinen Staaten keine Rücksicht zu nehmen, falls England und Frankreich nicht vorher zu seinen Bedingungen Frieden schließen sollten. Halder war entsetzt.

Diesmal mußte man Hitler in den Arm fallen! Mit dem Hinweis auf militärische Gründe erreichten Brauchitsch und Halder bei Hitler immer wieder eine Verschiebung des Angriffstermins. Damit war auch Zeit für erneute Putschvorbereitungen gewonnen, die von Stülpnagel koordiniert wurden. Bei ihm liefen die Fäden der Widerstandsgruppen aus der Abwehr (Canaris, Oster), den Truppenkommandos (von Witzleben, Hoepner, Leeb), der politischen Gruppe (Beck, Goerdeler) und aus dem Generalstab selbst (Halder, von Tresckow, Groscurth) zusammen. Im Auftrag Halders fuhr Stülpnagel zu den Kommandostäben der im Westen aufmarschierten Truppen, um vorsichtig die dortige Bereitschaft für einen Putsch gegen Hitler zu erkunden. Die sondierten Kommandeure wollten sich jedoch nicht festlegen, da sie sich des Gehorsams ihrer Truppen nicht sicher zu sein glaubten. Zu frisch war auf den unteren Führungsebenen und bei den Mannschaften noch die Begeisterung über den Sieg gegen Polen.

Trotz dieses Unsicherheitsfaktors entschloß sich Halder zur Aktion für den 5. November, wenn Hitler dann erwartungsgemäß den Befehl zur Eröffnung der Offensive am 12. erteilen sollte. Stülpnagel gab am 2. November Halders Auftrag, die direkten Vorbereitungen zum Putsch anlaufen zu lassen, an die einzelnen Widerstandsgruppen weiter.

Der 5. November war ein Sonntag. Um 12 Uhr erschien von Brauchitsch in Begleitung Halders in der Reichskanzlei zum von ihm selbst erbetenen Vortrag bei Hitler. Halder wartete im Vorzimmer. Nach zwanzig Minuten kam Brauchitsch kreidebleich und stark erregt aus dem Führerzimmer. Er hatte Hitler nochmals die dringlichen Bedenken des OKH gegen eine Westoffensive zum vorgesehenen Zeitpunkt darlegen wollen, war damit aber nicht weit gekommen. In einem Wutanfall hatte Hitler die Generalität übel beschimpft, sie der Feigheit geziehen und getobt, er werde diesen »Geist von Zossen« erbarmungslos ausrotten. Als Halder auf der Rückfahrt nach Zossen vom völlig verstörten Brauchitsch dieses Hitler-Zitat hörte, glaubte er die Verschwörung verraten. Er verlor die Nerven und befahl direkt nach seiner Ankunft im Quartier ohne weitere Prüfung des Gehalts der Aussage seines Oberbefehlshabers und ohne Rückfrage bei den einzelnen Oppositionsgruppen seinem Stellvertreter Stülpnagel, die Aktion sofort abzublasen und alle belastenden Akten zu vernichten.

Wie sich bald herausstellte, war Halder einer Fiktion erlegen. Tatsächlich war über den geplanten Putsch nichts über den informierten Kreis hinausgedrungen. Doch die günstige Gelegenheit zur Aktion schien vorüber zu sein. Das gescheiterte Attentat auf Hitler am 8. November im Münchner Bürgerbräukeller, mit dem die Militäropposition nichts zu tun hatte, führte zu einer erheblich stärkeren Abschirmung Hitlers durch die Sicherheitskräfte der SS und zur verstärkten Beobachtung des Umfeldes durch den mißtrauisch gewordenen SD.

Stülpnagel zeigte sich tief enttäuscht. Zweimal innerhalb eines Jahres waren er und seine Mitverschworenen bei ihrem von Idealismus, großem Engagement und hohem persönlichen Risiko getragenen Vorhaben gescheitert. Im Frühjahr 1940 zog er für sich die Konsequenzen und bat um eine Truppenverwendung. Im Mai wurde er zum Kommandierenden General des II. Armeekorps an der Westfront ernannt. Die folgende Bewährungsprobe als Truppenführer im Westfeldzug hatte er hervorragend bestanden, als mit der Kapitulation Frankreichs im Juni 1940 eine neue Aufgabe auf ihn zukam: Er wurde zum Vorsitzenden der in Wiesbaden tagenden deutsch-französischen Waffenstillstandskommission berufen. Direkt nach Abschluß des Waffenstillstands am 22. Juni war Stülpnagel in Paris im Quartier Halders wieder mit dem Zossener Kreis zusammengetroffen. Die Aussprache hatte ergeben, daß man trotz des erneuten militärischen Triumphs Hitlers auch weiterhin weder dessen politische Handlungsweise zu akzeptieren bereit war, noch in der Stunde des Sieges die militärischen Möglichkeiten Deutschlands überschätzte. Vielmehr bestand auf dem Höhepunkt der Macht Hitlers Einigkeit darüber, den Widerstand fortzusetzen und als einzig verbleibendes Mittel der Aktion ein Attentat in Erwägung zu ziehen.

Stülpnagel versah während der fast acht Monate seiner Tätigkeit als Vorsitzender der Waffenstillstandskommission sein Amt durchaus nicht immer zur Zufriedenheit seiner Auftraggeber im OKW. Er versuchte, im Rahmen seiner Möglichkeiten eine Demütigung und Ausbeutung des geschlagenen Gegners, der für ihn eben nicht den »Erbfeind« darstellte, zu verhindern. So betrachtete er die Forderung nach 20 Millionen Reichsmark täglich an Entschädigung für die Besatzungskosten als unangemessen hoch und schädlich für die Erholung Frankreichs, von der auch Deutschland eher profitiert hätte. Keitel machte ihn in einem Fernschreiben aus Berlin deswegen darauf aufmerksam, gefälligst nicht die französischen Interessen zu vertreten. Göring als Leiter des Vierjahresplans zeigte sich erbost von »einer schwachen und franzosenhörigen Kommission«. Doch Stülpnagel hatte letztlich Erfolg. Nach seinem Ausscheiden aus der Waffenstillstandskommission wurden im Frühjahr 1941 die Besatzungskosten erheblich gesenkt.

Stülpnagel übernahm die neu aufgestellte 17. Armee, mit der er dann im Rußland-feldzug im Rahmen der Heeresgruppe Süd zum Einsatz kam. Hier leitete er die Operationen umsichtig, aber unauffällig. Er verzichtete darauf, sich seinen Truppen als Feldherr zu präsentieren, vermied auch nach Möglichkeit die direkte Einwirkung auf untere Führungsebenen. Er erstrebte keine Popularität. Gleichwohl galt den Soldaten seine besondere Fürsorge, die ihn höheren Orts zum oft unbequemen Untergebenen machte. Stülpnagel warnte eindrücklich vor der zunehmend alle Maße sprengenden Ausdehnung des Krieges im Osten und im besonderen vor dem Verbleiben des Heeres jenseits des Dnjepr im Winter 1941/1942 sowie vor einer zu extensiven Operationsfüh-rung in der Ukraine. Eine Erkrankung kam Hitler im November 1941 sehr gelegen, den allzu kritischen Befehlshaber der 17. Armee abzulösen.

Das Schlimmste verhindern! Militärbefehlshaber in Frankreich

Nach seiner Gesundung blieb Stülpnagel bei der Führerreserve, bis er mit Wirkung vom 1. März 1942 zum Militärbefehlshaber in Frankreich bestellt wurde. Der Militärbefehls-haber in Frankreich unterstand unmittelbar dem Oberbefehlshaber des Heeres und leitete nach den Weisungen des Generalquartiermeisters die Militärverwaltung in Frankreich. Als Inhaber der Exekutive hatte er die Befugnis zur Rechtssetzung per Verordnung und zur Rechtswahrung als Oberster Gerichtsherr für die Zivilbevölkerung im besetzten Teil Frankreichs. Er führte die Aufsicht über die dortige französische Verwaltung und hatte die Interessen der Wehrmacht wie der Kriegswirtschaft zu vertreten. Dabei trug er die Verantwortung für die Ausrichtung der französischen Wirtschaft auf die deutschen kriegswirtschaftlichen Bedürfnisse. Er besaß jedoch weder Kommandogewalt über die in Frankreich stehenden deutschen Truppen mit Ausnahme einiger Landesschützenbataillone noch über die Formationen von SS, SD und Gestapo. Daraus ergaben sich erhebliche Probleme, denn im Verlauf der Besatzungszeit wuchs die Zahl der Stäbe und Dienststellen an, die unabhängig von seiner Verwaltung im Lande tätig waren und ihre Befehle direkt aus Berlin erhielten. Hierzu zählten zum Beispiel der für den »Arbeitseinsatz« verantwortliche Gauleiter Sauckel und immer neue aus Berlin geschickte »Sonderbeauftragte« verschiedener Reichsbehörden vom Auswärtigen Amt bis zu den von Göring geführten Organen des Vierjahresplans.

So kam es häufig zu Situationen, in denen der Militärbefehlshaber als militärisch-politischer Exponent der Besatzungsmacht gegenüber den französischen Behörden für Maßnahmen die Verantwortung übernehmen mußte, die er selbst zuvor strikt abge-lehnt hatte. Nicht zuletzt war die Wirkung seiner Position vom Einfluß des OKH auf Hitler abhängig. Im gleichen Maße, wie diese Einflußnahme im Verlauf des Krieges zurückging, verlor auch der Militärbefehlshaber den entsprechenden Rückhalt in Berlin, um erfolgreich gegen Eigenmächtigkeiten anderer Behörden innerhalb seines Verantwortungsbereiches vorzugehen. Wie schon sein Vorgänger blieb auch Carl Heinrich von Stülpnagel in Paris ohne eindeutige Richtlinien aus der Reichshauptstadt. Nicht er bestimmte daher auf Weisung des OKH die Politik der deutschen Besatzungs-macht, sondern die unterschiedlichen politisch beteiligten Instanzen, die wiederum meistens miteinander konkurrierten, bis dann immer wieder ein Führerbefehl für eine vorläufige Entscheidung in strittigen Fragen sorgte.

In der alltäglichen Praxis führte dieser Zustand zu einem Kompetenzenwirrwarr, zu Entscheidungsunsicherheit, zu gegensätzlichen Maßnahmen und zu einem Gruppenegoismus der jeweils beteiligten Dienststellen. Von einer einheitlichen und kontinuierlichen Besatzungspolitik konnte daher kaum die Rede sein. Ohne die Macht zur Änderung dieser unhaltbaren, weil politisch unverantwortlichen und selbst für die eigenen Belange schädlichen Situation zu haben, sollte der Militärbefehlshaber gleichwohl die alleinige Verantwortung für alle Vorkommnisse und Maßnahmen tragen. Für einen politisch weitblickenden Offizier wie Stülpnagel, der sehr wohl eigene Vorstellungen über eine sinnvolle deutsche Frankreichpolitik hatte, mußte unter diesen Bedingungen sein neues Amt eigentlich eine stete Quelle der Resignation sein. Es gehörte zur persönlichen Tragik dieses aufrechten Generals, daß gerade er als Repräsentant des anderen Deutschland in Frankreich den Exponenten des von ihm abgelehnten, ja ihm verhaßten nationalsozialistischen Regimes darstellen mußte.

Doch Stülpnagel resignierte nicht, sondern versuchte, im Rahmen seiner Machtbefugnisse das Schlimmste zu verhindern. Seiner Überzeugung nach war es die Aufgabe der Wehrmacht und der Militärverwaltung, sich als Besatzung ehrenhaft, ritterlich und wohlwollend zu verhalten, um selbst im Falle einer Niederlage wenigstens das moralische Prestige zu bewahren. Als Stülpnagel sein Amt in Paris antrat, fand er jedoch Verhältnisse vor, die ihm diese Aufgabe sehr erschwerten. Seit Beginn des Rußlandfeldzugs hatten die Repressalien der deutschen Besatzungsmacht in Frankreich zugenommen. Kollektive Strafmaßnahmen, Geiselerschießungen und Deportationen von Juden und von französischen Arbeitskräften für die deutsche Wirtschaft waren zum Auslöser für das Anwachsen des aktiven französischen Widerstands geworden. Anschläge auf deutsche Truppen und ihre Einrichtungen häuften sich. Nach Auffassung Hitlers hatte die Militärverwaltung in der Frage der Aufrechterhaltung der inneren Sicherheit versagt.

Himmler als Reichsführer SS und Chef der Polizei nutzte diesen Umstand zur Ausweitung seiner Befugnisse in Frankreich. Mit dem Brigadeführer der SS und Generalmajor der Polizei Carl Albrecht Oberg bot er Hitler einen »starken Mann« an, der fast gleichzeitig mit Stülpnagel sein Amt als »höherer SS- und Polizeiführer im Bereich des Militärbefehlshabers in Frankreich« antrat. Oberg konnte nach den Befehlen Himmlers bzw. nach eigenem Gutdünken handeln. Zwar mußte sich Stülpnagel nicht mehr der unangenehmen Pflicht zur Verhängung von Repressalien unterziehen. In den Augen der Betroffenen war er dafür dennoch verantwortlich.

Gemessen an Einstellung und Verhalten anderer SS- und Polizeiführer zeigte Oberg sich in vielen Dingen einsichtig und maßvoll. So lehnte er beispielsweise gemeinsam mit der Militärverwaltung und der Botschaft in Paris die ständig wachsende Rekrutierung französischer Arbeitskräfte für deutsche kriegswirtschaftliche Belange durch die Gauleitung unter Sauckel ab und wandte sich auch gegen unsinnige Befehle und repressive Methoden von SD, Geheimer Feldpolizei und Gauleitung. Stülpnagel vermutete sogar, daß Oberg, zu dem er ein durchaus gutes persönliches Verhältnis hatte, im Grunde dem Regime gegenüber sehr kritisch eingestellt war. Ohne Obergs stillschweigende Duldung wäre es ihm nicht möglich gewesen, Maßnahmen im Rahmen seiner Verantwortung zu mildern, von deren Sinnlosigkeit er überzeugt war.

Stülpnagel war das Verordnungsrecht geblieben. Damit konnte er zumindest einige Auswüchse bei Aktionen von SD und Sicherheitspolizei verhindern. So hatte beispielsweise der Befehlshaber der Sicherheitspolizei und des SD, Standardenführer Dr. Knochen, im Januar 1944 eine Verordnung des Militärbefehlshabers verlangt, welche die Einziehung der Vermögenswerte von »Terroristen und Dissidenten« erlauben sollte. Stülpnagel weigerte sich mit dem Hinweis auf mangelnde Zuständigkeit und verschleppte die Angelegenheit, bis sie sich nach der Invasion der Alliierten im Juni von selbst erledigte. Auch bei den »Sühnemaßnahmen« – Geiselerschießungen – nach Attentaten der Résistance griff er mäßigend ein. Er behielt die Praxis seines Vorgängers bei, überhöhte Zahlen nach Berlin zu melden. Außerdem ließ er für diese zweifelhafte »Erfolgsquote« alle aufgrund von Urteilen der Kriegsgerichte vollstreckten Todesstrafen mitzählen und teilte insgeheim die angeordneten Geiselzahlen in zwei Raten, von denen die zweite meistens nicht mehr hingerichtet wurde. Auch gegen die exzessiven Bestrebungen der Gauleitung unter Sauckel zur Zwangsrekrutierung französischer Arbeitskräfte leistete Stülpnagel passiven Widerstand, indem er den Einsatz der ihm unterstellten Dienststellen und Truppen zur Erfassung der Arbeiter ablehnte. Auch Oberg weigerte sich. Nach der Invasion setzte der Militärbefehlshaber sogar die Dienstverpflichtungen ganz aus. Im Ergebnis zeigte sich, daß noch nicht einmal die Hälfte der im Rahmen der fünf Programme Sauckels zur Beschaffung von französischen Arbeitskräften für die deutsche Kriegswirtschaft in den Jahren 1942 bis 1944 geforderten Arbeiter nach Deutschland deportiert wurde.

Im Rahmen seiner Möglichkeiten tat Stülpnagel alles, den politischen Schaden zu begrenzen und das Ansehen der Wehrmacht nicht durch überzogene Repressalien zu verunglimpfen. Er setzte damit konsequent die Linie fort, die er schon als Vorsitzender der Waffenstillstandskommission eingeschlagen hatte. Noch eine seiner letzten Anordnungen zum Verhalten der Truppe bei der Bandenbekämpfung macht dies deutlich: »Selbstverständlich ist . . ., daß der deutsche Soldat auch in diesem Kampf seine altbewährte Disziplin und seinen alten Ruf des anständig und ritterlich kämpfenden Soldaten wahrt . . . Kein deutscher Soldat vergeht sich an Wehr- und Hilflosen, Frauen und Kindern! Und wenn die Verhältnisse des Freischärlerkrieges es auch noch so schwierig machen, Freund und Feind zu unterscheiden, wird der deutsche Soldat es stets als erste Pflicht betrachten, die Unschuldigen zu schonen und ihr Hab und Gut vor den Folgen des Krieges zu bewahren. Damit erfüllen wir auch eine wichtige politische Mission . . .«

Auch Zeugnisse von Männern aus seiner damaligen dienstlichen Umgebung vermitteln ein klares Bild der integren Persönlichkeit des Generals. Für Wilhelm von Schramm, der in Rußland als Kriegsberichter Dienst getan hatte, war das Schicksal Stülpnagels erster Anlaß, nach dem Krieg Ursachen und Folgen der Ereignisse des 20. Juli 1944 in Paris zu untersuchen und den »Aufstand der Generale« zu schildern. Er beschreibt Stülpnagel als einen Offizier »weniger von der Art Schlieffens als von dem philosophischen Geist Scharnhorsts«, als deutschen »Soldat der alten Schule wie als Edelmann europäischer Prägung«, der »mitten im Krieg die Brücken zwischen Deutschland und Frankreich offenhalten« wollte.

Wie schon als Führer der 17. Armee im Rußlandfeldzug trat Stülpnagel auch als Militärbefehlshaber in Frankreich öffentlich wenig in Erscheinung. Im persönlichen Lebensstil bescheiden und zurückhaltend, versagte er sich häufig die Feste und Empfänge in Paris. Lieber ging er an den Wochenenden in Zivil zu den Ständen der

Bouquinisten am Seineufer und besorgte sich dort Lesestoff, der ihm zur Bereicherung seines Wissens und zur Befriedigung seiner mathematischen, philosophischen und historischen Interessen diente. Ernst Jünger, der als Hauptmann schon seit 1941 im Stab des Militärbefehlshabers Dienst tat und der als Autor der »Marmorklippen« von den Nationalsozialisten angefeindet wurde, genoß nach Stülpnagels Amtsantritt dessen besonderen Schutz. In seinem Werk »Strahlungen« lieferte er später die wohl prägnanteste Charakteristik seines damaligen Vorgesetzten: »Was Heinrich von Stülpnagel betrifft, der zur Unterscheidung von anderen Generalen dieses alten Soldatengeschlechts auch als der ›blonde Stülpnagel‹ bezeichnet wird, so trägt er fürstliche Züge, wie sie der prokonsularischen Stellung zukommen. Dazu gehört die Schätzung der Ruhe, der Muße, der Einwirkung auf einen kleinen geistigen Kreis. Das alles unterscheidet sich von dem Getriebe, das man sonst in höheren Stäben trifft. Sein vornehmer Charakter neigt der geistigen Wertung des Menschen zu. Sein Leben erinnert an das eines Wissenschaftlers, wie er sich auch auf langen Krankenlagern eine umfassende Belesenheit erwarb. Er sucht den Umgang mit Mathematikern und Philosophen, und in der Geschichte fesselt ihn das alte Byzanz. Doch darf man sagen, daß er als Feldherr gut führte, als Staatsmann gut verhandelte und als Politiker nie den Blick für unsere Lage verloren hat ... Doch ist er müde, wie es mir aus einer seiner Gesten deutlich wird, die sich oft wiederholt: Er pflegt sich mit der linken Hand den Rücken zu streichen, als ob er ihn stützte oder seine Haltung aufrichtete. Dabei befällt ein sorgenvoller Ausdruck sein Gesicht.«

Doch Jüngers letzter Eindruck, der auf eine Tagebuchaufzeichnung vom 31. Mai 1944 zurückgeht, war weniger ein Zeichen der Resignation als vielmehr der Sorge: der Sorge um die allgemeine militärische und politische Situation und um den Erfolg einer erneut geplanten entscheidenden Aktion des Widerstandes gegen Hitler.

Staatsstreich aus der Etappe? Verschwörung in Paris

Stülpnagel war als Militärbefehlshaber in seiner Ablehnung des nationalsozialistischen Regimes noch bestärkt worden. Er machte aus seiner kritischen Einstellung im engeren Kreis seines Pariser Stabes auch kein Hehl, hatte er unter den dortigen Offizieren doch bereits bei seiner Amtsübernahme im Jahre 1942 viele Gleichgesinnte getroffen. Zunächst stand ihm auch der damalige Oberst im Generalstab, Dr. Speidel, als Chef des Stabes zur Seite. Auf den Weg zu seinem neuen Kommando an der Ostfront traf sich Speidel am 21. April in Berlin insgeheim mit Generaloberst Ludwig Beck, der mit Nachdruck die Notwendigkeit einer Aktion zur Beseitigung der nationalsozialistischen Herrschaft vertrat. Speidel scheint Beck bei dieser Gelegenheit auch auf den Kreis um Stülpnagel in Paris hingewiesen zu haben. Am 7. und 8. Dezember wieder einmal an seiner ehemaligen Wirkungsstätte in Paris, informierte Speidel über die Ansichten Becks. Stülpnagel zeigte sich über die militärische Entwicklung – in Stalingrad vollzog sich die Einkesselung der 6. Armee – wie über die Situation in Frankreich äußerst besorgt. Er betrachtete die Fortführung des Krieges als aussichtslos und sprach sich offen für seine Beendigung aus. Als Voraussetzung dafür galt ihm jedoch die Beseitigung der politischen Führung des Reiches, die von den Gegnern Deutschlands als Verhandlungspartner wohl nicht akzeptiert werden würde. Demnach deckte sich seine Beurteilung der Lage mit der Einschätzung Becks.

Der Kriegsverlauf in den folgenden Monaten bis zum Sommer 1943 bestätigte die düsteren Prophezeiungen der Männer des militärischen Widerstandes: Die Katastrophe erschien unausweichlich, wenn man nicht umgehend zur Aktion schritt. Im Reich verstärkten die Männer um Beck und Goerdeler ihre Vorbereitungen zum gewaltsamen Umsturz und bemühten sich, weitere Bundesgenossen zu finden. Zu diesem Zweck kam Ende Juli 1943 Fritz Dietlof Graf von der Schulenburg nach Frankreich, der bereits die Verbindungen zwischen dem Kreisauer Kreis und Generaloberst Beck geknüpft hatte. Nun suchte er in den Stäben des Militärbefehlshabers Frankreich und des Oberbefehlshabers West nach Mitverschworenen. Bei Stülpnagel fand er volle Unterstützung. Er war sofort bereit, mit Beck, seinem ehemaligen Chef im Truppenamt und Generalstab, zusammenzuarbeiten. Er wies Schulenburg außerdem darauf hin, daß man auch mit General von Falkenhausen, dem Militärbefehlshaber in Belgien und Holland, rechnen könne.

Andererseits machte Stülpnagel dem Berliner Emissär jedoch die problematischen politischen Dimensionen deutlich. Schulenburg drängte auf rasche Aktion, auf eine Initiative des Westheeres, selbst wenn ein Attentat auf Hitler oder ein Putsch in Berlin fehlschlagen sollte. Stülpnagel war dagegen der Meinung, daß ein Staatsstreich nicht aus der Etappe kommen dürfe. Auch andere Voraussetzungen waren zu diesem Zeitpunkt noch nicht gegeben: Erst die erwartete Invasion der Westalliierten nach dem Vorbild der Landung in Italien würde den Verschwörern in Frankreich die Möglichkeit geben, durch eigenmächtige Waffenstillstandsverhandlungen oder gar Teilkapitulation und Rücknahme aller Truppen hinter die deutsche Westgrenze von 1939 das Ende der nationalsozialistischen Herrschaft herbeizuführen. Gleichwohl bestand in einem solchen Fall die Gefahr eines Bürgerkrieges, falls man sich nicht gleichzeitig Hitlers und seiner Paladine bemächtigen oder sie beseitigen könnte.

Stülpnagel hatte bereits im März, nach der Katastrophe von Stalingrad, auf eigene Faust einen Abgesandten nach Spanien und Portugal geschickt, um über Gewährsleute die Meinung der Westmächte über einen Separatfrieden zu erkunden. Diese Sondierungen waren jedoch ohne greifbaren Erfolg geblieben. Dennoch ließ sich der General nicht entmutigen. Im November beauftragte er den damals dem Stab des Oberbefehlshabers West zugeteilten Wilhelm von Schramm, mit der Résistance Fühlung aufzunehmen. Die geheimen Verhandlungen, zu denen sogar ein französischer Oberst aus London gekommen war, hatten die erklärte Bereitschaft der französischen Untergrundbewegung zum Ergebnis, beim Sturz des nationalsozialistischen Regimes gegenüber einer neuen deutschen Regierung zu konzilianter Zusammenarbeit zu kommen. Stülpnagels Initiativen erfüllten formal den Tatbestand des Hoch- und Landesverrats, und er ist sich dessen wohl bewußt gewesen. Doch es gab nun keinen Weg mehr zurück, wenn von Deutschland Schlimmeres abgewendet werden sollte.

Zum engeren Kreis der Verschwörer im Stab des Militärbefehlshabers im Pariser Hotel Majestic zählten neben Stülpnagel die Kriegsverwaltungsräte Bargatzky, Horst, Teuchert und Thierfelder sowie der Oberstleutnant Dr. Caesar von Hofacker, der vom Volksgerichtshof später als »Haupt der Verschwörer in Frankreich« bezeichnet wurde. Der Jurist Hofacker, Jagdflieger im Ersten Weltkrieg und von 1936 bis 1939 Prokurist bei der Vereinigte Stahlwerke AG in Berlin, leitete das Referat »Eisen und Stahl« bei der Militärverwaltung. Er war ein Vetter Graf Stauffenbergs und zählte unter den Verschwörern in Paris zur Gruppe der entschiedenen Befürworter eines Attentats auf Hitler als Signal für den geplanten Staatsstreich. Hitler mußte sterben, denn Hofacker fürchtete seine suggestive Kraft der Massenbeeinflussung, die selbst noch über den Lautsprecher des Volksempfängers bei den meisten Menschen Wirkung zeigte. In einem Gespräch mit Ernst Jünger im März 1944 äußerte er diese Befürchtung. Er meinte, jede Aktion gegen das Regime werde scheitern, wenn es Hitler dabei gelänge, an ein Mikrofon zu kommen, das heißt seinen Vorteil der Beherrschung der öffentlichen Meinung über das Radio auszuspielen.

General Stülpnagel, der sich wie Beck erst nach langen inneren Kämpfen dazu durchgerungen hatte, der ethischen Verpflichtung gegenüber Volk und Vaterland Vorrang vor seinem persönlichen Eid auf den »Führer« zu geben, tendierte zu der anderen Gruppe, die an ein Gelingen des Umsturzes auch ohne die vorherige Tötung Hitlers glaubte. Die unbezweifelbare Verantwortung Hitlers für die unzähligen, in seinem Namen wie auf seinen direkten Befehl hin verübten Verbrechen mußte ihre rechtliche Ahndung finden. Doch als akzeptable Stationen des Weges zu diesem Ziel erschienen ihm zunächst nur Verhaftung, Gerichtsverfahren, Aburteilung und Hinrichtung. Er wollte die politische Neuordnung Deutschlands nicht mit einem »Königsmord« belastet sehen.

Wie später noch Rommel erkannte er politisch die Gefahr, Hitler durch ein Attentat zum Märtyrer zu machen und damit einer neuen »Dolchstoßlegende« Vorschub zu leisten. Auch die unter seiner maßgeblichen Beteiligung geplanten Umsturzversuche in den Jahren 1938 und 1939 hatten wohl die Entmachtung Hitlers, nicht aber dessen Ermordung zum Ziel. Doch nun, am Jahresende 1943, lagen die Verhältnisse anders. Der Krieg war nicht zu gewinnen, und Chancen auf einen Verhandlungsfrieden mit zwar harten, aber noch erträglichen Bedingungen bestanden seit der von den Alliierten im Januar in Casablanca beschlossenen Forderung nach bedingungsloser Kapitulation des Reiches nicht mehr. Dennoch glaubte Stülpnagel an die Möglichkeit, nach einem Umsturz mit den Westmächten zu einer Waffenstillstandsvereinbarung zu kommen. Immerhin hatte im März des Jahres Außenminister Anthony Eden in einer Rede vor dem britischen Oberhaus betont, für England sei nicht die Vernichtung des deutschen Volkes das Ziel des Krieges, sondern die Zerschlagung des Hitler-Staates.

»Westlösung«? – Das Rommel-Stülpnagel-Konzept

Der Winter 1943/1944 verging ohne erkennbare Fortschritte. Stülpnagel wurde immer skeptischer über die realen Chancen eines Umsturzes, zumal sich an allen Fronten die militärischen Rückschläge häuften. Nur dem Zuspruch Hofackers, der ihn immer wieder aufrichtete, war es zu verdanken, daß er sich nicht enttäuscht zurückzog. Hofacker fungierte als Verbindungsmann zu den Kreisen um Beck in Berlin und um Goerdeler in Leipzig, da er, ohne Verdacht zu erregen, aus dienstlichen Gründen häufig ins Reich fahren konnte. Er berichtete Anfang 1944 auch, daß Stauffenberg mittlerweile die praktische Führung für die operative Vorbereitung des Putsches, der ein Attentat auf Hitler einschließen sollte, übernommen hatte.

Ein weiteres Ereignis im Frühjahr gab Stülpnagel erneut Hoffnung: Am 20. April meldete sich der inzwischen zum Generalleutnant beförderte Speidel als neuer Chef des

Stabes der Heeresgruppe B im Westen bei ihm und informierte ihn darüber, daß Rommel die militärische und politische Lage ähnlich beurteilte wie er selbst. Rommel habe besonders an Hitler scharfe Kritik geübt. Würde es gelingen, den Feldmarschall auf die Seite der Verschwörer zu ziehen?

Speidel arrangierte ein Treffen Rommels mit Stülpnagel am 15. Mai 1944 in Mareil-Marly, bei dem die beiden ein längeres Gespräch ohne Zeugen führten. Sie stellten schnell fest, daß sie sowohl in der Beurteilung der Kriegslage als auch hinsichtlich der Lösungsmöglichkeiten weitgehend übereinstimmten. Es schien beiden höchste Zeit zu sein, endlich entschlossen zu handeln. Die »notwendigen Maßnahmen« mußten noch vor der erwarteten alliierten Invasion getroffen werden. Da Rommel aus den gleichen Gründen wie Stülpnagel ein Attentat auf den »Führer« ablehnte, kam man überein, sich bei nächster Gelegenheit der Person Hitlers zu bemächtigen. Beide erwarteten, daß Hitler als Oberster Befehlshaber der Wehrmacht bald nach Frankreich kommen werde, um sich dort selbst vom Stand der Vorbereitungen zur Abwehr einer Invasion zu überzeugen. Hier konnte man ihn durch verläßliche Truppen dann festnehmen lassen. Rommel und Stülpnagel beauftragten noch in Mareil-Marly ihre Stabschefs Speidel und Kossmann, den in Übereinstimmung gefaßten Putschplan, das sogenannte Rommel-Stülpnagel-Konzept der »Westlösung«, im Detail auszuarbeiten.

Das von Stülpnagel persönlich formulierte Grundkonzept eines »Mobilmachungskalenders« sah folgende Maßnahmen vor: Waffenstillstandsverhandlungen mit den alliierten Generalen Eisenhower und Montgomery durch eine Delegation, der außer Stülpnagel, Speidel und Hofacker noch der Oberbefehlshaber der Panzergruppe West, General Geyr von Schweppenburg, der Kommandeur der 116. Panzerdivision, Generalleutnant von Schwerin, und der Admiral der Kriegsmarine beim Stab der Heeresgruppe B, Vizeadmiral Ruge, angehören sollten.

Als Grundlagen für die Verhandlungen sollten gelten:

– Im Westen Räumung aller besetzten Gebiete und Rückführung der deutschen Truppen hinter den Westwall, dabei Übergabe der Verwaltung an die Alliierten. Diese Vorleistung sollte mit der Forderung an England und die USA gekoppelt werden, umgehend den Bombenkrieg gegen Deutschland einzustellen. Über alle Rundfunksender im Westen wollte man das deutsche Volk in einem Aufruf über die wirkliche militärische und politische Lage und ihre Ursachen sowie über die auf Weisung Hitlers verübten Verbrechen aufklären, gleichzeitig die eigenen Truppen über die Notwendigkeit der getroffenen Maßnahmen unterrichten.

– In der Heimat sollte die nationalsozialistische Herrschaft durch die Widerstandskräfte mit Waffengewalt beseitigt und Hitler durch ein deutsches Gericht abgeurteilt werden. Vorgesehen war die vorläufige Übernahme der Regierungsgeschäfte durch die Männer des militärischen und des zivilen Widerstandes unter Führung von Beck, Goerdeler und Leuschner. Auf keinen Fall sollte eine Militärdiktatur das gestürzte Regime ablösen. Die Aussöhnung im Inneren mußte dazu beitragen, eine Spaltung des Volkes oder gar einen Bürgerkrieg zu verhindern. Ein schöpferischer Friede im europäischen Rahmen sollte in Zusammenarbeit aller Aufbauwilligen vorbereitet werden.

– Im Osten wollte man den Kampf zunächst fortsetzen. Hierzu galt es, die Front auf eine verkürzte Linie von Memel über Lemberg und die Ostkarpaten bis zur

Donaumündung zurückzunehmen und zu halten. Kurland und alle anderen von Hitler zu »Festungen« erklärten Regionen waren zu räumen.

Die Vorbereitungen zur Durchführung dieser Pläne wurden noch im Mai beschleunigt in Angriff genommen, galt es doch, aus Gründen der Verhandlungsposition die erforderlichen Voraussetzungen zu schaffen, bevor noch ein alliierter Soldat französischen Boden betrat. Das OKW hatte die Invasion aufgrund von Meldungen der Kriegsmarine für den 18. Mai erwartet. Als dieser Termin ohne entsprechende Ereignisse verstrich, glaubte man allerseits, bis zum August Zeit gewonnen zu haben, weil erst dann wieder die maritimen Bedingungen eine Landung von See her besonders begünstigten.

Während an den konspirativen Plänen weitergearbeitet wurde, kümmerte sich Rommel Tag für Tag auf Fahrten zum Atlantikwall und zu den rückwärtigen Stäben persönlich um die Erhöhung der Verteidigungsbereitschaft. Falls es nicht wie geplant zu Verhandlungen mit den westlichen Gegnern noch vor der Invasion kommen sollte, müßte man den Landeoperationen widerstehen können. Nur eine Behauptung des Küstenterrains mochte die Option zum Waffenstillstand offenhalten. Mit einem bereits geschlagenen deutschen Gegner hätten die Alliierten nach Rommels Überzeugung und Erfahrung von 1918 nicht mehr verhandelt, sondern nur noch die eigenen Bedingungen diktiert!

Die Verschwörer um Rommel und Stülpnagel waren sich einig, daß die Initiative zum Putsch des Westheeres von den ranghöchsten Befehlshabern der dortigen Truppen und Verwaltungsstäbe gemeinsam ausgehen mußte. Von daher zeigten sich alle Eingeweihten erfreut, als der bereits seit längerem mit Stülpnagel auch konspirativ verbundene Militärbefehlshaber von Belgien und Holland, General von Falkenhausen, am 1. Juni 1944 Rommel in dessen Hauptquartier im Schloß von La Roche-Guyon aufsuchte und sich offen auf die Seite der Verschwörung stellte. Auch er betrachtete es als besonderen Glücksfall und als große Hoffnung für den Erfolg der Umsturzaktion, daß man Rommel hatte gewinnen können. Sein Ruhm als Feldherr und seine große Popularität bei der Wehrmacht wie im Volk schienen die beste Gewähr dafür zu bieten, daß mit ihm an der Spitze des Putsches im Westen das Ziel erreicht werden konnte, ohne daß bei den Aktionen deutsche Truppen aufeinander schießen würden.

Noch war es jedoch nicht soweit. Zudem ließ sich Hitler trotz mehrfacher Ankündigung nicht in Frankreich blicken. Ohne eigene Anschauung der auf seinen Befehl hin erbauten Festungsanlagen des Atlantikwalls und der dort eingesetzten Truppen und ihrer Ausrüstung versuchte er, nur anhand der Lagekarte in seinem Berchtesgadener Landhaus zu »führen«. Mit einem solch absurden Verhalten des obersten Kriegsherrn hatte niemand gerechnet. Hitler kam nicht, statt dessen jedoch die Invasion am 6. Juni – unerwartet und mit frühzeitigem taktischem und operativem Erfolg. Damit konzentrierten sich zwangsläufig auch die Aktivitäten der Verschwörer primär auf die Abwehrkämpfe. Die Landung der Anglo-Amerikaner in der Normandie hatte auch die Voraussetzungen für den Umsturz verändert.

Völlig überraschend bot sich in der Monatsmitte plötzlich doch noch eine Chance. Hitler kam auf dringendes Ersuchen des Generalfeldmarschalls von Rundstedt in die als Führerhauptquartier im Westen vorgesehene Bunkeranlage in Margival bei Soissons. Dort trugen ihm Rundstedt und Rommel ihre Einschätzung der Lage vor, ohne Hitler allerdings zur Einsicht bringen zu können. Als Rommel außerdem sein Befremden darüber äußerte, daß niemand aus Hitlers Umgebung oder vom OKW an oder auch nur hinter der Front erschienen war, und mit Nachdruck auf die problematische militärische wie politische Situation des Reiches nach der erfolgten Invasion hinwies, schnitt ihm Hitler ungehalten das Wort ab: Rommel möge sich nicht um den Fortgang des Krieges, sondern um seine Invasionsfront kümmern. Rommels ernste Beschwerde zeigte jedoch Wirkung. Hitler plante für den 19. Juni eine Fahrt in Rommels Hauptquartier, um mit den Frontkommandeuren persönlich zu sprechen.

Speidel informierte umgehend Stülpnagel: In La Roche-Guyon würde sich endlich die lang ersehnte Gelegenheit zur Festsetzung Hitlers bieten. Stülpnagel traf rasch die notwendigen Vorbereitungen. Doch ein dummer Zufall machte diese unverhoffte, einmalige Chance für die militärische Opposition im Westen zunichte: Am 15. Juni begann von Frankreich aus die Beschießung Englands durch Flugbomben vom Typ »V 1«, die Hitler zwei Tage später gegenüber Rommel und Rundstedt als kriegsentscheidende Wunderwaffen bezeichnete. Am 18. Juni kam eine »V 1« jedoch vom Kurs ab und schlug in der Nähe von Margival ein. Niemand kam zu Schaden, aber Hitler kehrte daraufhin umgehend nach Berchtesgaden zurück. Die Enttäuschung bei Stülpnagel und seinen Mitverschworenen war groß. Zu einer direkten Aktion gegen Hitler konnten nun nur noch die Widerständler im Reich schreiten. Als einziger Weg blieb das Attentat. Die Verantwortung für den Putsch lag jetzt bei Beck in Berlin.

Der 20. Juli in Paris: Scheitern am Opportunismus eines Feldmarschalls

Während Stauffenberg das Attentat vorbereitete, kam es in Frankreich zu zwei den Verlauf des 20. Juli entscheidenden Ereignissen: Am 3. Juli löste Hitler Rundstedt als Oberbefehlshaber West durch Generalfeldmarschall von Kluge ab. Am 17. Juli griffen zwei englische Jagdbomber an der Normandiefront bei Livarot den Wagen Rommels an; der Feldmarschall wurde schwer verletzt. Damit hatte der Widerstand kurz vor der entscheidenden Aktion den wohl wichtigsten Mann im Westen verloren, den bereits legendären »Wüstenfuchs«, eine Symbolfigur für die verzweifelte Hoffnung, den Krieg noch vor der totalen Katastrophe beenden zu können. »Auch das noch!« soll Stülpnagel entsetzt ausgerufen haben, als er von Rommels Ausfall erfuhr. Niemals zuvor hatten ihn die Offiziere seines Stabes ähnlich deprimiert erlebt. Doch für einen Rückzug war es bereits zu spät. Die Vorbereitungen in Berlin wie in Paris waren schon zu weit gediehen.

Der Erfolg im Westen mußte nun vom neuen Oberbefehlshaber Kluge abhängen. Als »Mann Hitlers« war er nach Frankreich gekommen, überzeugt durch das ihm vom »Führer« suggerierte Versagen seines Vorgängers und von der eigenen Rolle als Retter aus der verfahrenen Situation. Nach nur wenigen Tagen im Kampfgebiet bildete sich der erfahrene Frontsoldat aber ein realistisches Urteil, weit entfernt vom Wunschdenken beim OKW und im Führerhauptquartier. Er erkannte den Ernst der Lage und die erschreckenden Führungsfehler Hitlers. Doch damit war aus einem Saulus noch kein Paulus geworden. Niemand hatte in den wenigen Tagen Ruhe und Zeit gefunden, Kluge ins Vertrauen zu ziehen, ihn in Stülpnagels und Rommels Pläne einzuweihen. So blieb Kluge die unbekannte Größe, mit der die Verschwörer nicht rechnen konnten.

Am 20. Juli, dem Tag der Entscheidung, lief der Dienstbetrieb im Pariser Hotel Majestic, dem Sitz des Militärbefehlshabers, in gewohnter Weise. Den in die Verschwörung nicht eingeweihten Mitarbeitern Stülpnagels schien der General allerdings besonders nervös zu sein. Er blickte immer wieder auf seine Armbanduhr. Die Spannung bei den Verschwörern stieg, als auch die Mittagszeit ohne Nachricht aus Berlin vorüberging. Um 16 Uhr wird Oberstleutnant Hofacker ans Telefon gerufen. Stauffenberg ist inzwischen vom Führerhauptquartier nach Berlin zurückgekehrt, gibt das vereinbarte Stichwort »abgelaufen« durch und fügt hinzu: »Der Staatsstreich ist im Gang. In Berlin besetzt man eben das Regierungsviertel.« Als Stülpnagel die Nachricht erhält, legt sich seine Erregung. Es ist Zeit zum Handeln. Er beordert den zum Kreis der Eingeweihten gehörenden Kommandanten von Groß-Paris, Generalleutnant von Boineburg-Lengsfeld, zu sich. Diesem teilt er im Wortlaut der unter den Verschwörern vereinbarten Sprachregelung mit: »In Berlin hat ein Gestapo-Putsch stattgefunden. Attentat auf den Führer!« Dann befiehlt er: »Der Pariser SD ist sofort zu verhaften, auch die obersten SS-Führer sind festzunehmen. Bei Widerstand ist von der Schußwaffe Gebrauch zu machen.« Er übergibt Boineburg eine Planskizze mit allen Quartieren von SD und SS.

Kurz nach 18 Uhr erhält Stülpnagel einen Anruf aus Berlin. Beck fragt ihn, ob er sich anschließe. Stülpnagel stimmt ohne Zögern zu. Beck weist darauf hin, daß er noch keine genaueren Nachrichten habe, doch Stülpnagel versichert ihm, er mache auf alle Fälle mit. Im übrigen habe er bereits den Befehl zur Verhaftung des SD und aller SS-Führer in Paris, insgesamt etwa 1200 Mann, gegeben. Dann fragt Beck nach Kluge und dessen Haltung angesichts der Ereignisse. Stülpnagel kann darauf selbst keine Antwort geben und läßt das Gespräch nach La Roche-Guyon umlegen, damit der Generaloberst mit Feldmarschall Kluge selbst reden kann. Um 18.15 Uhr kommt ein Anruf von Speidel aus Kluges Hauptquartier: Der Militärbefehlshaber soll sich um 20 Uhr auf dem Gefechtsstand der Heeresgruppe bei Kluge melden. Sicherlich hat Beck inzwischen mit Kluge gesprochen und ihn überzeugt. Stülpnagel atmet auf. Er wird außer seinem Ordonnanzoffizier Dr. Baumgart und dem Kriegsverwaltungsrat Dr. Horst, einem Schwager Speidels, noch Oberstleutnant Dr. Hofacker mitnehmen: Hofacker mit seiner Begeisterung für die Sache, mit seiner Vision eines besseren Deutschland, einer gerechteren politischen Ordnung, mit seiner zwingenden Beredsamkeit. Ist Hitler wirklich tot? Es gibt noch keine völlig zuverlässige Nachricht. Doch die Würfel sind gefallen. Stülpnagel hat mit seinem Befehl an Boineburg Tatsachen geschaffen, den Aufstand im Westen ausgelöst. Es gibt kein Zurück mehr. Mußte der Oberbefehlshaber West nicht einfach mitspielen?

Gegen 20.30 Uhr sitzen Stülpnagel, Horst und Hofacker in La Roche-Guyon Feldmarschall Kluge gegenüber. Der hat inzwischen vom OKW erfahren, daß Stauffenbergs Attentat gescheitert ist. Hofacker erhält auf Stülpnagels Bitte die Erlaubnis, zu sprechen. Er informiert Kluge über Motive und Umfang der Verschwörung. Er versucht, dem Feldmarschall seine höhere Verantwortung gegenüber dem Schicksal Deutschlands deutlich zu machen. Hofacker führt Rommels Zusage an und beschwört Kluge in einem leidenschaftlichen Appell, ungeachtet der Vorgänge in Berlin sich von Hitler loszusagen, die Führung der Befreiungsaktion im Westen zu übernehmen, den Westalliierten sofort Verhandlungen zur Beendigung des Krieges anzubieten und damit

Tatsachen zu schaffen, die auch ein noch lebender Hitler nicht mehr würde rückgängig machen können.

Doch Kluge weigert sich. »Ja, meine Herren, eben ein mißglücktes Attentat«, sagt er. Als sei nichts geschehen, bittet der Feldmarschall zu Tisch. Die Stimmung ist gedrückt. Da ersucht Stülpnagel Kluge um ein Gespräch unter vier Augen und eröffnet ihm, daß er die Verhaftung von SD und SS in Paris bereits befohlen hat. Die Truppen marschieren schon. Kluge ist empört. Er beschwert sich über Stülpnagels Eigenmächtigkeit und fordert die unverzügliche Korrektur der bereits ergriffenen Maßnahmen: »Sie müssen schleunigst nach Paris zurück und die Verhafteten wieder freilassen. Sie allein tragen die Verantwortung.« Stülpnagel widerspricht: »Wir können nicht mehr zurück, Herr Feldmarschall, die Tatsachen haben bereits gesprochen.« Hofacker tritt hinzu und macht einen letzten Versuch, Kluge umzustimmen: »Herr Feldmarschall. Sie stehen mit Ihrem Wort und Ihrer Ehre im Feuer. Die Ehre der ganzen Armee und das Schicksal von Millionen liegen in Ihrer Hand!« Kluge antwortet jedoch nur zynisch: »Ja, wenn das Schwein tot wäre!«, und bekräftigt nochmals seine Weigerung, den Putsch mitzutragen. Er enthebt Stülpnagel seines Postens als Militärbefehlshaber und wiederholt seinen Auftrag zur Freilassung der Verhafteten in Paris. Der Feldmarschall begleitet den General zum Wagen. Auf der Treppe gibt er ihm noch den Rat: »Verschwinden Sie in Zivil irgendwohin.« Stülpnagel gibt keine Antwort.

Gegen Mitternacht ist man zurück in Paris. Dort war die Aktion reibungslos verlaufen. Nun muß sie wieder rückgängig gemacht werden. Denn die Vorstellung, mitten in Paris könnten deutsche Soldaten aufeinander schießen, schreckt Stülpnagel. Eine Sprachregelung wird gefunden: eine »Alarmübung«. Oberg stimmt zu. Schließlich ist die schnelle Entwaffnung und Festsetzung aller seiner Leute kein Ruhmesblatt für den SD und die SS in Paris.

Stülpnagel macht sich jedoch keine Illusionen. Als er am nächsten Morgen »zur Berichterstattung« beim OKW nach Berlin befohlen wird, weiß er, was ihm bevorsteht. Er ist jedoch entschlossen, dem von ihm verabscheuten und bekämpften System den letzten Triumph nicht zu gönnen. Das von Kluge empfohlene Untertauchen in Zivil verträgt sich nicht mit seinen Ehrbegriffen. So nutzt er den ihm verbliebenen Handlungsspielraum: Er nimmt nicht – wie befohlen – ein Flugzeug, sondern fährt mit dem Wagen, verläßt die übliche Route und richtet auf dem alten Schlachtfeld von Verdun, wo er als junger Offizier im Ersten Weltkrieg im Kampf gestanden hat, die Waffe gegen sich selbst.

Generalfeldmarschall Kluge hatte Stülpnagels Eingreifen in Paris tatsächlich noch in der Nacht zum 21. Juli dem OKW »pflichtgemäß« gemeldet, um jeden Verdacht von sich und seinem Stab abzulenken. Damit war die in Paris gefundene »Sprachregelung« vergeblich gewesen.

Es gehört zum tragischen Schicksal des ehemaligen Militärbefehlshabers in Frankreich, daß ihm, erblindet und kaum vernehmungsfähig, Gestapo-Haft, Verhör und Volksgerichtshof nicht erspart geblieben sind. Aber er gab dabei keinen Mitverschworenen und Mitwisser preis. Am 30. August 1944 wurde der General der Infanterie Karl Heinrich von Stülpnagel in Berlin-Plötzensee durch den Strang hingerichtet.

DEUTSCH, HAROLD C.: *Verschwörung gegen den Krieg. Der Widerstand in den Jahren 1939–1940.* München 1969.

GRAML, HERMANN: *Die deutsche Militäropposition vom Sommer 1940 bis zum Frühjahr 1943*, in: Vollmacht des Gewissens, hrsg. von der Europäischen Publikation e.V., Bd. 2, Frankfurt/Berlin 1965, S. 411–474.

JÜNGER, ERNST: *Strahlungen.* Tübingen 1953.

KRAUSNICK, HELMUT: *Vorgeschichte und Beginn des militärischen Widerstandes gegen Hitler*, in: Vollmacht des Gewissens, hrsg. von der Europäischen Publikation e.V., Bd. 1, Frankfurt/Berlin 1960, S. 177–384.

LIDDELL HART, BASIL HENRY: *Deutsche Generale des II. Weltkrieges.* Düsseldorf/Wien 1964.

SALEWSKI, MICHAEL: *Die bewaffnete Macht im Dritten Reich 1933–1939*, in: Handbuch zur deutschen Militärgeschichte 1648–1939, hrsg. vom Militärgeschichtlichen Forschungsamt, Bd. 4/Abschn. VII, TB-Ausg., München 1983, S. 13–287.

SCHRAMM, WILHELM VON: *Aufstand der Generale. Der 20. Juli 1944 in Paris.* TB-Ausg. München 1977.

SPEIDEL, HANS: *Invasion 1944. Ein Beitrag zu Rommels und des Reiches Schicksal.* Tübingen 1949.

DERS.: *Aus unserer Zeit.* Berlin/Frankfurt [4]1977.

UMBREIT, HANS: *Der Militärbefehlshaber in Frankreich 1940–1944.* Boppard am Rhein 1968.

WENIGER, ERICH: *Zur Vorgeschichte des 20. Juli 1944. Karl Heinrich von Stülpnagel*, in: Die Sammlung, 4. Jg. (1949), S. 475–492.

Henning von Tresckow

Henning von Tresckow war ein Preuße. Er stand ganz in der Tradition dieses Staates, dem seine Vorfahren als Soldaten und Diplomaten gedient hatten. Preußentum war für ihn das selbstverständliche Ideal. Er ist ohne diese Voraussetzung in seinem Denken und Handeln nicht zu verstehen. Für alle, die ihn erlebt haben, besaß er eine bezwingende Ausstrahlungskraft. Seine Liebenswürdigkeit, sein Humor und seine Festigkeit zogen alle in Bann, die mit ihm näher zu tun bekamen. Er war ein preußischer Junker von einer Art, die selbst jene Süddeutschen überzeugte, für die dieser Begriff seine Anziehungskraft verloren hatte. Sie erlebten in ihm eine Inkarnation echten Preußentums, das sich eklatant von jener nationalsozialistischen Imitation unterschied, die das Preußentum in dieser Zeit in Mißkredit brachte. Tresckow war ein überzeugender Vertreter einer von protestantischer Frömmigkeit und Pflichtbewußtsein geprägten Tradition. Dazu gehörte seine feste Verwurzelung in das adelige Landleben in der märkischen Seenlandschaft. Das väterliche Gut Wartenberg hatte einen wesentlichen Teil seines Lebens geprägt. Ehrgeizig und sich seiner Überlegenheit durchaus bewußt, galt er den einen als ein ausgesprochenes Glückskind, den anderen als ein Mann, der zu Höherem berufen war, wenn es ihm gelang, seinen Ehrgeiz zu zügeln. Im Kreise seiner Kameraden äußerte er einmal unbefangen, er wolle einmal Chef der Heeresleitung werden.

Henning von Tresckow gehörte zu den führenden Persönlichkeiten des deutschen militärischen Widerstandes. Ja, man kann bezweifeln, ob dieser ohne ihn jene Bedeutung erlangt hätte, die ihm in der deutschen Geschichte zukommt. Trotzdem gehört er zu den weniger Bekannten des deutschen Widerstandes. Das liegt einmal daran, daß er innerhalb der Verschwörung nie daran dachte, für sich ein Amt zu beanspruchen. Für ihn war Widerstand angesichts der vom Nationalsozialismus verübten Verbrechen eine ethische Pflicht. Zum anderen nahm er auch innerhalb der militärischen Hierarchie keinen Rang ein, der ihn in den Vordergrund gestellt hätte. Er blieb als Generalstäbler auch hier im Hintergrund.

Ein Lebensbild vierzig Jahre nach seinem Tod zu entwerfen bietet besondere Schwierigkeiten. Als einer der führenden Köpfe der Verschwörung war er sich der Gefahren sehr wohl bewußt, in die er sich begab. Daher gibt es von ihm kaum schriftliche Zeugnisse, die über seine Vorstellungen und Pläne für eine Gestaltung Deutschlands nach dem Krieg Aufschluß geben. So ist das Bild Tresckows heute von den Erinnerungen seines engsten Freundes Fabian von Schlabrendorff, der ihm in seinem Buch »Offiziere gegen Hitler« ein Denkmal setzte, und den Angaben seiner

TRESCKOW, HENNING VON
geb. am 10. 1. 1901 in Magdeburg;
Selbstmord am 21. 7. 1944.

Frau bestimmt. Dazu kommt, was Bodo Scheurig in seiner Biographie 1973 zusammentrug.

Jugend

Hennings Vater übernahm 1900 von seinem kinderlosen Onkel das Gut Wartenberg, das weder seiner Größe noch der Bonität seines Bodens nach größere Reichtümer versprach. Es war ein hartes Wirtschaften, das dem als General der Kavallerie in den Ruhestand getretenen Vater abverlangt wurde. Sein Sohn Henning wurde am 10. Januar 1901, im Jahr nach der Übernahme des Gutes, geboren. Seine Mutter Marie-Agnes war die Tochter des preußischen Kultusministers und späteren Oberpräsidenten Graf Robert Zedlitz-Trützschler.

Im Gegensatz zu anderen preußischen Adelsfamilien, wo man der Verwässerung preußischer Traditionen im Kaiserreich nachtrauerte, fühlte man sich in Wartenberg dem neuen Deutschland eng verbunden, ohne deshalb auch nur andeutungsweise in die Großmannssucht des Wilhelminischen Deutschland zu verfallen. Hennings Mutter war eine nach außen etwas herb wirkende, warmherzige und hochgebildete Frau, die von ihrem Vater das Interesse für Politik und Geschichte geerbt hatte. Das karge Leben in Wartenberg fiel ihr nicht immer leicht.

Hennings Jugend verlief in den Bahnen einer als selbstverständlich erachteten Ordnung. Sein Vater war ein Konservativer, der seine Weltkenntnis aus der Kreuzzeitung bezog und in den Sozialdemokraten und Zentrumsleuten »Reichsfeinde« sah. Die geistige Regsamkeit und Aufgewecktheit besaß Henning von der Mutter, zu der er ein besonders enges Verhältnis hatte. Von seinen Geschwistern standen ihm sein drei Jahre älterer Bruder Gerd und seine jüngere Schwester Marie Agnes besonders nah. 1913 kam er in das Alumnat des Klosters Loccum in Goslar und besuchte das Realgymnasium. Die Gymnasialzeit stand unter dem Zeichen des Krieges. Ungeduldig warteten die Brüder auf die Möglichkeit, als Freiwillige am Krieg teilzunehmen. 1917, noch als Sechzehnjähriger, rückte Henning nach Potsdam zum Ersten Garderegiment zu Fuß ein. Ein Jahr später, am 5. Juni 1918, wurde er als Siebzehnjähriger Leutnant.

Er machte die Abwehrschlachten im Westen mit und wurde als Zugführer einer Maschinengewehrkompanie mit dem Eisernen Kreuz ausgezeichnet. Am 11. Dezember 1918 zog er in Potsdam mit seiner Division blumengeschmückt noch einmal an seinem Kommandeur Prinz Eitel Friedrich von Preußen vorbei. Dann wurde die Division aufgelöst. In den folgenden Monaten diente Tresckow im Regiment Potsdam und nahm Anfang Januar 1919 in Berlin an den Kämpfen des Spartakistenaufstandes teil. Mit Freiwilligen erstürmte er das hartnäckig verteidigte Berliner Zeitungsviertel.

Als Zivilist in den ersten Jahren der Weimarer Republik

Die freiwillige Teilnahme an den Januarkämpfen in Berlin war weniger ein Bekenntnis zur Republik, die dem Achtzehnjährigen seiner ganzen Vergangenheit nach fernliegen mußte, als eine Abrechnung mit jenen Kräften, denen man in dieser Zeit die Schuld an der Niederlage zuschob. Zwar hatte Tresckow den militärischen Zusammenbruch unmittelbar erlebt und war daher gegenüber dem Versagen der deutschen Führung sehr viel kritischer eingestellt als sein konservativer Vater. Aber er konnte sich nur schwer in die neuen Verhältnisse einfügen. Wie vielen, so imponierte auch ihm die Weltsicht Oswald Spenglers. Dessen »Untergang des Abendlandes« und insbesondere das 1920 erschienene Buch »Preußentum und Sozialismus« faszinierten ihn. Gleichzeitig bedrückte ihn die Unzulänglichkeit seiner Ausbildung. Tresckow fühlte, daß ihm zur Beurteilung der Welt die Maßstäbe fehlten. Im Juni 1919 wurde er in das 9. Infanterieregiment übernommen, das die Tradition des Potsdamer Garderegimentes trug. Der Kapp-Putsch und die Art seiner Überwindung durch die Republik deprimierten ihn. Er konnte das Verhalten der konservativen Kräfte nur als dilettantisch bewerten, sowenig sympathisch ihm auch die Festigung der Republik war. Daher reifte in ihm der Entschluß, die Armee zu verlassen und in einem Studium den geistigen Horizont zu erweitern.

Am 31. Oktober 1920 nahm er seinen Abschied und bezog die Universität Kiel, wo er Recht und Staatswissenschaften belegte und finanzwirtschaftliche Vorlesungen hörte. Nach drei Semestern bot sich ihm Anfang Januar 1923 die Chance, in das Berliner Bankhaus Wilhelm Kamm einzutreten. Er erlebte aus nächster Nähe die Hochphase der Inflation, ihre Eindämmung und schließlich die neue Währung. Die Verhältnisse und seine Vertrautheit mit den Gesetzen der Börse erlaubten ihm, ein kleines Vermögen zu erwerben.

Als sich ihm im Juli 1924 die Möglichkeit bot, zusammen mit dem mit ihm befreundeten Militärschriftsteller Kurt Hesse eine Weltreise anzutreten, griff er zu. In London und in Paris stieß er auf einen blinden Haß allem Deutschen gegenüber, der in Deutschland in diesem Ausmaß unbekannt war und es den beiden Reisenden geraten erscheinen ließ, sich als Engländer auszugeben. Er, der zunächst geglaubt hatte, »Potsdam wird stärker sein«, und in Brasilien noch die märkischen Kiefernwälder dem Urwald des Amazonas vorzog, erlebte eine ihm unbekannte Welt. Sein Mitreisender verschaffte ihm die Möglichkeit, in Südamerika Gespräche mit den interessantesten Männern zu führen.

Schon in Buenos Aires trafen beunruhigende Nachrichten aus der Heimat ein. Die landwirtschaftliche Krise und die Folgen der Währungsumstellung gefährdeten das väterliche Gut. In Santiago de Chile beschloß er, die Reise abzubrechen. Am 8. November war er wieder in Deutschland. Er eilte nach Wartenberg, wo er seinem Vater sein kleines Vermögen zur Rettung des Besitzes zur Verfügung stellte.

Das Studium, die Tätigkeit in der Bank und die Auslandsreise weiteten den Horizont Tresckows entscheidend. Er nahm die Stelle eines Geschäftsführers einer kleinen Fabrik an. Er besaß ein eigenes Auto, verfügte über ein gutes Einkommen und führte ein fröhliches Junggesellenleben. Schon vor Antritt seiner Weltreise hatte er Erika von Falkenhayn, die Tochter des Kriegsministers und Generalstabschefs des Ersten Weltkrieges, kennengelernt. 1925 hielt er um ihre Hand an und verlobte sich mit ihr. Am 18. Januar 1926 heirateten sie. Tresckow hatte in der schönen, energischen Frau eine adäquate Partnerin gefunden, die an seiner Seite tapfer als seine Vertraute und Mitarbeiterin die schwere Nervenbelastung der Widerstandszeit durchstehen sollte.

Gleichzeitig war in ihm der Entschluß gereift, wieder in die Reichswehr zurückzukehren. Seine Bewerbung wurde zunächst abgelehnt. Erst das Eingreifen Hindenburgs ebnete den Weg. Am 1. Februar 1926 trat er als Leutnant in sein altes Infanterieregiment Nr. 9 ein. Das Regiment wurde wegen des hohen Anteils an Adeligen im Offizierskorps »Graf 9« genannt. Hier herrschte ein konservatives Denken vor, dem sich auch Tresckow nicht verschloß. Die Weimarer Republik war für ihn bestenfalls eine Übergangslösung.

In der Isolation, in der die Reichwehr als ein Staat im Staate lebte, schien die 1929/1930 ausbrechende Wirtschaftskrise auch für Tresckow die Quittung für eine kurzsichtige, von kleinlichen Streitereien gekennzeichnete Politik, die im nationalen Sinn als würdelos empfunden wurde. So näherte sich auch Tresckow, im Februar 1928 zum Oberleutnant befördert, dem Denken der Nationalsozialisten. Hier schien die nationale Gesinnung vorzuherrschen, die man bei den anderen Parteien so bitter vermißte. Hitlers Ideen von Volksgemeinschaft, die von ihm propagierte Wehrfreudigkeit und der Wille, aufzurüsten, faszinierten ihn. Andere, dunklere Seiten des Nationalsozialismus wie der Antisemitismus, die Rassenlehre, seine terroristischen Praktiken, seine Lebensraumschwärmereien und anderes mehr schienen ihm törichte Phantastereien zu sein. Ihm ging es wie vielen anderen Konservativen: Hier schien eine Bewegung entstanden zu sein, die zwar im Grunde konservativ, doch in der Idee der Volksgemeinschaft und in den geplanten sozialen Reformen ein modernes, zeitgemäßes Programm besaß. Schon 1929, als der kometenhafte Aufstieg der Nationalsozialisten nur von wenigen vorausgesagt wurde, sprach er sich für den Nationalsozialismus aus. 1930 suchte er das Offizierskorps seines Regiments nationalsozialistisch zu beeinflussen. Hitlers Machtergreifung begrüßte er als Erlösung aus einem unerträglichen Dilemma.

Am Tag von Potsdam, dem 21. März 1933, paradierte Tresckows Bataillon an Hindenburg und den Vertretern des alten Preußen ebenso wie an Hitler, Göring und den nationalsozialistischen Führern vorbei. Es schien ihm einer der glücklichsten Tage seines Lebens zu sein. In einer erregten Debatte danach prallten in seiner Potsdamer Wohnung die Meinungen aufeinander. Während einige ihre Zweifel an der Aufrichtigkeit der Hitlerschen Beteuerungen äußerten, blieb Tresckow bei seiner Überzeugung, eben die Geburtsstunde eines neuen nationalen Deutschland erlebt zu haben, das in der Tradition des Bismarckschen Reiches stand.

Jahre des Zweifelns

Mit Begeisterung registrierte er als Adjutant, Truppenoffizier und Fähnrichsvater die ersten Anzeichen einer vorsichtigen Aufrüstung. Von dem Terror des ersten blutigen Jahres mit seinen wilden Konzentrationslagern, seinen willkürlichen Verhaftungen und seiner Unterdrückung Andersdenkender bekam er in der Abgeschirmtheit seines Dienstes kaum etwas zu hören. Am 1. Mai 1934 wurde er – ein Zeichen der verbesserten Aufstiegsmöglichkeiten – zum Hauptmann befördert.

Der 30. Juni 1934 rüttelte ihn auf. Hatte er zunächst an einen SA-Putsch geglaubt, so rief die Wahrheit über die in diesen Tagen geschehenen Mordaktionen sein Entsetzen hervor. Die Nachricht von der Ermordung der Generale von Schleicher und von Bredow und die Gelassenheit, mit der die Armee diese Tatsache hinnahm, erschütterten ihn zutiefst. Weder das konservative Denken noch die Abgeschiedenheit der Kaserne, in der er seit 1926 lebte, hatte ihm einen Maßstab gegeben, um den wahren Charakter des Nationalsozialismus zu erkennen. Nun, da er zum erstenmal mit der Wahrheit konfrontiert war, reagierte er mit Empörung und tiefer Betroffenheit. Ein Reichskanzler, der vom Reichstag Morde für rechtens erklären ließ, war für ihn eine Ungeheuerlichkeit. Die enge Verstrickung der Reichswehrführung in diese Mordaktion wurde von ihm nicht wahrgenommen. Er begann, den nationalen Aufbruch, den er so sehr herbeigesehnt hatte, mit kritischen Augen zu betrachten.

Am 1. Oktober 1934 begann seine Ausbildung zum Generalstabsoffizier in der Kriegsakademie. Hier traf er zum erstenmal auf den späteren Chef des Generalstabes, General Ludwig Beck, ohne daß sich eine engere Bindung ergeben hätte. Der junge Hauptmann blieb den von Beck entworfenen traditionsverhafteten Richtlinien des Taktikunterrichts gegenüber kritisch. Als Bester seines Jahrgangs wurde er 1936 in den Generalstab des Kriegsministeriums versetzt. Dort lernte er die Generale Fritsch und Beck und insbesondere Erich von Manstein näher kennen. Als Aufgabe wurde ihm die Aufmarschplanung gegen die Tschechoslowakei übertragen.

Ohnehin bereits dem Dritten Reich gegenüber kritisch eingestellt, erschütterte ihn die Blomberg-Fritsch-Affäre derart, daß er erwog, seinen Abschied aus einer Armee zu nehmen, die eine solche Behandlung ihres Oberbefehlshabers widerspruchslos hinnahm. Zusammen mit seinem Regimentskameraden Wolf Graf Baudissin begab er sich zum Befehlshaber des Wehrkreises III Berlin, Erwin von Witzleben, und trug ihm seine Empörung über diese Vorgänge vor. Witzleben hörte den beiden Offizieren aufmerksam zu. Er erkannte in ihnen Gesinnungsgenossen und redete ihnen daher ihre Absicht, ihren Abschied zu nehmen, aus. Es sei eine Aktion vorbereitet, durch die mit den Drahtziehern dieser Aktion in Gestapo und SS abgerechnet würde. Die Armee brauche Offiziere, die dem neuen Denken nicht verfallen wären.

Zum erstenmal war Tresckow mit der militärischen Widerstandsbewegung in Berührung gekommen. Er war einem hohen Offizier begegnet, der offensichtlich vom Nationalsozialismus ähnlich abgestoßen war wie er und der entschlossen war, zu handeln. Unter diesen Umständen war Tresckow bereit, in einer Armee weiter zu dienen, die sich durch ihre Verstrickung in die Mordaktion des 30. Juni 1934 und durch die Hinnahme der Diffamierung ihres verehrten Oberbefehlshabers selbst um ihre Ehre gebracht hatte.

Was anderen als die Erfüllung aller nationalen Träume erschien, die Gründung des Großdeutschen Reiches durch den Anschluß Österreichs und des Sudetenlandes, ließ ihn kalt. Mag sein, daß ihm als Preuße der dadurch stärker gewordene süddeutsche Einfluß unheimlich war. Glaubte er doch, daß jenes verfremdete Preußengetue der Nationalsozialisten ein süddeutsches Erbe sei. Was ihn zutiefst entsetzte, war jenes unverantwortliche Vabanquespiel Hitlers im Herbst 1938, als er mit einer noch völlig unvorbereiteten Wehrmacht im Hintergrund einen Krieg riskiert hatte. In die für den Fall eines Kriegsausbruchs vorgesehene Aktion gegen Hitler, der wohl erfolgversprechendsten des deutschen Widerstandes, war er eingeweiht. Er gehörte zwar nicht zum engeren Kreis der Verschwörer, aber er wußte darum, und andere wußten, wo er stand.

So durchlebte auch er die tiefe Depression nach Hitlers Erfolg auf der Münchener Konferenz, sah sich durch die Ausschreitungen gegen die Juden in der sogenannten Reichskristallnacht vom 8. zum 9. November 1938 in seinen schlimmsten Befürchtungen über den Charakter des Dritten Reiches bestätigt und war sich angesichts der allgemeinen Begeisterung auch über die Aussichtslosigkeit des Widerstandes im klaren. Unrettbar schien Deutschland der Katastrophe eines neuen Krieges entgegenzutaumeln. So gesehen war seine Ernennung zum Kompaniechef in Elbing eine Erlösung. Er war dem Zentrum des Verderbens ferner gerückt und konnte sich dem Truppendienst widmen. Der Einmarsch in die Resttschechei am 15. März 1939 bestätigte den am 1. März zum Major Beförderten zwar in seinen Befürchtungen, das unbeschwerte Garnison- und Familienleben in Elbing beruhigte aber seine Nerven.

Am 2. Juli 1939 verdichteten sich die Kriegsgerüchte. Gequält von der Sorge, daß Hitler Deutschland in das Abenteuer eines Weltkriegs stürzen werde, bat er seinen ihm bis dahin unbekannten Vetter Fabian von Schlabrendorff zu sich. Er wußte, daß dieser ein engagierter Gegner Hitlers war. Durch seine feste Überzeugung, daß Hitler beseitigt werden müsse, bevor er die Welt in die Katastrophe eines zweiten Weltkriegs stürze, verblüffte er seinen Gast. Diese Gespräche in Wartenberg wurden die Grundlage für eine Zusammenarbeit zweier Männer, die vielleicht am entschlossensten die Ausschaltung des Diktators betrieben.

Die Jahre deutscher Siege

An der im Sommer 1939 in Wartenburg geäußerten Ansicht, daß Deutschland nur durch die Beseitigung Hitlers gerettet werden könne, haben beide Gesprächspartner, Henning von Tresckow und Fabian von Schlabrendorff, durch fünf Jahre mit bewundernswerter Konsequenz festgehalten.

Nur: 1939 war noch Frieden. Tresckow war Offizier einer Wehrmacht, die vor ihrer größten Bewährungsprobe stand und der in diesen sechs Jahren Krieg alles abverlangt wurde. Tresckow kannte von seiner Weltreise den Haß, der nach 1918 allen Deutschen entgegengeschlagen war. Er konnte sich ausrechnen, daß dieser nach einem zweiten verlorenen Krieg ins Unermeßbare steigen würde. Seine Überzeugung, daß Hitler beseitigt werden müsse, galt seiner Politik, die offen auf einen Krieg hinsteuerte. War die Entfesselung des Krieges nicht zu verhindern, so ergab sich eine völlig neue Situation. Dann mußte nämlich zunächst versucht werden, den Sieg zu erringen. Dieser Zwiespalt, daß jeder Sieg Hitlers Stellung stärken mußte, daß aber die Folgen einer Niederlage die Existenz des Deutschen Reiches gefährden würden, konnte nur durch den Tod Hitlers gelöst werden. Daher setzte Tresckow sein ganzes militärisches Können ein, ohne seine Überzeugung, daß Hitler beseitigt werden müßte, je aufzugeben. Im Sommer 1939 war das die Überzeugung zweier relativ junger Männer, denen alle Mittel fehlten, um sie auch in die Tat umzusetzen.

Im Polenfeldzug führte er als Ia praktisch die 228. Infanteriedivision. Dem »Blitzsieg« im Osten stand er in seiner Bedeutung skeptisch gegenüber. Der Gegner besaß eine veraltete Armee, die eigenen Truppen hatten beim Vorgehen keine eigentliche Begeisterung gezeigt. Die hinter der Front verübten Greuel raubten ihm die letzten Illusionen über Hitler und das nationalsozialistische Regime. Da kaum etwas darüber allgemein bekannt wurde, war an Widerstand weniger denn je zu denken. Mit Entsetzen nahm Tresckow wahr, wie wenig sich die Generalität um das scherte, was die polnische Bevölkerung unter der deutschen Besatzung erlitt.

Ende Oktober 1939 wurde er auf Anforderung Mansteins als Gehilfe des Ersten Generalstabsoffiziers der Heeresgruppe A, Generaloberst von Rundstedt, berufen. Er gelangte damit, einige wichtige Positionen überspringend, an eine der Schaltstellen bei der Vorbereitung des Frankreichfeldzuges. Zunächst bestätigte sich sein Eindruck von Hitlers Dilettantismus. Seine drängenden Befehle, noch im Spätherbst Frankreich anzugreifen, waren von erschreckender militärischer Ahnungslosigkeit. Diese Befehle erregten schließlich auch in der Generalität Widerspruch. Es gelang aber Tresckow, der in dieser Zeit lose Verbindung zu General Oster in der Abwehr aufnahm, nicht, weder bei Manstein noch bei Rundstedt oder bei seinem Onkel Generaloberst von Bock mit seinen Ansichten durchzudringen. Sie lehnten jede Debatte um einen Staatsstreich ab. Sie waren zwar überzeugt, daß eine Winteroffensive militärisch gesehen Wahnsinn war. Aber sie hofften auf Hitlers Einsicht. Die Frage, wie dieser leichtfertig begonnene Krieg beendet werden sollte, verwiesen sie in das Feld der Politik, das sie nichts anging.

In Tresckow begann sich jene Verachtung für die hohe Generalität zu bilden, die ihn später ganz beherrschen sollte. Andererseits wurde er unmittelbarer Zeuge des militärischen Genies Mansteins. Dessen berühmter Sichelschnittplan, der den Westfeldzug entscheiden sollte, entstand unter seiner aktiven Teilnahme. In der Ausführung erlebte er wie die ganze Wehrmacht das Hochgefühl des totalen Sieges. Für Tresckow zeigte sich wieder in aller Schärfe die Ambivalenz dieses Krieges. Jeder Sieg, den die Wehrmacht errang, stärkte die Position Hitlers. Nicht zuletzt verfiel die Generalität seinem gesteigerten Ansehen. Die Behauptung, daß Hitler an dem Sieg seinen Anteil hatte, machte die Runde, auch wenn dieser Anteil in nichts anderem als darin bestanden hatte, daß er sich für den Mansteinplan eingesetzt hatte.

Die Heeresgruppe als Widerstandszentrum

Mit den Vorbereitungen zum Rußlandfeldzug trat ein ganz neues Element auf. Zu der Sorge, ob dieser Feldzug überhaupt gelingen könne, gesellte sich die klare Erkenntnis vom verbrecherischen Charakter des NS-Regimes. Im Aufmarschgebiet Polen wurde die Armee Zeuge der Unterdrückung der Zivilbevölkerung. Der berüchtigte Kommissarbefehl vom 6. Juni 1941 und andere Anweisungen bewiesen, daß der bevorstehende Krieg ohne völkerrechtliche Rücksichten geführt werden sollte. Über das Heer ging eine Orgie von Verordnungen nieder, die ihm völkerrechtswidrige Handlungen gegen den Feind und die Zivilbevölkerung befahlen. Gleichzeitig mußte Tresckow sehen, wie seine Kameraden eine bedrückende Bereitschaft bekundeten, in Rußland »aufzuräumen« und jene Bereitschaft zur Ritterlichkeit aufzugeben, die den Frankreichfeldzug ausgezeichnet hatte.

Damit war ein neuer wichtiger Grund zum Widerstand hinzugekommen. Bisher waren es Hitlers verfehlte Politik, sein militärischer Dilettantismus und die für Tresckow außer jedem Zweifel am Ende stehende Niederlage, die den Haß der Welt auf alles Deutsche ins Ungemessene steigern mußte. Nun erkannte Tresckow Vorbereitungen für Aktionen, die der Welt bestätigen würden, was die feindliche Propaganda im Ersten Weltkrieg von Deutschland behauptet hatte.

Tresckow organisierte das Hauptquartier der Heeresgruppe Mitte zum Widerstandszentrum. Er wollte nichts mehr dem Zufall überlassen. Von der Generalität hielt er immer weniger, so offen man sich unter vier Augen auch innerhalb der Stäbe unterhalten konnte. So hatte ihm der Chef des Generalstabs, Generaloberst Halder, vor Ausbruch des Feldzuges unter Tränen versichert, daß er bei den augenblicklichen Führungsverhältnissen keine Möglichkeit für einen Staatsstreich sehe!

Über den aus früheren Zeiten mit ihm befreundeten Adjutanten Hitlers, Schmundt, gelang es Tresckow, wichtige und entschlossene Gegner Hitlers in das Hauptquartier der Armeegruppe B des Generalfeldmarschalls von Bock zu kommandieren. Als erster kam Fabian von Schlabrendorff, der Gesprächspartner vom Sommer 1939. Er wurde mit seinen weitreichenden Verbindungen zum wichtigsten Freund und Vertrauten Tresckows. Als nächster wurde Rudolf Freiherr von Gersdorff, ein klarer Gegner Hitlers, zum Ic (Feindnachrichten, Funkaufklärung) ins Hauptquartier der Heeresgruppe Mitte kommandiert. Damit waren drei Männer zusammen, die fest davon überzeugt waren, daß nur der Tod Hitlers alle Probleme lösen könne. Zu ihnen stießen Heinrich Graf von Lehndorff, Hans Graf Hardenberg und Bernd von Kleist, der wichtig für die Verbindung von Widerstandskreisen in Berlin wurde. Wenig erfolgreich war Tresckow bei den Generalen. Der eigene Onkel, Feldmarschall von Bock, protestierte nur halbherzig gegen die verbrecherischen Befehle.

Der Angriff auf Rußland ließ keine Zeit zu verschwörerischem Handeln. Die großen Anfangserfolge gingen über Tresckows Skepsis hinweg. Nur am Rande konnte er noch eingreifen. Ein wichtiger Verbündeter gegen die von Hitler im Hinterland befohlenen Greuel wurde SS-Gruppenführer und Reichskriminaldirektor Artur Nebe. Nebe war seit 1938 ein engagierter Gegner des Dritten Reiches. Von General Oster und Hans Gisevius überredet, hatte er im Rücken der Heeresgruppe Mitte eines der berüchtigtsten Einsatzkommandos übernommen, die zur Vernichtung von Juden und der russischen Intelligenz gebildet worden waren. Tresckow hielt über Gersdorff enge Verbindung zu Nebe. Von ihm erfuhr er die Wahrheit über die Konzentrationslager. Alles konnte allerdings auch Nebe nicht verhindern. In Borissow, in der Nähe des Hauptquartiers, verübte eine lettische SS-Einheit ein fürchterliches Judenmassaker. Der Stab um Feldmarschall von Bock war zutiefst schockiert, konnte diesen selbst aber wieder nur zu einem lahmen Protest bewegen. Angesichts dieses den wahren Charakter des Nationalsozialismus enthüllenden Geschehens wurde sich Tresckow auch der Gefahren bewußt, die von einer vorzeitigen Entdeckung oder von einem Scheitern einer Aktion gegen Hitler ausgehen mußten. Hitler und seine SS waren für ihn von diesem Augenblick an reißende Tiere, die vor nichts zurückschrecken würden.

Unter diesem Eindruck entschloß sich Tresckow, Schlabrendorff im September 1941 nach Berlin zu schicken, um herauszubekommen, ob es irgendwo eine Gruppe gab, die zum Widerstand entschlossen war. Schlabrendorff gewann Verbindung zu Beck, Goerdeler und Hassell. Für diese Gruppe, die bisher allein auf den Oberbefehlshaber West in Frankreich, von Witzleben, vertraut hatte, war es eine Offenbarung, daß sich zum erstenmal von der Front eine offenbar eingespielte und zu allem entschlossene Widerstandsgruppe meldete. Die negative Haltung des Feldmarschalls von Bock, über die Schlabrendorff berichtete, dämpfte freilich die Hoffnungen. Aber die Verbindung, die bisher nur sehr locker über Oster gelaufen war, war hergestellt. Die Schwierigkeiten waren dadurch nicht geringer, denn es handelte sich in Berlin um eine Gruppe von Pensionären, die zwar über wertvolle Beziehungen verfügte, aber keinen Zugang zu Hitler besaß. Trotzdem war die Gruppe um Tresckow mit dieser Reise Schlabrendorffs einen gewaltigen Schritt weitergekommen.

Der Winter 1941/1942 brachte den erwarteten Rückschlag. Mit der Entlassung des Oberbefehlshaber des Heeres, von Brauchitsch, verflog eine weitere Hoffnung. Wenn Brauchitsch sich auch nie dem Widerstand angeschlossen hatte, so wußte man doch von ihm, daß er innerlich ein Gegner Hitlers war. Hitler übernahm nun selbst den Oberbefehl über das Heer. Der von ihm ausgegebene und in diesem Fall militärisch richtige Befehl, das Heer nicht, wie Brauchitsch vorgeschlagen hatte, auf eine Linie zurückzuführen, sondern da haltmachen zu lassen, wo es stand, erhöhte Hitlers militärisches Ansehen. Die Hoffnung, daß von der Heeresspitze aus der Putsch organisiert werden könne, war dahin.

Auch in Berlin kam man nicht weiter. Der schwer erkrankte Witzleben erhielt am 15. März 1942 seinen Abschied. Beck wurde zur Zentrale erklärt, ohne daß sich Aussichten auf einen Umsturz ergaben. Auch Tresckow konnte sich nur mit großer Vorsicht an den neuen Befehlshaber der Heeresgruppe Mitte, Generalfeldmarschall von Kluge, heranmachen. Der Sommer 1942 verging. Im Spätherbst kam Goerdeler nach Smolensk und konnte zunächst Kluge gewinnen. Es kam anschließend zu einer Unterredung Goerdeler–Tresckow und dem Chef des Stabes des Ersatzheeres, General Olbricht, in Berlin. Olbricht versprach, einen Putsch vom Ersatzheer planend vorzubereiten, doch müsse die Initialzündung, sprich die Beseitigung Hitlers, vom Feldheer ausgehen. Damit kam Tresckow in eine Schlüsselposition, denn nur seine Gruppe war entschlossen, diese Tat auszuführen.

Die Katastrophe von Stalingrad schuf auch von der militärisch-politischen Lage her die nötigen Voraussetzungen für die Tat. Die in Casablanca aufgestellte Forderung der Alliierten, Deutschland müsse bedingungslos kapitulieren, zeigte, daß ein weiteres Zögern nicht mehr verantwortet werden konnte. Anfang März 1943 schürzte sich der Knoten: Olbricht meldete, er sei bereit. Bei einem Besuch des Admirals Canaris in Smolensk verabredete Tresckow mit dessen Mitarbeiter Dohnanyi einen Code.

Am 13. März 1943 war Hitler im Hauptquartier der Heeresgruppe Mitte. Über Gersdorff hatte Tresckow Sprengstoff mit einem geeigneten Zünder beschafft. Mit Generalfeldmarschall Kluge holte Tresckow Hitler am Flugzeug ab. Unter ungeheuren Sicherheitsvorkehrungen fuhr Hitler mit der eigenen Wagenkolonne in das Hauptquartier. Endlich stand Tresckow dem Mann gegenüber, dessen Beseitigung er seit Jahren mit allen Mitteln betrieb. Die Sicherheitsvorkehrungen waren so, daß Tresckow einsah, daß das ursprünglich einmal vorgesehene Pistolenattentat einer Gruppe von Offizieren eine Unmöglichkeit war. Die ganze Last der Verantwortung ruhte auf ihm. Er erschien bleich und unkonzentriert. Sollte er wirklich die Tat wagen, die die Welt verändern mußte? Unsicher geworden, fragte er Schlabrendorff: »Sollen wir es wirklich machen?« Schlabrendorff antwortete mit einem klaren Ja. Tresckow fing sich wieder. Als zwei Kognakflaschen getarnt, übergab er zwei geschärfte Bomben dem in Hitlers Flugzeug mitfliegenden Oberstleutnant Heinz Brandt mit der Bitte, sie Oberst Stieff im OKH zu übergeben.

Nach Berlin wurde das Codewort durchgegeben, daß die Aktion angelaufen sei. Aber das Attentat scheiterte. Hitler landete unbeschädigt in Rastenburg. Der Zünder hatte wegen übergroßer Kälte versagt. Das Codewort für das Scheitern mußte durchgegeben werden. Schlabrendorff gelang es am Tag darauf, die Bomben gegen zwei echte Kognakflaschen auszutauschen. Er fuhr weiter nach Berlin. Dort hatte sich inzwischen eine zweite Möglichkeit für ein Attentat eröffnet. Am 21. März sollte Hitler im Zeughaus seine »Heldengedenkrede« halten. In einer Ausstellung sollten erbeutete Waffen gezeigt werden. Gersdorff hatte sie organisiert. Von Tresckow darauf angesprochen, erklärte er sich bereit, sich mit Hitler dabei in die Luft zu sprengen. Auch dieses Attentat scheiterte, weil Hitler die Ausstellung in größter Eile durchschritt und Gersdorff keine Gelegenheit mehr fand, an ihn heranzukommen.

Zwei Attentate waren gescheitert. Alle Vorbereitungen waren umsonst gewesen. Niemand wußte, wie es nun weitergehen sollte. Andererseits waren die Verschwörer unentdeckt geblieben. Man konnte also weitermachen. Anfang April 1943 war Tresckow in Berlin. Er weihte seine Frau ein, erzählte ihr von den gescheiterten Attentaten. Eta von Tresckow war zuerst entsetzt. Er beschwor sie, an seine Seite zu treten, auch wenn später alle Welt über sie herfallen würde. Ruhm sei mit dieser Tat nicht zu gewinnen, aber sie sei notwendig, wenn Deutschland nicht untergehen sollte. In einem langen Gespräch konnte er sie überzeugen. Am 14. April fand die Konfirmation seiner beiden Söhne in der Garnisonkirche in Potsdam statt. Tresckow hielt eine eindrucksvolle Rede über die Verpflichtung, die aus dem echten Preußentum erwuchs. Sie verfehlte auf die Zuhörer nicht ihre Wirkung. Insbesondere seine Frau begriff, daß er ihr die tiefsten Beweggründe seines Handelns offenbarte.

Noch während seines Aufenthaltes in Berlin erlebte er den Zerfall der Berliner Zentrale. Beck mußte sich einer lebensgefährlichen Magenoperation unterziehen. In der Abwehr wurde Dohnanyi verhaftet. Dabei versuchte Oster ungeschickt, Papiere zu verstecken. Er wurde unter Hausarrest gestellt und durfte seine Dienststelle nicht mehr betreten. Als Tresckow mit Olbricht die Vorbereitungen zum Staatsstreich durchging, bemerkte er zu seinem Schrecken ihr Ungenügen. Auch wenn eines der Märzattentate geglückt wäre, hätte der Putsch kaum Erfolg haben können. In diesen Monaten war Tresckow neben Goerdeler der einzige, der sich nicht in Resignation treiben ließ. Obwohl alles gegen einen Erfolg sprach, hielt er zäh an seiner Überzeugung fest, daß bald etwas geschehen müsse. Er begann, unter seiner untergeordneten Stellung zu leiden. Jeder Versuch, einen der hohen Generale zu gewinnen, scheiterte. Manstein versagte sich, Kluge blieb unsicher. Tresckow sprach nur noch mit offener Verachtung von jenen Heerführern, die die Katastrophe kommen sahen, ohne etwas dagegen zu unternehmen.

In dieser Situation kam Ende Juli Tresckows Versetzung in die Führerreserve. Dadurch fiel nun auch das Hauptquartier der Heeresgruppe Mitte als Zentrale aus. Aber Tresckow konnte nach Berlin. Der vorgesehene Kuraufenthalt im oberbayerischen Heereserholungsheim Elmau wurde nicht angetreten. Die Zerstörung Hamburgs durch die britische Luftwaffe zeigte den Ernst der Situation. Tresckow war nun zu allem entschlossen. Er bezog das Haus seiner Schwester in Babelsberg. Mit eiserner

Energie knüpfte er Verbindungen an, stärkte dem wiedergenesenen Beck den Rücken und wurde nun für zwei Monate das Zentrum des Widerstandes.

Zusammen mit Stauffenberg, der nach seiner schweren Verwundung in Tunis mehrfach in Berlin auftauchte, machte er sich daran, die vorhandenen Planungen gegen innerpolitische Unruhen, die unter dem Stichwort »Walküre« liefen, so umzufunktionieren, daß sie nach einem gelungenen Attentat auch zur Durchführung des Putsches dienen konnten. Zusammen mit seiner Frau und der Frau von Oven, einer alten Bekannten, die lange als Sekretärin der Chefs der Heeresleitung von Hammerstein und Fritsch in der Bendlerstraße eine Vertrauensstellung innegehabt hatte, sowie von Ehrengard Gräfin Schulenburg, Sekretärin im Wehrkreiskommando, wurden die notwendigen Befehle geschrieben. Es war eine nervenaufreibende Tätigkeit. Ständig mußten neue Verbindungen geknüpft werden. Auch wenn der Befehl »Walküre« politisch neutral war, mußten, um ihn für den Staatsstreich einsetzen zu können, überall in allen Wehrkreisen Vertrauensleute gefunden werden. Jede Umkommandierung schuf neue Probleme. Bei einer Unterredung Kluges mit Beck, an der Goerdeler und Tresckow teilnahmen, stellte er mit fassungslosem Entsetzen fest, daß Goerdeler das Attentat ablehnte und in seiner grenzenlosen Naivität nicht nur glaubte, Hitler vom Guten überzeugen zu können, sondern auch noch der Meinung war, daß das Großdeutsche Reich mit Österreich, dem Sudetenland, Südtirol und den Ostgrenzen von 1914 gehalten werden könne. In diesen Wochen entstanden unter Tresckows Leitung die Voraussetzungen für einen Staatsstreich. Nichts geschah ohne ihn. »Tresckow war in Berlin im Sommer 1943 nur auf Urlaub, und es ist seinem Genie, auch seinem Willen, viel mehr zu verdanken als den Umständen, daß er in seinen Stellungen als Regimentskommandeur, dann als Armeegeneralstabschef immer noch intensiv für die Opposition wirken konnte« (Peter Hoffmann). Der Grund für den 20. Juli war gelegt. Als Tresckow im September die ausgearbeiteten Befehle und Aufrufe dem als künftigen Oberbefehlshaber des Heeres vorgesehenen Feldmarschall von Witzleben vorlegte, unterschrieb dieser sie ohne Zögern. Seit der Unterredung mit Graf Baudissin, als Witzleben Tresckow zum erstenmal auf eine bestehende Opposition hingewiesen hatte, waren fünfeinhalb Jahre vergangen.

Am 1. Oktober 1943 übernahm er als Regimentskommandeur das 442. Grenadierregiment. Er fiel damit für den Widerstand aus. Nach sieben Wochen, am 9. November, wurde er abgelöst und zum Chef des Stabes der 2. Armee ernannt. Auf der Hinreise unternahm er noch einmal einen Versuch, Manstein für den Staatsstreich zu gewinnen. Aber Manstein versagte sich erneut.

Die Lage der 2. Armee war, als Tresckow seine neue Stellung übernahm, verzweifelt. Nur mühsam gelang es, ein zweites Stalingrad zu vermeiden. Auch in seiner neuen Stellung initiierte er Attentatsversuche, die aber alle scheiterten. Auch seine Bemühungen, ins Führerhauptquartier versetzt zu werden, kamen nicht voran. In seiner neuen Stellung, zu der ihn Schlabrendorff begleitet hatte, war an den Ausbau eines Verschwörerzentrums nicht zu denken. Nur langsam gelang es ihm, Leute seines Vertrauens auf seine Seite zu ziehen. Zu seinem Oberbefehlshaber, Generaloberst Wilhelm Weiß, blieb das Verhältnis kühl. Dieser schätzte zwar Tresckows militärisches Können, es war jedoch aussichtslos, ihn für den Widerstand zu gewinnen.

Im April 1944 war Tresckow zum letztenmal in Berlin. Die Vorbereitungen für den Staatsstreich waren nun so vollkommen, wie sie sein konnten. Aber Tresckow wußte, daß der Termin, an dem ein Attentat auf Hitler Deutschland retten konnte, verstrichen war. Als er in Berlin von seiner Frau Abschied nahm, war er zu jenem Opfer bereit, das seiner Überzeugung nach allein imstande war, Deutschland einen Platz unter den zivilisierten Völkern zu sichern. Am 1. Juli 1944 wurde er Generalmajor, einer der jüngsten der deutschen Wehrmacht.

Bei einer Besprechung der Armeeführer und ihrer Chefs der Ostfront im Führerhauptquartier nach der Invasion in Nordfrankreich ließ Stauffenberg über Graf Lehndorff anfragen, ob das Attentat noch einen Sinn habe. Tresckow ließ dem Freund in Berlin ausrichten: »Das Attentat muß erfolgen, coûte que coûte. Sollte es nicht gelingen, so muß trotzdem in Berlin gehandelt werden. Denn es kommt nicht mehr auf den praktischen Zweck an, sondern darauf, daß die deutsche Widerstandsbewegung vor der Welt und vor der Geschichte unter Einsatz des Lebens den entscheidenden Wurf gewagt hat. Alles andere ist daneben gleichgültig.«

Stauffenberg verstand. Während Tresckows letzte Wochen von quälenden Versuchen gekennzeichnet waren, an einflußreiche Stellen zu gelangen, die ihm ein aktives Eingreifen ermöglichten, gelangte Stauffenberg in eine Stelle, die ihm Zutritt zu Hitler gewährte. Am 20. Juni wurde Stauffenberg interimistischer Chef des Stabes des Ersatzheeres. Die Möglichkeit zum Attentat war damit gegeben.

Die Nachricht vom Attentat erhielt Tresckow am Nachmittag des 20. Juli während eines Vortrags über die Nachschublage der 2. Armee. Der Abend verging zwischen Hoffnung und Verzweiflung. Als Tresckow gegen ein Uhr nachts von Schlabrendorff vom Scheitern des Staatsstreichs unterrichtet wurde, stand sein Entschluß fest. Er wollte sich erschießen, um keinen anderen zu gefährden und seinen Freunden die Möglichkeit zu geben, alles auf ihn zu schieben. Beim Abschied von seinem alten Weggefährten Fabian von Schlabrendorff sagte er die vielzitierten Worte: »Wenn Gott einst Abraham verheißen hat, er werde Sodom nicht verderben, wenn auch nur zehn Gerechte darin seien, so hoffe ich, daß Gott auch Deutschland um unsertwillen nicht vernichten wird. Niemand von uns kann über seinen Tod Klage führen. Wer in unseren Kreis getreten ist, hat damit das Nessushemd angezogen.« Mit heiterer Gelassenheit bestieg er das Auto, das ihn an die Front brachte. Ein Gefecht mit Partisanen vortäuschend, nahm er sich in einem Waldstück bei Nowosiolki das Leben.

Würdigung

Das Leben Henning von Tresckows verlief seit dem Mai 1938, seit er von Witzleben von der Existenz einer Opposition gegen Hitler erfahren hatte, in einer ständigen Spannung. Auf der einen Seite stand der begabte und anerkannte Generalstabsoffizier, auf der anderen Seite der überzeugte Gegner Hitlers. Im Sommer 1939 war er davon durchdrungen, Hitler müsse wegen seiner auf Krieg ausgerichteten Politik beseitigt werden. Daran hielt er unbeirrt all die Jahre hindurch fest. Weder der Sieg in Frankreich noch die ersten Erfolge in Rußland konnten ihn irremachen. Ja, es kamen Monat für Monat, Jahr für Jahr neue Gründe hinzu. Der wahre Charakter Hitlers erschloß sich ihm aber wohl erst in Rußland. Von da an war es nicht nur dessen verfehlte Politik, sondern es waren Verbrechen, wie sie die Welt bisher nicht gekannt hatte, die das Ende

Hitlers gebieterisch verlangten. Am Ende war er sich im klaren, daß der Putsch mit größter Wahrscheinlichkeit zum Opfergang würde, der nur noch den Sinn hatte, Deutschland einen Weg in eine wie auch immer geartete Zukunft zu öffnen. Kaum einer erkannte diese Bedeutung des Geschehens so klar wie er. Während im Sommer 1943 das Attentat noch eine politische Lösung der Probleme bedeuten konnte, hatte es diesen Sinn 1944 weitgehend verloren. Was ein gelungenes Attentat erreicht hätte, wissen wir nicht. Das gescheiterte Attentat wurde zum großen Opfergang der Besten des Landes.

Man kann sich streiten, wie sinnvoll das Attentat vom 20. Juli 1944 noch war. Für Tresckow, der die von Deutschen auf Hitlers Befehl verübten Verbrechen vor Augen hatte, konnte es ohne den Opfergang der Besten keine Sühne und keine Fortexistenz Deutschlands geben. Er war zu diesem Opfergang bereit. Es war ein zutiefst elitärer Gedanke, der in der Tradition preußischen Junkertums stand, wie Tresckow sie verstand und verkörperte.

Literatur

SCHEURIG, BODO: *Henning von Tresckow*. Eine Biographie. Oldenburg/Hamburg 1975.
SCHLABRENDORFF, FABIAN v.: *Offiziere gegen Hitler*. Zürich 1946 (²1951 u. ö.).

Rainer A. Blasius

Adam von Trott zu Solz

Am 15. August 1944 stand Adam von Trott zu Solz vor dem »Volksgerichtshof«. Unter den Mitangeklagten an diesem Sitzungstag befanden sich der langjährige deutsche Botschafter in Moskau, Werner Graf von der Schulenburg, und der Vortragende Legationsrat Hans-Bernd von Haeften. Haeften war ein langjähriger Freund Trotts und hatte ihn auch 1941 mit dem Kreisauer Kreis in Verbindung gebracht.

Am 20. Juli 1944 hatten sich Trott und Haeften im Auswärtigen Amt in der Wilhelmstraße bereitgehalten in der Hoffnung auf das Ende der Gewaltherrschaft. Verhaftet worden war Trott am 25. Juli, nachdem er die von Freunden angebotenen Möglichkeiten, vor der Geheimen Staatspolizei zu fliehen, wegen seiner Familie abgelehnt hatte.

Trotz der tagelangen Verhöre, denen er unterzogen worden war, und trotz der menschenunwürdig-geschmacklosen Auftritte des »Volksgerichtshof«-Präsidenten Freisler, die er über sich ergehen lassen mußte, strahlt Trott auf den vom Prozeßtag überlieferten Fotos eine unerreichbare Ruhe und überlegene Gelassenheit aus, wenn auch die durchgemachten Strapazen sein Gesicht deutlich kennzeichnen. Wie ungebrochen dieser Mann war, in welchem Maße von sich selbst und der freiwillig übernommenen Aufgabe nach wie vor überzeugt, läßt sich einem eindrucksvollen Brief entnehmen, den er – nach seiner Verurteilung zum Tode – noch an diesem Tag an seine Frau Clarita schrieb: »Du wirst wissen, daß es mich am meisten schmerzt, unserem Land die besonderen Kräfte und Erfahrungen, die ich in fast zu einseitiger Konzentration auf seine außenpolitische Behauptung unter den Mächten in mir ausgebildet hatte, nun vielleicht nie mehr dienend zur Verfügung stellen zu können. Hier hätte ich wirklich noch helfen und nützen können. Auch meine Gedanken und Vorschläge hierzu hätte ich so gern noch einmal in zusammengefaßter Form für andere zur Verfügung gestellt. Aber es wird mir wohl versagt bleiben. Es war alles ein aus der Besinnung und Kraft unserer Heimat, deren tiefe Liebe ich meinem Vater verdanke, aufsteigender Versuch, ihr in allen modernen Wandlungen und Erschwerungen unwandelbar bleibendes Recht und ihren tiefen, unentbehrlichen Beitrag gegen den Übergriff fremder Mächte und Gesinnungen zu erhalten und zu vertreten. Darum bin ich aus der Fremde mit all ihren Verlockungen und Möglichkeiten immer mit Unruhe und begierig dorthin zurückgeeilt, wo ich mich zu dienen berufen fühlte. Was ich draußen lernte und für Deutschland tun konnte, hätte mir hierbei gewiß sehr geholfen – weil um diese Zeit nur wenigen solche Möglichkeiten zuteil wurden. So muß ich hoffen, daß auch ohne mich von vielen dieser Verbindungen auch so Verständnis und Hilfe zufließen wird, wenn es einmal

TROTT ZU SOLZ, ADAM VON
geb. am 9. 8. 1909 in Potsdam;
hingerichtet am 26. 8. 1944.

wieder nötig und wünschenswert sein sollte. Aber ein Sämann überläßt nicht gern knospende Saaten anderen zur weiteren Bearbeitung, denn zwischen Saat und Ernte liegen ja noch so viele Stürme...«

Eine solche Bilanz eines fünfunddreißigjährigen Legationsrates mag auf den ersten Blick vielleicht als Selbststilisierung oder Selbstüberschätzung erscheinen, insbesondere dann, wenn man sich vergegenwärtigt, daß Trott erst im Frühjahr 1940 in das Auswärtige Amt eingetreten und als Sachbearbeiter für Indienfragen, England und Amerika in der Informationsabteilung tätig war. Aber diese Dienststellung und die im Auftrage des Auswärtigen Amtes durchgeführten Dienstreisen dienten nur der Tarnung Trotts, der für die Auslandsverbindungen der deutschen Hitler-Gegner zu einer Zentralfigur wurde.

Frühe Bindungen an die angelsächsische Welt

Am 9. August 1909 wurde Adam von Trott zu Solz als fünftes Kind des Oberpräsidenten von Brandenburg, August von Trott zu Solz, der von 1909 bis 1917 preußischer Kultusminister war, und seiner Frau Eleonore, der Tochter des Botschafters (von 1866 bis 1876 in Wien und von 1876 bis 1892 in St. Petersburg) und Generals Lothar von Schweinitz, in Potsdam geboren. Eleonore war durch ihre Mutter Anna, eine Tochter des amerikanischen Gesandten Jay und Nachkomme John Jays – des ersten Chief Justice des Supreme Court und Freundes von George Washington–, Halbamerikanerin.

1927 nahm Adam von Trott – dem Vater zuliebe und mit dem Ziel einer politischen Laufbahn – das Jurastudium auf und bestand am 20. Dezember 1930 in Göttingen das Referendarexamen. Mit einer Arbeit über »Hegels Staatsphilosophie und das internationale Recht« wurde er 1931 promoviert.

Bereits im Sommer 1928 hatte Trott seine Ferien bei der Familie des Generalsekretärs des YMCA, Tracy Strong, in Genf verbracht und lernte dort auch Willem Visser't Hooft kennen. Durch seine Genfer Kontakte wurde Trott dann zu der Konferenz des »Student Christian Movement of Great Britain and Ireland« Anfang 1929 nach Liverpool eingeladen. Daran anschließend absolvierte er ein sechswöchiges Kurzsemester im Mansfield College in Oxford, wo er sich mit der englischen Staatsform beschäftigte. Aus dieser Zeit bereits stammte Trotts Freundschaft mit Alfred Leslie Rowse, der kurz zuvor zum Fellow des All Souls College gewählt worden war und beabsichtigte, in Kürze als Vertreter der Labour-Partei für das Parlament zu kandidieren.

Von England fühlte Trott sich sehr angezogen und war glücklich darüber, nach seiner Promotion aufgrund einer Empfehlung des Diplomaten Albrecht Graf von Bernstorff mit einem Stipendium der Cecil-Rhodes-Stiftung in Oxford studieren zu können, und zwar von Oktober 1931 bis zum Juli 1933. Nun lernte er unter anderen den führenden Labour-Politiker des linken Flügels, Sir Stafford Cripps (mit dessen Sohn John war Trott befreundet), den berühmten britischen Staatsphilosophen Lionel Curtis, der 1910 die Verfassung der Südafrikanischen Union und 1931 das Statut von Westminster entworfen hatte, den Treuhänder der Rhodes-Stiftung und späteren britischen Botschafter in Washington, Marquess of Lothian, und den Philosophen Bertrand Russell kennen. Einen Freund und publizistischen Bewahrer bis in unsere Tage hinein fand Trott in dem Konservativen David Astor, dem zweiten Sohn von Lord Astor, dessen Landsitz Clivedon zu einem Treffpunkt der Appeasement-Befürworter in den dreißiger Jahren werden sollte. Hier in Oxford begegnete Trott dann auch zum erstenmal seiner langjährigen Jugendfreundin Shiela Grant Duff, die Ende der dreißiger Jahre eine wichtige Gesprächspartnerin Churchills und Gehilfin Nehrus wurde und nach Abschluß ihres Studiums als Korrespondentin des »Observer« arbeitete.

Wie aus vielen Zeugnissen von Oxforder Studienkollegen bekannt ist, stand Trott der nationalsozialistischen Machtergreifung ablehnend gegenüber, sah einen bevorstehenden »Kampf um die Menschenrechte« voraus und glaubte manchen sozialdemokratischen Freund und Bekannten, aber auch seinen der KPD nahestehenden Bruder in Lebensgefahr. Im Sommer 1933 endete sein Studienaufenthalt am Balliol College in Oxford. Trott kehrte nach Deutschland zurück, um nun selbst die Wirklichkeit des totalitären Staates zu erfahren. Er absolvierte seinen Referendardienst und bestand am 22. Oktober 1936 das Assessorexamen. Die Entscheidung über die Berufswahl noch einmal vor sich her schiebend, entschloß sich Trott zu einer Studienreise in den Fernen Osten mit einem Stipendium der Rhodes-Stiftung und der Unterstützung von Sir Stafford Cripps. Im Februar 1937 trat er über Paris und England seine Reise nach Amerika an und erreichte am 10. März 1937 New York. In den Vereinigten Staaten besuchte er Verwandte seiner Mutter, lernte durch Visser't Hoofts Vermittlung den Theologen Reinhold Niebuhr kennen, durch die Empfehlungen von Sir Stafford Cripps und des Marquess of Lothian dann den Führer der »Union for Civil Liberties«, Roger Baldwin, und den Direktor des »Institute for Pacific Relations«, Edward C. Carter. Aber auch mit einem der führenden Wissenschaftler der Harvard University, Felix Frankfurter, kam Trott zusammen.

Im Sommer 1937 reiste er über Hongkong nach China weiter und setzte sich dort mit der Lehre des Konfuzius auseinander. Von März bis Mai 1938 wurden auch Japan und die Mandschurei bereist. Im Dezember 1938 war Trott dann wieder in Deutschland.

Versuch zur Rettung des Friedens im Sommer 1939

Die nun einsetzenden Aktivitäten Trotts lassen sich von zwei Prämissen her verstehen, die er beide selbst einmal schriftlich fixierte und die für ihn Gültigkeit behielten. Zum einen seine Auffassung über militärische Auseinandersetzungen (Notiz aus dem Jahr 1930): »Die Selbstbehauptung des Staates auf dem Wege der Rechtsentwicklung, nicht des Krieges, ist heute anzustreben. Krieg als eine gerechte Entscheidung des Weltgerichts über die historische Daseinsberechtigung eines Volkes ist heute eine Absurdität.« Zum anderen und damit eng zusammenhängend seine Einschätzung von der Bedeutung des britisch-deutschen Verhältnisses: »Mir scheint, daß der Friede Europas und der Welt sich nur durch eine deutsche und englische Verständigung erhalten läßt« (Brief an den Vater vom 26. Juni 1936). Auf seiner Fernostreise hatte er noch zusätzlich die Überzeugung gewonnen, daß eine gemeinsame anglo-deutsche Politik im Fernen Osten zu einer schrittweisen Wiederherstellung guter Beziehungen zwischen dem Deutschen Reich und Großbritannien führen könnte. In diesem Sinne äußerte sich Trott auch während eines Englandaufenthaltes im Februar 1939.

Zunächst einmal wurde aber allen Verständigungswünschen durch eine einseitige Aktion Hitlers der Boden entzogen: Am 15. März 1939 marschierten deutsche Truppen in die Tschecho-Slowakei ein, und am 16. März wurde der »Erlaß über das Protektorat Böhmen und Mähren« verkündet. Der Staatssekretär des Auswärtigen Amtes in Berlin, Ernst Freiherr von Weizsäcker, beurteilte dies als »großen Knick in der bisher so erfolgreichen Terminologie des Dritten Reiches, daß Deutsche zu Deutschen wollten«. Am 31. März wurde dann durch die britisch-französische Garantieerklärung für die Unabhängigkeit (nicht die territoriale Integrität) Polens das Zeichen für eine Eindämmungsstrategie gegen die nun deutlich erkannten Expansionsbestrebungen gesetzt. Jedoch ließ sich Hitler nicht beeindrucken: Am 23. Mai – einen Tag nach der Unterzeichnung eines Militärbündnisses zwischen dem Deutschen Reich und Italien (»Stahlpakt«) – äußerte er vor einem größeren Kreis von Offizieren, daß er »bei passender Gelegenheit Polen« angreifen werde.

Inwieweit Trott über solche Absichten Hitlers unterrichtet war, läßt sich nicht feststellen. Allerdings stand er in Kontakt mit Albrecht Graf von Bernstorff, der ihn in einem gewissen Umfang nachträglich über die »Septemberverschwörung« des Jahres 1938 (vor dem Münchener Abkommen) eingeweiht hatte, dann auch mit den Hitler-Gegnern Ludwig Beck und Kurt Freiherr von Hammerstein. Außerdem war er seit dem Ende der zwanziger Jahre mit dem Diplomaten Albrecht von Kessel befreundet, der zu der Oppositionsgruppe im Auswärtigen Amt um den Chef des Ministerbüros, Erich Kordt, enge Verbindungen unterhielt. Im Frühjahr 1939 traf sich Trott auch mit Helmuth James Graf von Moltke, den er aus Oxford her kannte und der wie Trott selbst dort als Rhodes-Stipendiat studiert hatte, und mit Peter Graf Yorck von Wartenburg.

Durch einen entfernten Cousin wurde Trott dann auch mit Walter Hewel, dem »Verbindungsmann« des Reichsaußenministers von Ribbentrop zu Hitler, bekanntgemacht. Hewel begrüßte die am 22. März 1939 von Edward C. Carter ausgesprochene Einladung an Trott, im Herbst 1939 an einer vom »Institute for Pacific Relations« veranstalteten Konferenz über Probleme des pazifischen Raumes teilzunehmen, und unterstützte den Vorschlag an das Auswärtige Amt, daß Trott mit Genehmigung des Amtes als deutscher Vertreter reisen dürfe. Im Mai 1939 gab Hewel dann seine Zustimmung zu einer Informationsreise Trotts nach Großbritannien, die Aufschluß über die britische Einstellung gegenüber Deutschland nach den Ereignissen des März 1939 bringen sollte.

Vom 1. bis 8. Juni 1939 fand die Mission Trotts in England statt, die von mehreren seiner englischen Freunde verurteilt wurde und ihm den Ruf eines »Appeasers« einbrachte. Trott traf bei seinen Gastgebern, Lord und Lady Astor, mit dem britischen Außenminister Viscount Halifax, mit dem Marquess of Lothian und dem Kolonialminister Thomas Inskip zusammen. Über seine Gespräche in Clivedon und London fertigte Trott dann später einen Bericht an, der im nationalsozialistischen Jargon abgefaßt war und Hitler vorgelegt werden sollte. Damit sollte der »Führer« zum einen mit einem Plan bezüglich der Tschechei und Polens bekannt gemacht werden, zum anderen aber von der in britischen Regierungskreisen seit der Zerschlagung der Rest-Tschecho-Slowakei eingetretenen Kriegsbereitschaft erfahren. Der letztgenannten Absicht diente eine Reihe von nicht miteinander abgestimmten und zum Teil auch gegensätzlichen Geheimmissionen im Frühjahr und Sommer 1939, um den – wie man heute sagen muß: weit überschätzten – Einfluß Ribbentrops auf Hitler zu konterkarieren. Denn bei vielen der deutschen Gegner des Nationalsozialismus war die Ansicht weit verbreitet, daß Ribbentrop ein »Kriegstreiber« sei und den »Führer« falsch beraten würde. Aus dem Rahmen der den Briten anempfohlenen Therapievorschläge für den außenpolitischen Entscheidungsprozeß in Berlin fiel allerdings der Plan, den Trott in seinem Memorandum für Hitler dem Marquess of Lothian in den Mund legte: Hitler solle Böhmen und Mähren die volle Selbständigkeit zurückgeben; allerdings habe sich das dann neuerstandene Staatsgebilde zu effektiver Rüstungsbeschränkung und wirtschaftlicher Zusammenarbeit mit Deutschland bereit zu erklären. Auf dieser Grundlage bestehe die Aussicht einer Regelung aller zwischen Deutschland und Großbritannien bestehenden Differenzen, aber auch der Danziger und der polnischen Frage. Der Vorschlag der tschechischen Unabhängigkeit im Austausch für polnische Zugeständnisse erläuterte Trott auch am 7. Juni 1939 dem britischen Premierminister Chamberlain, der sich skeptisch zeigte, und dem tschechoslowakischen Politiker und Publizisten Hubert Ripka, der im Herbst 1938 Prag verlassen hatte und nun in London lebte. Ripka sah darin einen neuen »Nazi-Schachzug«, den er brüsk ablehnte, und erstattete umgehend Winston Churchill Bericht, damit sofort Gegenmaßnahmen eingeleitet würden.

Immer wieder ist die Behauptung aufgestellt worden, daß dieser Vorschlag Trotts auf eine Initiative des Staatssekretärs von Weizsäcker zurückgehen könnte oder aber zumindest mit dessen Wissen und Billigung erfolgt sein müßte (durch die Verbindung, die Trott über Albrecht von Kessel zu Weizsäcker hatte). Für diese Legende scheint Margret Boveri verantwortlich zu sein, die nach dem Zweiten Weltkrieg zunächst in überaus wohlwollender Weise den Prozeß gegen Weizsäcker publizistisch begleitete und später in einem ihrer Bücher einen solchen Zusammenhang zwischen Weizsäcker und Trott herstellte. Im Nachlaß Weizsäckers, auch in den Papieren aus der Prozeßzeit, gibt es keine Anhaltspunkte für ein gemeinsames Handeln Trotts und Weizsäckers bei dem Kompensationsplan; aber auch Weizsäckers Haltung Ende Mai/Anfang Juni 1939 läßt sich nicht mit diesem kühnen Vorhaben in Verbindung bringen, auch wenn man es unter dem von David Astor und anderen erläuterten Widerstandsaspekt betrachtet.

Astor hat jüngst wieder in einem Vortrag in Oxford (Januar 1983) geäußert, daß Trotts Schritt im Juni 1939 der letzte Versuch einer Gruppe im Auswärtigen Amt war, um Hitler die »deutschen« Ziele Danzig und Korridor erreichen zu lassen. Dabei sei allerdings nicht davon ausgegangen worden, daß das Tauschgeschäft Grundlage einer Friedensregelung sein würde, sondern es statt dessen nur darauf ankäme, Hitler in langwierige Verhandlungen zu verwickeln, um kostbare Zeit für einen Staatsstreich des Militärs in Deutschland zu gewinnen. (Trotts Freund Peter Bielenberg drückte es einmal so aus: »Hitlers Unversöhnlichkeit sollte ihn in eine unpopuläre Lage versetzen.«) Das Vorhaben wurde mit folgender Szene erläutert: Der schwerbewaffnete Hitler wird auf einem langen Spaziergang an beiden Armen genommen – auf der einen Seite führt ihn sein engster Verwandter (die Verschwörer in Deutschland), auf der anderen sein stärkster Nachbar (Großbritannien). Schließlich wird Hitler mit dem eigenen Revolver (die Armee) auf den Kopf geschlagen. Aber wer waren die Generale im Sommer 1939, die einen Staatsstreich in Gang setzen mußten? Vielleicht glaubte die Opposition, daß – wenn die entsprechenden Umstände konstruiert würden – sich auch der Widerstand von neuem formierte.

Vielleicht hatte man ihm aber ganz falsche Vorstellungen von der »Septemberver-schwörung« 1938 vermittelt, die sich doch eher durch eine vorsichtige Haltung bei den Spitzen in Wehrmacht, Abwehr und Diplomatie und eine Radikalität der Zielsetzungen (also Umsturz) bei den unteren Rängen auszeichnete.

Und aus wem sollte sich die »unzufriedene Gruppe« zusammensetzen, wenn nicht aus Trott selbst (der jedoch zu dieser Zeit dem Auswärtigen Amt noch gar nicht angehörte)? Denn Weizsäcker empfahl in diesen Tagen über Carl Jacob Burckhardt der britischen Regierung ein »drohendes Schweigen« und wollte eine »Triple-Entente« zwischen Großbritannien, Frankreich und der UdSSR verhindern, damit letztendlich die polnische Regierung zu Konzessionen gegenüber deutschen Territorialforderungen veranlassen. Erich Kordt und sein Bruder Theodor, der deutscher Geschäftsträger an der Botschaft in London war, agierten an Weizsäcker vorbei und machten Mitte Juni 1939 die britische Regierung auf die deutsch-sowjetischen Geheimverhandlungen aufmerksam, um somit auf einen beschleunigten Abschluß eines Bündnisses zwischen Großbritannien, Frankreich und der UdSSR zu drängen – als »letztes Mittel«, um den Frieden in Europa zu retten. Demgegenüber riet der deutsche Generalstabsoffizier Gerhard Graf von Schwerin zur Aufnahme der von der NS-Propaganda als »Kriegstrei-ber« bezeichneten Duff Cooper und Winston Churchill in das britische Kabinett und zu Flottenmanövern, um Hitler abzuschrecken. An gutgemeinten Ratschlägen fehlte es von deutscher Seite also nicht im Juni 1939, und Trotts idealistische Vorstellungen waren nur eine besondere Variante, um einen Krieg zu verhindern, der gar nicht zu verhindern war, weil Hitler ihn unbedingt wollte.

Am 1. September 1939 wurde Polen von deutschen Truppen überfallen. Hitler belehrte damit all diejenigen, die auf seine Vernunft setzten und lediglich dem Einfluß des sich stets kriegerisch gebärdenden Ribbentrop entgegenarbeiten wollten.

Bemühungen um eine britische Kriegszielerklärung (Ende 1939)

Die Genehmigung zu Trotts geplanter Amerikareise zur Teilnahme an der Konferenz des »Institute for Pacific Relations« wurde auch nach dem Kriegsbeginn in Europa nicht zurückgezogen; Trott erhielt nun sogar eine zeitweilige Anstellung in der Informationsabteilung des Auswärtigen Amtes, das die Reisekosten übernahm. In den Vereinigten Staaten konnte Trott Gespräche führen mit dem ehemaligen Reichskanzler Heinrich Brüning, mit Kurt Riezler, dem Vertrauten des Reichskanzlers von Bethmann Hollweg vor und im Ersten Weltkrieg und Professor an der New Yorker New School for Social Research, und dem Marquess of Lothian, seit Ende August 1939 britischer Botschafter in Washington. Mitgearbeitet hat Trott in diesen Wochen auch an einem Memorandum Paul Scheffers, des von den Nationalsozialisten vertriebenen früheren Chefredakteurs des »Berliner Tageblatts«. Im November 1939 übergab Trott das Memorandum dem Abteilungsleiter im amerikanischen Außenministerium, G. S. Mes-sersmith. Die neutralen Vereinigten Staaten sollten – so der Grundtenor des Schrift-stückes – Großbritannien und Frankreich dazu bewegen, ihre Kriegsziele und den Wunsch nach einer schnellen Beendigung des Krieges zu erklären. In der deutschen Wehrmachtführung werde dann der Wunsch nach einem »gerechten Frieden« um so mehr zunehmen, je mehr man davon überzeugt werde, daß Hitler dem Frieden im

Wege stehe. Das Nach-Hitler-Deutschland habe bestimmte Opfer zu bringen und Garantien zu leisten, beispielsweise die Beseitigung des nationalsozialistischen Herrschaftssystems durchzuführen und die glaubwürdige Versicherung abzugeben, in der Zukunft an der Gestaltung des Friedens aufrichtig und aktiv mitzuarbeiten. Aber auch die Alliierten sollten bestimmte Maximalforderungen festlegen, die insbesondere den deutschen Territorialbestand von 1933 unangetastet ließen. Trott erläuterte dann mündlich, daß für die Proklamierung maßvoller Kriegsziele der Alliierten das Frühjahr 1940 der späteste Termin sei.

Die Argumente Trotts und das Memorandum hinterließen im amerikanischen Außenministerium einen starken Eindruck, aber Berichte des FBI über angebliche direkte oder indirekte Beziehungen Trotts zu nationalsozialistischen Agenten in den Vereinigten Staaten und eine Intervention Felix Frankfurters, der nun aufgrund eines Briefes aus Oxford Trott für einen Gestapo-Beauftragten hielt, verhinderten eine Unterredung zwischen dem »Botschafter des Widerstandes« (G. Gillessen) und dem amerikanischen Präsidenten Roosevelt.

Sehr engen Kontakt unterhielt Trott in New York mit dem britischen Historiker John Wheeler-Bennett, der bis Kriegsbeginn 1939 an der University of Virginia lehrte und dann einer der drei Leiter der British Information Services in New York wurde, die vom britischen Informationsministerium getragen wurden. Wheeler-Bennett verfaßte aufgrund seines Gedankenaustauschs mit Trott ein Memorandum, das er mit dem Datum des 28. Dezember 1939 an das britische Außenministerium sandte. Darin schlug er eine sofortige Erklärung Großbritanniens, Frankreichs, Polens und der Dominions vor, die für die britische Seite von General Smuts abgegeben und dann in einer weltweiten Rundfunkansprache durch Brüning wiederholt werden sollte. Zum Ausdruck gebracht werden müsse, daß bei Wiederherstellung des Rechtsstaates in Deutschland keine Teilung oder Aufteilung des deutschen Territoriums geplant sei. Voraussetzungen dafür seien der Rücktritt der »gegenwärtigen Regierung«, Inhaftierung oder Exil führender Regierungsmitglieder, Ernennung einer provisorischen Regierung, die Abschaffung der Geheimpolizei, Rede-, Presse-, Religions- und Versammlungsfreiheit, Zulassung der Gewerkschaften, Auflösung der paramilitärischen Verbände SA und SS, schließlich die Abschaffung des »totalitären Einparteienprinzips« und in der Folge davon die Auflösung des Reichstages und die Zulassung von freien Wahlen zu einer verfassunggebenden Versammlung. Schnelles Handeln der Alliierten legte Wheeler-Bennett wegen der drohenden Gefahr der »Bolschewisierung Deutschlands« nahe. Daß die hier genannten Vorstellungen denen Trotts vollkommen entsprachen, bestätigte Wheeler-Bennett in weiteren Memoranden zu den Aktivitäten Trotts in den ersten Jahren des Zweiten Weltkrieges.

Nach 1945 wurde von überlebenden Widerstandskämpfern, aber auch von David Astor und vielen anderen immer wieder der Vorwurf erhoben, daß die britische Regierung durch ihre passive Reaktion auf solche »Friedensfühler« eine Chance versäumt habe, Hitlers verbrecherisches Systen durch ausländische Unterstützung oder wenigstens durch Ermutigung der deutschen Regimegegner zu stürzen. Dazu ist aber gerade für den Winter 1939/1940 grundsätzlich festzustellen, daß es einerseits aus der Sicht des »deutschen Widerstandes« nur allzu verständlich erscheinen mußte, sich vor dem Umsturz gewisse Garantien vom Ausland geben zu lassen, um beispielsweise während eines Staatsstreichs nicht durch einen Angriff von außen stark behindert zu werden oder nach erfolgtem Herrschaftswechsel nicht zum Vollstrecker eines alliierten Diktatfriedens zu werden (der dann den Boden für neue Dolchstoßlegenden bereitet hätte). Andererseits wurden von den Hitler-Gegnern damals und von den heutigen Kritikern der britischen Haltung gegenüber dem Widerstand die Möglichkeiten für eine britische Kriegszielerklärung mit Erläuterungen zur Zukunft Deutschlands nicht immer kenntnisreich eingeschätzt. Denn zunächst einmal beschloß das britische Kriegskabinett am 9. Oktober 1939, konkrete Erklärungen über Kriegsziele zu unterlassen. Eine solche Politik wurde auch gerade von den britischen Dominions bevorzugt, für die der moralische Zweck des Krieges im Vordergrund stand und die außerdem auf ihre deutschen Minderheiten Rücksicht zu nehmen hatten. Darüber hinaus hätte bei einer Festlegung von Kriegszielen der französische Bundesgenosse einbezogen werden müssen, dem es aber durchaus um materielle Sicherheitsgarantien ging, die möglicherweise schon zu einem solchen frühen Zeitpunkt erst recht das deutsche Volk um Hitler geschart hätten. Außerdem nahm auf britischer Seite das Mißtrauen gegenüber deutschen geheimen Friedensfühlern zu, nachdem am 9. November 1939 zwei britische Abwehroffiziere durch den deutschen Sicherheitsdienst in eine Falle gelockt worden waren und an der niederländischen Grenze verhaftet worden waren (»Venlo-Zwischenfall«). Schließlich sollte nicht unerwähnt bleiben, daß selbst der vielversprechendste Kontakt zwischen deutschen Hitler-Gegnern und London (durch die Vermittlertätigkeit von Papst Pius XII.) zu einer sehr verklausulierten britischen Stellungnahme und deren den Deutschen ausgesprochen entgegenkommenden Interpretation des Papstes führte, jedoch nicht dazu ausreichte, den deutschen Generalstabschef Halder und den Oberbefehlshaber von Brauchitsch davon zu überzeugen, daß es immer noch Zeit sei, Hitler zu stürzen. Die in den Regierungskreisen in London weitverbreitete Hoffnung im Herbst 1939, an einer militärischen Auseinandersetzung mit Deutschland durch einen Umsturz und einen danach möglichen Verhandlungsfrieden vorbeizukommen, erwies sich durch die militärischen Operationen Hitlers im Frühjahr 1940 als Fehleinschätzung; damit hatten spätestens ab Ende April 1940 die Hitler-Gegner in Deutschland ihre Rolle in der britischen Politik ausgespielt – noch bevor der auf Sieg über Deutschland setzende Winston Churchill am 10. Mai 1940 Premierminister wurde.

Diplomatische Missionen im Auftrage des Kreisauer Kreises (1941 bis 1943)

Anfang 1940 fuhr Trott über Japan, Peking und Sibirien nach Deutschland zurück. Am 3. Juni 1940 wurde er dann als »Wissenschaftlicher Hilfsarbeiter« im Auswärtigen Amt eingestellt (im Mai 1943 wurde er Legationssekretär und im November 1943 Legationsrat), und zwar in der Informationsabteilung. Sein unmittelbarer Vorgesetzter war nun Hans-Bernd von Haeften, der dem tobenden Freisler am 15. August 1944 entgegenrufen sollte, daß er Hitler für den Vollstrecker des Bösen in der Geschichte halte.

Dienstlich war Trott in den nächsten Jahren zunächst mit den Vorbereitungen zu einer Invasion Englands und dann mit der Förderung des indischen Freiheitskämpfers Netaji Subhas Chandra Bose, der Anfang 1941 aus Indien floh und sich in Berlin der nationalsozialistischen Unterstützung versichern wollte, beschäftigt. In jüngster Zeit ist wieder diskutiert worden, ob die gegen das Britische Weltreich gerichteten Indien-aktivitäten Trotts nur der Camouflage dienten oder auch weitgehend seinen Zielvor-stellungen entsprachen, ja vielleicht sogar dazu gedient hätten, die Briten über einen eventuellen Zusammenbruch des Empire zum Eingehen auf Trotts Friedenspläne zu zwingen (M. Hauner). Mit letzter Sicherheit können hierüber keine Aussagen gemacht werden, jedoch war Trott durchaus antiimperialistisch eingestellt, und viele seiner englischen Freunde – beispielsweise Cripps und Lothian – hatten vor dem Kriege öffentlich die Meinung vertreten, daß die Unabhängigkeit Indiens überfällig sei.

Über Haeften kam Trott dann im Frühjahr 1941 in ein sehr enges Verhältnis zum Kreisauer Kreis. Beide fungierten als Berater für außenpolitische Fragen und konnten darüber hinaus den Männern um Moltke die Informationsmöglichkeiten des Auswärti-gen Amtes zur Verfügung stellen, durch Dienstreisen Kontakte mit dem Ausland anknüpfen und dann auch ein von der NS-Propaganda ungefiltertes Bild von den Absichten der Alliierten vermitteln.

Das Ziel der Auslandsmissionen Trotts läßt sich einfach umschreiben: Verständnis und Unterstützung des Auslandes waren zu gewinnen in der Form von konkreten Zusagen an eine Nach-Hitler-Regierung. Solcher Zusagen bedurften die Regimegeg-ner, um führende und über Kommandogewalt verfügende Offiziere für einen Umsturz zu gewinnen (Trott, Julius Leber und Eugen Gerstenmaier zählten übrigens zu den wenigen Kreisauern, die ein Attentat befürworteten), um ihnen also einen angemesse-nen »Preis« für den Bruch des Eides und die Aufgabe des Gehorsamsprinzips in Aussicht zu stellen. 1941 war Trott mehrmals in der Schweiz; von 1942 bis 1944 unternahm er nachweislich sechzehn Auslandsreisen zu konspirativen Zwecken: sieben in die Schweiz, vier nach Schweden, vier in die Niederlande (um Verbindung mit der dortigen nationalen Widerstandsbewegung aufzunehmen) und eine in die Türkei (Gespräch mit dem Botschafter Franz von Papen). Auf diesem Wege gelangten auch Denkschriften über Mittelsmänner an die Alliierten.

In der zweiten Aprilhälfte 1942 traf sich Trott in der Schweiz mit Visser't Hooft, nun Sekretär des Vorbereitenden Ausschusses (aus dem 1948 der Weltrat der Kirchen hervorging), und übergab ihm eine Denkschrift für Lordsiegelbewahrer Sir Stafford Cripps, deren Kernsatz lautete: »Die dringendste und unmittelbare Aufgabe, um die Katastrophe in Europa abzuwenden, ist der möglichst baldige Sturz des Regimes in Deutschland.« Daß dazu eine sich auf den »christlichen Geist« berufende Widerstands-gruppe vorhanden sei, stellte Trott heraus, machte aber auch auf die ihr entgegenste-henden Hindernisse aufmerksam: die Bedrohung Deutschlands durch die UdSSR, die Kontrolle des gesamten Lebens in Deutschland durch die Geheime Staatspolizei, »die völlige Unsicherheit der britischen und amerikanischen Haltung gegenüber einem Regierungswechsel in Deutschland« und die Furcht vor »Bewegungen wahllosen Hasses« gegen alle Deutschen. Als konstruktive politische Vorstellungen des Kreisauer Kreises präsentierte er dann: ein dezentralisiertes Deutschland in Verbindung mit einer Föderalisierung Europas (unter Einschluß Großbritanniens) sowie enger Zusammenar-beit mit anderen Kontinenten, »Verzicht auf wirtschaftliche Autarkie« und »freier Zugang zu den Rohstoffen in Übersee«. Jedoch betonte Trott, der sich wesentlich stärker als andere Kreisauer am Nationalstaat orientierte, die Notwendigkeit ethnographischer Grenzen – was wohl die Einbeziehung Österreichs und der Sudetengebiete bedeutete. Cripps war von Trotts Denkschrift sehr beeindruckt, und auch Premierminister Churchill fand sie »höchst ermutigend«. Jedoch konnte Cripps seinen Kabinettskollegen Eden (Außenministerium) nicht dazu bewegen, auf die Niederschrift Trotts zu reagieren, weil er erst ein sichtbares Zeichen der Absichten des »deutschen Widerstandes« sehen wollte, bei der Entmachtung des NS-Regimes mitzuwirken; außerdem befolgte Eden damit die Anweisung Churchills vom 20. Januar 1941, den deutschen Friedensfühlern gegenüber »absolutes Schweigen« zu bewahren. Churchill hatte dies am 10. September 1941 noch einmal bestätigt, um die »Freunde in den Vereinigten Staaten« nicht zu verwirren und die Beziehungen zu dem neuen Alliierten UdSSR nicht zu gefährden.

Am 24. Januar 1943 wurde von Churchill und Roosevelt während der Konferenz von Casablanca die Formel von der »bedingungslosen Kapitulation« verkündet; damit wurde die Aussicht auf einen Kompromißfrieden für Deutschland prinzipiell ausgeschlossen. Der britische Historiker Wheeler-Bennett hat nach 1945 diese Forderung so verteidigt, daß sie von vornherein alle Legenden über eine unbesiegbare deutsche Armee zerstören sollte. Trotts Biograph Sykes ließ sich sogar zu der Behauptung hinreißen, daß gerade Casablanca Trotts Hoffnungen auf britische Großzügigkeit gegenüber Deutschland in Frage gestellt habe, ja daß damit dem Mythos, für Deutschland bei den Alliierten noch gute Bedingungen herausholen zu können, endlich die Grundlage entzogen worden sei; dementsprechend habe Trotts Widerstandshaltung eine neue Dimension gewonnen, indem er nur noch dafür kämpfen konnte, daß »unconditional surrender« keine Anwendung fand und schließlich ein Staatsstreich auch ohne ausländische Zusagen gewagt werden mußte. Sykes Casablanca-Apologie trifft jedoch nicht den Kern. Vielmehr muß davon ausgegangen werden, daß die militärische Lage und die Kenntnis der unvorstellbaren Verbrechen im Innern Deutschlands, die Moltke im Frühjahr 1943 auch in einem Brief an Lionel Curtis andeutete, sodann die Desillusionierung Trotts über die wiederholten Zurückweisungen des Westens einen Erkenntnisprozeß über die außenpolitischen Möglichkeiten des »anderen Deutschland« in Gang setzten. Nicht vergessen werden darf aber auch, daß sich die Casablanca-Formel auf die militärischen Widerstandskreise sehr lähmend auswirken mußte (insbesondere bei der Anwerbung neuer Verschwörer), die nämlich nicht so weit zu gehen bereit waren wie Moltke, der bereits im Frühjahr 1941 die militärische Niederlage Deutschlands als notwendige Voraussetzung betrachtete, um zu einer ganz neuen Ordnung der internationalen Politik zu gelangen.

Beim dritten größeren Treffen des Kreisauer Kreises vom 12. bis 14. Juni 1943 leitete Trott die Aussprache über Außenpolitik. Trott machte darauf aufmerksam, daß kein Grund zum Optimismus über die Haltung des Westens bestehe. Noch neigten die meisten Kreisauer zu dem Glauben, daß aus Furcht vor der UdSSR und aufgrund eines Gefühls der europäischen Solidarität die britische und amerikanische Regierung bereit wären, nach einem Umsturz in Deutschland einen Separatfrieden zu schließen. Trott aber erkannte immer schärfer, daß bei seinen Auslandskontakten die Karte Bolschewismusgefahr nicht mehr stach, daß in Großbritannien durchaus eine große Begeisterung für die Rote Armee und ihre militärischen Leistungen vorhanden und es nicht möglich war, die Anti-Hitler-Koalition auseinanderzudividieren. So waren es nicht verhandlungstaktische Momente – in dem Sinne, daß Deutschland die UdSSR nicht ignorieren dürfe, ohne die deutsche Verhandlungsposition nach einem Umsturz zu beeinträchtigen –, die Trott von der besonderen Stellung Deutschlands in einem »Europa zwischen Ost und West« überzeugt sein ließen, sondern seine außenpolitische Lageanalyse und die tiefere Einsicht von der notwendigen Verbindung des »Personalprinzips des Westens mit dem Realprinzip des Ostens« – so Trotts eigene Formulierung.

Außenpolitischer Berater Stauffenbergs

Seit dem Sommer 1943 verband Trott und Claus Schenk Graf von Stauffenberg eine tiefgehende Freundschaft. Nach der Verhaftung Moltkes im Januar 1944 beriet Trott den wichtigsten Planer des Staatsstreichs in außenpolitischen Fragen.

In die Phase vor dem Attentat vom 20. Juli 1944 fielen noch mehrere Auslandsaktivitäten Trotts. Im März 1944 war er zum Beispiel erneut in Stockholm: Wieder verlangte er über einen Mittelsmann eine Erklärung von den Alliierten zur Zukunft Deutschlands, stellte sogar territoriale Einbußen bis auf die Grenzen von 1918 und die totale Besetzung Deutschlands als hinnehmungsfähig hin, erbat jedoch die Versicherung von den Alliierten, daß die Deutschen nicht zu einem Volk der Heloten gemacht werden sollten. Auch gab Trott der Meinung Ausdruck, daß es nicht ratsam sei, auf vollständiger Beseitigung der Militärtradition in Deutschland zu bestehen, daß vielmehr in der Übergangsphase nach dem Umsturz von der Wehrmacht als Ordnungsfaktor usw. Gebrauch zu machen sei. Der Bericht über dieses Trott-Gespräch wurde Anfang April 1944 von dem britischen Staatssekretär Sir Alexander Cadogan in London kommentiert. Cadogan wollte jetzt eine Erklärung an das deutsche Volk nicht mehr ausschließen, sah jedoch den Zeitpunkt der Veröffentlichung und den Wortlaut als sehr bedeutend an und stellte deshalb die Frage, ob eine solche Erklärung vor der Eröffnung der bevorstehenden militärischen Operationen (gemeint war hiermit wohl die Landung in der Normandie) oder nach ersten Anfangserfolgen vorteilhafter sei. Außenminister Eden meinte dazu, daß man dieses Problem jetzt von neuem prüfen müsse.

Gegenüber einem schwedischen Vertrauten äußerte Trott noch während seines Aufenthaltes, daß die Alliierten im Falle eines erfolgten Umsturzes in Deutschland von weiteren Luftangriffen auf deutsche Städte absehen sollten, um der neuen Regierung durch eine solche moralische Geste Rückendeckung zu verschaffen.

Im April 1944 sprach Trott in der Schweiz mit Gero von Gaevernitz, einem Mitarbeiter des amerikanischen militärischen Nachrichtendienstchefs in der Schweiz, Allen Dulles. Trott hielt ihm vor, daß »von Rußland ... dauernd konstruktive Ideen und Pläne für den Wiederaufbau nach dem Kriege« kommen – durch das »Nationalkomitee Freies Deutschland«, über das sich Trott informiert und dessen programmatische Erklärungen er sich beschafft hatte, sowie durch die Moskauverbindungen im Untergrund –: »Im Vergleich dazu haben die demokratischen Länder der Zukunft von Zentraleuropa nichts zu bieten.« Trott empfahl unter anderem einen Aufruf der Westalliierten mit einer positiven Zukunftsprojektion für die deutsche Arbeiterschaft; überhaupt hatte er sich während seiner vielen Auslandsreisen stets dafür eingesetzt, daß die im Frühjahr 1940 von der britischen Propaganda aufgegebene

Unterscheidung zwischen dem deutschen Volk auf der einen und den Nationalsozialisten auf der anderen Seite wiederaufgenommen werden sollte.

Am 19. Juni 1944 begann die letzte Mission Trotts in Stockholm. Dort versuchte er unter anderem, mit der Botschafterin der UdSSR, Frau Kollontai, in Verbindung zu treten. Dies scheiterte wohl aus Sicherheitsgründen. Außerdem suchte er im Auftrag von Julius Leber Willy Brandt auf, der sich einer neuen deutschen Regierung für besondere Aufgaben in Skandinavien zur Verfügung stellte. Für den britischen Geheimdienstoffizier McEwan verfaßte Trott noch ein Memorandum, in dem er heftig kritisierte, daß keine bindenden Prinzipien der Alliierten für Deutschland bestünden, deshalb unter den Deutschen die Furcht weit verbreitet sei, von einer gesetzlosen Tyrannei in eine andere zu fallen. Am 3. Juli 1944 kehrte Trott nach Berlin zurück, wieder ohne die erhofften Zusagen für das »andere Deutschland«.

Als sich am 16. Juli 1944 in der Wohnung Claus von Stauffenbergs die Brüder Stauffenberg, Oberst Ritter Mertz von Quirnheim, Ulrich Graf Schwerin von Schwanenfeld, Fritz Dietlof Graf von der Schulenburg, Peter Graf Yorck von Wartenburg und Caesar von Hofacker zu einer Besprechung zusammenfanden, vertrat Trott die Auffassung, daß die »Feindseite« verhandlungsbereit sei, sobald dafür die Voraussetzung, nämlich die Beseitigung des NS-Regimes, geschaffen werde. Nach einem Gestapobericht setzte sich Trott für eine »vermittelnde Lösung« zwischen den Mächten ein, weil sich nämlich Deutschland in der Mitte Europas weder für ein Zusammengehen mit der UdSSR noch mit den Westmächten entscheiden könne, sondern ein verträgliches Verhältnis zu beiden Seiten hergestellt werden müsse und deshalb nach erfolgtem Umsturz Unterhändler nach Moskau und London zu schicken seien.

Mit seinem außenpolitischen Expertenurteil, daß die Alliierten verhandeln würden – ohne daß er dafür Anhaltspunkte oder Beweise während seiner geheimen Missionen bekommen hatte, sondern nur die Hoffnung hegte, daß sich nach einem geglückten Umsturz bessere Verhandlungspositionen vielleicht von selbst einstellen könnten –, bestätigte Trott die Verschwörer in der Grundannahme, daß es jetzt nur noch auf den Versuch der befreienden Tat ankam, nicht mehr auf das Gelingen.

Mut gegenüber der Gewaltherrschaft

Adam von Trott zu Solz gehörte zu den Menschen, die ihre Umwelt zu faszinieren vermochten und deren Persönlichkeit – trotz oder gerade wegen des jugendlichen Alters – auch hochgestellte Zeitgenossen überzeugte. Er bewies den wahrhaft überdurchschnittlichen Mut, den derjenige aufbringen muß, der der Gewaltherrschaft aktiv widerstehen will und die Furcht überwinden muß, ihren grausamen Gewaltmitteln ausgeliefert zu werden. Mit äußerster Anstrengung hatte er die Doppelrolle als Staatsdiener eines hochgradig verbrecherischen Systems und als Widerstandskämpfer durchzuhalten, die ihn sicherlich dem Identitätsverlust nahebrachte. Darüber hinaus setzte er sich durch seine Aktivitäten ständig der Gefahr aus, verleumdet zu werden – von den Freunden im Ausland für einen Spion gehalten zu werden, von den bekämpften Gegnern im Vaterlande, den vielen Mitläufern und den ihn Nichtverstehenwollenden für einen Verräter –, auch über das physische Ende hinaus.

Inga Almstrom, eine schwedische Freundin des Diplomaten Werner Dankwort, schilderte Trott vor seiner Abreise aus Stockholm Anfang Juli 1944: »Ich erinnere mich an jenen Abend, an dem er geistig und körperlich erschöpft war und ich ihn bat, zurück in sein Hotel zu gehen und zu schlafen. Er sah mich an und sagte: Warum soll ich schlafen, wenn noch so viel zu tun ist ... und nebenbei sagte er, alte Leute brauchen nicht so viel Schlaf. Worauf ich antwortete: Aber Sie sind erst 35. Nein, sagte Adam, ich bin mindestens 60, und ich werde nie wieder jünger sein. Ich denke, ich habe getan, was ich vermutlich in meinem Leben zu tun hatte, was immer man von mir zu tun verlangte – und ich bin zum Sterben bereit, aber ein paar Dinge sind noch zu tun.« Und am 21. Juli – nach dem mißglückten Attentat auf Hitler – sagte Trott seinem Kollegen Wilhelm Melchers über den Aufstand: »Das bleibt eine historische Tatsache und darüber hinaus ein Symptom.«

Trott war von den Verschwörern als Staatssekretär des Auswärtigen Amtes vorgesehen. Er wurde am 26. August 1944 hingerichtet.

Literatur

ASTOR, D.: *Adam von Trott: A personal view*, Oxford 1983 (Ms.).
DERS.: *Why the Revolt against Hitler was ignored. On the British Reluctance to deal with the German Anti-Nazis*, in: Encounter (Juni 1969).
BETHGE, E.: *Adam von Trott und der deutsche Widerstand*, in: VZG 11 (1963), S. 213 ff.
CALVOCORESSI, P., TREVOR-ROPER, H. R., WHEELER-BENNETT, J.: *Letters to the Editor*, in: Encounter (Aug. 1969).
FRANKE, A. (Hrsg.): *Ein Leben für die Freiheit*, Kassel 1960.
GRANT DUFF, S.: *Fünf Jahre bis zum Krieg (1934–1939). Eine Engländerin im Widerstand gegen Hitler*, München 1978.
HILDEBRAND, K.: *Die ostpolitischen Vorstellungen im deutschen Widerstand*, in: GWU 1978, S. 213 ff.
KETTENACKER, L. (Hrsg.): *Das »Andere Deutschland« im Zweiten Weltkrieg. Emigration und Widerstand in internationaler Perspektive*, Stuttgart 1977.
KLEMPERER, K. v.: *Adam von Trott zu Solz and Resistance Foreign Policy*, in: Central European History XIV (1981), S. 351 ff.
KÜHNER-WOLFSKEHL, H.: *Adam von Trott zu Solz*, in: 20. Juli 1944. Alternative zu Hitler? S. 105 ff.
KURTZ, H., ROIJEN, J. H. VAN, VISSER'T HOOFT, W. A., DEUTSCH, H. C.: *Letters to the Editor*, in: Encounter (Sept. 1969).
LINDGREN, H.: *Adam von Trotts Reisen nach Schweden 1942–1944*, in: VZG 18 (1970), S. 274 ff.
LUDLOW, P.: *Papst Pius XII., die britische Regierung und die deutsche Opposition im Winter 1939/40*, in: VZG 22 (1974), S. 299 ff.
MALONE, H. O.: *Adam von Trott zu Solz: The Road to Conspiracy against Hitler*, phil. Diss., The University of Texas, Austin, Mai 1980 (Ms.).
ROTHFELS, H.: *Zwei außenpolitische Memoranden der deutschen Opposition*, in: VZG 5 (1957), S. 388 ff.
DERS.: *Adam von Trott und das State Department*, in: VZG 7 (1959), S. 318 ff.
DERS.: *Trott und die Außenpolitik des Widerstandes*, in: VZG 12 (1964), S. 300 ff.
SYKES, CHR.: *Adam von Trott. Eine deutsche Tragödie*, Düsseldorf/Köln 1969.
DERS.: *Heroes and Suspects. The German Resistance in Perspective*, in: Encounter (Dez. 1968).
DERS.: *The Revolt against Hitler. A reply to David Astor*, in: Encounter (Juli 1969).

RUDOLF LILL

Josef Wirmer

Zu den fünf Angeklagten des ersten Schauprozesses gegen die zivilen Führer der Anti-Hitler-Verschwörung, welcher am 7./8. September 1944 vor dem Ersten Senat des Volksgerichtshofs in Berlin (»gegen Goerdeler u. a.«) stattfand, gehörte der 43jährige Rechtsanwalt Josef Wirmer, der seit 1942 eng mit Goerdeler zusammengearbeitet hatte und dem in dessen erhoffter Regierung das Amt des Reichsjustizministers und damit die direkte Zuständigkeit für die von den Verschwörern vor allem anderen intendierte Wiederherstellung der Rechtsstaatlichkeit in Deutschland zugedacht war. Auch Josef Wirmer, der seit langem für eine Erneuerung der Richterschaft aus freiheitlichem Geist plädiert hatte, weil er dem Durchschnitt der deutschen Richter zuviel an Rechtspositivismus und Staatsgehorsam, zuwenig an Mitmenschlichkeit und Unabhängigkeit vorhielt, mußte eines der Verfahren durchstehen, in dem die politisierte Spitze der deutschen Justiz dieses Zuviel und dieses Zuwenig bis zum Exzeß durchgeführt und demonstriert hat: Dem dominierenden und seine Macht über Leben und Tod ebenso genüßlich wie brutal ausspielenden Vorsitzenden Dr. Freisler, den beisitzenden Richtern Nebelung und Dr. Koehler, dem Oberreichsanwalt Lautz (der bekanntlich nach 1945 penetrant behauptet hat, nur »seine Pflicht« getan zu haben) und dessen Vertreter Dr. Görisch ging es um die Vernichtung politischer Gegner, welche die Staatsführung, obwohl oder weil sie inzwischen den eigenen Untergang vor Augen hatte, immer noch von ihnen erwartete. Sie haben bekanntlich – unterstützt von vielen ebenso »pflichtbewußten« Statisten, zu denen die ehrenamtlichen Beisitzer und die Pflichtverteidiger ebenso gehörten wie die zuständigen Beamten des Reichsjustizministeriums und der nachgeordneten Behörden – mit äußerster Präzision gearbeitet: Erst am 3. September hatte der Oberreichsanwalt die (gründlich recherchierte und darum, abgesehen von der Einseitigkeit ihrer Folgerungen, durchaus als Quelle verwendbare) Anklageschrift vorgelegt, die den Beschuldigten am 5. September zugestellt wurde; am 7./8. September fand, wie gesagt, die mündliche Hauptverhandlung statt, welche mit den von vornherein feststehenden Todesurteilen endete; gut zwei Stunden nach Abschluß der Urteilsverkündung wurden mit Ermächtigung des Führers und des Reichsjustizministers Thierack drei der Verurteilten, darunter Wirmer, bereits in Plötzensee erhängt, ihre Leichen noch am Abend des gleichen Tages eingeäschert.

Wirmer, der am Ausgang des Verfahrens genau sowenig zweifeln konnte wie seine Gefährten, ist den Henkern in den roten Richterroben besonders mutig und geistesgegenwärtig entgegengetreten. »Wenn ich hänge, Herr Präsident, habe nicht ich die

WIRMER, JOSEF
geb. am 19. 3. 1901 in Paderborn;
hingerichtet am 8. 9. 1944.

Angst, sondern Sie«, rief er schließlich Freisler entgegen; und als der ihn unterbrach mit den Worten: »Bald werden Sie in der Hölle sein...«, erwiderte er: »Es wird mir ein Vergnügen sein, wenn Sie bald nachkommen, Herr Präsident.« Freisler hinderte ihn dann allerdings daran, in seinem Schlußwort mit der politischen Gerichtsbarkeit abzurechnen.

Das Urteil bezeichnete Goerdeler und seine Gefährten als »ehrgeizzerfressene, ehrlose, feige Verräter«, und die gelenkte Presse berichtete im selben Sinne (vgl. z. B. Berliner Zeitung – Neue Berliner Zeitung, Montag, 11. September 1944, S. 1: »Das Volk richtete sieben politische Verbrecher«), aber interne Texte zeigen, daß selbst Hitlers Rachejuristen gerade für Wirmer Respekt empfunden haben. »Den besten Eindruck von den Angeklagten machte Wirmer, der offene und klare Antworten gab und sich rückhaltlos als Gegner des Nationalsozialismus und zu seiner Tat bekannte«, heißt es in dem unmittelbar nach der Verhandlung geschriebenen Bericht des Reichsjustizministeriums an Hitler; Freisler selbst schrieb in einem kurzen Bericht an Thierack (9. September 1944): »Wirmer machte den Eindruck des verbissensten, wirklich fanatisch hassenden Gegners des Nationalsozialismus...«

Josef Wirmer gehört zu den durchaus nicht wenigen Männern des Widerstandes, denen bisher keine biographischen Studien gewidmet worden sind und von denen wir letztlich nur wenig wissen; besonders der oft schwierige und schmerzhafte, in diesem Falle allerdings geradlinig verlaufene Weg in den Widerstand ist für viele noch nicht nachgezeichnet, geschweige denn analysiert worden. Zwar wird Wirmer in allen Gesamtdarstellungen der deutschen Opposition erwähnt, jedoch meist nur mit wenigen Sätzen, welche sich auf dieselben Fakten beziehen. Abgesehen von den rühmenden Hervorhebungen des dramatischen Rededuells mit Freisler durch Annedore Leber, Terence Prittie, Gerd Buchheit und Peter Hoffmann und des ebenfalls u. a. von Annedore Leber überlieferten, in solcher Form freilich keineswegs vereinzelten frühen Widerstandswillens (Wirmers Ausspruch im Freundeskreis »Ich werde Hitlers Gegner sein« als Reaktion auf die Rundfunkrede des Führers am 1. Mai 1933) betonen alle Autoren Wirmers Verwurzelung im Katholizismus und seine demokratische Gesinnung, seine konsequente Gegnerschaft gegen das NS-Regime und seinen mutigen anwaltlichen Einsatz für Verfolgte, seine Zusammenarbeit mit Jakob Kaiser (seit 1936), sodann im Krieg und besonders seit 1942 seine vielseitig anregende und koordinierende Aktivität im Berliner Zentrum des zivilen Widerstandes. Dabei wird einerseits seine aktive Mitarbeit an Programmentwürfen und Personallisten für die erhoffte Regierung nach Hitler, andererseits seine geduldig ausgleichende Tätigkeit zwischen Linken und Rechten (Leber und Goerdeler), zwischen Zivilisten und Militärs, seine Nähe zu Goerdeler und schließlich zu Stauffenberg hervorgehoben (vgl. z. B. Hoffmann S. 135, 158, 169, 412, 421, 432, 434). Über diese Koordinierungstätigkeit in unmittelbarer Nähe Goerdelers (über die sich bereits die Anklageschrift und die Urteilsbegründung des Volksgerichtshofs als gut informiert erwiesen) berichtet z. B. Gerhard Ritter in seiner großen Goerdeler-Biographie (dtv 1964, s. bes. S. 122, 309, 311, 386f., 392, 409f.), sodann am eingehendsten und aus persönlicher Erinnerung Elfriede Nebgen in ihrem Buch über Jakob Kaiser, in dem sie auch die dem Leben zugewandte Heiterkeit Wirmers hervorhebt (vgl. S. 53, 60f., 69, 104f., 114f., 118f., 128, 130, 148, 151ff., 168f., 173f., 176ff., 180ff., 184, 193–200). Sie bestätigt die Feststellungen, die der offenbar sehr gut orientierte Johann Dietrich von Hassell schon 1946 getroffen hatte (Verräter? Patrioten! Der 20. Juli 1944, S. 17f.): »Neben Dr. Goerdeler hat insbesondere der Berliner Rechtsanwalt Wirmer dazu beigetragen, daß die Verbindung zu diesen Kreisen (d. h. den Vertretern der Arbeiterschaft) möglichst eng gestaltet wurde. Nicht zuletzt seiner unermüdlichen Tätigkeit ist es zu verdanken, daß schließlich Gruppen jeder politisch-parlamentarischen Färbung in der Widerstandsbewegung zusammengefaßt waren. Wirmer, der die Neuordnung der Justiz und des Rechtswesens seit Jahren vorbereitete, hatte seine Berliner Anwaltskanzlei . . . zum Treffpunkt vieler Begegnungen mit den Vertretern aus den Lagern der Sozialdemokratie, der Arbeiterbewegung und der Gewerkschaften gemacht.«[1]

Entsprechend der Konzeption dieses Bandes soll hier eine knappe Portraitskizze gezeichnet werden. Sie ergänzt das bisher Bekannte aus einigen ungedruckten Materialien (vgl. Bibliographie) und kann vielleicht zu einer gründlicheren Beschäftigung mit Wirmers Persönlichkeit und Tätigkeit anregen, darüber hinaus auch zu einem differenzierteren Verständnis des politischen und sozialen Katholizismus Berlins in den 1920er und frühen 1930er Jahren, welcher den Hintergrund für Wirmers Entwicklung bildet.

Elternhaus und Jugend im katholischen Westfalen – Studium in Freiburg und Berlin

Josef Wirmer wurde am 19. März 1901 in Paderborn geboren. Sein Vater war der Altphilologe und Gymnasiallehrer Anton Wirmer, der 1909 als Gymnasialdirektor nach Warburg versetzt wurde, wo die Familie seitdem gelebt hat. Anton Wirmer, Sohn eines Werkmeisters, hatte sich aus eigenen Kräften emporgearbeitet; Christentum und humanistische Bildung waren ihm wie vielen in seiner Generation Grundlagen des Lebens und des Denkens. Er hat u. a. eine umfangreiche lateinische Grammatik veröffentlicht; auch war er in Warburg für die Zentrumspartei kommunalpolitisch tätig, zeitweise als Stadtverordnetenvorsteher, zuletzt war er Ehrenbürger der Stadt. Seine Ernennung zum »Geh. Studienrat« und die Auszeichnung mit dem päpstlichen Gregoriusorden bezeugen eine patriotisch-katholische Symbiose, wie sie sich gerade im konservativen Westfalen nach dem Ende des Kulturkampfes oft ergeben hat. Wirmers Mutter stammte aus der Familie Varnhagen, welche sich ältester westfälischer Herkunft rühmte. Daß der Vater den Stil der Familie bestimmte, entsprach dem Empfinden der Zeit. Josef Wirmer war der zweite unter fünf Geschwistern, sein älterer, offenbar besonders begabter Bruder Heinrich ist mit 18½ Jahren im ersten Weltkrieg gefallen.

An dem heranwachsenden Josef Wirmer, der von großer, wuchtiger Gestalt war, werden hohe intellektuelle Begabung und ausgeglichener Charakter, Herzlichkeit und Gutmütigkeit gerühmt. Ein gewisser Gegensatz zu seinem konservativen Vater ergab sich aus seiner aktiven Mitarbeit beim Aufbau der Wandervogelbewegung am Warburger Gymnasium; mit ihr begann anscheinend eine konsequente Absetzung vom konservativen Habitus der Generation seines Vaters, die ihn schon als Student zum überzeugten Demokraten werden, den »gutbürgerlichen« Kreisen seiner kleinen Vaterstadt freilich zeitweise als den »roten Wirmer« erscheinen ließ. Dabei ist hinsichtlich der weltanschaulichen und kulturellen Grundlagen nie ein Bruch mit dem Vaterhaus erfolgt; doch gehörte Wirmer zeitlebens zu der katholischen Minderheit, für die

Katholizismus keineswegs identisch ist mit Autoritarismus. Schon während der Gymnasialzeit und dann lebenslang, durch ständige Lektüre vertieft, galt Wirmers Interesse neben den politischen und sozialen Problemen der eigenen Zeit der Geschichte; wie sein Bruder Otto berichtete, gab ihm wohl u. a. die von der Figur Napoleons ausgehende Faszination zeitweilig die Absicht ein, Offizier zu werden; eine Absicht, welche schon der Weltkriegsausgang zunichte machte.

Nachdem Wirmer 1920 mit Auszeichnung das Abitur bestanden hatte, studierte er Jura – nur ein Semester in Freiburg und dann seit dem Wintersemester 1920/1921 in Berlin, wo er 1924 das Referendar-, 1927 das Assessorexamen abgelegt und sich 1928 als Rechtsanwalt niedergelassen hat; aus seiner unautoritären, freiheitlichen Grundhaltung hatte er jede Art von beamteter Tätigkeit für sich von vornherein ausgeschlossen. Ungewöhnlich waren das lange Studium und mehr noch die definitive Niederlassung in der Reichshauptstadt, welche den meisten katholischen Westfalen und Rheinländern als Zentrum des ungeliebten Preußen, des Protestantismus und der gesellschaftlichen Säkularisierung nach wie vor wenig sympathisch war; beides zeugt von Selbständigkeit und Offenheit. Sowohl Wirmer wie seine aus einer Düsseldorfer Kaufmannsfamilie stammende Ehefrau Hedwig geb. Preckel haben Berlin und seinen kulturellen Pluralismus voll bejaht und, soweit ihnen möglich war, genossen. Auch Wirmers jüngerer Bruder Otto, ebenfalls Jurist, hat sich in Berlin niedergelassen.

Schon in Freiburg war Wirmer dem K.V., d. h. dem (im Gegensatz zum farbentragenden und als liberaler geltenden C.V.) nichtfarbentragenden Kartellverband der katholischen Studentenvereine beigetreten, und zwar der Verbindung »Flamberg«, welche sich (ganz entgegen ihrem altdeutsch-kriegerischen Namen) von den Äußerlichkeiten des Korporationswesens, welche eine Minderheit schon damals als anachronistisch empfand, frei gemacht hatte und sich den Problemen der Zeit zu stellen suchte. Dem K.V., dessen Syndikus er später geworden ist, und dieser ernsteren Ausrichtung ist Wirmer treu geblieben: In Berlin gehörte er zu den Wiederbegründern und Gestaltern der »Semnonia«, welche ebenfalls die traditionellen Reglements und Formen ablehnte und sich eher als katholischer Freundeskreis zur Förderung geistiger und politischer Interessen seiner Mitglieder verstand. Es ging auf Wirmers Initiative zurück, daß auch Nichtakademiker wie der christliche Gewerkschaftsführer Josef Joos als »Ehrenphilister« in die Korporation aufgenommen wurden. Auch etliche andere Reichstagsabgeordnete des Zentrums, darunter der Reichskanzler Marx, referierten und diskutierten auf Veranstaltungen der »Semnonia«, welche zudem Außenseiter wie den zu den Deutschnationalen abgewanderten, publizistisch einflußreichen Historiker Martin Spahn eingeladen hat. Diese vielseitigen, offenbar von ihm mitgeschaffenen Kontakte haben Wirmer dann den Eintritt in die Politik erleichtert, den er schon als Student beabsichtigt und vorbereitet hat.

Anwalt in Berlin – erste Schritte in die Politik

Nach Auskunft seiner Freunde hat Wirmer, der den Rechtspositivismus verwarf und das geschriebene Gesetz nicht selten mit großer Skepsis betrachtete, die Verbindlichkeit des Rechts vor allem von seiner Verankerung in Menschen- und Naturrechten abhängig gemacht. Aus dieser, in der katholischen Naturrechtstradition stehenden Überzeugung wählte er den Beruf des Anwalts, in dem er den Vertreter des so verstandenen Rechts sah und von dem er forderte, daß er im Leben stehe, menschlich denke und soziale Verpflichtungen erfülle. Er selbst hat entsprechend dieser Postulate zu leben und zu wirken versucht, offenbar mit enormer Arbeitskraft und hohem Pflichtgefühl, mit großer, in einen wachsenden Freundeskreis wirkender Ausstrahlung und erheblichen Erfolgen, welche bürgerlichen Wohlstand begründeten. Vom Ethos seines Berufs war Wirmer so überzeugt, daß er ihn als Grundlage benutzen wollte, als er im Dritten Reich die Erneuerung der pervertierten Rechtspflege plante: Der Anwaltsberuf sollte künftig Voraussetzung für das Richteramt werden, zum Richter nur berufen werden, wer sich zuvor in mindestens fünfjährigem freiem Existenzkampf als Anwalt bewährt hatte.

Im Anwaltsberuf sah Wirmer auch eine gute Basis für eigene Tätigkeit in der Politik, der er sich im letzten Jahrfünft der inzwischen von rechts und links bedrohten Republik mit wachsendem Engagement und großem Mut gewidmet hat. Wie vielen damaligen Katholiken (und Sozialdemokraten), die ja erst seit dem Sturz der Monarchie dabei waren, eine angemessene Beteiligung an Regierung und Verwaltung Preußens und des Reiches durchzusetzen, war sie ihm zunächst Personalpolitik: Ausgehend von den in der Korporation geknüpften Kontakten stellte er Beziehungen zu etlichen Zentrumspolitikern her, die ihn wegen seines Ideenreichtums und seiner Zuverlässigkeit schätzten. Als Syndikus des K. V. führte er ihnen qualifizierten Nachwuchs aus den eigenen Reihen zu; ein Vorbild dafür war ihm wahrscheinlich die entsprechende Tätigkeit des großen Sozialreformers Carl Sonnenschein (gest. 1929), dessen Kreis die »Semnonia« angehörte.

Wirmer hat jedoch durchaus die geistige Enge und die daraus resultierende Unzulänglichkeit mancher republikanischer Politiker recht scharf erkannt. Um sich und seinen Freunden größere Perspektiven zu eröffnen, suchte er über die Tagesthemen hinaus zu Grundfragen der Politik und des Politischen vorzustoßen. Seine Auseinandersetzung mit Machiavelli und dem damals besonders aktuellen, aber wenig studierten französischen Soziologen Georges Sorel galt vor allem den Fragen der Macht und der Machtausübung, zu denen die republikanischen Parteien keine adäquate Beziehung fanden. Unter dem Einfluß von Carl Schmitt war Wirmer davon überzeugt, daß das Politische kein eigener Wesensbereich sei, sondern in alle Gemeinschaftszusammenhänge hineinwirkte. Unter den Zentrumspolitikern hat Wirmer den Reichskanzler Brüning, dem er auch persönlich nähertrat und zu dessen Revisionspolitik er sich noch vor dem Volksgerichtshof bekannt hat, besonders hochgeschätzt, aber den Grund für sein bedauertes Scheitern gerade darin gesehen, daß selbst er den essentiell politischen Problemen, besonders dem der Macht, nicht genügend gewachsen gewesen sei.

Im Anschluß an Brüning vertrat der junge Wirmer eine betont nationale Richtung, die damals Angehörigen der meisten politischen Parteien als ebenso adäquate wie legitime Konsequenz aus der Situation Deutschlands nach dem verlorenen Weltkrieg und unter dem System von Versailles erschien. Dazu bedeutete es unter den damaligen Verhältnissen durchaus keinen Gegensatz, daß Wirmer sich dem »linken«, jedenfalls unbedingt demokratischen Flügel des Zentrums anschloß. Enge Beziehungen bestanden anscheinend schon damals zu christlichen Gewerkschaftlern und jedenfalls zu dem in der preußischen Zentrumspartei sehr einflußreichen Rheinländer Josef Heß, der von 1930 bis zu seinem Tode 1932 Vorsitzender der Zentrumsfraktion des preußischen

Landtags war, einem entschiedenen Verfechter der Republik und der preußischen Koalition aus SPD und Zentrum. Nur in und mit dieser Koalition wollte auch Wirmer Politik machen, woraus sich z. B. in der Frage des preußischen Konkordats erstmals ein Gegensatz zum päpstlichen Nuntius Pacelli ergab, welcher lieber eine Abstützung bei der deutschnationalen Rechten gesehen hätte. Wie der Flügel um Heß überhaupt wollte auch Wirmer keine konfessionalistische Politik; schon damals unterhielt er auch gute Kontakte zu evangelischen Kreisen, die ja durchaus im Sinne der ursprünglichen Zentrumstradition waren. 1932 kandidierte Wirmer zum preußischen Landtag, wurde jedoch nicht gewählt; in den letzten dramatischen, in Berlin mit besonderer Heftigkeit ausgetragenen Wahlkämpfen (1932/Frühjahr 1933) ist er als Wahlredner für das Zentrum und damit für die Republik aufgetreten.

Seit 1933: Ablehnung des Regimes – Hilfe für Verfolgte

Von der verständlichen Resignation und der Bereitschaft zu begrenzten Kompromissen mit Hitler, welche sich nach dessen Wahlsieg am 5. März 1933 in weiten Kreisen des politischen Katholizismus ausbreiteten, hat Josef Wirmer sich anscheinend nicht erfassen lassen. Der Kontakt zu denjenigen der früheren Gesprächspartner, die wie Martin Spahn zur NSDAP gingen, brach ab; enger wurden die Beziehungen zu Brüning, der aber schon 1934 in die USA emigrierte, und zu Ministerialdirektor Dr. Erich Klausener, dem Vorsitzenden der Katholischen Aktion Berlins, der im Sommer desselben Jahres das prominenteste katholische Opfer der NS-Mordaktion anläßlich des angeblichen Röhm-Putsches geworden ist. Mit Brüning teilte Wirmer nach dem Zeugnis eines Freundes die heftige Abneigung gegen Prälat Kaas und dessen hastige Konkordatspolitik im Frühjahr 1933; nach demselben Zeugnis hätte er bei Kardinal Pacelli gegen das Reichskonkordat interveniert, doch fehlen hierüber gesicherte Unterlagen.

Wirmer hat darunter gelitten, daß ihm seit 1933 jede politische Tätigkeit, zu der er sich letztlich noch mehr hingezogen fühlte als zu seinem Anwaltsberuf, unmöglich war; sowohl existentielles politisches Engagement wie sein konsequenter Antinationalsozialismus haben ihn schon 1936 den Anschluß an den kleinen Kreis oppositioneller Gewerkschafter um Jakob Kaiser finden lassen. Von Hitlers Erfolgen hat Wirmer sich offenbar nur 1938 beeindrucken lassen, als die seiner Generation als legitim erscheinenden großdeutschen Aspirationen Wirklichkeit wurden; zu Freunden sagte er: »Wenn Hitler Österreich und später Prag – die älteste deutsche Universität – heim ins Reich holt, werde ich ihm viel verzeihen.«

Zunächst konzentrierte sich Wirmer nach 1933 auf seinen Beruf, auf seine Familie und seinen Freundeskreis, der entsprechend seiner Herkunft und Ausrichtung weiterhin über Berlin hinausreichte und besonders Menschen aus den vom Nationalsozialismus weniger erfaßten Provinzen Westfalen und Rheinland umfaßte. Als Anwalt blieb Wirmer seinen Rechtsprinzipien treu. Viele Quellen, so die noch ungedruckten Tagebücher von Heinrich Krone, bezeugen, daß er für Gegner des Regimes und für Verfolgte, darunter oft für Juden, mutig und nicht selten mit Erfolg aufgetreten ist, so z. B. in einem spektakulären Prozeß gegen den früheren Reichspostminister Stingl von der Bayerischen Volkspartei, in dem dieser als Exponent des politischen Katholizismus als korrupt hingestellt werden sollte und in dessen Zusammenhang Goebbels persönlich Wirmer vergeblich einzuschüchtern versuchte.

Nachteile, die sich aus seiner Haltung ergaben, hat Wirmer gelassen hingenommen; Freunde berichten von der Fröhlichkeit, die er auch in den folgenden, zunehmend schwereren Jahren immer wieder ausstrahlte. Immerhin bedrohte man ihn mit Ehrengerichtsverfahren, die Berufung zum Notar wurde ihm wegen politischer Unzuverlässigkeit verweigert. Davon abgesehen, konnte er aber weiter als Anwalt wirken. Überhaupt gehört es ja zu den Paradoxien des Dritten Reiches, die dessen Verständnis erschweren, daß es neben Bereichen, in denen die Partei aufgrund ihrer Ideologie radikale Veränderungen und den Abbau oder die Pervertierung des Rechtes erzwang, nicht wenige andere gab, in denen Normalität und Rechtsstaatlichkeit fortbestanden. Zu den ersteren gehörte die Entrechtung der Juden, welche auch Wirmer offenbar besonders empörte und in seiner Ablehnung bestärkte, zu den letzteren der Gesamtbereich der übrigen bürgerlichen Rechtsbeziehungen, die den größten Teil anwaltlicher Tätigkeit ausmachen. Wirmers Praxis, in der er auch zahlreiche Wirtschaftsfälle bearbeitete, ging gut; 1942 konnte er ein Haus mit Garten in Berlin-Lichterfelde-West erwerben, in dem er und seine gleichgesinnte Gattin trotz der bedrückenden Gesamtlage mit ihren drei zwischen 1929 und 1940 geborenen Kindern Maria, Johanna und Anton ihr eigenes Leben weitergestalten und das Gespräch mit den Freunden pflegen konnten. Durch Kauf vieler Bilder unterstützte Wirmer den aus dem offiziellen Kunstbetrieb ausgeschlossenen Expressionisten Georg Tappert (von der »Neuen Sezession«), auch sammelte er Bilder des der gleichen »artfremden« Richtung zugehörenden Max Pechstein. Die nichtnationalsozialistisch gesinnten Deutschen haben sich ja zumeist bewußt auf solche Inseln zurückgezogen und wenigstens dafür gesorgt, daß in ihrem Bereich Rechtlichkeit, Anstand und Urteilsvermögen erhalten blieben und insofern dem Totalitätsanspruch Grenzen gezogen wurden. Wer so handelte, und das taten die meisten Freunde Wirmers – so der ihm in Berlin eng verbundene Textilunternehmer Hermann Siemer (später MdB – CDU) und dessen Vetter, der bekannte Dominikaner Laurentius Siemer, so auch Wirmers Brüder Otto und Ernst (letzterer studierte in Berlin mit Unterstützung seines Bruders Josef und lebte länger in dessen Familie, verbrachte aber den Krieg bei der Wehrmacht) –, ist an den Verbrechen des Dritten Reiches nicht mitschuldig geworden; Deutschland hätte nach 1945 vor sich selbst und vor der Welt besser dagestanden, wenn die Zahl solcher Verweigerer größer gewesen wäre.

Aber Josef Wirmer gehörte zu den wenigen, denen solche Selbstbehauptung ebenso wenig genügte wie die ihr meist zugrunde liegende, im Kern richtige Annahme, daß Widerstand gegen eine Diktatur nur der mit Aussicht auf Erfolg leisten kann, der über Machtmittel verfügt. Dem gläubigen, aber gegenüber kirchlichen Autoritäten kritischen Katholiken Wirmer genügte es auch nicht, daß die katholische Kirche sich gerade auch mit Hilfe des von ihm kritisierten Konkordats auf Selbstbehauptung und auf Bewahrung eines Freiraumes zurückzog, in dem sie ihre der offiziellen Ideologie entgegengesetzte Lehre verkündete, und daß solche Selbstbehauptung vom Regime schon als Widerstand aufgefaßt wurde. Politischen Widerstand hat die Kirche aufgrund ihres Selbstverständnisses nicht leisten können, er beruhte wie in allen vergleichbaren Situationen auf den Gewissensentscheidungen einzelner; inwieweit manche von ihnen auch durch die antitotalitäre Haltung der Kirchen motiviert worden sind, ist immer nur im Einzelfall zu entscheiden. Für Wirmer wissen wir darüber nichts Genaues, auch nicht, ob eine zumindest indirekte Beeinflussung durch den Berliner Bischof Graf von Preysing vorlag, welcher ja energischer als die meisten seiner Kollegen dem Regime entgegengetreten ist und auf dessen Verschärfung insgesamt mit einem Kurs offener Konfrontation reagieren wollte. Jedenfalls hat Josef Wirmer früher als die meisten der in diesem Band behandelten Männer an geheimen, zunehmend riskanten Planungen für die Wiedererrichtung der Demokratie in Deutschland mitgearbeitet.

Im Widerstand

1936 fand Wirmer Anschluß an den Kreis der oppositionellen Gewerkschaftler Jakob Kaiser (Zentrum), Wilhelm Leuschner (SPD) und Max Habermann (DNVP), der sich in Kaisers Wohnung in Berlin-Zehlendorf traf und ein Programm für den Wiederaufbau eines demokratischen Gewerkschaftswesens entwarf, welches zur Überwindung der früheren Gegensätze eine nichtmarxistische Einheitsgewerkschaft sowie die volle Integration der Arbeiterschaft in den Staat konzipierte und insofern für die Entwicklung nach dem Zweiten Weltkrieg sehr wichtig geworden ist. Der Kreis, der im kleinen die für den ganzen Widerstand charakteristisch gewordene »große Koalition« von der Rechten bis zur SPD vorwegnahm, unterhielt Beziehungen in den Westen, so nach Düsseldorf zu Karl Arnold und dem früheren Oberbürgermeister Robert Lehr, so zu Generaloberst Kurt von Hammerstein-Equord, einem entschiedenen Hitler-Gegner, der aber von der Mehrzahl seiner Kameraden keine oppositionellen Aktivitäten erwartete. Kaiser lernte das »vorwärtsdrängende politische Temperament« Wirmers schnell schätzen und beteiligte ihn schon an der Ausarbeitung der Gewerkschaftsdenkschrift. Wirmers »temperamentvolle Persönlichkeit wie sein realer Sachverstand sowohl in gewerkschaftlichen Fragen wie in juristischen und staatspolitischen Dingen gehörten in den kommenden Jahren zum wertvollsten menschlichen wie sachlichen Gewinn dieser an Zahl und Bedeutung ständig wachsenden Widerstandsgruppe« (Nebgen). Als Kaiser 1938 vorübergehend verhaftet wurde, erteilte Wirmer nüchternen juristischen Rat; er wußte und sprach es aus, daß die konspirative Tätigkeit seiner Freunde und damit auch seine eigene als Hoch- und Landesverrat ausgelegt werden konnte. Die Gewerkschaftsfrage hat Wirmer auch über der konkreten politischen Umsturzplanung nicht aus den Augen verloren: 1943 gehörte er zu den Auftraggebern einer Studie über die geistige Grundlegung der neuen Gewerkschaftsbewegung.

Wie so mancher Hitler-Gegner hat sich auch Wirmer 1938/1939, als die großdeutschen Erfolge von der weiteren Totalisierung des Regimes und von seiner Kriegspolitik schnell überschattet wurden, zu konkreterem politischen Widerstand entschlossen. Er fand zunächst Anschluß an die Gleichgesinnten in der Abwehr, anscheinend zu Dohnanyi und Oster, und vermittelte seitdem Kontakte zwischen ihnen und den Gewerkschaftlern. Über der allmählich weitere Kreise ziehenden Konspiration, welche ihn zunehmend beanspruchte, traten frühere Freundschaftskreise zurück, auch weil er sich sorgfältig bemühte, weder alte Freunde noch die eigene Familie durch konkretes Mitwissen zu gefährden.

Drei Hauptmotive Wirmers werden übereinstimmend bezeugt: die Empörung über die Pervertierung von Recht und Justiz durch das auch von ihm als »das Böse schlechthin« aufgefaßte NS-Regime, besonders über die Verbrechen an den Juden; der Wille zur Wiederherstellung des Rechts und zur Bestrafung der Schuldigen (für die er dann detaillierte Pläne entworfen hat); die Sorge um die durch Hitlers Maßlosigkeit gefährdete Zukunft Deutschlands. Diese moralische Empörung und diese Sorge ließen den ansonsten bis zuletzt fröhlichen und freundlich gestimmten Mann hart und pessimistisch werden. Der rasche Sieg über Frankreich hat ihn tief deprimiert, Anfang 1941 machte er im Freundeskreis die ebenso richtige wie düstere Voraussage: »Hitler wird (Rußland) angreifen, der Krieg wird selbstverständlich verloren und Rußland wird eines Tages mitten in Deutschland stehen« (Nebgen). Erst später, nach der Katastrophe von Stalingrad, kam als mehr sekundäres Motiv die Einsicht hinzu, daß der Krieg verloren sei und nurmehr Hitlers Ausschaltung die totale Niederlage verhindern und einen Verständigungsfrieden ermöglichen könne; wer diese, von Wirmer dann in den Vernehmungen durch die Gestapo in sehr verständlicher Weise herausgestellte Überlegung zum Hauptmotiv des Widerstandes erklärt, verkennt oder verfälscht sein moralisches und politisches Ethos!

Ende 1941/Anfang 1942 begann die Zusammenarbeit mit Goerdeler, zu der Kaiser die Initiative ergriff, in deren Verlauf aber Wirmer offenbar dem politischen Führer des Widerstandes besonders nahegetreten ist, so daß Goerdelers Biograph ihn »einen der eifrigsten unter den Verschwörern« nannte (Ritter, Goerdeler S. 309, 387), nachdem schon die Anklageschrift ihn als »maßgeblichen Gehilfen« Goerdelers bei »den Vorbereitungen für die Übernahme der Macht« bezeichnet hatte.

Tatsächlich hat Wirmer, wie eingangs gesagt, seit 1942 erfolgreich für die Integration der von unterschiedlichen politischen Standpunkten ausgegangenen Widerstandskreise gewirkt; dafür kam ihm zustatten, daß er zu den Leuna-Werken kriegsdienstverpflichtet wurde, deswegen ein Auto benutzen konnte und dadurch Bewegungsfreiheit behielt. Wirmer gehörte zu denen, welche General Beck und Wilhelm Leuschner zusammenbrachten; im Kaiser-Kreis war er der einzige, der im Frühjahr 1944 den den anderen noch als unheimlich erscheinenden Attentatsplan Stauffenbergs befürwortete; als die lange überbrückten Gegensätze zwischen dem gesellschaftspolitischen Reformismus der Gewerkschaftler und der konservativen Grundhaltung Goerdelers und seiner Freunde im Mai/Juni 1944 erneut aufbrachen – auch weil die Linken über das Ausbleiben des Attentats nun zunehmend irritiert waren und sich auf ihr ursprüngliches Mißtrauen gegen die Militärs und die Rechte überhaupt zurückbesannen –, hat Wirmer, in dessen Büro diese Dispute stattfanden, ausgleichend gewirkt, nachdem er zuvor im März 1944 auch zwischen dem inzwischen ebenfalls gegenüber den Konservativen mißtrauisch werdenden Stauffenberg und Goerdeler vermittelt hatte. Wirmer »arbeitete mit Dr. Goerdeler Entwürfe für Regierungserklärungen und ähnliche Verlautbarungen aus oder überarbeitete die ihm von Dr. Goerdeler zu diesem Zweck übergebenen Entwürfe« (Anklageschrift). Fast alle zwei Wochen fanden Besprechungen zwischen Goerdeler, Wirmer und den Gewerkschaftlern statt,[2] bei denen Programme, personelle Zusammensetzung und administrativer Unterbau der künftigen Regierung entschieden und außerdem die Aufrufe formuliert wurden, mit denen man die mehrheitlich immer noch von der NS-Propaganda verführte deutsche Bevölkerung über die Realität des Regimes sowie über Motive und Ziele der Verschwörer aufklären wollte. Wirmer widmete der Justizreform mehrere Denkschriften, die er wie alle seine

Aufzeichnungen aus dem Widerstand in einer künstlichen Höhle in seinem Garten versteckt hielt; die Gestapo hat diese Papiere nach dem 20. Juli nicht gefunden, nach Auskunft der Familie sind sie 1945 von russischem Militär entdeckt worden. Aktiv beteiligt war Wirmer u. a. auch an den Gesprächen über die künftige Staatsform, in denen eine monarchische Restauration unter dem Hohenzollernprinzen Louis Ferdinand erwogen wurde, sowie an den nicht weniger brisanten Überlegungen über Österreichs künftige Stellung in oder zu dem Deutschen Reich, dessen möglichst ungeschmälerten Fortbestand die Verschwörer ja erhofften oder, besser gesagt, gegen Hitlers zerstörerische Politik sichern wollten. Die für das Gelingen des Umsturzes von den oppositionellen Offizieren für besonders wichtig erachteten »Politischen Beauftragten« für die einzelnen Wehrkreise wurden ebenfalls im engen Kreis von Goerdeler, Wirmer, Kaiser, Leuschner und Letterhaus ausgewählt; Wirmer konnte die definitive Liste Ende 1943 dem Beauftragten der Militärs, Graf Schwerin von Schwanenfeld (der zusammen mit ihm am 8. September 1944 hingerichtet werden sollte), überreichen.

Wirmer setzte großes Vertrauen auf den Mut und die Umsicht des Grafen Stauffenberg, der seit Ende 1943 mehr und mehr alle Vorbereitungen koordinierte und vorantrieb und der die Verantwortung für das militärische Gelingen, die Voraussetzung des politischen Umsturzes, übernahm. Der Gefährlichkeit des Ganzen blieb freilich auch Wirmer sich stets bewußt; als sich sein Bruder Ernst im Januar 1944 vor der Rückkehr zur Front von ihm verabschiedete, sagte er ihm: »Wenn unser Vorhaben nicht glückt, bedeutet das Unglück für mich. Wir werden uns dann nicht wiedersehen. Es bedeutet auch Gefahr für dich, für meine Frau und meine Kinder. Wir müssen es trotzdem wagen.« Otto Wirmer bezeugte 1946 mehrere Gespräche, in denen sein Bruder »nur immer schlicht erklärt hat, daß er sich der Mitarbeit in diesem Kreise (d. h. um Goerdeler) und dieser Zielsetzung nicht verschließen könne und daß er für den Fall ihres Scheiterns alle Konsequenzen hinzunehmen bereit sei«. Aus solchen Zeugnissen sprechen derselbe unpathetische Mut, derselbe Realismus und die ethisch begründete Entschlossenheit und Opferbereitschaft, die wir von den bedeutendsten Männern des Widerstandes kennen.

Wirmer und den Gewerkschaftlern war keine direkte Mitwisserschaft beim Attentat des 20. Juli 1944 nachzuweisen, und so hofften sie nach dessen Scheitern zunächst, der Gestapo entgehen zu können. Wirmer zog zunächst zu seinem Bruder Otto nach Zehlendorf, der darüber berichtete: »In dieser Zeit war er ständig mit den übrigen Mitverschworenen in Verbindung... Ich weiß, daß er damals unerschrocken Nachrichten zwischen den Verschwörern vermittelt hat und daß er täglich in ihrem Kreise geweilt hat. Hier ist es vor allem seine überlegene Art gewesen, an der sich die übrigen Mitverschworenen aufgerichtet haben. Schließlich hatte sich in ihrem Kreise ... die Auffassung verbreitet, daß die Gestapo den Umfang der Verschwörung nicht kenne. Dies veranlaßte meinen Bruder dazu, wieder in seine Wohnung zu ziehen.« In der Tat haben sich Wirmer, Habermann, Kaiser und Leuschner, seit dem 25. Juli auch Goerdeler, der nach dem gegen ihn aufgrund einer eher harmlosen Denunziation am 17. Juli erlassenen Haftbefehl zunächst bei auswärtigen Freunden untergetaucht, nun aber nach Berlin zurückgekehrt war, im Hinterzimmer eines von früheren christlichen Gewerkschaftlern geführten Zigarrengeschäftes in Berlin-Mitte getroffen und dort am 31. Juli Goerdelers 60. Geburtstag begangen, in gedrückter Stimmung, da Letterhaus bereits verhaftet war und Goerdelers Lage immer bedenklicher wurde; seit dem 1. August wurde er steckbrieflich gesucht. Elfriede Nebgens Bericht bezeugt auch für diese Tage der Ungewißheit und zunehmender Ausweglosigkeit Wirmers Realismus und gelegentliche Fröhlichkeit. Als erster hatte er Letterhaus, da dessen Name auf der Liste der »Politischen Beauftragten« stand, zur Flucht geraten, die dieser ablehnte; sodann versuchte er, wie auch in Kunrat von Hammersteins Aufzeichnungen bezeugt, Goerdeler zu Geld und sicheren Verstecken zu verhelfen.[3] Zu dem Treffen, auf das dieser anscheinend große Hoffnungen setzte, ist Wirmer dann nicht mehr gekommen, denn am 4. August ist er in seinem Hause verhaftet und wenige Tage später in das Konzentrationslager Ravensbrück-Fürstenberg gebracht worden, wo alsbald die Vernehmungen begannen.[4]

Auch für Josef Wirmer war Ende Juli im familiären Freundeskreis eine Fluchtmöglichkeit erwogen worden, die über einen dienstverpflichteten, damals in Laibach stationierten Kollegen eines Freundes laufen und Wirmer über das jugoslawische Partisanengebiet aus dem deutschen Herrschaftsbereich hinausführen sollte. Gewiß war ein solcher Weg unsicher; aber Wirmer erklärte auch, ihn nicht beschreiten zu wollen, um seine Familie nicht der Sippenhaft auszusetzen.

Als Wirmers Gattin und sein Bruder Otto ihn am 15. August in Fürstenberg noch einmal ausführlich sprechen konnten, »war dieser bemerkenswert gefaßt und sah mit Würde und Haltung dem unentrinnbaren Ablauf des Geschehens entgegen«. Im Brief an seinen Freund Hermann Siemer schrieb Wirmer am 7. August u. a.: »Was mich selbst betrifft, so bin ich durchaus gefaßt und bitte auch Dich, nicht mit dem Geschehenen und Geschehenden zu hadern. Auch der fehlgeschlagene Einsatz hat seinen Wert in sich selbst ... Ich kann Dir keine Einzelheiten meiner Verstrickung mitteilen, ich hatte aber in den vierzehn Tagen zwischen dem Attentat und meiner Verhaftung Zeit und Gelegenheit, Otto dies und jenes zu erzählen. Er wird es Dir erzählen. Vielleicht kannst Du mich und mein Handeln später einmal verstehen, wenn Ihr wieder im ›Frieden‹ lebt und auf die Stürme dieser Zeit als Vergangenheit zurückblickt. Wenn Du dann so etwas ... noch kannst, dann laß mich von Pater Wolfram in der Gestalt des hl. Antonius neben die Mutter Gottes an die Wand Deines Hauses malen, nicht weil ich heilig bin oder noch werden könnte, sondern weil der Antonius der Patron meiner Familie Wirmer ist, die seit Generationen diesen Vornamen durchs Erdenleben trägt, und weil ich den Heiligen der kleinen Dinge (Timmermanns) immer sehr geliebt habe ...«

Gerade angesichts neuerer Diskussionen, in denen den Männern des 20. Juli vorgehalten wurde, daß sie nicht hinreichend an den Maßstäben unserer Demokratie ausgerichtet gewesen wären, ist festzuhalten, daß Josef Wirmer und seine engeren Freunde wie Bernhard Letterhaus aus Religiosität und Rechtsbewußtsein, aus Patriotismus und Sinn für Maß und Vernunft in der Politik der Diktatur entgegengetreten sind und für die Wiedererrichtung des demokratischen Rechtsstaates alle ihre Kräfte und selbst ihr Leben eingesetzt haben.

[1] In ihrer eindrucksvollen »Reise durch den letzten Akt« (1946, S. 45) hat Isa Vermehren einen Schatten auf Wirmer geworfen, indem sie aus Ravensbrück u. a. berichtet von dem »Berliner Anwalt Dr. Würmer (sic!), der während der kurzen Zeit seines dortigen Aufenthaltes in dem Ruf stand, zu ›gut ausgesagt‹ zu haben. Deshalb genoß er keine großen Sympathien unter uns«. – Nach Ausweis der berüchtigten, aber in den Einzelheiten meist zuverlässigen Kaltenbrunner-Berichte (Spiegelbild einer Verschwörung, 1961, s. u. a. S. 178 f.) hat Wirmer tatsächlich vor der bereits aus anderen Quellen gut orientierten Gestapo recht ausführlich über die Verschwörung ausgesagt, jedoch niemanden von seinen bloß mitwissenden persönlichen Freunden belastet! Solches Verhalten in aussichtsloser Situation ist mit größter Vorsicht zu beurteilen. Goerdeler selbst ist bekanntlich am aussagefreudig-sten gewesen, nach der Meinung seines in die damalige Lage aus eigenem Erlebten eingeweihten Biographen (Ritter S. 440ff., s. das. S. 433 auch über das auch sonst bezeugte mutige Verhalten Wirmers nach dem 20. Juli!) vor allem, weil er den Hitler-Behörden die Augen über den wahren Umfang der Verschwörung öffnen wollte, außerdem, weil er Zeit zu gewinnen suchte.

[2] Seit Mitte 1942 gehörte auch Bernhard Letterhaus aus der katholischen Arbeiterbewegung, damals Hauptmann d.R. beim Generalstab des Heeres, zu den Teilnehmern dieser Beratungen, von denen nur Kaiser nach dem 20. Juli mit dem Leben davongekommen ist. Gelegentlich wurde seit 1942 auch der Wirtschaftspolitiker und frühere deutschnationale Abgeordnete Dr. Paul Lejeune-Jung (geb. 1882) hinzugezogen, der zusammen mit Wirmer zum Tode verurteilt wurde.
Vgl. Aretz, Jürgen: Katholische Arbeiterbewegung und Nationalsozialismus, 1978, s. bes. S. 228–234.

[3] Vgl. hierzu auch Carlheinz v. Brück, *Im Namen der Menschlichkeit. Bürger gegen Hitler*, 1964, S. 193.

[4] Siehe darüber auch *Spiegelbild einer Verschwörung*, Seiten 212, 353, 357, 359, 420, 422f., 436, 451.

Literatur

HOFFMANN, PETER: *Widerstand, Staatsstreich, Attentat. Der Kampf der Opposition gegen Hitler*, 1969, [2]1970.

NEBGEN, ELFRIEDE: *Jakob Kaiser. Der Widerstandskämpfer*, 1967 (Bd. 2 des Werkes von Werner Conze, Erich Kosthorst und E. N. über Kaiser).

RITTER, GERHARD: *Carl Goerdeler und die deutsche Widerstandsbewegung*, 1954, 1964. Neuausgabe und ein Vorwort von Theodor Eschenburg, 1984.

WIRMER, OTTO: *Die letzten Tage von Josef Wirmer*. Festschrift des Gymnasium Marianum, Warburg 1963, Seite 200–207.
Im Besitz der Familie Wirmer befindet sich etliches ungedrucktes Material. Darunter sind eine Lebensbeschreibung Josef Wirmers, die sein Bruder Otto Wirmer 1946 für Ricarda Huch verfaßt hat, welche damals zur Sammlung von Nachrichten über die Widerstandskämpfer aufgerufen hatte (an deren Verarbeitung zu einer Darstellung des deutschen Widerstandes sie ihr Tod gehindert hat, vgl. dazu Günther Weisenborn. Der lautlose Aufstand. Bericht über die Widerstandsbewegung des deutschen Volkes 1933–1945, [2]1954, 9, 337), sowie eine 1948 von Wirmers Freund Clemens Scholle verfaßte biographische Skizze, außerdem ausführliche, erst kürzlich erstellte Aufzeichnungen von Dr. Wilhelm Elmendorff (Meerbusch) und Dr. Hermann Siemer (Vechta-Strohe) sowie eine kürzere Mitteilung von Josef Marx (Linz/Rhein).

REINER POMMERIN

Erwin von Witzleben

Von Generalfeldmarschall Erwin von Witzleben, dem ranghöchsten Offizier aus dem Kreis der Männer des 20. Juli 1944, dessen Leben und Wirken bisher noch keine biographische Bearbeitung und monographische Würdigung gefunden hat, sind uns zwei Filmaufnahmen erhalten.

Der erste Film ist ein Ausschnitt aus der Deulig-Tonwoche Nr. 137 (1934). Im Hof der Kaserne des Berliner Wachregiments ist die Truppe angetreten. Nach dem Tod des Reichspräsidenten von Hindenburg in den Morgenstunden des 2. August 1934 vereinigte Hitler durch »Gesetz vom 1. August 1934 über das Oberhaupt des Deutschen Reiches« das Amt des Reichspräsidenten mit dem des Reichskanzlers. Die oberste Befehlsgewalt über Reichswehr und Reichsmarine liegt ab sofort beim »Führer und Reichskanzler«. Und so leistete noch am 2. August das Wachregiment – wie die übrige Wehrmacht – den neuen Eid, den der Vorsprecher mit klarer, befehlsgewohnter Stimme in das Mikrophon der Wochenschau spricht: »Ich schwöre bei Gott diesen heiligen Eid, daß ich dem Führer des Deutschen Reiches und Volkes, Adolf Hitler, dem Oberbefehlshaber der Wehrmacht, unbedingten Gehorsam leisten und als tapferer Soldat bereit sein will, jederzeit für diesen Eid mein Leben einzusetzen.« Der Vorsprecher dieses Eides, der danach ein dreifaches Hurra auf Hitler ausbringen läßt, ist der Befehlshaber des Wehrkreises III (Berlin), Generalmajor Erwin von Witzleben.

Das zweite Filmdokument, das allerdings mit aller Vorsicht betrachtet werden muß, entstammt der Rolle 2 des ursprünglich als Propagandafilm geplanten Streifens »Verräter vor dem Volksgerichtshof«. Vor dem schreienden, monologisierenden Gerichtsvorsitzenden Roland Freisler steht ein älterer Mann. Er scheint ständig bemüht, seine Hosen vor dem Herunterrutschen zu bewahren; denn um ihn am Selbstmord zu hindern, hat man ihm sowohl Hosenträger als auch Gürtel abgenommen. Der Mann im schlechtsitzenden Zivil, der sich trotz der verbalen Attacken Freislers bemüht, eine aufrechte und tapfere Haltung zu bewahren, ist – wie uns der Originalton des Filmes erläutert – »der ehemalige Generalfeldmarschall von Witzleben«. Seine Zitierung vor den Volksgerichtshof und die Anklage machen deutlich, daß er den am 2. August 1934 geschworenen Eid nicht gehalten hat, nicht halten konnte und nicht halten wollte.

Erwin von Witzleben wurde am 4. Dezember 1881 in Breslau geboren. Schon seine Herkunft aus einem seit 1133 nachweisbaren thüringischen Adelsgeschlecht, das seit Generationen Offiziere gestellt hatte, bestimmte die Entscheidung über den Berufsweg des jungen Witzleben. Sein Vater, ebenfalls Offizier, sandte den Sohn in das preußische Kadettenkorps. In der Hauptkadettenanstalt Berlin-Lichterfelde wuchs der Junge im

WITZLEBEN, ERWIN VON
geb. am 4. 12. 1881 in Breslau;
hingerichtet am 8. 8. 1944.

Kreise gleichgesinnter, aus ähnlichen Familienverhältnissen stammender Kameraden heran, und es läßt sich unschwer denken, daß diese vom Pflichtgefühl und dem Wunsche, der Monarchie zu dienen, erfüllten Jahre – neben der Erziehung im protestantischen Glauben – einen prägenden Eindruck auf die Einstellungen Witzlebens hinterließen.

Gradlinige militärische Karriere

Am 22. März 1901 trat der neunzehnjährige Leutnant in das traditionsreiche Grenadierregiment 7 in Liegnitz ein. Am 21. Mai 1907 heiratete Witzleben Else Kleeberg (geboren 1885). Ihre beiden Kinder, ein Sohn und eine Tochter, wurden 1908 und 1909 geboren. Den Beginn des Ersten Weltkrieges erlebte Witzleben als Oberleutnant im Bezirkskommando in Hirschberg. An die Front im Westen ging er zunächst als Kompaniechef der 2. und später der 14. Kompanie des Reserve-Infanterieregiments 6. Seine Kompanie war am 2. Juni 1916 bei der Eroberung des Forts Vaux im Rahmen der schweren Kämpfe um Verdun eingesetzt. Witzleben wurde Kommandeur des II. Bataillons seines Regiments und kämpfte in der Arrasschlacht mit. Nach einer schweren Verwundung nahm er an der Generalstabsausbildung teil, wurde Erster Generalstabsoffizier der 108. Infanteriedivision und gehörte bei Kriegsende der 121. Infanteriedivision an.

Für den mit beiden Eisernen Kreuzen dekorierten Offizier gab es 1919 nur ein Ziel: den Eintritt in das 100 000-Mann-Heer. Er absolvierte den für einen Generalstabsoffizier typischen Wechsel zwischen Stabs- und Truppenverwendung. Zunächst diente er als Hauptmann und Kompaniechef im Infanterieregiment 8 in Frankfurt an der Oder. Von dort wurde er in den Generalstab der 4. Division nach Dresden versetzt. Hier lernte ihn der spätere Generalfeldmarschall von Manstein kennen. Dieser schrieb in seinen »Erinnerungen« über ihn: »Militärisch gut veranlagt, klar und bestimmt, gewann er die Menschen durch sein warmherziges und liebenswürdiges Wesen. Aus seinen Ansichten machte er allerdings nie ein Hehl. Großzügig, das Wesentliche schnell erfassend, besaß er die Gabe, nicht alles selbst machen zu wollen.«

In Dresden erfolgte am 1. April 1923 die Beförderung zum Major. 1927 wurde Witzleben in den Stab des Infanterieführers III nach Potsdam versetzt. Aus dieser Zeit liegt uns eine weitere, ihn charakterisierende Äußerung vor, die der spätere Generalquartiermeister, General der Artillerie Eduard Wagner, am 25. Mai 1927 von einer Übungsreise an seine Frau schrieb: »Im übrigen ist die Reise sehr nett, das heißt, der Leiter, Major von Witzleben, wie ich Dir schon schrieb, ein ganz eminenter Mann, besonders als Mensch und Charakter.«

Die beiden Jahre 1928 und 1929 verbrachte der am 1. Januar 1929 zum Oberstleutnant beförderte Witzleben als Kommandeur des II. Bataillons des Infanterieregiments 6 in Lübeck. Adjutant des Bataillonskommandeurs war dort Oberleutnant Helmuth Groscurth, der »stets eine besondere Anhänglichkeit« an seinen Vorgesetzten bewahren und eine wichtige Rolle in der Widerstandsbewegung spielen sollte. 1930 wurde Witzleben Chef des Stabes der 6. Division in Münster. Von dieser Zeit her rührte seine Bekanntschaft mit dem späteren Generalmajor Hans Oster. Am 1. April 1931 erfolgte die Beförderung zum Oberst und Regimentskommandeur des Infanterieregiments 8 in

Frankfurt an der Oder, in dem er 1919 seine Karriere im 100 000-Mann-Heer begonnen hatte. Nach der Machtergreifung der Nationalsozialisten wurde Witzleben Infanterie-führer VI in Hannover. Für militärische Spitzenstellungen durch seine lange Dienstzeit und seine verschiedenen Dienstposten mehr als hinreichend qualifiziert, hat er unter den Nationalsozialisten eine steile Karriere gemacht. Er wurde aber nie ein Gefolgs-mann des Nationalsozialismus, sondern dessen konsequenter Gegner.

Als am 1. Februar 1934 Generalleutnant Freiherr von Fritsch gegen den Wunsch Hitlers, der den dem Nationalsozialismus näherstehenden General von Reichenau vorgezogen hätte, zum Chef der Heeresleitung ernannt wurde, rückte der am gleichen Tag zum Generalmajor beförderte Witzleben als Befehlshaber des Wehrkreises III (Berlin) nach. Damals waren die Befehlshaber in den Wehrkreisen gleichzeitig auch Divisionskommandeure und nahmen damit die Befugnisse der früheren Kommandie-renden Generale wahr. Somit war Witzleben auch gleichzeitig Kommandeur der 3. Division. Noch im gleichen Jahr, am 1. Dezember 1934, erhielt er den Rang eines Generalleutnants und führte, bedingt durch die aufgrund der »Wehrfreiheit« vollzo-gene Strukturveränderung in der Reichswehr, jetzt als Kommandeur das III. Armee-korps (Berlin). Unter den zahlreichen Offizieren, die in und um Berlin aufgrund der dortigen Standorte der höheren militärischen Stäbe ebenfalls im Generalsrang standen, verfügte allein Witzleben wirklich über Truppen. Zum III. Armeekorps gehörten die 23. Division unter dem Kommando des Generalmajors Graf von Brockdorff-Ahle-feldt, der vorher – wie Witzleben – Kommandeur des Infanterieregiments 8 in Frankfurt an der Oder gewesen war, und die 3. Division unter dem Kommando von Generalmajor Petzel in Frankfurt an der Oder.

Wachsende Bedenken und Einwände – Vom »Röhm-Putsch« zur »Fritsch-Krise«

In seiner neuen Stellung konnte Witzleben aus nächster Nähe die Politik des Reichs-wehrministers General von Blomberg kritisch beobachten. Im Abwehrkampf der Reichswehr gegen die militärischen Ansprüche der SA versuchte Blomberg unter anderem – wie Klaus-Jürgen Müller schreibt–, die »neue Weltanschauung Hitlers durch demonstrative Betonung ihrer grundsätzlichen Übereinstimmung in ideologi-scher Beziehung mit den soldatischen Grundauffassungen der Streitkräfte für die Reichswehr gleichsam zu usurpieren«. Auf dieser Linie lag bereits die Verfügung vom 19. Februar 1934, die das »NS-Hoheitsabzeichen«, den Adler über dem Hakenkreuz, auf die Reichswehruniform gebracht hatte. Mochte Witzleben dies noch als eine rein äußerliche Form der Anbiederung der Reichswehr an die neuen Machthaber widerwil-lig akzeptiert haben, so mußte ihm ein anderer Erlaß Blombergs vom 28. Februar 1934 schon aus ethischer Sicht widerwärtig erscheinen. Der Erlaß bestimmte die beschleu-nigte Überprüfung der arischen Abstammung aller Wehrmachtangehörigen und die sofortige Entlassung der nichtarischen Soldaten.

Es war sicherlich kein Zufall, daß der einzige grundsätzliche Protest gegen den Blombergschen »Ariererlaß«, der sich aus den Reihen der Reichswehr erhob, aus dem Befehlsbereich Witzlebens kam. Sein Chef des Stabes, Oberst im Generalstab von Manstein, reichte mit Billigung seines Befehlshabers an den Chef der Heeresleitung und an den Chef des Generalstabes am 21. April 1934 eine Denkschrift ein, die den Titel

»Gedanken zur nachträglichen Anwendung des Arierparagraphen auf die Wehrmacht« trug. Obgleich Manstein weniger das rassische Prinzip als vielmehr die gegen das Prinzip der Ehre gerichtete Stoßrichtung des Erlasses angriff, wollte Blomberg gegen Manstein vorgehen, hat dies jedoch schon mit Rücksicht auf Witzleben, den Vorgesetzten Mansteins, unterlassen.

Es entsprach ganz der Grundhaltung Witzlebens, daß unter anderem auch er, im Frühjahr 1934 von den konservativ-monarchisch denkenden »Jungtürken« aus dem Mitarbeiterstab des Vizekanzlers von Papen um eine Stellungnahme gebeten, sein Interesse und seine Bereitschaft signalisierte, an einem von den »Jungtürken« geplanten Ausnahmezustand mitzuwirken.

Zunächst aber erregte die Ermordung der beiden Reichswehrgenerale Kurt von Schleicher und Ferdinand von Bredow im Zusammenhang mit der Niederschlagung des von den Nationalsozialisten so bezeichneten »Röhm-Putsches« am 30. Juni 1934 die Empörung und Mißbilligung Witzlebens. In welchem Maße er von der Mithilfe der Reichswehr durch Waffenstellung und Überlassung von Transportraum bei der blutigen Ausschaltung der SA als eigenständiger politischer Gruppierung gewußt hat, läßt sich heute nicht mehr sagen.

Witzleben, dem der eindeutige Entschluß Hitlers, sich für die Landesverteidigung allein auf die Reichwehr stützen zu wollen, sicherlich genauso willkommen war wie seinen Kameraden, verlangte – wie die Generale von Rundstedt und Ritter von Leeb – eine kriegsgerichtliche Untersuchung der Ermordung der beiden Generale Schleicher und Bredow. Ob Witzleben aus eigener Initiative beim Chef der Heeresleitung, Freiherr von Fritsch, vorstellig wurde oder ob ihn erst sein Chef des Stabes Manstein dazu anstoßen mußte, bleibt offen. Witzlebens Empörung war jedenfalls echt; Mord blieb für ihn Mord. Seine Initiative hatte bekannterweise keinen Erfolg. Angeblich verfügte Reichswehrminister Blomberg über eindeutige Beweise, die eine landesverräterische Betätigung der beiden Generale belegten. Gegen solche Beweise, die freilich nie vorgelegt worden sind, blieb Witzleben machtlos.

Wenn der bereits erwähnte Eduard Wagner am 3. August 1934 über die Vereidigung der Reichswehr auf »Führer und Reichskanzler« vom Vortage an seine Frau schrieb: »Witzleben sieht allerdings wie der Tod aus«, dann läßt eine solche Äußerung die Tatsachendarstellung des eingangs erwähnten Wochenschauberichts in einem anderen Licht erscheinen. Witzleben war ein großer Verehrer des am gleichen Tage verstorbenen von Hindenburg gewesen, der ihm in der Weimarer Republik für die Werte gestanden zu haben schien, die auch für ihn selbst eine große Bedeutung hatten. Daß er die Vereidigung des Berliner Wachregiments pflichtgemäß durchführte, bedeutete noch keinen Gesinnungswandel.

Ausgerechnet Witzleben fiel in den folgenden Jahren als Kommandierendem General des III. Armeekorps in Berlin die Aufgabe zu, an Hitlers Geburtstag, dem 20. April, militärische Paraden abzuhalten und bis 1938 dabei die Truppen Hitler melden und vorführen zu müssen. Auch die Beförderung zum General der Infanterie am 1. Oktober 1936 vermochte aus Witzleben keinen Sympathisanten des Regimes zu machen.

Ursula von Witzleben, Gattin des mit Erwin von Witzleben verwandten späteren Generalmajors Hermann von Witzleben, hat von einem Familientreffen berichtet, das im September 1937 in der Berliner Dienstwohnung Witzlebens stattfand. Bei einem Rundgang durch den Garten des Hauses, bei dem Witzleben erwähnte, daß in seinem Haus vielleicht Abhörmikrophone angebracht seien, habe der General Bemerkungen zur Lage des Deutschen Reiches gemacht und dabei erwähnt, daß Hitler ganz eindeutig auf Kriegskurs steuere. Dieser Weg sei nach seiner Ansicht kriminell, und falls Hitler nicht Einhalt geboten werde, würden alle, die sich ihm jetzt nicht in den Weg gestellt hätten, dereinst zur Rechenschaft gezogen werden. Witzleben selbst und einige Freunde seien zu einer Aktion bereit, benötigten aber noch Unterstützung. Deshalb fragte der General Frau von Witzleben, die praktisch im Hause Rundstedts groß geworden war, ob es ratsam sei, sich an Rundstedt und an den General Fromm zu wenden, um diese zur Mithilfe zu gewinnen. Frau von Witzleben riet von der Einbeziehung beider Offiziere ab, und Witzleben bestätigte ihr, daß dies auch schon die Ansicht seiner Freunde gewesen sei. Welche Freunde Witzleben damals meinte, ist schwer nachzuvollziehen. Harold C. Deutsch glaubt, Witzleben habe dabei wohl unter anderem den Generalmajor Graf Brockdorff-Ahlefeldt gemeint, zumal dieser im folgenden Jahr eine Rolle in einem Verschwörungsplan spielen sollte.

Zunächst wurde die Reichswehrführung Anfang 1938 mit dem Blomberg-Skandal und der Fritsch-Krise konfrontiert.

Der von Hitler am 20. April 1936 zum Generalfeldmarschall beförderte Reichs-kriegsminister von Blomberg hatte am 12. Januar 1938 die Ehe mit einer Dame geschlossen, die wegen »unsittlichen Lebenswandels« der Berliner Polizei bekannt war. Göring und Hitler waren bei der Hochzeit Trauzeugen gewesen. Obgleich Blomberg beide vorher darauf hingewiesen hatte, daß seine künftige Frau eine »Vergangenheit« habe, sorgte der angeblich überraschte Göring – der zur damaligen Zeit gern selbst Oberbefehlshaber der Wehrmacht geworden wäre – für die Unterrichtung Hitlers. Blomberg lehnte eine ihm angebotene Nichtigkeitserklärung der Eheschließung ab und erhielt daher am 4. Februar 1938 seinen Abschied.

Für die Öffentlichkeit völlig überraschend erhielt am gleichen Tag auch der Oberbe-fehlshaber des Heeres, Freiherr von Fritsch, seinen Abschied. Den Vorwand dafür hatte Göring geliefert, indem er den Generaloberst homosexueller Verfehlungen verdächtigte. An Stelle von Blomberg übernahm Hitler künftig selbst den Oberbefehl über die Wehrmacht. Oberbefehlshaber des Heeres wurde General von Brauchitsch.

Mochte der kleine Teil des Offizierskorps, der in die Hintergründe der Entlassungen eingeweiht war, der Verabschiedung Blombergs aufgrund der »nicht standesgemäßen« Heirat noch halbwegs zugestimmt haben, so erregten die Entlassung von Fritschs, vor allem die Art und Weise seiner Kaltstellung und die völlig unzureichende Wiederher-stellung seiner Ehre nach der Aufdeckung seiner Unschuld bei den Eingeweihten in Berlin – nicht nur im Offizierkorps – große Empörung.

Diese Empörung führte zu einer ersten Kontaktaufnahme zwischen ganz heteroge-nen Gruppen von Oppositionellen und Einzelpersonen, deren Zielsetzungen gegen-über dem NS-Regime von ganz unterschiedlichen Vorstellungen geprägt waren und die meist noch keine konkreten Umsturzpläne ins Auge gefaßt hatten. Da das von Offizieren in der Abwehr über den Chef des Reichsamtes für Kriminalistik, Arthur Nebe, bis hin zum Reichsminister Hjalmar Schacht reichende Spektrum der Oppositio-nellen über keinerlei militärisches Machtpotential verfügte, bestand – wie Klaus-Jürgen

Müller schreibt – ihre Tätigkeit hauptsächlich darin, »den General« zu suchen, der bereit war, in ihrem Sinne zu handeln. Witzleben, der Mann, der hier hätte helfen können, befand sich zu diesem Zeitpunkt aufgrund seines angegriffenen Gesundheitszustandes in einem Sanatorium in Dresden.

Erst Mitte Februar 1938 – nach vollendeten Tatsachen – kam Witzleben nach Berlin zurück und erfuhr Genaueres über die Intrige gegen den von ihm hochgeschätzten Fritsch. Die jetzt aus der Sicht Witzlebens nur konsequent erscheinenden Gespräche mit dem Vizepräsidenten der Berliner Polizei, Graf von der Schulenburg, und dem Kommandeur des Infanterieregiments 50 in Neuruppin, von Hase, über Maßnahmen gegen die SS und die Geheime Staatspolizei sind – wie wir heute wissen – ohne direktes Ergebnis geblieben. Den mit aller Vorsicht zu betrachtenden Berichten des SS-Obergruppenführers und Generals der Polizei Kaltenbrunner an Bormann nach dem 20. Juli 1944 kann aber entnommen werden – wie Oster in seinen Vernehmungen angegeben hat –, daß es gerade die Behandlung des Falles Fritsch war, die zur Diskussion erster Putschpläne in der Opposition führte. Es muß Schacht zugestimmt werden, der Witzlebens Urteil über Hitler: »Mir hat der Kerl noch nie imponiert«, wiedergegeben hat und der resümierend sagte: »Witzleben war der erste und blieb der am festesten entschlossene General, der die Beseitigung Hitlers als notwendig erkannte und dieses Ziel entschlossen anpackte.«

Diese Entschlossenheit belegt ein Detail aus der Zeit nach der Fritsch-Krise. Die beiden Regimentskameraden Graf Baudissin und Henning von Tresckow, die, angewidert von den Vorgängen um die Fritsch-Krise, enttäuscht erwogen, die Armee zu verlassen, baten Witzleben, dessen Grundhaltung gegenüber dem Nationalsozialismus ihnen bekannt war, um ein Gespräch. Witzleben widersprach ihrer Absicht und stellte ihnen in Aussicht, daß es noch zu einer Aktion gegen die Drahtzieher in der Fritsch-Krise kommen werde. Für diesen Fall sei ihre Mitarbeit und damit ihr Verbleiben in der Armee erforderlich. Witzleben konnte beide Offiziere zum Bleiben bewegen, und Tresckow sollte später noch eine führende Rolle im Widerstand übernehmen. Konkrete Angaben über die geplante Aktion machte Witzleben allerdings nicht.

Gegen Hitlers Kriegskurs – Die Putschvorbereitungen des Jahres 1938

Ohne Zweifel aber bezogen sich seine Andeutungen auf die bedrohliche Entwicklung, welche die Politik Hitlers seit April 1938 gegenüber der Tschechoslowakei genommen hatte. Hitlers immer deutlicher werdende Absicht, die »tschechische Frage« in Form einer militärischen Aktion zu lösen, war auf die Bedenken des Chefs des Generalstabes des Heeres, Ludwig Beck, gestoßen, der die Ausweitung einer solchen Aktion zu einem großen Krieg in Europa befürchtete, in dem Deutschland unterliegen müsse. Da Beck sich mit seinen Bedenken weder bei Brauchitsch noch bei Hitler durchsetzen konnte, trat er im August 1938 zurück. Sein Nachfolger, General Franz Halder, suchte über den jetzt unter Canaris in der »Abwehr« arbeitenden Oster eine Verbindung zu den oppositionellen Kräften, um eventuell mit Hilfe eines Putsches den Krieg zu verhindern. Neben Oster und Schacht griff Halder bei seinen Putschüberlegungen vor allem auf Witzleben zurück, da dieser – im Gegensatz zu ihm selbst – über Truppen verfügte. Vorbehaltlos stellte Witzleben sich zur Verfügung. Bei einem Treffen mit Schacht und dem damals im Ministerium des Innern arbeitenden Regierungsrat Gisevius versprach Witzleben, er werde aufs Ganze gehen, und das notfalls auch ohne Halder.

Künftig richtete Witzleben seine Vorbereitungen für den Putsch auf die Möglichkeit ein, daß dieser mit dem Einverständnis von Halder und Brauchitsch ausgelöst werden konnte. Da er aber beide in letzter Konsequenz nicht für absolut zuverlässig hielt, faßte er auch einen Putsch ins Auge, der ohne ihr Einverständnis erfolgen mußte. Gisevius hat Witzleben als einen Mann von »erfrischender Unkompliziertheit« beschrieben, der ganz in den ritterlichen Traditionen des preußischen Offizierkorps verwurzelt gewesen sei, vor allem aber keinen eigenen politischen Ehrgeiz entwickelt habe. So nahm Witzleben mit Graf Brockdorff-Ahlefeldt und mit Oberst von Hase Verbindung auf; denn diese sollten die ihm unterstellten Verbände beim Putsch in Berlin führen. Neben der Vorbereitung der militärischen Maßnahmen ließ Witzleben Gisevius in seinen eigenen Diensträumen unter dem Vorwand, dieser bearbeite Familienpapiere, die notwendigen polizeilichen Maßnahmen planen und überließ ihm unbekümmert die Schlüssel zu seinem Panzerschrank. Schließlich regte Witzleben bei dem ehemaligen Stahlhelmführer und Freikorpsangehörigen Friedrich-Wilhelm Heinz und bei Kapitänleutnant Liedig die Bildung eines Stoßtrupps an, der Hitler in der Reichskanzlei verhaften sollte. Den Abzug der Witzleben unterstellten 2. Division, die an die tschechische Grenze verlegt worden war, machte die Tatsache wett, daß eine »zufällig« im Thüringer Wald liegende Panzerdivision unter Generalmajor Hoeppner bereit stand, um der eventuell von München nach Berlin zur Unterstützung Hitlers herbeieilenden Leibstandarte der SS den Weg zu verlegen.

Hier ist nicht der Ort, die höchst unterschiedlichen Zukunftspläne der verschiedenen an den Putschvorbereitungen beteiligten Verschwörer darzustellen. Fest stand aber, daß Halder das Zeichen zum Beginn des Putsches erst geben wollte, wenn Hitler den erwarteten Angriffsbefehl gegen die Tschechoslowakei erteilt hatte. Völlig unerwartet lenkten die Westmächte nach einem für Hitler ganz unwillkommenen Vermittlungsversuch ein. Damit entfiel aber, wie Witzleben Gisevius deutlich machen mußte, die Voraussetzung für einen Putsch, da gegen einen am 29. September 1938 im sogenannten Münchener Abkommen diplomatisch siegreichen Hitler die Truppe wohl kaum vorgehen würde. Am folgenden Tage erklärten Chamberlain und Hitler in einer gemeinsamen Erklärung, Deutschland und England würden niemals mehr gegeneinander Krieg führen. Am 10. November 1938, also unmittelbar nach der »Reichskristallnacht«, trat Witzleben seinen neuen Posten als Oberbefehlshaber der Heeresgruppe 2 in Frankfurt am Main an.

Auf hohem Posten im Westen – in konsequenter Gegnerschaft zu Hitler

Jetzt war Witzleben von der Berliner Zentrale des Widerstandes getrennt, und doch wollte er nicht gänzlich untätig bleiben, zumal er in seinem Chef des Stabes, Generalmajor von Sodenstern, einen Vertrauten fand, der dem Nationalsozialismus ebenso distanziert gegenüberstand wie er selbst. Da beide Offiziere zur Zeit keine realisierbaren Möglichkeiten zu Maßnahmen gegen das Regime sahen, leisteten sie »Basisarbeit«, indem sie gleichgesinnte Offiziere suchten, mit deren Hilfe zuverlässige Truppenkommandeure gefunden werden konnten. In diesem Unterfangen zeigte sich eine besondere Tatbereitschaft und Originalität; Ziel dieser das bisherige Denken der oppositionellen Offiziere sprengenden Überlegungen war nicht – wie Klaus-Jürgen Müller herausgestellt hat – die Manipulation des Heeres gegen Hitler mit Hilfe des existierenden Befehlsmechanismus, die am 20. Juli 1944 versucht werden sollte, sondern das Revolutionieren eines kleinen Teils des Offizierkorps. Beide Offiziere gingen davon aus, daß ihnen dafür noch genügend Zeit zur Verfügung stehen würde; denn der in ihrem Befehlsbereich entstehende Sektor des Westwalls würde vor 1942 nicht voll verteidigungsfähig sein. Die wirkliche Funktion des Bauwerks in Hitlers Politik erschloß sich ihnen damals natürlich noch nicht. Schon am 19. Mai 1939 sprach Hitler Witzleben und Generalbauinspektor Dr. Todt in Efringen Dank und Anerkennung für die am Westwall geleistete Arbeit aus, auf dessen wirkliche Vollendung Hitler offenbar nicht mehr warten wollte, wie der Angriff auf Polen am 1. September 1939 zeigte.

Am gleichen Tage übernahm Witzleben im Westen den Oberbefehl über die 1. Armee, die zur Heeresgruppe C gehörte, die unter dem Oberbefehl von Generaloberst Ritter von Leeb stand. Sodenstern wurde Chef des Stabes der Heeresgruppe, und Witzleben erhielt dafür in Oberst im Generalstab Vincenz Müller einen ebenso klaren Regimegegner als neuen Chef seines Generalstabes.

Im Bereich seiner Armee, dem Saarabschnitt des Westwalls, stritt Witzleben sich besonders häufig mit dem Chef der Zivilverwaltung, dem früheren Gauleiter von Wien, Bürckel. Die einzelnen Anlässe sind uns unbekannt; Witzlebens Grundauffassung wird aber auch durch ein kleines Detail vom 12. Dezember 1939 deutlich. Ein Kreisleiter beabsichtigte, in einem der in der Westwallzone gelegenen Orte eine »spontane Volkskundgebung« gegen die Juden durchführen zu lassen. Der Kommandeur der zu Witzlebens Armee gehörenden 214. Infanteriedivision, Generalmajor Theodor Groppe, erließ daraufhin einen Divisionsbefehl, diese »Kundgebung« notfalls mit Waffengewalt zu verhindern, da er mit dem Übergreifen von Pogromen in den Grenzkreisen rechnen mußte. Witzleben, auf das »unrichtige« Verhalten Groppes angesprochen, befahl kurzerhand, im gesamten Befehlsbereich seiner Armee Ausschreitungen gegen Juden zu verhindern.

Der erfolgreich beendete Polenfeldzug ließ das Oberkommando des Heeres hoffen, die Ausweitung des Krieges nach Westen, wo bisher kaum gekämpft worden war, ließe sich auf diplomatischem Wege vermeiden. Eine im Auftrag Halders erstellte Denkschrift von Ende September 1939 legte dar, daß die Maginotlinie zur Zeit nicht vom deutschen Heer zu durchbrechen sei. Für den Fall, daß Hitler in jenen Tagen sowohl den Rücktritt Halders als auch Brauchitschs verlangt hätte, zeigt das Tagebuch Halders, daß beide Offiziere sich für Sodenstern als vorzuschlagenden Nachfolger Halders und für Witzleben als neuen Oberbefehlshaber des Heeres im Frieden entschlossen hatten. Hitler hielt jedoch beide Offiziere im Amt und entschied gegen ihre Bedenken, die Offensive im Westen zu planen. Witzlebens Vorgesetzter Ritter von Leeb richtete daher am 11. Oktober 1939 eine Denkschrift an Brauchitsch, die sich eindeutig gegen die geplante Offensive aussprach. Als Witzleben, der am 29. Oktober die Spange zu den beiden Eisernen Kreuzen erhalten hatte, am 1. November bei Leeb vorsprach, um seine Beförderung vom gleichen Tage zum Generaloberst zu melden, stellte Leeb, wie er seinem Tagebuch anvertraute, fest, daß auch Witzleben gegen einen

Angriff im Westen war. Wenige Tage später, am 23. November 1939, als Witzleben neben Dr. Todt und anderen in der Reichskanzlei das neue »Schutzwall-Ehrenzeichen« verliehen wurde, wußte Witzleben schon, daß der angebliche Schutzwall, der Westwall, bald in Richtung Westen in offensiver Absicht verlassen werden sollte.

Die Kontakte zwischen Witzleben im Westen und den Zentren des Widerstandes bei der »Abwehr« in Berlin und dem Oberkommando des Heeres in Zossen brachen in der Folgezeit keineswegs ab. Nach wie vor blieb Witzleben – wie der Diplomat von Hassell seinem Tagebuch im November 1939 anvertraute – der General, dem man am ehesten ein Handeln gegen Hitler zutraute. Als Halder nach dem 5. November 1939, an dem Hitler den Angriffstermin im Westen auf den 12. November festgelegt hatte (dieser Termin wurde dann noch neunundzwanzigmal verschoben), den Staatsstreich nun doch für undurchführbar hielt, entsandte Witzleben auf Bitten Osters, da er selbst seinen Gefechtsstand nicht verlassen konnte, sogar seinen Chef des Stabes, Müller, zu Halder, um diesem wieder Mut und einige konkrete Vorschläge zu machen. Doch Halder zog sich jetzt auf die unsichere Haltung seines Vorgesetzten Brauchitsch zurück. Am 23. November nutzte Witzleben seine Anwesenheit in Berlin, um mit Halder selbst zu sprechen. Jetzt kam auch für ihn die Einsicht, daß eine Aktion angesichts des bevorstehenden Westfeldzuges nicht mehr zur Debatte stand. Witzlebens Versuch, die Oberbefehlshaber der drei Heeresgruppen im Westen zu einem solidarischen Vorgehen gegen Hitlers Offensivabsicht zu vereinen, stellte sich als ebenso undurchführbar heraus wie die Absicht, Hitler bei einem Truppenbesuch im Westen einfach festnehmen zu lassen. Anfang 1940 reiste Witzleben noch einmal nach Berlin, um mit Halder zu überlegen, ob nicht einige Divisionen, die vom Westen nach Osten verlegt werden sollten, in Berlin »haltmachen« könnten. Eine solche Truppenverschiebung aber war inzwischen für den Generalstabschef unmöglich geworden. Für den Moment resignierend, fuhr Witzleben an die Westfront zurück.

Hier mußte sich Witzleben erneut vor den Kommandeur der 214. Infanteriedivision, Generalmajor Groppe, stellen. Ein Artikel des offiziellen Organs der SS, des »Schwarzen Korps«, hatte sich mit dem Erlaß Himmlers vom 28. Oktober 1939 befaßt, der – an die SS und an die Polizei gerichtet – gefordert hatte, daß Frauen und Mädchen auch außerhalb der Ehe Mütter der Kinder ins Feld ziehender Soldaten werden müßten, um den »Aderlaß des besten Blutes« durch den Krieg zu kompensieren. Der Artikel verglich nun das Mädchen, das sich dieser Verpflichtung entziehen wollte, mit einem fahnenflüchtigen Kriegsverweigerer. Zunächst hatte Groppe sich in einer Kommandeursbesprechung dahingehend geäußert, daß es im Jahr 1940 wohl nicht nur zu einer Entscheidung zwischen England und Deutschland, sondern – »nach dem, was ich Ihnen soeben vorgelesen habe« – zwischen Gott und dem Satan kommen müsse. Vor der Truppe aber hatte Groppe sogar ausgeführt: »Es ist eine Schweinerei, daß in einem christlichen Staate ein derartiger Befehl möglich ist.« Diese sofort Himmler zugetragene Bemerkung brachte Groppe in Schwierigkeiten mit dem Reichsführer der SS. Witzleben teilte seinem Vorgesetzten Leeb sogleich mit, daß er Groppes Verhalten billige! Für den Fall des von Himmler verlangten Prozesses gegen Groppe wegen Heimtücke drohte er mit der Niederlegung seines Kommandos. Leeb schloß sich dieser Drohung an, und Groppe entging dadurch dem Prozeß, nicht aber seiner Versetzung in die Führerreserve und der Haft nach dem 20. Juli 1944.

Am 10. Mai 1940 begann der so oft verschobene Angriff im Westen. Die Heeresgruppe C kam dabei erst in der zweiten Phase des Feldzuges, am 14. Juni, zum Einsatz. Ihr glückten der Durchbruch durch die Maginotlinie im Pfälzer Wald und im Vorfeld der Vogesen sowie der als schwierig angesehene Übergang über den Oberrhein. Die 1. Armee unter Witzleben durchstieß die Maginotlinie südlich von Saarbrücken bei St. Avold. Die erfolgreiche Operation der Heeresgruppe führte schließlich zur Kapitulation der französischen Heeresgruppe 2 unter General Prételat in den Vogesen und zu 700 000 Gefangenen. Nach dem Waffenstillstand mit Frankreich am 25. Juni 1940 erhielt Witzleben zwei Tage später das Ritterkreuz.

Am 19. Juli ernannte Hitler Witzleben, einen der dienstältesten Generale, zum Generalfeldmarschall. Die Überreichung des Marschallstabes erfolgte am 14. August 1940 in der Reichskanzlei. Die Beförderung von gleich zwölf Generalen zu Generalfeldmarschällen – eine ähnliche Massenbeförderung hatte nur Napoleon vorgenommen – signalisierte – wie Reinhard Stumpf es nennt – die »Verlaufbahnung« eines Titels, der, früher am Ende einer Offizierslaufbahn stehend, nunmehr in die aktive Dienstzeit hineingezogen wurde. Als Generalfeldmarschall konnte Witzleben jetzt nicht mehr entlassen werden, sondern mußte bis zu seinem Tode als aktiver Offizier in den Ranglisten geführt werden.

Am 26. Oktober übernahm Witzleben die in Frankreich neugebildete Heeresgruppe D. Als deren Oberbefehlshaber konnte er am 23. März 1941 in Vaux-le-Vicomte sein vierzigjähriges Dienstjubiläum feiern. Hitler telegraphierte ihm dazu: »Anläßlich der vierzigjährigen Wiederkehr des Tages, an dem Sie in die Deutsche Armee eintraten, gedenke ich Ihrer und danke Ihnen für die dem deutschen Heer geleisteten Dienste auf das herzlichste.« Witzleben antwortete: »Mein Führer! Bewegten Herzens danke ich aufrichtig für die anerkennenden Worte zu meinem vierzigjährigen Dienstjubiläum sowie für das von Oberst Schmundt überbrachte Bild [von Hitler]. Ich versichere Ihnen, mein Führer, auch weiterhin mein Bestes tun zu wollen, an welche Stellen Sie mich stellen mögen. Mit der Versicherung meiner tiefsten Dankbarkeit und Treue: Heil mein Führer!«

Am 1. Mai 1941 wurde Witzleben – wie von Halder schon seit August für den Fall des Abzuges von Leeb und Rundstedt nach Osten vorgesehen – Oberbefehlshaber West. Er hatte die Sicherung der von Deutschland besetzten Gebiete und die Einheitlichkeit der Befehlsführung bei Abwehrkampfhandlungen im Küstengebiet von Frankreich und Belgien zu gewährleisten. Hassell, der Witzleben im Januar 1942 in Paris besuchte, fand diesen älter aussehend als nötig. Tatsächlich ging es dem Generalfeldmarschall gesundheitlich nicht gut; er mußte sich bald einer Magenoperation unterziehen und wurde am 15. März 1942 in die Führerreserve versetzt. Hitler verabschiedete ihn im Beisein Halders am 30. März 1942 in der Reichskanzlei. Ein für den Generalfeldmarschall persönlich wohl einschneidenderes Ereignis aber war der Tod seiner Ehefrau am 15. März 1942.

Nach der Verabschiedung aus dem aktiven Dienst

Nach seiner Verabschiedung lebte Witzleben sehr zurückgezogen und erschien seiner Umgebung verbittert, mutlos und weltfremd. In Wirklichkeit hielt er den Kontakt zum

Widerstand über Oster, Major der Reserve Graf Lynar und Hauptmann Graf Schwerin aufrecht. Nach der Katastrophe von Stalingrad erklärte er sich bereit, im Falle eines Putsches das Oberkommando über die Wehrmacht zu übernehmen. Im Herbst 1943 unterzeichnete er unter anderem bereits den Befehl, der schließlich am 20. Juli 1944 unter der – um 16.30 Uhr ja schon fast als falsch erkannten – Prämisse: »Der Führer ist tot«, die vollziehende Gewalt auf ihn übertragen sollte. Am Nachmittag des 20. Juli fuhr Witzleben nach einem Anruf von Graf Schwerin, wie besprochen, nach Zossen zum Oberkommando des Heeres, wo ihm General Wagner wenig Konkretes über den Erfolg des Attentats auf Hitler und den Stand des Putsches mitteilen konnte. Um 18.45 Uhr kam über den Deutschlandsender die Nachricht, Hitler sei nur leicht verletzt. Witzleben fuhr jetzt nach Berlin und traf dort gegen 19.30 Uhr in der Bendlerstraße im Kriegsministerium ein. Dort hat er sich nur etwa 45 Minuten aufgehalten. Nach der Begrüßung Stauffenbergs mit den Worten: »Schöne Schweinerei, das«, scheint er Beck und Stauffenberg mit seiner schonungslosen Kritik über den bisherigen Ablauf des Staatsstreiches konfrontiert zu haben, den er – zu Recht – bereits für gescheitert ansah. Um 20.15 Uhr verließ Witzleben zornig die Bendlerstraße. Nach einem Abstecher über Zossen, wo er Wagner, der am 23. Juli Selbstmord beging, informierte, fuhr er zurück nach Seese auf das Gut seines Freundes Lynar. Dort erwartete er in aller Ruhe seine am folgenden Tage eintreffenden Häscher.

Ein aus Feldmarschällen und Generalen zusammengesetzter »Ehrenhof« stieß Generalfeldmarschall Erwin von Witzleben am 4. August aus der Wehrmacht aus. Geschwächt, aber nicht ohne Würde mußte er am 8. August 1944 vor dem Volksgerichtshof die Anschuldigungen Freislers über sich ergehen lassen. Das Todesurteil wurde noch am gleichen Tage in der Strafanstalt Plötzensee durch Erhängen vollstreckt.

Quellen

Nachlaß N 228, Erwin von Witzleben. Bundesarchiv–Militärarchiv. Deulig Tonwoche, Nr. 137 (1934), und Propagandafilm »Verräter vor dem Volksgerichtshof«, Rolle 2, beide im Bundesarchiv–Filmarchiv.

Gedruckte Quellen und Literatur

DEUTSCH, HAROLD C.: *Das Komplott oder die Entmachtung der Generale. Blomberg- und Fritsch-Krise. Hitlers Weg zum Krieg.* Konstanz 1974.

GISEVIUS, HANS BERND: *Bis zum bitteren Ende.* Zürich 1954.

GROPPE, THEODOR: *Ein Kampf um Recht und Sitte, Erlebnisse um Wehrmacht, Partei, Gestapo.* Trier ²1959.

HALDER, FRANZ: *Kriegstagebuch. Tägliche Aufzeichnungen des Chefs des Generalstabes des Heeres 1939–1942.* Hrsg. vom Arbeitskreis für Wehrforschung. Bearbeitet von Hans-Adolf Jacobsen und Alfred Philipp. 3 Bde., Stuttgart 1962–1964.

HASSELL, ULRICH V.: *Vom anderen Deutschland. Aus den nachgelassenen Tagebüchern 1938–1944.* Frankfurt 1946.

LEEB, RITTER V.: *Tagebuchaufzeichnungen und Lagebeurteilungen aus zwei Weltkriegen.* Aus dem Nachlaß herausgegeben und mit einem Lebensabriß versehen von Georg Meyer. Stuttgart 1976.

MANSTEIN, ERICH V.: *Aus einem Soldatenleben 1887–1939.* Bonn 1958.

MOLL, OTTO E.: *Die deutschen Generalfeldmarschälle 1935–1945*. Bearbeitet v. Wolfgang W. Marek. Rastatt 1961.

MÜLLER, KLAUS-JÜRGEN: *Das Heer und Hitler. Armee und nationalsozialistisches Regime 1933–1940*. Stuttgart 1969.

SCHACHT, HJALMAR: *Abrechnung mit Hitler*. Hamburg 1948.

SCHEURIG, BODO: *Henning von Tresckow. Eine Biographie*. Oldenburg/Hamburg ²1973.

STUMPF, REINHARD: *Die Wehrmachtelite. Rang- und Herkunftsstruktur der deutschen Generale und Admirale 1933–1945*. Boppard 1982.

WAGNER, ELISABETH: *Der Generalquartiermeister. Briefe und Tagebuchaufzeichnungen des Generalquartiermeisters des Heeres General der Artillerie Eduard Wagner*. München 1963.

AXEL FROHN

Peter Graf Yorck von Wartenburg

Mitte Januar 1940, nach seiner Begegnung mit Peter Graf Yorck von Wartenburg in Berlin, schrieb Helmuth von Moltke seiner Frau, er glaube, Peter Yorck und er hätten sich sehr gut verständigt, und er würde ihn künftig »wohl öfters sehen«. Offenbar stimmten die beiden Gegner des nationalsozialistischen Regimes in ihren Auffassungen so weit überein, daß sie fortan in ständiger Verbindung blieben. Sie korrespondierten miteinander und trafen sich sooft wie möglich. Dabei machten sie sich wechselseitig mit dem Freundeskreis des Partners bekannt – überzeugt von seiner Vertrauenswürdigkeit – und erweiterten auf diese Weise den Rahmen ihrer politischen Diskussionen. So bildete sich in der Zeit von Anfang 1940 bis zum Herbst 1941 um Moltke und Yorck jene Oppositionsgruppe heraus, die später nach dem Landgut Moltkes als »Kreisauer Kreis« bezeichnet wurde.

Aus preußischem Adel: Herkunft, Jugend, Werdegang

Wie Moltke stammte auch Yorck aus einer in der preußischen Geschichte berühmt gewordenen Familie. Sein Ururgroßvater war der aus kaschubischem Kleinadel stammende General (ab 1821 Feldmarschall) Johannes David Ludwig von Yorck, der 1812 ohne die Billigung seines Königs mit dem russischen General Diebitsch die Konvention von Tauroggen geschlossen und damit die Erhebung Preußens gegen Napoleon I. eingeleitet hatte. Wegen seiner militärischen Verdienste wurde er in den Grafenstand erhoben und seinem Namen der Gefechtsort Wartenburg beigefügt, wo er 1813 gegen französische Truppen den Elbübergang erzwungen hatte. Außerdem übereignete ihm der preußische König das schlesische Gut Klein-Oels, eine frühere Malteser-Kommende von gut 3000 Hektar. Das ebenfalls im Kreis Ohlau gelegene Gut Kauern wurde 1823 erworben, so daß die Familie Yorck fortan zu den größten Gutsbesitzern in Schlesien gehörte.

Ein Christentum lutherischer Prägung und das Interesse an Literatur, insbesondere an den Schriftstellern der griechischen Antike, an Kunst und Wissenschaften prägten die geistige Atmosphäre im Hause Yorck. Die in Schlesien einzigartige Bibliothek auf Schloß Klein-Oels umfaßte etwa 150000 Bände. Joachim Ringelnatz war hier einige Zeit Bibliothekar. Jeder Künstler von Rang, der nach Breslau kam, ließ sich bei Yorck einführen. Liszt und Anton Rubinstein spielten im Breslauer Haus der Yorcks, Schelling und Tieck, Varnhagen und Hegel gehörten zum Freundeskreis der Familie, später Wilhelm Dilthey, der in regem philosophischem Gedankenaustausch mit Paul Yorck stand.

YORCK VON WARTENBURG, PETER GRAF
geb. am 13. 11. 1904 in Klein-Oels;
hingerichtet am 8. 8. 1944.

Die Yorcks waren loyale, aber immer selbstbewußte und unabhängige Untertanen der Krone Preußens. Als Wilhelm II. 1899 fünf Landräte entließ, weil sie im preußischen Abgeordnetenhaus gegen seine Vorlage über den Bau des Mittellandkanals gestimmt hatten, nahm Heinrich Yorck, Peters Vater, aus Protest den Abschied als schlesischer Landrat, wobei er sich als »Seiner Majestät untertänigste Opposition« bezeichnete. In einem Artikel aus dem Jahr 1920 schrieb er, bezogen auf Bismarck, doch auch seine eigene Auffassung charakterisierend: »Herrschen ist Dienen (recht eigentlich politisches Luthertum), Eigentum ist nicht Möglichkeit des Genusses (Comfort), nicht persönliche Macht, sondern ein höchstes Kulturgut, zu verwalten im Interesse der Allgemeinheit. Das Einzelvermögen ist Funktion der staatlichen Gesamtmacht. So berechtigt das Eigentum nicht nur, sondern es verpflichtet.«

Peter Yorck wurde am 13. November 1904 in Klein-Oels geboren. Seine Mutter, eine geborene von Berlichingen aus Schwaben, widmete sich ganz ihrer Familie, zu der außer Peter noch drei Söhne und sechs Töchter gehörten. Peter war der zweitälteste Sohn, was für ihn wegen der Majoratsgesetze, nach denen sein älterer Bruder den Familienbesitz erbte, die Wahl eines bürgerlichen Berufs zur Folge hatte.

Bis zur Obersekunda erhielt er Privatunterricht zu Hause; danach wurde er von seinen Eltern von 1920 bis 1922 in die Klosterschule Roßleben in Thüringen geschickt. Er bestand das Abitur als einer der Besten und studierte danach an der Universität Bonn Rechts- und Staatswissenschaften. Hier trat er in das exklusive Corps Borussia ein, dem Kronprinz Wilhelm angehört hatte. Das Referendar-, Doktor- und Assessorexamen legte er in Breslau ab.

Wie auf viele seiner Altersgenossen übten die Jugendbewegung, die Arbeitslager für Studenten, Bauern und Arbeiter und der religiöse Sozialismus insbesondere während der Studienjahre in Breslau prägenden Einfluß auf Peter Yorck aus. Der Protest der Jugendbewegung richtete sich vor allem gegen die Aushöhlung des sozialen und geistigen Lebens durch die Technik, gegen die Herrschaft »materialistischer Nutzvorstellungen«, gegen den »Geist der Großstädte«, gegen die besinnungslose »Hast« des modernen Lebens, aber auch gegen einen als oberflächlich und veräußerlicht empfundenen »bürgerlichen Lebensstil«; sie kritisierte die »Vermassung« als soziale Konsequenz der Hochindustrialisierung und suchte nach Wegen, das »Massedasein« zu überwinden.

Die Auswirkungen des Ersten Weltkriegs ließen den Gegensatz zwischen traditioneller Sozialordnung und nivellierter Massengesellschaft auch in Schlesien stark hervortreten. Aufgrund der Entscheidung des Völkerbundrates vom Oktober 1921 war Oberschlesien geteilt worden, wobei das Industriegebiet fast ganz an Polen gefallen war. Die verbliebene Industrie war veraltet, und es herrschte chronische Arbeitslosigkeit, die sich durch den Zustrom von Flüchtlingen aus den nunmehr polnischen Gebieten noch vergrößerte. In dieser Situation boten die Löwenberger Arbeitslager der an sich apolitischen Jugendbewegung in Schlesien die Gelegenheit, sich – über eine vielfach nur unverbindliche allgemeine Zivilisationskritik hinaus – mit den drängenden sozialen, politischen und weltanschaulichen Problemen der Gegenwart auseinanderzusetzen.

An jedem dieser Lager nahmen Mitglieder der Schlesischen Jungmannschaft, Vertreter der christlichen und sozialistischen Arbeiterjugend, der Jungbauern und der Studentenschaft teil. Während jedes Arbeitslagers fanden Begegnungen mit Regierungsbeamten, Industriellen und Spitzenfunktionären der Gewerkschaften und anderer Verbände statt, nicht zuletzt, um die Zusammenarbeit der jüngeren und der älteren Generation zu fördern. Zu den Themen, die in den Arbeitslagern gemeinsam diskutiert wurden, gehörten »Nachwuchserziehung in Industrie und Landwirtschaft«, das Problem der Landflucht, die »Stellung des Akademikers in Volk und Staat«. Ergebnis des im März 1928 durchgeführten Lagers sollte es sein, Richtlinien für den Versuch aufzustellen, »im Landeshuter, Waldenburger, Neuroder Revier ›Industrievolk‹ zu gestalten«. Mehrere der Personen, die sich später zum Kreisauer Kreis zusammenschlossen, wirkten an der Vorbereitung und der Veranstaltung der Lager mit, vor allem Helmuth von Moltke und Horst von Einsiedel, Carl Dietrich von Trotha, Adolf Reichwein, Hans Peters und – als besonders engagierter Diskussionsteilnehmer – Yorck von Wartenburg.

Zielten die Initiatoren der Löwenberger Arbeitslager darauf ab, eine »gänzlich neue Art sozialer Gemeinschaft« zu entwickeln, in der nicht der Gegensatz zwischen den Klassen, sondern die »Zugehörigkeit zum Volksganzen« das Bewußtsein des Arbeiters bestimmen sollte, so trat der Theologe und Philosoph Paul Tillich in seinen Schriften zum Religiösen Sozialismus mit vergleichbarer Intention für eine künftige Verbindung von Christentum und sozialistischer Gesellschaftsordnung ein. Nach seiner Auffassung forderte die »Ethik der christlichen Liebe ... eine neue Ordnung, in welcher das Bewußtsein der Gemeinschaft das Fundament des gesellschaftlichen Aufbaus« sein sollte. Auch mit diesen Gedanken setzte sich Peter Yorck auseinander.

Inzwischen hatte er Anfang 1928 auf einem schlesischen Gut seine spätere Frau kennengelernt. Marion Winter, damals Jurastudentin, war die Tochter eines Oberregierungsrats im preußischen Kultusministerium. Nach dem Abschluß ihres Studiums mit der Promotion fand im Mai 1930 die Hochzeit statt. Marion und Peter Yorck wohnten zeitweilig in Breslau, später in Berlin, in den Ferien zumeist in Kauern. Ihr Berliner Domizil, ein kleines Reihenhaus auf der Hortensienstraße Nr. 50 in Lichterfelde, wurde zu einem der wichtigen Treffpunkte des Widerstands. An zahlreichen Beratungen, die hier stattfanden, nahm Marion Yorck teil.

Nach einer Tätigkeit als Gerichtsassessor bei den Amtsgerichten Wansen und Oppeln in Schlesien schlug Peter Yorck die Verwaltungslaufbahn ein und wechselte in die Behörde des Kommissars für die Osthilfe in Berlin, die sich vor allem mit Maßnahmen zur Entschuldung der Landwirtschaft in den ostelbischen Gebieten des Reiches befaßte. Im April 1934 kam er an das Oberpräsidium nach Breslau, wo er ein Jahr später zum Regierungsrat ernannt wurde. Oberpräsident war zu dieser Zeit Josef Wagner, der Gauleiter der NSDAP von Nieder- und Oberschlesien, der allerdings die Tüchtigkeit seiner Untergebenen höher einschätzte als ihre Parteimitgliedschaft. Am Oberpräsidium bearbeitete Yorck Landwirtschafts- und Preisfragen. Er galt als ein hervorragender Verwaltungsbeamter mit einem ausgeprägten Sinn für wirtschaftliche Zusammenhänge.

Im Herbst 1936, nach dem Rücktritt Goerdelers, wurde Wagner zum Reichskommissar für die Preisbildung bestellt. Als einen der ersten Beamten aus Breslau holte er Peter Yorck nach Berlin. Er erhielt die Aufgabe, bei der Organisation der Zentralbehörde und der ihr nachgeordneten Preisbildungs- und Preisüberwachungsstellen mitzuwirken und Grundsatzangelegenheiten zu bearbeiten. Dazu gehörte die Festsetzung der Preise für landwirtschaftliche Produkte. In diesem Bereich verfuhr Yorck recht zurückhaltend, um die Verteuerung der Lebensmittel für die Bevölkerung zu vermeiden, obgleich er seiner Herkunft nach für die Interessen der Landwirtschaft sicherlich großes Verständnis hatte.

Von der politischen Rechten zum Bruch mit dem Nationalsozialismus

Wie er 1944 vor dem Volksgerichtshof aussagte, entschied sich Peter Yorck – wie es in den agrarisch-ostelbischen Gebieten in den zwanziger Jahren durchaus üblich war – bei Reichstagswahlen für die Deutschnationale Volkspartei. Unter diesem Namen hatten sich nach dem Ersten Weltkrieg Deutsch-Konservative, Frei-Konservative, Christlich-Soziale und Deutsch-Völkische zusammengeschlossen. Hinter dieser Partei standen auch die antisemitisch eingestellten Alldeutschen und große Teile des kirchlichen Protestantismus, namentlich des Luthertums. Zunächst erkannte die DNVP, den neuen Verhältnissen zumindest verbal Rechnung tragend, das parlamentarische Regierungssystem als Basis ihrer politischen Wirksamkeit an. Erst 1928, als Alfred Hugenberg die Führung der Partei übernahm, wandte sie sich radikal von der Republik ab. Später wählte Yorck die nationalsozialistische Partei, wobei ihre Gegnerschaft zu den Bestimmungen des Versailler Vertrags vermutlich eine Rolle spielte. Beigetreten ist er aber weder der NSDAP noch einer ihrer Gliederungen. Aus diesem Grund kam er über die 1938 erreichte Position eines Oberregierungsrats nicht hinaus, obwohl sich Preiskommissar Wagner mehrfach für seine Beförderung einsetzte.

In den Jahren nach der Machtergreifung wandte sich Yorck allmählich immer stärker vom Nationalsozialismus ab. Dies mag zunächst weniger eine Frage der politischen Gesinnung als eine Frage seines persönlichen Stilgefühls gewesen sein, auf das die leichtfertige und zynische Verletzung bis dahin üblicher gesellschaftlicher Formen durch die nationalsozialistischen Amtsträger abstoßend wirkte, zumal sie sich mit Unfähigkeit und Korruption verband. Außerdem lehnte er die zentralistische Politik der Nationalsozialisten ebenso ab wie ihr ineffizientes System der Wirtschaftslenkung.

Ausschlaggebend für den innerlichen Bruch mit dem Nationalsozialismus wurden für Yorck jedoch die Rechtlosigkeit im nationalsozialistischen Staat, die Verbrechen und die Gewaltpolitik der Machthaber. Eine wichtige Rolle spielten dabei die »über die Nürnberger Gesetze hinausgehenden Ausrottungsmaßnahmen gegen das Judentum«, zumal sie das Ansehen des Deutschen Reiches im Ausland verletzten. Später kam »das Vorgehen, welches wir teilweise in den besetzten Gebieten an den Tag legten«, hinzu. Zum unmittelbaren Anlaß für Yorcks Opposition gegen das nationalsozialistische Regime wurden jedoch die Eindrücke, die er auf einer Dienstreise in das Sudetenland sammelte, die er 1938 unternahm, wenige Tage nach der Münchener Konferenz und dem Einmarsch deutscher Truppen in die Tschechoslowakei. »Das treibt absolut in das imperialistische Denken«, bemerkte er nach seiner Rückkehr gegenüber einem Freund. »Dem muß baldigst entgegengetreten werden.«

Ende 1938 ergriff Yorck die Initiative zu Zusammenkünften von einigen Freunden und Verwandten in seinem Haus, bei denen die Lage in Deutschland beraten und die Zukunftsaussichten erörtert werden sollten. Außer Yorck und seiner Frau gehörten zu diesem später als »Grafengruppe« bezeichneten Kreis der Regierungspräsident Fritz-

Dietlof Graf von der Schulenburg und dessen Frau Charlotte, Oberstleutnant a.D. Nikolaus Graf von Uexküll, ein Kollege Yorcks im Preiskommissariat, der Industrielle Caesar von Hofacker, Legationsrat Albrecht von Kessel, der Ministerialrat im Reichsinnenministerium Otto Ehrensberger und gelegentlich auch der Jurist Berthold Schenk Graf von Stauffenberg, ein Bruder des späteren Attentäters. Als der Kreis zum erstenmal zusammentraf, standen alle noch unter dem Eindruck des Judenpogroms der »Reichskristallnacht« vom 9./10. November 1938. Hauptgesprächsthemen waren der Sturz Hitlers und die Grundsätze für eine neue Reichsverfassung. Die Pläne sahen einen bundesstaatlichen Reichsaufbau (unter Einschluß Österreichs und des Sudetenlandes) vor, eine mit eng begrenzten Rechten ausgestattete zentrale Reichsregierung, eine weitgehende Zuständigkeitsverlagerung auf die Länder sowie eine verstärkte Selbstverwaltung in den Provinzen, Kreisen und Gemeinden; Wirtschaftsführung und -vertretung sollten nach dem Ständeprinzip erfolgen. Da aus Sicherheitsgründen keine Aufzeichnungen angefertigt wurden, sind nähere Einzelheiten über den Inhalt und die Ergebnisse dieser Gespräche nicht bekannt.

Der Beginn des Krieges am 1. September 1939 unterbrach zunächst die Zusammenkünfte. Yorck nahm als Leutnant der Reserve und Adjutant einer Panzerabteilung am Feldzug in Polen teil. Hier fiel sein jüngerer Bruder Hans, später in der Sowjetunion dann Heinrich, der jüngste der Brüder. Ihr Verlust führte Peter Yorck zu schwermütigen Betrachtungen über den Sinn solchen Sterbens: »Was ist es denn, wofür sie kämpfend starben? Ist es der Geist, der unsere Heere führt? Und liegt der Sinn dieses grauenvollen Krieges wirklich nur darin, das Nationalitätenprinzip neu zu bestätigen, das 150 Jahre Europas Geschichte bestimmte, in der aber zugleich das Abendland sein Gesicht verlor? Die Werte, die sie zu lieben trachteten und für die sie starben, liegen in tieferem Grunde und auf höherer Ebene.«

Der Tod der beiden Brüder festigte nicht nur Peter Yorcks Bindung an Religion und Kirche, sondern stärkte auch seine politische Entschlußkraft; nicht weniger trugen die Greuel in den besetzten Gebieten, von denen er Kenntnis erhielt, und das recht- und gesetzlose Handeln der nationalsozialistischen Staatsführung dazu bei. »Die offizielle Aufgabe des Rechtes als der Ordnung des Volkslebens ist eben noch eindrucksvoller als seine Beugung und sein Bruch, den man mit Staatsraison zu entschuldigen nur zu leicht geneigt war«, schrieb er im Frühjahr 1942 in einem Brief an seinen Freund Heinrich Graf Luckner. »Es gibt jetzt auch hier nur ein klares Entweder–Oder und dieses vor eine Entscheidung gestellt sein läßt alle Menschen nach dem Stand ihrer Sensibilität und Geistigkeit unterschieden sich daraufhin prüfen, inwieweit das Recht für sie noch ein lebendiger und integrierender Teil des Gemeinschaftslebens ist... Es ist merkwürdig, wie man getrieben wird, Klarheit zu schaffen... Wenn die Menschen die erste Alternative nicht sehen oder sich ihr beugen, schon werden sie vor eine zweite gestellt. So werden sie gezwungen, doch einmal ihren Standort festzulegen.«

Im Kreisauer Kreis

Seit ihrer Begegnung im Januar 1940 trafen sich Moltke und Yorck häufiger. Als sich im Verlauf eines Diskussionsabends am 4. Juni 1940 das Problem einer Definition des »gerechten Staates« stellte, nahm Moltke dies zum Anlaß einer grundsätzlichen Klärung der gemeinsamen politischen Ausgangsposition. In einem Briefwechsel, der sich bis Mitte November 1940 hinzog, versuchte er im Austausch mit Yorck, die »Grundlagen einer positiven Staatslehre« zu formulieren, das heißt die Prinzipien, nach denen der Staat nach dem Zusammenbruch des Hitler-Regimes erneuert werden sollte. Fühlten sie sich »von dem Umschwung auch noch so weit entfernt wie Voltaire von der Französischen Revolution«, so zweifelten sie doch nicht am Untergang des Nationalsozialismus, mochte Hitler nach dem erfolgreichen Westfeldzug im Sommer 1940 auch auf dem Höhepunkt seiner Macht stehen.

Den Inhalt des Begriffs »Staat« suchten Moltke und Yorck in den Beziehungen des Staates zum einzelnen, zur Wirtschaft und zum Glauben zu fassen. Den Sinn des Staates sahen sie in Anlehnung an Kant darin, »Menschen die Freiheit zu verschaffen«, das heißt, ihnen die Möglichkeit zu geben, den kategorischen Imperativ, das auf Vernunft gegründete Sittengesetz zu praktizieren und so zur Verwirklichung der »natürlichen Ordnung« beizutragen. Die wirtschaftliche Aufgabe des Staates bestand nach ihrer Auffassung in der »Verteilung des wirtschaftlichen Ergebnisses«, nicht nur um allen »die Beschaffung der notwendigen Lebensgüter zu ermöglichen«, sondern auch, um »zu verhindern, daß Einzelne sich einen ungerechten Anteil an den überschüssigen Lebensgütern verschaffen . . . oder zur Herstellung von wirtschaftlichen Herrschaftsverhältnissen mißbrauchen«. Beherrscht wurde der Briefwechsel zwischen Moltke und Yorck von Überlegungen zum Verhältnis zwischen Staat und Glauben. Sah man im Staat eine moralische Persönlichkeit, so war man nach Moltkes Ansicht »auf einem Wege, der über Hegel zur Vergottung des Staates führt«. Daher kamen sie zu dem Standpunkt, daß es »keine theologische Lehre vom Staat, sondern nur eine solche vom Menschen im Staat« gebe, folglich auch keinen christlichen Staat, sondern nur den christlichen Staatsmann.

Unterdessen hatte Yorck mehrere Mitglieder des Kreises kennengelernt, den Moltke seit 1938 um sich gesammelt hatte: Carl Dietrich von Trotha und Horst von Einsiedel, die Moltke aus der Zeit der Löwenberger Arbeitslager kannte, gehörten dazu sowie der Pädagoge Adolf Reichwein, ferner der ehemalige Oberpräsident Oberschlesiens Hans Lukaschek und Otto Heinrich von der Gablentz, ein Fachmann für Fragen der Wirtschaftsverwaltung. Bis zum Herbst 1941 kamen unter anderen noch Theodor Steltzer, der bis 1933 Landrat in Schleswig-Holstein gewesen war, und der Staatsrechtler Hans Peters hinzu, der Jurist Paulus van Husen, Pfarrer Harald Poelchau sowie Adam von Trott zu Solz und Hans-Bernd von Haeften, die beide dem Auswärtigen Amt angehörten. Außerdem konnte Moltke die sozialdemokratischen Arbeiterführer Carlo Mierendorff und Theo Haubach für die Mitarbeit gewinnen, die wiederum Kontakte mit dem Gewerkschafter Wilhelm Leuschner und dem früheren Reichstagsabgeordneten der SPD Julius Leber herstellten. Wesentlichen Anteil an den Beratungen des Kreises hatten auch Repräsentanten der beiden großen christlichen Kirchen, die Jesuitenpatres Rösch, Delp und König, die über gute Verbindungen zu verschiedenen katholischen Bischöfen verfügten, und Eugen Gerstenmaier, der als Konsistorialrat im Kirchlichen Außenamt der evangelischen Kirche tätig war und Moltke mit dem württembergischen Landesbischof Wurm zusammenbrachte. Außer den genannten Personen, der Kerngruppe des Kreisauer Kreises, gab es noch eine Reihe weiterer Mitarbeiter, von denen aus Sicherheitsgründen jedoch immer nur eine begrenzte

Anzahl zu den einzelnen Beratungen hinzugezogen wurde. Nur Moltke und Yorck waren über alle Kontakte informiert.

Die Aufgabe des Kreisauer Kreises umriß Moltke, so wird berichtet, einmal sinngemäß mit den Worten, es gehe darum, »den Nationalsozialismus innerlich zu überwinden, die geistige Grundlage zu schaffen, auf der das Zusammenleben des deutschen Volkes sich neu entwickeln und eine zukünftige Regierung aufbauen könne. Schließlich gelte es, sich zum Einspringen bereit zu machen, wenn bei dem Zusammenbruch des Regimes ein Vakuum entstünde.« Peter Yorck teilte diese Auffassung, doch sah er die Tätigkeit des Kreises auch noch unter einem anderen Aspekt: ». . . wenn wir uns einbilden, etwas ähnliches wie eine Elite zu sein oder eine Führungsaufgabe zu haben«, bemerkte er gegenüber Hans Christoph von Stauffenberg, »dann haben wir versagt und zwar dem einfachen Manne, dem Arbeiter gegenüber, denn sonst hätte das Dritte Reich nicht passieren dürfen. Wir haben eine Schuld gutzumachen am deutschen Arbeiter, deshalb müssen wir dieses Regime beseitigen.«

Im Verlauf einer Debatte im Oktober 1941 warf Adam von Trott die »Frage der Berechtigung, sich über den Staatsaufbau Gedanken zu machen«, auf. Das von ihm angesprochene Problem der Legitimität ihres Planens wurde jedoch nicht vertieft diskutiert. Als Mitglieder einer neuen, offenen Elite, aufgrund ihrer sozialen Stellung, ihres politischen Verantwortungsbewußtseins und ihres persönlichen, letztlich ethisch begründeten Einsatzes fühlten sich die Kreisauer berechtigt, im Falle des Umsturzes politische Verantwortung zu übernehmen. Dabei war nicht an die Bildung einer Regierung, sondern nur an die treuhandschaftliche Wahrnehmung der Staatsgewalt gedacht, wie die Verwendung der Begriffe »Reichs-« und »Landesverweser« zum Ausdruck brachte. Wurde über das Verhältnis dieser Elite zur politischen Führung auch nichts ausgesagt, so mußte ihre Aufgabe fraglos darin bestehen, das politische und soziale Leben geistig und religiös zu durchdringen. Um so weniger wollte und sollte sie sich dem Verdacht aussetzen, politische Führungsposten zu erstreben. So wehrte Yorck entschieden ab, als Stauffenberg ihm im Juni 1944 die Übernahme des Amts des Staatssekretärs in der Reichskanzlei antragen wollte. Im Abschiedsbrief an seine Mutter schrieb Yorck: »Dich darf ich versichern, daß kein ehrgeiziger Gedanke, keine Lust an der Macht mein Handeln bestimmte. Es waren lediglich meine vaterländischen Gefühle, die Sorge um mein Deutschland, wie es in den letzten zwei Jahrtausenden gewachsen ist, das Bemühen um seine innere und äußere Entwicklung, die mein Handeln bestimmten.«

Konzeptionen für Deutschland und Europa: die Arbeit der Kreisauer

Die Grundauffassungen des Kreisauer Kreises wurden nach zahlreichen Vorgesprächen im Verlauf mehrerer kleinerer und größerer »Tagungen« formuliert. Einige der Zusammenkünfte fanden auf dem Gut Groß-Behnitz der Familie von Borsig in der Nähe von Berlin statt und waren der Diskussion agrarpolitischer Themen vorbehalten. Daß daran großes Interesse bestand, erklärt sich aus dem großagrarischen Milieu, dem die Initiatoren des Kreises entstammten, aus der fatalen Wirtschaftslage, in der sich insbesondere der ostelbische Großgrundbesitz seit dem Ende des Ersten Weltkriegs befand, und aus der engen Beziehung, die zwischen Fragen der Agrarpolitik und dem staatlichen Aufbau gesehen wurde. Bei einigen Kreisauern verband sich dabei die neoromantische Idealisierung des »natürlichen Landlebens« mit einer ablehnenden Haltung gegenüber der »Technisierung der Landwirtschaft«. Übereinstimmung herrschte darüber, daß Maßnahmen zur Bekämpfung der Landflucht notwendig waren. Dazu sollten Verbesserungen der materiellen und kulturellen Lebensbedingungen der Landbevölkerung dienen. Auch das Thema einer Bodenreform wurde angesprochen, wobei sich Bestrebungen abzeichneten, einen umfangreichen bäuerlichen Mittelbesitz zu schaffen. Moltke und Yorck hielten sich bei der Diskussion dieser Fragen, wie es scheint, zurück. »Peter und ich«, schrieb Moltke, »sind ganz einfach disqualifiziert, darüber zu reden, weil wir unzweifelhaft Interessenten sind.«

Die größeren Zusammenkünfte fanden im Mai und im Oktober 1942 und im Juni 1943 in Kreisau statt. Hier wurden die Grundsatzerklärungen des Kreises über den Staatsaufbau, das Verhältnis von Kirche und Staat, über Erziehungsfragen und Hochschulreform, den Wirtschaftsaufbau, die Außenpolitik und die Bestrafung der Kriegsverbrecher verfaßt. Yorck nahm an allen drei Zusammenkünften teil, und die hier entstandenen Schriftstücke gehen mit auf seine Vorstellungen zurück.

Einen präzisen Verfassungsentwurf enthalten die Kreisauer Dokumente nicht, doch lassen sich einige der Prinzipien erkennen, nach denen der künftige Staatsaufbau erfolgen sollte. Im Mittelpunkt der Überlegungen stand – im Gegensatz zum Anspruch des totalitären Staates »auf den ganzen Menschen«, aber auch in bewußter Abkehr vom liberalen Individualismus – die »gemeinschaftsgebundene Person«. Eine wichtige Rolle spielte das Prinzip der Selbstverwaltung, das den Reformplänen des Freiherrn vom Stein entlehnt war, und der Subsidiarität, der Eigenverantwortung der »kleinen Gemeinschaften«. »Gegenüber der großen Gemeinschaft, dem Staat, oder etwaigen noch größeren Gemeinschaften«, schrieb Moltke, »wird nur der das rechte Verantwortungsgefühl haben, der in kleineren Gemeinschaften in irgendeiner Form an der Verantwortung mitträgt, andernfalls entwickelt sich bei denen, die nur regiert werden, das Gefühl, daß sie am Geschehen unbeteiligt und nicht dafür verantwortlich sind, und bei denen, die nur regieren, das Gefühl, daß sie niemandem Verantwortung schuldig sind als der Klasse der Regierenden.« Zurückgedrängt werden sollten die egalitären und plebiszitären Komponenten des demokratischen Systems, während die politische Willensbildung, bei der eine verantwortliche Mitwirkung von Parteien nicht angestrebt wurde, in den überschaubaren Bereich der lokalen und kommunalen Selbstverwaltung verlagert werden sollte. Charakteristisch für das verfassungspolitische Denken in Kreisau war mithin der Staatsaufbau von unten, der auch in der vorgesehenen starken Föderalisierung Deutschlands zum Ausdruck kam.

Die Kritik an den sozialen Auswirkungen der Industrialisierung, an der »Entseelung des Arbeitsprozesses«, an der »Entpersönlichung« des Menschen oder auch an dem als »Entfremdung« zu beschreibenden Sachverhalt führte bei den Kreisauern zu einer Verknüpfung konservativer Reformideen mit sozialistischen Gedankengängen. Yorck bezeichnete die angestrebte Symbiose mit dem Schlagwort »personalistischer Sozialismus«. Die Forderung nach der Verstaatlichung der Schlüsselunternehmen kehrte in mehreren Denkschriften und Grundsatzerklärungen wieder. In der ersten Fassung der Moltkeschen Denkschrift »Ausgangslage, Ziele und Aufgaben« von 1941 hieß es noch etwas umständlich, wenn auch differenzierter: »Die nichtfunktionellen Rechte an allen

Produktionsmitteln sind weiter einzuengen, ohne die Freude an Verantwortung und Initiative zu nehmen«; Yorck bemerkte zu dieser Stelle lapidar: »Sozialisierung.«

Grundsätzlich suchte man nach einem Wirtschaftsaufbau, der Elemente des Wettbewerbs mit solchen der Planwirtschaft verband und der, wie es in einer Denkschrift des Wirtschaftswissenschaftlers Schmölders hieß, an die »über den materialistischen Nutzvorstellungen gelegene Schicht der Persönlichkeit und des sozialen Bewußtseins« anknüpfte. Man wollte eine auf dem Leistungsprinzip aufbauende Wirtschaftsordnung, die Sozialisierung der Grundindustrien, eine Kontrolle der Monopole, Kartelle und Konzerne und eine auf indirekte Mittel beschränkte staatliche Wirtschaftslenkung. Zudem wurde das im Staatsaufbau wirksame Prinzip der Subsidiarität auch auf den Bereich der Wirtschaft übertragen, und zwar in Form der »Betriebsgewerkschaften«. Sie sollten keine reine Arbeitnehmervertretung sein, sondern eine betriebliche »Wirtschaftsgemeinschaft«, der sowohl die Eigentümer des Betriebs wie die Gesamtheit der Belegschaft angehörten. Das war eine praktische Anwendung der Idee der »kleinen Gemeinschaften«. In der Betriebsgewerkschaft war der Klassengegensatz aufgehoben, sie war wirkliche »Betriebsgemeinschaft« auf genossenschaftlicher Grundlage; zugleich veranschaulichte sie das gesellschaftspolitische Denken im Kreisauer Kreis, das auf die Bindung, nicht auf die Freisetzung der pluralistischen Kräfte gerichtet war.

Die außenpolitischen Vorstellungen der Kreisauer beschränkten sich, soweit sie auf Moltke zurückgingen, im wesentlichen auf eine idealistische Konzeption für die Neuordnung Europas in der Zukunft nach dem Krieg. Die Gegenwart Europas, wie sie sich aus dem Blickwinkel der betroffenen und kämpfenden Nationen und ihrer Bedürfnisse darstellte, fand dagegen kein vorrangiges Interesse. Zur Voraussetzung hatte diese Konzeption ein Ende des übersteigerten Nationalismus und – noch weit darüber hinausgehend – die »einheitliche Souveränität über Europa unter Überwindung aller einzelnen Souveränitätsansprüche«. Ziel war die Schaffung eines föderalistischen europäischen Gesamtstaats »von Portugal bis zu einem möglichst weit nach Osten vorgeschobenen Punkt, bei Aufteilung des ganzen Festlandes in kleinere nichtsouveräne Staatsgebilde, die unter sich Verflechtungen politischer Art« aufweisen sollten. Großbritannien – wegen der vom britischen Empire bestimmten Interessenlage – und die Sowjetunion wurden nicht zum europäischen Bundesstaat gerechnet. Allerdings ging Moltke davon aus, daß zwischen Großbritannien und den »europäischen Gebieten« politische und militärische Beziehungen hergestellt werden könnten, die »jeden Gedanken an einen militärischen Konflikt als völlig ausgeschlossen« erscheinen ließen.

Gegenüber der Sowjetunion waren Moltke und Yorck von der Idee einer prinzipiellen Gegnerschaft – für Hitler Maß und Ziel seiner Außenpolitik – ebensoweit entfernt wie von dem Gedanken an ein machtpolitisches Zusammengehen zwischen dem Reich und Sowjetrußland bzw. der UdSSR, das für die antipolnische Linie der Weimarer Revisionspolitik charakteristisch gewesen war. Zwar strebten Moltke und Yorck eine »loyale außenpolitische Zusammenarbeit unter Vermeidung jedes außenpolitischen Konfliktes mit Rußland« an, doch geschah dies nicht, um eine enge deutsch-sowjetische Kooperation anzubahnen, sondern vielmehr, um in Deutschland die Ausgangsposition für eine »antibolschewistische Innenpolitik« zu verbessern. Wie ein Memorandum vom Dezember 1943 zeigt, hielten die Kreisauer eine »kommunistisch-bolschewistische Entwicklung Deutschlands und die Entstehung eines deutschen National-Bolschewismus für die schwerste und bedrohlichste Zukunftsgefahr für Deutschland und Europa«, der deshalb »mit allen Mitteln« entgegengearbeitet werden sollte. Um eine nach der Niederlage befürchtete »Bolschewisierung« Deutschlands zu verhindern und um sicherzustellen, daß eine »demokratisch eingestellte deutsche Regierung nicht in Gegensatz zu den Arbeitermassen« geriet, galt es, »möglichst viele bisher pro-russisch eingestellte deutsche Kreise nicht abzustoßen, sondern zu gewinnen«. Aus taktischen Gründen sollten daher außenpolitische Auseinandersetzungen mit der Sowjetunion vermieden werden – bei grundsätzlicher Ablehnung des Sowjetsystems.

Auch in diesem Kontext ist es zu sehen, daß Peter Yorck 1944 eine gleichzeitige Fühlungnahme »nach Westen und Osten« befürwortete, als in der Widerstandsgruppe um Graf Stauffenberg Verhandlungen über einen Sonderfrieden erwogen wurden. Ebenso muß es in diesem Zusammenhang gesehen werden, daß Yorck dafür eintrat, einer künftigen Regierung eine viel breitere Basis zu verschaffen »unter Einbeziehung der Arbeiterschaft bis zum linken Flügel der Sozialdemokratie«, daß er später auch die Aufnahme von Kontakten zu den deutschen Kommunisten und zum »Nationalkomitee Freies Deutschland« unterstützte und daß Moltke und Yorck den älteren Carl Goerdeler, der sich solchen Tendenzen verschloß, mit Kerenskij verglichen oder als einen »Reaktionär« bezeichneten.

Dennoch hielten die Kreisauer die Verbindung zur Goerdeler-Gruppe aufrecht, nicht zuletzt deshalb, weil Goerdeler als der »politische Treuhänder oppositioneller Generale« galt. Denn da von den Kreisauern niemand über Truppen verfügen konnte, war für sie das Gelingen eines Umsturzes abhängig vom Militär. Daher drängten Moltke und Yorck die Generale immer wieder, die Initiative zu ergreifen. Insbesondere Ende des Jahres 1941, als die deutschen Kriegspläne vor Moskau und Leningrad scheiterten und das Verhältnis Hitlers zur Heeresführung in eine tiefe Krise geriet, versuchten sie, den ehemaligen Generalstabschef Beck und seinen Nachfolger General-oberst Halder zum Handeln zu bewegen. Doch Halder zögerte, bis er den geeigneten Zeitpunkt für verstrichen hielt. Auch 1942 und 1943 setzten Moltke und Yorck die Bemühungen fort, führende Militärs, darunter den Oberbefehlshaber der Heeres-gruppe Mitte, Generalfeldmarschall von Kluge, für eine Aktion zu gewinnen. Doch die Erfolglosigkeit ernüchterte sie, und schließlich gaben sie die Hoffnung auf ein Eingrei-fen der Generale auf.

Das Attentat

Die Durchführung eines Attentats auf Hitler lehnten Moltke und Yorck lange Zeit ab, vor allem, weil sie den Nationalsozialismus als ein System des Unrechts verurteilten und die »Erneuerung nicht mit einem neuen Unrecht anfangen« wollten. Gleichwohl befaßte man sich im Kreisauer Kreis mit dieser Frage, besonders als sie Ende des Jahres 1943 durch die Aktivitäten des Obersten im Generalstab Claus Graf Schenk von Stauffenberg zusehends an Aktualität gewann. Moltke wurde einer definitiven Ent-scheidung in dieser Frage dadurch enthoben, daß ihn die Gestapo im Januar 1944 verhaftete, weil er einen Bekannten vor seiner bevorstehenden Festnahme gewarnt hatte. Danach kam die Tätigkeit des Kreisauer Kreises weitgehend zum Erliegen; nur einzelne seiner Mitglieder, unter ihnen Yorck, schlossen sich nun enger an Stauffenberg an und beteiligten sich an den Vorbereitungen für den Staatsstreich.

Im Sommer 1944 machte die Kriegslage schließlich ein rasches Handeln erforderlich, wenn der Widerstand überhaupt noch zum Zuge kommen wollte. Die am 6. Juni in der Normandie gelandeten anglo-amerikanischen Truppen rückten stetig vor, und die am 23. Juni einsetzende sowjetische Offensive riß riesige Löcher in die deutsche Ostfront. Als Stauffenberg in dieser Situation Yorck über die bevorstehende Niederlage Deutschlands informierte und über seinen Entschluß, »persönliche Schritte zu einer Beseitigung des Führers einzuleiten« – denn mit seiner Ernennung zum Chef des Stabes des Oberbefehlshabers des Ersatzheeres sollte Stauffenberg vom 1. Juli an Zutritt zu den Lagebesprechungen Hitlers erhalten–, erklärte sich Yorck bereit, sich »einem militärischen Vorgehen zur Verfügung zu stellen«. Daß ein solches »Vorgehen« keine großen Erfolgsaussichten mehr hatte, darüber war sich Yorck mit allen übrigen Beteiligten einig. Als Generalmajor Henning von Tresckow gefragt wurde, ob es nach der Invasion der Normandie noch Sinn habe, etwas zu unternehmen, antwortete er: »Das Attentat muß erfolgen, coûte que coûte. Sollte es nicht gelingen, so muß trotzdem in Berlin gehandelt werden. Denn es kommt nicht mehr auf den praktischen Zweck an, sondern darauf, daß die deutsche Widerstandsbewegung vor der Welt und vor der Geschichte unter Einsatz des Lebens den entscheidenden Wurf gewagt hat. Alles andere ist daneben gleichgültig.«

Yorck teilte diese Auffassung, was er dadurch bewies, daß er am 20. Juli auch dann noch im Hauptquartier der Verschwörer in der Bendlerstraße in Berlin verblieb, als sich der Fehlschlag des Attentats herausstellte und sich das Scheitern des Staatsstreichs abzeichnete; die Möglichkeit der Flucht mit dem schwachen Hoffnungsschimmer des Davonkommens wählte er nicht. In der gleichen Nacht wurde er verhaftet und – nach Folterungen durch die Gestapo – am 8. August 1944 vom Volksgerichtshof zum Tode verurteilt.

Im Verlauf seines Prozesses gelang es ihm – in das Gebrüll des Gerichtspräsidenten Freisler hinein –, noch einmal das Hauptmotiv für seinen Widerstand gegen den nationalsozialistischen Unrechtsstaat vorzubringen: den »Totalitätsanspruch des Staates gegenüber dem Staatsbürger unter Ausschaltung seiner religiösen und sittlichen Verpflichtung Gott gegenüber«. Noch am Tag der Urteilsverkündung wurde Peter Graf Yorck von Wartenburg im Gefängnis Plötzensee erhängt.

Literatur

Grundlegend für jede Auseinandersetzung mit dem Kreisauer Kreis oder einzelner seiner Mitglieder ist die Studie von ROON, GER VAN: *Neuordnung im Widerstand. Der Kreisauer Kreis innerhalb der deutschen Widerstandsbewegung.* München 1967. Teils zustimmend, teils kritisch hat sich dazu EUGEN GERSTENMAIER in seinem Aufsatz *Der Kreisauer Kreis. Zu dem Buch Gerrit van Roons »Neuordnung im Widerstand«*, in: Vierteljahrshefte für Zeitgeschichte 15 (1967), S. 221–246, geäußert; seine Korrekturen fanden ihren Niederschlag in der neueren Überblicksdarstellung von ROON, GER VAN: *Widerstand im Dritten Reich.* München ²1981. Einige Autoren, die Yorck kannten, haben im Rahmen größerer Werke mehr oder weniger aufschlußreiche biographische Skizzen von ihm vorgelegt; hier sind zu nennen: KROSIGK, LUTZ GRAF SCHWERIN VON: *Es geschah in Deutschland.* Tübings 1952; *Das*

Gewissen steht auf. 64 Lebensbilder aus dem deutschen Widerstand 1933–1945, gesammelt von Annedore Leber. Herausgegeben in Zusammenarbeit mit Willy Brandt und Karl Dietrich Bracher. Berlin/Frankfurt 1954; DÖNHOFF, MARION GRÄFIN: *Menschen, die wissen, worum es geht.* Hamburg 1976; GERSTENMAIER, EUGEN: *Streit und Friede hat seine Zeit.* Frankfurt/Berlin/Wien 1981. Eingehend haben sich auch Autoren aus der Sowjetunion und der DDR mit Yorck befaßt: MELNIKOW, DANIEL: *Der 20. Juli 1944. Legende und Wirklichkeit.* Hamburg ²1968; FINKER, KURT: *Graf Moltke und der Kreisauer Kreis.* Berlin (Ost) 1978. Über die wirtschafts- und gesellschaftspolitischen Vorstellungen des Kreisauer Kreises und auch Yorcks informieren die Schrift von: SCHMÖLDERS, GÜNTER: *Personalistischer Sozialismus. Die Wirtschaftsordnungskonzeption des Kreisauer Kreises der deutschen Widerstandsbewegung.* Köln/Opladen 1969; und der sehr pointierte Aufsatz von MOMMSEN, HANS: *Gesellschaftsbild und Verfassungspläne des deutschen Widerstandes*, in: Der deutsche Widerstand gegen Hitler. Hrsg. v. WALTER SCHMITTHENNER und HANS BUCHHEIM. Köln/Berlin 1966. Die außenpolitischen Ziele des deutschen Widerstands analysieren: GRAML, HERMANN: *Die außenpolitischen Vorstellungen des deutschen Widerstandes*, in der bereits genannten, von Schmitthenner und Buchheim herausgegebenen Aufsatzsammlung, und HILDEBRAND, KLAUS: *Die ostpolitischen Vorstellungen im deutschen Widerstand*, in: Geschichte in Wissenschaft und Unterricht 29 (1978), S. 213–241. Einige der wenigen überlieferten Aussagen Yorcks finden sich in dem – allerdings nur mit größten Vorbehalten zu benutzenden – Band: *Spiegelbild einer Verschwörung. Die Kaltenbrunner-Berichte an Bormann und Hitler über das Attentat vom 20. Juli 1944.* Stuttgart 1961. Die stenographische Niederschrift der Verhandlung gegen Peter Yorck und andere vor dem Volksgerichtshof findet sich als Beweisdokument in: *Der Prozeß gegen die Hauptkriegsverbrecher vor dem Internationalen Militärgerichtshof.* Bd. XXXIII, Nürnberg 1949, S. 299–530. Die Abschiedsbriefe Yorcks an seine Mutter und an seine Frau sind abgedruckt in der Sammlung von: GOLLWITZER, HELMUT, KUHN, KÄTHE, u. SCHNEIDER, REINHOLD (Hrsg.): *Du hast mich heimgesucht bei Nacht. Abschiedsbriefe und Aufzeichnungen des Widerstandes 1933–1945.* München o. J.

WOLFGANG ALTGELD

Zur Geschichte der Widerstandsforschung.
Überblick und Auswahlbibliographie

Zur Auseinandersetzung mit dem deutschen Widerstand seit 1945

Jene Deutschen, die nicht selbst zu den im Krieg immer brutaler verfolgten Widerstandskreisen und deren Mitwissern oder zu den Verfolgern in SS, Gestapo, Polizei und Justiz gehört hatten, wußten vor der Kapitulation von den inneren Gegnern des nationalsozialistischen Regimes nur selten mehr, als die Propaganda Goebbels' erlogen hatte. Mit den von ihr eingeprägten Vorstellungen, mit den Diffamierungen der Hitler-Gegner als London oder Moskau hörige Volksverräter, als feige Defätisten, als Bolschewisten oder Sozialreaktionäre (158)* hatten sich die Überlebenden des deutschen Widerstands zunächst auseinanderzusetzen, sollten nicht ihre Leiden und die Opfer der ermordeten Freunde und Verwandten vergeblich bleiben. Die im ersten Jahrfünft nach dem Kriegsende die Auseinandersetzung ganz beherrschende Veröffentlichung von Erinnerungen an Persönlichkeiten und Ereignisse, von memoirenhaften ersten Versuchen umfassender Darstellung (u. a. 23; 49; 55; 68; 74; 88) und nachgelassenen Aufzeichnungen Beteiligter (u. a. 43; 54; 66) läßt sich als Fortsetzung des Kampfes um eine bessere Zukunft für Deutschland verstehen, nachdem die Katastrophe nicht hatte verhindert werden können.

»Wollen wir bei dem Reich Hitlers anknüpfen oder bei den Menschen, die gegen ihn aufstanden?« (163: S. 120). Die öffentliche Erinnerung an die Menschen, die Motive und das Handeln des Widerstands, an den Opfergang in den Gerichten, Gefängnissen und Konzentrationslagern konnte zugleich den inhumanen, barbarischen Charakter des Nationalsozialismus und die Verbrechen unter seiner Herrschaft sowie die Möglichkeit eines »anderen Deutschland« aufweisen. Je weiteren Kreisen des deutschen Volks Motive und Absichten des Widerstands vermittelt werden konnten, desto mehr durfte eine Verwirklichung dieser Möglichkeit erhofft werden. Nur im Zusammenhang damit sollte wohl jenes später zuweilen polemisch abgetane, aber durchaus den Intentionen besonders des im 20. Juli zusammenfließenden Widerstands entsprechende Ziel: die Weltöffentlichkeit von der Existenz des »anderen Deutschland« zu überzeugen, gesehen werden. Hier ging es nicht um Reinwaschung, sondern um die Chance, ein neues Deutschland aufzubauen.

Freilich ist die deutsche Auseinandersetzung mit dem deutschen Widerstand – vor allem unmittelbar nach Kriegsende, doch auch späterhin und dann zuweilen mit größerem Recht – im Ausland oft als Entlastungsliteratur verstanden und überscharf kritisiert worden W. Shirer, H. Trevor-Roper, J. W. Wheeler-Bennett haben in auch

---

* Diese Titel finden sich in der numerierten Auswahlbibliographie.

hierzulande vielbeachteten Werken der für sie interessanten Hitler-Opposition in Heer, Abwehr und Diplomatie Halbherzigkeit und Verspätung, Opportunismus und Verhaftung in traditionalen machtpolitischen und sozialen Vorstellungen vorgeworfen. Aber zumindest in größeren Teilen der ausländischen wissenschaftlichen Öffentlichkeit hat die Kenntnisnahme des deutschen Widerstands besonders seit den fünfziger Jahren zu einer Revision des Deutschlandbildes geführt, und dies konnte in der Tat »als Damm gegen die Verdammnis« (141: S. 49) der Kollektivschuldthese wirken.*

Bereits damals rückten der 20. Juli und die zu ihm führende Bewegung ins Zentrum des Interesses am deutschen Widerstand, weil dieses Ereignis schließlich der einzig erfolgversprechende Versuch gewesen war, das Regime vor der äußersten Katastrophe zu stürzen, das Ausland sich im übrigen ganz besonders an ihm orientierte, vor allem aber, weil an diesem Punkt die vielfältigen Widerstandsströmungen und -intentionen seit den dreißiger Jahren – mit einer späten und nur von einem Teil der Gruppierungen akzeptierten Kontaktaufnahme auch mit einer kommunistischen Widerstandsgruppe – zu einer Aktion zusammengefunden hatten. »In ihm offenbarte sich am deutlichsten und sinnfälligsten das ›andere Deutschland‹, das kein Privileg einer Partei, einer Klasse, einer Berufsgruppe ist...« (Rothfels: 131), wobei gehofft wurde, daß »wenigstens bis zu einem gewissen Grade der Versuch für die Tat genommen wird« (Reuter, F.: *Der 20. Juli und seine Vorgeschichte*, Berlin 1946). Diese Konzentration bedeutete weder übersteigerte Vereinseitigung noch einen Ausdruck untergründiger politischer Polemik. Die drei hervorragenden Gesamtdarstellungen dieser frühen Zeit von Pechel, Rothfels, Weisenborn (23; 28; 31), von denen Weisenborns auf die Materialsammlung Ricarda Huchs zurückgehender Bericht erst zu Beginn der fünfziger Jahre erschienen ist, während Rothfels' Arbeit bereits die Phase geschichtswissenschaftlicher Aufarbeitung mit einem bisher insgesamt noch immer gültigen Beitrag eröffnet hat, gaben ein möglichst allen politischen Widerstandskreisen und Widerstandsformen gerecht werdendes Bild.

Die anschließende wissenschaftliche Erforschung und Darstellung ist im ersten Jahrzehnt deutlich von aktuellen politischen Entwicklungen und Bezügen beeinflußt worden – und zwar sowohl in der Bundesrepublik wie in der aus der sowjetischen Besatzungszone entstehenden DDR, was von heutiger Kritik an der frühen bundesrepublikanischen Widerstandsforschung gern übersehen wird. Dies hat zu einigen bedauerlichen Problemen geführt, war aber doch unvermeidlich, weil die Interpretation des Widerstandes gegen die deutsche Diktatur ganz unmittelbar zum Selbstverständnis der nun getrennten deutschen Teilstaaten gehören mußte. Die marxistische Widerstandsliteratur ließ und läßt als Widerstand letztlich nur den bewußten sozialistischen Antifaschismus gelten, dazu »progressive« Demokraten als Bündnispartner, zu denen seit den

---

* Zur frühen, sehr kritischen Sicht vgl.: Ford, F. L.: *The Twentieth of July in the History of the German Resistance*, in: AHR 51, 1945/46, S. 609–626; Mourin, M.: *Les complots contre Hitler (1938–1945)*, Paris 1948. Dagegen zur allmählichen Würdigung: Dulles, A. W.: *Germany's Underground*, New York 1947 (Repr. 1978; dt. Ausg. 1949); Gibbon, C. Fitz: *The Shirt of Nessus*, London 1956; Baumont, M.: *La grande conjuration contre Hitler*, Paris 1963; außerdem besonders: J. J. McCloy II (145).

sechziger Jahren immer lauter besonders auch Stauffenberg und Moltke gerechnet werden (168; 169). Der Widerstand bürgerlicher, gar aristokratischer und militärischer, konservativer und liberaler Kreise erscheint in dieser Sicht als Opposition bloß gegen jene Perversionen und Fehler des »deutschen Faschismus«, welche diese »Form bürgerlicher Herrschaft« in die Katastrophe treiben und damit die herrschenden Klassen um ihre Machtpositionen in Deutschland und in der Welt bringen konnten (11; 12; 128).

Daneben wurden dieselben Widerstandskreise – mit einigen recht ähnlichen Argumenten – gerade in der Gründungsphase der Bundesrepublik von einer massiven Diffamierungswelle aus altnationalsozialistischen und extrem nationalistischen Quellen betroffen. Der 1952 stattgefundene Remer-Prozeß (144) bezeichnet lediglich den Höhepunkt dieser Kampagnen, welche nicht nur auf die Konstruktion einer neuen Dolchstoßlegende zielten und zugleich die Themen der NS-Propaganda nach dem 20. Juli aufgriffen, sondern sogar den Kriegsausbruch 1939 auf das Konto jener zivilen und besonders militärischen Opposition zu setzen versuchten, die damals im letzten Augenblick Hitler hatte in den Arm fallen wollen. Verbunden zumindest mit extremer Verharmlosung, meist mit Verherrlichung der nationalsozialistischen Herrschaft und Politik begegnen in alt- und neonationalsozialistischen Kreisen bis heute dieselben Themen.* Diese Diffamierungen sind freilich nicht so einflußreich geworden, wie anfänglich befürchtet werden mußte; mit D. Irving hat diese Sicht im letzten Jahrzehnt jedoch einen Autor gefunden, der auch weitere Kreise erreicht.

Die Bedeutung dieser doppelten Konfrontation ist zu bedenken, wenn die frühe bundesrepublikanische Widerstandsforschung beurteilt wird. Sie verengte sich noch stärker, als dies in der Qualität des Ereignisses ohnehin begründet war, auf »den« 20. Juli und seine Vorgeschichte seit 1938, während der hieran nicht beteiligte kommunistische Widerstand, aber auch der »kleine«, auf den Sturz der nationalsozialistischen Diktatur nicht zielen könnende Widerstand nur wenig beachtet und behandelt wurden. Der Widerstand von Kommunisten seit 1933 wurde zudem teils als bloß andersartige totalitäre Bewegung, teils als Widerstand verführter antinationalsozialistischer Idealisten und teils – so in Bezug auf die sogenannte »Rote Kapelle« – als reiner Landesverrat oder Spionage- und Sabotageaktion diskreditiert. Letzteres provozierte auf der linken Front die Frage nach der Qualität der Westkontakte etwa Osters, Trotts, Bonhoeffers, wodurch der Versuch, eine patriotische von einer internationalistischen, gar moskauorientierten Opposition gegen die braune Diktatur zu unterscheiden, schließlich die Argumentationen der Rechtsextremen beförderte.

Diese Konzentration auf den 20. Juli führte des weiteren zu einer schließlich überstarken Betonung der den politisch unterschiedlich orientierten beteiligten Gruppen und Persönlichkeiten gemeinsamen ethischen, der christlichen, humanitären Motivationen. Über der völlig berechtigten Betonung eines »Aufstands des Gewissens«, des

---

* Sie finden sich in knapper Form bereits bei: RUDEL, H.-U.: *Dolchstoß oder Legende?* o. O. o. J. (ca. 1950), und sind seither etwa von Anneliese von Ribbentrop, KARL BALZER, J.F. TAYLOR, in umfangreicher Form zuletzt während eines Kongresses der »Gesellschaft für Freie Publizistik« (1978) wiederholt worden. Bedauerlich ist ein zuweilen unkritischer Umgang mit memoirenhaften Schilderungen etwa Otto Ernst Remers, der sich am 20. Juli hervortat, oder M. Roeders (Richter der sogenannten »Roten Kapelle«).

»Geistes der Freiheit« wurden die konkreten politischen, teilweise entscheidend divergierenden Zielsetzungen sowie die konkreten Handlungsbedingungen und Planungen allzuwenig behandelt. Hans Herzfeld warnte sehr bald vor der »Gefahr einer gewissen Spiritualisierung« (193: S. 329). Die Konsequenzen betrafen noch mehr die Vorstellungen des deutschen Widerstandes und der Erhebung des 20. Juli in der breiteren Öffentlichkeit und in der im weitesten Sinne verstandenen politischen Bildung. Vor allem in den zahlreichen Festreden und journalistischen Erinnerungsartikeln – gesteigert, nachdem Theodor Heuss in einer prägenden und immer noch bedenkenswerten Rede die Verpflichtung der jungen Republik auf die großen Ideale des Widerstands auch öffentlich festgestellt hatte (121) – reduzierte sich das Phänomen des Widerstands allzusehr auf den 20. Juli und die ethisch-religiöse Deutung der ihm zugrunde liegenden Motivationen. Und allzu vereinfachend wurden zuweilen die Ziele der Erhebung in die Verfassung und verfassungspolitische Realität Westdeutschlands hineingespiegelt.

Neben beständiger marxistischer (6; 146) rührte sich auch im westlichen Ausland demgegenüber neue Kritik. Der US-Amerikaner George K. Romoser attestierte der westdeutschen Widerstandsforschung zu Beginn der sechziger Jahre, ihren Ergebnissen eigne der »Charakter eines sentimentalen Mythos« (139: S. 62). Nicht zuletzt irritierten Formulierungen, die den westlichen Regierungen der Vorkriegs- und Kriegszeit eine sehr starke Mitschuld am Scheitern der im 20. Juli gipfelnden Widerstandsbewegung – zuletzt wegen der früh festgelegten Forderung bedingungsloser Kapitulation – zuzuschieben schienen. Von beiden Seiten empfing besonders seit Mitte der sechziger Jahre eine neue, vor dem Hintergrund eines allgemeinen politischen Mentalitätswandels zu sehende »kritische« Widerstandsforschung in der Bundesrepublik wichtige Impulse. Ein erster Höhepunkt ist hier zweifellos in H. Gramls und H. Mommsens Studien zu den innen- und außenpolitischen Ideen und Zielen der am 20. Juli Beteiligten (153) erreicht worden. Es folgten die Arbeiten von G. van Roon und P. Hoffmann, die die Kenntnis der Anschauungen und Zielsetzungen, der Handlungschancen und Aufstandsplanungen auf neuer methodischer Basis und aufgrund intensiver Quellenstudien entscheidend erweitern konnten (151; 137). Es wurde deutlich, daß manche Persönlichkeit des Widerstands bis zum Sommer 1944 verfassungs-, gesellschafts- und außenpolitische Vorstellungen vertreten hat, die eher auf traditionale Eliten- und Machtideen zurück- denn auf eine parlamentarisch-demokratische Zukunft vorauswiesen – wobei gerade die kritische Untersuchung auch entscheidende Entwicklungen der politischen Anschauungen herausarbeiten konnte. Diese Historiker übersahen im übrigen den Wert der Forschungen der fünfziger Jahre, besonders der Arbeit Ritters über Goerdeler, aber auch der Beiträge Foersters, Schramms und Kosthorsts sowie der zahlreichen Artikel in den »Vierteljahresheften für Zeitgeschichte« seit 1953 (193; 170; 155; 143; u. v. a. 180) keineswegs.

Über diese Ansätze zu notwendiger Korrektur und Erweiterung ist eine schnell erstarkende, radikal-demokratisch und teilweise marxistisch inspirierte Kritik der älteren Widerstandsforschung weit hinausgegangen. Der heftigen Auseinandersetzung mit eher konservativen oder den sozialen Eliten entstammenden Widerstandskräften entsprach eine weitgehende Adaption jener Thesen und Vorwürfe, die teils aus den ausländischen Einsprüchen der Kriegs- und unmittelbaren Nachkriegszeit, teils aus der in der DDR entwickelten Widerstandsforschung schon bekannt waren und die deshalb hier auch nicht weiter ausgebreitet werden müssen. In der Verfolgung des Ansatzes, das jeweilige Verhalten gegenüber dem nationalsozialistischen Regime und im Widerstand in letzter Instanz auf die jeweilige Klassenherkunft und -bindung zurückzuführen, wurden nun die dicht bezeugten gesinnungsethischen, christlich-humanitären und – bei allen Differenzen im Politischen – rechtsstaatlich-freiheitlichen Motivationen des im 20. Juli kulminierenden Widerstandes übersehen oder als bloß ideologische Verbrämung von Klasseninteressen beiseite geschoben, wobei hier sicher auch generationenspezifische Verständnisprobleme ihre Rolle spielen mögen. Die daraus notwendig entstehende Kontroverse ist erst kürzlich in der Diskussion um die Einordnung Becks zwischen Peter Hoffmann und Klaus-Jürgen Müller (191) mit wünschenswerter Klarheit umrissen worden. Schließlich ist die Kritik der Motive bestimmter Widerstandsgruppen im Umkreis des 20. Juli schnell auf dieses Ereignis selbst übertragen worden. »Der 20. Juli gehört ... bestenfalls in die Tradition eines Bethmann Hollweg und Kurt Riezler, nicht in die Tradition echter Demokratie« (Geiss: 35: S. 39). Hier ist eine der Ursachen einer Entwicklung zu finden, in der die wissenschaftliche und öffentliche Erinnerung an den 20. Juli hinter der Auseinandersetzung mit dem linken und sogenannten Arbeiterwiderstand immer weiter und mittlerweile zu weit zurückgetreten ist, so nötig es auch immer war, diese sowie die Widerstandsform der Emigration endlich intensiver zu beachten (13).

Die Verdrängung des 20. Juli – nach allem erscheint es recht überflüssig, eine Sendereihe unter den Titel »Es gab nicht nur den 20. Juli« zu stellen, wie 1977 geschehen – erklärt sich allerdings nicht allein hierher. Hans Maier hat kürzlich zur Klärung dieser Verdrängung eine allgemeine Tendenz »von den Staatsaktionen zum Alltag; von den großen Protagonisten – Stichwort 20. Juli – zum ganz gewöhnlichen Menschen« benannt. Sie äußert sich seit dem Ende der sechziger Jahre in einer noch zunehmenden Konzentration der Forschung auf den »kleinen«, den alltäglichen Widerstand von einzelnen und kleinen, eher isolierten Gruppen linker, doch auch kirchlicher Herkunft sowie besonderer sozialer Einheiten (zum Beispiel Jugendliche).* Damit verband sich eine ebenfalls noch zunehmende Beschränkung auf regionale oder städtische Forschungsfelder, weil nur in solcher Begrenzung die hier in Frage kommenden zugleich diffusen und meist recht massiven Quellenbestände bearbeitet werden können.

Aus beiden Interessenverlagerungen sind sehr wichtige Erweiterungen unserer Kenntnisse vom Leben, von Widerstandsmöglichkeiten, von den Variationen des Widerstands unter der nationalsozialistischen Diktatur erwachsen. Es genügt an dieser Stelle, an die in sechs Bänden vorgelegte Untersuchung des Münchener Instituts für Zeitgeschichte *Bayern in der NS-Zeit* (92) zu erinnern. Daraus – sowohl wegen der in der Arbeit an solchen Themen entstehenden begrifflichen und methodischen Probleme wie wegen der perspektivischen Erweiterungen, die aufgrund der Ergebnisse jener

---

* Vgl. u. a.: PEUKERT, D.: *Die Edelweißpiraten. Protestbewegung jugendlicher Arbeiter im Dritten Reich*, Köln 1980; MUTH, H.: *Jugendopposition im Dritten Reich*, in: VZG 30, 1982, S. 369–417 (mit zahlreichen Hinweisen auf die ältere Literatur).

Arbeiten möglich werden – hat sich schließlich auch ein im letzten Jahrzehnt beständig größer gewordenes Interesse an theoretisch-begrifflicher Erschließung des Phänomens Widerstand und den methodischen Möglichkeiten seiner Erforschung entwickelt. Frühe Ansätze in dieser Richtung waren während der fünfziger Jahre kaum beachtet worden (15; 129), während in den sechziger Jahren mehr an der Formulierung von Typologien des Widerstands (u. a. 25; 137; auch: 129) gearbeitet wurde. Mittlerweile sind manche neue Unterbegriffe (Resistenz, widerständiges Verhalten, Widerständigkeit etwa) geprägt worden, die zur Strukturierung der weiteren Forschung beitragen können, hinsichtlich ihrer Brauchbarkeit, auch hinsichtlich ihrer Haltbarkeit gegenüber früheren Definitionen von Widerstand jedoch noch längst nicht allgemein akzeptiert werden (u. a. 10; 19; 24; 136).

So begrüßenswert die Ausweitung und Vertiefung unseres Wissens vom Widerstand im deutschen Volk ist, so ist dennoch auch auf bedenkliche Begleiterscheinungen der letzten Entwicklungen hinzuweisen. Die in Teilen der Forschung zunehmende Befrachtung der Auseinandersetzung mit dem deutschen Widerstand durch methodische und theoretische Erörterungen könnte auch in diesem Bereich Wissenschaft und Öffentlichkeit mehr denn je trennen; ernste Verständigungsschwierigkeiten zwischen jungen Wissenschaftlern und alten Widerständlern in einer vor wenigen Jahren stattgefundenen gemeinsamen Veranstaltung (21) mögen diese Gefahr vielleicht andeuten. Die mit der perspektivischen Schwerpunktverlagerung auf den »kleinen« Widerstand gewiß verbundene Hoffnung, breite Schichten für »ihre« Widerstandsgeschichte zu interessieren, wäre dann nicht zu erfüllen.

Gravierender muß vorläufig freilich die heute sehr weitgehende Vernachlässigung des 20. Juli erscheinen. Zu betonen ist, daß schon die landläufig gewordene Auffassung, man wisse darüber doch alles, keineswegs zutrifft. Wichtiger ist, daß dieser Verzicht auf wissenschaftliche und öffentliche Auseinandersetzung mit dem 20. Juli für die politische Bildung auch in diesem hochbedeutsamen Bereich einen merkwürdigen Verzicht auf die Kenntnis der politisch wirklich bedeutsamen Geschehnisse signalisiert, also jener Geschehnisse, die den Gang der politischen, die heute so interessierende Geschichte des Alltags doch bestimmenden Entwicklung beeinflussen konnten oder beeinflußt haben. Mit Blick auf die geistigen Grundlagen unserer politischen Ordnung bedeutet der Verzicht auf die Auseinandersetzung mit dem 20. Juli einen Verzicht auf die Kenntnis jenes Augenblicks in der deutschen Geschichte, in dem von Menschen verschiedenster sozialer und politischer Herkunft gegenüber dem totalitären Regime und mit freiheitlich-rechtsstaatlicher Zielsetzung die vielen Scheidelinien überwunden wurden, an denen die Weimarer Republik noch zugrunde gegangen war.

Vorbemerkungen zur Auswahlbibliographie

Die nachfolgende Bibliographie will nicht allein den jetzigen Forschungsstand registrieren, sondern auch die Entwicklung der Auseinandersetzung mit dem deutschen Widerstand – und dies sowohl für den wissenschaftlichen wie den weiteren öffentlichen Bereich. Es versteht sich, daß wegen der hier nötigen Beschränkung für beide Bereiche nur eine begrenzte Auswahl geboten werden kann. Manche, besonders auch einige neuerdings ins Zentrum der Forschung gerückte Themen können nur mit wenigen repräsentativen Titeln berücksichtigt werden, so der »Arbeiterwiderstand«, der frühe Widerstand der Linken und besonders der Kommunisten, die Emigration oder auch die interdisziplinäre Diskussion um ein Widerstandsrecht. Entsprechend den Anliegen dieses Buches stehen Vorgeschichte und Ereignis des 20. Juli im Vordergrund, was freilich die heutigen Forschungsschwerpunkte nicht spiegelt, wohl aber in etwa die Entwicklung der bundesrepublikanischen Forschung insgesamt. So beziehen sich auch die Absätze »Quellen« und »Biographien« ganz überwiegend auf den 20. Juli und die hieran beteiligten Persönlichkeiten. Diese Konzentration bedeutet keine Verkennung oder gar Mißachtung des Kampfes und der Opfer des Widerstandes vor und außerhalb des 20. Juli. Wiederum konnte die umfangreiche Literatur zum 20. Juli nur in Auswahl vorgestellt werden.

Die voran- und die nachgestellte bibliographische Notiz soll interessierten Lesern einerseits einen Zugang zur Geschichte des Dritten Reichs, andererseits einen Hinweis auf die literarische Verarbeitung des deutschen Widerstandes eröffnen. Übersetzungen aus fremden Sprachen sowie Wiederveröffentlichungen von Arbeiten aus der DDR werden durch einen in Klammern gesetzten Hinweis auf die Erstpublikation gekennzeichnet.

AUSWAHLBIBLIOGRAPHIE

Einführende Literatur zur Geschichte des Dritten Reichs:

BRACHER, K. D., FUNKE, M., JACOBSEN, H.-A. (Hrsg.): *Nationalsozialistische Diktatur 1933–1945. Eine Bilanz*, Bonn 1983 (Schriftenreihe der Bundeszentrale für Politische Bildung, 192); BRACHER, K. D.: *Die deutsche Diktatur*, Köln ⁶1980; BROSZAT, M.: *Der Staat Hitlers*, München ⁵1975; ERDMANN, K. D.: *Deutschland unter der Herrschaft des Nationalsozialismus und der Zweite Weltkrieg*, Stuttgart ⁹1976 (= GEBHARDT: *Handbuch der Deutschen Geschichte*, Bd. 4); HILDEBRAND, K.: *Das Dritte Reich*, München/Wien ²1980; JÄCKEL, E.: *Hitlers Weltanschauung. Entwurf einer Herrschaft*, Stuttgart ²1980; LILL, R., OBERREUTER, H. (Hrsg.): *Machtverfall und Machtergreifung. Aufstieg und Herrschaft des Nationalsozialismus*, München 1983 (Bayerische Landeszentrale für politische Bildungsarbeit, D 21).

Zur politischen Justiz des Dritten Reichs: BUCHHEIT, GERT: *Richter in roter Robe. Freisler, Präsident des Volksgerichtshofes*, München 1968; WAGNER, W.: *Der Volksgerichtshof im nationalsozialistischen Staat*, Stuttgart 1974 (*Die deutsche Justiz unter dem Nationalsozialismus*, Teil 3). Beide Titel mit längeren Passagen zu den Prozessen nach dem 20. Juli. – Außerdem: HOFFMANN, P.: *Die Sicherheit des Diktators. Hitlers Leibwachen, Schutzmaßnahmen, Residenzen, Hauptquartiere*, München/Zürich 1975.

I. Bibliographien

1. *Bibliographie des deutschen Widerstandes*, hrsg. von der Forschungsgemeinschaft des 20. Juli, 3 Bde. Pullach 1984.
2. BÜCHEL, REGINE: *Der deutsche Widerstand im Spiegel von Fachliteratur und Publizistik seit 1945*. München 1975.
3. GOGUEL, RUDI: *Antifaschistischer Widerstand und Klassenkampf. Bibliographie deutschsprachiger Literatur. 1945–1973*. Berlin (Ost) 1976.
4. HOCHMUTH, URSEL: *Faschismus und Widerstand 1933–1945. Ein Verzeichnis deutschsprachiger Literatur*. Frankfurt 1973.

II. Forschungsberichte

5. BRAUBACH, MAX: *Der Weg zum 20. Juli 1944*. Köln/Opladen 1953.
6. BRÜDIGAM, HEINZ: *Wahrheit und Fälschung. Das Dritte Reich und seine Gegner in der Literatur seit 1945*. Frankfurt 1959.
7. HILL, LEONIDAS E.: *Towards a New History of German Resistance to Hitler*, in: CEH 14, 1981, S. 369–399.
8. KLUKE, PAUL: *Der deutsche Widerstand. Eine kritische Literaturübersicht*, in: HZ 169, 1949, S. 136–161.
9. KÜHNL, REINHARD: *Das Dritte Reich in der Presse der Bundesrepublik. Kritik eines Geschichtsbildes*. Frankfurt 1966, S. 125–170.
10. MANN, REINHARD: *Widerstand gegen den Nationalsozialismus*, in: NPL 22, 1977, S. 425–442.
11. PLUM, GÜNTER: *Widerstand und Antifaschismus in der marxistisch-leninistischen Geschichtsauffassung*, in: VZG 9, 1961, S. 50–65.
12. ROSSMANN, GERHARD: *Die Verfälschung des antifaschistischen Widerstandskampfes in der westdeutschen Geschichtsschreibung*, in: ZfG 18, 1970, S. 5–22.
13. *Stand und Problematik der Erforschung des Widerstandes gegen den Nationalsozialismus*. Bad Godesberg 1965 (Forschungsinstitut der Friedrich-Ebert-Stiftung. Ms/Hekt.). Mit Beiträgen von F. Zipfel, G. Plum, E. Aleff u. a.
14. SIEGMUND-SCHULZE, FRIEDRICH: *Die deutsche Widerstandsbewegung im Spiegel der ausländischen Literatur*. Stuttgart 1947.

III. Allgemeine und systematische Darstellungen

15. AUERBACH, PHILIPP: *Wesen und Formen des Widerstandes im 3. Reich*. Phil. Diss., Erlangen o. J. (1949).
16. *Beiträge zum Thema Widerstand*, hrsg. vom Informationszentrum Berlin: Gedenk- und Bildungsstätte Stauffenbergstraße. Beiträge u. a. von: G. Holmsten, 20. Juli 1944 (Nr. 4); D. Peukert, Der deutsche Arbeiterwiderstand (Nr. 13); W. Wippermann, Antifaschismus in der DDR (Nr. 16); R. Löwenthal, Die Widerstandsgruppe »Neu Beginnen« (Nr. 20).
17. GOSTOMSKI, VICTOR V., LOCH, WALTER: *Der Tod von Plötzensee. Erinnerungen – Ereignisse – Dokumente 1942–1945*. Freising 1969.
18. GROSSMANN, KURT R.: *Emigration. Geschichte der Hitler-Flüchtlinge 1933–1945*. Frankfurt 1969.
19. HÜTTENBERGER, PETER: *Vorüberlegungen zum »Widerstandsbegriff«*, in: Theorien in der Praxis des Historikers. Hrsg. v. J. KOCKA. Göttingen 1977 (GG, Sonderheft 3), S. 117–134.
20. KAUFMANN, ARTHUR, BACKMANN, LEONHARD E. (Hrsg.): *Widerstandsrecht*. Darmstadt 1972 (Wege der Forschung, 173). Mit umfassender Bibliographie (S. 561–615).
21. KLESSMANN, CHRISTOPH, PINGEL, FALK (Hrsg.): *Gegner des Nationalsozialismus. Wissenschaftler und Widerstandskämpfer auf der Suche nach historischer Wirklichkeit*. Frankfurt/New York 1980. Beiträge u. a. von R. Mann; H.-J. Steinberg; D. Peukert; G. van Norden; L. Volk; K. Finker.
22. LÖWENTHAL, RICHARD, ZURMÜHLEN, PATRICK V. (Hrsg.): *Widerstand und Verweigerung in Deutschland 1933–1945*. Bonn/Bad Godesberg 1982. Beiträge u. a. von G. Beier; G. van Norden; H. Gollwitzer; K. D. Bracher; Freya von Moltke; D. Peukert.
23. PECHEL, RUDOLF: *Deutscher Widerstand*. Erlenbach/Zürich 1947.
24. PLUM, GÜNTER: *Widerstand und Resistenz*, in: Das Dritte Reich. Herrschaftsstruktur und Geschichte. Hrsg. v. M. Broszat/H. Möller. München 1983, S. 248–273.
25. DERS.: *Widerstandsbewegungen*, in: SDG, Bd. 6, 1972, Sp. 961–983.
26. PRITTIE, TERENCE: *Deutsche gegen Hitler. Eine Darstellung des deutschen Widerstands gegen den Nationalsozialismus*. Tübingen 1965 (Boston 1965, London 1965).
27. ROON, GER VAN: *Widerstand im Dritten Reich. Ein Überblick*. München 1979 (überarbeitete Ausgabe; zuerst Utrecht/Antwerpen 1968).
28. ROTHFELS, HANS: *Deutsche Opposition gegen Hitler*. Hrsg. v. H. Graml. München 1977 (Hinsdale, Ill., 1948; erste deutsche Ausgabe 1949).
29. STEINBACH, PETER: *Deutscher Widerstand. 1933–1939*. Berlin 1984.

DERS.: *Widerstand gegen den Nationalsozialismus. 1939–1945*. Berlin 1984.

30. STREITHOFEN, BASILIUS (Hrsg.): *Frieden im Lande. Vom Recht auf Widerstand.* Bergisch Gladbach 1983. Darin bes. der Beitrag von K. D. Bracher.

31. WEISENBORN, ERNST (Hrsg.): *Der lautlose Aufstand. Bericht über die Widerstandsbewegung des deutschen Volkes 1933–1945.* Frankfurt ⁴1974.

IV. Widerstand in der politischen Bildung

32. KOSTHORST, ERICH: *Didaktische Probleme der Widerstandsforschung*, in: GWU 30, 1979, S. 552–565. – Zahlreiche weitere Beiträge verschiedener Autoren in derselben Zeitschrift können hier leider nicht aufgeführt werden.

33. SCHRAMM, TORSTEN-DIETRICH: *Der deutsche Widerstand gegen den Nationalsozialismus. Seine Bedeutung für die Bundesrepublik Deutschland in der Wirkung auf Institutionen und Schulbücher.* Berlin 1980.

34. SCHÜDDEKOPF, OTTO-ERNST: *Der deutsche Widerstand gegen den Nationalsozialismus. Seine Darstellung in Lehrplänen und Schulbüchern ... in der Bundesrepublik Deutschland.* Frankfurt/Berlin/München 1977.

35. WEICK, EDGAR (Hrsg.): *Deutscher Widerstand 1933–1945. Aspekte der Forschung und der Darstellung im Schulbuch.* Heidelberg 1967.

36. *Widerstand und Exil der deutschen Arbeiterbewegung 1933–1945. Grundlagen und Materialien.* Hrsg. von der Friedrich-Ebert-Stiftung. Bonn 1982. Beiträge u. a. von K. Schönhoven; D. Peukert; S. Miller; M. Geiss.

V. Dokumente, Tagebücher, Briefe, Erinnerungen

36a. ADOLPH, WALTER: *Geheime Aufzeichnungen aus dem nationalsozialistischen Kirchenkampf 1935–1943.* Mainz 1979.

37. ANDREAS-FRIEDRICH, RUTH: *Der Schattenmann. Tagebuchaufzeichnungen 1938–1945.* Frankfurt 1983 (zuerst 1947).

38. BECK, LUDWIG: *Studien.* Hrsg. v. H. Speidel. Stuttgart 1955.

39. BOBERACH, HEINZ (Hrsg.): *Meldungen aus dem Reich. Auswahl aus den geheimen Lageberichten des Sicherheitsdienstes der SS 1939–1945.* Neuwied/Berlin 1965.

40. BONHOEFFER, DIETRICH: *Gesammelte Schriften.* 4 Bde. u. 2 Ergänzungsbde. Hrsg. v. E. Bethge. München ²1965–1974.

41. DERS.: *Widerstand und Ergebung. Briefe und Aufzeichnungen aus der Haft.* Hrsg. v. E. Bethge. Gütersloh ¹²1983.

42. BUDDE, EUGEN, LÜTSCHES, PETER (Hrsg.): *Die Wahrheit über den 20. Juli.* Düsseldorf 1952.

43. DELP, ALFRED: *Im Angesicht des Todes. Geschrieben zwischen Verhaftung und Hinrichtung 1944–1945.* Hrsg. v. P. Bolkovac. Frankfurt ¹¹1982.

44. DERS.: *Kämpfer, Beter, Zeuge. Letzte Briefe und Beiträge von Freunden.* Berlin ²1958.

45. DERS.: *Gesammelte Schriften.* (Bisher) 2 Bde. Hrsg. v. R. Bleistein. Frankfurt 1982.

46. GERSDORFF, RUDOLPH-CHRISTOPH FRHR. V.: *Soldat im Untergang.* Frankfurt/Berlin/Wien 1977.

47. GERSTENMAIER, EUGEN: *Reden und Aufsätze.* 2 Bde. Stuttgart 1956–1962.

48. DERS.: *Streit und Friede hat seine Zeit. Ein Lebensbericht.* Frankfurt 1981.

49. GISEVIUS, HANS BERND: *Bis zum bitteren Ende.* 2 Bde. Zürich 1946. (Überarbeitete Ausgabe: Frankfurt/Berlin 1964.)

50. GOLLWITZER, HELMUT, KUHN, KÄTHE, SCHNEIDER, REINHOLD (Hrsg.): *»Du hast mich heimgesucht bei Nacht.« Abschiedsbriefe und Aufzeichnungen des Widerstandes 1933–1945.* München ⁵1957.

51. GROSCURTH, HELMUTH: *Tagebücher eines Abwehroffiziers 1938–1940. Mit weiteren Dokumenten zur Militäropposition gegen Hitler.* Hrsg. v. H. Krausnick/H. C. Deutsch. Stuttgart 1970.

52. HAGEN, HANS W.: *Zwischen Eid und Befehl. Tatzeugenbericht von den Ereignissen am 20. Juli 1944 in Berlin und »Wolfsschanze«.* München ⁴1968.

53. HAMMERSTEIN (-EQUORD), KUNRAT FRHR. V.: *Spähtrupp.* Stuttgart 1963.

54. HASSELL, ULRICH V.: *Vom andern Deutschland. Aus den nachgelassenen Tagebüchern 1938–1944.* Zürich/Freiburg 1946.
55. HENK, EMIL: *Die Tragödie des 20. Juli 1944. Ein Beitrag zur politischen Vorgeschichte.* Heidelberg 1946.
56. HERWARTH, HANS V.: *Zwischen Hitler und Stalin. Erlebte Zeitgeschichte 1931 bis 1945.* Frankfurt 1982 (London 1981).
57. JOHN, OTTO: *Zweimal kam ich heim. Vom Verschwörer zum Schützer der Verfassung.* Düsseldorf/ Wien 1969.
58. *20. Juli 1944. Ein Drama des Gewissens und der Geschichte. Dokumente und Berichte.* Freiburg/ Basel/Wien 1961 (s. Nr. 152).
59. KLOIDT, FRANZ (Hrsg.): *Verräter oder Martyrer? Dokumente katholischer Blutzeugen der nationalsozialistischen Kirchenverfolgung.* Düsseldorf 1962.
60. KOPP, OTTO (Hrsg.): *Widerstand und Erneuerung. Neue Berichte und Dokumente vom inneren Kampf gegen das Hitler-Regime.* Stuttgart 1966.
61. KORDT, ERICH: *Nicht aus den Akten...* Stuttgart 1950.
62. *Julius Leber, Schriften, Reden, Briefe.* Hrsg. v. D. Beck/W. F. Schoeller. München 1976 (Neuausgabe von: Ein Mann geht seinen Weg, 1952).
63. LIPGENS, WALTER (Hrsg.): *Europa-Föderationspläne der Widerstandsbewegung 1940–1945. Eine Dokumentation.* München 1968. Deutsche Programmschriften: Kap. II.
64. MICHAELIS, HERBERT, SCHRAEPLER, ERNST (Hrsg.): *Ursachen und Folgen...* 27 Bde. Berlin 1958– 1980; Bd. 21: (u. a.) Emigration und Widerstand/Der 20. Juli 1944.
65. *Carlo Mierendorff, Eine Einführung in sein Werk und eine Auswahl* v. F. Usinger. Wiesbaden 1965.
66. MOLTKE, HELMUTH JAMES V.: *Bericht aus Deutschland im Jahre 1943: Letzte Briefe aus dem Gefängnis Tegel 1945.* Berlin ¹³1981.
67. MÜLLER, JOSEF: *Bis zur letzten Konsequenz. Ein Leben für Frieden und Freiheit.* München 1975.
68. MÜLLER, WOLFGANG: *Gegen eine neue Dolchstoßlegende. Ein Erlebnisbericht zum 20. Juli 1944.* Hannover ²1947.
69. NEBGEN, ELFRIEDE: *Jakob Kaiser, der Widerstandskämpfer.* Stuttgart ²1970.
70. POELCHAU, OTTO: *Die letzten Stunden. Erinnerungen eines Gefängnispfarrers,* aufgezeichnet v. Graf A. Stenbeck-Fermor. Berlin 1949.
71. REICHHOLD, LUDWIG: *Arbeiterbewegung jenseits des totalen Staates. Die Gewerkschaften und der 20. Juli 1944.* Wien/Köln usw. 1965. Teilweise auf Anregung J. Kaisers und J. Wirmers bereits seit 1943 entstandene Schrift.
72. *Adolf Reichwein, Ein Lebensbild aus Briefen und Dokumenten.* Ausgewählt v. R. Reichwein. Hrsg. v. U. Schulz. München 1974.
73. SCHLABRENDORFF, FABIAN V.: *Begegnungen in fünf Jahrzehnten.* Tübingen ²1979. (Kapitel u. a. über E. von Kleist-Schmenzin, C. Goerdeler, L. Beck, D. Bonhoeffer.)
74. DERS.: *Offiziere gegen Hitler.* Nach einem Erlebnisbericht F. v. Schlabrendorffs bearbeitet und hrsg. v. Gero von Graevernitz. Zürich 1946 (²1951 u. ö.).
75. SCHEURIG, BODO (Hrsg.): *Verrat hinter Stacheldraht? Das Nationalkomitee »Freies Deutschland«.* München 1965.
76. DERS. (Hrsg.): *Deutscher Widerstand 1938–1944. Fortschritt oder Reaktion?* München 1969.
77. SCHOLDER, KLAUS (Hrsg.): *Die Mittwochs-Gesellschaft. Protokolle aus dem geistigen Deutschland 1932 bis 1944.* Berlin 1982.
78. SCHOLL, INGE: *Die weiße Rose.* Erweiterte Neuausgabe, Frankfurt ²1983 (zuerst 1952).
79. SCHRAMM, WILHELM RITTER V. (Hrsg.): *Beck und Goerdeler. Gemeinschaftsdokumente für den Frieden 1941–1944.* München 1965.
80. SCHULZE, HAGEN (Hrsg.): *Anpassung oder Widerstand. Aus den Akten des Parteivorstands der deutschen Sozialdemokratie 1932/33.* Bonn/Bad Godesberg 1975.
81. SPEIDEL, HANS: *Invasion 1944: Ein Beitrag zu Rommels und des Reiches Schicksal.* Tübingen ²1949.
82. DERS.: *Aus unserer Zeit. Erinnerungen.* Frankfurt 1977.
83. *Spiegelbild einer Verschwörung. Die Kaltenbrunner-Berichte an Bormann und Hitler über das Attentat vom 20. Juli 1944.* Hrsg. vom Archiv (K. H.) Peter, Stuttgart 1961. Dazu die Besprechung von: ROTHFELS, H.: *Zerrspiegel des 20. Juli,* in: VZG 10, 1962, S. 62–67.

Spiegelbild einer Verschwörung. Die Kaltenbrunner-Berichte. Die Opposition gegen Hitler und der Staatsstreich vom 20. Juli in der SD-Berichterstattung. Hrsg. v. H. A. Jacobsen, 2 Bde., Stuttgart 1983.

84. STELTZER, THEODOR: *Von deutscher Politik.* Dokumente, Aufsätze und Vorträge. Hrsg. v. F. Minssen. Frankfurt 1949.
85. TREPPER, LEOPOLD: *Die Wahrheit. Ich war der Chef der »Roten Kapelle«.* München 1975 (Paris 1975).
86. VERMEHREN, ISA: *Reise durch den letzten Akt. Ein Bericht.* Reinbek 1979 (zuerst 1946).
87. *Eduard Wagner, Der Generalquartiermeister. Briefe und Tagebuchaufzeichnungen des Generalquartiermeisters des Heeres ....* Hrsg. v. Elis. Wagner. München/Wien 1963.
88. WEIZSÄCKER, ERNST V.: *Erinnerungen.* München 1950.
89. YOUNG, ARTHUR P.: *The »X« Documents.* Hrsg. v. S. Aster. London 1974.

VI. Widerstand in einzelnen Regionen und Städten

91. BLUDAU, KUNO: *Gestapo – geheim! Widerstand und Verfolgung in Duisburg 1933–1945.* Bonn/Bad Godesberg 1973.
90. BILLSTEIN, AUREL: *»Der eine fällt, die anderen rücken nach.« Dokumente des Widerstandes und der Verfolgung in Krefeld 1933–1945.* Frankfurt 1973.
92. BROSZAT, MARTIN, u. a. (Hrsg.): *Bayern in der NS-Zeit.* 6 Bde. München/Wien 1977–1983.
93. HOCHMUTH, URSEL, MEYER, GERTRUD: *Streiflichter aus dem Hamburger Widerstand 1933–1945.* Frankfurt ²1980.
94. KERSHAW, IAN: *Popular Opinion and Political Dissent. Bavaria 1933–1945.* Oxford 1983.
95. KLOTZBACH, KURT: *Gegen den Nationalsozialismus. Widerstand und Verfolgung in Dortmund 1930–1945.* Hannover 1969.
96. PEUKERT, DETLEV: *Die KPD im Widerstand. Verfolgung und Untergrundarbeit an Rhein und Ruhr. 1933–1945.* Wuppertal 1980.
97. SCHADT, JÖRG (Bearb.): *Verfolgung und Widerstand unter dem Nationalsozialismus in Baden. Die Lageberichte der Gestapo und des Generalstaatsanwalts Karlsruhe 1933–1940.* Stuttgart 1976.

VII. Arbeiterbewegung und Linksparteien im Widerstand. »Freies Deutschland«.

98. BEIER, GERHARD: *Die illegale Reichsleitung der Gewerkschaften 1933–1945.* Köln 1981.
99. DUHNKE, HORST: *Die KPD von 1933 bis 1945.* Köln 1972.
100. FRIESER, KARL-HEINZ: *Krieg hinter Stacheldraht. Die deutschen Kriegsgefangenen in der Sowjetunion und das Nationalkomitee »Freies Deutschland«.* Mainz 1981.
101. GRASMANN, PETER: *Sozialdemokraten gegen Hitler.* München 1976.
102. HÖHNE, HEINZ: *Kennwort Direktor. Die Geschichte der Roten Kapelle.* Frankfurt 1970.
103. KLIEM, KURT: *Der sozialistische Widerstand gegen das Dritte Reich, dargestellt an der Gruppe »Neu Beginnen«.* Phil. Diss., Marburg 1957.
104. MAMMACH, KLAUS: *Die KPD und die deutsche antifaschistische Widerstandsbewegung 1933–1945.* Frankfurt 1974 (Berlin [Ost] 1974).
105. NITZSCHE, GERHARD: *Die Saefkow-Jacob-Bästlein-Gruppe.* Berlin (Ost) 1957.
106. SCHEURIG, BODO: *Freies Deutschland. Das Nationalkomitee und der Bund Deutscher Offiziere in der Sowjetunion 1943–1945.* München ²1961.
107. VOGES, MICHAEL: *Klassenkampf in der »Betriebsgemeinschaft«. Die »Deutschland-Berichte« der Sopade (1934–1940) als Quelle zum Widerstand der Industriearbeiter im Dritten Reich,* in: ASG 21, 1981, S. 329–383.
108. ZURMÜHLEN, PATRIK V.: *Spanien war ihre Hoffnung. Die deutsche Linke im Spanischen Bürgerkrieg 1936 bis 1939.* Bonn 1983.

VIII. Kirchenkampf und kirchlicher Widerstand

109. ALBRECHT, DIETER (Hrsg.): *Katholische Kirche im Dritten Reich.* Mainz 1976. Beiträge von D. Albrecht; J. Becker; U. v. Hehl; R. Leiber; K. Repgen; L. Volk.
110. ARETZ, JÜRGEN: *Katholische Arbeiterbewegung und Nationalsozialismus. Der Verband katholischer Arbeiter und Knappenvereine Westdeutschlands. 1923–1945.* Mainz 1978.

111. BAUMGÄRTNER, RAIMUND: *Weltanschauungskampf im Dritten Reich. Die Auseinandersetzung der Kirchen mit Alfred Rosenberg.* Mainz 1977.

112. GOTTO, CLAUS, REPGEN, KONRAD (Hrsg.): *Kirche, Katholiken und Nationalsozialismus.* Mainz 1980. Beiträge u. a. von D. Albrecht; R. Lill; R. Morsey; K. Repgen; L. Volk.

113. MEIER, KURT: *Der evangelische Kirchenkampf.* Gesamtdarstellung in 3 Bdn. (Bisher) 2 Bde. Göttingen 1976.

114. NOWAK, KURT: *»Euthanasie« und Sterilisierung im »Dritten Reich«. Die Konfrontation der evangelischen und katholischen Kirche mit dem »Gesetz zur Verhütung erbkranken Nachwuchses« und der »Euthanasie«-Aktion.* Göttingen 1978.

115. WOLF, ERNST: *Kirche im Widerstand? Protestantische Opposition in der Klammer der Zweireiche-lehre.* München 1965.

116. ZIPFEL, FRIEDRICH: *Kirchenkampf in Deutschland 1933–1945. Religionsverfolgung und Selbstbe-hauptung der Kirchen in der nationalsozialistischen Zeit.* Berlin 1965.

Zahlreiche weitere wichtige Arbeiten sind von der »Kommission der Evangelischen Kirche in Deutschland für die Geschichte des Kirchenkampfes« einerseits, von der »Kommission für Zeitgeschichte« (u. a. Nr. 36a, 110, 111) andererseits herausgegeben worden.

IX. Einzelnes

117. DROBISCH, KLAUS: *Widerstand in Buchenwald.* Frankfurt 1978 (Berlin [Ost] 1977).

118. HANSER, RICHARD: *Deutschland zuliebe. Leben und Sterben der Geschwister Scholl. Die Geschichte der Weißen Rose.* München 1982 (Tb-Ausgabe; New York 1979; München 1980).

119. HOCH, ANTON, GRUCHMANN, LOTHAR: *Georg Elser. Der Attentäter aus dem Volk – Der Anschlag auf Hitler im Bürgerbräu 1939.* Frankfurt 1980.

120. SASSIN, HORST R.: *Widerstand, Verfolgung und Emigration Liberaler 1933–1945.* Bonn 1983.

X. Zur Geschichte des 20. Juli

121. *Bekenntnis und Verpflichtung. Reden und Aufsätze zur zehnjährigen Wiederkehr des 20. Juli 1944.* Stuttgart 1956. Darin u. a.: Theodor Heuss, Dank und Bekenntnis. Gedenkrede zum 20. Juli 1944 (auch: Tübingen 1954; erneut: Vollmacht des Gewissens, Bd. 1: s. Nr. 159).

122. BLUMENBERG-LAMPE, CHRISTINE: *Das wirtschaftliche Programm der »Freiburger Kreise«. Entwurf einer freiheitlich-sozialen Nachkriegswirtschaft.* Berlin 1973.

123. BOVERI, MARGRET: *Der Verrat im 20. Jahrhundert. Für und gegen die Nation.* 4 Teile, Hamburg 1956–1960 u. ö., bes. Teil 2.

124. BUCHHEIT, GERD: *Soldatentum und Rebellion. Die Tragödie der deutschen Wehrmacht.* Rastatt 1961.

125. BUSSMANN, WALTER: *Die innere Entwicklung des deutschen Widerstandes gegen Hitler.* Berlin 1964.

126. DEUTSCH, HAROLD C.: *Verschwörung gegen den Krieg. Der Widerstand in den Jahren 1939–1940.* Frankfurt/Wien/Zürich 1969 (Minneapolis 1968).

127. DIPPER, CHRISTOF: *Der deutsche Widerstand und die Juden,* in: GG 9, 1983, S. 349–380.

128. DRESS, HANS: *Der antidemokratische und reaktionäre Charakter der Verfassungspläne Goerdelers,* in: ZfG 5, 1957, S. 1134–1159.

129. EHLERS, DIETER: *Technik und Moral einer Verschwörung. 20. Juli 1944.* Frankfurt/Bonn 1964 (zuerst Ms Diss. 1954).

130. FRAENKEL, HEINRICH, MANVELL, ROGER: *Der 20. Juli.* Berlin/Frankfurt/Wien ²1965 (London 1964).

131. *Gewissen gegen Gewalt. Rückblick auf den 20. Juli 1944* (Schriften der Bundeszentrale für Politische Bildung. Zuerst: »Aus Politik und Zeitgeschichte.« Beilage zur Wochenzeitung Das Parlament, 29/64), Bonn 1964. Mit Beiträgen von H. Rothfels; W. Bußmann; W. Hofer; M. Baumont; L. Jedlicka; W. v. Schramm; F. L. Carsten; M. Bendiscoli.

132. GROOTE, WOLFGANG V.: *Bundeswehr und 20. Juli,* in: VZG 12, 1964, S. 285–299.

133. HASSELL, JOHANN DIETRICH V.: *Verräter? Patrioten! Der 20. Juli 1944.* Köln 1946.

134. HEINEMANN, GUSTAV W.: *Gedenkrede zum 20. Juli 1944.* Berlin 1969.

135. HILDEBRAND, KLAUS: *Die ostpolitischen Vorstellungen im deutschen Widerstand,* in: GWU 29, 1978, S. 213–241.

136. HOFFMANN, PETER: *Widerstand gegen Hitler. Probleme des Umsturzes.* München 1979.
137. DERS.: *Widerstand, Staatsstreich, Attentat. Der Kampf der Opposition gegen Hitler.* München ³1979.
138. HOLMSTEN, GEORG: *Deutschland Juli 1944. Soldaten, Zivilisten, Widerstandskämpfer.* Düsseldorf 1982 (Fotografierte Zeitgeschichte).
139. JACOBSEN, HANS-ADOLF: *20. Juli 1944. Die deutsche Opposition gegen Hitler im Urteil der ausländischen Geschichtsschreibung.* Eine Anthologie. Bonn 1969. Darin u. a. George K. Romoser, Politik der Unsicherheit: Die deutsche Widerstandsbewegung (S. 61–80; zuerst engl. Veröffentlichung 1964).
140. JEDLICKA, LUDWIG: *Der 20. Juli 1944 in Österreich.* Wien/München 1965.
141. KETTENACKER, LOTHAR (Hrsg.): *Das »Andere Deutschland« im Zweiten Weltkrieg. Emigration und Widerstand in internationaler Perspektive.* Stuttgart 1977. Beiträge von P. W. Ludlow; L. Kettenacker; A. J. Nicholls zu den britischen und US-amerikanischen Beziehungen zum deutschen Widerstand; mit ausführlicher Diskussion und umfangreicher Dokumentation.
142. KLEMPERER, KLEMENS V.: *Glaube, Religion, Kirche und der deutsche Widerstand gegen den Nationalsozialismus,* in: VZG 28, 1980, S. 293–309.
143. KOSTHORST, ERICH: *Die deutsche Opposition gegen Hitler zwischen Polen- und Frankreichfeldzug.* Bonn ³1957.
144. KRAUS, HERBERT (Hrsg.): *Die im Braunschweiger Prozeß erstatteten moraltheologischen und historischen Gutachten nebst Urteil.* Hamburg 1953.
145. McCLOY II, JOHN J.: *Die Verschwörung gegen Hitler. Ein Geschenk an die deutsche Zukunft.* Stuttgart 1963.
146. MELNIKOW, DANIIL: *Der 20. Juli 1944. Legende und Wirklichkeit.* Eingeleitet von B. Scheurig. Hamburg ²1968 (Moskau 1962).
147. MÜLLER, KLAUS-JÜRGEN: *Armee, Politik und Gesellschaft in Deutschland 1933–1945. Studien zum Verhältnis von Armee und NS-System.* Paderborn 1979.
148. DERS: *Das Heer und Hitler. Armee und nationalsozialistisches Regime 1933–1940.* Stuttgart 1969.
149. PETERS, HANS: *Verfassungs- und Verwaltungsreformbestrebungen innerhalb der Widerstandsbewegung gegen Hitler.* Münster 1961.
150. RITTER, GERHARD: *Der 20. Juli 1944: Die Wehrmacht und der politische Widerstand gegen Hitler,* in: Schicksalsfragen der Gegenwart. Handbuch der politischen Bildung, Bd. 1, Tübingen 1957, S. 349–391.
151. ROON, GER VAN: *Neuordnung im Widerstand. Der Kreisauer Kreis innerhalb der deutschen Widerstandsbewegung.* München 1967. Dazu: GERSTENMAIER, EUGEN: *Der Kreisauer Kreis,* in: VZG 15, 1967, S. 221–246.
152. ROYCE, HANS (Hrsg.): *20. Juli 1944.* Bonn 1953. Darin Beiträge u. a. von J. Kaiser; O. John; H. Lukaschek; E. Gerstenmaier, außerdem Dokumente. Die dritte Auflage (Bonn 1960) wurde in stark vermehrter und umgestalteter Form von Erich Zimmermann u. Hans-Adolf Jacobsen herausgegeben.
153. SCHMITTHENNER, WALTER, BUCHHEIM, HANS (Hrsg.): *Der deutsche Widerstand gegen Hitler.* Vier historisch-kritische Studien von Hermann Graml, Hans Mommsen, Hans-Joachim Reichhardt und Ernst Wolf. Köln/Berlin 1966. Besonders die Beiträge von Graml, Die außenpolitischen Vorstellungen des deutschen Widerstandes (S. 15–72); Mommsen, Gesellschaftsbild und Verfassungspläne des deutschen Widerstandes (S. 73–168), haben kontroverse, die Forschung beeinflussende Wirkung gehabt.
154. SCHMÖLDERS, GÜNTER: *Personalistischer Sozialismus. Die Wirtschaftsordnungskonzeption des Kreisauer Kreises der deutschen Widerstandsbewegung.* Köln/Opladen 1969.
155. SCHRAMM, WILHELM V.: *Aufstand der Generale. Der 20. Juli in Paris.* München 1964 (zuerst 1953).
156. SCHREEB, GERHARD: *Menschenwürde gegen Gewaltherrschaft. Die Beweggründe der deutschen Opposition gegen Hitler.* Osnabrück 1963.
157. SCHULTZ, HANS JÜRGEN (Hrsg.): *Der Zwanzigste Juli. Alternative zu Hitler?* Stuttgart/Berlin 1974. Einleitende Beiträge von H. Mommsen; P. Hoffmann u. a. Biographische Beiträge über die führenden Persönlichkeiten u. a. von H. Rothfels, G. van Roon, E. Bethge, H. Graml, G. Leibholz, K. D. Bracher, H. Krausnick.

158. Travaglini, Thomas: *Der 20. Juli 1944. Technik und Wirkung seiner propagandistischen Behandlung nach den amtlichen SD-Berichten.* Phil. Diss., Berlin 1963.

159. *Vollmacht des Gewissens.* 2 Bde. Hrsg. von der Europäischen Publikation, Frankfurt/Berlin 1960–1965. Beiträge u. a. von H. Krausnick; K. Sendtner; G. Stadtmüller (Bd. 1: Bibliographie zum militärischen Widerstand); H. Graml.

160. Wegner-Korfes, Sigrid: *Der 20. Juli 1944 und das Nationalkomitee »Freies Deutschland«. Aus persönlichen Unterlagen der Familie von Oberst Ritter Albrecht Mertz v. Quirnheim,* in: ZfG 27, 1979, S. 535–544.

161. Zeller, Eberhard: *Geist der Freiheit. Der Zwanzigste Juli.* München ⁴1963.

XI. Biographien

162. Beck, Dorothea: *Julius Leber. Sozialdemokrat zwischen Reform und Widerstand.* Berlin 1983.

163. Bentin, Lutz-Arwed: *Johannes Popitz und Carl Schmitt. Zur wirtschaftlichen Theorie des totalen Staates in Deutschland.* München 1972.

164. Bethge, Eberhard: *Dietrich Bonhoeffer. Theologe, Christ, Zeitgenosse.* München ³1970 (Sonderausgabe 1975).

165. Buchheit, Gert: *Ludwig Beck, ein preußischer General.* München 1964.

166. Bücheler, Heinrich: *Hoepner. Ein deutsches Soldatenschicksal des XX. Jahrhunderts.* Herford 1980.

167. Dieckmann, Hildemarie: *Johannes Popitz. Entwicklung und Wirksamkeit in der Zeit der Weimarer Republik bis 1933.* Berlin 1960.

168. Finker, Kurt: *Graf Moltke und der Kreisauer Kreis.* Berlin (Ost) ²1980.

169. Ders: *Stauffenberg und der 20. Juli 1944.* Köln 1977 (Berlin [Ost] 1967).

170. Foerster, Wolfgang: *Generaloberst Ludwig Beck. Sein Kampf gegen den Krieg.* München 1953. Erweiterte Auflage von: *Ein General kämpft gegen den Krieg.* 1949.

171. Hammer, Walter (Hrsg.): *Theodor Haubach zum Gedächtnis.* Frankfurt ²1955. Beiträge u. a. von K. Jaspers, A. Weber.

172. Ders.: *Hohes Haus in Henkers Hand. Rückschau auf die Hitlerzeit, auf Leidensweg und Opfergang deutscher Parlamentarier.* Frankfurt ²1958. Liste politisch verfolgter Parlamentarier mit wichtigen biographischen Hinweisen S. 29–109.

173. Harnack, Axel v.: *Ernst von Harnack (1888–1945). Ein Kämpfer für Deutschlands Zukunft.* Schwenningen 1951.

174. Henderson, James L.: *Adolf Reichwein. Eine politisch-pädagogische Biographie.* Hrsg. v. H. Lindemann. Stuttgart 1958 (Ms Diss. London 1956).

175. Herzfeld, Hans: *Johannes Popitz. Ein Beitrag zur Geschichte des deutschen Beamtentums,* in: Forschungen zu Staat und Verfassung. Hartung-Festschrift, Berlin 1958, S. 345–365.

176. Höhne, Heinz: *Canaris. Patriot im Zwielicht.* München 1976.

177. Huber, Wilfried, Krebs, Albert (Hrsg.): *Adolf Reichwein 1898–1944. Erinnerungen, Forschungen, Impulse.* Paderborn 1982.

178. Kosthorst, Erich: *Jakob Kaiser, der Arbeiterführer.* Stuttgart 1967.

179. Kramarz, Joachim: *Claus Graf Stauffenberg. 15. November 1907 – 20. Juli 1944. Das Leben eines Offiziers.* Frankfurt 1965.

180. Krausnick, Helmut: *Erwin Rommel und der deutsche Widerstand gegen Hitler,* in: VZG 1, 1953, S. 65–70.

181. Krebs, Albert: *Fritz Dietlof Graf von der Schulenburg. Zwischen Staatsraison und Hochverrat.* Hamburg 1964.

182. Laack-Michel, Ursula: *Albrecht Haushofer und der Nationalsozialismus.* Stuttgart 1974.

183. Leber, Annedore, Gräfin von Moltke, Freya: *Für und wider. Entscheidungen in Deutschland 1918–1945.* Berlin/Frankfurt 1961 (Neuausgabe 1978). Darstellung, Dokumente, Kurzbiographien.

184. Leber, Annedore (Hrsg.): *Das Gewissen entscheidet. Bereiche des deutschen Widerstandes 1933–1945 in Lebensbildern.* Berlin/Frankfurt ⁴1960.

185. Dies. (Hrsg.): *Das Gewissen steht auf. 64 Lebensbilder aus dem deutschen Widerstand 1933–1945.* Berlin/Frankfurt ⁹1960.

186. Leithäuser, Joachim G.: *Wilhelm Leuschner. Ein Leben für die Republik*. Köln 1962.
187. Lühe, Irmgard v. der: *Elisabeth von Thadden. Ein Schicksal unserer Zeit*. Düsseldorf/Köln ²1967.
188. Miller, Max: *Eugen Bolz. Staatsmann und Bekenner*. Stuttgart 1951.
189. Moltke, Freya v., Balfour, Michael, Frisby, Julian: *Helmuth James von Moltke 1907–1945. Anwalt der Zukunft*. Stuttgart 1975 (London 1972).
190. Müller, Christian: *Oberst i.G. Stauffenberg. Eine Biographie*. Düsseldorf 1970.
191. Müller, Klaus-Jürgen: *General Ludwig Beck. Studien und Dokumente zur politisch-militärischen Vorstellungswelt und Tätigkeit des Generalstabschefs des deutschen Heeres 1933–1938*. Boppard 1980. Vgl. dazu die grundsätzliche Auseinandersetzung von: Hoffmann, Peter: *Generaloberst Ludwig Becks militärpolitisches Denken*, in: HZ 234, 1982, S. 101–121, sowie Müllers Replik: *Militärpolitik, nicht Militäropposition!* in: HZ 235, 1982, S. 355–371.
192. Reynolds, Nicholas: *Beck. Gehorsam und Widerstand. Das Leben des deutschen Generalstabschefs 1935–1938*. München 1977 (London 1976).
193. Ritter, Gerhard: *Carl Goerdeler und die deutsche Widerstandsbewegung*. Stuttgart 1956. Dazu: Herzfeld, Hans: *Zwei Werke G. Ritters zur Geschichte des Nationalsozialismus und der Widerstandsbewegung*, in: HZ 182, 1956, S. 321–332.
194. Roon, Ger van: *Wilhelm Staehle. Ein Leben auf der Grenze 1877–1945*. München 1969.
195. Schall-Riaucour, Heidemarie Gräfin v.: *Aufstand und Gehorsam. Offizierstum und Generalstab im Umbruch. Leben und Wirken von Generaloberst Franz Halder, Generalstabschef 1938–1942*. Wiesbaden 1972.
196. Scheurig, Bodo: *Ewald von Kleist-Schmenzin. Ein Konservativer gegen Hitler*. Oldenburg/Hamburg 1968.
197. Ders.: *Claus Graf Schenk von Stauffenberg*. Berlin ³1964.
198. Ders.: *Henning von Tresckow. Eine Biographie*. Oldenburg/Hamburg ⁴1975.
199. Sykes, Christopher: *Adam von Trott. Eine deutsche Tragödie*. Düsseldorf/Köln 1969 (London 1968).
200. Thun-Hohenstein, Romedio Galeazzo Graf v.: *Der Verschwörer. General Oster und die Militäropposition*. Berlin 1982.
201. Zuckmayer, Carl: *Carlo Mierendorff. Porträt eines deutschen Sozialisten*. Berlin 1947. Im amerikanischen Exil im März 1944 gehaltene Gedächtnisrede auf den Jugendfreund.

Einige Beispiele früher und bekannterer Auseinandersetzung mit dem deutschen Widerstand in Schauspiel, Poesie und Roman: Fallada, Hans: *Jeder stirbt für sich allein*, Berlin 1947 u. ö.; Graetz, Wolfgang: *Die Verschwörer*, München 1965; Haushofer, Albrecht: *Moabiter Sonette*. Mit einem Nachwort von Ursula Laack-Michel, München ²1982 (zuerst 1946); Kirst, Hans Hellmut: *Aufstand der Soldaten*, München 1965; Kühn, Dieter: *Grenzen des Widerstands. Essays*, Frankfurt 1972 (Teil III: Canaris, Ossietzky, Goerdeler, dieser in fiktivem Gespräch); Michel, Karl: *Ost und West. Der Ruf Stauffenbergs*, Zürich 1947; ders.: *Stauffenberg. Historisches Drama*, Zürich 1947; Seghers, Anna: *Das siebte Kreuz. Roman aus Hitlerdeutschland*, München 1947 u. ö.; Weisenborn, Günther: *Die Illegalen. Drama aus der deutschen Widerstandsbewegung*, Berlin 1946 u. ö.; ders.: *Memorial*, Berlin 1948 u. ö. (um die »Rote Kapelle«); Weiss, Peter: *Die Ästhetik des Widerstands*, Frankfurt 1975; Zuckmayer, Carl: *Des Teufels General*. Drama in 3 Akten, Berlin 1947 u. ö. (gewidmet Haubach, Leuschner und Moltke).

Abkürzungen

ASG	Archiv für Sozialgeschichte
CEH	Central European History
GG	Geschichte und Gesellschaft
GWU	Geschichte in Wissenschaft und Unterricht
HZ	Historische Zeitschrift
NPL	Neue Politische Literatur
SDG	Sowjetsystem und Demokratische Gesellschaft
VZG	Vierteljahreshefte für Zeitgeschichte
ZfG	Zeitschrift für Geschichtswissenschaft

Ulrike Eich

Suizid – Volksgerichtshof – Standgerichte: Die Opfer des 20. Juli

Auf das Attentat des 20. Juli hat der nationalsozialistische Staat mit ebenso gründlichen wie brutalen Vergeltungsmaßnahmen reagiert.

Sie galten zunächst den Attentätern selbst sowie den ihnen nahestehenden Widerstandskämpfern, ihren Helfern, Sympathisanten und Mitwissern, welche physisch vernichtet werden sollten und großenteils vernichtet worden sind. Wie meist in totalitären Staaten bediente man sich dabei rechtlicher und gerichtlicher Formen, welche zu einem wesentlichen Teil ihres Inhalts beraubt waren. Die Widerstandskämpfer wurden zumeist vom Volksgerichtshof (VGH), in etlichen Fällen von Standgerichten in summarischen Verfahren, wegen »Hoch- und Landesverrats« verurteilt. Andere haben sich in sicherer Erwartung dieses Schicksals selbst das Leben genommen. Diese Personen sind als die Opfer des 20. Juli im eigentlichen Sinn zu bezeichnen.

Zu den Vergeltungsmaßnahmen im weiteren Sinn zählen aber auch die Sippenhaft, die über die Familienangehörigen der Personen des engeren Kreises verhängt wurde, sowie zahlreiche großangelegte Verhaftungsaktionen gegen andere Gegner des Regimes, die allerdings häufig schon früher geplant gewesen waren, aber nun in zeitlichem Zusammenhang mit der Reaktion auf das Attentat des 20. Juli ausgeführt worden sind. Manche militärische Mitwisser (von denen andere, meist außerhalb Berlins, sich gut zu tarnen verstanden und unbehelligt blieben) sind »nur« strafversetzt oder aus der Wehrmacht entlassen worden, weil ihnen keine konkrete, für eine Verurteilung ausreichende Beteiligung nachzuweisen war.

Hier nun werden nur die erstgenannten Opfer des 20. Juli im engeren Sinn aufgeführt. Die reine Aufzählung der Namen ist durch biographische Daten vervollständigt, so daß diese Liste vor allem einen Eindruck von der Heterogenität dieser Widerstandsgruppe vermitteln kann. Die Angaben über die Urteile, deren Strafmaß und Ausführung sollen nur das tatsächliche Schicksal dieser Personen klären. Denn es gilt zu bedenken, daß der Volksgerichtshof als ein politisches Instrument der staatlichen Gewalt eingerichtet worden war.* Nicht die Maxime der Rechtsstaatlichkeit, sondern das Führerprinzip und damit die Willkür nach Maßgabe möglichst effektiver Verbre-

---

* Wagner, Walter: *Der Volksgerichtshof im nationalsozialistischen Staat*, Stuttgart 1974 (= Quellen und Darstellungen zur Zeitgeschichte, Bd. 16/III: Die deutsche Justiz und der Nationalsozialismus), bes. S. 13 ff.

chensbekämpfung bestimmte die Praxis des Volksgerichtshofs.* Motive und Ziele der Angeklagten wurden nicht gewürdigt, ihre Verteidigung wurde praktisch unmöglich gemacht; Freisprüche kamen nur sehr selten vor, sie sind ebenfalls verzeichnet. Diese rein politische Zwecksetzung zeigt sich auch in der Behandlung der Militärs nach dem 20. Juli. Sie alle wurden zunächst in summarischen, rechtlich nicht abgesicherten Verfahren aus der Wehrmacht ausgestoßen, damit sie vor dem Volksgerichtshof als zivilem und politisch zuverlässigem Gericht angeklagt werden konnten.**

Alvensleben, Werner von, geb. 5. 7. 1875 in Neugattersleben/Altmark; bis 1918 Berufsoffizier; ab 1918 Kaufmann; ab 1939 beschäftigungslos auf Familiengut; VGH, Urteil vom 1. 2. 1945: 2 Jahre Gefängnis.

Ballestrem, Lagi Gräfin, geb. Solf (Tochter von Wilhelm und Hanna Solf); VGH, Anklage vom 15. 11. 1944; Verhandlung vertagt; 1945 aus KZ befreit.

Bästlein, Bernhard Karl, geb. 3. 12. 1894 in Hamburg; Feinmechaniker; Redakteur der »Westfälischen Arbeiterzeitung«; VGH, Urteil vom 10. 8. 1944: Tod; hingerichtet am 18. 9. 1944.

Beck, Ludwig, geb. 29. 6. 1880 in Biebrich/Rhein; Berufsoffizier; 1935–38 Chef des Truppenamtes/Generalstab des Heeres; Aug. 1938 auf eigenen Wunsch verabschiedet; Selbstmord am 20. 7. 1944.

Bernardis, Robert, geb. 7. 8. 1908 in Innsbruck; Bautechniker; ab 1943 Oberstleutnant i.G., Allgemeines Heeresamt (AHA); VGH, Urteil vom 8. 8. 1944: Tod, Ehrverlust; hingerichtet am 8. 8. 1944.

Bernstorff, Albrecht Graf von, geb. 6. 3. 1890 in Berlin: bis 1933 Botschaftsrat; Bankier, Mitinhaber eines Bankhauses; VGH, Anklage vom 15. 11. 1944; Verhandlung vertagt; von der SS ermordet am 22./23. 4. 1945 im Gefängnis Berlin, Lehrter Straße.

Bismarck-Schönhausen, Gottfried Graf von, geb. 29. 3. 1901 in Berlin; Landwirt; 1933–34 Landrat von Rügen; Kreisleiter der NSDAP; 1933–45 MdR; 1935 Regierungspräsident in Stettin; 1938 Regierungspräsident in Potsdam; 1943 SS-Obergruppenführer; VGH, Anklage; Freispruch.

Blumenthal, Hans Jürgen Graf von, geb. 23. 2. 1907; Berufsoffizier; Major; Gruppenleiter im AHA; VGH: Todesurteil; hingerichtet am 23. 10. 1944.

Boehmer, Hasso, geb. 9. 8. 1904; Berufsoffizier; Oberstleutnant; VGH: Todesurteil; hingerichtet am 5. 3. 1945.

Bolz, Eugen, Dr. h.c., geb. 15. 12. 1881 in Rottenburg/Schwaben; Amtsrichter; 1919–20 MdNV; 1920–33 MdR (Zentrum); 1919 württembergischer Justizminister/ 1923 Innenminister/1928–33 Staatspräsident; VGH, Urteil vom 21. 12. 1944: Tod, Ehrverlust; hingerichtet am 23. 1. 1945.

---

* BROSZAT, MARTIN: *Zur Perversion der Strafjustiz im Dritten Reich,* in: VfZG 6, 1958, S. 390ff., hier S. 404; BUCHHEIT, GERT: *Richter in roter Robe. Freisler. Präsident des Volksgerichtshofs.* München 1968, S. 135.
** BUCHHEIT, G.: a.a.O. S. 138.

394

Bonhoeffer, Dietrich, geb. 4. 2. 1906 in Breslau; protestant. Pfarrer; Mitglied der »Bekennenden Kirche«;
erhängt im KZ Flossenbürg am 9. 4. 1945.

Bonhoeffer, Klaus, Dr. iur., geb. 15. 1. 1901; Rechtsanwalt; ab 1936 Chefsyndikus der Lufthansa;
VGH, Urteil vom 2. 2. 1945: Tod; von der SS ermordet am 22./23. 4. 1945 im Gefängnis Berlin, Lehrter Straße.

Brücklmeier, Eduard, Dr., geb. 8. 6. 1903 in München; Legationsrat im Auswärtigen Amt;
VGH, Urteil vom 20. 10. 1944: Tod, Ehrverlust; hingerichtet am 20. 10. 1944.

Canaris, Wilhelm, geb. 1. 1. 1887 in Aplerbeck; Berufsoffizier; Admiral; 1935 Chef des Nachrichtendienstes und Leiter der Abwehr; Febr. 1944 Entlassung aus dem Amt;
verhaftet am 23. 7. 1944; erhängt im KZ Flossenbürg am 9. 4. 1945.

Cramer, Wilhelm, geb. 1. 5. 1886 in Leipzig; Industrieller; Direktor der Stöhr-AG;
VGH, Urteil vom 14. 11. 1944: Tod; hingerichtet am 14. 11. 1944.

Dahrendorf, Gustav, geb. 8. 2. 1901 in Hamburg; 1927–33 Mitglied der Hamburger Bürgerschaft (SPD); 1932–33 MdR; bis 1933 Redakteur eines sozialdemokratischen Blattes in Hamburg; ab 1933 in Kohlenwirtschaft;
VGH, Urteil vom 20. 10. 1944: 7 Jahre Zuchthaus und Ehrverlust;
1945 Vizepräsident der »Deutschen Zentralverwaltung der Brennstoffindustrie« für die sowjetische Zone; Mitglied des Zentralausschusses der SPD; 1946 Vorstandsmitglied der Hamburger Genossenschaft »Produktion«; 1947 geschäftsführender Vorsitzender des »Zentralvereins deutscher Konsumvereine«; Abg. der Hamburger Bürgerschaft im Zweizonen-Wirtschaftsrat; Mitbegründer der »Akademie für Gemeinwirtschaft«; gestorben am 30. 10. 1954.

Delp, Alfred, Dr., geb. 15. 9. 1907 in Mannheim; kathol. Theologe; 1925 Eintritt in den Jesuitenorden; 1937 Priesterweihe; 1937–41 Mitarbeiter der Zeitschrift »Stimmen der Zeit«; 1941–44 Seelsorger in München;
VGH, Urteil vom 11. 1. 1945: Tod, Ehrverlust; hingerichtet am 2. 2. 1945.

Dieckmann, Wilhelm, geb. 17. 7. 1893; Oberregierungsrat in der kriegsgeschichtlichen Forschungsanstalt des Heeres in Potsdam;
ermordet am 13. 9. 1944.

Dohna-Schlobitten, Heinrich Graf zu, geb. 15. 2. 1882 in Waldenburg b. Königsberg; Gutsbesitzer; Berufsoffizier; Generalmajor und Chef beim Generalkommando in Danzig; 1943 verabschiedet;
VGH, Urteil vom 14. 9. 1944: Tod, Ehrverlust; hingerichtet am 14. 9. 1944.

Dohnanyi, Hans von, geb. 1. 1. 1902 in Wien, Schwager Bonhoeffers; Jurist; 1929–38 Mitarbeiter im Reichsjustizministerium; 1938 Reichsgerichtsrat beim Reichsgericht in Leipzig; 1939–43 Leiter des Referats für Politik im Stab der Abwehr des Oberkommandos der Wehrmacht (OKW);
standrechtlich erschossen im KZ Sachsenhausen am 6. 4. 1945.

Dorsch, Hans Martin; Berufsoffizier; Oberleutnant;
ermordet am 13. 4. 1945.

Drechsel-Deuffenstein, Max Ulrich Graf von, geb. 3. 10. 1911 in Karlstein b. Regensburg; Jurist; Gutsbesitzer;
VGH, Urteil vom 4. 9. 1944: Tod, Ehrverlust; hingerichtet am 4. 9. 1944.

Elsas, Fritz, Dr., geb. 11. 7. 1890 in Stuttgart; Jurist; 1919 Stadtrat in Stuttgart; 1924 MdL in Württemberg (DDP); 1931 1. Bürgermeister von Berlin;
ermordet im KZ Sachsenhausen am 18. 1. 1945.

Engelhorn, Karl Heinz, geb. 6. 9. 1905; Berufsoffizier; Oberstleutnant i.G.;
VGH, Todesurteil; hingerichtet am 24. 10. 1944.

Erdmann, Hans Otto, geb. 18. 2. 1896; Berufsoffizier; Oberstleutnant;
VGH, Urteil vom 4. 9. 1944: Tod; hingerichtet am 4. 9. 1944.

Erxleben, Friedrich; protestant. Armeeoberpfarrer;
VGH, Anklage vom 15. 1. 1944; Verhandlung vertagt; 1945 aus KZ befreit.

Falkenhausen, Gotthart Freiherr von, Dr., geb. 20. 1. 1899 in Steinkirchen/Kr. Lübbau; Mitinhaber eines Essener Bankhauses; Rittmeister d. R.;
VGH, Urteil vom 12. 1. 1945: Freispruch.

Fellgiebel, Erich, geb. 4. 10. 1886 in Pöpelwitz; Berufsoffizier; General der Nachrichtentruppe;
VGH, Urteil vom 10. 8. 1944: Tod, Ehrverlust; hingerichtet am 4. 9. 1944.

Finckh, Eberhard, geb. 7. 11. 1899 in Kupferzell; Berufsoffizier; Oberst i.G.;
VGH, Urteil vom 30. 8. 1944: Tod, Ehrverlust; hingerichtet am 30. 8. 1944.

Fischer, Albrecht, geb. 27. 3. 1877 in Stuttgart; Dipl. Ing.; Abteilungsleiter der Firma Bosch; Vorsitzender des Verbandes der Metallindustriellen;
VGH, Urteil vom 12. 1. 1945: Freispruch.

Frank, Reinhold, Dr. iur., geb. 23. 7. 1896 in Bachhaupten (Hohenzollern); Beamter im badischen Justizministerium;
VGH, Urteil vom 12. 1. 1945: Tod; hingerichtet am 23. 1. 1945.

Frank-Schultz, Ehrengard, geb. Besser, geb. 23. 3. 1885 in Magdeburg; Zimmerwirtin eines am Attentat Beteiligten;
VGH, Urteil vom 6. 11. 1944: Tod, Ehrverlust; hingerichtet am 8. 12. 1944.

Freytagh-Loringhoven, Wessel Freiherr von, geb. 22. 11. 1899; Berufsoffizier; Oberst i.G.; 1943 Leiter der Sonderabteilung II im Amt Ausland/Abwehr im OKW;
Selbstmord am 22. 7. 1944.

Fritzsche, Hans, geb. 21. 4. 1900 in Bochum; 1923 Mitglied der DNVP; Redakteur; 1933 Eintritt in die NSDAP; 1942 Leiter der Rundfunkabteilung im Ministerium;
VGH, Anklage, Verfahren eingestellt.

Fromm, Fritz, geb. 8. 10. 1888 in Berlin; Berufsoffizier; Generaloberst; ab 1939 Befehlshaber des Ersatzheeres; Chef der Heeresrüstung;
VGH, Urteil vom 7. 3. 1945: Tod, Ehrverlust; hingerichtet am 12. 3. 1945.

Fugger von Glött, Joseph Ernst Fürst, geb. 26. 10. 1895; Schloß Kirchheim; Großlandwirt;
VGH, Urteil vom 11. 1. 1945: 3 Jahre Gefängnis.

Gehre, Ludwig; Berufsoffizier; Hauptmann; in der Abwehr;
erhängt im KZ Flossenbürg am 9. 4. 1945.

Gerstenmaier, Eugen Karl Albrecht, Dr. theol., Dr. phil. h.c.; geb. 25. 8. 1906 in

Kirchheim/Teck; 1937 Privatdozent in Berlin; Entzug der Lehrbefugnis; Hilfsarbeiter; Konsistorialrat im Außenamt der evangel. Kirche;
VGH, Urteil vom 11. 1. 1945: 7 Jahre Zuchthaus und Ehrverlust;
1945 Mitbegründer des Evangelischen Hilfswerks (Leitung bis 1951); 1946 MdB (CDU); 1954–67 Bundestagspräsident.

Gloeden, Elisabeth Charlotte, Dr. iur., geb. 19. 12. 1903 in Köln; Rechtsanwältin;
VGH, Urteil vom 27. 11. 1944: Tod; hingerichtet am 30. 11. 1944.

Gloeden, Erich, geb. 23. 8. 1888 in Berlin; Architekt;
VGH, Urteil vom 27. 11. 1944: Tod; hingerichtet am 30. 11. 1944.

Goerdeler, Carl Friedrich, Dr., geb. 31. 7. 1884 in Schneidemühl; 1920–30 2. Bürgermeister von Königsberg; 1930–37 Oberbürgermeister von Leipzig; 1934 Reichskommissar für Preisüberwachung;
VGH, Urteil vom 8. 9. 1944: Tod, Ehrverlust; hingerichtet am 2. 2. 1945.

Goerdeler, Fritz; 1920–33 Bürgermeister von Marienwerder; Stadtkämmerer von Königsberg;
VGH, Urteil vom 23. 2. 1945: Tod, Ehrverlust; hingerichtet am 1. 3. 1945.

Groß, Nikolaus, geb. 30. 9. 1898 in Niederwenigern/Ruhr; Jugend- und Gewerkschaftssekretär im Ruhrgebiet; Redakteur der »Westdeutschen Arbeiterzeitung« und der »Ketteler-Wacht« (Katholische Arbeiter-Bewegung);
VGH, Urteil vom 15. 1. 1945: Tod; hingerichtet am 23. 1. 1945.

Guttenberg, Karl Ludwig Freiherr von; Gutsbesitzer; Mitglied der Abwehr;
ermordet im KZ Flossenbürg am 22. 4. 1945.

Habermann, Max, geb. 21. 3. 1885 in Hamburg; Buchhändler; Führer des »Deutschnationalen Handlungsgehilfenverbandes«;
Selbstmord am 29. 9. 1944 im Gefängnis Gifhorn.

Haeften, Hans-Bernd von, geb. 18. 12. 1905 in Charlottenburg; Jurist; ab 1933 Legationsrat im Auswärtigen Amt;
VGH, Urteil vom 15. 8. 1944: Tod, Ehrverlust; hingerichtet am 15. 8. 1944.

Haeften, Werner von, geb. 9. 10. 1908; Syndikus einer Bank in Hamburg; Oberleutnant d. R.; ab 1942 im OKW;
standrechtlich erschossen am 20. 7. 1944.

Hagen, Albrecht von, geb. 11. 3. 1904 in Langen/Pommern; Syndikus; Oberleutnant d. R.;
VGH, Urteil vom 8. 8. 1944: Tod, Ehrverlust; hingerichtet am 8. 8. 1944.

Hagen, Maximilian von, Dr. phil., geb. 6. 7. 1886 in Gera; 1916–19 bei der Pressestelle der deutschen Gesandtschaft im Haag; 1921 Mitarbeiter der Zentralstelle für die Erforschung der Kriegsursachen; 1922 Pressechef bei der deutschen Gesandtschaft im Haag; Referent der Presseabteilung im Auswärtigen Amt;
VGH, Anklage vom 15. 11. 1944; Verhandlung vertagt; 1945 aus KZ befreit.

Hahn, Kurt, geb. 22. 7. 1901 in Januschkau; Berufsoffizier; Oberst; Chef des Stabes in Ostpreußen;
VGH, Urteil vom 4. 9. 1944: Tod, Ehrverlust; hingerichtet am 4. 9. 1944.

Hahn, Paul, geb. 5. 4. 1893 in Stuttgart; Lehrer; bis 1923 Oberpolizeidirektor in Stuttgart; ab 1935 im Bosch-Konzern;
VGH, Urteil vom 28. 2. 1945: 3 Jahre Zuchthaus und Ehrverlust.

Halem, Nikolaus Christoph von, geb. 5. 3. 1905 in Schwetz a. d. Weichsel; Jurist; bis 1933 im staatlichen Justizdienst; Industriekaufmann; im Krieg in der Abwehr;
VGH, Urteil vom 16. 6. 1944: Tod; hingerichtet am 9. 10. 1944.

Hamm, Eduard, Dr. h.c., geb. 16. 10. 1879 in Passau; Jurist im bayerischen Staatsdienst; 1919 bayerischer Minister für Handel und Verkehr; 1923 Staatssekretär der Reichskanzlei; ab 1925 Generalsekretär des DIHT; 1933 aus öffentlichem Leben ausgeschieden;
verhaftet am 2. 9. 1944; Herbst 1944 Selbstmord im Gefängnis.

Hansen, Georg Alexander, geb. 5. 7. 1904 in Sonnenfeld; Berufsoffizier; Oberst i.G.; Abteilungschef in der Abteilung Abwehr bei Admiral Canaris;
VGH, Urteil vom 10. 8. 1944: Tod, Ehrverlust; hingerichtet am 8. 9. 1944.

Harbou, Bodo von; Oberst i.G.; Stabschef bei General Frhr. von Falkenhausen;
Selbstmord nach Verhaftung.

Harnack, Ernst von, geb. 15. 7. 1888 in Marburg; Sozialdemokrat; bis 1933 Regierungspräsident in Merseburg;
VGH, Urteil vom 1. 2. 1945: Tod, Ehrverlust; hingerichtet am 5. 3. 1945.

Hase, Paul von, geb. 14. 7. 1885 in Hannover; Berufsoffizier; 1940–44 Kommandant von Berlin; 1944 Generaloberst;
VGH, Urteil vom 8. 8. 1944: Tod, Ehrverlust; hingerichtet am 8. 8. 1944.

Hassell, Ulrich von, geb. 12. 11. 1881 in Anklam/Pommern; Jurist; ab 1908 im Auswärtigen Amt; zuletzt 1932–37 Botschafter in Rom; 1938 Botschafter z.V.;
VGH, Urteil vom 8. 9. 1944: Tod, Ehrverlust; hingerichtet am 8. 9. 1944.

Haubach, Theodor, Dr. phil., geb. 15. 9. 1896 in Darmstadt; Mitarbeiter im Institut für Außenpolitik in Hamburg; 1924 Redakteur des »Hamburger Echo«; Sozialdemokrat; 1930–1933 Pressechef bei der preußischen Regierung;
VGH, Urteil vom 15. 1. 1945: Tod; hingerichtet am 23. 1. 1945.

Haushofer, Georg Albrecht, Prof. Dr., geb. 7. 1. 1903; 1940–44 Prof. für politische Geographie in Berlin;
verhaftet am 7. 12. 1944; von der SS ermordet am 22. /23. 4. 1945 im Gefängnis Berlin, Lehrter Straße.

Hayessen, Egbert, geb. 20. 12. 1913 in Eisleben; Berufsoffizier; Major i.G., AHA;
VGH, Urteil vom 15. 8. 1944: Tod, Ehrverlust; hingerichtet am 15. 8. 1944.

Helldorf, Wolf Heinrich Graf von, geb. 14. 10. 1896 in Merseburg; 1926 Eintritt in die NSDAP; 1932 MdL in Preußen; 1933 MdR; 1935 Polizeipräsident von Berlin; SA-Obergruppenführer;
VGH, Urteil vom 15. 8. 1944: Tod, Ehrverlust; hingerichtet am 15. 8. 1944.

Herfurth, Otto, geb. 22. 1. 1893 in Hasserode; Berufsoffizier; Generalmajor;
VGH, Urteil vom 29. 9. 1944: Tod, Ehrverlust; hingerichtet am 29. 9. 1944.

Hermes, Andreas, Dr. phil., geb. 16. 7. 1878 in Köln; 1920–23 Reichsminister für Landwirtschaft und Ernährung, dann Finanzen; Präsident der christlichen Bauernvereine, des Raiffeisenverbandes; 1924–33 MdL in Preußen, dann MdR (Zentrum); 1934–39 Wirtschaftsberater der Regierung von Kolumbien;
VGH, Urteil vom 12. 1. 1945: Tod, Ehrverlust; im April 1945 aus dem Gefängnis Berlin, Lehrter Straße, befreit;

1945 stellvertretender Oberbürgermeister von Berlin; 1. Vorsitzender der CDU
der sowjetischen Zone; ab Ende 1945 in Westdeutschland; Gründer der »Gesellschaft für die Wiedervereinigung Deutschlands«; 1948 Präsident des Deutschen
Bauernverbandes, des Deutschen Raiffeisenverbandes; 1949 Gründer und Präsident des «Zentralausschusses der deutschen Landwirtschaft«; 1954–58 Präsident
des Verbandes der europäischen Landwirtschaft;
gestorben am 4. 1. 1964.
Herrmann, Matthäus, geb. 8. 6. 1879 in Warmensteinach/Ofr.; Lokomotivführer;
1918–28 MdL in Bayern (SPD); Arbeitervertreter im Verwaltungsrat der Reichs-
bahn;
VGH, Urteil vom 13. 1. 1945: Freispruch.
Hoepner, Erich, geb. 14. 9. 1896 in Frankfurt/Oder; Berufsoffizier; 1940 General-
oberst;
VGH, Urteil vom 8. 8. 1944: Tod, Ehrverlust; hingerichtet am 8. 8. 1944.
Hofacker, Caesar von, Dr. iur., geb. 11. 3. 1896; 1936–39 Prokurist der Vereinigten
Stahlwerke AG; seit 1940 als Oberstleutnant d.R. Leiter des Referats »Eisen und
Stahl« beim Militärbefehlshaber in Frankreich;
VGH, Urteil vom 30. 8. 1944: Tod, Ehrverlust; hingerichtet am 20. 12. 1944.
Hößlin, Roland, geb. 21. 2. 1915; Berufsoffizier; Major i.G.;
VGH, Todesurteil; hingerichtet am 13. 10. 1944.
Hübner, Otto; Versicherungsdirektor; im Krieg in der Abwehr;
hingerichtet am 21. 4. 1945.
Husen, Peter Paulus von, Dr.;
VGH, Urteil vom 19. 4. 1945: 3 Jahre Zuchthaus und Ehrverlust.
Jacob, Franz Edmund, geb. 9. 8. 1906 in Hamburg; Schlosser; Kommunist;
VGH, Urteil vom 4. 8. 1944: Tod; hingerichtet am 9. 8. 1944.
Jaeger, Friedrich, geb. 25. 9. 1895 in Kirchberg a.N.; Berufsoffizier; Oberst;
VGH, Urteil vom 21. 8. 1944: Tod, Ehrverlust; hingerichtet am 21. 8. 1944.
Jennewein, Max; Mechaniker;
von der SS ermordet am 22./23. 4. 1945 im Gefängnis Berlin, Lehrter Straße.
Jessen, Peter Jens, Prof. Dr., geb. 11. 12. 1895 in Stoltelund; Volkswirtschaftler;
Mitglied im Wirtschaftspolizeidepartement der NSDAP; 1931–33 Prof. der
Nationalökonomie und Politischen Wissenschaft an der Universität Berlin;
VGH, Urteil vom 7. 11. 1944: Tod, Ehrverlust; hingerichtet am 7. 11. 1944.
John, Hans, Dr., geb. Aug. 1911; bei der Lufthansa; ab 1939 wiss. Assistent am Institut
für Luftrecht;
VGH, Urteil vom 2. 2. 1945: Tod; von der SS ermordet am 22./23. 4. 1945 im
Gefängnis Berlin, Lehrter Straße.
Kaiser, Hermann, Dr., geb. 31. 5. 1885 in Remscheid; Studienrat; Hauptmann d.R. im
Generalstab;
VGH, Urteil vom 17. 1. 1945: Tod; hingerichtet am 23. 1. 1945.
Kempner, Franz, Mitglied der DVP; 1925–26 Staatssekretär in der Reichskanzlei; bis
1933 Staatssekretär im Ministerium für Wiederaufbau;
VGH, Urteil vom 12. 1. 1945: Tod, Ehrverlust; hingerichtet am 5. 3. 1945.
Kiep, Otto Karl, Dr. iur., geb. 7. 7. 1886 in Saltcoats/Schottland; Diplomat; zuletzt

1937–39 deutscher Vertreter im Londoner Nichteinmischungsausschuß für Spanien; Reserveoffizier im OKW, Abteilung Ausland;
VGH, Urteil vom 1. 7. 1944: Tod, Ehrverlust; in Vernehmung um 20. 7. mithineingenommen; hingerichtet am 26. 8. 1944.

Kissling, Georg Konrad, geb. 20. 7. 1892; Großgrundbesitzer; Major;
ermordet am 22. 7. 1944.

Klamroth, Bernhard, geb. 20. 11. 1910 in Berlin; Berufsoffizier; Oberstleutnant; 1943 in der Organisationsabteilung im OKW;
VGH, Urteil vom 15. 8. 1944: Tod, Ehrverlust; hingerichtet am 15. 8. 1944.

Klamroth, Johannes Georg, geb. 12. 10. 1898 in Halberstadt; Kaufmann; Major d. R., in der Abwehr;
VGH, Urteil vom 15. 8. 1944: Tod, Ehrverlust; hingerichtet am 26. 8. 1944.

Klausing, Friedrich Karl, geb. 24. 5. 1920 in München; Berufsoffizier; Hauptmann; ab 1943 im Innendienst des OKW (Adjutant Stauffenbergs);
VGH, Urteil vom 8. 8. 1944: Tod, Ehrverlust; hingerichtet am 8. 8. 1944.

Kleist-Schmenzin, Ewald von, geb. 22. 3. 1890 in Groß-Dubberow/Pommern; Jurist; Gutsbesitzer; Mitglied der Provinzialsynode;
VGH, Todesurteil; hingerichtet am 9. 4. 1945.

Klimpel, Gustav, geb. 8. 8. 1891 in Zittau/Sachsen; Mitglied der SPD; bis 1933 Bürgermeister einer sächsischen Stadt;
VGH, Urteil vom 18. 1. 1945: 4 Jahre Gefängnis.

Kloss, Hans, Dr., Leiter einer Wirtschaftsabteilung bei der Lufthansa;
VGH, Urteil vom 2. 2. 1945: 4 Jahre Zuchthaus und Ehrverlust.

Knaack, Gerhard, geb. 19. 6. 1906 in Königsberg; Berufsoffizier; Major;
VGH, Urteil vom 4. 9. 1944: Tod, Ehrverlust; hingerichtet am 4. 9. 1944.

Koch, Hans, Dr..; Rechtsanwalt;
von der SS ermordet am 22./23. 4. 1945 im Gefängnis Berlin, Lehrter Straße.

Körner, Heinrich, geb. 30. 4. 1892 in Essen; Werkzeugmacher; 1926–33 Funktionär der »Christlichen Gewerkschaften in Westdeutschland«; Abg. des Provinziallandtages (Zentrum);
VGH, Urteil vom 5. 4. 1945: 4 Jahre Zuchthaus; stirbt im April 1945 beim Eindringen der Roten Armee.

Korsch, Martin, geb. 22. 6. 1882 in Hartenstein; Rechtsanwalt; Notar; Mitglied der DNVP, des »Stahlhelm«;
VGH, Urteil vom 19. 1. 1945: Freispruch.

Kossmann, Bartholomäus, geb. 2. 10. 1883 in Eppelborn/Westf.; Rechtsanwalt; Versicherungsdirektor; MdNV (Zentrum);
VGH, Urteil vom 19. 1. 1945: Freispruch.

Kranzfelder, Alfred, geb. 10. 2. 1908 in Kempten; Berufsoffizier; Korvettenkapitän;
VGH, Urteil vom 10. 8. 1944: Tod, Ehrverlust; hingerichtet am 10. 8. 1944.

Kuebart, Wilhelm; Berufsoffizier; Oberstleutnant i.G.;
VGH, Urteil: 5 Jahre Zuchthaus.

Kuenzer, Richard, Dr.; Diplomat; bis 1923 Legationsrat im Auswärtigen Amt; Direktor des Zentrumsblattes »Germania«;

VGH, Anklage vom 15. 11. 1944; Verhandlung vertagt; von der SS ermordet am 22./23. 4. 1945 im Gefängnis Berlin, Lehrter Straße.

Kuznitzky, Elisabeth, geb. Liliencron, geb. 22. 1. 1878 in Straßburg;
VGH, Urteil vom 27. 11. 1944: Tod; hingerichtet am 30. 11. 1944.

Lancken, Fritz von der, geb. 21. 6. 1890 in Niederjeutz; Internatsleiter; Oberstleutnant, Adjutant Olbrichts;
VGH, Urteil vom 29. 9. 1944: Tod, Ehrverlust; hingerichtet am 29. 9. 1944.

Landwehr, Hermann, Dr., geb. 21. 6. 1884 in Nürnberg; Ministerialdirigent im Reichswirtschaftsministerium;
VGH, Urteil vom 18. 1. 1945: 6 Jahre Zuchthaus und Ehrverlust.

Langbehn, Carl, Dr., geb. 6. 12. 1901 in Padang-Bedagli/Sumatra; Rechtsanwalt und Notar;
VGH, Urteil vom 3. 10. 1944: Tod, Ehrverlust; hingerichtet am 12. 10. 1944.

Leber, Julius, Dr. rer. pol., geb. 16. 11. 1891 in Biesheim/Elsaß; 1921 Redakteur des »Lübecker Volksboten«; 1921–33 Mitglied der Lübecker Bürgerschaft (SPD); 1924–33 MdR;
VGH, Urteil vom 20. 10. 1944: Tod; hingerichtet am 5. 1. 1945.

Lehmann, Helmut, geb. 1. 12. 1882 in Berlin; Buchhalter; zeitweilig Mitglied der SPD; bis 1933 Verbandsgeschäftsführer der Ortskrankenkassen;
VGH, Urteil vom 18. 1. 1945: 1 Jahr Gefängnis.

Lehndorff-Steinort, Heinrich Graf von, geb. 22. 6. 1909; Gutsbesitzer; Adjutant des Feldmarschalls von Bock;
VGH, Urteil vom 4. 9. 1944: Tod; hingerichtet am 4. 9. 1944.

Lejeune-Jung, Paul Adam Franz, Dr. phil., geb. 16. 3. 1882 in Köln; Syndikus in der Privatindustrie; 1924–30 MdR (DVP);
VGH, Urteil vom 8. 9. 1944: Tod, Ehrverlust; hingerichtet am 8. 9. 1944.

Lenz, Otto, Dr. iur., geb. 6. 7. 1903 in Wetzlar; 1928 Pressereferent im preußischen Justizministerium; 1938 Rechtsanwalt in Berlin;
VGH, Urteil vom 19. 1. 1945: 4 Jahre Zuchthaus und Ehrverlust.

Leonrod, Ludwig Freiherr von, geb. 17. 9. 1906 in München; Berufsoffizier; Major;
VGH, Urteil vom 21. 8. 1944: Tod, Ehrverlust; hingerichtet am 26. 8. 1944.

Letterhaus, Bernhard, geb. 10. 7. 1894 in Wuppertal; Verlagsabteilungsleiter; Führer der katholischen Arbeitervereine; 1928–33 MdL in Preußen (Zentrum); Hauptmann d.R., in der Abwehr;
VGH, Urteil vom 13. 11. 1944: Tod, Ehrverlust; hingerichtet am 14. 11. 1944.

Leuninger, Franz, geb. 28. 12. 1898 in Mengerskirchen/Westerwald; Maurer; Generalsekretär des christlichen Metallarbeiterverbandes; 1930–33 Stadtverordneter in Breslau (Zentrum);
VGH, Urteil vom 28. 2. 1945: Tod, Ehrverlust; hingerichtet am 1. 3. 1945.

Leuschner, Wilhelm, geb. 15. 6. 1890 in Bayreuth; Holzbildhauer; MdL in Hessen (SPD); 1928–33 hessischer Innenminister; 1932–33 stellvertretender Vorsitzender des ADGB;
VGH, Urteil vom 8. 9. 1944: Tod, Ehrverlust; hingerichtet am 29. 9. 1944.

Lilje, Johannes Ernst Richard, geb. 20. 8. 1899 in Hannover; Pfarrer; 1927–35 Generalsekretär der »Deutschen Christlichen Studentenvereinigung«; 1935–45 Generalsekretär des Lutherischen Weltkonvents; 1944–45 Redakteur der evangelischen Monatsschrift »Die Furche«;

VGH, Urteil vom 18. 1. 1945: 4 Jahre Gefängnis;

1952–57 Präsident des Lutherischen Weltkonvents; 1947 Landesbischof der evangelisch-lutherischen Kirche von Hannover; 1950 auch Abt zu Loccum; Gründer der Evangelischen Akademie Loccum; 1948–69 Leitender Bischof der Vereinigten Evangelisch Lutherischen Kirche Deutschlands (VELKD).

Lindemann, Else; Ehefrau von Fritz Lindemann;

Selbstmord.

Lindemann, Friedrich; Sohn von Fritz Lindemann;

VGH, Urteil: 7 Jahre Zuchthaus und Ehrverlust.

Lindemann, Fritz, geb. 1. 4. 1894 in Berlin; Berufsoffizier; General der Artillerie beim Chef des Generalstabes des Heeres;

nach Selbstmordversuch am 22. 9. 1944 in der Haft gestorben.

Lindemann, Georg; Sohn von Fritz Lindemann; Berufsoffizier; Oberfähnrich zur See;

VGH, Urteil vom 14. 11. 1944: Tod, Ehrverlust.

Lindemann, Hermann, geb. 1897; Kaufmann;

VGH, Urteil vom 1. 12. 1944: 10 Jahre Zuchthaus und Ehrverlust;

1945 Landesgeschäftsführer der SPD Mecklenburg; Parteisekretär der SPD, Berlin; 1946–49 Innenminister und Ministerpräsident (1947) von Schleswig-Holstein; seit 1947 MdL.

Lindemann, Max, geb. 17. 7. 1872 in Soest, Onkel von Fritz Lindemann; Major a.D.;

VGH, Urteil vom 27. 11. 1944: Freispruch.

Linstow, Hans Otfried von, geb. 16. 3. 1899 in Wittenberg; Berufsoffizier; Oberst i.G.;

VGH, Urteil vom 30. 8. 1944: Tod, Ehrverlust; hingerichtet am 30. 8. 1944.

Loeser, Ewald, Dr., 1930–34 Bürgermeister von Leipzig; im Krieg Treuhänder einer ausländischen elektrotechnischen Firma für deren Betriebe in Deutschland;

VGH, Urteil vom 17. 1. 1945: Einweisung in Heil- und Pflegeanstalt zwecks Gutachten; überlebt Kriegsende.

Lüdemann, Hermann, geb. 5. 8. 1880 in Lübeck; 1920–29 MdL in Preußen (SPD); preußischer Finanzminister; 1927 Regierungspräsident von Lüneburg; 1928–32 Oberpräsident von Schlesien;

VGH, Urteil vom 19. 1. 1945: Freispruch; blieb jedoch in Haft.

Lüninck, Ferdinand Freiherr von, geb. 3. 8. 1888 in Ostwig; Gutsbesitzer; Stahlhelmführer; 1933 preußischer Staatsrat; 1933–38 Oberpräsident von Westfalen; Ende 1943 Beauftragter beim Wehrkreiskommando XX in Danzig;

VGH, Urteil vom 13. 11. 1944: Tod, Ehrverlust; hingerichtet am 14. 11. 1944.

Lüninck, Hermann Freiherr von, geb. 3. 5. 1893 in Ostwig; 1933 Oberpräsident der Rheinprovinz; preußischer Staatsrat; 1935 auf eigenen Wunsch in Ruhestand versetzt; Gutsbesitzer;

VGH, Anklage vom 18. 1. 1945; Verfahren eingestellt; kein Urteil.

Lukaschek, Hans, geb. 22. 5. 1885 in Breslau; Rechtsanwalt; Bürgermeister; Landrat;

ab 1929 Oberpräsident von Oberschlesien; ab 1933 Mitglied des Zentrums; Rechtsanwalt in Breslau;
VGH, Urteil vom 19. 4. 1945: 3 Jahre Zuchthaus und Ehrverlust.

Lynar, Friedrich Wilhelm Graf zu, geb. 3. 2. 1899 in Berlin; Gutsbesitzer; Berufsoffizier, Major;
VGH, Urteil vom 29. 9. 1944: Tod, Ehrverlust; hingerichtet am 29. 9. 1944.

Maass, Hermann, geb. 23. 10. 1897 in Bromberg; Prokurist; Sozialdemokrat; Gewerkschaftsführer; 1933 aller Stellungen enthoben;
VGH, Urteil vom 20. 10. 1944: Tod; hingerichtet am 20. 10. 1944.

Marks, Karl, geb. 1894; Kaufmann; Geschäftsführer;
VGH, Urteil vom 1. 12. 1944: Tod; von der SS ermordet am 22./23. 4. 1945 im Gefängnis Berlin, Lehrter Straße.

Marogna-Redwitz, Rudolf Graf von; Berufsoffizier; Oberst; Leiter des Abwehrbüros in Berlin;
VGH, Todesurteil; hingerichtet am 12. 10. 1944.

Maschke, Walter, geb. 6. 10. 1891 in Berlin; kaufmännischer Angestellter; bis 1933 Jugendsekretär der Gewerkschaften; Mitglied der SPD;
VGH, Urteil vom 19. 1. 1945: 2 Jahre Gefängnis.

Matuschka, Michael Graf von, geb. 29. 9. 1888 in Schweidnitz; Regierungsdirektor; MdL in Preußen (Zentrum);
VGH, Urteil vom 14. 9. 1944: Tod, Ehrverlust; hingerichtet am 14. 9. 1944.

Meichssner, Joachim, geb. 4. 4. 1906 in Deutsch-Eylau; Berufsoffizier; Oberst i.G., Chef der Organisationsabteilung im OKW;
VGH, Urteil vom 29. 9. 1944: Tod, Ehrverlust; hingerichtet am 29. 9. 1944.

Menge, Arthur, geb. 2. 4. 1894 in Hannover; Kommunalpolitiker; 1925–37 Oberbürgermeister von Hannover; nach Pensionierung in Wirtschaft tätig;
VGH, Urteil vom 28. 2. 1945: 3 Jahre Zuchthaus und Ehrverlust.

Mertz von Quirnheim, Albrecht Ritter; Berufsoffizier; Oberst i.G., AHA;
standrechtlich erschossen am 20. 7. 1944.

Moltke, Helmuth James Graf von, geb. 11. 3. 1907 in Kreisau; Jurist; Gutsbesitzer; 1939–44 völkerrechtlicher Berater beim OKW;
VGH, Urteil vom 11. 1.1945: Tod, Ehrverlust; hingerichtet am 23. 1. 1945.

Müller, Otto, Dr., geb. 9. 12. 1870 in Eckenhagen; kathol. Theologe; Mitarbeiter des »Volksvereins für das katholische Deutschland«; Diözesanpräses der Katholischen Arbeitervereine (Köln);
verhaftet im Juli 1944; im Gefängnis gestorben.

Mumm von Schwarzenstein, Herbert, Dr. iur., geb. 22. 10. 1898 in Frankfurt/M.; Legationsrat; nach Entlassung Lektor;
VGH, Urteil vom 16. 6. 1944: Tod; hingerichtet am 20. 4. 1945.

Munzinger, Ernst; Berufsoffizier; Oberstleutnant;
von der SS ermordet am 22./23. 4. 1945 im Gefängnis Berlin, Lehrter Straße.

Nebe, Arthur, geb. 13. 11. 1894 in Berlin; 1931 Kriminalkommissar bei der NSDAP; SS-Obergruppenführer; Reichskriminaldirektor;
VGH, Urteil vom 2. 3. 1945: Tod, Ehrverlust; hingerichtet am 3. 3. 1945.

Nieden, Wilhelm zur, geb. 29. 8. 1878 in Frondenburg/Ruhr; 1927–39 Generaldirektor der Leipziger Stadtwerke; Stadtbaurat; 1933 Mitglied eines Sachverständigenausschusses des Rechnungshofes Berlin;

VGH, Urteil vom 19. 1. 1945: Tod, Ehrverlust; von der SS ermordet am 22./23. 4. 1945 im Gefängnis Berlin, Lehrter Straße.

Noske, Gustav, geb. 9. 7. 1868 in Brandenburg; Holzarbeiter; Redakteur; 1906 MdR (SPD); 1919–20 Reichswehrminister; 1920–30 Oberpräsident von Hannover;

VGH, Verhandlung am 19. 1. 1945; Verfahren wegen Erkrankung abgetrennt; im April 1945 befreit; gestorben 1949.

Oertzen, Ulrich von, geb. 6. 3. 1915; Berufsoffizier; Major i.G.;

Selbstmord am 20. 7. 1944.

Olbricht, Friedrich, geb. 4. 10. 1888 in Leisnig/Sachsen; Berufsoffizier; General der Infanterie; ab 1940 Chef des AHA im OKW;

standrechtlich erschossen am 20. 7. 1944.

Oster, Hans, geb. 9. 8. 1888; Berufsoffizier; Generalmajor; Leiter des Zentralamtes der Abwehr;

erhängt am 9. 4. 1945 im KZ Flossenbürg.

Palombini, Kraft Freiherr von, Gutsbesitzer;

VGH, Verhandlung am 17. 1. 1945; Verfahren abgetrennt; im April 1945 befreit.

Pechel, Rudolf Ludwig August, Dr. phil., geb. 30. 10. 1882 in Güstrow/Mecklenburg; 1919 Redakteur, dann Herausgeber der »Deutschen Rundschau«;

VGH, Urteil vom 1. 2. 1945: Freispruch, blieb jedoch in Haft;

1945–46 Chefredakteur des CDU-Organs »Neue Zeit«, Berlin; Vorsitzender des Süddeutschen Schriftstellerverbandes; Präsidialmitglied der Vereinigung des Deutschen Schriftstellerverbandes; Ehrenpräsident der Deutschen Akademie für Sprache und Dichtung.

Perels, Friedrich Justus, Dr. iur., geb. 13. 11. 1910 in Berlin; 1936 Rechtsberater der »Bekennenden Kirche«;

VGH, Urteil vom 2. 2. 1945: Tod; von der SS ermordet am 22./23. 4. 1945 im Gefängnis Berlin, Lehrter Straße.

Petersdorff, Horst von; Berufsoffizier;

VGH, Urteil vom 1. 12. 1944: Freispruch.

Pilat, Frieda, geb. 1912; Büroangestellte der Firma Druckmaschinen GmbH;

VGH, Urteil vom 1. 12. 1944: Freispruch.

Planck, Erwin, geb. 12. 3. 1893 in Berlin; 1930–32 Staatssekretär in der Reichskanzlei; wissenschaftliche Tätigkeit;

VGH, Urteil vom 23. 10. 1944: Tod, Ehrverlust; hingerichtet am 23. 1. 1945.

Popitz, Johannes, Prof. Dr. iur., geb. 2. 12. 1894 in Leipzig; 1919 Geheimer Regierungsrat und Vortragender Rat im Reichsfinanzministerium; 1929 Honorarprofessor an der Universität und Verwaltungsakademie in Berlin; 1932 Reichsminister ohne Portefeuille; 1933–44 preußischer Finanzminister;

VGH, Urteil vom 3. 10. 1944: Tod, hingerichtet am 2. 2. 1945.

Pünder, Hermann Joseph Maria Ernst, geb. 1. 4. 1888 in Trier; 1919–25 Regierungs-, Oberregierungs- und Ministerialrat im Reichsfinanzministerium; 1926–32 Staatssekretär und Chef der Reichskanzlei; 1932–33 Regierungspräsident in Münster; 1934 in Ruhestand versetzt;

VGH, Urteil vom 21. 12. 1944: Freispruch; blieb jedoch im KZ;
1945 Mitbegründer der CDU in Münster; Oberbürgermeister von Köln; ab 1946
MdL in Nordrhein-Westfalen; 1948 1. Oberdirektor der Zweizonen-Wirtschafts-
verwaltung; Vorsitzender des Verwaltungsrates der Bizone in Frankfurt; 1949–57
MdB; 1953 Vizepräsident der Montanunion.

Rabenau, Friedrich von; Berufsoffizier; General der Artillerie; 1935–43 Leiter des
Heeresarchivs in Potsdam;
ermordet am 12. 4. 1945 im KZ Flossenbürg.

Rathgens, Karl Ernst; Berufsoffizier; Oberstleutnant i.G.;
VGH, Urteil vom 30. 8. 1944: Tod, Ehrverlust; hingerichtet am 30. 8. 1944.

Rehrl, Franz, Dr. iur., geb. 2. 12. 1892 in Salzburg; österreichischer Landeshauptmann
a.D.;
VGH, Anklage vom 11. 4. 1945, Verfahren nicht mehr ausgeführt.

Reichwein, Adolph, Prof. Dr. phil., geb. 3. 10. 1898 in Bad Ems; Sozialdemokrat;
1930–33 Professor an der Pädagogischen Hochschule Halle; 1933–39 Dorfschul-
lehrer; 1939 am Volkskundemuseum in Berlin;
VGH, Urteil vom 20. 10. 1944: Tod; hingerichtet am 20. 10. 1944.

Reisert, Franz, Dr., geb. 1889; Rechtsanwalt; vor 1933 Mitglied der BVP;
VGH, Urteil vom 11. 1. 1945: 5 Jahre Zuchthaus.

Röchling, Ernst, Dr., geb. 28. 3. 1888 in Ludwigshafen; Dipl. Ing.; Exportleiter in
Paris;
VGH, Urteil vom 12. 1. 1945: 5 Jahre Zuchthaus und Ehrverlust.

Roenne, Alexis Freiherr von, geb. 12. 2. 1902; Berufsoffizier; Oberst i.G., Abteilungsleiter in der Abwehr;
VGH, Todesurteil; hingerichtet am 12. 10. 1944.

Roesler, Oswald; Bankkaufmann; Vorstandsmitglied der Deutschen Bank;
VGH, Urteil vom 14. 11. 1944: Freispruch.

Rommel, Erwin, geb. 15. 11. 1891 in Heidenheim; Berufsoffizier; 1942 Generalfeldmarschall;
erzwungener Selbstmord am 14. 10. 1944.

Sack, Karl; Ministerialdirektor; Chefrichter des Heeres;
erhängt im KZ Flossenbürg am 9. 4. 1945.

Sadrozinski, Joachim, geb. 20. 9. 1907 in Tilsit; Berufsoffizier; Oberstleutnant
i. G.;
VGH, Urteil vom 21. 8. 1944: Tod, Ehrverlust; hingerichtet am 29. 9. 1944.

Saefkow, Anton, geb. 22. 7. 1903 in Berlin; Maschinenbauer; ab 1924 Mitglied der
KPD; ab 1942 Leiter der illegalen KPD;
VGH, Todesurteil, hingerichtet am 18. 9. 1944.

Salviati, Hans-Viktor Graf von; Schwager des Prinzen Friedrich Wilhelm von
Preußen;
von der SS ermordet am 22./23. 4. 1945 im Gefängnis Berlin, Lehrter Straße.

Sanzky, Wilhelm, geb. 1904; Architekt;
VGH, Urteil vom 1. 12. 1944: 3 Jahre Zuchthaus.

Schack, Adolf Friedrich Graf von; Berufsoffizier; Major;
VGH, Todesurteil; hingerichtet am 15. 1. 1945.

Schatter, Kurt, geb. 24. 12. 1881 in Olbernhau/Erzgebirge; 1917–30 Mitglied der SPD;
bis 1934 Stadtrat in Chemnitz;
VGH, Urteil vom 18. 1. 1945: 1 Jahr Gefängnis.

Schaumburg, Otto, geb. 23. 10. 1877 in Koblenz; Berufsoffizier;
VGH, Urteil vom 13. 11. 1944: 5 Jahre Zuchthaus und Ehrverlust.

Schlabrendorff, Fabian Ludwig Georg Adolf Kurt, geb. 1. 7. 1907 in Halle; Anwaltsas-
sessor; Oberleutnant d.R.; Ordonnanzoffizier des Generalmajors von Tresckow;
VGH, Urteil vom 16. 3. 1945: Freispruch; blieb jedoch in Haft;
nach 1945 Rechtsanwalt; 1967 Bundesverfassungsrichter.

Schleicher, Rüdiger, Prof. Dr. iur., geb. 14. 1. 1895 in Stuttgart; Ministerialrat; 1939
ehrenamtlicher Leiter des Luftfahrtinstituts; Ministerialrat im Reichsluftfahrtmini-
sterium;
VGH, Urteil vom 2. 2. 1945: Tod; von der SS ermordet am 22./23. 4. 1945 im
Gefängnis Berlin, Lehrter Straße.

Schneppenhorst, Ernst, geb. 19. 4. 1881 in Krefeld; Schreiner; Gewerkschaftsführer;
1919–20 bayerischer Kriegsminister; 1920–33 MdL in Bayern; 1932–33 MdR;
von der SS ermordet am 22./23. 4. 1945 im Gefängnis Berlin, Lehrter Straße.

Schöne, Hermann; Berufsoffizier; Oberst; Adjutant bei von Hase;
hingerichtet am 15. 1. 1945.

Scholz-Babisch, Friedrich, geb. 10. 4. 1890; Landwirt; Rittmeister d.R.;
VGH, Todesurteil; hingerichtet am 13. 10. 1944.

Schrader, Werner; Berufsoffizier; Oberstleutnant; Verbindungsoffizier zwischen OKW
und Abwehr;
Selbstmord am 28. 7. 1944 in Zossen.

Schröder, Max, Dr. iur., geb. 13. 6. 1908 in Kustrema/Saalkreis; Landwirt;
VGH, Urteil vom 13. 11. 1944: Freispruch.

Schulenburg, Friedrich Werner Graf von der, geb. 20. 11. 1875 in Kemberg; Diplomat;
zuletzt 1935–41 Botschafter in Moskau;
VGH, Urteil vom 10. 11. 1944: Tod, Ehrverlust; hingerichtet am 10. 11. 1944.

Schulenburg, Fritz Dietlof Graf von der, geb. 5. 9. 1902 in London; Verwaltungsjurist;
1932 Mitglied der NSDAP; 1935–39 Vizepolizeipräsident von Berlin; 1939–44
Vizeoberpräsident von Schlesien; Oberleutnant d.R.;
VGH, Urteil vom 10. 8. 1944: Tod, Ehrverlust; hingerichtet am 10. 8. 1944.

Schultze-Büttger, Georg; Berufsoffizier; Oberstleutnant i.G.;
VGH, Todesurteil; hingerichtet am 13. 10. 1944.

Schwamb, Ludwig, geb. 30. 7. 1890 in Untenheim/Rheinhessen; Jurist; Rechtsanwalt;
1925 Regierungsrat in Offenheim; Mitglied der SPD; bis 1933 Staatsrat im
hessischen Innenministerium;
VGH, Urteil vom 13. 1. 1945: Tod, Ehrverlust; hingerichtet am 23. 1. 1945.

Schwartz, Walter; Stadtverordneter in Königsberg; Mitglied der DVP; Magistrats-
baurat;
VGH, Urteil vom 13. 1. 1945: 5 Jahre Zuchthaus und Ehrverlust.

Schwerin von Schwanenfeld, Ulrich Wilhelm Graf, geb. 21. 12. 1902 in Kopenhagen;
Landwirt; Diplomat; Hauptmann d.R.;
VGH, Urteil vom 21. 8. 1944: Tod, Ehrverlust; hingerichtet am 8. 9. 1944.

Sierks, Hans Ludwig, geb. 1877; Bauingenieur; Stadtrat;
  VGH, Urteil vom 1. 12. 1944: Tod; von der SS ermordet am 22./23. 4. 1945 im
  Gefängnis Berlin, Lehrter Straße.
Smend, Günther; Berufsoffizier; Oberstleutnant i.G.;
  VGH, Urteil vom 30. 8. 1944: Tod, Ehrverlust; hingerichtet am 8. 9. 1944.
Solf, Hanna, geb. 1887, Ehefrau des Diplomaten Wilhelm Solf;
  VGH, Urteil vom 15. 11. 1944; Verhandlung vertagt; überlebt KZ; gestorben
  1954.
Sperr, Franz, geb. 12. 2. 1878 in Karlstadt/Ufr.; Diplomat; bis 1934 bayerischer
  Gesandter in Berlin; 1934 Niederlegung aller Ämter;
  VGH, Urteil vom 11. 1. 1945: Tod, Ehrverlust; hingerichtet am 23. 1. 1945.
Staehle, Wilhelm; Berufsoffizier; Oberst; Mitglied der Abwehr;
  VGH, Urteil vom 16. 3. 1945: 2 Jahre Gefängnis; von der SS ermordet am 22./23.
  4. 1945 im Gefängnis Berlin, Lehrter Straße.
Stauffenberg, Berthold Schenk Graf von, geb. 15. 3. 1905 in Stuttgart; Jurist; 1931
  Referent beim Internationalen Gerichtshof im Haag; 1933–39 Abteilungsleiter am
  Institut für Völkerrecht in Berlin; 1939 Marine-Oberstabsrichter;
  VGH, Urteil vom 10. 8. 1944: Tod, Ehrverlust; hingerichtet am 10. 8. 1944.
Stauffenberg, Claus Schenk Graf von, geb. 15. 11. 1907 in Jettingen; Berufsoffizier;
  Oberst i.G.;
  standrechtlich erschossen am 20. 7. 1944.
Steltzer, Theodor, Dr., geb. 17. 12. 1885 in Trittau/Holstein; 1921–33 Landrat in
  Rendsburg; ab 1939 im Wehrdienst;
  VGH, Urteil vom 15. 1. 1945: Tod, Ehrverlust; Urteil nicht vollstreckt, überlebt
  Kriegsende;
  nach 1945 stellvertretender Leiter des Amtes für Ernährung und Landwirtschaft
  von Groß-Berlin; 1945–47 Ober- bzw. Ministerpräsident des Landes Schleswig-
  Holstein; gestorben am 27. 10. 1967.
Stieff, Helmuth, geb. 6. 6. 1901 in Deutsch-Eylau; Berufsoffizier; Generalmajor;
  Leiter des Organisationsbüros im OKW;
  VGH, Urteil vom 8. 8. 1944: Tod; hingerichtet am 8. 8. 1944.
Stöhr, Georg, geb. 25. 7. 1875 in Eisenach; Industrieller; Leiter einer Leipziger
  Kammgarnspinnerei;
  VGH, Urteil vom 28. 2. 1945: Freispruch.
Strünck, Theodor, geb. 7. 4. 1895 in Priel bei Kiel; Rechtsanwalt; Versicherungsdi-
  rektor;
  VGH, Urteil vom 10. 8. 1944: Tod; ermordet am 9. 4. 1945 im KZ Flossenbürg.
Stülpnagel, Karl Heinrich von, geb. 2. 1. 1886 in Darmstadt; Berufsoffizier; General
  der Infanterie; 1942–44 Militärbefehlshaber von Frankreich;
  VGH, Urteil vom 30. 8. 1944: Tod, Ehrverlust; hingerichtet am 30. 8. 1944.
Tellgmann, Gustav, geb. 22. 10. 1891 in Weida/Kr. Gera; Berufsoffizier; Oberstleut-
  nant;
  VGH, Urteil vom 18. 1. 1945: Tod; hingerichtet am 26. 2. 1945.
Thadden, Elisabeth von, geb. 29. 7. 1890 in Mohrungen; Internatsleiterin;
  VGH, Urteil vom 1. 7. 1944: Tod, Ehrverlust; hingerichtet am 8. 9. 1944.

Thiele, Fritz, geb. 14. 4. 1894 in Berlin; Berufsoffizier; Generalleutnant; Chef im OKW;
VGH, Urteil vom 21. 8. 1944: Tod, Ehrverlust; hingerichtet am 4. 9. 1944.

Thoma, Busso, geb. 31. 10. 1899 in Immenreich; Berufsoffizier; Major im OKW;
VGH, Urteil vom 17. 1. 1945: Tod; hingerichtet am 23. 1. 1945.

Thüngen, Karl Freiherr von, geb. 26. 6. 1893 in Mainz; Berufsoffizier; Generalleutnant;
Heeresgericht;
VGH, Urteil vom 5. 10. 1944: Tod; hingerichtet am 24. 10. 1944.

Timm, Richard, geb. 1892; 1922–30 Jugendsekretär des Deutschen Holzarbeiterverbandes; bis 1933 Leiter einer Gewerkschaftsschule; ab 1935 Kaufmann;
VGH, Anklage vom 13. 1. 1945; Verhandlung vertagt.

Tresckow, Gerd von; Berufsoffizier; Oberstleutnant;
Selbstmord am 2. 9. 1944.

Tresckow, Henning von, geb. 10. 6. 1901 in Magdeburg; Berufsoffizier; Generalmajor;
Selbstmord am 21. 7. 1944.

Trott zu Solz, Adam von, Dr. iur., geb. 9. 8. 1909 in Potsdam; Legationsrat im
Auswärtigen Amt;
VGH, Urteil vom 15. 8. 1944: Tod, Ehrverlust; hingerichtet am 26. 8. 1944.

Uexküll-Gyllenbrand, Nikolaus Graf von, geb. 14. 7. 1877 in Güns/Ungarn; Berufsoffizier; Oberst; 1936 Mitarbeiter im Reichskommissariat für Preisbildung;
VGH, Urteil vom 14. 9. 1944: Tod, Ehrverlust; hingerichtet am 14. 9. 1944.

Ulrich, Wilhelm, geb. 18. 4. 1889 in Marienwerder; Kaufmann; Hauptmann z. V. bei der
Abwehr;
VGH, Urteil vom 17. 1. 1945: 6 Jahre Zuchthaus und Ehrverlust.

Voigt, Friedrich, geb. 18. 11. 1882 in Trebra/Kr. Nordhausen; 1905 Eintritt in die SPD;
1909 Gewerkschaftssekretär des Bauarbeiterverbandes; 1919–20 MdNV; 1919–21
Polizeipräsident von Breslau; 1921–23 Leiter des schlesischen Bauhütten- und
Betriebsverbandes; 1933 Grundstücksmakler; 1934–44 Bürovorsteher einer Wohnungsbaugesellschaft;
VGH, Urteil vom 26. 2. 1945: Tod, Ehrverlust; hingerichtet am 1. 3. 1945.

Voss, Alexander von, geb. 13. 12. 1907, Schwiegersohn von Stülpnagel; Berufsoffizier;
Oberstleutnant i. G.;
Selbstmord am 11. 8. 1944.

Wagner, Eduard, geb. 1. 4. 1894 in Kirchlamitz/Ofr.; Berufsoffizier; General;
Selbstmord am 23. 7. 1944.

Wagner, Siegfried; Berufsoffizier; Oberst; Chef im OKH/AHA;
Selbstmord am 22. 7. 1944.

Wehrle, Hermann, geb. 26. 7. 1899 in Nürnberg; Kaplan; Heeresgeistlicher;
VGH, Urteil vom 14. 9. 1944: Tod, Ehrverlust; hingerichtet am 14. 9. 1944.

Wenzel-Teuschenthal, Carl, geb. 9. 12. 1876 in Brachwitz; Gutsbesitzer; Oberamtmann;
VGH, Urteil vom 13. 11. 1944: Tod, Ehrverlust; hingerichtet am 20. 12. 1944.

Wiersich, Oswald, geb. 1. 9. 1882; Schlosser; 1912 Bevollmächtigter des Deutschen
Metallarbeiterverbandes; ADGB-Bundesvorstand; vor 1933 MdL und Staatsrat in
Preußen;
VGH, Urteil vom 26. 2. 1945: Tod, Ehrverlust; hingerichtet am 28. 2. 1945.

Wildeneck, Schoen von; Bankkaufmann; Vorstandsmitglied der Allgemeinen Deutschen Kreditanstalt;
VGH, Urteil vom 19. 11. 1944: Freispruch.

Wirmer, Josef, geb. 19. 3. 1901 in Paderborn; Rechtsanwalt; Mitglied des Zentrums;
VGH, Urteil vom 8. 9. 1944: Tod, Ehrverlust; hingerichtet am 8. 9. 1944.

Witzleben, Erwin von, geb. 4. 12. 1881 in Breslau; Berufsoffizier; 1940 Generalfeldmarschall; 1942 verabschiedet;
VGH, Urteil vom 8. 8. 1944: Tod; hingerichtet am 8. 8. 1944.

Yorck von Wartenburg, Peter Graf, Dr. iur., geb. 13. 11. 1904 in Klein-Oels; Regierungsassessor am Oberpräsidium in Breslau; Oberregierungsrat in Berlin; ab 1942 im Wehrwirtschaftsamt;
VGH, Urteil vom 8. 8. 1944: Tod, Ehrverlust; hingerichtet am 8. 8. 1944.

Zarden, Artur, Dr.; bis 1933 Staatssekretär im Reichsfinanzministerium;
1945 Selbstmord im Gefängnis.

Ziehlberg, Gustav von; Berufsoffizier; General;
hingerichtet am 2. 2. 1945.

Zitzewitz-Mutrin, Friedrich Karl von; Gutsbesitzer; MdR (DNVP);
VGH, Anklage vom 19. 1. 1945; Verfahren abgetrennt; überlebt Kriegsende.

Zeittafel zum Widerstand 1938–1945

1938

2. 3.	Pastor Niemöller (Mitglied d. Bekennenden Kirche) in KZ eingeliefert.
5. 5.	1. Denkschrift Becks gegen Hitlers Aggressionspolitik.
3. 6.	2. Denkschrift Becks gegen Hitlers Aggressionspolitik.
16. 7.	3. Denkschrift Becks gegen Hitlers Aggressionspolitik.
Juli/Aug.	Beratungen hoher Offiziere unter Beck und der Abwehr zur Verhinderung eines Kriegsausbruchs wegen der Sudetenfrage.
18. 6.	Rücktritt Becks aus Opposition gegen Hitlers außenpolitische Pläne.
Aug.	Unterredungen deutscher Widerstandskämpfer mit Churchill über die innerdeutsche Opposition gegen Hitlers Politik. Gemeinsamer Hirtenbrief des deutschen Episkopats über den Kampf gegen Kirche und Christentum in Deutschland.
Sept.	Vorbereitung einer Aktion insbes. führender Militärs gegen Hitler; Ausführung scheitert an Hitlers Erfolg auf der Münchener Konferenz (Halder-Witzleben-Oster-Aktion).
Herbst	Zerschlagung der »Zehn-Punkte-Gruppe für eine deutsche Volksfront« und der Mehrzahl der noch aktiven Widerstandszellen der Gruppe »Neu Beginnen« durch die Gestapo.
Dez.	Proteste des württembergischen Landesbischofs Wurm an die Reichsregierung gegen Unrechtsmaßnahmen des NS-Regimes.

1939

Sommer	Im Ausland berichten über Hitlers Politik und möglichen deutschen Widerstand: Goerdeler in England und Frankreich, Pechel in England, Trott zu Solz und die Brüder Kordt in den USA und in England, Schlabrendorff in England. Bildung der Oppositionsgruppe »Rote Kapelle« (Oppositionsgruppen um Harro Schulze-Boysen und Arvid Harnack; Widerstandsarbeit und Spionage für die Sowjetunion).
3. 9.	Plan des Generalobersten von Hammerstein, Hitler bei einem Frontbesuch festzunehmen, schlägt fehl.
8. 11.	Attentat Georg Elsers (Einzelgänger) auf Hitler im Münchener Bürgerbräukeller.

Mitte Nov.	1. geplantes Attentat auf Hitler zur Verhinderung der Westoffensive (Halder–Oster–Kordt); nicht ausgeführt wegen Bedenken einiger Militärs (insbes. Brauchitsch, Halder).
18. 11.	Proteste des Militärs gegen SS-Morde in Polen.
27. 11.	Enger Kontakt zwischen Leuschner (SPD) – Kaiser (Christl. Gewerkschaften) und Beck–Goerdeler hergestellt.
1939/40	Bekanntgabe der Termine des deutschen Angriffs auf Skandinavien und Frankreich nach Holland durch Oster. Trott zu Solz sondiert in den USA.

1940

Jan./Febr.	Verfassungsprogramm Goerdelers und von Hassells für den Fall eines Umsturzes.
22. 3. und 14./15. 4.	Aussprachen Hassells mit J. Lonsdale Bryans in Arosa.
1. 8.	Protestschreiben der katholischen Bischöfe an die Reichsregierung gegen Euthanasiemaßnahmen.

1941

30. 5.	Friedensplan Goerdelers, für die britische Regierung bestimmt.
20. 6.	Gemeinsamer Hirtenbrief des deutschen Episkopats über die Bedrückung der Kirche in Deutschland.
16. 7.	Denkschrift Kardinal Bertrams an das Reichsjustizministerium über die Tötung Geisteskranker.
Juli/Aug.	Predigten des Bischofs von Münster, Clemens Graf von Galen (gegen Unterdrückung der Kirche und Euthanasiemaßnahmen).
4. 8.	Plan, Hitler während einer Besprechung im Hauptquartier der Heeresgruppe Mitte zu beseitigen; nicht ausgeführt, weil Hitler Besuch absagt.
Ende Nov.	Versuch der Widerstandsgruppe Beck–Goerdeler, Verbindung mit der amerikanischen Regierung herzustellen.
9./10. 12.	Proteste der evangelischen Kirchenführerkonferenz (Bischof Wurm) und der katholischen Bischofskonferenz (Kardinal Bertram) gegen die Beschränkung der Kirche und Euthanasiemaßnahmen.
Ende Dez.	Plan Witzlebens, mit Beck und Goerdeler an der Westfront einen Umsturz durchzuführen (im März 1942 wegen Erkrankung Witzlebens aufgegeben).

Jan.	Versuch einer Neukonstituierung der KPD durch Wilhelm Knöchel in Berlin (Gruppe wird Anfang 1943 zerschlagen).
Febr.	Zerschlagung der kommunistischen Gruppe Robert Uhrig in Berlin.
2. 3.	Denkschrift des württembergischen Landesbischofs Wurm über den antikirchlichen Kulturkampf der NSDAP.
22. 3.	Hirtenwort der katholischen Bischöfe gegen den nationalsozialistischen »Kampf gegen Christentum und Kirche«.
April	Treffen Goerdelers mit dem Bankier Wallenberg in Stockholm, um Verhandlungs- und Friedensbereitschaft der Alliierten zu erkunden.
Pfingsten	Zusammenkunft des »Kreisauer Kreises«.
Mai	Sondierungen der Pastoren Schoenfeld und Bonhoeffer mit dem englischen Bischof von Chichester in Schweden.
Juli	Versuch Goerdelers, in Smolensk Generalfeldmarschall von Kluge für die Opposition zu gewinnen.
Okt.	Zusammenkunft des »Kreisauer Kreises«.
Nov.	Zerschlagung der kommunistischen Widerstandsgruppe Jacob–Bästlein–Abshagen in Hamburg.

1943

18. 2.	Letzte Flugblattaktion der Münchener Studentengruppe »Weiße Rose«; Verhaftung der Geschwister Scholl.
22. 2.	Hinrichtung der Geschwister Scholl.
13. 3.	Fehlgeschlagener Attentatsversuch (Schlabrendorff–Tresckow) auf Hitler (Zeitbombe in Hitlers Flugzeug versagt).
21. 3.	Attentatsplan im Zeughaus (Gersdorff) nicht durchführbar.
26. 3.	Geheime Denkschrift Goerdelers für die Generalität über die Notwendigkeit eines Staatsstreichs.
Ostern	»Münchener Laienbrief«: Verurteilung der Vernichtung des deutschen Judentums durch das NS-Regime.
5. 4.	Verhaftung Dohnanyis und Bonhoeffers.
Pfingsten	Zusammenkunft des »Kreisauer Kreises«.
17. 5.	Brief Goerdelers an General Olbricht, den rechten Moment für einen Staatsstreich herbeizuführen.
Sommer	Ausarbeitung des Plans »Walküre« durch Offiziere der Wehrmacht zur gewaltsamen Absetzung Hitlers; konkrete Attentatspläne für den 13. 8. scheitern vor allem wegen der durch den Kriegsverlauf sich ständig ändernden Bedingungen und äußeren Voraussetzungen.
27. 7.	Brief Goerdelers an Generalfeldmarschall von Kluge.
Sommer	Bildung einer kommunistischen Widerstandsgruppe um Anton Saefkow in Berlin.
9. 8.	Letzter Reformentwurf des »Kreisauer Kreises«.

19. 8.	Dekalog-Hirtenbrief des deutschen Episkopats gegen die Tötung unschuldigen Lebens.
26. 8.	Verhandlungen Popitz' mit Himmler, um diesen für die Opposition zu gewinnen.
	Unterredung Becks mit Goerdeler und von Kluge in der Wohnung General Olbrichts.
16./17. 10.	Bekenntnissynode der evangelischen Kirche der altpreußischen Union: Verurteilung der Tötung unschuldiger Menschen.
Ende Nov.	Aufbauend auf Vorarbeiten von Tresckows Abschluß der technischen Vorbereitungen für den Umsturz durch Stauffenberg.

1944

Jan./Febr.	Verhaftung Moltkes und Yorcks.
	Zerschlagung des »Kreisauer Kreises«; Verhaftung der Mitglieder des »Solf-Kreises«.
11. 2.	Geplantes Bombenattentat auf Hitler nicht ausgeführt (Zeitplan und Ablauf der geplanten Uniformvorführung werden kurzfristig geändert).
Frühjahr	Bildung eines Volksfront-Komitees im KZ Buchenwald.
9. 3.	Plan, Hitler bei einer Lagebesprechung zu erschießen.
15. 5.	Plan Rommels und Stülpnagels, Hitler festnehmen und durch ein deutsches Gericht aburteilen zu lassen.
Mai/Juni	Stauffenberg sucht Verhandlungen mit England.
4./5. 6.	Verhaftung der Sozialdemokraten Leber und Reichwein.
16. 6.	VGH-Prozeß gegen Halem und Mumm von Schwarzenstein.
11. 7.	Attentatsversuche Stauffenbergs auf dem Obersalzberg und
15. 7.	in der »Wolfsschanze«.
	Ultimative Forderung Rommels an Hitler, den Krieg einzustellen; Bereitschaft Rommels zu eigenmächtigem Waffenstillstand.
20. 7.	Attentat Stauffenbergs auf Hitler; Staatsstreichversuche in Berlin und Paris.
21. 7.	Selbstmordversuch von Stülpnagels.
1. 8.	Verfügung Hitlers: Sippenhaft für Familienangehörige der führenden Widerstandskämpfer.
4./14. 8., 14. 9.	Ausstoßung der am Attentat beteiligten Offiziere aus der Wehrmacht.
7./8. 8.	1. VGH-Prozeß gegen die Attentäter des 20. Juli (Witzleben, Hoepner, v. Hase, Stieff, Bernardis, Klausing, Hagen, Yorck v. Wartenburg).
18. 8.	2. VGH-Prozeß gegen die Attentäter des 20. Juli (Berthold Gr. v. Stauffenberg, Schulenburg, Kranzfelder).
15. 8.	3. VGH-Prozeß gegen die Attentäter des 20. Juli (B. Klamroth, H.-G. Klamroth, Hayessen, Trott zu Solz, H. B. v. Haeften, v. Helldorf).
30. 8.	4. VGH-Prozeß gegen die Attentäter des 20. Juli (Stülpnagel, Hofacker, Smend, Rathgens, Finckh, Linstow).

2. 9.	Selbstmord von Tresckows.
4. 9.	5. VGH-Prozeß gegen die Attentäter des 20. Juli (Fellgiebel, Thiele, Hahn, v. Lehndorff-Steinort, Drechsel-Deuffenstein, Erdmann).
7./8. 9.	VGH-Prozeß gegen die Goerdeler-Gruppe (Goerdeler, Leuschner, Wirmer, Hassell, Lejeune-Jung).
14. 9.	VGH-Prozeß gegen Uexküll-Gyllenbrand, Dohna-Schlobitten, Matuschka, Wehrle.
28. 9.	VGH-Prozeß gegen Herfurth, Meichssner, Sadrozinski, v. d. Lancken, Lynar.
5. 10.	VGH-Prozeß gegen Gruppe Goerdelers (Dahrendorf, Leber, Reichwein, Maass).
14. 10.	Selbstmord Rommels.
Okt.	Häftlingsrevolte im KZ Auschwitz.

1945

Jan./Febr.	Weitere VGH-Prozesse gegen Widerstandskämpfer.
9. 4.	Standgericht im KZ Flossenbürg (Canaris, Oster, Sack, Strünck, Gehre, D. Bonhoeffer).
22./23. 4.	Exekution durch SS im Gefängnis Berlin, Lehrter Straße (Schleicher, John, K. Bonhoeffer, Perels, Haushofer).

Zu den Autoren

Dr. Wolfgang Altgeld,
geb. 1951; Akad. Rat am Lehrstuhl für Neuere Geschichte an der Universität Passau;
Veröffentlichungen: Das politische Italienbild der Deutschen zwischen Aufklärung
und der Revolution von 1848, 1984; Aufsätze zur italienischen und deutschen
Geschichte im 19. und 20. Jahrhundert, darunter: Volk, Rasse, Raum. Völkisches
Denken und radikaler Nationalismus ... in: Rudolf Lill/Heinrich Oberreuter (Hrsg.),
Machtverfall und Machtergreifung, 1983.

Prof. Dr. Karl Otmar Freiherr von Aretin,
geb. 1923; Professor für Zeitgeschichte an der TH Darmstadt, Direktor der Abteilung
Universalgeschichte des Instituts für Europäische Geschichte in Mainz;
Veröffentlichungen u. a.: Heiliges Römisches Reich. 1776–1806. Reichsverfassung und
Staatssouveränität, 2 Bde. (= Veröffentlichungen des Instituts für Europäische
Geschichte 38), 1967; Papsttum und moderne Welt, ²1973; (Hrsg.) Der Aufgeklärte
Absolutismus (= Wissenschaftliche Bibliothek, Bd. 67), 1974; Bayerns Weg zum
modernen Staat. Landstände und konstitutionelle Monarchie 1714–1818, 1976; Vom
Deutschen Reich zum Deutschen Bund (= Deutsche Geschichte, hrsg. v. J. Leuschner,
Bd. 7), 1980.

Dr. Dorothea Beck,
geb. 1945; Oberstudienrätin am Gymnasium Augustinianum in Greven;
Veröffentlichungen: (Hrsg.) Julius Leber, Schriften, Reden, Briefe 1920–1945, 1976;
Julius Leber. Sozialdemokrat zwischen Reform und Widerstand. Mit den Briefen aus
dem Zuchthaus, 1983.

Dr. Gerhard Beier,
geb. 1937; Privatdozent für Neuere Geschichte mit besonderer Berücksichtigung der
Geschichte der Arbeiterbewegung an der Universität Kiel, Lehrbeauftragter an der
Akademie der Arbeit in der Universität Frankfurt a. M.;
Veröffentlichungen u. a.: Ost-West-Vorurteile in der Politischen Bildung, ²1972; Das
Lehrstück vom 1. und 2. Mai 1933, 1975; Der Demonstrations- und Generalstreik vom
12. November 1948, 1975; Willi Richter – ein Leben für die soziale Neuordnung, 1978;
Die illegale Reichsleitung der Gewerkschaften, 1981; Geschichte und Gewerkschaft,
1981; Schulter an Schulter, Schritt für Schritt. Lebensläufe deutscher Gewerkschafter,
1983; Hundert Jahre im Wort – Die Metall-Zeitung von 1883–1983, 1983.

Dr. Rainer Blasius,
geb. 1952; Mitarbeiter der »Dokumente zur Deutschlandpolitik«, Bonn; Veröffentlichungen: Für Großdeutschland – gegen den Krieg. Staatssekretär Ernst Freiherr von Weizsäcker in den Krisen um die Tschechoslowakei und Polen 1938/39, 1981; Band I/1 der »Dokumente zur Deutschlandpolitik« (Britische Deutschlandplanung 1939 bis 1941), 1984.

Prof. Dr. Roman Bleistein, SJ,
geb. 1928; Professor für Pädagogik an der Hochschule für Philosophie, München; Veröffentlichungen vor allem aus dem Bereich der Pädagogik und Jugendforschung; (Hrsg.) Alfred Delp, Gesammelte Schriften, 4 Bde., 1982–84.

Prof. Dr. Dr. h. c. Karl Dietrich Bracher,
geb. 1922; ord. Professor der Politischen Wissenschaft und Zeitgeschichte an der Universität Bonn, Mitglied der Kommission für Geschichte des Parlamentarismus und der Politischen Parteien (Vorsitz 1962–68), des wissenschaftlichen Beirats des Instituts für Zeitgeschichte München (Vorsitz seit 1980), Mitglied amerikanischer, britischer und österreichischer Akademien; Veröffentlichungen u. a.: Die Auflösung der Weimarer Republik, ⁶1978; Die NS-Machtergreifung, ³1974; Deutschland zwischen Demokratie und Diktatur, 1964; Die deutsche Diktatur, ⁶1980; Das deutsche Dilemma, 1971; Zeitgeschichtliche Kontroversen, ⁴1980; Europa in der Krise, 1979; Geschichte und Gewalt, 1981; Zeit der Ideologien, 1982; Hrsg. (mit H. P. Schwarz) der Vierteljahreshefte für Zeitgeschichte.

Prof. Dr. Walter Bussmann,
geb. 1914; emer. ord. Professor für Geschichte an der Universität Karlsruhe, Abteilungsleiter der Historischen Kommission bei der Bayerischen Akademie der Wissenschaften, Mitglied der Historischen Kommission zu Berlin und der Kommission für die Geschichte des Parlamentarismus und der Politischen Parteien, Herausgeber der »Akten zur deutschen auswärtigen Politik 1918–1945«; Veröffentlichungen u. a.: Heinrich von Treitschke, 1952, ²1981; Staatssekretär Graf Herbert von Bismarck, 1964; Friedrich Meinecke, 1963; Der deutsche Widerstand und die »Weiße Rose«, 1968; Das Zeitalter Bismarcks (Handbuch der deutschen Geschichte, hrsg. von Leo Just III 2) 1956, ⁴1968; (Hrsg.) Handbuch der europäischen Geschichte, Bd. V, 1981; Politik und Kriegführung: Fridericiana, Zeitschrift der Universität Karlsruhe H. 32 (1983). Neuausgabe (mit Einleitung) von: Fabian v. Schlabrendorff, Offiziere gegen Hitler (1984).

Ulrike Eich,
geb. 1954; wissenschaftliche Mitarbeiterin am Lehrstuhl für Neuere Geschichte an der Universität Passau.

Dr. Axel Frohn,
geb. 1952; wissenschaftlicher Mitarbeiter am Historischen Seminar der Universität Bonn;

Veröffentlichung (demnächst): Deutschland zwischen Neutralisierung und Westintegration. Die deutschlandpolitischen Planungen und die Deutschlandpolitik der Vereinigten Staaten von Amerika 1945–1949.

PROF. DR. EUGEN GERSTENMAIER,
geb. 1906; Oberkonsistorialrat a. D.; nach 1945 Mitbegr. und Leiter des Hilfswerks der Evangel. Kirche in Deutschland; Mitglied der Synode der EKD; 1949–69 MdB (1954–69 Präsident);
Veröffentlichungen u. a.: Die Kirche und die Schöpfung, 1937; Kirche, Volk und Staat, 1937; Hilfe für Deutschland, 1946; Die evangelische Kirche und ihre Sozialpolitik, 1952; Rang und Stand in der modernen Massenwelt, 1960; Reden und Aufsätze, 2 Bde., 1956/62; Neuer Nationalismus?, 1965; Gewalt und Friede hat seine Zeit. Autobiographie, 1981.

PROF. DR. WALTHER HOFER,
geb. 1920; ord. Professor für Neuere Allgemeine Geschichte an der Universität Bern; 1954 Prof. an der Freien Universität Berlin; 1959/60 Columbia University New York; Honorarprof. der Hochschule für Diplomatie, Madrid; 1963–79 Mitglied des schweizerischen Nationalrates; 1968–80 Mitglied des Europarates;
Veröffentlichungen u. a.: Geschichtsschreibung und Weltanschauung, 1950; Die Entfesselung des Zweiten Weltkrieges, ³1964; Geschichte zwischen Philosophie und Politik, 1956; Der Nationalsozialismus – Dokumente 1933–1945, neubearb. Aufl. 1982; Die Diktatur Hitlers bis zum Beginn des zweiten Weltkrieges, 1960 (Handbuch der deutschen Geschichte, hrsg. v. L. Just); Der Reichstagsbrand – Eine wissenschaftliche Dokumentation, 2 Bde., 1972/78.

PROF. DR. FRANKLIN KOPITZSCH,
geb. 1947; Lehrbeauftragter am Historischen Seminar der Universität Hamburg;
Veröffentlichungen: zur Geschichte der frühen Neuzeit (Reformation und Bauernkrieg, Aufklärung), zur neueren Geschichte und zur Geschichte Hamburgs, Lübecks und Schleswig-Holsteins.

DR. ERICH KOSTHORST,
geb. 1920; Prof. für Neueste Geschichte und Didaktik der Geschichte an der Universität Münster;
Veröffentlichungen u. a.: Die deutsche Opposition zwischen Polen- und Frankreichfeldzug, ³1957; Von der Gewerkschaft zur Arbeitsfront und zum Widerstand, 1963; Jakob Kaiser – Der Arbeiterführer, ²1970; Jakob Kaiser – Minister für gesamtdeutsche Fragen, 1972; (zus. mit K. Gotto u. H. Soell) Deutschlandpolitik der Nachkriegsjahre, 1976; (Hrsg.) Geschichtswissenschaft – Didaktik, Forschung, Theorie, 1977; Zeitgeschichte und Zeitperspektive, 1981; (zus. mit B. Walter) Konzentrations- und Strafgefangenenlager im Dritten Reich – Beispiel Emsland. Dokumentation und Analyse zum Verhältnis von NS-Regime und Justiz, 3 Bde., 1983.

PROF. DR. HELMUT KRAUSNICK,

geb. 1905; Honorarprofessor für Zeitgeschichte an der Universität München; 1951 Mitarbeiter des Instituts für Zeitgeschichte in München; 1959–72 dessen Direktor; seit 1953 Schriftleiter bzw. Mitherausgeber der »Vierteljahreshefte für Zeitgeschichte«; Veröffentlichungen u. a.: (mit H. Mau) Geschichte der jüngsten Vergangenheit 1933–1945, 1953; Vorgeschichte und Beginn des militärischen Widerstandes 1933–1939, in: Die Vollmacht des Gewissens, hrsg. v. d. Europ. Publikation E. V., 1956; Judenverfolgung, in: Die Anatomie des SS-Staates, Bd. 2, 1965; Hrsg. (mit H. Deutsch und H. v. Kotze), Helmuth Groscurth, Tagebücher eines Abwehroffiziers, 1970; (mit H.-H. Wilhelm), Die Truppe des Weltanschauungskrieges/Die Einsatzgruppen der Sicherheitspolizei und des SD 1938–1942, 1981; Die Wehrmacht im nationalsozialistischen Deutschland, in: M. Broszat, H. Möller, Das Dritte Reich, 1983.

PROF. DR. RUDOLF LILL,

geb. 1934; ord. Profesor für Neuere Geschichte an der Universität Karlsruhe; 1963–1974 Mitarbeiter am Deutschen Historischen Institut Rom; apl. Professor 1971; 1974–1979 Wiss. Rat und Professor an der Universität Köln, 1979–1983 ord. Professor an der Universität Passau; Mitglied der Kommission für Zeitgeschichte Bonn u. des Beirats des italienisch-deutschen Historischen Instituts in Trient;
zahlreiche Arbeiten zur Geschichte der Bismarck-Zeit und zum Kulturkampf, zur Geschichte des Katholizismus und des Papsttums sowie zu den Beziehungen Staat–Kirche;
Veröffentlichungen u. a.: Die Beilegung der Kölner Wirren, 1840–1842, 1962; Vatikanische Akten zur Geschichte des deutschen Kulturkampfes, 1970; Die Wende im Kulturkampf, 1973; Geschichte Italiens vom 16. Jahrhundert bis zu den Anfängen des Faschismus, 1980, ²1982; Ideologie und Kirchenpolitik des Nationalsozialismus, in: Klaus Gotto/Konrad Repgen (Hrsg.), Kirche, Katholiken und Nationalsozialismus, 1980, ²1983; (Hrsg. mit H. Oberreuter) Machtverfall und Machtergreifung, 1983; Geschichte Südtirols unter Faschismus und Nationalsozialismus (in Vorbereitung).

PROF. DR. DR. H. C. HANS MAIER,

geb. 1931; ord. Professor für Politische Wissenschaft an der Universität München, Bayerischer Staatsminister für Unterricht und Kultus;
Veröffentlichungen u. a.: Revolution und Kirche, 1959, ⁴1975; Die ältere deutsche Staats- und Verwaltungslehre, 1966, ²1980; Politische Wissenschaft in Deutschland, 1969; Kritik der politischen Theologie, 1970; Zwischenrufe zur Bildungspolitik, ²1973; Die Grundrechte des Menschen im modernen Staat, ²1974; Sprache und Politik, 1977; Anstöße, 1978; Stellungnahmen, 1978; Streiflichter zur Zeit, 1980; Worauf Frieden beruht, 1981; Katholizismus und Demokratie (= Schriften zu Kirche und Gesellschaft I), 1983. (Hrsg.) Deutscher Katholizismus nach 1945. Kirche, Gesellschaft, Geschichte, 1964; Terrorismus, Beiträge zur geistigen Auseinandersetzung, 1979.

PROF. DR. HEINRICH OBERREUTER,

geb. 1942; ord. Professor für Politikwissenschaft an der Universität Passau; 1978–1980 Professor am Fachbereich Politische Wissenschaft (Otto-Suhr-Institut) der Freien

Universität Berlin, zuvor wissenschaftlicher Assistent und Lehrbeauftragter am Geschwister-Scholl-Institut der Universität München;
Veröffentlichungen u. a.: (Hrsg.) Parlamentarische Opposition – Ein internationaler Vergleich, 1975; (mit E. Hübner) Parlament und Regierung – Ein Vergleich dreier Regierungssysteme, 1977; Kann der Parlamentarismus überleben? Bund – Länder – Europa, ²1978; Notstand und Demokratie – Vom monarchischen Obrigkeitsstaat zum demokratischen Rechtsstaat, 1978; (mit Hans Maier u. a.) Parlament und Parlamentsreform, ²1979; (Hrsg.) Freiheitliches Verfassungsdenken und politische Bildung, 1980; (Hrsg.) Pluralismus – Grundlegung und Diskussion, 1980; (Hrsg.) Parlamentsreform – Probleme und Perspektiven in westlichen Demokratien, 1981; Übermacht der Medien, 1982; (Hrsg. mit R. Lill) Machtverfall und Machtergreifung, 1983; (Hrsg. mit M. Broszat u. a.) Deutschlands Weg in die Diktatur, 1983; Parteien – zwischen Nestwärme und Funktionskälte, ²1984.

DR. DIETER OSE,
geb. 1945; Wissenschaftlicher Rat am Militärgeschichtlichen Forschungsamt in Freiburg, Oberstleutnant der Reserve;
Veröffentlichungen u. a.: Entscheidung im Westen 1944; Die Abwehr der allierten Invasion durch den Oberbefehlshaber West, Stuttgart 1982; Die Panzerkontroverse. Tradition, Traditionspflege und moderne Menschenführung in der Bundeswehr, in: Wehrwissenschaftliche Rundschau; Der »Auftrag« – Eine deutsche militärische Tradition, in: Europäische Wehrkunde; Schlaglichter zur Tradition der Bundeswehr, in: Schriftenreihe zur inneren Führung.

DR. REINER POMMERIN,
geb. 1943; Wissenschaftlicher Assistent am Historischen Seminar der Universität zu Köln; 1979/80 Kennedy-Fellow an der Harvard University;
Veröffentlichungen: Das Dritte Reich und Lateinamerika. Die deutsche Politik gegenüber Süd- und Mittelamerika 1939–1942, 1977; Sterilisierung der Rheinland-Bastarde. Das Schicksal einer farbigen deutschen Minderheit 1918–1937, 1979.

DR. HANS-WALTER SCHLEICHER,
geb. 1924; Diplom-Physiker; 1961–72 am Forschungszentrum der Europäischen Gemeinschaft in Ispra (Italien); 1972–81 Direktor der Überwachung der Sicherheit (nuclear safeguards) von Euratom in Luxemburg;
Veröffentlichungen über Werkstoffe, insbes. für die Kerntechnik, und Probleme der internationalen Überwachung.

DR. VOLKER SCHMIDTCHEN,
Wissenschaftlicher Assistent am Lehrstuhl für Wirtschafts- und Technikgeschichte der Ruhr-Universität Bochum; 1981–83 Präsident der Deutschen Gesellschaft für Festungsforschung e. V.;
Veröffentlichungen zur Technikgeschichte, Militärgeschichte, mittelalterlichen Literaturgeschichte und zur Sportgeschichte, u. a.: Bombarden, Befestigung, Büchsenmeister. Von den ersten Mauerbrechern des Spätmittelalters zur Belagerungsartillerie der Renaissance. Eine Studie zur Entwicklung der Militärtechnik, 1977; Die Feuerwaffen

des Deutschen Ritterordens bis zur Schlacht bei Tannenberg. Bestände, Funktion und Kosten, dargestellt anhand der Wirtschaftsbücher des Ordens von 1374 bis 1410; 1977.

DR. GREGOR SCHÖLLGEN,
geb. 1952; Privatdozent für Neuere Geschichte an der Universität Münster; Veröffentlichungen u. a.: Imperialismus und Gleichgewicht. Deutschland, England und die orientalische Frage 1871 bis 1914, 1984; Handlungsfreiheit und Zweckrationalität. Max Weber und die Tradition praktischer Philosophie, 1984.

PROF. DR. GERHARD SCHULZ,
geb. 1924; ord. Professor für neuere Geschichte unter besonderer Berücksichtigung der Zeitgeschichte an der Universität Tübingen; Veröffentlichungen u. a.: Zwischen Demokratie und Diktatur. Verfassungspolitik und Reichsreform in der Weimarer Republik, 1963; Das Zeitalter der Gesellschaft. Aufsätze zur politischen Sozialgeschichte der Neuzeit, 1969; Faschismus – Nationalsozialismus. Versionen und theoretische Kontroversen 1922–1972, 1974; Die Anfänge des totalitären Maßnahmenstaates (Die nationalsozialistische Machtergreifung), ³1974; Aufstieg des Nationalsozialismus. Krise und Revolution in Deutschland, 1975; Revolutionen und Friedensschlüsse 1917–1920, ⁵1980; Deutsche Geschichte seit dem Ersten Weltkrieg, 1918–1945, ²1982; Geheimdienste und Widerstandsbewegungen im Zweiten Weltkrieg, 1982.

PROF. DR. PETER STEINBACH,
geb. 1948; Prof. für Politikwissenschaft (Historische und theoretische Grundlagen) an der Universität Passau; wissenschaftlicher Leiter an der ständigen Ausstellung »Widerstand gegen den Nationalsozialismus« in der Gedenkstätte Deutscher Widerstand in Berlin; Veröffentlichungen u. a.: Probleme der Modernisierung in Deutschland, 1978; Nationalsozialistische Gewaltverbrechen, 1981; Geschichte der Bundesrepublik Deutschland, 1982; Sozialdemokratie und Verfassungsordnung, 1983; Vergleichende europäische Wahlgeschichte, 1983; Politisierung und Nationalisierung der Region im 19. Jahrhundert, 1984; Widerstand gegen den Nationalsozialismus (im Druck).

DR. ROMEDIO GRAF VON THUN-HOHENSTEIN,
geb. 1952, wissenschaftl. Mitarbeiter am Institut für Sicherheitspolitik an der Universität Kiel; Veröffentlichung: General Oster und die deutsche Militäropposition (Deutscher Widerstand 1933–1945), 1982.

PROF. DR. GÜNTER WOLLSTEIN,
geb. 1939; apl. Professor an der Universität zu Köln; Veröffentlichungen u. a.: Vom Weimarer Revisionismus zu Hitler, 1973; Das »Großdeutschland« der Paulskirche, 1977; Aufsätze über Nadolny, Scharnhorst, Staatssekretär Bülow sowie zur Revolution 1848/49, zur Geschichte des Kaiserreiches, zu den deutsch-polnischen Beziehungen und zum Dritten Reich.

Register[1]

1. Personen, die dem Widerstand angehörten

---

[1] In Hinblick auf die ausführliche und systematische Bibliographie wurde auf die Aufnahme von
Autorennamen in das Register verzichtet. Die *kursiven* Ziffern bezeichnen die den entsprechenden
Personen gewidmeten Artikel.

2. Andere, im Buch erwähnte Personen